Ausgewählte Schriften von
Kurt Eichenberger

Ausgewählte Schriften von
Kurt Eichenberger

Der Staat der Gegenwart

Herausgegeben von
Verfassungsrat und Regierungsrat
des Kantons Aargau

VERLAG HELBING & LICHTENHAHN
BASEL / FRANKFURT AM MAIN

Schutzumschlag von Rolf Krättli

ISBN 3 7190 0778 2
Bestellnummer 21 00778
© 1980 by Helbing & Lichtenhahn Verlag AG, Basel
Herstellung: Sauerländer AG, Aarau

CIP-Kurztitelaufnahme der Deutschen Bibliothek

Eichenberger, Kurt:
[Sammlung]
Der Staat der Gegenwart: ausgew. Schriften / von Kurt
Eichenberger. – Basel: Helbing und Lichtenhahn,
1980.
  ISBN 3-7190-0778-2

Vorwort

Das Aargauer Volk beschloß am 4. Juni 1972, die Staatsverfassung des Kantons vom 23. April 1885 total zu revidieren. Am 18. März 1973 wählte es den Verfassungsrat, der vorerst zahlreiche verfassungspolitische Leitsätze über den Inhalt der neuen Verfassung formulierte. Aus diesem reichen Rohstoff erarbeitete Professor Dr. iur. KURT EICHENBERGER, Arlesheim/Basel, den der Verfassungsrat zu seinem Verfassungsredaktor gewählt hatte, vom Herbst 1975 bis ins Frühjahr 1976 zusammen mit der Redaktionskommission des Verfassungsrates einen Verfassungsentwurf. Dieser wurde in zwei Lesungen vom Rat behandelt und einem öffentlichen Vernehmlassungsverfahren unterstellt. Am 29. April 1979 verwarf das Aargauer Volk den Entwurf knapp, beauftragte aber den Rat mit der Fortsetzung der Arbeit. Die dritte Beratung des Entwurfs fand im Frühjahr 1980 statt.

All diese langwierigen Beratungen über mehr als vier Jahre hinweg begleitete KURT EICHENBERGER als liebenswürdig-geduldiger und fachlich höchst kompetenter Berater. Dafür schulden ihm der Verfassungsrat und die aargauische Öffentlichkeit Dank, um so mehr, als KURT EICHENBERGER von Anfang an keine Entschädigung für seine Bemühungen annehmen wollte. Dies ist Verfassungsrat und Regierungsrat Anlaß, ausgewählte Schriften aus dem Werk KURT EICHENBERGERS herauszugeben. Die aargauischen Behörden möchten damit auch ihren Dank abstatten für viele andere Dienste, die KURT EICHENBERGER seinem Heimat- und früheren Wohnsitzkanton, dem er sich noch immer eng verbunden fühlt, in verschiedenster Weise geleistet hat: als Gerichtsschreiber, Direktionssekretär, Mitglied des Obergerichts, Präsident der Arbeitsgruppe für die Verwaltungsreform (vgl. Regierungs- und Verwaltungsreform im Kanton Aargau, Aarau 1968), interimistischer Rechtskonsulent des Regierungsrates, Experte in vielen heiklen Rechtsfragen und Kommandant aargauischer Truppen.

KURT EICHENBERGER ist nicht nur für den Kanton Aargau, sondern auch für andere Kantone, Bund und Gemeinden tätig. So hat er unter anderem an der Reorganisation der Bundesverwaltung entscheidend mitgewirkt (vgl. Bericht und Gesetzesentwurf der Expertenkommission für die Totalrevision des Bundesgesetzes über die Organisation der Bundesverwaltung, Bern 1971) und ist an den Arbeiten für die Totalrevision der Bundesverfassung als Mitglied der Arbeitsgruppe Wahlen (siehe Schlußbericht der Arbeitsgruppe für die Vorbereitung einer Totalrevision der Bundesverfassung, Band VI, Bern 1973) sowie als Mitglied der Expertenkommission Furgler (hier als Präsident der Subkommission III, die sich mit den Organen des Bundes und der Verfassungsrevision auseinandersetzte; vgl. Bericht der Expertenkommission für die Vorbereitung einer Totalrevision der Bundesverfassung, Bern 1977) maßgeblich beteiligt. Wer neben dem anspruchsvollen, von KURT EICHENBERGER mit großem Engagement ausgeübten Beruf des Hochschullehrers und vielen Nebenämtern (etwa denjenigen des Rektors der Universität Basel und des Präsidenten des Schweizerischen Juristenvereins) in solchem Maße der Öffentlichkeit dient, kann – sollte man meinen – nicht auch noch ein großes wissenschaftliches Werk zustande bringen. Dem rastlosen Schaffer KURT EICHENBERGER ist auch dies gelungen. Aus einer imponierenden Zahl von Aufsätzen, Beiträgen und Schriften konnten die Herausgeber auslesen, was nun den vorliegenden stattlichen Band ausmacht. Der Kanton Aargau, der wohl am meisten vom selbstlosen Einsatz KURT EICHENBERGERS für das Gemeinwesen profitiert hat, bringt seine Dankbarkeit dadurch zum Ausdruck, daß er einige der wichtigen Schriften von KURT EICHENBERGER, die zum Teil nicht mehr leicht zugänglich sind, in einem Sammelband vereinigt herausgibt, um so der Öffentlichkeit einen Ausschnitt aus dem Gesamtwerk vorzustellen.

Es steht den Herausgebern nicht zu, die wissenschaftliche Leistung von KURT EICHENBERGER zu würdigen. Sie dürfen aber doch wohl aus der Sicht der Praktiker und Politiker darauf hinweisen, daß sich KURT EICHENBERGER, wie der vorliegende Band zeigt, immer wieder der bedrängenden Probleme des modernen Staates annimmt, sie analysiert und Lösungen aufzeigt. Indem er die für Praxis und Politik bedeutsamsten, aktuellsten Fragestellungen – etwa im Bereich der Rechtssetzung oder der Behördenorganisation – aufspürt, zu Themata macht und der wissenschaftlichen Klärung zuführt, leistet er wiederum dem Gemeinwesen unschätzbare Dienste. Auch dafür gebührt ihm unser Dank.

Im Namen des Verfassungsrates	Im Namen des Regierungsrates
Der Präsident:	Der Landammann:
Fritz Stäuble	Dr. Kurt Lareida
Der Sekretär:	Der Staatsschreiber:
Dr. Heinz Suter	Dr. Josef Sieber

Aarau, 3./12. März 1980

Inhaltsverzeichnis

Demokratischer Staatsaufbau

Richterstaat und schweizerische Demokratie

I. Die Justiz im Rechtsstaat

1. Der Dienst am Recht

Vor bald 50 Jahren hat FRITZ FLEINER in seiner viel erwähnten Abhandlung in der Festgabe für OTTO MAYER[1] den Beamtenstaat und den Volksstaat als zwei Haupttypen der staatlichen Organisation geschildert. Er hat die Kantone als echte Volksstaaten charakterisiert, weil in ihnen das Berufsbeamtentum als Stand und als bürokratische Organisation mit einem eigenständigen Autoritätsanspruch fehle und die Kompetenzträger entweder unmittelbar aus dem Volke geholt oder doch durch das Volk bestellt würden. Im Volksstaat herrsche Selbstverwaltung vor, sei Selbstregierung des Volkes nahe an der Verwirklichung, selbst wo sie sich als differenziert organisierte Staatsverwaltung vollziehe[2]. Sodann hat FLEINER festgehalten, im Volksstaat würden zwar Gerichts- und Verwaltungsämter grundsätzlich gleich behandelt; dennoch werde die Justiz durch den Gegensatz von herrschaftlichem Beamtenstaat und genossenschaftlichem Volksstaat nicht beeinflußt. Die Justiz steht nach ihm außerhalb solcher Strukturfragen.

Sie ist in der Tat eine *eigenartige Größe*, die aus der Rechtsprechungsaufgabe das Gesicht erhält und sich – vorerst – unbeeinflußt von politischen Bauprinzipien unter jeder Staatsform von rechtsstaatlichem Gehalt wesensmäßig auch gleich darstellen muß. Sie existiert in einer *Eigengesetzlichkeit,* die von positivrechtlichen Ausgestaltungen relativ unabhängig ist[3].

Nach einem im Jahre 1961 vor dem Luzerner und vor dem Basler Juristenverein gehaltenen Vortrag. Zeitschrift für Schweizerisches Recht 82 I, 1963, S.1–37. Verlag Helbing & Lichtenhahn, Basel 1963.

[1] Festgabe aus dem Jahre 1916. Der Beitrag FLEINERS ist wieder abgedruckt in dessen Ausgewählte Schriften und Reden, Zürich 1941, S.138 ff.

[2] Zur Problematik der volksstaatlichen Verwaltung und der am Idealtypus der Selbstverwaltung orientierten Staatsverwaltung: RICHARD BÄUMLIN, Verfassung und Verwaltung in der Schweiz, in: Festschrift für Hans Huber, Bern 1961, S.69 ff., insbes. S.73 f., 85 ff., 90 f.

[3] Ähnlich RUDOLF SMEND in seiner Festansprache zum zehnjährigen Bestehen des deutschen Bundesverfassungsgerichts: «Gericht und Richtertum gehören zu den ältesten und unabdingbaren Grundlagen menschlicher Gesittung. Das positive Recht gibt ihnen Gestalt, stellt ihnen ihre Aufgabe, regelt ihr Verfahren. Aber in den so gezogenen Schranken führt die Justiz ihr Leben nach einer Eigengesetzlichkeit, die kein Gesetzgeber ändern kann» (DJZ 1962, S.231).

Was Rechtsstaat sein will – und Rechtsstaatlichkeit ist nicht an den volksstaatlichen Typus im Sinne FLEINERS oder an eine «reale Volksherrschaft» im Sinne IMBODENS [4] gebunden, sondern lediglich an die Idee des «gemäßigten Staatswesens» [5] – *bedarf der unabhängigen richterlichen Gewalt* [6]. Hier findet das auszeichnende Anliegen, dem Recht im objektiven und subjektiven Sinne in der Staatswirklichkeit Geltung zu verschaffen, zuverlässige Stütze. Justiz ist, wie die Erfahrung lehrt, insbesondere unentbehrlich für eine konkretisierende Inhaltsverschaffung und Sicherung der Grundrechte für den Einzelnen; ohne sie kommen die Grundrechte häufig zu keiner echten Normativität und Gewißheit [7]. Sie behütet ferner und vor allem das Gesetz in seiner klassischen Gestalt; sie sorgt für eine kunstgerechte Anwendung, bewahrt ihm Vorbehalt und Vorrang [8] und sichert ihm in meist unscheinbaren, aber stetigen Schritten den notwendigen Weg der schöpferischen Fortbildung, indem es dem im Rechtssatz verfestigten Rechtsgedanken den Zugang zum lebendigen Geist und zur realen Tat bahnt oder mangelhaftes gesetztes Recht lebenstauglich macht.

[4] MAX IMBODEN, Die politischen Systeme, Basel 1962, unterscheidet drei Formen der «realen Volksherrschaft», nämlich die genossenschaftliche Demokratie, Demokratie durch Gruppenkonkurrenz und plebiszitäre Demokratie. Er konfrontiert sie mit vier andern Haupttypen: dem repräsentativen Verfassungsstaat, dem marxistisch-kommunistischen Staat, der pluralistischen Funktionsgemeinschaft, dem personenbezogenen Regierungsstaat.

[5] Vgl. ULRICH SCHEUNER, Die neuere Entwicklung des Rechtsstaats in Deutschland, in: Festschrift zum hundertjährigen Bestehen des Deutschen Juristentages, Karlsruhe 1960, S. 242. Immerhin ist die Realisation des Rechtsstaates auf Demokratie (wenn nicht in Institutionen, so doch in der Haltung des Volks und in einer staatlichen Grundgesinnung) immer auch wieder angewiesen, sichtbar z. B. in der englischen Monarchie bis zu ihren (auch institutionell demokratischen) Wandlungen in der zweiten Hälfte des 19. Jahrhunderts. Die Demokratie bildet für den vollendeten Rechtsstaatsgedanken konstitutives Element, das freilich in antinomische Stellungen zu dieser Idee geraten kann. Vgl. WERNER KÄGI, Zur Entwicklung des schweizerischen Rechtsstaates seit 1848, ZSR 71, 1952, S. 173 ff.

[6] KARL AUGUST BETTERMANN, Die Unabhängigkeit der Gerichte und der gesetzliche Richter, in: BETTERMANN / NIPPERDEY / SCHEUNER, Die Grundrechte, Band III/2, Berlin 1959, S. 525 ff.; KURT EICHENBERGER, Die richterliche Unabhängigkeit als staatsrechtliches Problem, Bern 1960, S. 56 ff.

[7] Zu den Sicherungen der Grundrechte als Positivierung der Menschenrechte vgl. ERNST FRIESENHAHN, Artikel «Menschenrechte» in: STRUPP-SCHLOCHAUER, Wörterbuch des Völkerrechts II, 2. Aufl., Berlin 1961, S. 507. Vgl. auch unten Anm. 39.

[8] In der richterlichen Prüfungsbefugnis (Normenkontrolle) verschafft sich die demokratisch-rechtsstaatliche Ordnung ein wesentliches Sicherungsmittel des Gesetzgebungsstaats gegen den in die Verordnung ausbrechenden Exekutivstaat. Aber das sieht die Praxis kaum, oder will es nicht zugeben. Zu den Grundlagen solcher durchgreifender Sicherung instruktiv: HANS BRUNNER, Die Überprüfung der Rechtsverordnungen des Bundes auf ihre Verfassungs- und Gesetzmäßigkeit, Bern 1953, S. 32 ff., 40 ff.

Mit der Betreuung von Grundrecht und Gesetz dient die Justiz nicht nur den Dominanten des verwirklichten Rechtsstaats, sondern greift tiefer zu den Fundamentalwerten des Rechts überhaupt. Sie verpflichtet sich auf Gerechtigkeit und Wahrheit und bringt diese Werte an die Oberfläche der Staatswirklichkeit. Aus jener Bindung heraus schafft sie in der konkreten Auseinandersetzung die ordnungsbegründende Entschiedenheit und stellt Frieden her. Zwar läßt sie unvermeidlich die sachlogischen Ausrichtungen, die Natur der Sache durchaus zum bestimmenden Zuge kommen [9], zieht sie im Urteil aber immer wieder hinauf auf die aus der ethischen Verhaftung angeleuchtete Ebene der Rechtsidee. Damit hält zumindest in *einer* staatlichen Gewalt die unbedingte Forderung Einzug, sich zu bemühen, daß für das individuelle wie das soziale Leben *Vernunft und Vernünftigkeit als Ziel und Möglichkeit* immer wieder zu erstehen vermögen [10, 11].

Blicken Administration und Regierung, zunehmend aber auch das Parlament auf die Realisation des Gemeinwohls durch zweckmäßige Maßnahmen und durch die Behauptung der heute vielfach in Frage gestellten

[9] Zur Verknüpfung materialer Wertgesichtspunkte mit der Natur der Sache und der Möglichkeit, die in den «Sachen» selbst liegenden Merkmale aufzudecken unter Erfassung der in der rechtlichen Regelung leitenden Wertgesichtspunkte: GÜNTER STRATENWERTH, Das rechtstheoretische Problem der Natur der Sache, Tübingen 1957 (zum Teil abweichend von HELMUT COING und JOSEF ESSER).

[10] Als Forderung an den Einzelnen: KARL JASPERS, Vernunft und Widervernunft in unserer Zeit, München 1950, insbes. S. 41 ff.; Wahrheit und Wissenschaft, Basler Universitätsreden 42. und 43. Heft, Basel 1960. – Doch weitet sich die Forderung in den gesellschaftlichen-staatlichen Raum (auch bei JASPERS, etwa in: Die geistige Situation der Zeit, 5. Aufl., 3. Abdruck, Berlin 1953, insbes. S. 81 ff.).

[11] Die richterliche Gewalt erlangt damit eine gesellschaftlich-staatliche Funktion, die derjenigen der Universität eine Strecke weit sehr ähnlich ist. Sie strebt wie diese nach vorbehaltsloser Offenheit in methodisch-wissenschaftlichem Gang aus philosophischer Zielsetzung, gerichtet auf Erkenntnis des Wahren (das immer auch in Gerechtigkeit ausmündet). Entscheidend abweichend tritt dann in der Justiz freilich ein Autoritätsanspruch auf, der dialektische Bezüge schafft; denn Autorität ist hierarchisch und verzichtet letztlich auf das Überzeugen durch die Diskussion Gleichgestellter (ähnlich: HANNAH ARENDT, Fragwürdige Traditionsbestände im politischen Denken der Gegenwart, Frankfurt a. M., o. J., S. 118). Für den Staat aber stellt sich wiederum eine ähnliche Forderung: Wie er sich auf höhere Werte ausrichtet und die seine unmittelbaren Lebensbedingungen übersteigenden Zielsetzungen stützt und trägt, indem er die Universität schafft und zugleich in maximale Autonomie versetzt (vgl. KARL JASPERS / KURT ROSSMANN, Die Idee der Universität, Berlin / Göttingen / Heidelberg 1961, S. 114 ff., 144 ff., 228 ff.), so instituiert der Rechtsstaat die auf Fundamentalwerte gerichtete Justiz mit der spezifischen richterlichen Unabhängigkeit, in der Erwartung, damit die staatliche Ordnung als Bemühung um Recht auszuweisen. Dabei erfährt wie jede Institutionalisierung geistiger Werte (Ziele) die richterliche Gewalt die Gefahr: «Die Organisation trägt den Geist und sichert seinen Bestand und zugleich verändert und gefährdet sie sein Leben und seine Gehalte» (HANS WENKE, Geist und Organisation, Zur Charakteristik unseres Zeitalters, Tübingen 1961).

staatlichen Macht, so bricht in der richterlichen Gewalt eine Staatsanschauung hervor, die trotz allen Anfechtungen im industriellen Massenzeitalter[12] immer noch auf der *Idee von der sittlichen Autonomie des Individuums* gründet und den Staat vornehmlich auf die Verfolgung von Rechtszwecken oder doch rechtlich durchdringbaren Zielen mit rechtlich kontrollierbaren Mitteln beschränkt. Es sind Auffassungen, die in der Aufklärung ihre bestimmte Prägung erhalten, im Liberalismus und Konstitutionalismus politische Gestalt gewonnen haben. Die Idee ist aber relativ frei gegenüber ihrer Historie und sollte im unentrinnbaren Sozialstaat des 20. Jahrhunderts nicht abgeschüttelt werden können. Wenn der Rechtsstaat vom Gedanken der Bindung staatlicher Macht und staatlicher Tätigkeit an das Recht getragen ist und wenn das Recht, das wesensgemäß Zügel anlegt und gehaltvoll ordnet, in der Hand der Justiz vorwiegend den Schwachen und Bedrängten schützt, so darf man daraus doch nicht das Mißverständnis nähren, Rechtsstaat und Justiz seien einem unbegrenzten Individualismus verhaftet, in dem sich der isolierte Mensch vor allem gegen den maßlosen Staat oder die sozialen Lasten zu behaupten suche. Die *richterliche Gewalt* ist breiter angelegt und *geht auf das Recht in seiner komplexen Struktur*. So erhebt sie sich über bloß subjektivistische Dienste, sieht sich berufen zum Schutze des Rechtes schlechthin, worin Menschenwürde und Freiheit zwar als Kern eingeschlossen sind, nicht aber das Ganze ausmachen. Die Doppelstellung des Menschen als Individual- wie als Sozialperson schlägt sich im Rechte nieder[13], und das Recht steht immer wieder neu vor dem Problem der in eine Ordnung einzufügenden, so schwer zu bestimmenden Individualität[14]. Die richterliche Gewalt aber hat Genüge zu tun den Schutzaufgaben eines dergestalt spannungserfüllten, dualistischen Rechts.

Aus der Aufgabe am Recht erlangt der Rechtsstaat eine besondere *Affinität zur rechtsbehütenden Justiz*. Diese ist die ihm adäquateste staatliche Gewalt.

[12] HANS HUBER, Das Staatsrecht, in: Festschrift für Fritz Marbach, Bern 1962, S. 460, hält im Anschluß an WILHELM RÖPKE am Tatbestand der Vermassung des Zeitalters fest, obwohl eine gewisse Strömung in Staatslehre und Staatsphilosophie sie in Frage ziehen wollte. Vgl. auch WILHELM RÖPKE, Die Massengesellschaft und ihre Probleme, in: Masse und Demokratie, Erlenbach-Zürich / Stuttgart 1957, S. 13 ff.

[13] Vgl. HANS HUBER, Das Menschenbild des Rechts, ZSR 80 I, 1961, S. 12 ff.

[14] Vgl. HANS BARTH, Die Idee der Ordnung, Erlenbach-Zürich / Stuttgart 1958, S. 196 ff.; Das Problem der Individualität, in: Schweizer Beiträge zur Allgemeinen Geschichte, 18/19 (1960/61) *in memoriam* Werner Näf, S. 121 ff., insbes. S. 129 ff.; HEINRICH HENKEL, Recht und Individualität, Berlin 1958, *passim*.

[15] Und zwar vorerst im Sinne des römischen Begriffs der *auctoritas*, die als Korrelat zur Freiheit des römischen Bürgers dessen Anerkennung einer durch Persönlichkeit und Leistung hervorragenden Lenkung in sich begreift. Sie ist insofern nicht Imperativ oder Zwang, sondern bindende Gefolgschaft des Freien aus vernunftgetragener Einsicht gegenüber dem durch Erfahrung, Urteilsfähigkeit und innerer Überlegenheit Hervorra-

2. Das Ringen der Justiz um Autorität

Ob der richterlichen Gewalt solche anspruchsvolle Aufgabe gelingt, hängt ab davon, ob sie soziale Autorität erlangt. Richten fordert Autorität[15]. Denn es übersteigt das Erkennen und ein wissenschaftlich getragenes Feststellen dessen, was *in concreto* Recht und Wahrheit sei oder ihnen doch nahe komme: Es drängt darüber hinaus zur Verbindlichkeit, d.h. zur anerkennungsfähigen, nicht mehr bestreitbaren Gültigkeit aus legitimierter Sozialpotenz. Die Justiz ruht jedoch nicht in sich selbst und erfüllt den Autoritätsanspruch nicht aus sich allein. Sie muß ihre *Autorität stets ableiten*, und zwar erstens aus der lebendigen Würde des Rechts, zweitens aus einer umfassenden richterlichen Unabhängigkeit, kraft der zulänglich judiziert wird, und drittens selbst aus der Bejahung durch den Souverän[16]. Richter und richterliche Gewalt müssen deshalb im Staat von volkssouveräner Legitimierung die eigene Autorität auf die autoritätsbegründende Kraft des Volkes zurückführen. Das ist kein abgeschlossener Regreß, der mit einer verfassungsrechtlichen Verankerung und der legitimierenden Wahl durch Volk oder Volksvertretung schon abschließend geleistet wäre, sondern ein dynamischer Vorgang in ständiger und wechselseitiger Kommunikation.

Das Urteil als sichtbare Manifestation der richterlichen Gewalt soll als richtig empfunden und – schließlich – verstanden oder vertrauend akzeptiert werden können, von den Beteiligten zunächst, dann aber vom Volke schlechthin. Ähnlich wie die Regierung mit dem gouvernementalen Akt, die Legislative mit dem Gesetz, so hat der Richter billigende Anerkennung seines Entscheides zu suchen. Er mag losgelöst und gar gegen die unbestimmte Größe der Volksmeinung richten, und er wird es wegen seiner höchsten Verpflichtung auf Wahrheit, Recht und Gesetz immer wieder tun müssen. Trotzdem wird er Beziehung und Nähe zum Volke suchen, ohne deswegen um die Gunst der Tagesmeinung zu buhlen oder abzusinken zum

genden. Vgl. zum Begriff der *auctoritas* im Anschluß an Theodor Mommsen: Ernst Meyer, Römischer Staat und Staatsgedanke, Zürich 1948, S. 244 ff.; Carl J. Friedrich, Die Philosophie des Rechts in historischer Perspektive, Berlin/Göttingen/Heidelberg 1955, S. 124 f. Zum komplexeren Autoritätsproblem der Gegenwart vgl. aber zudem die in Anm. 11 zitierte Arbeit von Hannah Arendt; ferner Max Imboden, Die politischen Systeme, S. 114 ff.; Gerhard Möbus, Autorität und Disziplin in der Demokratie, Köln/Opladen 1959.

[16] Das alte Schwertamt war dem Souverän vorbehalten, und dieses Schwertamt ist in allen modernen Gerichtsbarkeiten insofern enthalten, als sie auch auf eine durch den Souveränitätsträger anerkannte Gerechtigkeit ausgerichtet sind. In Abwandlung des Satzes von Hobbes «*auctoritas, non veritas facit legem*», wo die *auctoritas* nicht als willkürliche Potenz, sondern als der souveräne Träger von Wahrheit und Vernünftigkeit gedacht ist, kann man sagen, daß dem Souverän selbst Autorität eignet und der Gebrauch seiner vollkommenen Herrschaftsrechte zum gerechten Richten führen muß.

Sprecher simplifizierender Strömungen. Er darf Mensch unter Menschen sein, einbezogen in die allgemeine Sozietät bei ununterbrochenem Kontakt und mit hellem Ohr und offenem Auge. In der hin und her flutenden Verbindung nährt sich soziologisch so gut wie ideell eine richterliche Autorität, die auch im modernen Staat das *Schwertamt als Ausdruck einer wertmäßig vollkommenen Gewalt* zu begründen vermag.

In der wechselseitigen Beziehung bei gefestigter richterlicher Autorität ersteht eine *Repräsentationskraft des Richters,* in der besonders bedeutungsvoll die rückstrahlende Wirkung auf andere Behörden und das Volk wird: Die Justiz prägt Rechtsauffassungen, formt ein Rechtsgefühl und einen vom Recht durchdrungenen Volksgeist. Sie soll – nicht allein, aber nach Fähigkeit und Verantwortung wohl an vorderer Stelle – im Sozialkörper jene Rechtsgesinnung schaffen, auf die jede Rechtsstaatlichkeit angewiesen ist. Das Edukative, das im Recht angelegt ist und seine soziale Lenkungsfähigkeit fundiert, ist dem Richter als vornehme Aufgabe überantwortet.

3. *Der Bezug auf das demokratische Konstitutionsprinzip*

Darf man derartige Feststellungen für den Rechtsstaat und seine Justiz relativ-allgemeingültig machen, so ist doch nicht zu übersehen, daß die besonderen politischen Konstitutionsprinzipien und die konkreten politischen Gestaltungskräfte, die in einem Staate walten, die richterliche Gewalt wesentlich mitbestimmen. Justiz ist in der Schweiz – bei allen Gemeinsamkeiten – etwas anderes als in Deutschland, Frankreich, in den Vereinigten Staaten oder in England. Das Auszeichnende in der Schweiz ist offensichtlich der ideelle und soziologische Bezug auf die direkte Demokratie[17]. Man mag die Behauptung wagen, es gebe eine *demokratische Justiz,* die Gegenbegriffe fände etwa in einer aristokratisierten Justiz nach englischem Modell oder in einer verbeamteten Rechtsprechungsgewalt nach deutscher Manier. Darin liegt kein Widerspruch zu der vorhin dargelegten allgemeinen Beziehung der richterlichen Gewalt zum Volke, die in jedem Rechtsstaat mit volkssouveräner Legitimitätsgrundlage angestrebt wird. In der demokratischen Justiz ist darüber hinaus eine spezifische Verflechtung sichtbar.

Es soll hier indessen nicht der Frage nachgegangen werden, in was diese Verflechtung im einzelnen besteht[18]. Es soll vielmehr ein Blick geworfen

---

[17] Ein Spezifikum ergibt sich auch etwa aus dem föderalistischen Staatsaufbau, zumal bei der grundsätzlichen Trennung der Gesetzgebungshoheiten in bezug auf Gerichtsverfassungs- und Verfahrensrecht einerseits und auf materielles Recht andrerseits. Vgl. Hans Huber, in: Berner Kommentar, Einleitungsband, 1962, N. 45 ff. zu Art. 6 ZGB; Josef Voyame, Droit privé fédéral et procédure civile cantonale, ZSR 80 II, 1961, S. 70 ff.

[18] Dazu vgl. Kurt Eichenberger, a. a. O., S. 105 ff., 236 f., 247 ff., 264 ff.

werden auf die Problematik der richterlichen Gewalt mit Richtermacht und im sogenannten Richterstaat, jedoch unter den Aspekten der spezifisch demokratischen Justiz.

II. Die Justiz im Wandel von Gesetz und Staat

1. Der Abbau des Gesetzes und des Gesetzgebungsstaates
Die rechtsstaatliche Demokratie ist dem Gesetz und dem Gesetzgebungs-staat verhaftet. Für sie ist das durch die Volksvertretung oder die Aktiv-bürgerschaft gegebene Gesetz allgemeine Norm, Träger des normativen Ausdrucks des Rechts – schlechtweg und unbedingt. Es ist zugleich Ausdruck des souveränen Volkswillens[19]. Der Richter wird unbedenklich an das Gesetz gebunden: Wendet er es an, verwirklicht er das auf die höchsten Rechtswerte ausgerichtete Recht, spricht er im Namen des Volkes nach dem Willen des Volkes. Und dieser Wille ist lückenlos; vollständig ist sein verbindlicher Ausdruck in der Gesetzesform. Demokratie, auch rechts-staatlich gegründete, ist gesetzesgläubig[20], und sie wird damit zu einer tragenden Säule des Positivismus[21], der sich im 19. Jahrhundert auch bei uns mächtig entfaltet. Wie jene vertraut dieser unausgesprochen darauf, daß der Gesetzgeber Sittengesetz und Vernunft als selbstverständlich gewährleiste und im gesetzten Erlaß zur dauerhaften Darstellung bringe[22]. Solcher Glaube ist heute in Frage gestellt. Vielfach ist er gar erschüttert. Einmal ist das Gesetz nur noch in begrenzten Bereichen die dauernde und generell-abstrakte Norm, die in systematischer und begrifflicher Klarheit und Vollständigkeit menschliches Verhalten ordnet. Im Sozial- und Ver-waltungsstaat ist der Parlaments- und Volkserlaß häufig zweckorientierter Akt konkreter Aufgabenbewältigung, situationsgebundene Anordnung zur Lenkung augenblicklicher Bedürfnisse oder zum kurzfristigen Aus-

[19] Vgl. jetzt HANS HUBER, Das Staatsrecht, S. 462; der Autor nennt es «das zentrale Institut unserer föderativen und rechtsstaatlichen Demokratie» und charakterisiert es daneben in seiner komplexen Bedeutung. Vgl. auch HANS W. KOPP, Inhalt und Form der Gesetze als ein Problem der Rechtstheorie, II, Zürich 1958, S. 504 ff.

[20] Auf demokratische Ursprünge ließe sich auch der schweizerische Kodifikationsgedanke teilweise zurückführen. Es wird sichtbar oder klingt doch an bei PETER LIVER, Das schweizerische Zivilgesetzbuch, Kodifikation und Rechtswissenschaft, Festvorlesung, ZSR 80 II, 1961, S. 193 ff.; DERSELBE, Das schweizerische Zivilgesetzbuch, Entstehung, ZSR 81 I, 1962, S. 24; DERSELBE, in: Berner Kommentar, 1962, N. 72, 77 ff. der Einlei-tung.

[21] Zur Beziehung von Gesetz und Positivismus in der geschichtlichen Entwicklung: ERNST WOLFGANG BÖCKENFÖRDE, Gesetz und gesetzgebende Gewalt, Berlin 1958, S. 210 ff.

[22] Vgl. JÜRGEN FIJALKOWSKI, Der Weg zum Führerstaat, Ideologische Komponenten in der politischen Philosophie Carl Schmitts, Köln / Opladen 1958, S. 25, 110, 123.

gleich widerstreitender Gruppeninteressen. Am schwer erfaßbaren *Phänomen des Maßnahmegesetzes* ist offensichtlich nicht vorbeizukommen, und seine Bedrohlichkeit für den Rechtsstaat läßt sich nicht dadurch verringern, daß das Recht wesensmäßig als prozeßhafte Meisterung besonderer geschichtlicher Situationen verstanden wird; denn Recht will immer auch noch mehr sein, nämlich zumindest ein Versuch zur Stabilisierung der Sozialordnung nach werthaften Ideen. Das Maßnahmegesetz macht diesen Gang nicht mit. Wie auch immer sein Bild gezeichnet wird und seine Klärungen sich schließlich ausnehmen werden [23] – es steht für die Tatsache einer Flucht des Normativen aus dem Erlaß, heiße er Gesetz, Bundesbeschluß, Verordnung oder auch anders.

In zweiter Linie verliert das Gesetz in einer eifrigen legislativen Produktion ein gleichsam *natürliches Ansehen* sowohl beim Rechtsunterworfenen als auch beim autoritativen Rechtsanwender. In einer überreichen Gesetzgebung wechselt breite Kasuistik mit ungehemmten Generalklauseln, ängstliche Einengung der Rechtsanwendung mit zügellosem Ermessen. Das heutige Gesetz geht nur begrenzt in das Bewußtsein ein, und das oft selbst dann, wenn es noch «klassisch» strukturiert ist, d. h. von erfühlbaren *und* rational erfaßbaren Rechtswerten mit stabilisierender Wirkungsmöglichkeit durchdrungen ist. Zudem weicht das alte Monopol des Gesetzes dem Sonderrecht intermediärer Gewalten, das wegen seiner vertragsähnlichen Entstehung und seines Anscheins freiheitlicher Rechtsgestaltung hoch im Kurse steht und das Gesetz oft als minderwertig diffamiert, aber seinen Charakter als Verbandsrecht ohne Verpflichtung auf das inhaltsschwere Gemeinwohl nicht abzustreifen vermag.

In dritter Linie hat sich die *Struktur der Gesetzgebungsorgane und das Verfahren der Rechtserzeugung* so geändert, daß Natur und Geltung des Gesetzes selbst davon betroffen sind. Das Parlament ist keine ungebundene Repräsentation der Nation in deren besten Qualitäten, sondern Proporz-Spiegelbild einer pluralistischen Gesellschaft, aufgelöst in komplizierte Interessengruppierungen, abhängig von außenstehenden Kräften, zuverlässigsten Halt empfangend von einer dirigierenden Exekutive, so weit sich diese zur Führung bereitfindet. Die Aktivbürgerschaft sodann ist nur mit Vorbehalten gefestigte Emanation des für Wertentscheidungen instinktsicheren gesunden Volksempfindens; denn sie ist recht häufig ausgeliefert einer nivellierenden Propagandatechnik, entgegengetrieben abstumpfen-

---

[23] Zusammenfassende Darstellung der deutschen Diskussion um das Maßnahmegesetz, die wesentlich getragen wurde von ERNST FORSTHOFF, CHRISTIAN-FRIEDRICH MENGER, HERBERT WERHAHN, KURT BALLERSTEDT, jetzt bei KARL ZEIDLER, Maßnahmegesetz und «klassisches» Gesetz, Karlsruhe 1961, der sich gegen eine Teilung des Gesetzesbegriffs ausspricht und im Maßnahmegesetz keinen juristisch relevanten Begriff sieht, jedoch das Phänomen als tatsächliche Erscheinung anerkennt.

den Massenreaktionen, freilich manchmal wieder von einem erstaunlichen Aufschwung zu differenzierendem Vermögen. Jedenfalls muß das Gesetz zur Erlangung der ominösen Referendumstüchtigkeit[24], die oft als verdeckendes Schild für den Kampf organisierter Interessen untereinander und gegen staatliche Interessen verwendet wird, immer wieder Rechtsgehalte opfern. Gesetzgeberische Arbeit steht unter ständiger Zeitnot und Überlastung, und der zur Rechtserzeugung berufene Jurist wird seltene Erscheinung im Ratssaal.

Bei derartigen Voraussetzungen gedeihen tüchtige Gesetze nur beschwerlich und ohne Verlaß.

2. Die richterliche Gewalt in Bedrängung

Wandelt sich das Gesetz, wird der Gesetzgebungsstaat abgebaut und bodenlos: seine innere Rechtfertigung zerbröckelt[25]. Es wird aber auch die richterliche Gewalt getroffen, die in diesem Staat ideell, normativ und soziologisch eine bestimmte Funktion und Stellung wahrgenommen hat. *Die gewohnten juristischen Kategorien richterlicher Tätigkeit werden unzulänglich:* Systematisches und begriffliches Denken finden Widerstände, an der Sache einmal, aber auch im Rechtsleben. Mit den ins gemeine Recht zurückreichenden, an BINDING, WINDSCHEID, LABAND, OTTO MAYER oder FLEINER geschulten Denkweisen und Institutionen kommt man den neuartigen Rechtserscheinungen nur am Rande bei. Überkommene Auslegungsregeln verschaffen keinen Rechtsgehalt, und logische Subsumtionsvorgänge laufen ins Leere, wenn das Gesetz inhaltsleer, unklar oder grob lückenhaft ist. Wo nichts ist, kann der gesetzeshörige Rechtsanwender auch nichts zutage fördern. Und wo das Gesetz voll bindet, kann auch der tüchtige Rechtsanwender nicht über diesen Schatten springen: er muß es nehmen, wie es ist, selbst mit inhaltlichen oder formalen Mängeln.

Eine rigorose demokratische Auffassung ist geneigt, den Richter streng auch auf das mangelhafte Gesetz zu verpflichten. Sie kann sich *von der Präponderanz und der Omnipotenz des Gesetzgebers und des Gesetzes*, das für sie schon anlagemäßig mehr *voluntas* als *ratio* ist, *nicht lösen*. Sie verbindet sich leicht mit einem beharrlichen Positivismus. Für ihn gilt das Bild des Richters weiter, der in mechanistischen Abläufen ohne eigenen Willen gehorsam ausspricht, was ihm in Rechtssatz und Begriff mitgegeben worden ist. Es ist erstaunlich, wie hartnäckig sich in der schweizerischen Rechtspraxis positivistisches Denken hält. Es erklärt sich nicht nur aus

---

[24] Vgl. RICHARD BÄUMLIN, Strukturprobleme der schweizerischen Demokratie der Gegenwart, ZBJV 97, 1961, S. 96 f.

[25] Vgl. die Zusammenfassung der schweizerischen Entwicklung bei HANS W. KOPP, a.a.O., S. 666 ff.

dem berechtigten Bemühen, dem ausländischen Bildersturm es nicht unkritisch gleichzutun – nicht alles an positivistischer Methode ist von Übel und für immer abgetan –, sondern auch aus dem fragwürdigen Verharren in früh-konstitutionellen und extrem-demokratischen Leitbildern[26], als seien Recht, Staat und Gesellschaft noch die des 19. Jahrhunderts.

Rechts- und Staatslehre können dabei nicht stehenbleiben. Insbesondere müssen sie sehen, daß *die Rechtsprechung* in einem Wandlungsvorgang eingeschlossen ist und «*über bisherige Konventionen hinausdrängt*»[27]. Doch bedarf die Justiz nach wie vor der Hilfen. Eine wesentliche erwächst ihr in der Wissenschaft.

3. *Justiz und Jurisprudenz*

Die Rechtswissenschaft ist freilich in etlichen Sparten, vor allem im Verwaltungsrecht und dem damit verbundenen Verfahrensrecht, säumig. So hält etwa das Bemühen um die juristische Erfassung und Mitgestaltung mit dem ununterbrochenen Zustrom neuen und den Wandlungen vorhandenen Rechts nicht Schritt. Daß viel und zuweilen mangelhaft legiferiert wird und daß die Jurisprudenz nicht ständig in Alarmbereitschaft stehen kann, um unverweilt zu «verarbeiten», was die Gesetzesapparatur ausstößt, reicht zur Erklärung kaum hin. Eindringliche Systematisierungsversuche, begriffliche Klärungen, Erschaffung gefestigter Auslegungslehren namentlich im Bereich des öffentlichen Rechts, die Bloßlegung bestimmender Werte und ihre Umsetzung in das lebendige Recht – der *Rechtswissenschaft ist eine Fülle an brennenden Aufgaben aufgetragen*. Sie ist, um den schillernden Ausdruck hier unkritisch aufzunehmen, eine praktische Wissenschaft; sie soll dem so offensichtlich hilfsbedürftigen Rechtsanwender an die Hand gehen und zugleich mit freimütiger Kritik lenkend zurückwirken auf den fleißigen Rechtssetzer und seine revidierende oder neue Normierung[28].

---

[26] Die Erhaltung des Positivismus wurde in der Schweiz durch die Reine Rechtslehre gefördert, die philosophisch in einem durch den Neukantianismus begründeten Rechtspositivismus ruht (vgl. PETER BADURA, Die Methoden der neueren Allgemeinen Staatslehre, Erlangen 1959, S. 133 ff.) und bei der einzelnen Entscheidung straff gesetzesgebunden zu bleiben trachtet. HANS KELSEN, Was ist die Reine Rechtslehre?, in: Festgabe für Zaccaria Giacometti, Zürich 1953, S. 153, bezeichnet sie «geradezu die Theorie des Rechtspositivismus».

[27] FRANZ WIEACKER, Rechtsprechung und Sittengesetz, DJZ 1961, S. 337 ff., in einer Auseinandersetzung mit WEINKAUFF.

[28] Damit ist nicht einer Auffassung des Verhältnisses von Jurisprudenz und Rechtsprechung das Wort geredet, wie die Pandektistik und in ihr vor allem WINDSCHEID sie gekennzeichnet haben, nämlich als strenge Führung des Richters durch wissenschaftlich erarbeitete Begriffe und Systeme (in: Aufgaben der Rechtswissenschaft, 1884). FRANZ WIEACKER, Gründer und Bewahrer, Göttingen 1959, S. 192 ff., erörtert diesen «Epilog des wissenschaftlichen Positivismus» mit der Verkümmerung des Richters. Wenn die

So bestimmt die Forderung an die Jurisprudenz zu erheben ist, so eindeutig ist freilich auch, daß sie *der bedrängten Justiz Entscheidendes gebracht* hat und daß es *nicht angeht, der Rechtswissenschaft die Verantwortung für das Judizieren aufzuladen;* der Richter ist mehr als eine durch präzise Wissenschaft geleitete, neutralisierte Gestalt. An zwei Sachverhalte bedeutender Leistungen der Jurisprudenz ist hier zu erinnern:

Erstens hat die schweizerische Rechtslehre ruhig und ohne Aufhebens auch bei uns der Einsicht wieder Bahn gebrochen, daß Gesetze notwendigerweise unvollständig sind und den Rechtsanwender zu einem rechtsschöpferischen Vollenden und Fortbilden zwingen. Eine kritische Einstellung gegenüber dem Gesetz war zwar in der Schweiz nie ganz untergegangen. ANDREAS HEUSLER stellte sich gerade deswegen der Kodifikation entgegen, weil er einen Gesetzespositivismus abwenden wollte[29]. Die Praxis freilich schwenkte ein. Und sie wurde von positivistischen Einengungen noch nicht befreit, als Artikel 1 des Zivilgesetzbuches eine schöpferische Rechtsfindung im Anwendungsstadium anerkannte und in der Lehre bald die Interessenjurisprudenz die Begriffsjurisprudenz[30] ablöste; denn jene Einengungen waren auch bequem, indem sie vor allem die Rechtsanwender der geistigen Mühe und der ungewohnten Verantwortung einer eigenen Rechtsgestaltung enthoben. Dem Richterrecht und dem weit bescheideneren Gewohnheitsrecht als eigenständige Rechtsquellen theoretische und bewußte praktische Beachtung wieder verschafft, wertkritische Auslegungsmethoden verbreitet und überpositivrechtliche Rechtsgedanken als wegleitend erkannt zu haben, ist das Verdienst der Wissenschaft, vornehmlich der Privat- und Strafrechtslehre[31]. Im betreffenden Wechselgespräch

heutige Jurisprudenz «sich auf die tragenden Werte unserer Kultur zu besinnen und ihnen zum Durchbruch zu verhelfen» hat, wie DIETRICH SCHINDLER JUN., Die kulturelle Aufgabe der Rechtswissenschaft, Schweizer Monatshefte 42, 1962, S. 254 ff., fordert, so muß sie jedoch eine bewußte, modifizierte Führungsrolle wieder auf sich nehmen.

[29] Vgl. PETER LIVER, Das schweizerische Zivilgesetzbuch, Kodifikation und Rechtswissenschaft, a. a. O., S. 218, 223 ff.

[30] ARTHUR HOMBERGER, Begriffsjurisprudenz und Interessenjurisprudenz, ZBJV 68, 1932, S. 1 ff.

[31] Vgl. u. a. O. A. GERMANN, Methodische Grundfragen, Basel 1946; DERSELBE, Präjudizielle Tragweite höchstinstanzlicher Urteile, insbesondere der Urteile des Schweizerischen Bundesgerichts, ZSR 68, 1949, S. 297 ff. und 423 ff.; DERSELBE, Zur Überwindung des Positivismus im schweizerischen Recht, ZSR 71, 1952, S. 99 ff.; PETER LIVER, Der Wille des Gesetzes, Berner Rektoratsrede, Bern 1954; DERSELBE, Der Begriff der Rechtsquelle, ZBJV 91 bis, 1955, S. 1 ff.; CLAUDE DU PASQUIER, Les lacunes de la loi et la jurisprudence du Tribunal fédéral suisse sur l'article 1er du Code civil suisse, Basel 1951; HANS DUBS, Praxisänderungen, Basel 1949; KARL SPIRO, Über den Gerichtsgebrauch zum allgemeinen Teil des Obligationenrechts, Basel 1946; ARTHUR MEIER-HAYOZ, Der Richter als Gesetzgeber, Zürich 1951; DERSELBE, in: Berner Kommentar, Einleitungsband, 1962, N. 78 ff. zu Art. 1 ZGB.

zwischen «Theorie und Praxis» steht der fördernde Anteil der Justiz selbst doch wohl – alles in allem – erheblich zurück.

Zweitens hat die Staatsrechtslehre vorab in den letzten 20 Jahren die Umwälzungen von Staat und Recht aufgewiesen und ein «Recht – vor Gesetz – Denken» gerechtfertigt. Sie hat den Sinn für ein wertgebundenes, materiales Staatsdenken geweckt und zugleich den Tatsachen, der politischen und sozialen Wirklichkeit wieder Eingang in die Lehren vom öffentlichen Recht gewährt[32]. Die Staatspraxis zeigt eine wachsende, wenngleich zögernde Bereitschaft, sich ihren Erkenntnissen zu öffnen. In erster Linie ist es aber die Justiz, die sich damit ihrer Möglichkeiten und Bedeutung bewußter werden und sich eine gewisse Selbstsicherheit zulegen könnte.

4. Die Frage nach dem Richterstaat

Mit solchen Hilfen und Festigungen ist allerdings noch nichts darüber ausgesagt, was für eine Stellung die richterliche Gewalt im Gefüge des ganzen Staates, insbesondere im Zusammenspiel der integrierenden Verfassungskräfte, heute und morgen einnehmen soll und kann. Krisen- und Kriegsjahre wandelten die realen Machtverhältnisse im Staat dergestalt, daß der Verfassungskonzeption zum Trotz eine Art von demokratisch gemäßigtem Exekutivstaat verwirklicht wurde. Doch gab es dabei kein Halten. Die seitherige Entwicklung läßt vereinfachende Strukturformeln, wie die von der Organpräponderanz abgeleitete Form des Gesetzgebungs- oder Exekutivstaates, unzulänglich, weil zu unvollständig, werden. Der Abbau der staatlichen Herrschaft durch die innerstaatlichen Machtkörper der Interessenorganisationen, die Veränderungen in der Einstellung zwischen Staat und Bürger, der einem «individuellen Anspruchsdenken» (SCHEUNER) zuzielt und sich im übrigen in eine Privatsphäre abzusondern beginnt, die schwer durchdringbare Aufgabenbewältigung im Interventionismus, die Störungen im relativen Gleichgewicht zwischen Bund und Kantonen bzw. zwischen Staat und Gemeinden, die Verschiebung der Exekutivmacht von der Regierung auf die Verwaltung, die Problematik der Grundrechte in der industrialisierten Gesellschaft – das alles sprengt herkömmliche Integrationsvorgänge und ein an der Willensbildung ausgerichtetes Staatsverständnis. Für den Juristen aber stellt sich vorweg die beklemmende Frage, wie es gelinge, den Staat in diesem Gefälle aufzufan-

---

[32] Eine entscheidend überleitende Gestalt aus der Verhaftung im Neukantianismus, von dem WALTHER BURCKHARDT und (in: Ausprägungen der Reinen Rechtslehre) Z. GIACOMETTI ausgingen, war DIETRICH SCHINDLER SEN. (Verfassungsrecht und soziale Struktur, 1. Aufl., Zürich 1931). Die wegmachenden Leistungen dürften mit Schwergewicht bei HANS HUBER, WERNER KÄGI, MAX IMBODEN, HANS NEF, MAURICE BATTELLI liegen, während die katholische Staatsrechtslehre ihren tradierten Standort in ULRICH LAMPERT und WILHELM OSWALD fest verankert hielt.

gen und *dem Recht einen herrschenden Platz zu sichern*[33], wenn Exekutive, Legislative und intermediäre Gewalten die Gestaltung des Öffentlichen weiterhin teils nebeneinander, teils miteinander, teils gegeneinander handhaben. Ein überdachendes Übergewicht will man keiner dieser Kräfte überlassen, und ein Gleichgewicht scheitert daran, daß diese Kräfte vielschichtig, heterogen und verschiedenwertig sind, weswegen ein balancierender Ausgleich nur in Teilbereichen gelingen kann. Doch wird der Jurist immer wieder auf der *Suche nach institutionalisierten Möglichkeiten* anzutreffen sein, ohne freilich deswegen der Hoffnung nach einer harmonisierten «gemischten Staatsform» nachzuhangen. In der Institution aber verwirklicht sich der Staat als Handlungs- und Entscheidungseinheit und mit ihm das Recht am sichtbarsten, am zuverlässigsten[34].

Es scheint, das 20. Jahrhundert möchte integrierende Institutionalisierungen mit einer sozusagen noch unverbrauchten Kraft versuchen, mit der richterlichen Gewalt. Westdeutschland hat im Bonner Grundgesetz den «*Rechtswegstaat*» (JAHRREISS) angelegt. Es führt – bei selbstverständlicher Beibehaltung der Zivil- und Strafjustiz nach Herkommen – eine lückenlose Rechtskontrolle über den Gesetzgeber und die Verwaltung durch die Gerichte ein. Es läßt Auseinandersetzungen zwischen den obersten Staatsorganen durch den Richter entscheiden. Es baut die Ordnung der Grundrechte aus, stellt das Recht offensichtlich über das Gesetz, den fundamentalen Rechtswert über den legislatorischen Willen. Den Gerichten ist damit, wie OTTO BACHOF es formuliert hat, «die letzte Verantwortung für die Achtung und Bewahrung der verfassungsmäßigen Wertordnung übertragen». Dem Richter, insbesondere dem Bundesverfassungsgericht wird eine bestimmende Führungsrolle zugeschieden, und *die richterliche Gewalt wird in eine aktive Position gebracht*. Sie hat *entscheidenden Anteil am Integrationsprozeß*. Damit ist Richtermacht geschaffen, und der Staat hat die Anlage oder schon die Gestalt des Richterstaates[35]. Der Österreicher RENÉ MARCIC hat in einer alarmierenden und fesselnden Untersuchung den Richterstaat, der den Gesetzgebungsstaat ersetze, als unentrinnbar hinge-

---

[33] Vgl. MAX GUTZWILLER, Der Standort des schweizerischen Rechts, Festvortrag, ZSR 80 II, 1961, S. 245 ff., insbes. S. 265 f.

[34] Vgl. HANS W. KOPP, a. a. O., S. 728.

[35] Vgl. die zusammenfassenden Darstellungen von OTTO BACHOF, Grundgesetz und Richtermacht, Tübinger Rektoratsrede, Tübingen 1959; DERSELBE, Die richterliche Kontrollfunktion im westdeutschen Verfassungsgefüge, in: Festschrift für Hans Huber, Bern 1961, S. 26 ff.; HERMANN JAHRREISS, Demokratischer Rechts-Staat und Rechtsprechung, Der Rechtsweg-Staat des Bonner Grundgesetzes, in: Mensch und Staat, Köln / Berlin 1957, S. 115 ff.; DERSELBE, Rechtsprechung als Verfassungsschutz und Verfassungsschutz der Rechtsprechung, Referat für den 37. Deutschen Juristentag, Tübingen 1950; THEODOR MAUNZ, Deutsches Staatsrecht, 11. Aufl., München / Berlin 1962, S. 128 ff.

stellt und in ihm die Chance des Rechts für unsere Zeit erblickt[36]. Die ordnungsgestaltende Kraft des Richters an Stelle des Gesetzgebers scheint sich in der Tat zumindest für den Sozialstaat der pluralistischen Gesellschaft anzubieten, wo im konkreten Entscheid aus der Hand der richterlichen Autorität mit repräsentativem Vermögen eine Ausrichtung auf hohe Rechtswerte noch möglich sein sollte.

Auch wo soziologische Wandlungen des Staats mit unerhörter Beschleunigung ablaufen, wie es gegenwärtig der Fall ist, und wo die erschreckenden Entdeckungen von Einbrüchen und Umbrüchen in der Wertordnung entweder lähmen oder zu hastiger Aktion treiben, bleibt immerhin die Erfahrung, daß *in der Schweiz eine erhebliche Kraft zur traditionsgerechten Einfügung alles Neuen* waltet. Der gefestigte Hang zur «organischen Evolution» macht Krisenlagen des Rechts und des Staats nicht dermaßen bedrohlich wie im Ausland, hindert freilich auch den Aufschwung zu radikaler Wendung, wo darin Sanierungsmöglichkeiten sich anzeigten.

Ob Richtermacht und Richterstaat das zu leisten imstande sind, was sich das Ausland davon verspricht, bleibt vorderhand offen. Der Präsident des deutschen Bundesverwaltungsgerichts, FRITZ WERNER, hat in einer feinsinnigen Studie die Problematik beleuchtet[37]. Seine Bedenken würden in weitem Maß auch für die Schweiz gelten, wo indessen eine justizstaatliche[38] Entwicklung noch zusätzliche Hindernisse aus demokratischem Ursprung zu überwinden hätte.

III. Spannungen zwischen Demokratie und Justiz

1. Die gegenseitige Ergänzungsfähigkeit

Demokratie und richterliche Gewalt ergänzen einander. Beide stammen aus rechtsstaatlicher Wurzel, sind zum Dienst am Recht geeignet und zehren vom Recht und seinen Werten. Die Justiz vermag bedrohte demokratische Fundamente zu behüten, so die Grundrechte des freien

---

[36] RENÉ MARCIC, Vom Gesetzesstaat zum Richterstaat, Wien 1957, insbes. S. 347 ff.; 409 ff., 442 ff.; DERSELBE, Der Richter und die Verfassung, Juristische Blätter 83, 1961, S. 385 ff.

[37] FRITZ WERNER, Das Problem des Richterstaates, Berlin 1960.

[38] Z. GIACOMETTI, Die Verfassungsgerichtsbarkeit des schweizerischen Bundesgerichts, Zürich 1933, S. 106, bezeichnet die Kantone angesichts der staatsrechtlichen Beschwerde als Justizstaaten. Das ist nur begründbar, wenn der normative und tatsächliche Kompetenzbereich des Bundesgerichts gegenüber kantonalen Akten nicht bewertet wird. Die Beschwerdegründe sind zu gering, die Anfechtungsobjekte zu wenig zahlreich, die Kognition des Bundesgerichts und die Legitimation der Betroffenen zu sehr beschnitten, als daß eine justizstaatliche Lenkung der Kantone stattfinden könnte.

Bürgers[39], den freien Staat gegen Zersetzung und Anschlag[40]. Allein, in einem bedeutenden Rest bleiben sie widerstreitende Ideen und verharren in der Antinomie, jedenfalls bei der Ausgestaltung als direkte Demokratie. Das erweist sich heute schon, müßte aber in Schärfe hervortreten, wenn umfassende Verwaltungs- und Verfassungsgerichtsbarkeit in der Schweiz ausgebaut werden wollten, ohne die kein Richterstaat zustande käme.

2. Die Erfahrung des demokratischen Argwohns

Der schweizerischen Demokratie, die regelmäßig Züge der plebiszitären und absolutistischen Deformation[41] annimmt, sobald organisatorische Änderungen in der Richtung einer Auffrischung repräsentativer Faktoren mit Verschiebungen im politischen Kräftehaushalt erörtert werden, gilt die Mehrheit als oberste politische Entscheidungsinstanz, der sich letztlich alles unterzieht. *Sie* sagt – laut oder in der Andeutung von Wortführern – was Recht ist. Sie usurpiert dem stimmenden Volk das letzte Wort. Gleiches aber beansprucht schließlich auch die richterliche Gewalt für sich. Der *Richterspruch* ist der konkrete und mit unabänderlicher Rechtskraft ausgestattete Entscheid. Er ist insofern *stärker als die allgemeine Norm*, als der abstrakt ausgesprochene Volkswille. Mit der Auslegung und mit der schöpferischen Rechtsfindung hat der Richter es in der Hand, *seine* Rechtsauffassung durchzusetzen. Er kann dem Gesetzgeber, jenem Volkswillen und der öffentlichen Tagesmeinung trotzen. Das erregt den Widerwillen nicht nur für den Augenblick, im Einzelfall, der in das Rampenlicht der öffentlichen Anteilnahme gerät, sondern birgt die Quelle eines ständig fließenden Mißtrauens der Demokratie gegen die dritte Gewalt über-

---

[39] Der Grundrechtsschutz ist nicht auf die förmliche Verfassungsrechtsprechung beschränkt. Er kann sich in jeder Gerichtsbarkeit entfalten, vorzüglich in der Verwaltungsrechtsprechung. Vgl. CHRISTIAN-FRIEDRICH MENGER, Der Schutz der Grundrechte in der Verwaltungsgerichtsbarkeit, in: BETTERMANN/NIPPERDEY/SCHEUNER, Die Grundrechte, Band III/2, Berlin 1959, S. 717ff.; KARL AUGUST BETTERMANN, Der Schutz der Grundrechte in der ordentlichen Gerichtsbarkeit, ebenda, S. 779ff.; JOSEPH WINTRICH/HANS LECHNER, Die Verfassungsgerichtsbarkeit, ebenda, S. 643ff.; WILLI GEIGER, Grundrechte und Rechtsprechung, München 1959, S. 17ff.

[40] Daß die Justiz zum Dienst an der echten Demokratie fähig und für deren Bestand Garantin ist, zeigt sich darin, daß der absolute Staat ohne echte Rechtsprechung ist (GÜNTER DÜRIG, Artikel «Staatsformen», in: Handwörterbuch der Sozialwissenschaften, Band 9 [1956]). Zu den staatsschützenden Funktionsmöglichkeiten der Justiz vgl. OTTO KIRCHHEIMER, Die Justiz in der Politik, (zweite) Festgabe für Rudolf Smend, Tübingen 1962, S. 97ff.

[41] Zur totalitären Demokratie: WERNER KÄGI, Rechtsstaat und Demokratie, in: Festgabe für Zaccaria Giacometti, Zürich 1953, S. 108ff.; DERSELBE, Rechtsfragen der Volksinitiative auf Partialrevision, ZSR 75, 1956, S. 773aff. Zur plebiszitären Demokratie als einer Form des «Übergangs», des «Ausnahmezustandes»: MAX IMBODEN, Die politischen Systeme, S. 42ff.

haupt[42]. Nun ist eine derartige Zurückhaltung gegenüber allen Staatsorganen der direkten Demokratie inhärent. Die Organwalter sind Betraute, aber nicht Vertraute, und die direkte Beteiligung des Volkes an der Willensbildung ist in weitem Maße die institutionalisierte Möglichkeit zur unmittelbaren oder mittelbaren Intervention gegenüber Handlungen beauftragter Organe. Das trifft insbesondere die Verwaltung wie den Richter. Dieser aber gibt zusätzlich Anlaß zu einer zurückhaltenden Begegnung.

Mißliebig wirkt, daß ein *Einzelner oder ein kleines Kollegium letztinstanzliche Befugnisse* hat, die hinter einem Wall von Verantwortungsfreiheit gegenüber andern Staatsorganen und geschützt gegen soziale Abhängigkeiten Einwirkungen von außen entzogen sein sollen. Kein anderes Staatsorgan kann sich derart gegen soziale Mächtigkeiten abschirmen, zumal dann, wenn es zu Hoheitsakten befugt ist, an denen der Volkswille nicht mehr rütteln kann. Regierung und Parlament sind mit ihren Akten offene Einrichtungen, zugänglich und wandelbar. In der Volksvertretung findet die Demokratie die ihr gemäßeste Behörde. Die Justiz steht ihr in Fühlen und Werten, in Betrachtungsweise und Ausdrucksmöglichkeit vorerst fern[43].

Argwohn gründet sich darin, daß die *Richterschaft* etwas Überdurchschnittliches darstellen soll. Sie ist wesensgemäß ein *aristokratischer Faktor im demokratischen Staat*. Sie ist eine durch Wissen und Persönlichkeitswert ausgezeichnete Auslese, die um des richtigen Rechts willen gegenüber Beteiligten und Interessenverknüpfungen Distanz wahren und Zurückhaltung üben soll. Die Demokratie mit egalisierenden Tendenzen erträgt eine Artistokratie der Robe nur unter Vorbehalten. Das erweist sich etwa in den sozialen Reaktionen, allerdings nicht in allen Kantonen im gleichen Maß: Behörden und öffentliche Meinung lassen die Richterschaft, insbesondere die juristisch geschulte, durch Ignorierung buchstäblich auf dem dritten Platz und hindern sie an ausgreifender Sozialgeltung. Wenn dabei ein Teil

---

[42] Das leuchtet etwa auf bei der Handhabung des Gnadenrechts durch die Volksvertretung. Es zeigt sich sodann in der Kompetenzbeschränkung des Bundesgerichts unter der Verfassung von 1848 und die zögernden Erweiterungen bis 1943 (vgl. auch Z. Giacometti, a.a.O., S.35ff.). Man muß ferner in Art.113 Abs.3 BV durchaus einen Akt des Mißtrauens gegen die Justiz sehen.

[43] Max Imboden, Die politischen Systeme, S.84f. und 116ff. sieht im Richter einen neuen und bereits gesicherten Autoritätsträger in der «pluralistischen Funktionsgemeinschaft». Nun kann man sich fragen, ob die «pluralistische Funktionsgemeinschaft» ein eigenständiger Typus politischer Ordnung ist; näher liegt es, sie als soziologischen Unterbau oder als Sozialstruktur auch einer heutigen «realen Volksherrschaft» zu verstehen. Die Schweiz wäre dann als reale Volksherrschaft in pluralistischer Funktionsgestaltung zu bezeichnen, in der der Richter (noch?) nicht «zum hauptsächlichsten Verwalter ursprünglicher und ungebrochener ‹auctoritas›» herangediehen ist.

der unvermeidlichen Abneigung gegen den Juristen mitschwingt [44], so ist es darüber hinaus die Abwehrhaltung einer verflachenden Egalitärdemokratie, die das Bewußtsein dafür einzubüßen beginnt, daß sie der aristokratischen Komplementärkräfte bedürfte.

Argwohn nährt sich schließlich auch daraus, daß dem Volk in «guten Zeiten» das Recht kein zentrales Anliegen ist. Wo Volksmeinung sich dem Staat und dem Öffentlichen zuwendet, da geht es ihr vorweg um Wohlfahrt, Sicherheit, wirtschaftlichen Vorteil, Vergünstigung, Erleichterung. Recht ist ihr da häufig mehr Hinderung, unverstandene Form, Ballast denn Aufgabe und Ziel. Der Richter aber, der sich gleichsam störend einschiebt und sich zum Hüter des notwendigerweise begrenzenden und ausmessenden Rechts aufschwingen will, wird lästig. Und wo der Einzelne vor den Richter tritt, ist er mit seinem ganzen Sein engagiert, erwartet er die *Beachtung einer individuellen Gerechtigkeit*, verlangt er *Einzelfall-Gerechtigkeit*. Zumindest sucht er eine Art von «*Gruppen-Gerechtigkeit*», d. h. eine auf seine Sozialgruppe zugeschnittene und insoweit auch individualisierende Gerechtigkeit. Der Richter aber mißt nach einem Allgemeinen, typisiert, sucht Normgerechtigkeit, obschon er der Sonderheit des Einzelfalls bestimmenden Raum gewährt [45]. Die Demokratie, so scheint es, müßte zwar schon wegen ihres egalitären Zuges dafür Verständnis haben. Doch ist es, als erwarte sie zuweilen die Korrektur einer forcierten Gleichheitsforderung [46], sobald sie sich im einzelnen Rechtsuchenden darstellt. Sie rechnet mit dem

[44] FRITZ WERNER, Das Problem des Richterstaates, S. 12 f.; HANS HUBER, Der Standort des Richters in der modernen Gesellschaft, ZBl 63, 1962, S. 73, führt die Aversion gegen den Juristen (und damit den Richter) auf die «allgemeine Lage der Gesetzgebung», d. h. den Abbau des Gesetzes zurück.

[45] Ebenso FRITZ WERNER, Das Problem des Richterstaates, S. 14 f. Anders MAX IMBODEN, Die politischen Systeme, S. 117: «In der Aufwertung richterlicher Autorität (sc. in der ‹pluralistischen Funktionsgemeinschaft›) spiegelt sich wider, daß sich unser Bewußtsein von der als Vernunftmaß gefährdeten allgemeinen Norm mehr und mehr einem konkreten und fallbezogenen Gerechtigkeitsideal zuwendet.» – Wenn sich die soziale Autorität des Richters auch auf seine «kasuistische Erfahrung und forensische Würde» (WIEACKER) stützt, so daß die Einzelfall-Gerechtigkeit notwendigerweise Ansatz richterlicher Tätigkeit ist und im Urteil breiten Raum gewinnen muß, so bleibt für das zulängliche Judizieren doch die Forderung aufrecht, das Konkrete in einer Norm, also einem Allgemeinen und Gültigen zu stützen bzw. dahin zurückzuführen, den Entscheid gleichsam präjudizientauglich zu halten und aus einem echten Normativgehalt zu motivieren. Vgl. auch KARL ENGISCH, Die Idee der Konkretisierung in Recht und Rechtswissenschaft unserer Zeit, Heidelberg 1953, S. 192 ff.; HELMUT COING, Grundzüge der Rechtsphilosophie, Berlin 1950, S. 257 ff.

[46] Eine Parallelerscheinung ist die Berücksichtigung des Besonderen und einer Individualgerechtigkeit durch die Einrichtung der Gemeinden und ihrer milden rücksichtsvollen Rechtshandhabung. Zum Verhältnis der Gleichheit und unmittelbaren Verwaltungsdemokratie in den Gemeinden: MAX IMBODEN, Gemeindeautonomie und Rechtsstaat, in: Festgabe für Zaccaria Giacometti, Zürich 1953, S. 97.

Durchbruch des Augenfälligen, Individuellen, *hic et nunc* Zweckmäßigen, und das weniger aus einem Unvermögen, sich an Idee und Prinzip auszurichten, als aus dem Umstand, daß *der direktdemokratische Entscheid zeitgebunden-pragmatisch motiviert ist und daraus eine praktische – kompromißverhaftete Grundhaltung der Demokratie heranwächst.*

Argwohn verläuft sich, wenn die Justiz auf die Zivil- und Strafrechtspflege und die Rechtsprechung in Abgabesachen zurückgedrängt bleibt und zugleich mit demokratischen Sicherungen (Volkswahl, Amtsdauer, Laienrichtertum usw.) durchzogen wird. Dann freilich verfällt sie auch einer *Vernachlässigung* und einer *Gleichgültigkeit*. Im bewußten Tun der politischen Mächte etwa hat sie keinen Platz, und sie ist kein Faktor im politischen Kräftespiel. Ihre Sozialwirksamkeit und ihre Sozialgeltung sind beschnitten. Ja, noch mehr: Außer in der Strafgerichtsbarkeit *verliert die «ordentliche» Gerichtsbarkeit in der Gegenwart offensichtlich an Gewicht und Boden.* Wichtige Auseinandersetzungen im Zivilrechtskreis, in denen sich erwartungsgemäß eine soziale Lenkungskraft der richterlichen Gewalt erweisen müßte, werden von der staatlichen Gerichtsbarkeit ausgenommen, sei es, daß der Streit überhaupt umgangen wird – der wirtschaftliche Nutzen hindert leicht die Rechtsverfolgung; das subjektive Recht wird belanglos angesichts der wirtschaftlichen Vor- oder Nachteile; ein «Kampf ums Recht», wie IHERING ihn gezeichnet hat, ist unökonomisch und unterbleibt –, sei es, daß die Auseinandersetzung in die außerstaatliche Verbandsschiedsgerichtsbarkeit abwandert, wo Verbandsraison den Rechtswerten voransteht[47]. Überhaupt und allgemein: Urteilende Justiz ist wesensgemäß untauglich zur Ordnungsgestaltung durch den ausgleichenden Kompromiß, der indessen für die heutige Wirtschaft so gut wie für die demokratische Staatspolitik die bevorzugte Handlungskategorie darstellt[48].

Der *Richterstaat ruht in der Anerkennung und Zustimmung durch den Souverän im legitimierenden Prozeß.* Der Richter muß hier in hervorragendem Maß getragen sein vom Vertrauen derer, die ihn berufen und sich seinem verbindlichen Spruch unterstellen. Zugleich hätte eine unmittelbare Aktivierung des Bürgers, die im Glauben an die vorherrschende Kraft des Volkswillens gründet, jeweilen zurückzutreten vor der rechtsprechenden Funktion und Gewalt, z.B. in einer Normenkontrolle gegenüber Volkser-

---

[47] FRITZ KIND, Staatsrechtliche Aspekte der Verbandsschiedsgerichtsbarkeit im Kartellwesen, Bern 1958, S.34 ff.; MAX GULDENER, Die Gerichtsbarkeit der Wirtschaftsverbände, ZSR 71, 1952, S.207 a ff.; KURT EICHENBERGER, Beinwil a.S., Staatliche Zivilgerichtsbarkeit und Schiedsgerichte, Aargauisches Beamtenblatt 57, 1960, Heft 7/8.

[48] Vgl. WALTER ADOLF JÖHR, Der Kompromiß als Problem der Gesellschafts-, Wirtschafts- und Staatsethik, Tübingen 1958, insbes. S.43 ff.

lassen. Der Amtswalter wurde darin zum vollwertigen Repräsentanten. Derartige Voraussetzungen würden eine Transformation der schweizerischen Demokratie bedeuten, die bei einer Auffrischung repräsentativer Formen und Gehalte auf jene Gewalt griffe, der sie bislang ihr geringstes Vertrauen erwies[49]. Das brauchte wahrhaftig vollendete Umkehr.

3. Demokratische Kontrollinstitutionen

Die schweizerische Demokratie hat die Justiz an eigenartige Kontrollinstitutionen gebunden, über die im Richterstaat schwerlich hinwegzugehen wäre, die jedoch seiner Entfaltung sonderbare Schwierigkeiten bereiteten: die Volkswahl mit der kurzen Amtsdauer, das Laienrichtertum und die breite Öffentlichkeit.

Die Volkswahl und die kurze Amtsdauer suchen eine volksverbundene Justiz zu fördern. Jene scheint die richterliche Unabhängigkeit gegenüber andern staatlichen Organgruppen und die Selbstsicherheit des Richters zu stärken. Doch wird der Richter unvermeidlich von politischen Gruppierungen abhängig[50]. Der Richter muß eine gewisse Popularitätsfähigkeit entwickeln, die aber noch kein Ausweis für seine richterliche Tüchtigkeit ist. Er wird etwa in die Versuchung geführt, Öffentlichkeit und Berichterstattung als Gelegenheiten zu nutzen, um sich Publizität zu verschaffen[51]. Es droht ihm auch, der fluktuierenden öffentlichen Meinung Gehör zu leihen und jene Farblosigkeit oder jene Einseitigkeit zu entfalten, die der Wahl und Wiederwahl oft zuträglich sind. In der Parlamentswahl höherer Gerichte sind solche Erscheinungen gemildert, aber die Abhängigkeit von politischen Parteien ist auch da nicht zu beseitigen. Kooptation durch die richterliche Gewalt selbst ist keine erstrebenswerte Lösung, da dem Richter der autoritätsnährende unmittelbare Rückgriff in das Volk verunmöglicht würde. Gemischte Wahlausschüsse, wie Deutschland sie eingeführt hat, vermöchten die Qualität wohl am ehesten sicherzustellen, leiden aber daran, daß sie nur mühsam repräsentativen Charakter erlangen; sie sind in der Schweiz unvorstellbar.

Wahlen und Wiederwahlen laufen in der Regel ruhig und interesselos ab,

---

[49] Das Vertrauen als entscheidende legitimierende Basis der Amtsinnehabung zur Herstellung einer zulänglich *repräsentativen* Demokratie, die auf den Amtscharakter aller staatlichen Gewalt abstellt, ist erörtert bei WILHELM HENNIS, Amtsgedanke und Demokratie, (zweite) Festgabe für Rudolf Smend, Tübingen 1962, S. 51 ff. Vgl. ferner: ARNOLD KÖTTGEN, Das anvertraute öffentliche Amt, ebenda, S. 119 ff., insbes. S. 143 ff.

[50] Zu den politisch-faktischen Abhängigkeiten vgl. WALTER BOSSHART, Die Wählbarkeit zum Richter im Bund und in den Kantonen, Winterthur 1961, S. 58 und 71 ff.

[51] Das Sondervotum, das die schweizerische Rechtsprechung nicht kennt, kann zum unerwünschten Instrument der Publizität werden: vgl. EDWARD McWHINNEY, Die Bedeutung des Sondervotums in der Verfassungsgerichtsbarkeit, DJZ 1961, S. 655 f.

und der schweizerische Richter – auch der fachlich minder taugliche – kann auf Wiederwahl rechnen. Die für die Unabhängigkeit belangvolle Sicherheit der Bestellung auf Lebenszeit oder bis zu einer Altersgrenze besteht zumindest tatsächlich. Der idyllische Zustand müßte sich ändern, wenn die Justiz eine wichtigere Gewalt im Staate werden sollte; denn es wäre verfehlt, in den heutigen Bestätigungen den sicheren Vertrauensbeweis für einen anerkannten Repräsentanten zu sehen. Es ist weit mehr die Interesselosigkeit an einer nicht bedeutenden Organgruppe, die vom Wahlvolk unbehelligt bleibt. Demokratische Auffassungen glauben an die festere Verbundenheit des Laienrichters mit dem Volk. Die Schweiz bevorzugt ihn. Es klingt darin etwas an vom alten Gedanken des «eigenen Richters», von dem das Urteil entgegenzunehmen leichter fällt. Die richterliche Gewalt wird in der Tat durch das *Laienrichtertum* rasch legitimiert. Im übrigen aber kommt eine Furcht vor einer formalisierten Rechtstreue, teilweise aber auch vor einer Klassen- oder Standesbildung der juristisch geschulten Richterschaft zum Ausdruck. Der Laie gilt als unverbildet, von «gesundem Menschenverstand» und treffsicherem Rechtsgefühl. Es wird auch immer wieder der volksrechtlichen Vorstellung gehuldigt, die vertiefte Legitimierung des Laienrichters in einem unmittelbaren Rechtsbezug dank der engen Volksverbundenheit erlaube ihm, das Gesetz beiseite zu schieben, wenn es kein befriedigendes Resultat liefere; der frühere, im Gesetz erstarrte Volkswille habe einem aktuellen Volkswillen zu weichen[52]. Auf das Rechtsgefühl des Laien ist nur in begrenztem Maß Verlaß, am ehesten noch im Strafrecht, während der Laienrichter in der Zivilgerichtsbarkeit wenig weit kommt. Sieht man ihn gar in der Verwaltungsgerichtsbarkeit amtieren, bleibt wenig vom Vertrauen in seine Möglichkeiten; Laie und Volk eignen sich nur soweit als Hüter und Wahrer des Rechts, als es ihrem Verständnis, insbesondere ihrem gesellschaftlichen-politischen Wertempfinden entspricht; öffnet sich das Recht gegenüber spezialisierten oder neuartigen Lebensgebieten, versagt das mitschwingende Verständnis, wie das wichtige Vermögen zu rationaler Disziplinierung und wissenschaftlicher Läuterung ohnehin ermangelt werden muß. In der Forcierung des Laienelementes kommt der demokratische Zug in der sachlich anspruchsvollen Justiz des 20. Jahrhunderts bald an ein Ende. Justizstaat und Laienrichtertum gäben denn problemgeladene Fragen auf.

In der *Parlamentsaufsicht* über die Rechtspflege wird ein demokratischer Bezug eingerichtet. Hier wäre eine Bresche geschlagen, um öffentliche Meinung in rechtlichen Bahnen in die Justiz einfließen zu lassen. Die

---

[52] Die Korrektur historischen Volkswillens durch aktuellen ist nicht der Normenkontrolle vergleichbar. In jener liegt eine totalitärdemokratische Auseinandersetzung um den stärkeren Volkswillen, nicht die Bewertung eines Rechtssatzes nach einer positivierten Wertordnung.

gerichtlichen Rechenschaftsberichte werden jedoch kaum beachtet[53]. Darin liegt eine lobenswerte Zurückhaltung gegenüber der Versuchung, die Rechtsprechung aus politischer Sicht zu kritisieren und zu beeinflussen. Es könnte sich ändern, wenn Verfassungs- und Verwaltungsgerichtsbarkeit ausgebaut würden und die für die Demokratie suspekte Kumulation von Letztinstanzlichkeiten in einer einzelnen Behörde einträte. Die heute vom Parlament unbehelligte Richterschaft könnte sich dort plebiszitären Zudringlichkeiten ausgesetzt sehen. In gleicher Linie liegt die Beziehung der richterlichen Tätigkeit zur *allgemeinen Öffentlichkeit* überhaupt. Die verschiedenen Öffentlichkeitsprinzipien in den normierten Prozeßabläufen rechtfertigen sich in der Einsicht, daß das, was sich öffentlich vollzieht, die Gewähr der Wahrheit, der Sauberkeit, der Richtigkeit an sich trägt, während das Abgeschlossene leicht der Willkür verfällt[54]. Die allgemeine Öffentlichkeit als purgierende Gegengröße sowie die Vermittler zwischen Gericht und öffentlicher Meinung müssen ihre Möglichkeiten freilich in Zucht halten, damit sich die Wirkung nicht verkehrt und der Justiz nicht Herabsetzung und Angriff drohen. Ein sensationsbegieriges Zeitalter hat Mühe, die ergiebigen Plätze der öffentlichen Rechtspflege nicht zu mißbrauchen[55], und die schweizerische Demokratie kennt bis jetzt keine Einrichtungen der Zügelung. Für sie ist beinahe alles erlaubt, was den Titel des Öffentlichen vorzuweisen vermag. Wo die Demokratie verstanden wird als «government by public opinion»[56], muß das spezifisch Richterliche dem normfeindlichen Zugriff gar einer unbestimmten Öffentlichkeit weichen. Richterliche Gewalt hat außer ihren rationalen Motivierungen keine allgemein vernehmbare Sprache, und sie verfügt über die Mittel zur öffentlichen, insbesondere zur kräftemessenden Auseinandersetzung nicht[57]. Bliebe im konzipierten Richterstaat der Stil und die Haltung der öffentlichen Betätigungen der Justiz gegenüber gleich, wäre fraglich, ob die zulängliche Autorität jemals zu erlangen wäre.

[53] Sie sind auch reichlich trocken und sagen wenig aus. Mit der ausgiebigen Statistik über die Geschäftsführung wird gleichsam ein ausfüllender Kult betrieben, der von der Erörterung echter Probleme, von denen die Justiz dem Parlament durchaus förmlich Kenntnis geben dürfte, enthebt. Es gibt freilich Ausnahmen.

[54] RUDOLF SMEND, Zum Problem des Öffentlichen und der Öffentlichkeit, in: Gedächtnisschrift für Walter Jellinek, München 1955 (Neudruck 1962), S. 11 ff.

[55] HANS HUBER, Der Standort des Richters in der modernen Gesellschaft, S. 73; FRITZ WERNER, Das Problem des Richterstaates, S. 7 f.; CARL LUDWIG, Die Verantwortlichkeit des Gerichtsberichterstatters, in: Festgabe für Erwin Ruck, Basel 1952, S. 17 ff.

[56] Vgl. WILHELM HENNIS, Meinungsforschung und repräsentative Demokratie, Tübingen 1957, S. 38 ff.; HANS RYFFEL, Gegenwartsaufgaben einer Philosophie der Politik, ZSR 80 I, 1961, S. 255 f.

[57] Vgl. etwa den Geschäftsbericht des Obergerichts des Kantons Bern über das Jahr 1961, S. 7 f., mit einer Stellungnahme der Anklagekammer zu polemischen Presseangriffen gegen die Justiz.

4. Die Fragwürdigkeit eines Umstellungswillens

Im Richterstaat braucht die richterliche Gewalt *mehr Zuständigkeiten,* als ihr heute in der Schweiz gewährt werden, *aber auch gestärkte und geweitete Möglichkeiten zur spezifischen juristischen Würde.* Diese jedoch würde ihr angesichts der gestreiften ideellen, rechtlichen oder soziologischen Beengungen möglicherweise gerade dann verwehrt, wenn sie die Kräftigung begehren müßte. Das erweist sich an den wenig ermutigenden Versuchen, zu umfassenden Verwaltungs- und Verfassungsgerichtsbarkeiten zu schreiten.

In der *Verwaltungsgerichtsbarkeit,* mit Einschluß der Finanz- und Sozialgerichtsbarkeit, sind zwar im Bund und in einzelnen Kantonen beachtenswerte Anfänge gemacht, die aber nicht zum Irrtum verleiten können, die Ausweitung und Verbreitung seien gesichert. Unter einem ideell-abstrakten Gesichtspunkt musterhaft ist eigentlich bloß die Ordnung in Basel-Stadt gemäß dem Gesetz über die Verwaltungsrechtspflege vom 9. März 1905, was zwei glücklichen Umständen zu verdanken ist: Einerseits war dort der Boden historisch präpariert, indem die Justiz trotz inneren Mängeln seit dem Mittelalter[58] eine eigenständige und gehobene Stellung einnahm, während Verwaltung und Bürokratie unter Bedenken emporwuchsen. Andrerseits waltete in den entscheidenden Jahren eine aufgeschlossene Regierung, die unter der Führung des Vorstehers des Justizdepartementes die Fremdkontrolle zu akzeptieren bereit war. Dem Kanton Basel-Stadt folgten zögernd und sichtlich ohne Begeisterung die Kantone Zürich, Basel-Landschaft und Bern[59]. In andern Kantonen und im Bund geht die Entwicklung nur schleppend vor sich[60], und die Stagnation liegt näher als ein Durchbruch. Es ist verständlich, daß die Administration als stärkste Gewalt im Staate der hemmenden und keineswegs unproblematischen Kontrolle möglichst ausweicht und daß der in das Räderwerk des technischen Zeitalters geratene Sozial- und Interventionsstaat sein Handeln nur beschränkt durch justiziable Normen bestimmen lassen kann, weswegen für eine typisch richterliche Befundung Gegenstand oder rechtlicher Maßstab in einem ansehnlichen Umfang fehlen[61]. Auch die kommunale Ausgliederung erschwert die Verwaltungsgerichtsbarkeit, weil die

[58] Vgl. ANDREAS HEUSLER, Basels Gerichtswesen im Mittelalter, Basel 1922.

[59] Zürich: Gesetz vom 24. Mai 1959 (vgl. EDUARD SOMMER, Zwei Jahre zürcherisches Verwaltungsgericht, ZBl 63, 1962, S. 273 ff., 305 ff.); Basel-Landschaft: Gesetz vom 22. Juni 1959; Bern: Gesetz vom 16. Mai 1961. Ein Verwaltungsgericht richtete der Kanton Solothurn durch Gesetz vom 5. März 1961 (Gerichtsorganisationsgesetz) ein; doch ist die Zuständigkeit so begrenzt geblieben, daß dieser Kanton keine breitere Verwaltungsgerichtsbarkeit aufweist als z. B. der Kanton Aargau.

[60] Vgl. FRITZ GYGI, Aktuelle Probleme des Rechtsschutzes in Verwaltungssachen, ZBJV 92, 1956, S. 425 ff.; KURT EICHENBERGER, Der Ausbau der Verwaltungsgerichtsbarkeit im Kanton Aargau, Aargauisches Beamtenblatt 59, 1962, Hefte 9/10.

autonomen Regelungen bereits stark individualisiert sind und weil die Gemeinden die staatliche Nachkontrolle durch den normativ geleiteten Richter mehr fürchten als die freiere Aufsicht durch politisch ausgerichtete Behörden. Dazu kommen aber andere Ursachen des Zögerns. Ohne positive Einstellung der Regierung schafft keine Legislative die Verwaltungsgerichtsbarkeit. Im Volke selbst wird der Ruf nach dem richterlichen Rechtsschutz in Verwaltungssachen kaum laut, und es gibt dafür weder Volksbegehren noch *ernsthafte* Punkte eines Parteiprogramms. Es wird *übersehen, daß eine eingerichtete und zur Rechtsbehütung vorbereitete staatliche Gewalt sozusagen brach liegt und in der Fülle unerledigter Probleme des Verwaltungsstaats ungenutzt bleibt.* Darunter leidet nicht nur der verwaltete Bürger, sondern auch das Recht schlechthin, dem von der Praxis her die dringende pflegende Betreuung nicht in der möglichen Zuverlässigkeit zuteil wird. Die Demokratie schweizerischer Prägung zieht es vor, sich vornehmlich auf dem politischen Boden mit der Verwaltung auseinanderzusetzen und nimmt im übrigen einen etwas dürftigen Verwaltungsweg in Kauf[62]. Für die Rechtspflege überläßt sie die Administration gleichsam sich selbst.

In der *Verfassungsgerichtsbarkeit* ist vor allem mit der staatsrechtlichen Beschwerde nach Art. 113 BV ein bedeutender Grundstein gelegt, aber nicht mehr. Ernsthaft wagt man sich offenbar nicht weiter[63], obwohl gerade auch die Komplementärfunktion zur Demokratie den Ausbau nahelegt. Normenkontrolle gegenüber Bundesgesetzen und Verfassungsbeschwerde gegenüber Hoheitsakten der Bundesbehörden wären die entscheidenden Weiterungen[64]. Damit würde das verfassungsmäßige Funktionie-

---

[61] Wobei freilich mitunter gerade dann der Richter einzusetzen versucht wird, um in gesetzgeberischen Formelkompromissen, aus seiner Unabhängigkeit heraus, nachträglich Rechtlichkeit auszuweisen. Die Rechtsprechung muß dann versagen. Vgl. HANS HUBER, Kritische Bemerkungen zur werdenden Kartellgesetzgebung, NZZ 12. Januar 1959 Nr. 103.

[62] Positivrechtliche Ordnungen sind in den Verwaltungsrechtspflegegesetzen von Zürich und Bern nunmehr vorhanden. Vgl. EDUARD BOSSHART, Zürcherische Verwaltungsrechtspflege, Zürich 1960; FRITZ GYGI / RUDOLF STUCKI, Handkommentar zum bernischen Gesetz über die Verwaltungsrechtspflege, Bern 1962. Vgl. die schweizerische interne Verwaltungsrechtspflege in deutscher Sicht bei FRANZ BECKER, Das allgemeine Verwaltungsverfahren in Theorie und Gesetzgebung, Stuttgart / Brüssel 1960, S. 105 ff.

[63] Vgl. die zusammenfassende und kritische Betrachtung von HANS HUBER, Die Verfassungsbeschwerde, Karlsruhe 1954. Dabei ist zu beachten, daß die Justiz durch selbstgewählte Begrenzungen die Reichweite der staatsrechtlichen Beschwerde beschnitten hat. Vgl. jetzt HANS MARTI, Probleme der staatsrechtlichen Beschwerde, ZSR 81 II, 1962, S. 1 ff., insbes. S. 43 ff., 53 ff., 70 ff., 117 ff.; CLAUDE BONNARD, Problèmes relatifs au recours de droit public, ebenda, S. 381 ff., insbes. S. 396 ff., 410 ff., 437 ff., 464 ff.

[64] Vgl. HANS NEF, Sinn und Schutz verfassungsmäßiger Gesetzgebung und rechtmäßiger Verwaltung im Bunde, ZSR 69, 1950, S. 133 a ff.

ren des *ganzen* Staats gewährleistet, das Verfassungsrecht in schöpferischen Konkretisierungsvorgängen auch richterlich fortgebildet, der Gesetzgebung und Verwaltung aus der Hand eines höchsten Richters Inhalte und Richtungen vorgezeichnet. Die richterliche Gewalt griffe damit freilich in die Ordnung des Zusammenwirkens der staatlichen Organgruppen ein, würde zu einer effektvollen Kraft, die wirkliche Gewaltenhemmungen aufrichtete. Sie würde damit, ob sie wollte oder nicht, zu einer «politischen» Größe. Immerhin wäre ihre Einwirkung der Idee nach keine Einmischung mit dem Ziele, sich selbst und eine eigene Macht zur Geltung zu bringen, sondern eine Vorkehr allein um der Verfassung und des Rechts willen. Der Verfassungsrichter ist nicht einfach Gegenmacht, die Macht durch Macht hemmt, wie etwa Parlament und Regierung sich gegenseitig die Balance halten mögen, sondern eine in der Rechtsidee autorisierte Kraft, die allerdings vom anerkennenden Willen des Souveräns getragen sein muß [65]. Die ausgebaute Verfassungsgerichtsbarkeit hat eine *reiche Problematik* mit inneren und äußeren Ausprägungen. Jene liegen vorwiegend in den Schwierigkeiten, dem Verfassungsrichter Rechtsgrundsätze und Verfassungsnormen zur Verfügung zu halten, die einen normativen Gehalt noch aufweisen und insofern justiziabel, d. h. mehr als Programmsätze und bloße Formeln mit unentschiedener politischer Zielsetzung sind. Man darf zwar dem Richter durchaus Wertentscheidungen überlassen, wie etwa HANS HUBER [66] gegen die skeptischen Argumentationen CARL SCHMITTS und seiner Nachfolger [67] unentwegt darlegt, ohne seine innenpolitische Neutralität

---

[65] ERNST WOLF, Verfassungsgerichtsbarkeit und Verfassungstreue in den Vereinigten Staaten, Basel 1961, insbes. S. 154 ff., 211 ff., legt dar, daß sich eine «Entpolitisierung» des amerikanischen Verfassungsrichters nicht durchführen lasse und daß es diesem nicht zulänglich gelinge, voll feststehendes Verfassungsrecht zu konkretisieren. Die amerikanische Verfassungsgerichtsbarkeit wird positiv bewertet im Bericht von OTTO KIRCHHEIMER (an der Tagung für Rechtsvergleichung 1961, DJZ 1962, S. 227 ff.), der ihr eine große normative Funktion zuschreibt, wobei eine pragmatische-funktionelle Interpretation gehandhabt werde, die um der Effektivität der Justiz willen Reibungen mit andern Machtträgern möglichst vermeide (verfassungskonforme Auslegung statt Invalidierung der Bundesgesetze).

[66] HANS HUBER, Gewerbefreiheit und Eigentumsgarantie, in: Festgabe für Max Gutzwiller, Basel 1959, S. 551 ff., DERSELBE, Öffentlichrechtliche Gewährleistung, Beschränkung und Inanspruchnahme privaten Eigentums in der Schweiz, in: Staat und Privateigentum, Köln / Berlin 1960, S. 89; DERSELBE, Der Standort des Richters in der modernen Gesellschaft, S. 70; DERSELBE in dem oben in Anm. 61 erwähnten Aufsatz. Zur spezifischen Art der richterlichen Rechtsfortbildung einerseits vom Blickpunkt des Verfassungsrechts, andrerseits des Zivilrechts aus: FELIX ERMACORA, Verfassungsrecht durch Richterspruch, Karlsruhe 1960; JENS MEYER-LADEWIG, Justizstaat und Richterstaat, Archiv für civilistische Praxis 161, 1962, S. 97 ff.

[67] Vgl. etwa ERNST FORSTHOFF, Zur Problematik der Verfassungsauslegung, Stuttgart 1961.

und Unabhängigkeit zu zerstören. Das ist solange möglich, als der Verfassungsrichter nicht selbst politische Ziele setzen muß, sondern nach juristischen Methoden unter dominierenden Rechtswerten (vorwiegend Gerechtigkeit und Angemessenheit) entscheiden kann. Beachtliche Bereiche des geltenden Verfassungsrechts lassen solche Voraussetzungen freilich nicht recht gedeihen[68]. Der Verfassungsrichter des Richterstaats steht unbestreitbar in einer Grenzlage, in einer hochgradigen Labilität und Gefährdung. Aber das spräche nicht schon gegen den Ausbau; man darf der Justiz und der Richterschaft doch wohl etwas zumuten[69]. Wenn bei uns der Ausbau – oder zumindest eine Selbstbefreiung des Verfassungsrichters aus vermeintlichen Beschränkungen seiner positivierten Kompetenzen – gleichwohl nicht in Fluß kommen will, so liegt die wesentliche Ursache im spezifischen Bezug der Justiz zur Demokratie. Daß der Richter über das vom Volk beschlossene oder doch zugelassene Bundesgesetz soll befinden können, daß der Richter und nicht das Volk selbst oder die der Demokratie primär zugeordneten Behörden den Gehalt der Verfassung sollen bestimmen können, soweit anderes als Grundrechte gegenüber der kantonalen Hoheitsgewalt in Frage stehen, daß die wenigen Richter zu einer staatsgestaltenden – integrierenden Gewalt aufsteigen sollen, daß schließlich eine Rechtsbehütung über dem Willen herkömmlicher Machtträger walten soll, das sind im letzten für die schweizerische Demokratie Zumutungen. Es scheint, sie vermöge der richterlichen Gewalt aus innerem Gesetze und Tradition heraus die Autorität dafür nicht zu gewähren.

Man kann sich in der Schweiz nicht beim Gedanken beruhigen, die Problematik des heutigen Staats und seines fragwürdigen Verhältnisses zum gewandelten

---

[68] So im Interventionsrecht: vgl. HANS HUBER, Das Staatsrecht des Interventionismus, ZSR 70, 1951, S. 173 ff.; FRITZ GYGI, Interventionsrecht und Interventionsverwaltung, Bern 1958, S. 31 ff. Die Frage stellt sich aber für sozialstaatliche Gestaltungen schlechthin: vgl. ULRICH SCHEUNER, Die neuere Entwicklung des Rechtsstaats in Deutschland, S. 259 ff.; DERSELBE, Die staatliche Intervention im Bereich der Wirtschaft, Veröffentlichungen der Vereinigung der Deutschen Staatsrechtslehrer 11, 1954, S. 14 ff., 53 ff.
Ob der Richter in der gefestigten Position des Richterstaats das ausfallende Gesetz und den Gesetzgeber ablösen könnte, wie es für den pluralistischen Sozialstaat erwartet wird, muß gerade angesichts der Erfahrung mit dem Interventionsrecht voll fragwürdig bleiben.
Richterliche Gestaltungsmöglichkeiten scheinen zu wachsen, wenn man mit HORST EHMKE dem verfassungsrechtlichen Denken eine topische Grundstruktur zuschreibt und mit fallbezogener Methode aus «Vor-Urteilen» heraus den Verfassungsgehalt deutet. Vgl. den kritischen Bericht von JÜRGEN SALZWEDEL im Archiv für öffentliches Recht 87, 1962, S. 85 ff.; ferner denjenigen in DJZ 1962, S. 227 ff. Zur Topik im Rechts- und Verfassungsdenken: RICHARD BÄUMLIN, Staat, Recht und Geschichte, Zürich 1961, S. 26 ff.

[69] Wobei Maß und Grenzen offene Fragen sind. Illustrativ dafür: MAX IMBODEN, Normkontrolle und Norminterpretation, in: Festschrift für Hans Huber, Bern 1961, S. 133 ff.

Recht ließen sich institutionell durch Hebung und Stärkung der richterlichen Gewalt meistern. Man soll und kann für sie Weiterungen erstreben und Erreichtes kräftigen. Es lassen sich durchaus justizstaatliche Züge und Möglichkeiten fördern, z. B. in einer geweiteten Verwaltungsgerichtsbarkeit, in einer breiteren und intensiveren staatsrechtlichen Beschwerde, in einer Bremsung der Verbandsschiedsgerichtsbarkeit durch Sicherung des Rechtszuges an staatliche Gerichte. Aber die Aufgaben der rechtsmaterialen Regeneration, der Herstellung neuer Gewaltenbezüge, der Überwindung innerstaatlicher Desintegration durch die pluralistischen Gruppierungen, der Bewahrung freiheitlicher Grundordnung im Sozial- und Verwaltungsstaat können nur in bescheidenem Maß der richterlichen Gewalt zufallen, wie es ihr trotz aller Ausrichtung auf die Gerechtigkeit nicht gelingen kann, den politisch-konstruktiven Ausgleich im pluralistischen Sozialstaat zu gestalten. Betonter und dringlicher steht die verpflichtende Verantwortung dafür immer und immer neu bei Regierung, Parlament und Administration, und *ihre* Mittel und Möglichkeiten reichen weiter als die Behelfe der Justiz[70]. Die richterliche Gewalt wird in der schweizerischen Demokratie offenbar *dritte* Gewalt bleiben müssen.

[70] Es bleibt die Forderung nach dem «Primat der Gesetzgebung» wie etwa OTTO BACHOF, Begriff und Wesen des sozialen Rechtsstaates, Veröffentlichungen der Vereinigung der Deutschen Staatsrechtslehrer 12, 1954, S. 52 ff., es selbst für Deutschland umschrieben hat. Dazu kommt ein Vorrang der Regierung (und der Exekutive überhaupt). Die richterliche Gewalt soll in einer Subsidiarität verweilen können. Vgl. auch FRITZ WERNER, Das Problem des Richterstaates, S. 24 f.

Stellung und Bedeutung der Gemeinde im modernen Staat

I. Das soziologische Phänomen der Gemeinde

1. Die urtümliche Sozialordnung

Die Gemeinde gilt als fundamentale Einheit. Sie ist das gewiß in der Schweiz. Sie ist es oft selbst in stark zentralisierten Flächenstaaten. In der Gemeinde finden sich in einer beinahe urtümlichen Zusammenfügung Menschen zusammen, um «darin ihr wirtschaftliches, ihr soziales, ihr kulturelles Leben zu fristen» (KÖNIG)[1]. Die Gemeinde ist neben der Familie eine der bedeutendsten Erscheinungen der vergesellschafteten Menschheit. Wie fundamental und elementar sie ist, hat sich z. B. in Deutschland gezeigt: Als nach dem totalen Zusammenbruch 1945 fast jede öffentliche Gewalt ausgelöscht war und das Zusammenleben ins Chaos überzugehen drohte, schufen die im nationalsozialistischen Regime verkümmerten Gemeinden aus eigener Kraft und wie selbstverständlich öffentliche Ordnung und bauten lebenserhaltende Für- und Vorsorgen auf[2]. Und es kommt nicht von ungefähr und keineswegs nur aus finanzpolitischen Erwägungen, daß in der Schweiz der Zivilschutz − dieser organisierte Schutz in der höchsten Existenznot − letztlich auf die Gemeinden[3] gestützt wird. Die

Aargauisches Beamtenblatt 61, 1964, S. 109–117, S. 121–127. Verlag Aargauer Tagblatt, Aarau 1964.

[1] RENÉ KÖNIG, Grundformen der Gesellschaft: Die Gemeinde, Hamburg 1958; Soziologie, in Fischers Lexikon: Artikel Gemeinde, Frankfurt a. M. 1958.

[2] Zum Teil vor den Ordnungseingriffen der Besatzungsmächte, zum Teil diese ergänzend. Zur Gemeindefeindlichkeit des Totalitärstaats: OTTO GÖNNEWEIN, Gemeinderecht, Tübingen 1963, S. 22 ff.; HANS J. WOLFF, Verwaltungsrecht I, 4. Aufl., München / Berlin 1961, S. 38 ff.

[3] BG über den Zivilschutz vom 23. März 1962 (AS 1962, S. 1089 ff.), Art. 10 Abs. 1: «Die Gemeinden sind als Hauptträger des Zivilschutzes auf ihrem Gebiet für die Verwirklichung der vom Bund und den Kantonen vorgeschriebenen Maßnahmen verantwortlich.» Der hier verwendete Begriff der Verantwortlichkeit greift über einen vermögensrechtlichen oder aufsichtsrechtlichen Kern hinaus; es wird eine umfassende ethische Verantwortlichkeit der Gemeinde erkennbar, obschon der historische Gesetzgeber kaum diesen weiten Begriff hat ausdrücken wollen. Der zitierte Satz ist insofern ein Beispiel dafür, daß in einem Gesetz mehr an Gehalt ausgesprochen werden kann, als dem Rechtssetzer bewußt war. «... das Gesetz kann klüger sein als seine Verfasser...» (GUSTAV RADBRUCH, Rechtsphilosophie, 4. Aufl., Stuttgart 1950, S. 211).

Gemeinden sind in Notlagen standfester, verharrender, wirkungssicherer als der weiträumige Staat. Das macht die *Gemeinden unentbehrlich*. Sie sind es aber nicht nur *in der Not*, sondern im schweizerischen Staatsgefüge auch *in der Normallage*.

2. Die Gemeinde als politische Primärgruppierung

Es gibt eine reiche Formenwelt der Gemeinden[4]. Sie spannt sich vom Dörfchen und Dorf über die Kleinstadt zur «Normal»-Stadt bis hin zur Groß- und Weltstadt[5]. Die zahlreichen Varianten in Größe und Struktur schaffen eine bunte *Vielfalt von aufgegebenen kommunalen Problemen*. Es ist bereits augenfällig, wenn wir oberflächlich Aufgaben, Leistungskraft und Möglichkeiten etwa der Städte Zürich und Genf in Vergleich setzen mit Aarau und Baden und diese wiederum mit Widen und Spreitenbach einerseits, mit Linn und Wiliberg andrerseits konfrontieren. Dementsprechend sind auch Lebensweisen und Lebensgefühl, Spannweiten und Rhythmus von Gemeinde zu Gemeinde mehr oder weniger unterscheidbar.

Trotz einem kräftigen Zug zur Einebnung in vielen Bereichen erweist sich bei uns die Gemeinde – meistens verstanden als Einwohnergemeinde – immer noch als sogenannte integrierte Primärgruppe, d.h. als eine ihrer selbst bewußte, *gesonderte* geistige und politische Sozialordnung. Die Gemeindeangehörigen unterstehen gemeinsamen Wertvorstellungen und Bindungen, womit sie sich von benachbarten Gemeinwesen gleicher Ordnung abheben. Als bewußtseinsgetragene Sonderheit betätigt sich die Gemeinde aber erst recht gegenüber Gebilden höherer Ordnung, also gegenüber Kanton und Bund[6]. *Die Gemeinden besitzen* geistig, soziologisch und

---

[4] Typologie und Strukturanalyse der Gemeinde bei König, Grundformen, S. 68 ff., 86 ff.; Hans J. Wolff, Verwaltungsrecht II, München/Berlin 1962, S. 144 ff. Zur rechtlichen Differenzierung: Z. Giacometti, Das Staatsrecht der schweizerischen Kantone, Zürich 1941, S. 81 ff.

[5] Von der Weltstadt ist die Schweiz bis jetzt verschont geblieben (weltstädtische Anflüge oder Allüren machen schweizerische Großstädte noch nicht zu Weltstädten). Die Großstadt deformiert direkt-demokratische Institutionen, die auf eine aktive Kontaktgesellschaft ausgerichtet sind. Ob der Kanton Aargau auf die Dauer den Pluralismus von Kleinstädten halten kann, ist fraglich. Das Raumproblem in der Nutzungsplanung wird bei den beengten Gemeindeterritorien oft schwerer lösbar als in der Großgemeinde.

[6] Der Bund garantiert die Gemeinden und ihre Autonomie nicht. Auf der Verfassungsstufe nimmt er – außer im politischen und Bürgerrecht sowie im Niederlassungsrecht (Art. 43–45 BV) – von ihnen nicht Notiz. In der Gesetzgebung freilich setzt er vielfach die Gemeinden voraus. Wenn aber ein Kanton Gemeinden in den Formen des gehörigen Rechts liquidiert, sich z.B. zu einem ungegliederten oder nur administrativ gegliederten (Bezirke!) Gebilde macht, kann von Bundesrechts wegen nicht eingeschritten werden, ebensowenig wenn ein Kanton die Gemeinden der Autonomie beraubte und sie zu kantonalen Administrativorganisationen degradierte. Das schweizerische Staatsrecht

politisch eine *Eigenexistenz,* und sie wissen sie – alles in allem – sowohl in der Horizontal-, als auch in der Vertikalordnung immer noch und immer wieder zur Geltung zu bringen.

Sie bilden damit zugleich aber auch den starken *Unterbau eines gesamtstaatlichen Gebildes:* Kanton und Bund bringen den ununterbrochenen dynamischen Vorgang der politischen Zusammenfügung wesentlich dadurch zustande, daß beide die Gemeinde als staatsbürgerlich-demokratische Pflanzstätte nutzen und auf ihre Funktionstauglichkeit vertrauen können. Die Umwandlung der alten eidgenössischen Orte zu Kantonen am Beginn des 19. Jahrhunderts, die Integration der in der Mediation geschaffenen neuen Kantone, die Gründung des Bundesstaats um 1848 gelangen unter anderem deshalb so gut, weil die staatlichen Umwälzungen auf tradierten, faktisch wenig veränderten Kommunalordnungen aufruhen konnten. Das Neue ließ die Gemeinden in erheblichem Maß in Ruhe und machte sie damit mehr unbewußt als bewußt zu den Trägern einer staatsgestaltenden und staatserhaltenden Kontinuität. Es ist z. B. ein Verdienst des alten Bern, mit seiner vernünftigen Kommunalordnung dem Kanton Aargau Boden zu einer lebensfähigen Gemeinschaft gelegt zu haben[7].

II. Aufgaben der Gemeinde

1. Die gebremste Universalität

Die Gemeinde ist zu einer politisch-sozialen Potenz herangewachsen, als der Staat – das höhere Gemeinwesen – noch verhältnismäßig wenig Aufgaben zu bewältigen hatte. Was an öffentlichen Aufgaben anfiel, konnte vorerst einmal zu einem erheblichen Teil die Gemeinde erfüllen. Deshalb spricht man immer davon, die Gemeinde habe rechtlich einen umfassenden Zuständigkeitsbereich; sie besitze sogenannte Universalität, in dem Sinne

---

baut offensichtlich auf den selbstverständlichen Willen, die autonomen Gemeinden zu erhalten – und das Selbstverständliche braucht nicht noch angeordnet zu werden –, während Deutschland der weniger gestärkten Gemeindeidee eine an sich vorbildliche normative Stütze geben muß durch die Bundesgarantie kommunaler Selbstverwaltung (Art. 28 des Grundgesetzes; vgl. ERICH BECKER, in: BETTERMANN/NIPPERDEY, Die Grundrechte, IV/2, Berlin 1962, S. 674 ff.; ARNOLD KÖTTGEN, Die Gemeinde und der Bundesgesetzgeber, Stuttgart 1957). Zur grundrechtlichen Gewährleistung der kommunalen Selbstverwaltung durch den Bund in Österreich vgl. FELIX ERMACORA, Handbuch der Grundfreiheiten und der Menschenrechte, Wien 1963, S. 583 ff.

[7] In den Gemeinen Herrschaften dagegen vermochte sich die faktische Gemeindeordnung nicht zur Höhe zu erheben wie in den Untertanengebieten der städtischen Orte. Vgl. zusammenfassend ANDREAS HEUSLER, Schweizerische Verfassungsgeschichte, Basel 1920, S. 297 ff.

nämlich, daß sie sich *grundsätzlich allen öffentlichen Aufgaben zuwenden* dürfe, die aufzunehmen sie für nötig halte[8].

Der Grundsatz der *Universalität hat immerhin sachgegebene Grenzen.* Die Gemeinde kann nicht darüber hinwegschreiten, daß sie dem Kanton inkorporiert und nur lokale Einrichtung ist. Sie kann in normalen Zeiten den Kanton oder gar den Bund nicht ersetzen. Auch wenn sie wirtschaftlich-finanziell noch so leistungsfähig ist, ist sie auf die Einfügung in den Staat (Kanton und Bund) verwiesen. Sie kann deswegen nicht Aufgaben an sich ziehen, die von kantonalem oder eidgenössischem Belang sind. Derartige harmonisierende Einfügungen werden schwierig, wo Großstädte den eigenen Kantonen über den Kopf wachsen und die Proportionen verschieben[9]. Schließlich ist der Grundsatz der *Universalität an den spannungsreichen Begriff des Gemeinwohls gebunden.* Was dieses in seinem lokalen Inhalt nicht fordert, soll die Gemeinde auch nicht aufnehmen[10].

[8] GÖNNEWEIN, a.a.O., S.37f., hebt zutreffend hervor, daß die Universalität oder Totalität der Gemeinde auf den Selbstverwaltungsbegriff des 19. Jahrhunderts zurückgeht, der durch die Städeordnung des Reichsfreiherrn *vom Stein* konzipiert worden ist (1802). Die Schweiz hat im politischen und wissenschaftlichen Gespräch die Vorstellung der Universalität erst nach und nach übernommen, jedoch wohl von vorneherein eine innere Begrenzung aufgerichtet: So wenig wie der Staat, so wenig sollte die Gemeinde Tätigkeiten an sich ziehen, die nach freiheitlichen Traditionen Sache des Privaten sind (normative Begriffslenkung durch die Tradition). Der Grundsatz der Subsidiarität, den die katholische Staats- und Rechtslehre ausgebildet und vor allem in den großen päpstlichen Sozialenzykliken (1891, 1931, 1961) dargestellt hat, bekräftigte solche Bremsungen, obwohl das wesentliche Anliegen des Subsidiaritätsprinzips nicht etwa das Verhältnis Gemeinde–Staat, sondern Individuum–Gemeinschaft bildet. Vgl. jetzt die interessante Analyse von ROMAN HERZOG, Subsidiaritätsprinzip und Staatsverfassung, Der Staat 2, 1963, S.399ff.

[9] Das Problem der überragenden Großstadt erwies sich als staatsgefährdend in Österreich in der Zwischenkriegszeit. Ihm wurde dadurch zu begegnen versucht, daß Wien zum bundesunmittelbaren Gliedgebilde (Stadt Wien als Land Wien) gemacht wurde: L. ADAMOVICH / H. SPANNER, Handbuch des österreichischen Verfassungsrechts, Wien 1957, S.265ff. Im schweizerischen Raum wird – in unterschiedlicher Gestalt – das Problem zunehmend schwieriger in bezug auf Zürich, Basel und Genf.

[10] Der dynamische Begriff des Gemeinwohls, dessen Inhalt von der konkreten Zeit- und Soziallage mitbedingt ist (vgl. HEINRICH HENKEL, Einführung in die Rechtsphilosophie, München / Berlin 1964, S.365ff., 376f.), verwehrt es einer aargauischen Gemeinde, *gegenwärtig* zu unterhalten: eine öffentliche Tankstelle, eine Maschinenfabrik (auch wenn es zur Arbeitsbeschaffung oder zur Erhaltung von Arbeitsplätzen von Gemeindeangehörigen beim Konkurs eines privaten Unternehmens diente), eine Tageszeitung. In einen zwitterhaften Zweifelsbereich rückt die Frage des kommunalen Wohnungsbaus und der Ferienstätten ein. Von den ganz konkreten Umständen abhängig wäre es, ob ein Badeort ein Kurhaus, ob ein Städtchen eine Kreditbank, ob ein Bezirkshauptort ein Taxiunternehmen betreiben dürfe. Unbestrittenermaßen zulässig sind Versorgungsbetriebe wie Elektrizitäts-, Gas-, Wasserwerke, ferner Aufgaben des gesundheitlichen Schutzes und der herkömmlichen Kulturpflege. – Auch wenn eine Gemeinde für

2. Selbstverwaltung und Fremdverwaltung

a) Weil die Gemeinde heranreifte, als der Staat in seinem Aufgabenbereich – ebenfalls – begrenzt war, wird als Kern kommunaler Betätigung die sogenannte Selbstverwaltung betrachtet. Das ist mehr als «Verwalten». Es ist *Selbstbestimmung als Selbstgestaltung*. Die Gemeinde tut, was sie will und wie sie es will. Das Selbstbestimmte entspringt grundsätzlich ihrer Initiative – es gibt Ausnahmen –, und es tritt auf in Gemeindesatzungen (Verordnungen, Ordnungen, Reglementen usw.), in Budgetbeschlüssen, in dirigierenden Grundsatz- oder Programmbeschlüssen, in Plänen, sodann in reicher Zahl in Verwaltungsakten der Gemeindeorgane. Die Gemeinde entfaltet einen «eigenen Wirkungskreis».

Das Merkmal der kommunalen Selbstverwaltung schließt in sich die Forderung, daß die kleinräumige Gemeinschaft das öffentliche Leben selbst gestalte. Das *Volk soll unmittelbar teilhaben an den öffentlichen Funktionen*. Das erst ist die berühmte «direkte Demokratie» in der gleichsam vollendeten Gestalt: Erstens sollen die wesentlichen Entscheidungen von der Bürgerschaft ausgehen, und zwar von der möglichst vollzählig versammelten Aktivbürgerschaft. Die Idee der Selbstverwaltung ist in der deutschen Schweiz eng verknüpft mit der Vorstellung der vollzähligen Gemeindeversammlung, die nicht nur ja oder nein oder überhaupt nichts sagt, sondern die auch berät und die Behörden tatsächlich unter Kontrolle hält [11]. Zweitens soll die tägliche Verwaltungsarbeit soweit als möglich von der Bürgerschaft selbst, also von ehrenamtlichen oder doch nebenamtlichen Laien, bewältigt werden. Kommissionsarbeit, Verteilung öffentlicher Tätigkeiten auf viele aktivierte Bürger, kleiner bürokratischer Apparat – das sind funktionelle Forderungen in der kommunalen Selbstverwaltung [12].

Unternehmungen in privatrechtliche Formen ausweicht und sich fiskalisch betätigt (vgl. LEO SCHÜRMANN, Das Recht der gemischtwirtschaftlichen und öffentlichen Unternehmungen mit privatrechtlicher Organisation, ZSR 72, 1953, S. 181 a ff.), bleibt meines Erachtens die Zulässigkeit vom Erfordernis des Gemeinwohls abhängig.

[11] Damit erfüllt sich am reinsten auch die «reale Volksherrschaft» in Gestalt der genossenschaftlich-konsiliaren Demokratie, wie sie gezeichnet wird von MAX IMBODEN, Die politischen Systeme, Basel und Stuttgart (Neudruck) 1964, S. 27 ff. Das heißt freilich nicht, daß Selbstverwaltung nur in der Versammlungsdemokratie möglich wäre und daß Versammlungsdemokratie immer Selbstverwaltung gewährleistete. Aber ihre gegenseitige Förderung und Stützung ist unverkennbar.

[12] Bürokratie und Selbstverwaltung werden damit in einen Gegensatz gebracht. Das entspricht in betontem Maß schweizerischen Anschauungen: Vgl. RICHARD BÄUMLIN, Verfassung und Verwaltung in der Schweiz, in: Festschrift für Hans Huber, Bern 1961, S. 73 ff. Die moderne Verwaltung ist indessen wesentlich an bürokratische Formen gebunden, und in dem Maß, als die Gemeinden administrierende Gebilde werden, scheint Bürokratie unentrinnbar zu werden. Die immer wieder lesenswerten, resignierten

b) Die Gemeinde tut aber noch mehr. Sie *hält ihre Organisation und ihre Organe dem Bund und vor allem dem Kanton zur Verfügung.* Die übergeordneten Gemeinwesen Bund und Kanton lassen einen erheblichen Teil der ihnen zufallenden Aufgaben durch die Gemeinden ausführen (z. B. Steuerwesen, Teile des Verkehrswesens, des Polizeiwesens, des Erziehungswesens, der Sozialfürsorge). Die Gemeinden handeln hier gleichsam als Beauftragte der höheren Gemeinwesen, bewegen sich im sogenannt «übertragenen Wirkungskreis», üben – in einem weiten und juristisch nicht ganz präzisen Sinne – Fremdverwaltung aus. Hier haben Bund und Kanton meist nicht nur entscheidende Initiativen in der Hand, sondern schreiben auch den Inhalt der kommunalen Betätigung mehr oder weniger dicht vor.

Diese *Heranziehung der Gemeinden verfolgt zwei Hauptzwecke.* Einmal können dank dessen Bundes- und Kantonsverwaltungen verhältnismäßig klein gehalten und von bürokratischen Deformationen ungleich mehr verschont werden als ausländische Staatsverwaltungen. Sodann begegnet der Bürger der Obrigkeit auf vertrautem Boden und in bekannten Gesichtern. Die Anwendung von eidgenössischem und kantonalem Recht durch Gemeindebeamte verbürgt in der Regel eine auf das Individuelle abgestimmte Handhabung. Es walten mehr Rücksichten und Maß als in der unvermeidlichen Anonymität der weit entfernten, konzentrierten Staatsbürokratie. Die Spielräume des Ermessens und der freien Verwaltungstätigkeit werden schonend genutzt. Es kann eine Selbstzügelung zugunsten des Bürgers zur Geltung kommen[13]. Freilich ist auch anzumerken, daß dieser Aspekt der öffentlichen Betätigung auf menschlicher Basis und ruhend in personalen Werten in der Wirklichkeit getrübt sein kann. Es gibt Gemeinden mit rigorosen Mehrheitsgruppen, die die rechtlich gewährten Möglichkeiten ungehemmt nutzen, und eine oligarchisch erstarrte Gemeindeobrigkeit kann der Versuchung verfallen, das kanalisierende Recht außer acht zu lassen, z. B. mit verschiedenen Ellen zu messen. Ja, es kann überhaupt *Herrschaften von «Dorfoligarchien»* geben, unter denen eine alltägliche Demokratie an einen kleinen Platz verbannt ist. Aber auch hier brauchen Bäume nicht in den Himmel zu wachsen; im stürmischen Gewitter der Gemeindeversammlung oder schließlich der Wahlen können Bereinigungen doch wohl noch stattfinden.

c) Man ist gewohnt, nur der als Gemeindeautonomie bezeichneten Selbstverwaltung die Qualität wahrer kommunaler Funktionserfüllung zuzu-

---

Feststellungen MAX WEBERS aus der Zeit des Ersten Weltkrieges (Wirtschaft und Gesellschaft, I und II, 4. Aufl., Tübingen 1956, S. 126 ff., 577 f., 842 f.) brechen sich in den kommunalen Bereichen Bahn.

[13] Vgl. MAX IMBODEN, Gemeindeautonomie und Rechtsstaat, in: Festgabe für Zaccaria Giacometti, Zürich 1953, S. 95.

sprechen. Das geht darauf zurück, daß man *in der Schweiz einen konstruierten Autonomiebegriff aufnahm und dogmatisierte:* Das Kriterium der Gemeindeautonomie wurde «im Fehlen einer Ermessenskontrolle (des Kantons) gegenüber der Gemeinde bei der Rechtssetzung und Verwaltung» erblickt[14]. Damit wird die (so oder anders geartete) Aufsicht des Kantons zum Zentralbegriff des Gemeinderechts und der Gemeindeinstitution gemacht, die Kommune in den Rahmen eines obrigkeitlich (und nicht genossenschaftlich) verstandenen Staats gepresst[15]. Es ist hier nicht Gelegenheit, die Problematik der Gemeindefreiheit und des Autonomiebegriffs zu verfolgen. Aber soviel ist festzuhalten: Gestaltungsfreiheiten hat die Gemeinde auch in den Belangen der Fremdverwaltung, z. B. durch ergänzende Rechtssetzung, durch die Handhabung der Rechtsanwendung, die bei der «gewöhnlichen» Auslegung wie bei der Deutung unbestimmter Gesetzesbegriffe Räume schöpferischer Betätigung hat, ferner in der Ausübung des Ermessens und schließlich in der Bestellung und Lenkung des Personals, das die Fremdverwaltung wahrnimmt. Ob eine Gemeinde im Rahmen des Kantons sich subjektiv frei fühlt und objektiv Selbstbestimmung wahrnimmt, hängt denn nur zu einem kleinen Teil davon ab, ob eine kantonale Ermessenskontrolle stattfindet oder nicht. Maßgebend ist vielmehr, ob die Gemeinde rechtlich gewährte Gestaltungsmöglichkeiten entfalten kann. Im übrigen wird in der praktischen kommunalen Arbeit kaum zwischen Selbst- und Fremdverwaltung, zwischen eigenem und übertragenem Wirkungskreis unterschieden; und kommunale wie kantonale Behörden würden in Bedrängnis geraten, wenn sie einen differenzierenden Katalog «rein» kommunaler Aufgaben aufstellen müssten. Offenbar nimmt in den letzten Jahren die Fremdverwaltung umfangmäßig zu, ohne daß man sagen könnte, der Autonomiebereich in einem politisch-soziologischen Sinne sei in gleichem Maß zurückgegangen.

---

[14] Z. GIACOMETTI, a. a. O., S. 75. Für einen aus materiellen Rechts- und Funktionsbezügen abgeleiteten Autonomiebegriff: PETER LIVER, Gemeinderecht, in: Probleme der Rechtssetzung, ZBl 50, 1949, S. 40 ff., ihm beipflichtend HANS HUBER, ZBJV 100, 1964, S. 339. Zum Verständnis der Gemeinde von der Autonomie her: WILLI GEIGER, Die Gemeindeautonomie und ihr Schutz nach schweizerischem Recht, Zürich / St. Gallen 1950, S. 66 ff., 80 ff.

[15] Von diesem Verständnis her tritt vor allem die deutsche Lehre immer noch an die Gemeinde heran: vgl. die Darlegungen von OTTO GÖNNEWEIN, Die Kommunalaufsicht als Rechtsaufsicht, in: Gedächtnisschrift für Walter Jellinek, München 1955, S. 511 ff. Anders dagegen die moderne französische Lehre: ANDRÉ DE LAUBADÈRE, Manuel de droit administratif, 7. Aufl., Paris 1963, S. 161 ff.

III. Das Verhältnis von Staat und Gemeinde

1. Die Einfügung der Gemeinde in den Staat

Obwohl die Gemeinde soziologisch eine urtümliche Ordnung darstellt und tatsächlich dem Staat vorgehen oder ihn überdauern kann, existiert sie rechtlich nicht aus eigenem Ursprung. Ihr *Rechtsgrund ist der Staat und seine Verfassung*, in der Schweiz also Kanton und Kantonsverfassung. Juristisch leitet sie sich ab, ist sie dem Staat eingefügt. Dieser, nicht sie, hat Souveränität: ihr eignet lediglich Autonomie, die etwas Relatives anzeigt, nämlich etwas, das sich auf das Absolute – den Staat – nur beziehen kann. Gliedert sich der Staat in Gemeinden aus und belädt er sie mit Aufgaben, wie es bei uns der Fall ist, so wird der Gemeinde ein höherer Dienst zugemutet als der einer technisierten Zweckerfüllung einer rationellen Herrschaftsform. Die Gemeinde wird überhaupt nicht richtig verstanden, wenn sie als zweckrationales Instrument aufgefaßt wird. Ihr eigentlicher Sinn liegt in ihrer Werthaftigkeit für die Verwirklichung einer Staatsordnung, in der sich richtiges Recht und Freiheit mit einer Effektivität der Gemeinschaft zu verbinden trachten. Man mag in dieser spezifischen Bezogenheit auf Individual- und Sozialwerte eine *politische Sendung der Gemeinde im Staat und für den Staat* erblicken.

Redet man von Sendung, muß man sich vor Schwärmerei und Sentimentalität hüten. Wir leisten damit dem kommunalen Gedanken keinen Dienst. Etwa die schweizerische Gemeindeverfassung als Lösung und Segen für andere Staaten empfehlen zu wollen, wäre eine Übertreibung. Denn die Tauglichkeit der Gemeinde schweizerischer Prägung ist an die Zeit, an ideelle, soziologische und politische Grundlagen eines bestimmt gearteten Staatswesens gebunden. Man kann die Gemeinde nicht von solchen Verknüpfungen lösen.

Die Gemeinde als wertgetragene innerstaatliche Institution und realisierte Organisation ist überhaupt *nicht zu trennen von der Lage des Staates*. Staat und Gemeinde stehen in einem bestimmten Verhältnis zueinander. Was zur Charakterisierung der Gemeinde meist ausgeführt wird, ist gültig für die Kommune in der rechtsstaatlichen Demokratie, wie sie bei uns im 19. Jahrhundert ausgebildet worden ist. Es trifft vor allem auf jenen Zustand zu, wo der Staat sich auf relativ wenige und hauptsächlich behütende Aufgaben zurückziehen konnte. Dieses Staatsbild als Leitidee für das Verhältnis zu den Gemeinden hat bis jetzt seine Verbindlichkeit noch nicht verloren. Aber es wird überrollt von einer ungewöhnlich beschleunigten Entwicklung des Staatlichen, des Politischen und des Sozialen. Diese Entwicklung birgt so viele neuartige Faktoren in sich, daß Staat und Mensch in der Mitte des 20. Jahrhunderts vor einer gewandelten Situation stehen, daß sie im Gefühl einer veränderten Welt leben, daß sie Bisheriges zwar tunlichst noch bewahren, aber im Alltag auf eine harte Wirklichkeit stossen, die «anders» ist und auf Unbekanntes zueilt.

Daraus entstehen allenthalben *Unsicherheiten*. Und es entstehen zweierlei Reaktionsweisen. Entweder sucht man streng zu verharren in hergebrachten Vorstellungen und Begriffen. Dabei bleibt das Neuartige unverstanden. Da man sich mit ihm in der Praxis aber doch auseinandersetzen muß (z. B. mit den Fragen des Grundeigentums, der Bodennutzung, der Siedlungspolitik, der Verkehrspolitik), herrschen dann leicht Rat- und Richtungslosigkeiten vor. Oder man öffnet sich gänzlich allem Neuen und begrüßt es als Fortschritt, glaubt schon, daß es gut und zulänglich sei, nur weil es neu ist. Solche Haltung überschlägt sich in der Raschheit der technisch-wirtschaftlichen Entfaltung. Die Gestaltung des Öffentlichen verliert sich dann mitunter in distanzloser Opportunität, in einem forschen In-den-Tag-hineinleben, bei dem wir unsere staatlichen Grundwerte beinahe mutwillig aufs Spiel setzen, indem wir sie dem Trubel des Tages überlassen.

2. *Die Gemeinden angesichts des Verwaltungsstaats*

Die Gemeinden finden sich heute im sozialordnenden Verwaltungsstaat. «Verwaltungsstaat»[16] bezeichnet diejenige staatliche Organisation, in der die Verwaltung als Funktion und als Organgruppe das Schwergewicht hat. In den Verfassungswerken des Bundes und der Kantone ist noch ein Gesetzgebungsstaat angelegt, d. h. jene Organisation, in der Gesetz und Legislative dominieren. Infolge der Wandlungen vor allem während der Kriegs- und Krisenzeiten dieses Jahrhunderts hat sich vorerst ein gemäßigter Regierungsstaat entwickelt. Doch flieht das Schwergewicht unverkennbar weiter zur Administration. Unter anderem zeigt dieser junge Verwaltungsstaat folgende Merkmale:

a) Der eigenständig *gestaltende Verwaltungsakt* löst das inhaltstragende klassische Gesetz ab. Das Gesetz, wo es überhaupt noch ergeht, wird strukturell entweder dem individuell-konkreten Staatsakt angenähert (sogenanntes «Maßnahmegesetz»), oder es sinkt ab zur formalen Kompetenzregelung («Ermächtigungsgesetz»), die den nachfolgenden «Rechtsanwender» materiell nicht zu binden vermag. Beispiele: das Spitalgesetz, das Altersheimgesetz, das Nationalstrassengesetz.

b) Es besteht eine *Problemattraktion bei der Verwaltung*. Die Fülle neuer Aufgaben, denen der Staat gegenübergestellt wird und die zunehmend

---

[16] Der Begriff wird zwar häufig verwendet, ist aber noch wenig durchgebildet. Anfänge machte CARL-HERMANN ULE, Über das Verhältnis von Verwaltungsstaat und Rechtsstaat, in: Staats- und verwaltungswissenschaftliche Beiträge der Hochschule Speyer, Stuttgart 1957, S. 127 ff.

komplizierter werden, sind vornehmlich durch die Administration und mit Verwaltungsmitteln zu lösen. Die Verwaltung zieht die problemreichen Obliegenheiten an sich; die großen und kleinen Probleme fallen *ihr* zu. Ihr wird zugemutet, sie lösen zu können. Beispiele: der moderne Straßenbau, die Ordnung des öffentlichen und privaten Hochbaus, die Regelung der Bodennutzung, der Gesundheitsdienst, der Gewässerschutz, die soziale Bewältigung der friedlichen Verwendung der Atomenergie, die Sozialgestaltung bestimmter Berufs- und Bevölkerungsschichten (wie etwa die Landwirtschaft).

c) Die Administration hat ein *faktisches Sachkundemonopol.* In der Tat vermag die Verwaltung – als Funktion und Organgruppe verstanden – die Häufung von Aufgaben in erheblichem Maß zu bewältigen dank einem hervorragenden Fachwissen. Sie verfügt über das Instrument oder ist das Instrument, mit dem die konkrete innere und äußere «Lage» des Staats gemeistert wird. «Sie weiß, wie man es macht.» Vor allem aber: «Sie weiß *mehr»,* mehr als andere Organgruppen im Staat (z. B. Regierung und Parlament). Sie kann – muß freilich nicht – eine monopolartige Stellung erringen. Es geschieht dann nichts im Staat, an dem die Verwaltung nicht maßgebend beteiligt wäre. Dieses tatsächliche Sachkundemonopol verschafft indessen einen *faktischen* Machtvorrang, dem häufig die rechtliche Anerkennung folgt.

d) Es tritt *bei der Administration eine Funktionenhäufung* ein. Die Verwaltung als Organisation ist nicht beschränkt auf den Vollzug dessen, was ein von ihr streng geschiedener Gesetzgeber vorweg angeordnet hat. Sie wird durch weite Spielräume eigenständiger Entscheidungsbefugnisse auch da freigesetzt, wo formal Rechtsanwendungsakte ergehen. Sie ist zudem an der Rechtssetzung aktiver und schöpferischer Mitgestalter: Sie bringt einen erheblichen Teil der Regeln, nach denen sie sich ausrichten soll, selbst in die Rechtsordnung ein (so als Entwurfsverfasser der Gesetze, als Planer, als Verordnungsrechtssetzer). Sie handhabt aber auch in einem weiten Maß die kontrollierende Rechtspflege über ihre Tätigkeiten selbst (verwaltungsinterne Verwaltungsrechtspflege). Funktionenhäufung verschafft *rechtlichen* Machtvorrang.

e) Bemerkenswert ist die *Identifikation der Administration mit dem Staat.* Mensch und Gesellschaft werden durch das, was die staatliche Verwaltung tut, so unmittelbar und alltäglich betroffen, daß sie in der Administration den Staat dargestellt finden. Hier ereignet sich die eigentliche Begegnung zwischen Bürger und Staat. Der Bürger macht sich vom Staatswesen *das* Bild, das ihm die Administration bietet. Nicht das Parlament, erst recht nicht die Justiz prägen es. Staatsgesinnung und Haltung des Bürgers gegenüber dem Staat werden in dieser Begegnung geformt, der Staat selbst aber erfährt darin eine entscheidende Wesensbestimmung.

Das Staatsdenken und die normative Staatsorganisation haben den *Verwaltungsstaat noch nicht bewältigt.* Auf weite Strecken wird getan, als ob es ihn nicht gäbe, z.B. im Parlamentsrecht, wo die böse Illusion getreulich gehütet wird, daß die Legislative im Kleid und mit den Mitteln des 19. Jahrhunderts die Staatsgestaltung zu bestimmen vermöge. Daß der Verwaltungsstaat auch das Verhältnis zu den Gemeinden revolutioniert, will man nicht gerne wahrhaben. Doch spürt man im Alltag deutlich genug, daß die beiden Gemeinwesen Staat und Gemeinde in neue Relationen einrücken. Dabei wird die Gemeinde nicht etwa ausgeschaltet durch zentralisierende Gelüste des Verwaltungsstaates. Sie ist ihm gegenteils nützlich, sofern sie sich auf staatliche Muster ausrichtet [17] und die Verwaltungsfunktionen schmiegsam versieht. Die Gemeinde umgekehrt findet im administrierenden Staat Vorbild oder Stütze, wobei sie ihrerseits eine kommunale Bürokratie ausbildet und den entscheidenden Organen (Gemeinderat, Gemeindeversammlung) polar entgegenstellt. Es sollen hier vier Tatbestände herausgegriffen werden, worin sich solche Tendenzen in verschiedenen Abwandlungen anzeigen.

IV. Offene Probleme der Beziehung Staat–Gemeinde

1. *Die Zwiespältigkeit des Finanzausgleichs*
Selbstbestimmung ist da vollendet, wo mit der selbstgewählten Aufgabenstellung auch die praktische Möglichkeit und Verantwortung verbunden sind, die erforderlichen Mittel aus eigener Quelle aufzubringen und über ihre Verwendung frei zu verfügen [18]. Der Gemeinde aber, die arm ist und der die finanziellen Mittel über die allerdringendsten Bedürfnisse hinaus nicht zur Verfügung stehen, bedeutet die Selbstbestimmung nicht sonderlich viel. Diese ist ein gleichsam leeres Recht [19]. Will die Gemeinde gestalten,

---

[17] Ein Beispiel sind die «Musterordnungen», die der Kanton den Gemeinden bereitstellt. Sie sind ein Anzeichen für den unerfreulichen Zustand, daß entweder die Gemeinde ihrem Auftrag, ergänzendes Recht zu setzen, nicht gewachsen ist, oder daß der Kanton nur Scheindelegationen vornimmt, in Wirklichkeit den Inhalt des Kommunalerlasses aber einheitlich und zentral festlegt. Jedenfalls wird irgendwo «dergleichen getan». Die Genehmigungsvorbehalte gegenüber kommunalen Erlassen fördern freilich solche Angleichungen. Vgl. auch JÜRGEN SALZWEDEL, Staatliche Genehmigungsvorbehalte gegenüber der Selbstverwaltung, Archiv für Kommunalwissenschaften 1, 1962, S. 203 ff.

[18] Vgl. die positivrechtliche Untersuchung von HANS ELMIGER, Die autonome Finanzkompetenzordnung der bernischen Einwohnergemeinden, Winterthur 1962, S. 5 ff.

[19] Diese arme Gemeinde ist vergleichbar dem bedürftigen Menschen, dem die Freiheitsrechte wenig oder nichts bedeuten, wenn er sie nicht «nutzen» kann. Der Rechtsstaat

muß sie zum Beispiel Steuersätze in die Höhe treiben, und das wiederum bewirkt die Landflucht oder hindert den Zuzug von leistungsfähiger Wirtschaft und Bevölkerung. Oder die Gemeinde wendet sich einem Leistungsminimum zu, wodurch sie «unzeitgemäß» bleibt. Mit dem komplizierten und vielschichtigen Finanzausgleich (direkter und indirekter Ausgleich, Subventionsausgleiche, Brechung der Steuerspitzen und Annäherungen unter den Gemeinden, Entlastungen durch die Übernahme kommunaler Aufgaben durch den Staat oder Zweckverbände ohne Beitragsleistungen der begünstigten Gemeinden usw.) werden den finanzschwachen Gemeinden Mittel zugeführt, Steuersenkungen ermöglicht, Entlastungen gebracht[20]. Müssen die Gemeinden Fremdverwaltung vollziehen, decken Bund und Kanton mitunter alle Aufwendungen mit Staatsbeiträgen. Der allmählich gewachsene Finanzausgleich entbehrt der Systematik, der logischen Abstimmung der Ausgleichsinstitutionen aufeinander, der klaren Übersicht, die erlaubte, mit Sicherheit Proportionen zu wahren. Nichtsdestoweniger ist er *wirksam* und in hohem Maß ein *Segen* für die Gemeinden. Es werden eigene Gemeindegestaltungen ermöglicht, und es kann ein (relativ) selbständiges Gemeindeleben zum Erblühen gebracht werden.

Indessen muß man *Grenzen sehen*. Es wäre verfehlt, anzunehmen: je mehr Finanzausgleich, desto besser gesicherte kommunale Selbständigkeit. Denn Finanzausgleichsmittel sind fremde Mittel. Sie rufen unvermeidlich einer dichteren Staatslenkung und Staatskontrolle der Gemeinden über eine sinnvolle Mittelverwendung. Die Gemeinden werden in ein Netz von Staatsabhängigkeit verstrickt, wo sie sich bislang als eigener Herr und Meister fühlen durften[21]. Die Abhängigkeit ist zwar vergoldet durch den Finanzstrom. Allein, auch für die Gemeinde ist das Geld nicht der höchste Segen.

Schwerer wiegt eine psychologisch-soziologische Seite. Ein forcierter Finanzausgleich und dicht fließende Staatsbeiträge unterhöhlen den für die Gemeinden unerläßlichen *Willen zur Selbstbehauptung in einem natürlichen Stolz*. Kommunales Handeln ruht auf der Maxime: «Das tun wir selbst.»

gebietet, der Person das zuzuwenden, was sie zur Fruktifikation grundrechtlicher Positionen nötig hat (vgl. Fernando Garzoni, Die Rechtsstaatsidee im schweizerischen Staatsdenken des 19. Jahrhunderts, Zürich 1952, S. 13 f.; zum menschenwürdigen Existenzminimum zusammenfassend: Theodor Maunz/Günter Dürig, Grundgesetz, Kommentar, I, München/Berlin 1964, N. 43 f. zu Art. 1 Abs. 1). Der Gemeinde kann man freilich keine vollends analoge Grundrechtsstellung zubilligen wie dem Menschen, und ihre Existenz steht nicht unter dem *absoluten* Achtungsgebot wie die natürliche Person.

[20] Zu Möglichkeiten und Grenzen: Hans Letsch, Der Finanzausgleich zwischen Staat und Gemeinden, in dem dem ZBl. beigegebenen Protokoll über die Verhandlungen des Schweizerischen Städteverbandes 1960 in Chur, S. 71 ff.

[21] Freilich darf diese Folge nicht überwertet werden, wie Hans Letsch, a. a. O., S. 89, zutreffend betont.

Solche Willensrichtungen drohen zu verblassen. Man geniert sich nicht, als finanzschwach zu gelten; denn es ist einträglich. Der Hilferuf an den Staat geht leicht von den Lippen der Gemeindeglieder und Gemeindehäupter. Und man verlangt zumindest gleichviel vom Staat, wie der Nachbar erhält. Ein nivellierender Egalitätsdrang zersetzt selbstbewußte Eigenständigkeit und läßt mitunter vergessen, daß die Gemeinden mehr sind als Forderungseinheiten gegenüber dem Staat.

Es wäre falsch, die Verantwortung für derartige Züge allein den Gemeinden zuzuschieben. Bund und Kanton tragen ihren Teil daran. Sie haben mit dem erleichterten Zustrom von Geldmitteln den recht schwerfälligen Weg kommunaler Selbstgestaltung im Interesse einer raschen und allgemeinen Angleichung auch gar unansehnlich gemacht. Sollte der Staat nicht vielleicht manchmal die Gemeinde in ihrer Eigenheit bestärken und ihr den Respekt bekunden, daß sie anders zu sein wagt als der Nachbar? Gleichheit unter den Gemeinden hat in allgemeiner staatspolitischer Sichtung recht frühe Grenzen.

2. Der Einbruch des Rationalismus und der Technik in die Gemeindeverwaltung

Mit dem Bau des Schulhauses und eigener Straßen, mit der Einrichtung der Beleuchtung, mit dem Unterhalt einer Feuerwehr konnte sich die alte Klein- und Mittelgemeinde des 19. Jahrhunderts ihrer technischen Aufgaben entledigen. Dazu kamen vielleicht noch Wasserverbauungen, mit der Zeit Waldpflege und Flurverbesserungen. Heute ist sie gleich der Großgemeinde in bedrängtem Maß in eine Fülle von technischen Aufgaben eingespannt. Wasserversorgung, Abwasser- und Kehrichtbeseitigung, dichte Energieversorgung, der Betrieb ausgedehnter Verkehrsmittel, kommunale Bodenpolitik und Lenkung der Bodennutzung, Straßenbau, Leitungsbau, Bau vieler öffentlicher Gebäude usw. verlangen von den meisten Gemeinden – und das zunehmend auch von bisher verträumten Landgemeinden – technisch rationelle Lösungen. Und Technik hat den *Zug zum Perfekten* und zum Perfektionismus. Gemeindebetätigung hingegen ist von Haus aus bedächtig, einfach, auf geringen Aufwand ausgerichtet, immer ein wenig mangelhaft und unansehnlich. Das technische Zeitalter, das zusammenfällt mit einer Periode der Wohlhabenheit, der reichen Mittel, wie sie bisher den Gemeindewesen kaum zur Verfügung standen, fördert Konzentrationen und Zentralisationen. Denn diese sind ergiebiger, rascher, zielsicherer und eben im ganzen – perfekter. Der Mensch gewöhnt sich an solchen Stil in seinem Privatbereich; er überträgt ihn auf das Öffentliche.

Die Gemeinde, die auf der Höhe der Zeit sein will – das will fast jede –, braucht den spezialisierten Apparat. Entweder stellt sie ihn selbst auf und treibt damit die Kommunalbürokratie voran. Oder sie überläßt Planung, Lenkung, ja, selbst Ausführung dem Kanton und seiner Administration. Der Kanton «vertritt» die Gemeinde in Belangen, in denen sie bisher unvertretbar schien. Es entsteht freilich oft das zunächst schöne Bild des sinnvollen und rationellen Einvernehmens zwischen Gemeinden und Kanton zur gemeinsamen Bewältigung schwieriger öffentlicher Aufgaben, zum Beispiel im Erziehungs-, Fürsorge-, Bau-, ja selbst im Polizeiwesen. Man spricht von einem «Condominium» (WERNER WEBER) oder einem «partnerschaftlichen Verhältnis zwischen Staat und Gemeinde» (H. U. EVERS) und meint damit, die beiden Gemeinwesen würden sich in *Konkordanz und Gleichwertigkeit* durchdringen und ergänzen. Das ist eine Strecke weit richtig und auch begrüßenswert.

Trotzdem gibt es auch hier Schranken. Der *Kanton* ist der Stärkere, und er soll es auch sein. Er hat eine *höhere Verantwortung für ein Ganzes*, und seine legitimen Interessen haben oft eine andere Richtung und Spannweite als die lokalen Interessen, die ebenso begründeterweise zur Wahrnehmung den Gemeinden anvertraut sind. Der Kanton ist seinem Wesen nach nicht einfach koordinierter Partner der Gemeinde, und sie sind nicht vertauschbar oder vollends durchsetzbar. Man muß denn sehen: Unter dem Titel des Rationalismus und der technischen Perfektion kann kommunale Betätigung in einem weiten Maß suspendiert werden. Wenn aber die *Gemeinden dergestalt an Krücken gehen*, fühlen sie sich *mit der Zeit überflüßig* und werden es auch. Daß dann gleichsam zur Abwehr mit dem oft unverstandenen Wort der Autonomie fleißig hantiert wird, vermag den Sachverhalt nicht zu vertuschen, wie überhaupt der propagandistischen Auswertung der Autonomieforderung mit Zurückhaltung zu begegnen ist. Häufig steht Schwäche dahinter. Das Problem der Technik und des Rationalismus wird nicht bewältigt mit der verbalen Entgegensetzung eines Autonomie-Rufes.

3. *Die Gemeinde im Banne der Landesplanung*

Die Not des Bodens und an Boden ist offenkundig. Um die planvolle Verwendung ist nicht mehr herumzukommen, obwohl jede Planung mit Verbindlichkeitsanspruch einen erheblichen Eingriff in Freiheiten des Bürgers darstellt und damit entscheidende Grundlagen tradierter Staatsauffassung fragwürdig macht. Während allerdings der innerkommunalen Zonenplanung bereits mit Gewöhnung begegnet wird, wenigstens da, wo sie für das Eigentum schonend gehandhabt wird, ist Landesplanung im weiten Sinne dieses Wortes eine widerspenstige und ungezähmte Kategorie[22].

---

[22] Zum Problem der Planung grundlegend und anschaulich: KURT KIM, Regieren und Planen im Aargau, Zofingen 1963, S. 11 ff. Zur Entwicklung kommunaler Bauplanung vgl. ERICH ZIMMERLIN, Bauordnung der Stadt Aarau, Aarau 1960, N. 5 ff. des Systematischen Teils.

Insbesondere *Regional- und Verkehrsplanungen treffen die Gemeinde im Mark*. Denn sie können an den Gemeindegrenzen nicht Halt machen. Sie erfassen weitere Räume, bewerten diese Räume – das ist entscheidend – nach andern Maßstäben denn nach geschichtlich gewachsenen Gemeindestrukturen, nach räumlich beschränkten Gemeindeinteressen und nach kommunalpolitischen Richtpunkten. In der Landesplanung muß mit Begriffen und in Dimensionen gedacht werden, die für die kommunale Selbstgestaltung umstürzend sind[23]. In der Verneinung gegenüber einer disziplinierten und disziplinierenden Landesplanung zu verharren, muß letztlich auch den Gemeinden abträglich sein.

Es ist jedoch auf Ausgleich zu sinnen. Dabei wird man gegenüber dem Ungestüm planungsfreudiger Bewegungen betonen müssen: *Rationale Zweckmäßigkeit ist nicht höchstes Ziel der Betätigungen von Staat und Gemeinden*. Historische, politische, menschliche Gesichtspunkte sind gleichwertig zu beachten. Gemeinwesen sind, so sehr sie vom wirtschaftlichen Gedeihen, von sinnvoller Nutzung des Raums und von zweckmäßiger Besiedelung abhängig sind, mehr als frei manipulierbare Gegenstände. Sie sind insbesondere *mehr als Wirtschaftsunternehmen, Großbetriebe, Verkehrsanstalten*. Sie sind Mitträger eines hochdifferenzierten Staats und haben eine *eigene Würde*. Diese hat so wenig wie die Würde des Menschen vor dem bloß Zweckmäßigen, Wünschbaren, Praktischen zu weichen. Solche Beschränkung hat mit der vorhin verworfenen Sentimentalität nichts zu tun, wohl aber mit der Einsicht, daß auch der moderne Staat[24] auf den bewährten Werten aufruhen sollte, als deren Nährboden bisher die Gemeinden gewirkt haben.

4. Der Versuch mit Eingemeindungen und Zweckverbänden
Die geweiteten Aufgaben zu meistern, wird häufig auf dem Weg der Eingemeindung oder der Zweckverbände versucht. Das sind nicht neue Mittel, aber sie erhalten in jüngster Zeit ein besonders scharf geschnittenes Profil.

a) Was die Eingemeindungen angeht, ist man vom Gedanken abgekommen, daß die Großgemeinde die ideale Kommune darstelle, nämlich ein Gebilde, das lokale Aufgaben gleichsam autark in den eigenen Gemarken zu

[23] Darin liegt denn auch eine Ursache dafür, daß die Gemeinden die schon bisher rechtlich gewährten Möglichkeiten zur Regelung der Bodennutzung bisher nicht oder nur unvollkommen genutzt haben. Vgl. HANS-PETER FRIEDRICH, Zur sozialdemokratischen Verfassungsinitiative betreffend Bekämpfung der Bodenspekulation, Wirtschaft und Recht 1964, Heft 2.

[24] Den neuesten Versuch, den «modernen Staat» zu beschreiben, macht der Hamburger Staatsrechtslehrer HERBERT KRÜGER, Allgemeine Staatslehre, Stuttgart 1964, S. 11 ff., 32 ff., 674 ff. und *passim*.

lösen verstehe. Die Großgemeinde hat ihre besonderen Sorgen. Selbst in ihrer Administration, erst recht aber im Zusammenleben, muß man von einer gewissen Größe an durch Dezentralisationen wieder Unterabteilungen zustandebringen. Das weist auf *Schranken der Eingemeindung* hin. Es kann nicht ziffernmäßig und mit begrifflicher Prägnanz festgelegt werden, was für Quantitäten an Fläche, Leuten, industriellen Unternehmungen, Gewerbe und Steuerkraft für ideale Gemeindetypen vorhanden sein müssen. Selbst verhältnismäßige Umschreibungen reichen nicht aus. Man darf jedoch sagen: Die lebensfähige, *zu einer echten Selbstgestaltung* noch taugliche Gemeinde bedarf einer *gewissen Fülle,* verstanden in einem quantitativen wie qualitativen Sinne. Es braucht eine Fülle an baulichen, wirtschaftlichen, finanziellen, verkehrstechnischen, bevölkerungsmäßigen Möglichkeiten, vor allem aber auch eine Fülle an gemeinschaftsbildenden politischen Potenzen. Das sind nicht ein- für allemal feststehende Größen; sie sind insbesondere von Willensfaktoren mitbedingt.

Deswegen sind *die Gemeinden der politischen Führung bedürftig.* Man vergißt leicht, daß gerade die direkte Demokratie sichere und stabile Führung nötig hat. Führung und Selbstbestimmung scheinen zwar Gegensätze zu sein; in der Wirklichkeit sind sie notwendige Ergänzungen[25]. So braucht die Gemeinde eine starke Führungsschicht, die erstens bereit ist, Pflichten der Gemeinde und für die Gemeinde zu übernehmen, auch wenn diese nichts an persönlichen Vorteilen abtragen, und die zweitens unter der Bevölkerung den Willen zur Eigenständigkeit nährt und stärkt. Ohne feste Führung verlieren Gemeinden rasch Zusammenhalt, politisches Bewußtsein und politische Geltung. Solche Gemeinden geben sich denn auch leicht auf und fügen sich Eingemeindungstendenzen.

Aber abgesehen davon, gibt es immer wieder die *Situation, wo Eingemeindungen* (Aufnahmen, Zusammenlegungen, Verschmelzungen und weitere Formen) *vernünftig und geboten* sind, weil entweder eine Stammgemeinde zur Wahrung der sozialen Wirkungskraft mehr Raum und Entfaltungsmöglichkeiten braucht oder weil die aufzunehmende Gemeinde sich im Schatten des Nachbars nicht lebensfähig zu erweisen vermag. Hier die goldene Mitte zu finden, insbesondere keine Vergewaltigung auszuüben, zeugt für politisches Können der beteiligten Gemeinden wie des sanktionierenden Kantons[26].

---

[25] Nach ihrem Verhältnis bestimmt sich der «politische Stil» eines Gemeinwesens. Vgl. die Studie von Arnold Bergstraesser, Zum Begriff des politischen Stils, in: Festgabe für Ernst Fraenkel, Berlin 1963, S. 39 ff.

[26] In seiner Botschaft vom 24. Juni 1964 über das Begehren einer Vereinigung von Lauffohr mit Brugg stellt der aargauische Regierungsrat Prinzipien für Gemeindevereinigungen auf. So will er eine Vereinigung nur zulassen, wenn «die Weiterführung zweier selbständiger Gemeinden als sinnlos erscheint» (S. 11). Darin dürfte wohl eine zu große Zurückhal-

b) In den Zweckverbänden (Gemeindeverbänden, Gemeindeverbindungen) verbinden sich zwei oder mehr Gemeinden für die gemeinsame Erfüllung eines einzelnen, herausgehobenen Zwecks, zum Beispiel zur Betreibung von Kläranlagen, von Wasserversorgungen, von Verkehrsunternehmungen, von Fürsorgeeinrichtungen usw. Hier bleiben die Mitgliedergemeinden intakt. Sie scheiden lediglich eine vereinzelte Aufgabe aus ihrem Verwaltungsbereich aus und bewältigen sie im Verein mit andern Gemeinden. Solche *Zusammenschlüsse können sehr sinnvoll sein*[27]. Sie erlauben, mit vereinten Kräften zustandezubringen, was eine einzelne Gemeinde nicht vermöchte, ohne daß zur Eingemeindung geschritten oder die Aufgabe dem Kanton überbunden werden müßte. Der Zweckverband schont die Einzelgemeinde und kann vor allem für kleine und mittlere Gemeinden ein Instrument sein, sich in der technisierten Welt irgendwie zurechtzufinden.

Nur sollte man auch hier nicht zu forsch ins Zeug reiten. *Harmlos sind die Zweckverbände nicht.* Einmal ist ihre Organisation von der üblichen kommunalen Verwaltung abgelöst, deswegen der Beeinflussung durch den Bürger und die öffentliche Meinung weit mehr entrückt als die unmittelbare Gemeindeverwaltung. Verantwortlichkeiten sind schwer zu realisieren, zumal da die Tätigkeit der Zweckverbände stiller und von der Öffentlichkeit entfernter vor sich geht als kommunale Administration. Die technische Aufgabe liefert die Verwaltung der Zweckverbände einem betonten technokratischen Werken und Handeln aus; Rechtswerte sind meist unerwünschte, jedenfalls unbequeme Größen. Die Zweckverbände erschweren überhaupt die Rechtswahrung: In die ohnehin komplizierte dreischichtige Rechtsstruktur von Bundes-, Kantons- und Gemeinderecht schiebt sich eine weitere Ebene ein, eben Zweckverbandsrecht, und der Betroffene findet sich in diesem Rechtsbereich schwer zurecht. Vor allem aber ist der Rechtsschutz meist ganz erheblich gemindert im Vergleich zu kantonalem oder kommunalem Recht.

Die Entwicklung, die die Zweckverbände künftig nehmen, ist von höchstem Interesse. Es ist *denkbar, daß sich in ihnen neuartige Gebilde abzeichnen, die dereinst die Gemeinden ablösen.* Sollten sich die Klein- und Mittelgemeinden dem technischen Zeitalter nicht gewachsen zeigen, so könnte eine

tung gegenüber Gemeindeveränderungen liegen. Der Wertverlust bisheriger Gebilde braucht nicht bis zur Sinnlosigkeit einer Gemeindeexistenz abzusinken. Wann diese eintritt, ist nicht bloß nach dem politischen Erziehungseffekt der Gemeinde zu bemessen, wie der Regierungsrat vorschlägt, sondern auch unter Beiziehung weiterer konstitutiver Fundamentalfaktoren, insbesondere nach der im Kontext erwähnten «Fülle» eines Gemeinwesens.

[27] Vgl. die Grundlegung vieler interkommunaler Betätigungen im Kanton Bern: RUDOLF PROBST, Zusammenarbeit unter Gemeinden, Monatsschrift für Bernisches Verwaltungsrecht und Notariatswesen 61 (1963), Hefte 6–9.

regionale Aufgabenbewältigung an ihre Stelle treten. Mit den kürzlich postulierten Regionalräten, die freilich eine regionale Ordnung des Staats voraussetzten, zeichnen sich bereits deutlich derartige Konsequenzen ab. Wenn denn wichtigste Gemeindeobliegenheiten schließlich an Zweckverbände abwandern – wie Energieversorgung, Verkehrswesen, schließlich Schulwesen, Fürsorgewesen –, ist zu befürchten, daß die Gemeinden allmählich substanzlos werden. Die heutige Einwohnergemeinde ist Vollgemeinde. Laufen ihr zweckverbandliche Zusammenschlüsse den Rang ab, so dürfte ihr ein ähnliches Schicksal bevorstehen wie in vielen Kantonen den Ortsbürgergemeinden. Diese waren im 19. Jahrhundert noch meist die Vollgemeinden, wurden durch die Einwohnergemeinden aber überrundet. Heute *droht den Ortsbürgergemeinden* in vielen Kantonen die *Verkümmerung*. Der wichtigste Grund liegt darin, daß sie nur minimale öffentliche Pflichten in der gegenwärtigen Sozialgestaltung haben und mit Schwergewicht lediglich Vermögen verwalten. Vermögensverwaltung ist jedoch keine Aufgabe, kraft der sich ein Gemeinwesen als unentbehrlich ausweist. Zudem zieht brachliegendes Gut immer diejenigen an, die wenig haben. Die Ortsbürgergemeinden sichern sich Existenz auf die Dauer nur, wenn sie [28] es verstehen, *sich positive Aufgaben der heutigen Sozialgestaltung zuzulegen,* womit sie sich Platz und Rolle in der politischen Dynamik wieder zu sichern vermöchten.

Die Einwohnergemeinden werden richtigerweise nur mit einer gewissen Behutsamkeit die Zweckverbände vorantreiben.

V. Schluß

Die Gemeinde ist Element des schweizerischen Staatsaufbaus. Sie ist von außergewöhnlicher Vielfalt. Sie hält die Grundwerte unserer Staatsauffassung hoch: aktivierte und verantwortliche Teilnahme und Teilhabe des Bürgers an den öffentlichen Obliegenheiten, freiheitlich gerichtete Verwal-

---

[28] Die Ortsbürgergemeinden selbst müssen sich eine neue tragfähige Bestimmung suchen und geben. Unzulänglich ist es, wenn vom Kanton gefordert wird, daß *er* den Ortsbürgergemeinden neue Aufgaben stelle. Er mag einmal dann organisationsrechtlich bestätigen, was sich faktisch schon begibt. Die Ortsbürgergemeinden eignen sich nur sehr begrenzt für Fremdverwaltung; ob sie aber zu Selbstverwaltung fähig sind, müssen sie durch die selbstgewählte Übernahme von Gemeinschaftsfunktionen beweisen. Ohne diese eigene Gestaltungskraft bleiben die heutigen Zweifel an ihrer politischen Potenz bestehen. Vgl. zum Grundsätzlichen: ULRICH SCHEUNER, Gemeindeverfassung und kommunale Aufgabenstellung in der Gegenwart, Archiv für Kommunalwissenschaften 1, 1962, S. 156 ff. Zur Fragwürdigkeit der aargauischen Ortsbürgergemeinde ohne ausgreifende Gemeinschaftsaufgaben vgl. die beherzigenswerte Bemerkung von PETER LIVER, ZBJV 99, 1963, S. 407.

tung dank menschlichen Bezügen zwischen Bürger und Obrigkeit, «natürliche» Dezentralisation unter Vermeidung ausgedehnter Staatsbürokratie. Sie bedarf freilich der zielsicheren Führung, die das dem Schweizer zuträgliche Mittelmaß zwischen Dirigierung der Öffentlichkeit durch Behörden und das Hinhören der Behörden auf die öffentliche Meinung ständig sucht. Diese Gemeinde trifft im modernen Verwaltungsstaat und im Zeitalter der Technik auf Schwierigkeiten. Ob und wie diese gemeistert werden können, ist eine offene Frage. Außer Zweifel aber steht, daß Anstrengungen unternommen werden sollten, damit die Werte, die die Gemeinde ausbildet und verkörpert, auch im gewandelten Staatswesen erhalten bleiben. Es liegt nahe und ist gegeben, erhebliche Anstrengungen darauf zu verwenden, die Gemeinden lebenstauglich zu erhalten. Denn sie sind da; sie haben Erfolge, haben Tradition und haben politisches Vermögen. Es wird freilich ohne einschneidende Modifikationen an Bisherigem nicht abgehen. Entscheidend aber wäre, den Kern zu sichern und im übrigen – mit wachem Sinn und unter ständigem Bemühen zum Überblick – im Alltag der Staatsverwirklichung ein tragfähiges Verhältnis zwischen Gemeinde und Kanton Schritt um Schritt neu zu konstituieren.

Leistungsstaat und Demokratie

I

Was Stimme hat, bringt uns bei, daß wir in einer Zeit des radikalen Umbruchs lebten, daß sich der Sozialprozeß in der Potenz beschleunige, daß die «Umwertung aller Werte» achtzig Jahre nach ihrer Postulierung voll im Gang sei, daß die Entwicklungsmöglichkeiten weder Ziel noch Grenze hätten. Wir sind allmählich überzeugt davon, daß wir bestenfalls eine Epoche des Übergangs, schlimmstenfalls die Zeit des totalen Einbruchs seien. Eine Flut von sorgfältigen und hingeworfenen, von umfassenden und punktuellen, von ernstgemeinten und spielerisch-schreckenden, von wissenschaftlichen und pseudo-wissenschaftlichen Schilderungen und Deutungen der geistigen, der sozialen, der politischen Lage brandet ununterbrochen auf uns ein. Das Ergebnis ist Verwirrung und Unsicherheit. Angst wird vorherrschende Erscheinung im sozialen und persönlichen Bereich, jedoch als lähmende, nicht als überwindende Angst.

Für den Staat, diese fundamentale politische Gemeinschaft, sind Unsicherheit und Verwirrung bedrohlicher als die beschleunigte Wandlung selbst. Sie erzeugen politische Apathie und Nervosität. Sie hemmen zielgerichtete Staatslenkung und überlegte Staatstätigkeit. Die zunehmende «sterile Aufgeregtheit» (SIMMEL/MAX WEBER) auf dem politischen Boden ist immer auf dem Sprung, in modisch-leeren Aktivismus zu verfallen. Teilnahmelosigkeit aber macht aus dem Gemeinwesen Treibgut, das sich rasch totalitären Herrschaftsformen preisgegeben sieht.

EMIL DÜRR, der Basler Historiker und wegleitende politische Denker der zwanziger Jahre, hat es als Aufgabe der Wissenschaft betrachtet, über die jeweilige Lage des Staats «ins klare zu kommen». Hier liegen in der Tat Ansätze, um der zerstörerischen Unsicherheit allmählich Herr zu werden. Damit wird die – wie das mißgebildete Wort lautet – «Verunsicherung» von Mensch, Gesellschaft und Staat nicht verworfen. Im Gegenteil: Die satte Selbstzufriedenheit und die schläfrige Dumpfheit werden in redlicher Analyse zerrissen. Aber es soll nicht einfach erschüttert und dann ratlos gelassen werden. Der Auftrag der Wissenschaft geht weiter, wenn sie es sich

Rektoratsrede, gehalten an der Jahresfeier der Universität Basel am 28. November 1969. Basler Universitätsreden 62. Heft. Verlag Helbing & Lichtenhahn, Basel 1969.

angelegen sein läßt, «ins klare zu kommen». Drei Elemente sind vorausgesetzt: Der Wille zur selbstkritischen Aussage, der Wille zur praktischen Wissenschaftlichkeit und der Wille zum fortführenden Aufbau.

Die Wissenschaft wird sich bemühen, die wahren Problemlagen zu entdecken, Begriffe zu klären, Ziele zu deuten, Möglichkeiten von praktikablen Änderungen mit ihren Vor- und Nachteilen zu erörtern und schließlich Schwergewichte oder Prioritäten hervorzuheben. Es geht nicht darum, Komplexes zu simplifizieren oder etwas als gewiß und standfest hinzustellen, was in Wirklichkeit in Fluß ist. Aber es handelt sich darum, das schlicht Fließende nicht als ungebärdigen Strom zu zeichnen und nicht so zu tun, als sei der politischen Welt jeder Halt an sicheren Werten und präzis bestimmbaren Zielen mit zwingender Notwendigkeit auf immer genommen. Es ist ein voranstehendes Gebot der wissenschaftlichen Klarheit, sich der selbstgefälligen Sucht des Aggravierens zu entziehen, die sich in den Sozialwissenschaften in den letzten Jahren breitgemacht hat. Es gibt zum Beispiel nichts Wissenschaftsfeindlicheres als die mit dem Pathos der absoluten Wahrheit vorgetragenen monistischen Deutungen der politischen Geschehen oder die sensationellen Sozialprognosen.

Ein Nächstes besteht darin, die Wissenschaftszweige, die sich mit dem Staat und dem Politischen befassen, vornehmlich als praktische Wissenschaft zu betreiben. WALTHER BURCKHARDT hat immer wieder daran erinnert, daß ihnen aufgegeben ist, nicht nur Tatsachen und Ursachen zu erkennen, sondern vor allem das, was «gemäß der Vernunft bewirkt zu werden verdient». Damit sind die Wissenschaften vom Staat – insbesondere die Rechtswissenschaft, die politische Wissenschaft, die Soziologie, die Nationalökonomie, die Historie – aber zugleich auch aufgerufen, nach den Regeln der Wissenschaftlichkeit substantielle Basis zu legen für zureichende Einrichtungen und tragbare Sachentscheide. Das heißt, sie sollen Einsichten verschaffen, auf deren Grund die Staatsgestaltung vor sich gehen kann. Wissenschaft ist damit in eine soziale Verantwortung gestellt. Es ist nicht gleichgültig, was sie tut und sagt. Forschung und Lehre haben die Wirkung zu bedenken und sich deswegen zu dem Ernst zu verstehen, der der Aufgabe gebührt; der Staat darf ihnen nicht Spielball sein. Sie sollen damit auch methodisches und ethisches Vorbild geben. Der Staat der Gegenwart und der Zukunft läßt sich zulänglich nur noch einrichten mit der Bereitschaft zur Wahrhaftigkeit und zum suchenden Argumentieren in der vernunftgetragenen, geistig zuchtvollen Auseinandersetzung. Die wissenschaftliche Haltung ist die, die allein hier weiterhilft. Die Wissenschaft aber macht sich mit ihrer praktischen Ausrichtung keineswegs zur Magd der politischen Herrschaft, und sie wirft sich nicht zur Herrin der Politik auf, sondern sie wird die unabhängige Partnerin, die die Rationalität und die Einsicht in die Bedingungen der Staatsgestaltung betreut.

Etwas Drittes ist inbegriffen, wenn man nach Klarheit sucht, nämlich eine eigenartige Gewißheit, die aus der differenzierenden Einsicht fließt. Die Wiederentdeckung der Geschichtlichkeit von Recht und Staat hat in den letzten Jahren einen Kult der Dynamik ausgelöst. Das Prozeßhafte im staatlichen Sein wird als so packend empfunden, daß darüber ein Grundauftrag des Staats, dem Menschen freie Entfaltung und der Gesellschaft Gestaltungsmöglichkeit zu gewähren, in den Hintergrund tritt. Es wird verdeckt, daß der Staat seine freiheitsbehütende und gemeinschaftsordnende Kraft durch relative Stabilisierungen und Zuverlässigkeiten zustande bringen muß. Wird die Dynamik zum *durchgehenden* Prinzip erhoben, lösen sich die Kategorien der Verbindlichkeit und der Geltung auf. Das Chaotische dringt in das Staatsdenken und in die staatliche Existenz ein. Überwindende Klarheit, die zugleich billigen Positivismus meidet, wird differenzieren. Das staatliche Sein bietet sich in einer besonderen Art von Schichtenbau dar, ohne daß man eine ontologische Schichtenlehre darauf anwenden könnte. Die verschiedenen Ebenen folgen abweichenden Gesetzlichkeiten. So gibt es Elemente, die sich langsamer verändern, die durch soziale und menschliche Gegebenheiten weniger begrenzt, die durch Wertbezogenheiten gefestigter sind als andere, die den auffälligen Realien des Alltags und der Technik näherstehen. Doch kann sich staatliche Gestaltung nicht nur aus der einen Schicht nähren. Es braucht die Fähigkeit zur Synopse, zum Denken in Zusammenhängen, zur Erfassung des differenzierten und interdependenten Ganzen – und für solche Denkweisen im staatlichen Bereich hat der Tag erst begonnen. Die beklagte Unsicherheit nimmt im gleichen Verhältnis ab, wie sich das Vermögen zur kreativen Dialektik ausbildet.

II

Einen breit angelegten Versuch, der Unsicherheit im staatlich-politischen Bereich zu entfliehen, stellen die Bemühungen um eine Totalrevision der schweizerischen Bundesverfassung dar. Die Protagonisten haben freilich andere Motive in den Vordergrund gestellt: Wiederaufrichtung eines strengen konstitutionellen Denkens, das in der geschriebenen Verfassung ein geschlossenes System unverrückbarer Grundentscheidungen sieht; oder die Erweckung der politisch müde oder träge gewordenen Nation durch eine integrierende Gemeinschaftstat; oder die Verschaffung eines werthaften Rückhalts für den geistig und psychisch hinfälligen Menschen; oder die technisierte Vervollkommnung des Staatsapparates zur Sicherstellung des erreichten Wohlstandes. Doch die Begründung für eine Verfassungsrestauration schlägt im 20. Jahrhundert nicht durch. Die Verfassung mythisch oder gar als psychische Stütze zu deuten oder sie als bloßes machttechnisches Instrument behandeln zu wollen, bringt Verengungen und Verarmungen der an sich immer noch gültigen Leitvorstellung: Die den Staat begründenden, Freiheit und Ordnung stiftenden Fundamentalnormen seien zusammenzuziehen und inhaltlich so auszuformen, daß Macht gebändigt und Herrschaft gemäßigt werde. Hält man an diesem ideellen Ausgangspunkt fest, kann das Revisionswerk dem ersten Ziele gelten, mit unserem Staat «ins klare zu kommen». Und das *ist* etwas!

Um die Skepsis gegenüber einer Totalrevision abzutragen, muß sich das erste Ziel jedoch mit einem zweiten verbinden: mit dem Problemrealismus. Es gibt Befürworter der Totalrevision vorwiegend um der Bewegung willen. Es soll Leben demonstriert, politische Initiativkraft und Fortschrittlichkeit bewiesen werden. Ob das Neue auch richtig und insbesondere besser sei, bleibt kaum beachtet. Ein lärmig-trügerischer Revisionismus lauert uns auf. Sinnerfüllt wird das Bemühen um Verfassungsänderungen erst dann, wenn es die echten und schwerwiegenden Probleme aufgreift, wenn es mit ihnen fertig wird und darauf verzichtet, sich mit künstlich beleuchteten Nebenfragen abzugeben. Macht man Ernst mit dem Problemrealismus, wird es sachlich belanglos, ob eine Totalrevision oder eine Kette von Partialrevisionen ablaufen wird. Das wahre Thema ist nicht die Totalrevision als Formalerscheinung um jeden Preis, sondern das Zurechtfinden, die praktische Zielgebung und die Ausrüstung der politischen Gemeinschaft auf absehbare Zukunft. Wir müssen jetzt noch nicht den Staat des Jahres 2000 vollendet einrichten, sondern den, der zu ihm hinführt.

Die Konzentration auf die wahren Problemlagen und die Verpflichtung auf die Richtigkeit öffnen den Blick dafür, daß mit der Revision der Bundesverfassung in einem oder in etlichen Schritten der Staat noch nicht flottgemacht ist. Denn die jetzt notwendigen Reformen greifen über das hinaus, was eine Verfassung mit ihren Normen im herkömmlichen Sinn vermag. Für den heutigen Staat Maßgebliches wird durch die Verfassung weder hervorgebracht noch gelenkt, jedenfalls dann, wenn man bei den gewohnten Normstrukturen und Geltungslehren stehenbleibt. So erfaßt die formelle Verfassung nur einen, obgleich fundamentalen Ausschnitt aus dem staatlichen Existenzbereich. Wesentliche Fragen, zum Beispiel die über Ausmaß und Gestaltung unserer Sozialstaatlichkeit, werden faßbar erst auf der Stufe der Gesetze und der Verordnungen beantwortet. – Unsere Stellung zur Umwelt findet die effektive Grundlegung in den Staatsverträgen. – Die neuartigen Funktionsprobleme des Staats suchen die Anfänge ihrer Lösungen in ebenso wichtigen wie ungewohnten Staatsakten, deren Rechtsstruktur und Verbindlichkeitsgrad noch völlig offen sind. Dazu gehören die Regierungsprogramme des proporzdemokratischen Kollegialsystems, die als indikative Planungskonzepte die Hauptthemen der Staatspolitik auf eine mittlere Frist zu bestimmen trachten. Oder es sind die Führungsgrundsätze für die zeitgemäße Exekutivtätigkeit, die in groben

Umrissen erst für den Bund vorliegen. Nötig werden normative Leitprinzipien für die gefährdete Parlamentsarbeit und für die Beziehungen zwischen den Behörden und der Öffentlichkeit. – Schließlich kann man nicht am Faktum vorbeieilen, daß die Lenkung des Staats nur zu einem Teil über Rechtssetzung und Rechtsanwendung zustande kommt. In zunehmendem Maß bestimmt unmittelbar über den Staat und im Staat, wer konkret über die Mittel der Finanzgebarung verfügt. Finanzordnung ist Sachordnung; im Finanzentscheid steckt ein Sachentscheid. Der mittelfristige Finanzplan und das jährliche Budget werden zum Machtinstrument ersten Ranges, das noch effektiver wird, wenn Computer und Planungstechnik den Kinderschuhen dereinst entwachsen werden. Deswegen drängt es, Finanzplan und Budget in geordneten und offenen Verfahren durchsichtig zu machen und sie von der sachfremden Blindentscheidung oder dem Belieben der Präparatoren zu befreien. Die umfassende Finanzordnung, die Verfassungs- und Gesetzesrecht mit dem Plan kombiniert, ist überfällig, aber erst im Bund auf tragfähige Elemente gestellt. Die Kantone waten durch die Untiefen eines veralteten Finanzgebarens, das lediglich im Raffinement der Steuererhebung zeitgemäß anmutet. – Der Staat wendet sich allgemein und rasch zunehmend der Prospektive zu. Er weiß sich seiner neuartigen Rolle als Gestalter der Zukunft nur gewachsen, wenn er die Planung zur eigenständigen Staatsfunktion erhebt, freilich auf die Gefahr hin, daß ob der abstrakten Bereitung der Zukunft die konkrete Bewältigung der Gegenwart zu kurz kommen könnte. Die vielfältigen staatlichen Pläne in ihren schillernden und noch wenig erforschten Eigenheiten gehören auf die Palette der staatsbestimmenden Akte außerhalb der geschriebenen Verfassung.

Der Umbruch der Gegenwart und die Ausstrahlung auf das Staatliche mag das Ausmaß eines historischen Epochenwechsels haben. Die staatliche Erneuerung steigt trotzdem nicht in die Erhabenheit idealistischer Neuorientierungen auf, wie sie der Zeit, die vom Mittelalter Abschied nahm, oder der französischen Revolution eigen war. Auch eine Staatsschöpfung aus der apriorischen Idee, die als ideologisches Konzept oder als Emanation der theoretischen Vernunft auftritt, ist nicht glaubhaft. Funktionstechnisches und empirisch Konstruierbares stehen voran und versetzen die Reformbemühungen in eine affektive Neutralität, die erklärt, daß die Volksbegeisterung für eine Totalrevision der Bundesverfassung bisher ausgeblieben ist. Dies ist weder beängstigend noch verwerflich. Die farblose organisatorisch-funktionelle Aufgabe aber darf sich das gute Gewissen echten Bemühens zulegen. Sie ist uns überbunden, ob sie in der öffentlichen Meinung weite oder wenig Wellen werfe. Im übrigen wird den Reformbestrebungen vorhergesagt, sie müßten scheitern, weil ihnen die tragende und mitreißende Idee fehle. Der Einwand ist richtig, wenn man dafür hält,

Änderungen im Staat seien nur über einen in sich geschlossenen Leitgedanken zu erreichen, der emotional anzutreiben sei und Massenwirkungen erzielen könne. Der Einwand geht fehl, wenn man eine ideell-wertmäßige Tragfähigkeit auch schon der Aufgabe zuschreibt, nüchtern und entschlossen die anstehenden Probleme aus gesamtheitlicher Sicht an die Hand zu nehmen. Gesamtheitliche Sicht wird erreicht, wenn man wagt, finale Hauptlinien hervorzuheben, denen die Neuerungen folgen. Den Gefahren der Vereinfachung steht der Gewinn gegenüber, zumindest vorläufige Orientierungsmöglichkeiten einzubringen. Wer weiß, wo er steht, wer die Orientierung gewinnt, hat das Maß von Sicherheit, das er braucht, um zur politischen Denk- und Handlungsfähigkeit vorzustoßen. Zwei Problemkomplexe sind es, die den schweizerischen Staat heute vorwiegend bedrängen, Reformen erheischen und die sie beherrschen: der Leistungsstaat einerseits, die Demokratie anderseits. Lassen sie sich halten und in welchem Verhältnis stehen sie zueinander?

III

Leistungsstaat bedeutet die tendentiell allgegenwärtige und in unbeschränkt vielen Lebensgebieten tätige Staatsorganisation von perfekter Produktivität und hohem Wirkungsgrad. Der Leistungsstaat legt demokratische und rechtsstaatliche Verpflichtungen nicht ab. Im Gegensatz zur totalitären Herrschaft will er nicht Macht an sich; er will die Menschen nicht in seinen zwingenden Griff nehmen; er sucht nicht die Unterwerfung zustande zu bringen. Das Ziel des Leistungsstaates ist vielmehr, sich für den Menschen und die Gesellschaft – die er mit sich nicht völlig identifiziert, wiewohl auch nicht von sich abtrennt – bereitzuhalten, ihnen die begehrten Dienste zu erbringen und das Zusammenleben rechtens zu ordnen. Er nimmt die herkömmlichen Staatsaufgaben wahr – Behauptung der Unabhängigkeit, Sicherstellung der Ordnung, Rechtspflege –, verlegt sich jedoch überwiegend auf neuartige Staatstätigkeiten, in denen Leistung gemeinsames Merkmal ist. Dieser Staat sorgt für Vollbeschäftigung, verhindert Wirtschaftskrisen, fördert gefährdete Wirtschaftszweige, hält die Währung aufrecht. Er verschafft Bildung und Ausbildung, übernimmt die Pflege der Kranken und Alten, betreut die Jugendlichen, kümmert sich um die Gestaltung der Freizeit. Er baut Wohnungen und Verkehrswege, produziert und verteilt Energie, beschafft und schützt Wasser und Lebensmittel. Er ermöglicht Massenkommunikation und wendet sich geistigen und psychischen Sorgen seiner Einwohner zu. Er trifft die Vorsorgen, um die Nation durch die Fährnisse der strategischen Verflechtung durchzubringen, und für den Fall der kriegerischen Katastrophe sucht er mit immensen Vorkehren das Überleben des Volkes zu ermöglichen. Er ist tolerant und modernistisch. Er ist ein wohlwollender und hilfsbereiter, auf Gerechtigkeit und Ausgleich gesonnener Staat.

Der Leistungsstaat ist nach einer verbreiteten Typisierung Sozialstaat, zugleich aber noch mehr: Er greift über die fürsorgende und vorsorgende Sozialgestaltung hinaus und ist leistende Ordnungskraft schlechthin. Er nimmt in sich Elemente des materiellen Rechtsstaats auf. Denn er richtet sich auf die Menschenwürde und die Grundrechte aus und umgibt sich mit den rechtsbehütenden Institutionen. Damit verstrickt er sich freilich auch in die unerschöpflichen staats- und verwaltungsrechtlichen Schwierigkeiten, die auf den sozialen Rechtsstaat hereingebrochen sind.

Der Leistungsstaat ist nicht neu. Das liberale 19. Jahrhundert nahm viele seiner Tätigkeiten bereits wahr, allerdings bescheiden und meist nebenbei. Das 20. Jahrhundert steigert ihn quantitativ derart, daß daraus ein qualitativ verändertes Gemeinwesen hervorgeht. Und hier können nun neue Züge in den Vordergrund treten: Der Leistungsstaat kennt keine Grenzen. Er läßt sich antreiben durch eine begehrliche Gesellschaft und den perfektionistischen Menschen, der durch Technik und Wohlstand verwöhnt und im Anspruchsdenken hemmungslos wird. Einmal in Gang gesetzt, entwickelt Leistungsstaat Initiativen, womit er sich ausbreitet und verdichtet. Derart gerät er in ein bedrohliches Gefälle: Er nimmt, trotz der grundsätzlich gegenteiligen Zielsetzung, Elemente des totalitären Staates an. In der weiterzigen Darbringung von Wohltaten, ja in der umfassenden Leistung überhaupt stecken tyrannisch-totalitäre Züge. Die unentbehrliche Leistung schafft eine zwingende Klammer. In sichtbaren Effekten nähern sich die beiden Staatstypen einander an.

Damit verwandt ist das Weitere. Die Leistung ist auf Großorganisationen angewiesen. Der Staat ist notwendigerweise Apparat, technisiert-bürokratisches Gefüge, hochempfindlich, störungsanfällig, aufwendig. Die dominante Gewalt ist die Verwaltung; sie vor allem schafft und erbringt, was gefordert wird. Da aber der Druck, Leistung zu mehren, rascher wächst als die Fähigkeit, die Organisation rational zu entwickeln, bietet der schweizerische Leistungsstaat der Gegenwart das Bild des relativ unförmigen, oft schwerfälligen und nur mühsam überblickbaren Komplexes. Seine Leistungsfähigkeit ist – verglichen mit dem Großteil des Auslandes – zwar außerordentlich hoch. Allein, er steht in zunehmender Gefährdung. Bürger, Sozialgruppen und öffentliche Meinung registrieren den wahren Sachverhalt wenig und lassen deswegen ihren wachsenden Anforderungen bedenkenlos den Lauf. Sie schrecken allerdings auf, wenn grobe Fehlleistungen vorkommen. Die Mirage-Angelegenheit und kantonale Spitalbauschwierigkeiten sind Beispiele dafür. Man spricht dann rasch von Unbehagen und gibt ihm den Anstrich der Staatsverdrossenheit, die man belegt finden will in schlechten Stimmbeteiligungen, in überlauter Kritik an den Behörden, in Ablehnungswellen oder in Demonstrationen. In Wirklichkeit gibt es erst Ansätze zu einer tiefergreifenden Entfremdung von Bürger und Staat. Global beurteilt, sind wir bis jetzt eine integrierte politische Nation geblieben, und der Staat ist uns weder Leviathan noch anonyme Potenz in unfaßbarer Distanz. Es ist noch «unser» Staat.

Das sporadische Unbehagen quillt weitaus stärker aus schiefen Beurteilungen seiner Lage. Es macht Mühe, zu erkennen und dann zuzugeben, daß die staatliche Organisation in eine ununterbrochene Überforderung geraten ist. Wir wollen mehr von ihr, als sie vermag. Wir wollen es rascher, besser, mängelfreier. Wir starren auf die Seite der Leistung und rechnen nicht ein, daß diese nur möglich wird mit einer hochgezüchteten Organisation. Beharren wir auf den heutigen Strukturen, Verfahren und Arbeitsweisen, wird der Staat auf die Dauer den Erwartungen und Forderungen nicht genügen. Er *muß* versagen. Soll seine Überforderung abgewendet werden, stehen indessen zwei Möglichkeiten voran: die Reduktion des Staatlichen oder Änderungen im Bereiche des Organisatorisch-Funktionellen.

IV

Den Bereich des Staatlichen zu verengern und die staatlichen Obliegenheiten abzubauen, erscheint dann als möglich, wenn wir willens und fähig wären, bedeutsame Sachaufgaben zu verringern oder aufzugeben. Vermöchten wir aber einen realen Abbau staatlicher Leistungen durchzuhalten, etwa im Gebiet der Gesundheitsvorsorge, des Spitalwesens, der Forschung, der Bildung, der wirtschaftlichen Interventionen, der Raumplanung, des Schutzes vor Zivilisationsmängeln? Wären wir bereit, mit bescheideneren Verkehrsmitteln und -wegen, mit einfacheren Schulungs- und Pflegemöglichkeiten, mit geringerem Schutz vor Verschmutzung und Gefährdungen auszukommen? Kleine und vorübergehende Reduktionen wären nutzlos. Zu entlassen wären ansehnliche Sachkomplexe, die den gegenwärtigen Staat zur Ausweitung drängen und ihm die Aufgabenbewältigung mit herkömmlichen Mitteln erschweren. Es wäre der Versuch, zurückzudrehen wider das Sozialgesetz der favorisierenden Irreversibilitäten. Denn Unumkehrbarkeit stellt sich dann regelmäßig ein, wenn viele Menschen oder einflußreiche Sozialgruppen vermeintlich oder wirklich Begünstigung, Erleichterung und Schutz erlangt haben. Das Staatliche zu reduzieren und in festere Grenzen zurückzuziehen, wäre das Unerhörte einer restaurativen Revolution. Es wäre eine soziale Askese, die nur real würde aufgrund einer Verinnerlichung des Menschen. Sie müßte sich vollziehen als Folge einer radikalen Neubesinnung, einer individuellen Umkehr, wie sie etwa Karl Jaspers charakterisiert hat.

Sind wir nüchtern und wirklichkeitsnah, werden wir indessen einrechnen: Der Mensch der Gegenwart ist kaum bereit, diesen Gang aufzunehmen. Auch wenn wir an seine Wandlungsfähigkeit und an die Möglichkeiten transzendenter Neuorientierungen glauben, wird sich angesichts der allgemeinen Einstellung und der realen Situation von Mensch und Gesellschaft in absehbarer Zeit keine fundamentale Wendung ergeben. Es erwachsen sonderbarerweise auch normative Bedenken gegen einen Abbau. Dem Staat als einer elementaren «Grundlage der menschlichen Existenz» (ULRICH SCHEUNER) ist ideell aufgetragen, politische Gemeinschaft durch Ordnung und Befriedung zu schaffen. Er muß deshalb auf die wirkliche Lage des Menschen und der Gesellschaft, die er nur teils hervorbringt, sonst aber vorfindet, Bedacht nehmen. Er soll sich aus einem Wertzusammenhang, in den er hineingestellt ist, formen. Er ist nur begrenzt zur souveränen Selbstgestaltung legitimiert, kann also seinen Aufgabenkatalog nie beliebig bestücken. So erhebt sich die Frage, ob dem heutigen Menschen und der gegenwärtigen Gesellschaft angesichts des geistigen und sozialen Wandels eine schwindende Aktivität des Staatlichen zugemutet werden dürfte. Wäre insbesondere Verlaß darauf, daß Selbstregulierungen der Gesellschaft einsetzten und der verängstigte Mensch sich zu selbstbestimmender Persönlichkeit kräftigte? Im allgemeinen und grundsätzlichen mit hoher Wahrscheinlichkeit nicht! Ist dem aber so, wird der Staat, legitimiert durch seine Sendung, grundsätzlich von der Schrumpfung abgehalten sein. Man wird für einmal davon ausgehen, daß es bei der heutigen Aufgabenfülle und gar ihrer Tendenz zur Weitung bleibt. Für die effektive Entscheidung bleiben konkrete Fragen des Maßes. Hilfe aber muß dem überforderten Staat vornehmlich auf anderen Wegen gebracht werden: so durch organisatorisch-funktionelle Vorkehren, die die erwartete Leistungsfähigkeit gewährleisten.

V

Wer im Staat reorganisiert, kann sich nicht beliebig lösen von dem, was geschichtlich gewachsen ist. Er kann nur sehr beschränkt mit den zielgerichteten Maßstäben umgehen, die betriebswissenschaftliche Überlegungen den privatwirtschaftlichen Unternehmen in die Hand geben. Der Staat ist so einzurichten, daß die allgemeine Volksmeinung ihn akzeptiert, und diese läßt sich durch kühl teleologische Organisationsprinzipien nur eine Strecke weit bestimmen. Schweizerische Reorganisation stößt unverweilt auf den zweiten Problemkomplex, der seine Aktualität seit 1830 eigentlich nie abgelegt, sondern nur gewandelt hat: die Demokratie. Sie ist uns ständig ein Bündel von ungelösten Fragen, sie ist uns aufgegeben als schönstes wiewohl auch schweres Erbe.

Zwar bildet die Schweiz nicht nur die komplizierteste, sondern, wie wir mit viel Scheu und einigem Stolz immer noch zu behaupten wagen, auch die optimale Demokratie in der Staatenwelt unserer Zeit. Sie kann nach Größe, Tradition und Staatsgesinnung auf so begünstigende Voraussetzungen bauen, wie wohl keine andere Gemeinschaft. Doch ist die zur permanenten Aktion gezwungene Demokratie wachsenden Zweifeln ausgesetzt. Diese wären noch größer, wenn die voreilige Tageskritik ruhiger beobachtete, was wirklich ist, und dann da zugriffe, wo die tatsächlichen Mängel liegen.

Dem Namen nach setzen wir uns mit ähnlichen Basisfragen auseinander wie das Ausland, soweit es von den pervertierten Demokratiebegriffen totalitärer Systeme Abstand nimmt. So halten auch wir Ausschau nach Orientierung und Wertung dafür, daß Gruppenpluralismus und Interessenzersplitterung die geschlossene Volkseinheit ins Utopische verweisen, daß Parteien und Verbände keinen eindeutigen Platz im Regierungssystem haben, daß die soziale Egalisierung die konfigurierte bürgerliche Gesellschaft ablöst und unvertraute normative Menschenbilder einführt, daß die demokratische Willensbildung auf neuartige Realfreiheiten angewiesen ist, zum Beispiel auf veränderte Meinungsfreiheiten angesichts der Massenkommunikationsmittel und der erleichterten Manipulation des Menschen. Darüber hinaus sind wir problemreichen Fragen ausgesetzt, die sich dergestalt nur wegen der schweizerischen Institutionen stellen, etwa die Verarmung der Volksinitiative zum politischen Notbehelf, die Degradierung des Gesetzes- und des Finanzreferendums zum plumpen Drohmittel in partei- und verbandspolitischen Aushandlungen, die Stagnation der vielschichtigen Kontrollvorgänge zufolge der Proporzübertreibungen, die Qualitätsverluste der Behörden angesichts der Konkordanzdemokratie und des parlamentarischen Milizsystems.

Ein rettender Ruf im Ausland ist: «mehr Demokratie!» Durch Wahlrechtsreformen, im systematischen Aufbau von repräsentativen Meinungsumfragen, in der Institutionalisierung von Parteien und Verbänden, in der Belebung dezentralisierter Autonomieträger künden sich allgemeine Versuche an, Demokratie zu verbreitern, sie unmittelbar zu machen. Die Jagd nach der direkten, der identitären Demokratie, in der Regierende und Regierte identisch sein sollen, hat wieder eingesetzt. In dieser angeblich reinen Demokratie sind Behörden bloß Ersatz, Notlösung, gelebtes Sinnbild verhinderter Volkssouveränität; sie sind die großen Entmündiger. Obwohl die Schweiz für die vermeintliche Vollendung ihrer Grundform kräftige Neigungen verspürt, übt sie aus politischem Instinkt Zurückhaltung gegenüber den erweckenden Rufen aus liberalistischen, marxistischen oder psychoanalytischen Quellen. Eine vergleichbare politische Romantik hat vor vier Jahrzehnten schon einmal Unheil gestiftet. Damals schilderte eine einflußreiche deutsche Staatslehre die identitäre Demokratie als

Zielvorstellung reiner Volksherrschaft, geißelte nach diesem konstruierten Maßstab die Weimarer Republik als Versager und half mit, sie dem revolutionären Überwinder in die Fänge zu treiben. Eine irreale Strukturvorstellung wird zu einer Recht und Staat zerstörenden Illusion, wenn sie zu einer normativen Staatsidee erhoben wird. Demokratie ohne Behörden gibt es aus faktischen und wesensbestimmten Gründen in der Wirklichkeit nicht. Äußerste Begrenzung ist die halbdirekte Demokratie, die unmittelbare Volksbeteiligungen und Behördentätigkeit als je eigenständige, wenn auch aufeinander bezogene Elemente betrachtet. Eine vernunftgeleitete Staatstheorie kann diese Grenze nicht überschreiten.

Der ausländische Ruf nach «mehr Demokratie» hilft denn gerade unserem Staat nicht weiter. Die Schweiz weiß sich in dieser Hinsicht noch immer weit voraus: Ihre ausgefeilten Volksrechte, die erleichterten Zugänge des Bürgers zu den Behörden, das auf politischer Gleichheit und sozialer Ausgleichung fußende Institutionengefüge, die föderative Ausgliederung sind und bleiben Kumulationen demokratischer Grundordnung. Der Reichtum an Institutionen, die dem Bürger die Teilhabe am staatlichen Entscheid ermöglichen, ist einzigartig. Die Unmittelbarkeit ist ausgeprägt. Die geistige und institutionelle Problematik erwächst uns tatsächlich nicht aus einem «Zu-Wenig» an Demokratie. Sie entspringt eher aus der Vielzahl demokratischer Einrichtungen und ihrer historischen Begegnung mit dem Leistungsstaat. Demokratie und Leistungsstaat geraten zunehmend in Gegensätzlichkeiten.

Der Leistungsstaat ist der Staat der hohen Effizienz. Demokratie ist ein Staat der Breite, des Imperfekten und Schwerfälligen. Jener ist Funktion und Aktion; diese ist Struktur und Partizipation. Demokratie braucht, wo sie echt sein will, den langen Weg der Meinungs- und Willensbildung in der Allgemeinheit, die frühe und unbegrenzte Öffentlichkeit. Sie muß emotionale Motivierung zulassen und die Ungewißheiten der Volksmeinung und die Unvorhersehbarkeit der Volksentscheidung ertragen. Der Leistungsstaat verlangt mobile Organisation, schnelle Verfahren, Berechenbarkeit der Entscheidung. Er geht auf objektive Richtigkeit seiner komplexen Entscheidungen gemäß den Sachgesetzlichkeiten aus. Er lebt im Klima der durchgebildeten Rationalität. Demokratie bewegt sich zwischen dauerndem Mißtrauen, irrational durchsetzten Verantwortlichkeitsvorgängen und menschlich-verstehender Gutmütigkeit. Sie sucht den gemeinverträglichen Kompromiß und findet Genüge in der Zustimmung und Einigung. Der Leistungsstaat benötigt die konzentrierte Apparatur, die in gesicherten Funktionsabläufen zuverlässig produziert. Der Demokratie ist es im letzten nicht um den sachlich besten, sondern um den genehmen, durch legitime Organe geprägten Staatsakt zu tun. Wir wollen die Reihe der typisierenden Vergleiche abbrechen und festhalten: Demokratische Bezüge können die Leistung verbessern, soweit die vermehrten Beteiligungen Wissen, Vorsicht und Hilfen verstärken. Aber bis jetzt hat man die Erfahrung noch nicht umkehren können. Von einem kritischen Grenzbereich an steht Demokratie der Effektivität hindernd im Wege, und von da an laufen verfeinerte demokratische Organisation und effektiver Leistungsstaat im Lichte der praktischen Vernunft auseinander.

Auf diese Tatsache stößt vor allem der Demokratismus unserer Tage. Die radikalisierenden Bewegungen vieler Beziehungen hoffen, die individuelle Selbstentfaltung und die Selbstbestimmung zu einer neu gedeuteten offenen Freiheit dadurch herzustellen, daß der Bereich des Politischen geweitet und der Mensch am politischen Entscheidungsprozeß tatsächlich wirksam beteiligt werde. Für die Verwirklichung türmen sich die Schwierigkeiten, die beinahe gleich sind, ob sich die geforderten Mitwirkungen auf den Staat oder auf innerstaatliche Organisationen, beispielsweise auf die Unternehmung oder auf die Universität, erstrecken. Soweit sich der Demokratismus über seine Institutionalisierung überhaupt Gedanken macht, kommt er entweder zu extremen Fortbildungen von direkt-demokratischen Einrichtungen, oder zu Neuansätzen eines bisher in der Geschichte kaum erprobten Rätesystems, das er meist in anarchistischen Vorstellungen fundiert. Wäre er problembewußt, müßte er ergänzende Forderungen aufnehmen und durchsetzen: Mensch und Gesellschaft wären zur Vereinfachung und Bescheidung hinzulenken. Es wäre eine konsequente föderative Struktur anzustreben, die das Schwergewicht der politischen Integrationsvorgänge und Entscheidungen in dezentralisierte Einheiten verlegte, vornehmlich in Gemeinden, Regionen und Kantone. Schließlich wäre die Anstrengung darauf zu richten, den Bürger aus seiner passiv-bourgeoisen oder gleichgültig-genießerischen Haltung herauszuführen in die unbedingte Bereitschaft des *citoyen*, der Pflichten zugunsten der Gemeinschaft auf sich nimmt. Mit solchen Postulaten würde der Demokratismus auf die Belebung darniederliegender Werte ausgehen und gegen populäre Bequemlichkeiten antreten. Es ist deswegen nicht unverständlich, daß er das für ihn schwer durchdringbare Institutionalisierungsproblem bisher vertagt hat. Er wird es aufgreifen müssen, wenn er die Straße des Protestes verlassen und den kühlen Raum der politischen Gestaltung betreten, also eine politische Potenz werden will. Er würde sich dann allerdings in die Reihe derer stellen, die sich um die erfüllbare Erneuerung des demokratischen Staats bereits bemühen.

VI

Wer auch immer solche Bemühungen aufnimmt, ringt um die Verbindung von Leistungsstaat und Demokratie. Wie kann die eingerichtete schweizerische Demokratie die Organisation bilden und halten, deren der Leistungsstaat bedarf? Können wir Leistungsstaat und schweizerische Demokratie bisheriger Prägung bleiben? Wie, wenn die Demokratie die geforderte Kraft nicht hätte? Wären wir diesfalls bereit, um der Staatsform willen, die vorhin als irreal verworfene Reduktion des Staatlichen doch in Kauf zu nehmen? Oder würden wir umgekehrt der Demokratie Einbußen zumuten, wenn vielleicht auch nicht in den sichtbaren Formen, so doch im tatsächlichen Wirkungsgehalt?

Die Fragen erheben sich unentrinnbar. Gültige Antworten sind nicht abstrakt und *a priori* zu geben, sondern im Gang konkretisierender Staatsentscheidungen, wofür die Verfassung Grundwerte oder Ziele setzen soll. Auf vier Bezüge sind die Institutionen unmittelbar gerichtet. Der demokratische Staat soll die Behütung und Entfaltung der Menschenwürde und der Freiheit ermöglichen, ohne sich auf überholte individualistische Leitbilder auszurichten. Er soll Staats- und Volkswille einander annähern, ohne die pluralistische Grundstruktur der Gesellschaft aufzuheben und ohne Homogenität zu erzwingen. Er soll reale Verantwortlichkeiten aufrichten, ohne das Staatshandeln im Netz von Kontrollen und Sanktionen zu ersticken. Er soll das staatliche Tun in die Helle des Öffentlichen und Rationalen überführen, ohne die emotionalen Fundamente der integrierten Gemeinschaft in einem Intellektualismus auszuhöhlen. Und alle diese Ausrichtungen sollen verbunden werden mit dem Begehren, den Leistungsstaat zustande zu bringen.

Damit brechen unzählige Antinomien auf. Sie sind ebenso unvermeidlich wie unlösbar. Sie zwingen den, der den Staat einrichtet, fortwährend zur abwägenden Entscheidung zwischen Für und Wider. Keine Lösung ist frei von Nachteilen. Der Kompromiß ist die Erscheinungsform der staatlichen Gestaltung. Fragen des Maßes stehen voran. Wer den Problemlagen nicht ins Auge zu schauen wagt, wer sich aufs Abwägen nicht versteht, wer den Kompromiß *a limine* verwirft, wer an die Tragfähigkeit ideologischer Konzepte glaubt, wer über allem das Denken in Zusammenhängen und das Handeln in praktikablen Schritten nicht beherrscht, ist zur staatlichen Erneuerung in der Gegenwart nicht imstande. Diese Zeit und diese Generation sind reif dazu, soweit sie fähig sind, sich in Nüchternheit und eingedenk der Realität auf derartige Voraussetzungen einzustellen.

Die Einstellung muß sich bewähren unter anderem an heiklen Reformgegenständen institutioneller Natur. Auf einige, die partikular erscheinen, aber in reiche Interdependenz versetzt sind, sei hingewiesen. Es ist nicht fruchtbar, darauf zu sinnen, dem Parlament künftig Suprematie über die andern Gewalten nominell und faktisch einzuräumen und aus ihm die Repräsentation nach frühliberalen Vorstellungen zu machen. Hingegen wird man die Fragen angehen, wie man der Bundesversammlung Urteilskraft und Zeit sicherstellt. Änderungen am Wahlsystem tragen nicht viel ab. Wirksamer ist die allgemeine Strukturierung und die personelle Qualität. Die Räte können das Milizparlament von nebenamtlichen Abgeordneten bleiben. Sollen sie aber Wirksamkeit bewahren, müssen sie sich zufriedengeben mit der überprüfenden und sanktionierenden Gesetzgebung, mit Wahlbefugnissen und einer generell-politischen Verwaltungskontrolle. Sie könnten freilich ihren heutigen überdehnten Aufgabenbereich beibehalten, müßten sich dann aber zum Berufsparlament wandeln. – Es ist vergeblich, mit überholten Gewaltenteilungslehren Wege zu suchen, um die Regierung auf die Leitung des Gesetzesvollzugs zurückzubringen und sie zur bloßen Administrativspitze zu verengen. Vielmehr wird man ihr Raum verschaffen zur gestaltenden Lenkung des Staats überhaupt, zur initiierenden Aktivität, zu der für den Leistungsstaat lebenswichtigen Koordination, zur gubernativen Planung. Dafür muß sie zur wirkungsvollen Handlungseinheit gefügt und vom desintegrierenden Departementalsystem abgerückt werden. Zugleich wird man die politische Verantwortlichkeit der Regierung aus der heutigen Ungewißheit in faßbare Formen bringen. – Es ist unnötige Mühe, sich damit abzugeben, ob die Verwaltung verringert, die Kompetenzen abgebaut und ihr Ermessen beschnitten werden könnte. Die Verwaltung ist die zentrale Gewalt im Leistungsstaat und läßt sich durch keine andere ablösen. Aber es ist richtig, sie in ihrer Tätigkeit sachkundiger, rationeller, rascher, durchsichtiger und grundsätzlicher zu machen. Und es ist geboten, sie einem System von maßvollen und verständigen Selbst- und Fremdkontrollen zu unterwerfen, wofür allenfalls konzentrierte Kontrolleinrichtungen zu schaffen wären. – Es ist unnütz und ideell schief, die Schweiz dem Konzept eines Richterstaats entgegenführen zu wollen. Wohl aber sind Neuerungen zu finden, um die unabhängige Justiz, die von allen Organgruppen in der Regel qualitativ am gehobensten besetzt werden kann, vermehrt zur Übernahme verantwortungsreicher Staatsakte heranzuziehen. – Die Problemlage wird verkannt, wenn man begehrt, Verbände und Parteien als die wichtigsten intermediären Gewalten seien in einen vom Staat getrennten gesellschaftlichen Bereich zurückzudrängen. Staat und pluralistische Gesellschaft sind für den gegenseitigen Konnex gleichermaßen auf die intermediären Gewalten als Vorformer und Übersetzer der staatlichen Entscheidungen angewiesen. Unerläßlich wird hingegen, ihre Tätigkeit zu erfassen, sie unter das Auge der Öffentlichkeit zu stellen und Wucherungen zurückzubinden. – Es ist entbehrlich, nach grundlegend neuen Einrichtungen der Volksbeteiligung Ausschau zu halten oder den Umfang vorhandener Volkskompetenzen erheblich zu beschneiden oder zu weiten. Indessen ist es sinnvoll, alle Pfade zu erkunden, die erlauben, das Volk zuverlässig über das Geschehen im Staat und die staatlichen Festlegungen zu informieren, seine Beurteilungsgrundlagen zu verbreitern, sein abwägendes Urteilsvermögen zu stärken und ihm jeweils nahezubringen, welche Konsequenzen seine Entscheidungen haben können. Angesichts der Massenmedien werden die staatsleitenden Behörden in veränderte Beziehungen zum Volke treten, und es fragt sich, ob ihre Direktkontakte, die die Stellung der Parlamente, der Parteien und der Verbände transformieren, schrankenlos zuzulassen oder weiterhin durch Repräsentationen zu mediatisieren seien. – Es ist nicht an der Zeit, sich der Frage zuzuwenden, ob die Schweiz Bundesstaat bleiben solle. Aber es drängen sich Grundentscheidungen darüber auf, wie die Aufgaben und Kompetenzen zwischen Bund, Kanton, Gemeinde und den neuen Regionen zu verteilen seien. – Daß das Gesetz eine zentrale Funktion erfüllen soll, auch wenn es sich teilweise zum Maßnahmegesetz wandelt, ist keine erwägenswerte Frage. Aber man wird unbefangen an das Verordnungsrecht herantreten, es als vollwertige Rechtsquelle endlich anerkennen und dafür in präzise Schranken verweisen.

Aus derartigen «institutionellen Sorgen» (Theodor Eschenburg) leuchtet das aktuelle Generalthema aller reformierenden Bemühungen unübersehbar auf: Es ist das Problem, wie im Leistungsstaat die Sachkunde mit der Zuständigkeit verknüpft werden könne. Wie lassen sich etwa Entscheidungsbedürfnisse des Volks, des Parlaments oder der Regierung mit dem Sachverstand, mit der sachlichen «Kompetenz» verbinden? Kann sichergestellt werden, daß die Organe, die die staatlichen Entscheidungen treffen, sich in zureichender Kenntnis der Problemlage, der wählbaren Lösungsmöglichkeiten und der aufweisbaren Konsequenzen befinden? Sind zum Beispiel die Organe, die die Finanzkompetenzen in der Hand haben, in der Lage, die im Finanzakt eingeschlossene Sachaufgabe zu überblicken und über sie so angemessen zu urteilen, daß die vom Staat aufgenommene Aufgabe sinnvoll erfüllt zu werden vermag? Es geht im Leistungsstaat nicht darum, *daß* entschieden werde, sondern darum, daß *richtig* entschieden werde. In der Demokratie aber kann nicht irgendwer maßgebendes Organ sein, auch wenn er alle Funktionstüchtigkeit bei sich sammelte, vielmehr nur der, der die demokratischen Legitimationsbezüge aufzuweisen imstande ist. Dies heißt: Will der Leistungsstaat Demokratie sein, bestimmt sich die Richtigkeit des Staatsentscheides nicht bloß aus Sachgesetzlichkeiten und funktionalistischer Organisation, sondern auch daraus, daß solche Gefühlslagen und solche Organkompositionen beachtet werden, die eine demokratische Anerkennung zustande bringen. Kunstvoll müssen die konkreten Einrichtungen geschaffen werden, so daß sie Gegensätzlichkeiten in sich aufnehmen und ertragen können.

Das Institutionelle, normativ Konstruierbare hat indessen Komplementärmomente im Personellen, das durch Rechtsnormen nicht zu gewährleisten ist. Es kommt auch auf die Menschen an: auf den Bürger und auf die,

die in Behörden die öffentlichen Geschäfte betreiben. Es ist von Belang, wer handelnd auftritt. Perfekte Organisation versagt, wenn die Amtswalter nicht genügen, und mangelhafte Organisation kann Erfolge zeitigen, wenn tüchtige Männer am Werk sind. Aber unzureichende Institutionen hindern fähige Menschen, verschleudern Energien, vereiteln Wirkung. So ist staatliche Erneuerung auf die Kombination angewiesen: Reformen von Institutionen müssen sich mit Veränderungen in den leitenden Positionen verknüpfen, falls diese in Rückstand geraten sind. Zwei Typen von politisch Tätigen sind im demokratischen Leistungsstaat fehl am Platz: der befehlende Experte und der Exklusivpolitiker.

Der Gedanke drängt sich vor, für den Leistungsstaat die Herrschaft des reinen Sachverstands zu fordern. Der Experte wird im Rückgriff auf einen mißverstandenen Platon zum modernen Weisen, dem man das Staatsschiff anvertrauen möchte. Doch damit käme man nicht weiter. Die Vorstellung von der Identifikation des Sachverstands und der letztinstanzlichen Zuständigkeit mag politologische Phantasie beflügeln. Die Skepsis waltet vor, sobald man sich vergegenwärtigt, wie Organe zu bilden wären, wer die Auslese treffen sollte, wie die Sachsynthese und die Verfechtung im demokratischen Prozesse vor sich zu gehen hätte, wie man der oligarchischen Deformation entgehen könnte. Dem Gespenst des vollends rationalisierten Staats, der mit einem intellektualisierten Menschen kühlen Sinns und technischen Verstandes rechnet, würde ohne Not und jedenfalls verfrüht Einlaß gewährt. Die integrierte Gemeinschaft sänke ab zum zweckrationalen Zusammenschluß. So weit müssen wir selbst für den potenzierten Leistungsstaat nicht gehen. Der Experte ist unerläßlich. Aber er ist um seiner Unabhängigkeit willen lediglich Berater, Mitarbeiter, Vorbereiter, ausgestattet mit wissenschaftlicher, nicht mit behördlicher *auctoritas*.

Für staatsleitende Tätigkeit überholt ist das entgegengesetzte Bild vom Manne, der sich ohne gezielt-qualifizierte Vorbereitung und ohne geschulte Führungsfähigkeiten der Politik verschreibt und dann versucht, allein mit dem «gesunden Menschenverstand» und einer vererbten «politischen Ader» auszukommen. Der Nur-Politiker findet sich im anspruchsvollen Leistungsstaat auf die Dauer nicht zurecht, und mit ihm scheitert schließlich auch der Staat. *Seine* Autorität ist es, die ausgedient hat: Titel, Amt und Stellung verlieren ihre Eigenständigkeit. Eine Geltung, die sich in patriarchalisch-hierarchistischen oder in egalitär-nivellierenden Ursprüngen, statt in der sachlichen Qualifikation begründet, verläuft sich. Zu Lasten des Nur-Politikers geht die sonderbare Erscheinung der Gegenwart, daß sich der effektive Entscheidungsakt in die präparierenden Vorverfahren verlegt, daß die Entscheidungsmächtigkeit weniger den dezidierenden Organen als den vorbereitenden Instanzen gehört, daß materielle und formelle Zuständigkeiten sich zu sondern beginnen und die Formalkompetenz immer häufiger vor dem bedrückenden Dilemma steht, entweder das Präparierte unverändert anzunehmen oder in das Risiko des Fehlentscheids zu laufen. In seiner Hand zerfallen die Verantwortlichkeitszusammenhänge, die den Leistungsstaat demokratisch machen sollten. Wir brauchen in der Front primäre Kräfte, denen die leitenden Obliegenheiten im Staat zuzuscheiden sind. Primäre Kräfte sind an veränderten Leitbildern auszurichten. Nötig wird der Mann, der imstande ist, reale Verantwortung für die freie Gemeinschaft aufzunehmen und in ihr voranzugehen, nicht einfach in formaler Überhöhung, wohl aber mit innerer Überlegenheit und mit Energie zur äußeren Handlung. Seine Kraft zur Lenkung erwächst vornehmlich aus einem Kern gehobenen Wissens im Bereich der staatlichen Aufgaben und aus vier elementaren Fähigkeiten: erstens daraus, fremden Sachverstand zu befragen und sachgerecht zu nutzen, mit helfenden Stäben umzugehen und argumentierend Lösungsmöglichkeiten abzuwägen; zweitens aus der Fähigkeit zum Selbst-Denken in integraler Unabhängigkeit, verwoben mit dem Sensorium für das politisch und sozial Erträgliche, Zumutbare und Vollziehbare; drittens aus dem Vermögen zur Übersicht, zur Erfassung der Interdependenzen und zur Koordination; viertens aus der Kraft zum Ausharren dergestalt, wie MAX WEBER die Tätigkeit des Staatsmanns gekennzeichnet hat: als «ein starkes langsames Bohren von harten Brettern, mit Leidenschaft und Augenmaß zugleich».

Ich komme zum Schluß. Es ist uns aufgegeben, uns im Umbruch zu bewähren und den Staat als politische Gemeinschaft freier Menschen fortzuführen. Zu diesem Zwecke ist die Bereitschaft zu Reformen aufzubringen. Die Ziele und Wege sind an den bedrängenden Problemen zu orientieren. Die Lösungen aber entspringen in aller Regel nicht den hohen Eingebungen seltener Geister, sondern sind Früchte hartnäckigen Mühens der politischen Praxis im Verein mit der Wissenschaft. Sie erstreben Klarheit und wachsen auf dem institutionellen wie auf dem personellen Boden. Dergestalt führen sie heraus aus Angst und Unsicherheit in die ruhige Zuversicht dessen, der sich schlicht am Werke weiß: Er sucht nach dem Vernünftigen für den Staat, der in die Überforderungen geraten ist. Daß dabei die Verknüpfung von Demokratie und Leistungsstaat gelinge, ist erster Auftrag dieser Zeit.

Die Sorge für den inneren Frieden
als primäre Staatsaufgabe

1. Aufbau und Ausbau des inneren Friedens

Es mag scheinen, es werde mit Betrachtungen über den inneren Frieden als primäre Staatsaufgabe ein Thema aufgegriffen und abgewandelt, das längst überholt sei – zumindest für die Schweiz, wo doch wahrlich geordnete und zufriedenstellende Verhältnisse herrschten, wo Vernunft und politischer Sinn den Widersinn innerer Friedensstörungen unmöglich machten oder doch rasch wieder behöben[1]. Trotz dieser mutmaßlichen Selbstverständlichkeit dürfte es sich jedoch lohnen, sich wieder einmal auf die *Voraussetzungen* zu besinnen, die den inneren Frieden garantieren. Ein Blick auf ausländische Staaten zeigt im übrigen, daß auch Gemeinwesen, die befriedet und vernunftbestimmt sind, in Gefährdungen geraten können, wenn sie die Voraussetzungen inneren Friedens verkennen oder vertun. Uruguay und Libanon mögen als Stichworte für jüngste Entwicklungen dienen.

Offensichtlich war die Schaffung des inneren Friedens die vorherrschende Aufgabe, als der *moderne Staat* seit dem ausgehenden Mittelalter bis ins 17. Jahrhundert hinein entstand. Damals begründete er seine Souveränität, und diese wurde konstruiert, angerufen und realisiert, als die innerstaatlichen Glaubenskriege und zerstörerischen Machtkämpfe beigelegt werden sollten. Mit andern Worten: Der moderne Staat wurde vorwiegend aufgebaut und ausgebaut an dieser Aufgabe der Friedenswahrung, und er könnte offenbar diese tradierte Sendung nicht abstreifen, ohne seine Natur grundlegend zu ändern. Die historische Situation der Entstehungszeit wirkt nach. Und wenn sich die Formen der Friedensbedrohung und der Friedenssicherung auch vielfältig wandeln, dürfte der *legitimierende Grundauftrag* erhalten bleiben, sonst wird plötzlich oder allmählich dieser moderne Staat in Rechtfertigung, Struktur und Funktion ein wieder

Vortrag vor der Vereinigung für Rechtsstaat und Individualrechte in Bern, vom 16. November 1976. Erweiterte Fassung, Schweiz. Zentralblatt für Staats- und Gemeindeverwaltung 78, 1977, S.433–451. Verlag Orell Füssli, Zürich 1977.

[1] Die Störungen im Jura, die sich rings um die Ablösung vom Kanton Bern einstellten, einerseits und Aktionen gegen den Bau oder die Inbetriebnahme von Kernkraftwerken anderseits haben bisher – aufs Ganze gesehen – den inneren Frieden des Landes nicht erschüttert. Es vermochte sich doch wohl bis jetzt die Ansicht durchzusetzen, daß die für Mensch, Gesellschaft und Staat zuträglichen Lösungen in Verfahren der dialogischen Konsensfindung ermittelt werden sollen.

anderes Gebilde. Daß in der Zukunft Transformationen des Staates und seiner Sinngestaltung eintreten, ist allerdings wahrscheinlich; wie sie verlaufen und wohin es mit dem Staate geht, ist aber futurologisches Thema und beschäftigt uns hier nicht. Wir befassen uns mit einer Gesellschaft und einer staatlichen Organisation, wie wir sie in dieser zweiten Hälfte des 20. Jahrhunderts in eindrücklicher Perfektion vor uns haben und in ihrer Zerbrechlichkeit erfahren, also die beinahe gradlinige Fortführung und Entfaltung dessen, was sich etwa seit Friedrich II. von Hohenstaufen und Ludwig dem Heiligen über die Reformation bis zu Bodinus und Richelieu in einer ersten historischen Schicht niedergeschlagen hat.

Der «innere Friede» eines Gemeinwesens ist am augenfälligsten gestört im *Bürgerkrieg* und in den dem Bürgerkrieg folgenden Zuständen. Der Kölner Staatsrechtler MARTIN KRIELE schildert in seiner «Einführung in die Staatslehre»[2] die Situation:

> «Wer einen Bürgerkrieg weder erlebt noch sich durch historische Berichte anschaulich gemacht hat, bedarf der Anstrengung der Phantasie, um sich zu vergegenwärtigen, was er bedeutet: Bedrohung der fundamentalsten Interessen wie Leben, Freiheit, Sicherheit, und in der weiteren Folge Verrohung der Sittlichkeit durch Angst, Haß, Verrat, Mißtrauen, Rachsucht, Sadismus. Hinzu kommen die unvermeidliche Verdrängung von Vernunft, Einsicht, gerechter und differenzierter Betrachtungsweise durch Freund-Feind-Schemata und Fanatismus. Das Schlimmste sind die Aussichtslosigkeit und die wohlbegründete Angst vor dem Ende des Bürgerkrieges. Denn wenn die eine Seite über die andere siegt, hat das Elend keineswegs ein Ende, sondern setzt sich im Terror fort. Der Sieger muß den besiegten Feind ohnmächtig halten und bedarf dazu der politischen Polizei, der Folter, der Hinrichtungen, der Konzentrationslager, des Spitzelsystems. Der Bürgerkrieg wird einseitig mit Polizeimitteln weitergeführt, und das Klima von Angst, Lüge und Gewalt bleibt oft generationenlang bestehen.»

Ohne daß wir bei der Umschreibung dessen verweilen können, was innerer Friede ausmache, wo er beginne oder aufhöre, soll typisierend festgehalten werden, daß er in einem *verläßlichen menschenwürdigen Zusammenleben in der Sozialgemeinschaft* bestehen dürfte, das nicht in physische Gewaltakte und nicht in geistig-psychische Unterdrückung mit Gegenreaktionen ausbricht. Es ist ein Zusammenleben, worin in andauerndem Prozeß der historisch-sozialen Wandlungen einerseits die gesellschaftlichen Sozialgruppierungen sich duldend hinnehmen und anderseits der staatlichen Autorität, die sich um die Bewältigung des friedlichen Miteinanders oder

---

[2] MARTIN KRIELE, Einführung in die Staatslehre, Reinbek bei Hamburg 1975, S.47.

doch Nebeneinanders bemüht, nicht massenhaft der aktive Widerstand oder die passive Gehorsamsverweigerung entgegengesetzt wird.

Gelingt die Herstellung des friedlichen Zusammenlebens dank regulativer Vorgänge aus der Gesellschaft heraus, so bedarf es im Prinzip des Staates nur punktuell. Der *Staat* als die spezifische, institutionalisierte Organisation, die von der Gesellschaft nicht trennbar ist, aber unterscheidbar sein soll, ist für die Wahrung des Friedens indessen vornehmlich aus zwei Gründen *erforderlich*. Zum einen: Die Selbstregulation der Gesellschaft auf das friedliche Zusammenleben hin ist erfahrungsgemäß nicht gesichert, und wenn einmal geschaffen, so auch sofort wieder gefährdet[3]. Die Gesellschaft, selbst wo ihr und ihrer Gestaltungskraft viel zugemutet wird, kann versagen, weil sie z. B. das Ziel nicht erkennt oder nicht artikulieren kann oder die Instrumentierung nicht hat oder die kreativen Schlichtungsverfahren nicht beherrscht. Zum andern: Es geht, sobald die urtümlichste Friedensstiftung zustandegebracht ist und die Wandlungsvorgänge in friedenswahrenden Abläufen aufgefangen sind, unverweilt zusätzlich um ihren Inhalt. Es gibt nämlich auch Friedhofsruhe, die Ordnung durch Schrecken und Terror, das Stillesitzen aus Angst und unter radikaler Bedrohung des Lebens – der Begriff der Ordnung etwa ist auch im totalitärstaatlichen und voll autoritären Regime nachweisbar. Bei solchem «Frieden» als bloßem Zustand einer teils unbewegten Ruhe und eines teils durchregulierten und programmierten Ordnungsverlaufs möchte man im Rechtsstaat nicht stehenbleiben, sondern unverweilt die inhaltsgetragene, werterfüllte Friedenssicherung erlangen. Es geht um den von sittlichen Werten getragenen, menschenwürdigen und dabei vorwiegend *gerechten* Frieden. Für einen kurzen Augenblick mag es jeweilen genügen, die offene Gewalt und die manifeste Unterdrückung zu bannen und aufzuheben, doch unverzüglich schreitet das Bedürfnis weiter, die erlangte Beruhigung in eine Garantie des Gerechtigkeitsbezuges überzuführen. Darin ist eingeschlossen, was man die Obsorge für die Wahrung der *«sozialen Sicherheit»* nennen darf[4], die Gewährleistung also des für den Menschen in seiner Personenwürde unerläßlichen Schutzes in bedrängten Grundsituationen

---

[3] Zur empirischen Notwendigkeit der staatlichen Dazwischenkunft auch in hochentwikkelter Gesellschaft vgl. ROMAN HERZOG, Allgemeine Staatslehre, Frankfurt a. M. 1971, insbes. S. 54 ff. und 75 ff. Es bedarf «einer Gemeinschaft sozialer Gemeinschaften» (JOHN RAWLS, Eine Theorie der Gerechtigkeit, Frankfurt a. M. 1975, S. 572), die sich mit der staatlichen Organisation realisiert.

[4] Zum Begriff der sozialen Sicherheit, ausgehend von der «*Social Security*» als Zielvorstellung zu Beginn der Roosevelt-Aera im New Deal, einläßlich: FRANZ-XAVER KAUFMANN, Sicherheit als soziologisches und sozialpolitisches Problem, 2. Aufl., Stuttgart 1973, S. 91 ff.

Zur Rolle des Gesetzes im Sozialstaat: ULRICH SCHEUNER, Gesetzgebung und Politik, in: Gedächtnisschrift für René Marcic, II, Berlin 1974, S. 889 ff., insbes. S. 901 ff.

wie Jugend, Alter, Invalidität, Krankheit, Arbeitslosigkeit oder Verlust des Versorgers. Von da aus weiten sich Idee und Begriff zunehmend auf den der *sozialen Gerechtigkeit*.

Nun ist uns allen geläufig: der historisch imponierende Versuch, die gerechte Friedensordnung herzustellen und durchzuhalten, bildet die Verwirklichung des positiven Rechts[5]; das positive Recht seinerseits als Versuch richtigen Rechts weniger im Sinne RUDOLF STAMMLERS als in demjenigen HANS RYFFELS verstanden[6]. Im Dreiklang der Rechtssetzung, Rechtsanwendung und Rechtsdurchsetzung soll sich der erhoffte Zustand immer wieder einstellen. Darüber und über die Risiken, daß der richtige Inhalt verfehlt werden kann, stellen wir täglich in Praxis und Lehre unsere besorgten Beobachtungen an. HANS HUBER und HANS MERZ haben gerade auch für die scheinbar unproblematischen Verhältnisse der Schweiz wiederholt und aufrüttelnd gemahnt, die Deformation und Perversion des Rechts zu vermeiden und die Rechtsentwicklung in den geraden Bahnen zu halten, soweit immer es jedem an seinem Platze möglich ist[7].

2. Innerer Friede durch Rechtsverwirklichung

Innerer Friede stellt sich ein, wo die Rechtsverwirklichung – von der Rechtssetzung bis zum Vollzug – zustandekommt.

2.1. *Friedenswahrung durch zureichende Rechtssetzung*

Ein *Ceterum censeo* von bleibender Bedrängung ist die Forderung nach zureichender materialer Qualität der Rechtssetzung. Hier dürfte in der organisierten Gemeinschaft, die sich als demokratischen Rechtsstaat sieht, der geometrische Ort der Friedenswahrung liegen. Es ist sehr beachtlich,

---

[5] Vgl. buchstäblich anschaulich: ARTHUR KAUFMANN, Recht und Gerechtigkeit in schematischer Darstellung, in: KAUFMANN-HASSEMER, Einführung in die Rechtsphilosophie und Rechtstheorie der Gegenwart, Heidelberg / Karlsruhe 1977, S. 19 ff.

[6] Der Formalcharakter richtigen Rechts bei RUDOLF STAMMLER, Lehre vom richtigen Recht, 2. Aufl., 1926, während bei HANS RYFFEL, Grundprobleme der Rechts- und Staatsphilosophie, Neuwied / Berlin 1969, insbes. S. 299 ff., die Ausweitung in die materialen Strukturprinzipien des Rechtsaufbaus stattfindet. Vgl. auch HEINRICH HENKEL, Einführung in die Rechtsphilosophie, 2. Aufl., München 1977, insbes. S. 486 ff.

[7] HANS HUBER, z. B. in der Festschrift Zaccaria Giacometti (1953), in der Rektoratsrede (1960) und in der Abschiedsvorlesung (1970), alle abgedruckt in: Rechtstheorie – Verfassungsrecht – Völkerrecht, Bern 1971: Niedergang des Rechts und Krise des Rechtsstaates, S. 27 ff.; Das Recht im technischen Zeitalter, S. 57 ff.; Betrachtungen über die Gesamtsituation des Rechts, S. 11 ff. HANS MERZ, z. B. in der Rektoratsrede (1963), in der Abschiedsvorlesung (1973) und in den Präsidialansprachen an den Schweizerischen Juristenverein (1968–1970), jetzt in: Ausgewählte Abhandlungen zum Privat- und Kartellrecht, Bern 1977, S. 35 ff. und 595 ff.

was etwa im Bunde in den letzten Jahren allenthalben unternommen wird, um zu inhaltlich guter, zumindest befriedigender Gesetzgebung zu kommen[8], und solches Recht ist bedingt von der Pflege der guten Rechtsform in den begrifflichen, den systematischen und allen methodischen Aspekten, wie sie für uns seit WALTHER BURCKHARDT namentlich PETER LIVER[9] beharrlich gefordert hat. Insofern ist die Aussicht durchaus hoffnungsvoll. Allein, es hieße die Augen vor der Wirklichkeit verschließen, wenn man sagen wollte, wir seien über dem Berg. Nicht nur die *Weitung und Komplizierung des Rechtssetzungspensums* erschwert einschneidende Verbesserungen. Vielmehr müssen wir die Rechtssetzung in einem sich rapid verändernden *politischen Klima* zustandebringen. Diese Klimaveränderung entspringt Zügen der Radikalisierungen und löst die Lust aus, die Rechtssetzungsprozesse zu polarisieren, was teilweise die Fruchtbarkeit dialogischer Kombination und Neuerungen fördert, also eine erwünschte und erfreuliche Kreativität antreibt. Teilweise jedoch verausgaben sich die legislativen Kräfte in partei- und gruppenpolitischen Auseinandersetzungen bei sachlich entbehrlichen Konflikten oder in überdehnten Kompromißbemühungen, die ausmehrungsfähigen Entscheidungen aus dem Wege gehen[10]. Daraus gehen in der Regel nicht substantiell geläuterte Lösungen hervor. Sondern es kommt zu den Oberflächlichkeiten und Formelkompro-

---

[8] Im *Bunde* vornehmlich durch:
  - die Aktivierung des Rechtsdienstes der *Bundeskanzlei*, in Fortführung des schon von Bundesvizekanzler FELIX WEBER aufgenommenen (vgl. z. B. ZSR 69, 1950, S. 261 ff.) erfolgreichen Bemühens um Methodik in der Rechtssetzung, die erhebliche Fortschritte zum «Formalen» in der Rechtssetzung mit materiellen Aspekten erreicht hat, z. B. in der Meisterung der heiklen Probleme der neuen «Systematischen Sammlung des Bundesrechts» und in den «Richtlinien der Gesetzestechnik» vom September 1976;
  - die Reorganisation der *Justizabteilung*, in der eine Untereinheit erster Stufe (mit zwei Abteilungen) für die Rechtssetzung aller Sparten gebildet worden ist;
  - die Einführung der kompetenzreichen Redaktionskommission beider Räte in der Novelle zum Geschäftsverkehrsgesetz vom 14. März 1974 (Art. 31–33 [SR 171.11; AS 1974, 1051]).
  Die Neuerungen bilden Annäherungen an die Postulate qualifizierter Rechtssetzung auch mit organisatorischen Vorkehrungen, wie sie im Bericht der Expertenkommission für die Totalrevision des Bundesgesetzes über die Organisation der Bundesverwaltung, Bern 1971, insbes. Ziffer 534, dargelegt worden sind.
[9] PETER LIVER, Der Wille des Gesetzes, Rektoratsrede, Bern 1954; DERSELBE, Berner Kommentar, Einleitungsband, Allgemeine Einleitung, Bern 1962, S. 8 ff., 53 ff.: DERSELBE, Begriff und System in der Rechtssetzung, ZSR 93 II, 1974, S. 135 ff.
[10] Zum argumentativen oder dialogischen Verfahren im Rechte überhaupt mit Nutzanwendungen in der Rechtssetzung: JÜRGEN RÖDIG, Die Denkform der Alternative in der Jurisprudenz, Berlin / Heidelberg / New York 1969.
  Heute wächst offenbar die Einsicht wieder, daß «Praxis auf Konsens zu gründen» ist (GÜNTER ELLSCHEID, Das Naturrechtsproblem in der neueren Rechtsphilosophie, in:

missen von inkohärenten Entscheidungsverfahren: Extreme Steuerungszentren trachten danach, die politischen Parteien, die Fraktionen und die Interessenorganisationen, welche alle drei nach bisheriger Auffassung in der pluralistischen Gemeinschaft zum Zusammenwirken, Aushandeln und Mittragen der Gesamtverantwortung bestimmt wären, in konfliktreiche Positionen zu drängen, wobei die Qualität des Rechts sich kaum zu einem maßgebenden Gesichtspunkt aufzuschwingen vermag.

Die Qualität der Rechtssetzung profitiert mithin von den Veränderungen des politischen Raums. Sie wird freilich zugleich auch gefährdet, so daß um so nachhaltiger zu fordern ist, es seien objektive *Rechtssetzungsgrundsätze* (Rechtssetzungsmaximen) zu entwickeln[11] und anzuwenden, die sich nicht schnell durchbiegen und die, dank ihrer Evidenz, der Rechtssetzung über die Verwirrungen und Verunsicherungen der gruppenpolitischen Polarisierungen einigermassen hinweghelfen. Für die Wissenschaft und für die Praxis der Rechtssetzungspräparation liegt hier ein weites Feld im unmittelbaren Dienste des «inneren Friedens» offen und auffallend brach.

In diesen Zusammenhang gehört der Hinweis auf quantitative *Rechtssetzungsdefizite für friedensrelevante Materien*. Wahrscheinlich trifft die Verantwortung vordergründig mehr die Kantone als den Bund. Beispiele bieten das Polizeirecht, das Anstaltsrecht mit Einschluß des Schulrechts, das Verfahrensrecht. Es wird etwa überfällig revisionsbedürftiges Recht nicht geändert, oder es werden neue Regelungsbedürfnisse nicht aufgenom-

---

KAUFMANN-HASSEMER, Einführung in die Rechtsphilosophie und Rechtstheorie der Gegenwart, Heidelberg / Karlsruhe 1977, S. 38) und daß Konflikte und deren Austragung *per se* noch keine Fruchtbarkeit garantieren. Wenn Rechtsverbindlichkeit herzustellen ist, bildet der Konsens eine verläßliche und sinnerfüllte Kategorie; er begründet Legitimation und Realisation am einfühlbarsten. Das hindert die Einsicht nicht, daß die konsensualen Verfahren auch überdehnt werden können und die totale Verhandlungsdemokratie angesteuert wird. Wenn man sich der Bereitschaft, Mehrheitsentscheide hinzunehmen, allmählich entwöhnt, können heutige Erwartungen in die Entscheidungsfähigkeit und – was eine Rolle spielt – in die Entscheidungsgeschwindigkeit demokratischer Organisationen schwinden. Es ist zweifellos richtig, staatstheoretisch das Mehrheitsprinzip zu problematisieren (vgl. z.B. Bemerkungen von PETER HÄBERLE, Das Mehrheitsprinzip als Strukturelement der freiheitlich-demokratischen Grundordnung, [Deutsche] Juristenzeitung 32, 1977, S. 241 ff., zu ULRICH SCHEUNER, Das Mehrheitsprinzip in der Demokratie, Opladen 1973, insbes. S. 45 ff.), aber es geht selbstverständlich nicht darum, es hier und jetzt praktisch abzulösen. Wenn dies richtig ist, muß man aber auch die Bereitschaft der Staatspraxis pflegen, es gebrauchend hinzunehmen. Zum Problem der Homogenitäten und der Konfliktsbestände erneut: HERBERT KRÜGER, Subkonstitutionelle Verfassungen, Die öffentliche Verwaltung 29, 1976, S. 613 ff., insbes. S. 618 ff.

[11] Einige Ausführungen dazu in meinem Aufsatz: Fragen des Ausmaßes und der Methoden von Partialrevisionen der Bundesverfassung im Vorfeld einer Totalrevision, dargelegt am Revisionsvorhaben auf dem Gebiete des Energiewesens, ZSR 96 I, 1977, S. 210 ff.

men. Die Lage des Zivilprozeßrechts kennzeichnet anschaulich, daß es nicht einfach blinde Wucherungstendenzen des öffentlichen Rechts sind, die das Zivilrecht und den individuellen Kampf ums Recht als Kampf um «sein» Recht in den Hintergrund drängen. Vielmehr lähmen die – bei allem Verständnis für die gebotene Subtilität der Streitverfahren – unübersehbare Schwerfälligkeit, Langsamkeit und Kostspieligkeit des ordentlichen Zivilprozesses, der die Synthese der Justizparole «schnell und sorgfältig»[12] nur schwer zustandebringt, die Rechtsverfolgung durch betroffene Private in zivilprozessualen Verfahren in breitem Ausmaß. Dadurch wird namentlich bei außervertraglichen Auseinandersetzungen das materielle Zivilrecht offenbar streckenweise stillgestellt. Folge davon ist, daß öffentliches Recht, vor allem Polizeirecht, in die Bresche springen sollte, sobald an sich oft kleine, den Bürger aber im persönlichen Kern treffende Rechtsschutzbedürfnisse aufbrechen, z. B. im nachbarlichen Bereich oder im Wirtschaftsleben. Polizeirecht und anderes öffentliches Ordnungsrecht wird als selbstverständlicher Nothelfer und dann als reguläres Recht begehrt.

Daß das obligatorische oder fakultative *Gesetzesreferendum*, das seit einiger Zeit als neuerungshemmend diagnostiziert wird[13], seinen Anteil an der Stockung trägt, will ich nicht in Abrede stellen. Das Volk pflichtet namentlich organisations-, verfahrens- und ordnungsrechtlichen sowie potentiell-beschränkenden materiellen Vorschriften ungern bei[14]. Doch darin liegt kein Dispens für die politischen Leitungsorgane des Staates. Nach Ablehnungen werden sie – wenn ihr Thema wohlbegründet war – erneut den mühevollen Weg der Gesetzgebung antreten, wie ja letztlich die behördliche Sendung in der Referendumsdemokratie darin besteht, legislatorische Notwendigkeiten zu erkennen, Lösungsmöglichkeiten zu ermit-

---

[12] Als wegleitender Grundsatz für die zeitgemäße Justiz, die im aufgabenreichen Staat der Gegenwart die mögliche sozialgestaltende Trägerrolle nur spielen kann, wenn sie die Synthese des *«celer ac diligens»* zu vollziehen vermag. Dies hängt nicht nur an ihrem guten Willen, sondern auch daran, ob sie mit Kompetenzen und Verfahren entsprechend ausgestattet wird. Vgl. meine Festansprache zur Einweihung des neuen Obergerichtsgebäudes in Aarau: Von der Justiz im modernen Staat, Aargauisches Beamtenblatt 68, 1971, S. 1 ff., insbes. S. 8.

[13] So vielfach in den öffentlichen und in den Kommissionserörterungen im Zusammenhang mit der Totalrevision der Bundesverfassung und dem Erlaß eines Bundesgesetzes über die politischen Rechte. Zum Stand der Diskussion über institutionalisierte Volksbeteiligung aus ausländischer Sicht: GERHARD LEHMBRUCH, Die ambivalenten Funktionen politischer Beteiligung in hochindustrialisierten Demokratien, in: Festschrift für Erich Gruner, Bern 1975, S. 237 ff.

[14] Hieraus erklärt sich offenbar der – soziologisch noch nicht untersuchte – Sachverhalt, daß Kantone mit fakultativem Referendum offensichtlich gesetzgebungsfreudiger und damit zeitaufgeschlossener sind als solche mit obligatorischem.

teln, die Entscheidprozesse für die Aufgabenbewältigung auszulösen und mit der unendlichen Geduld konsensualer Entscheidfindung immer wieder durchzutragen.

Hier ist mit allem Nachdruck – und jetzt auch für den Bund – die alte Mahnung in Erinnerung zu rufen, sich *nicht auf außerordentliche Entscheidungsverfahren zu verlassen* und *nicht das ordentliche Recht* von den unmittelbar friedenssichernden Vorkehrungen zu *entlasten*. Es liegt ja nahe und ist wegen des ohnehin schon überladenen behördlichen Aufgabenkatalogs vollauf verständlich, daß die Behörden sich darin beruhigen, man solle das ordentliche Recht für schon befriedete Zustände schaffen und einsetzen. Breche Brand aus, so sei mit Dringlichkeitsrecht von der einen Seite und mit verfassungsunmittelbarem Polizeiverordnungsrecht des Bundesrates oder des Regierungsrates von der andern Seite her erste Hilfe zu bieten. Genüge dies nicht, so wäre auch noch echtes Notrecht ins Leben zu rufen. Um dessen Legitimität müsse man nicht bangen, weil in Ansehung der realen Gefahr die legitimierende Akzeption bei den Rechtsunterworfenen nicht ausbleiben könne.

In der Tat soll man nicht mißliche Zustände dauernd an die Wand malen, und man kann weder Volk noch Legislativorgane ununterbrochen mit vorgestellten Gefährdungen in Trab und Einsatzbereitschaft halten. Allein, die Kollektivverantwortung von Behörden und Aktivbürgerschaft für eine zureichende Rechtsverwirklichung wird nicht wahrgenommen, wenn man die unbequeme Realität mit der bequemen Deckfarbe übertüncht, daß dereinst Dringlichkeitsrecht, Polizeiverordnungsrecht oder Notrecht aus der hohen Eingebung der konkreten Situation heraus die sinnvolle Friedenssicherung schon zustandebringen werde. Es kann dann mit hastig hingeworfenen Regelungsversuchen gerade auch endgültig schiefgehen. Es dürfte demzufolge geboten sein, *friedensrelevantes Recht als ordentliches Recht* in den Verfahren der ordentlichen Rechtssetzung aufzubauen und umsichtig auszugestalten. Dabei wäre zu bedenken, daß nicht nur öffentliches Recht und darunter nicht nur Polizeirecht solche Relevanz aufweisen; auch nicht nur das Strafrecht; angesprochen sind vielmehr *alle Zweige der modernen Rechtsordnung*[15]. Vor allem leuchtet hier wieder auf, daß die staatlichen Anstrengungen, den *sozialen Frieden* in der sowohl pluralistischen als auch egalitären Gesellschaft sicherzustellen, vorwiegend Aufgabe der Rechtsordnung und, in dieser, der Gesetzgebung ist. Gesetzgebung muß

---

[15] «Friedensordnung bedeutet Rechtsordnung»: WOLFGANG TRILLHAAS, Artikel «Frieden», in: Evangelisches Staatslexikon, 2. Aufl., Stuttgart/Berlin 1975, Sp. 764. Friedenssicherung innerhalb der Gesellschaft durch das Recht geschieht, nebst dem Aufbau der Rechtsordnung schlechtweg, vorwiegend durch die Orientierungssicherheit und die Realisierungssicherheit: HEINRICH HENKEL (Anm. 6), S. 441 f.; HANS RYFFEL (Anm. 6), S. 228 ff.

die für die demokratische Fundierung notwendige Ausgleichung zustandebringen, wofür sich in den politisch neutralen Formen und in den ebenso neutralen Methoden der Rechtssetzung die politischen Gestaltungsprozesse abspielen. Doch sind *diese* nicht Gegenstand unserer heutigen Betrachtung.

Die nachführende Erneuerung der Rechtsordnung weist abermals das Bedürfnis aus, daß an zu bestimmenden Stellen im Staat der verläßliche *Überblick* über den normativen und realen Stand der Gesamtrechtsordnung geschaffen werden muß, immer wieder und immer unbefangen neu, und daß daraus eh und je die Konsequenzen für die gebotenen Neuerungen und Revisionen des geltenden Rechts gezogen werden müssen. Unsere eidgenössischen und kantonalen Regierungsprogramme in Ehren – die «Richtlinien der Regierungspolitik» sind löbliche Fortschritte in der politischen Planung unserer Gemeinwesen. Aber sie sind nicht oder noch nicht das, was hier anvisiert ist: die *lang- und mittelfristigen Rechtssetzungsprogramme* aus überlegener, jedoch sachvertrauter Sicht, welche die Synthese und Prioritätenordnung für die Rechtssetzungsaufgaben als Rechtssetzungskonzepte sicherstellen könnten und worauf sich beide an der Gesetzgebung beteiligten Gewalten verpflichten[16]. Darin dann direkt und indirekt den friedenswahrenden Regelungen den wertbestimmten Platz zu öffnen, ist eine einsichtige Forderung für ein Staatswesen, das seiner Sinngebung Genüge tun will. Referendumsdemokratie und planvoll-bewusster Aufbau und Ausbau der Rechtsordnung dürfen und können einander nicht ausschließen.

2.2. *Friedenswahrung durch gesicherte Rechtsdurchsetzung*

Das objektive Recht ist verbale und abstrakte Entscheidung und hat in dieser Form als geistiges Phänomen begrenzte Wirkungsgewißheit. Es bedarf der Umsetzung in den konkreten Akt und dann der nötigen Durchsetzung, falls es nicht freiwillig befolgt wird. Die Bereitschaft einer

---

[16] Es ist deshalb auch von diesem Ansatz aus richtig, zu erwägen, die Regierungsprogramme den Parlamenten nicht nur zur Kenntnisnahme vorzutragen, sondern auch genehmigen zu lassen und ihnen eine – dogmatisch noch offene – Verbindlichkeit zuzuschreiben. Damit kommt jedenfalls eine Selbstbindung des Parlaments – für so lange, bis das Programm förmlich geändert wird – zustande, und die politische Planung wird ernstgenommen. In diesem Sinne: der aargauische Verfassungsrat im Beschluß der ersten Lesung 1976 (§ 43), der Entwurf für eine Verfassung des Kantons Glarus 1977 (Art. 86 Abs. 2) sowie der vor der Veröffentlichung stehende Entwurf der Expertenkommission für eine Totalrevision der Bundesverfassung.

In der Verfassung des Kantons Jura vom 20. März 1977 wird differenziert: Für das Regierungsprogramm ist die Beratung durch das Parlament, nicht die Genehmigung, vorgesehen, während andere steuerungsrelevante Pläne dem parlamentarischen Beschluß unterliegen (Art. 84 lit. c, d, e).

Nation, der Norm oder dem Anwendungsakt Folge zu geben, mag noch so groß sein; ausgerechnet in den friedenssichernden Faktoren, wo in zugespitzten Lagen die *ratio* sich gegen die augenblicksgebundene *emotio* behaupten sollte, ist die Garantie der Verwirklichung der springende Punkt der Rechtsbewährung. Ob objektives Recht «garantiertes Recht» sei, wie REINHOLD ZIPPELIUS es beschreibt, erweist sich darin, ob es auch konkretisiert und nötigenfalls erzwungen wird, also die Positivität auch wirklich erlangt [17].

Nicht nur das Ausland, auch die Schweiz stößt hier auf das eigenartige Phänomen der *zögernden oder verhinderten Rechtsdurchsetzung.* Damit scheitert die Rechtsverwirklichung überhaupt. Zweierlei versinkt offenbar immer wieder in Vergessenheit: Die Wahrung der Rechtsordnung mit dem Durchsetzungsmonopol des Staates heißt nicht, auf die Austragung politischer Gegensätze zu verzichten – aber man bleibt dabei nicht stehen, sondern sieht dahinter den ständigen Auftrag des Staats, die Rechtsordnung zu verbessern und damit dem Gebot der Friedenssicherung Genüge zu tun. Unbefriedigende Zustände und Rechtsmängel sind verpflichtender Anlaß zur korrigierenden Fortbildung der Rechtsordnung. Zu anderem nicht. Insbesondere nicht zum «Widerstand gegen den Staat» [18], an dessen Stelle im Gemeinwesen mit einer einigermassen gesicherten Rechtskultur die erneuernden Entscheidungsverfahren ausgelöst und durchgegangen werden. Die Rechtsordnung ungewiß zu lassen und die Rechtsverwirklichung gar zu vereiteln, ist für die Schweiz deswegen so alarmierend, weil wir als heterogener Kleinstaat aus der intakten Rechtsstaatlichkeit nach innen die Integration, nach außen ein staatserhaltendes Ansehen und die zum Überleben unentbehrliche Geltung schöpfen. Wir behaupten uns letztlich nicht als Finanzplatz oder als Exporteur, sondern als unpathetischer Flecken garantierten Rechts. Der Rechtsverwirklichungsvorgang kann abrupt stocken, wenn illegale Aktionen von einiger Popularitätswirkung oder wenn Störungen der öffentlichen Sicherheit und Ordnung ins Land gehen, mit denen zumindest Publizitäten von ungewöhnlicher Breite und Häufigkeit einhergehen. Ein ansehnliches Arsenal von Beispielen für gebotswidrige Demonstrationen irgendwelcher Form, für «Besetzungen», für Störaktionen oder für Bedrohungen aus den letzten acht bis zehn Jahren sind jedem gegenwärtig [19]. Augenfällig ist, daß trotz offensichtlicher Ordnungs-

---

[17] REINHOLD ZIPPELIUS, Einführung in die juristische Methodenlehre, München 1971, S. 2, 8, 13; DERSELBE, Einführung in das Recht, München 1974, insbes. S. 21 ff.; HEINRICH HENKEL (Anm. 6), S. 549 ff.

[18] Vgl. eine Gesamtsichtung von RENÉ A. RHINOW, Widerstand gegen den Staat, in: Der Aufbau, 1975, Nr. 45–47.

[19] Vgl. die Schilderung bei ANDREAS JOST, Die neueste Entwicklung des Polizeibegriffs im schweizerischen Recht, Bern 1975, insbes. S. 26 f.

widrigkeiten und trotz Verhinderungen der Rechtsdurchsetzung behördliches Einschreiten unterbleiben kann. Solcher Verzicht kann unter Umständen begründbar und begründet sein. Man wird differenzieren müssen.

Niemals ist die Rechtfertigung gegeben, wenn *Terror und Gewaltverbrechen* beteiligt sind [20]. Handelt es sich um *einfache Polizeiwidrigkeiten,* darf dem *Opportunitätsprinzip* als Element des Verwaltungsermessens [21] Spielraum gelassen werden. Es geht ja darum, den Frieden in Gestalt der öffentlichen Ordnung und Sicherheit aufrechtzuerhalten, nicht um einen abstrakten Ordnungszustand an sich. Und da kann es *nach Maßgabe der konkreten Umstände* zweckmäßig und sinnvoll sein, durch die Hinnahme von psychisch entlastendem Aufbäumen, des Lärmens und Sichtbarmachens des Unmuts, selbst durch das Erdulden von Unfug Erwachsener, wie wenn diese das Stadium der Nachtbuben noch nicht abgelegt hätten und es in den Ernst politischer Kontestationen übernähmen, durch Zuschauen und durch Beiseitetreten der staatlichen Machtmittel usw. die Einkehr der Vernunft abzuwarten. Im allgemeinen vertraut man dann ebenfalls auf *Selbstreinigungen einer regen und wachen Gesellschaft,* die noch reicher als der organisierte Staat ausgestattet sein kann, indem sie über Sozialnormen und Sozialverfahren verfügt, die in recht beachtlicher Verläßlichkeit friedliche Zustände wieder zu konstituieren vermögen.

Doch das polizeirechtliche Opportunitätsprinzip enthält nicht nur Ermächtigung zur allfälligen staatlichen Passivität, sondern auch *Auftrag zur staatlichen Aktivität.* Wo so und wo anders? Der Entscheid – immer ausgenommen Terror und Gewaltverbrechen, bei denen für Abwägung nicht Raum bleibt – ist einmal bestimmt durch die prognostische Erfolgserwartung, gerichtet auf das Ziel, friedliche Zustände in Beachtung einer Verhältnismäßigkeit [22] herzustellen und zu wahren. Sodann aber gebietet es

---

[20] Vgl. HANS NEF, Gewalt und Gesetz, erste Rektoratsrede, NZZ 8./9. Mai 1976, Nr. 107, S. 33 f.
Die Problematik der Abgrenzungen, insbesondere die begrifflich faßbare Ermittlung der Grenzzone, in der Terror und Gewaltverbrechen beginnen, kann hier nicht verfolgt werden.

[21] Vgl. HANS-UWE ERICHSEN, Der Schutz der Allgemeinheit und der individuellen Rechte durch polizei- und ordnungsrechtliche Handlungsvollmachten der Exekutive, Veröffentlichungen der Vereinigung der Deutschen Staatsrechtslehrer 35, 1977, S. 198 ff.; HANS J. WOLFF, Verwaltungsrecht III, 3. Aufl., München / Berlin 1972, § 125 IV; HANS-UWE ERICHSEN und WOLFGANG MARTENS, in: DIESELBEN (Hrsg.), Allgemeines Verwaltungsrecht, 2. Aufl., Berlin / New York 1977, S. 155 ff.; BILL DREWS/GERHARD WACKE, Allgemeines Polizeirecht, 7. Aufl., Berlin / Köln / München / Bonn 1961, S. 158 ff., S. 461 ff.; ANDREAS JOST (Anm. 19), S. 61 f.

[22] Zum viel zitierten und oft mißdeuteten Verhältnismässigkeitsprinzip jetzt: HANS HUBER, Über den Grundsatz der Verhältnismässigkeit im Verwaltungsrecht, ZSR 96 I, 1977, S. 1 ff.: ARTUR WOLFFERS, Neue Aspekte des Grundsatzes der Verhältnismässigkeit, ZBJV 113, 1977, S. 297 ff.

den staatlichen Eingriff, wo die Ordnungswidrigkeit in klare Normwidrigkeit ausbricht und dem Recht die vorausgesetzte Garantiertheit abhanden zu kommen droht. Das ist unter anderem da der Fall, wo legale ausgewiesene Ansprüche auf die Rechtsdurchsetzung bestehen und der Lauf des Rechtsverwirklichungsprozesses vereitelt werden will.

Deutlicher als im Polizeirecht ist Handeln unabdingbar, wenn *Strafrechtsnormen* verletzt werden, wobei an dieser Stelle angemerkt werden mag, daß die Zeit für eine legislatorische Überprüfung der Straftatbestände, die der öffentlichen Friedenswahrung unmittelbar dienen, allmählich wieder herangereift sein dürfte: Es gibt möglicherweise strafbares Verhalten, das man aus dem Deliktskreis entlassen könnte, wie umgekehrt friedenstörendes Verhalten neuerer Ausprägung nicht oder nicht befriedigend erfaßt sein kann. Wo Abwägungen bleiben, ist in der Schweiz rasch der Bereich der materiellen Verwaltungsfunktion verlassen und derjenige der Regierungsfunktion betreten. Es ist deshalb angezeigt, daß das *prinzipale Regierungsorgan* selbst, also Bundesrat oder Regierungsrat, die *Entscheide über die Auslösung staatlicher Aktivitäten* größeren Ausmaßes fällt, und nicht ein Organ dritter und vierter Stufe, wobei immerhin vorauszusetzen ist, daß dem obersten Entscheidungsorgan alle greifbaren Nachrichten und Unterlagen für die Lagebeurteilung tatsächlich vorliegen – eine ebenso selbstverständliche wie anscheinend schwer durchsetzbare Erwartung.

Das Nichthandeln, wie es in den letzten Jahren gelegentlich anzutreffen war, geht möglicherweise weniger auf eine sorgfältige, abwägende Handhabung des ebenso nötigen wie heiklen Opportunitätsprinzips im Polizeirecht zurück, als auf die *Furcht vor der Rechtsdurchsetzung* gegenüber lärmigen und aufsässigen Opponenten und auf den manchmal entschuldbaren Umstand, daß die Behörden einfach heiße Eisen erkalten lassen und die aufkommenden Probleme, die durch neue Rechtssetzung angegangen werden sollten, der «Selbsterledigung durch Zeitablauf» überlassen wollten. Ob Mut die Amtswalter leitet oder gerade nicht, muß dahingestellt bleiben. Ein gelegentliches Manko an Klarheit der Gedanken und der Entschlüsse sowie an Plausibilität der nachträglichen Begründungen ist jedenfalls kaum zu übersehen.

3. Zur Situation des Polizeirechts

Wir haben nun mehrfach das Polizeirecht angetroffen. Ich möchte seine zurzeit eigenartige Situation als dritten Faktor doch noch besonders hervorheben. Polizeirecht ist vornehmlich das Recht der öffentlichen Gefahrenabwehr. Durch den Schutz der Polizeigüter, wie Leben, Gesundheit, Ordnung, Sittlichkeit, Ehre, Vermögen, wird die öffentliche Sicherheit hergestellt, und diese geht nach Sprachgebrauch und allgemeiner Auffassung im inneren Frieden zwar nicht auf; doch decken sich die beiden Kreise in beachtlichen Segmenten. In seiner hervorragenden Berner Dissertation hat kürzlich ANDREAS JOST [23] die Wandlung, insbesondere Weitung des Polizeibegriffs kenntlich gemacht und mit Grund dargetan, daß die *öffentliche Sicherheit* nicht selbst Schutzgut im Sinne eines Polizeigutes neben andern ist, sondern eine konkret immer wieder angestrebte *Lage des Gemeinwesens*. Die Polizeigüter – oder besser: die Wahrung der Polizeigüter – schaffen dann den Zustand der öffentlichen Sicherheit.

Die Verschwommenheit der Schutzgüter ihrerseits ruft jedoch eine sonderbar zwiespältige Haltung hervor. Einesteils begrüßen Praxis und Lehre die offene Fassung des Polizeibegriffs, wie er mit dem Segen des Bundesgerichts in den Kantonen vor allem in der polizeilichen Generalklausel verfügbar ist. So tendiert man zur *Bekräftigung der Generalklausel* mit ihren unbestimmten Gesetzesbegriffen. Man streicht das Opportunitätsprinzip hervor. Daraus erwartet man die *hochgradige Reaktionsfähigkeit des Gemeinwesens* gegenüber Gefahren und allen neu und unerwartet auftauchenden Beeinträchtigungen der öffentlichen Sicherheit. Ob die *Freiheit* des Bürgers dadurch gemindert oder gegenteils besser behütet werde, ist zweitrangig oder beiseite geschobene Frage. Dominant ist bei dieser Betrachtung die Gefahrenabwehr um beinahe jeden Preis.

Andernteils erblickt man in der Ausweitung und zunehmenden Unbestimmtheit der Schutzgüter, die mit einer weitmaschigen Generalklausel erfaßt werden, eine Ausdehnung des Staats, eine Überdimensionierung des Ermessens, den Abbau des Legalitätsprinzips, das Entschwinden des bewährten Satzes, daß polizeiliche Gefahrenabwehr aufgrund der Generalermächtigung bloß subsidiärer Natur sein dürfe. Vor allem aber fürchtet man – z. B. jetzt im Atomenergiewesen oder beim Umweltschutz –, daß die Behörden die effektiven Gefahren nicht erkennen und da nicht handeln, wo sie um der öffentlichen Sicherheit willen handeln sollten. Herrscht diese Sicht vor, drängt man auf *gezielte und sensibilisierte Spezialermächtigungen*, wünscht dabei unbeschränkte Gefahrenabwehr, ruft nach präventiven Maßnahmen.

Polizeiliche Generalklausel oder polizeiliche Spezialgesetzgebung [24] – man stößt auf ein legislatorisches Paradoxon: Wirksame und steuerungskräftige

---

[23] Anm. 19. Vgl. auch die differenzierende Untersuchung von NORBERT ACHTERBERG, «Öffentliche Ordnung» im pluralistischen Staat, Analytische Bemerkungen zu einem Grundbegriff des Polizei- und Ordnungsrechts, in: Festschrift für Hans Ulrich Scupin, Berlin 1973, S. 9 ff.

[24] Vgl. auch FRANZ-LUDWIG KNEMEYER, Der Schutz der Allgemeinheit und der individuellen Rechte durch die polizei- und ordnungsrechtlichen Handlungsvollmachten der Exekutive, Veröffentlichungen der Vereinigung der Deutschen Staatsrechtslehrer 35,

Spezialgesetzgebung setzt gesicherte Erfahrung voraus und stützt sich auf bewährte rechtliche Grundsätze, und dies gerade kann man bei neuartigen Gefahrensachverhalten nicht haben. Dafür wären Generalermächtigungen technisch meist zweckmäßiger. Freilich sind Generalermächtigungen bei hochgradigen Gefahren rechtsstaatlich oder demokratisch wieder mit Bedenken behaftet. Es kommt auch vor, daß Spezialgesetze die realen Gefahren nicht angehen, daß sie die adäquaten Maßnahmen nicht entdekken, daß sie die Demokratiebedürfnisse in der Kompetenzordnung vernachlässigen, daß sie rechtsstaatliche Requisite nicht treffen. Sie bleiben dann vorwiegend Beruhigungsvorkehrungen für die Bevölkerung und die Behörden: «Man hat ja etwas getan.» So haben die Gesetzgebung im Gewässerschutz und bei der Atomenergie, der Vorentwurf für ein Umweltschutzgesetz teilweise danebengegriffen.

Man versucht jetzt mitunter, vor allem in neuartigen Sachbereichen durch *Ziel- und Zwecknormen* das Handeln auszulösen und die zielgerichtete Mittelauslese zu garantieren. Doch die Schwierigkeiten, tragfeste und steuerungsfähige Ziel- und Zwecknormen zu redigieren, sind erheblich. Und man begreift angesichts der aufkommenden Zielnormenmanie eigentlich recht gut, warum die ältere Rechtslehre den Zielnormen nur Programmcharakter und keine unmittelbare Verbindlichkeit zuerkannt hat [25]; denn man war dann gefeit vor verschwommenen Initiierungsaufträgen, die häufig weder sachlich bestimmte Zielvorstellungen zu artikulieren noch begriffliche Normativkraft einzufangen imstande sind. Es ist zu begrüßen, daß wir den Gebrauch der Zielnormen verstärken und ihre legislatorische und dogmatische Ausschöpfung zu verbessern suchen [26], aber wir sollten uns auch vor dem Dreinfahren zurückhalten, das um sich zu greifen beginnt. Denn es entsteht ohne adäquate Rechtssetzungsmethode, die den Rechtssetzer zur optimalen Klarheit in seinen Zielvorstellungen zwingt, und ohne angepaßte Interpretationslehre und Konkretisierungskontrollen

---

1977, S.221 ff.; ferner den vorne in Anm.21 zitierten Bericht von HANS-UWE ERICHSEN und FRITZ OSSENBÜHL, Der polizeiliche Ermessens- und Beurteilungsspielraum, Die öffentliche Verwaltung 29, 1976, S.463 ff.

[25] Vgl. FELIX BERNET *(Be)* in NZZ 18. Januar 1977, Nr.14, S.29: Das Ausweichen von Verhaltensweisungen zu Ziel- und Zwecknormen, Verlagerung politischer Entscheide zu Verwaltung und Justiz als Folge.

[26] Zur Vielgestaltigkeit der Zielnormen in der Verfassung PETER SALADIN, Bemerkungen zu Struktur und Stil der schweizerischen Bundesverfassung, im besonderen zur föderativen Kompetenzabgrenzung in Verbindung mit Zielbestimmungen, in: Recueil de travaux suisses présentés au IXᶜ Congrès international de droit comparé, Basel 1976, S.219 ff., insbes. S.225 ff. Vgl. sodann für die Verfassung auch: HANS HUBER, Formenreichtum der Verfassung und deren Auslegung, ZBJV 107, 1971, S.172 ff., und ULRICH SCHEUNER, Staatszielbestimmungen, in: Festschrift für Ernst Forsthoff, München 1972, S.325 ff.

der Schein, der Rechtssetzer habe normativ gelenkt, während er in der Wirklichkeit die nachfolgenden Handlungsorgane ungebunden läßt. Er weicht – häufig durch den Formelkompromiß – aus und schiebt die politische Entscheidungsfindung auf andere Gewalten (wobei er erstaunt tut, daß diese in die Politik einziehen und Macht entfalten).

Ich erhebe durchaus keine Einwände, daß in der Schweiz die Spezialgesetzgebung für das Polizeirecht gefördert wird. Es dürfte der richtige Weg sein. Doch muß man frank eingestehen: Die *polizeiliche Spezialgesetzgebung* drängt zu *Bundesrecht* und bringt *föderative Einbußen;* denn die modernen Gefahrenquellen machen an Kantonsgrenzen nicht Halt, und polizeiliche Vorkehrungen haben Konsequenzen für den Gesamtstaat, so daß Regelungen der bundesstaatlichen Rechtsvereinheitlichung zugeführt werden, es sei denn, die Kantone rafften sich auch in diesem Bereich auf, ihre legislatorischen Bremsen zu lockern und ihr sachliches Vermögen, die Probleme zu meistern, zu steigern.

4. Zum Einsatz realer Machtmittel

Einen vierten Aspekt will ich noch aufgreifen, nämlich den der Friedenswahrung durch reale Machtmittel des Staats, namentlich durch Polizeikräfte der institutionalisierten Sicherheitspolizei, allenfalls auch durch Truppeneinsatz. Unermüdlich betonen wir in Lehre und Praxis, die Aufrechterhaltung der *öffentlichen Ordnung und Sicherheit* im Innern sei *Sache der Kantone.* Das ist richtig, wenn wir damit meinen, jeder Kanton habe auf seinem Territorium Aufgabe, Auftrag und Kompetenz, die öffentliche Sicherheit zu wahren, mithin auch für inneren Frieden besorgt zu sein. Er weist damit seine Staatlichkeit aus, und es leuchtet ein, daß die Kantone um ihres Staatsbewußtseins willen so unverdrossen diese ihre Aufgabe hervorheben.

Ist ein Kanton indessen *in concreto* nicht mehr in der Lage, dieser Aufgabe nachzukommen, so treten nach dem geltenden Recht bei sorgfältiger Interpretation des Art. 16 BV [27] nicht seine *Mit-Kantone* in diese Verpflich-

---

[27] Art. 16 der Bundesverfassung vom 29. Mai 1874 (BV) lautet:

[1] Bei gestörter Ordnung im Innern oder wenn von einem andern Kanton Gefahr droht, hat die Regierung des bedrohten Kantons dem Bundesrate sogleich Kenntnis zu geben, damit dieser innert der Schranken seiner Kompetenz (Art. 102 Ziffer 3, 10 und 11) die erforderlichen Maßregeln treffen oder die Bundesversammlung einberufen kann. In dringenden Fällen ist die betreffende Regierung befugt, unter sofortiger Anzeige an den Bundesrat, andere Kantone zur Hilfe zu mahnen, und die gemahnten Stände sind zur Hilfeleistung verpflichtet.

[2] Wenn die Kantonsregierung außerstande ist, Hilfe anzusprechen, so *kann,* und wenn

tung für ihn ein, sondern der *Bund*. Die andern Gliedstaaten dürfen gemäß Bundesverfassungsrecht bloß für die Überbrückung herbeigerufen werden, das heißt für so lange, bis der zunächst handlungsunfähige Bund die Fähigkeit zum Handeln erlangt. Dann treten die Mit-Kantone beiseite und ziehen ihre zur Verfügung gestellten Mittel wieder ab, oder ihre Mittel werden der umfassenden und absorbierenden Gewalt des Bundes unterstellt, der nun im eigenen Namen darüber (z. B. kantonale Polizeikräfte, Feuerwehren u. ä.) disponiert.

Ist hingegen sofort die öffentliche Sicherheit des *Bundes* gefährdet, z. B. weil *seine* Autorität angegriffen ist oder die Friedensstörung umfassend und unmittelbar *ihn* betrifft, so aktualisiert sich die kantonale Zuständigkeit zur Sicherheitsbewahrung überhaupt nicht; der Bund ist unvermittelt, ohne weiteres und umfassend angesprochen. Was er dann vorkehrt, hat auch nicht als Intervention im Sinne des Art. 16 BV zu gelten. Es ist primäres Bundeshandeln in ursprünglicher Bundeskompetenz. Freilich ist diese rechtliche Situation für den Bund so lange ein Danaergeschenk, als er keine geeigneten Mittel zur Verfügung hat.

Während man im 19. Jahrhundert dem Bund, ohne zu zögern, den Einsatz von *Truppen* zubilligte und zumutete, dürfte heute Einigkeit darüber bestehen, daß dieses Mittel buchstäblich *ultima ratio* darstellt und tunlichst andere Mittel einzusetzen wären, vor allem geschulte *Polizeikräfte*. Diese jedoch hat der Bund nicht. Will man aus der verfahrenen Situation herauskommen, so bleiben zwei Wege offen: Entweder gesteht man dem Bunde zu, auf die Polizeikräfte der Kantone zu greifen und unverzüglich in eigenem Namen und eigener Kompetenz über sie zu verfügen (Bundeszugriff auf geeignete kantonale Mittel). Oder man muß, entgegen tradierten Auffassungen, dem Bunde zugestehen, eigene Polizeikräfte aufzustellen und zu halten. Für beide Wege dürfte das geltende Verfassungsrecht die Grundlage bieten [28, 29].

Diese Instrumentierung für den Einsatz der realen Machtmittel ist nicht der Weisheit letzter Schluß, und die *Praxis* sucht denn auch nach *weiteren*

die Sicherheit der Schweiz gefährdet wird, so *soll* die kompetente Bundesbehörde von sich aus einschreiten.

[3] In Fällen eidgenössischer Intervention sorgen die Bundesbehörden für Beachtung der Vorschriften von Art. 5.

[4] Die Kosten trägt der mahnende oder die eidgenössische Intervention veranlassende Kanton, wenn nicht die Bundesversammlung wegen besonderer Umstände etwas anderes beschließt.

[28] Auch für den zweiten Weg. Die Kompetenz des Bundes beruht teils auf geschriebenem, teils auf ungeschriebenem Recht. Jenes findet sich in Art. 102 Ziffer 10 und Art. 85 Ziffer 7 BV, die zwar blosse Organkompetenzen anzuzeigen scheinen, jedoch nach herrschender Auffassung auch die Verbandskompetenz des Bundes beinhalten, was Art. 16 Abs. 2 Variante 2 BV bekräftigt. Eine ungeschriebene Zuständigkeit im Sinne einer *implied*

Möglichkeiten, zeitgemäßere, namentlich flexiblere Gebrauchsformen anzuwenden. Auf zwei ist nachstehend hinzuweisen, die auch deshalb interessant sind, weil bei beiden die normative Fundierung fragwürdig bleibt, solange nicht zumindest der Gesetzgeber die rechtlichen Grundlagen eindeutig bereitstellt. In der bundesrätlichen Verordnung über den Ordnungsdienst vom 6. Dezember 1965 – das ist das erste Beispiel – wird in Art. 3 vorgesehen, daß *der Bund (Bundesrat) einem Kanton* auf dessen Verlangen hin *Truppen zur Verfügung stellen* kann. Diese nicht-kantonseigenen Truppen werden der Kantonsregierung des bedrohten Kantons unterstellt (Abs. 2). Der Bund, der sich bloß noch bei der Ernennung des Kommandanten der Ordnungstruppen und bei der Bezeichnung des Verbindungsoffiziers zwischen Kantonsregierung und Militär eingeschaltet hat, ist bei der Durchführung nicht mehr beteiligt: Seine Truppe hat nun der bedrohte Kanton, und dieser handelt mit ihr in eigenem Befinden.

Diese Entsendung von Bundestruppen zugunsten eines Kantons ist offensichtlich als *Ersatz für die Bundesintervention* nach Art. 16 BV gedacht und soll – gerade anders als diese Verfassungsbestimmung es angeht, indem sie den Bund und vor ihm notfalls stellvertretend Kantone zur Aktivität veranlaßt – ersterem ermöglichen, zumindest vorläufig stillzusitzen und nur als «Hüter des Letzten» aus der Reserve herauszutreten: Der Kanton handelt allein, freilich verstärkt und gestützt auf die Mittel, die der Bund ihm übergeben hat. Meines Erachtens weicht man mit dieser Form des Ordnungsdienstes vom verfassungsrechtlich vorgezeichneten Maßnahmensystem ab und zieht *eigenwillig neue Formen* der Sicherheitswahrung auf, wofür Art. 102 Ziffer 10 und 11 BV, worauf sich die Verordnung über den Ordnungsdienst beruft, keine tragfähige Rechtsgrundlage darstellen werden. Die Bundesverfassung ist doch offensichtlich von der Intention getragen, daß ein *Kanton so lange* für die öffentliche Sicherheit auf einem Territorium zuständig und damit verantwortlich ist, *als er der Aufgabe mit eigenen Mitteln zu genügen vermag.* Braucht er mehr Mittel – also diejenigen anderer Kantone oder solche des Bundes –, sind die Voraussetzungen des

power folgt aus der rechtlichen Existenz des Bundes als souveränen Gemeinwesens: die öffentliche Sicherheit zu wahren, ist elementarer Bestandteil der dem Staat zufallenden Friedenssicherung (zusammenfassend: ULRICH SCHEUNER, Artikel «Staat», in: Handwörterbuch der Sozialwissenschaften, 12, 1965, insbes. S. 661 ff.; MARTIN DRAHT, Artikel «Staat», in: Evangelisches Staatslexikon, 2. Aufl., Stuttgart/Berlin 1975, Sp. 2440 ff.). Mit Art. 16 BV hat der Bund diese seine originäre Aufgabe nicht den Kantonen überbunden, sondern in der eigenen Hand behalten, soweit die Schweiz, das heißt der Gesamtstaat, betroffen ist.

[29] Der Schluß vom sanktionierten Zweck – als Staat normativ und faktisch zu existieren und sich als souveränes Gemeinwesen mit dem Primärauftrag der Friedenswahrung zu behaupten – auf die als gebilligt zu betrachtenden Mittel ist bei diesen beiden Varianten unausweichlich und hinzunehmen.

Art. 16 BV erfüllt, und dies bedeutet; Der *Bund* ist in die *Zuständigkeit* und in die Verantwortung *eingetreten,* und zwar *eo ipso* und ausschließlich[30]. Verspricht man sich von der zweifellos originellen, aber rechtlich kuriosen «Mini-Intervention», die weder Intervention nach Art. 16 BV noch autonome Kantonsbetätigung darstellt, für die Zukunft Erfolg und will man die Figur standfest machen, so bedarf es meiner Meinung nach einer solideren Rechtsgrundlage als der Verordnung über den Ordnungsdienst: Richtigerweise ergänzt man Art. 16 BV und schafft dazu gesetzliche Bestimmungen; zumindest bemüht man sich um diese, falls man – was noch aussteht – dartun kann, daß geltendes Verfassungsrecht ausreicht[31].

Die Tendenz, den Bund spät und wo möglich überhaupt nicht ins Spiel zu bringen, ihn aber doch «irgendwie» zu beteiligen[32], illustriert das andere Beispiel: 1975 rief der Bund ausdrücklich gestützt auf Art. 16 BV und nach einem Begehren der aargauischen Regierung die übrigen Kantonsregierungen in einem Kreisschreiben auf, dem Kanton Aargau *Polizeikräfte zur Verfügung zu stellen,* um die Besetzung des Baugeländes für ein Kernkraft-

---

[30] Die neue Form enträt auch inhaltlich der zulänglichen Begründung: Wenn der Bund Bundestruppen einem Kanton übergibt und dieser den Truppenauftrag erteilen und die Verfügungsgewalt ausüben kann, so entlässt der Bund Bundestruppen aus seinem Verfügungs- und Verantwortungsbereich, den er auch mit den paar Vorsichtsnormierungen an die Adresse der Empfänger (Art. 8–13 der Verordnung des Bundesrates vom 6. Dezember 1965 über den Ordnungsdienst [SR 121; AS 1965, S. 1037]) nicht mehr beherrscht. Vor allem wird ihm die faktische Rücknahme meist verwehrt sein, sobald die Truppe einmal eingesetzt ist. Er löst einen Schwall heißer Fragen aus: Was tut der Bund, wenn der Kanton mit der zugeführten Truppe unzweckmäßig, zu grob, zu sachte, unkonzentriert, mannschaftsgefährdend disponiert? Was, wenn der Kanton mit dem Einsatz von Bundestruppen vollendete Tatsachen schafft und Anordnungen trifft, die landesweit wirken? Man betritt im ersten Augenblick einen für den Bund bequemen, im zweiten Augenblick schon fallenreichen Pfad.

[31] Die Zulässigkeit der «Mini-Intervention» nach geltendem Verfassungsrecht und nach Art. 195, 197 und 203 der Militärorganisation vom 12. April 1907 (SR 510.10; BS 5, 3) bejaht ERNST HIRZEL, Der Ordnungsdienstauftrag der schweizerischen Armee, Diss. Basel 1974, S. 45 ff.

[32] Bund *und* Kantone sind von einer gleichen Ambivalenz durchdrungen: Auf der einen Seite will man den Bund nicht involvieren und den Kantonen allein die Gefahrenabwehr überlassen; auf der andern Seite will man es gerade umgekehrt. Motive liegen im erwähnten Bedürfnis nach Ausweis der Staatlichkeit der Kantone, ähnlich wie bei ihrer Behauptung der Militärhoheit (vgl. ROLAND CLAUDE RASI, Die kantonale Militärhoheit als Problem der Verhältnisse von Bund und Kantonen, Diss. Basel 1974, S. 172), ferner darin, daß der Bund über keine eigenen Polizeikräfte verfügt und der Einsatz der Armee nur als Notbehelf in Betracht fällt (BBl 1968, II, S. 784 f.). Dabei steht man – meist uneingestanden – vor der Tatsache, daß heutzutage eine ernstliche Gefährdung der öffentlichen Sicherheit kaum noch auf ein einziges Kantonsgebiet beschränkt werden kann, sondern rascher als im letzten Jahrhundert die Eidgenossenschaft berührt, also zur Bundessache wird.

werk in Kaiseraugst aufzuheben, nachdem der Standortkanton erklärt hatte, seine eigenen Polizeikräfte reichten nicht aus. Hier wurde eine neuartige *Mischform* gewählt: Der Bund (nicht der «bedrohte Kanton») «mahnte» die Kantone, und er berief sich auf Art. 16 BV, führte aber doch keine Bundesintervention durch. Indessen kann auch die Hilfeleistung der Kantone, strenggenommen, noch nicht als Maßnahme nach einer Verfassungsbestimmung gelten, da sie nicht als provisorische Vorkehrung und nicht als Sofortmaßnahme im Vorfeld der nachfolgenden Bundesintervention gedacht war, sich jedenfalls nicht dergestalt darbot. Möglicherweise liegt allerdings im Kreisschreiben die besondere Form einer «verstärkten Mahnung» vor, welche Vorläuferin einer Bundesintervention nach Art. 16 BV gewesen wäre. Möglicherweise war aber auch ein nicht perfektionierter Zugriff des Bundes auf kantonale Mittel (hier: Polizeikräfte) in Gang gesetzt worden, womit sich der Bund faktisch und vorsorglich der Instrumente versicherte, deren er bedurft hätte, wenn er hätte intervenieren müssen. Die Suche nach neuen Formen – die in diesem Sektor sinnvoller sind als bei Truppenzuführungen an Kantone – wird ausmünden müssen in Rechtsänderungen, die namentlich differenziertere Handlungen ins Auge fassen, als Art. 16 BV es in seinem historischen Sinne tut [33]. Wie auch immer die einigermassen pressante Regelung aussehen mag – Zugriffe des Bundes auf kantonale Mittel unter seiner Verantwortung, Möglichkeit der Beauftragung kantonaler Behörden mit der Durchführung der Bundesaufgabe, Verpflichtung des Bundes zur Leitung der Vorkehrungen bei komplizierten Umständen oder bei landesweiten Implikationen dürften die naheliegenden Leitlinien sein –, so wird man eines voraussetzen dürfen: Der *Bund* sollte sich nicht länger der Aushilfen bedienen, die sich wie Ausflüchte ausnehmen, sondern seine durchgehende Kompetenz, für den inneren Frieden besorgt zu sein, als eine juristisch *wahre Kompetenz* begreifen: als Recht und Pflicht, als Ermächtigung und unverzichtbaren Auftrag.

5. Die Kompetenz zu behördlichen Informationen

Ein Staat, der ein Mindestmaß von «Reputation und Popularität» (WERNER MANGOLD) genießt, kann Gefährdungen des inneren Friedens ohne Aufhebens entgegentreten: Er setzt das Recht in ordentlichen Verfahren durch und wendet bei gewaltsamer Renitenz nötigenfalls die realen Macht-

---

[33] HANS HUBER, Die Verfassungsmäßigkeit der Interkantonalen Mobilen Polizei, SJZ 66, 1970, S.333 ff., stellt fest, die Bestimmungen über die eidgenössische Intervention seien zum Teil völlig veraltet. Die Tatbestände des Art.16 BV werden immer untypischer (S.340).

mittel an, ohne daß daraus Erschütterungen des Gemeinwesens hervorgingen und besondere Rechtfertigungsprozeduren inszeniert werden müßten. Raffinierte oder ununterbrochene Friedensstörungen gehen indessen darauf aus, staatliche Tätigkeiten im weiten Umkreis um die friedenswahrenden Zwecke von vorneherein oder dauernd in ein schiefes Licht zu setzen, z. B. mit dem Vorwurf der fehlenden gesetzlichen Basierung[34] oder des Übermaßes. Dadurch wird die legitimierende Akzeptation zerstreut, verdünnt, stützungsunfähig gemacht. Solche Mechanismen erhalten Verstärker durch die herkömmliche Einstellung aus meist liberaler oder liberalistischer Quelle, der Staat habe nur gelegentlich Selbstdarstellungen nötig und solle sich der Einwirkung auf die öffentliche Meinung enthalten. Gefordert wird die Abstinenz des Staates im komplexen Meinungsbildungsprozeß, im besonderen im Hinblick auf einzelne Ereignisse, soweit es über das hinausgeht, was sich im Plenum des Parlaments kundzutun vermag. Weitergehende *Kommunikationsbedürfnisse* seien durch staatsunabhängige Medien zu befriedigen, nämlich durch die intermediären Gewalten (Parteien und andere Organisationen) oder die Massenmedien (Presse, Radio, Fernsehen), die alle nach eigenem Impuls und Gutfinden das Erforderliche vorkehrten. Die Behörden hätten nur in Notsituationen aufzutreten und sich mit «Erklärungen» oder ähnlichen Willenskundgaben zufriedenzugeben. Leitbild sind hier oft die Gefährdung der *äusseren* Sicherheit des Landes. Man wird von diesem Bilde abrücken und dem Staat ein *feststehendes Betätigungsfeld* der sowohl alltäglichen als auch der ereignisbezogenen *Öffentlichkeitsarbeit* einräumen müssen, was freilich eine heikle Aufgabe darstellt. Denn wie von der Abstinenz ist auch von der *staatlichen «Agitation und Propaganda» Abstand* zu nehmen, also vom werbenden Bemühen oder von der Oktroyierung ideologischer Gehalte in emotionsnährenden Techniken und ohne dialogisch-rationale Läuterungen. Das heute immer noch offene Thema läßt sich für die Schweiz zurzeit dahin umschreiben, daß dem Staat, handelnd durch seine Behörden, die *Information* als eine *darstellende* (nicht werbende und nicht ideologisch überfahrende) Betätigung ermöglicht sein muß.

[34] Der Bund und die meisten Kantone sind namentlich für die allgemeine Polizeigesetzgebung, für den Verwaltungszwang, für den Waffengebrauch u. ä. m. normativ nicht immer zureichend abgestützt. Der Einwand der fehlenden gesetzlichen Grundlagen, die heute *in toto* eben doch qualifizierter sein müssen als im 19. Jahrhundert (was wieder nachdrücklich vor Augen tritt bei MAX IMBODEN/RENÉ RHINOW, Schweizerische Verwaltungsrechtsprechung, 5. Aufl., Basel/Stuttgart 1976, Nrn. 5–12, 59–67), kann leicht erhoben werden. Die Gemeinwesen haben Anlaß, die erwähnte Verbesserung des ordentlichen Rechts zu betreiben, zumal auch die Dogmatik die Lücken nicht zu überbrücken in der Lage ist (vgl. ferner HEINRICH ANDREAS MÜLLER, Der Verwaltungszwang, Zürich 1975).

Dabei schließt die Aufgabe, für den inneren Frieden zu sorgen, die Möglichkeit in sich, ereignisbezogene Berichtigungen zu verbreiten, wofür vernünftigerweise der Zutritt zu Radio und Fernsehen nicht verbaut oder gehemmt werden darf. Sodann ist die laufende *Information* über die staatlichen Tätigkeiten aber auch als *Kompetenz zu begreifen* [35], womit die allgemeine Transparenz, die Verminderung von Mißverständnissen und Fehldeutungen, die argumentierende Erklärung von Handlungsabsichten und die Einsichtnahme in behördliche Überlegungen unmittelbar gewährleistet werden. Nicht daß heute nichts geschähe; die Verbindung z. B. des Bundesrates zu den Massenmedien ist vorhanden, und die Informationsströme fließen reichlich. Aber es liegt auf der allgemeinen wie auf der ereignisbezogenen Information das Stigma der nicht gefestigten Kompetenz, der mithin ein Zug der Anmassung innewohnt, und die Unsicherheit über Art und Ausmaß behördlicher Öffentlichkeitsarbeit [36] im Hinblick auf den inneren Frieden fördert Zögern, Zufall und Ungeschicklichkeiten. Die Sorge um den inneren Frieden sollte die endliche Verbesserung der rechtlichen und, im Gefolge davon, der tatsächlichen Situation vorantreiben.

6. Vom Rang des inneren Friedens bei der Aufgabenselektion des Staates

Der souveräne Staat ist in seiner potentiellen *Allzuständigkeit*, die ihn vorerst mit einer «Blanko- und Generalvollmacht» (HERBERT KRÜGER) zum gutfindenden Handeln ermächtigt, vornehmlich zum Reagieren auf auftretende Lagen in Gesellschaft, Staat und Staatenwelt, anscheinend *frei*, selbst zu bestimmen, *welche Aufgaben* er ergreifen und erfüllen will und *wie* er es tun will. Doch dürfte seine *Selektionspotenz* an bestimmten Stellen

---

[35] Ausdrücklich wird diese Kompetenz genannt im Entwurf des Bundesrates für ein totalrevidiertes Bundesverwaltungsorganisationsgesetz vom 12. Februar 1975 (Art. 3 und 7 [BBl 1975 I, S. 1453 ff., insbes. S. 1543 f.]), ferner in Art. 68 der Verfassung des Kantons Jura vom 20. März 1977 sowie in Art. 75 des Entwurfs für eine Verfassung des Kantons Glarus. Im gleichen Sinne richtet der Entwurf der Expertenkommission für eine totalrevidierte Bundesverfassung eine Zuständigkeit als Auftrag auf. Dabei wird nicht übersehen, daß es schwierig ist, Umfang und Inhalt der Informationspflicht normativ zu fassen.

[36] Die Schweiz hat geringere Mühe als ein parlamentarisches Regierungssystem, auseinanderzuhalten, wo zulässige behördliche Information stattfindet und wo das aktivierte Kraftfeld von Wahlen beginnt, die den Behörden Betätigungen untersagen. Zur Deutung der Restriktionen, die das Bundesverfassungsgericht einer deutschen Regierung nun auferlegt: BVerfGE, in: (Deutsche) Juristenzeitung 32/1977, S. 390 ff., mit Besprechungen von PETER HÄBERLE, ebenda, S. 361 ff., und RÜDIGER ZUCK, Zeitschrift für Rechtspolitik 10, 1977, S. 144 ff.

eingebunden sein. So muß er seine Selbständigkeit nach außen behaupten, sonst hört er über kurz oder lang auf, Staat mit auswärtiger Souveränität zu sein, wobei dieses «Behaupten» als ein Sich-Durchsetzen mit den *in concreto* geeigneten Mitteln anzusprechen ist. Und mit gleicher Unausweichlichkeit muß er für die Wahrung des inneren Friedens besorgt sein, hier bei Gefahr, sonst der inneren Souveränität verlustig zu gehen. Es gibt offenbar Aufgabenbereiche, die dem souveränen Staat gerade zufolge seiner Souveränität nicht zur freien Disposition stehen. Sie sind ihm wesensgemäß mitgegeben, die Erfüllung unabdingbar aufgegeben. Man mag solche Aufgabenbereiche als «primär» bezeichnen, wie es der Titel dieses Aufsatzes tut. Der Staat kann sich weder existentiell noch bestimmungsgemäß ihrer entschlagen, hat sich ihrer zuerst anzunehmen, muß durch alle andern Aufgaben hindurch sich ihnen immer zugewendet halten, wird sich bei Lähmungen, Leistungsverlusten, Unfähigkeiten aller Arten immer noch um sie bemühen, ist also letztlich in Sein oder Nichtsein daran gebunden, daß er diese Obliegenheit des inneren Friedens zu erfüllen vermag. Daß er dann, wenn er werterfüllter Staat sein will, unverweilt auch auf den *gerechten* Frieden alle seine Sorge werfen muß, ist uns klar. Und für einen Kleinstaat, der endgültig nichts als Recht und Freiheit für seine rechtfertigenden Grundwerte auszugeben vermag, fließt der inhaltsgestaltende Gerechtigkeitsbezug überhaupt in den Begriff des «inneren Friedens» ein. Demgemäß dürfte man auch festhalten: Primäraufgabe ist nicht der innere Friede als gewaltfreier Zustand, sondern ist die dauernde Herstellung des *gerechten* inneren Friedens, wofür die Mittel nicht irrelevant-neutral, vielmehr ihrerseits durch den Gerechtigkeitsbezug gekennzeichnet sind.

Inmitten der unkritisch-unreflektierten Aufgabenhäufung des heutigen Staats, der das Fingerspitzengefühl und die Behutsamkeit der Aufgabenübernahmen in einer Vergröberung, in Simplifikationen oder in Überheblichkeiten gelegentlich verliert und wachsenden Maßes in Fehlleistungen hineinzugeraten droht, ist es nicht unnütz, sich gelegentlich auf Primäraufgaben zu besinnen [37]. Wo die Bedeutung, das Gewicht und der anstrengende Aufwand der Primäraufgaben unklar werden, wird das Ganze getroffen: Demokratie, Rechtsstaat, Sozialstaat − sie basieren in ihrer Gesamtheit und in ihren Zuordnungen auf dem Ausgangswerte, daß die Primäraufgabe des inneren Friedens begriffen und verwirklicht werde.

---

[37] Der Entwurf der Expertenkommission für eine Totalrevision der Bundesverfassung stellt Staatsziele, die sich auch als Staatsaufgaben kennzeichnen lassen, voran und nennt als erstes die Sorge des Staats (aller Gemeinwesen), für das friedliche Zusammenleben der Menschen in einer gerechten Ordnung besorgt zu sein.

Zusammen- und Gegenspiel repräsentativer und plebiszitärer Komponenten im schweizerischen Regierungssystem

Ein gewiegter ausländischer Kenner der schweizerischen politischen Verhältnisse, KLAUS SCHUMANN, schliesst seine Untersuchung über das Regierungssystem der Schweiz mit der Feststellung:

«Der schweizerische Kleinstaat kann es sich noch erlauben, die mit seinem Regierungssystem verbundenen Schwierigkeiten und Friktionen bis zu einem gewissen Grade hinzunehmen und er kann versuchen, auch in Zukunft mit dem fertig zu werden, was für die übrige Welt als ein historischer Sonderfall angesehen werden muß. Damit erhöht sich die Wahrscheinlichkeit, daß der Durchschnittsschweizer auf seine ‹Demokratie zu Demonstrationszwecken› weiterhin stolz sein wird und weiterhin der eigenen Legende leben wird.»[1]

Der ebenso kritische wie wohlwollende Autor läßt deutlich genug erkennen, daß er Zweifel hegt, ob das System tragfähig bleibt und die innovatorischen Kräfte lebendig macht, die nötig sind, damit sich die Schweiz in der Umwelt und im Gedränge wachsender Staatsaufgaben zu behaupten vermag. Den Zweifel setzt er, wie viele ausländische Beobachter, offensichtlich in die plebiszitäre Komponente.

Zeitschrift für Parlamentsfragen 8, 1977, S. 318–333. Westdeutscher Verlag, Wiesbaden 1977.

[1] KLAUS SCHUMANN, Das Regierungssystem der Schweiz, Köln / Berlin / Bonn / München 1971, S. 296, unter Verweis auf PETER BICHSEL, Des Schweizers Schweiz, Zürich 1969, S. 29, 15. Daß der Schweizer ambivalent erscheint, indem er sich und sein System einerseits als nicht nachzuahmende Sonderheit betrachtet, andererseits doch nicht als Sonderling gelten möchte und seine Demokratie für die bestmögliche Ausformung hält, für die er verdeckt oder offen missioniert, habe ich in meinem kurzen Bericht zur schweizerischen Demokratieproblematik an der Staatsrechtslehrertagung in Speyer 1970 hervorgehoben (VVDStRL 29, 1971, S. 85 ff.). Über das etwas Groteske und Ironische hinaus hat die Potenzierung demokratischer Faktoren einen ernst zu nehmenden Hintergrund: Die Schweiz erlebt die Demokratieproblematik wahrscheinlich breiter, intensiver und selbst krisenhafter als Staaten repräsentativer Ausgestaltung.

I. Das kombinierende System einer semidirekten Demokratie

Die Schweiz – im Bund, in den Kantonen und in den Gemeinden – hat die *halb-direkte Demokratie* ausgebildet. Sie verbindet auf eigenartige Weise repräsentative und plebiszitäre Komponenten[2].

«Halb-direkt» enthält einen leicht pejorativen und revisionsträchtigen Unterton. Es ist eine *Demokratie der Halbheit*, der nicht vollkommenen Qualität. Als die wahre, echte, tüchtige, zu erreichende Staatsform galt und gilt für den «Mann von der Straße», für den «statistischen Normalschweizer», aber auch für viele Behördemitglieder und einige Lehrrichtungen die direkte Demokratie[3]. Die Demokratieformel CARL SCHMITTS von der «Identität der Regierenden und Regierten» ist dem «Durchschnittsschweizer» sowohl des 19. als auch des 20. Jahrhunderts aus der Seele gesprochen. Und wenn von Demokratisierung die Rede ist oder wenn heute allenthalben die «Verwesentlichung der Demokratie» (MAX IMBODEN) gefordert wird, so herrscht großenteils Einigkeit, als könne damit, entgegen den Absichten des Urhebers des Wortes, nichts anderes gemeint sein denn eine *Ausweitung der plebiszitären Faktoren*. Ja, Demokratie dürfte sich bei dieser Sicht im Grunde nur das identitär-demokratische Gemeinwesen nennen. Selbst die Bundesverfassung folgt solchen Neigungen, wenn sie seit 1848 ausdrücklich die Republiken in repräsentative und demokratische Formen unterteilt[4]. Weltfremd und utopienverfallen ist dieser Schweizer trotzdem nicht. Auf logische Konsequenz ist er in seinem Realitätssinn nicht versessen. Die repräsentative Komponente nämlich wird zugleich wieder wie selbstverständlich hingenommen, geduldet als technische Unentbehrlichkeit, als arbeitsteilige Zweckmäßigkeit, als Aushilfe und Ersatz, an dessen schließliche Ablösung jedoch niemand glaubt. In Wirklichkeit ist sie kräftig ausgebildet. Nach ihr wird in normalen und krisenhaften Tagen gerufen,

---

[2] *Démocratie semi-directe* ist eine geläufige Kennzeichnung der schweizerischen Demokratie durch die französische Lehre. Für den Verfassungsstaat repräsentative und plebiszitäre Komponenten auseinanderzuhalten und die spezifischen Kombinationen zu verfolgen, unternimmt in dieser Begrifflichkeit am eindringlichsten ERNST FRAENKEL, Die repräsentative und die plebiszitäre Komponente im demokratischen Verfassungsstaat, Tübingen 1958.

[3] Am eindrücklichsten und geschlossensten ist wohl das imponierende Werk des Zürcher Staatsrechtslehrers Z. GIACOMETTI von solcher Grundtendenz getragen (vgl. vor allem Das Staatsrecht der schweizerischen Kantone, Zürich 1941; Schweizerisches Bundesstaatsrecht, Zürich 1949), wobei er in FRITZ FLEINER einen prägenden Vorläufer hat (z. B. in: Ausgewählte Schriften und Reden, Zürich 1941, S.120 ff., 138 ff., 163 ff., 288 ff.).

[4] Artikel 6 Absatz 2 lit. b der Bundesverfassung. Vgl. dazu KURT PEROLINI, Die Anforderungen der Bundesverfassung an die Staatsform der Kantone, Berner Diss. 1954, S.59 ff.

und sie wird inmitten des allgemeinen Autoritätsabbaus weiterhin so respektiert, daß ihre Legitimität einigermaßen intakt ist.

(1) Die *repräsentative Komponente* ist vorerst nicht anders angelegt als in parlamentarischen Demokratien überhaupt[5]: Parlament und Regierung finden sich – mit wechselndem Schwergewicht – in der kooperierenden Staatsleitung. Das Hausgut jeder Gewalt ist das traditionale, bei einem nominellen Vorrang des nebenamtlichen Parlaments als der prärogativ legitimierten Volksvertretung. Die Regierung im rigorosen horizontalen Kollegialsystem ist hochgradig stabilisiert, weil auf feste Amtsdauer ohne rechtliche oder faktische Abberufungsmöglichkeit eingesetzt. In den Kantonen geht die Regierung aus Volkswahlen hervor, wodurch hier – sofern es richtig ist, daß das Wahlorgan die Repräsentation konstituiert – eine doppelte unmittelbare Volksrepräsentation in spezifischer Konkurrenz waltet. Die beinahe extreme Durchproportionalisierung aller Staatsorgane, die unangefochtene Bildung von ursprünglich nicht auf gemeinsame Politik verbindlich festgelegte Koalitionen für Regierung und weitere Entscheidungsträger, die apriorischen Kompromißverfahren mit wechselnden Mehrheiten und ohne institutionalisierte und konstante Blockopposition kennzeichnen im weiteren das eigenartige Regierungssystem in seiner gegenwärtigen Gestalt[6]. Der habituelle Pluralismus im sozialen und politischen Gefüge fördert solche Erscheinungen, aber sie sind gleichzeitig Folgerungen aus der gelebten plebiszitären Komponente, die in die repräsentative hineingreift und Verschmelzungen eingeht. Die beiden sind in der

---

[5] Vgl. dazu GERHARD SCHMID, Das Verhältnis von Parlament und Regierung im Zusammenspiel der staatlichen Machtverteilung, Basler Diss., Basel/Stuttgart 1971, insbes. S. 182 ff., 190 ff., 241 ff.

[6] Wegleitend für die neueren Klärungen des schweizerischen Regierungssystems aus politologischer Sicht: GERHARD LEHMBRUCH, Proporzdemokratie, Politisches System und politische Kultur in der Schweiz und in Österreich, Tübingen 1967; ERICH GRUNER, Regierung und Opposition im schweizerischen Bundesstaat, Bern 1969; LEONHARD NEIDHART, Plebiszit und pluralitäre Demokratie, Eine Analyse der Funktion des schweizerischen Gesetzesreferendums, Bern 1970; DERSELBE, Reform des Bundesstaates, Analysen und Thesen, Bern 1970; KLAUS SCHUMANN (oben Anm. 1); HERBERT SCHAMBECK, Das Volksbegehren, Tübingen 1971; WERNER GEISSBERGER, Teilleitbild Staatspolitik, in: Landesplanerische Leitbilder der Schweiz, Zürich 1972; RAIMUND E. GERMANN, Politische Innovation und Verfassungsreform, Bern 1975. Zur Bedeutung und Funktion des Kollegialsystems in der Regierung zusammenfassend: Expertenbericht über die Verbesserung der Regierungstätigkeit und Verwaltungsführung des Bundesrates, Bern 1967, insbes. S. 17 ff., 105 ff.; Bericht und Gesetzesentwurf der Expertenkommission für die Totalrevision des Bundesgesetzes über die Organisation der Bundesverwaltung, Bern 1971, insbes. S. 17 ff., 88 ff. Über die Zusammenhänge des Regierungssystems mit dem Proporzwahlsystem: Bericht der Studienkommission zur Prüfung von Reformvorschlägen für die Wahl des Nationalrates und das Stimmrechtsalter, Bern 1972, insbes. S. 25 ff., 59 ff., 79 ff.

Tätigkeit nicht trennbare Momente eines zwar offenen und beweglichen, aber gleichwohl *kohärenten Systems*.

(2) Die *plebiszitäre Komponente* schließt einmal Wahlbefugnisse ein, die außer den üblichen Parlamentswahlen sich ausdehnen auf die Volkswahl der kantonalen Regierungen und der meisten Gerichte, auf die Bestellung gewisser Beamter und der meisten entscheidungsbefugten Gemeindeorgane. Das Kernstück des Plebiszitären liegt jedoch in der *unmittelbaren Mitwirkungsmöglichkeit der Aktivbürgerschaft bei Sachentscheidungen*. Als die wirksamste Form gilt das Referendum, nämlich die Endentscheidung der Stimmberechtigten über Verfassungs- und Gesetzesrecht, über wichtigere Staatsverträge und zudem – in den Kantonen und Gemeinden – über Verwaltungs- oder Regierungsakte, vor allem über Finanzentscheide. Deswegen pflegen die schweizerische Staatslehre und die politische Praxis von «*Referendumsdemokratie*» zu reden, welche Bezeichnung Z. GIACOMETTI eingeführt hat; sie vermeiden die Bezeichnung des Plebiszitären, die man lieber der normlosen, okkasionellen, manipulierbaren und akklamierenden Volksbeteiligung vorwiegend nach französischem Muster von den beiden Napoleons bis zu General de Gaulle vorbehält[7].

Mit dem Begriff der Referendumsdemokratie wird indessen miterfaßt die Institution der *Volksinitiative* (Volksbegehren), mit der eine kleine Zahl von Stimmberechtigten (einige tausend in den Kantonen, 50 000 im Bund) staatliche Entscheidungsverfahren einleiten kann. Es wird der Inhalt für Verfassungs- oder Gesetzesrecht entweder ausformuliert vorgeschlagen oder als Richtlinie (sogenannte Anregung) zuhanden der Repräsentanten verbindlich skizziert. Das Volksbegehren läuft so oder so in aller Regel in einem Volksentscheid aus: Es führt durch behördliche Verfahren hindurch zur Referendumsabstimmung, so daß die alte abkürzende Kennzeichnung der Volksinitiative durch FRITZ FLEINER nach wie vor zutrifft, sie sei ein Antrag aus dem Volk an das Volk[8], freilich mit dem erweiternden Effekt, die Repräsentanten zu veranlassen, sich zwingend damit abzugeben und Gegenstände beratend und meist gestaltend aufzugreifen, die sie von sich aus nicht oder noch nicht in Bearbeitung genommen hätten.

---

[7] Zu der in der Schweiz namentlich in der Staatsrechtswissenschaft üblichen Trennung von Referendumsdemokratie und plebiszitärer Demokratie: HANS HUBER, Das Gesetzesreferendum, Vergleichende und kritische Betrachtung, Tübingen 1969, S. 12 f., unter Hinweisen auf WERNER KÄGI. Die schweizerische Politologie bedient sich des Ausdrucks ohne wertende Differenzierung etwa im Sinne ERNST FRAENKELS (Anm. 2). So auch der vorliegende Aufsatz.

[8] FRITZ FLEINER, Schweizerisches Bundesstaatsrecht, Tübingen 1923, S. 398. – Zu den vielfältigen Ausformungen des Referendums und der Volksinitiative vgl. die in Anm. 3 zitierten Werke GIACOMETTIS (Bundesstaatsrecht, S. 444 ff., 703 ff.; Staatsrecht der Kantone, S. 228 ff., 419 ff., 448 ff., 470 ff., 525 ff., 537 ff.).

(3) Die *plebiszitären Befugnisse der Stimmberechtigten* – sie werden bezeichnenderweise «politische Rechte» oder «Volksrechte» geheißen und genießen die Stellung und weitgehend auch den Schutz von Grundrechten – sind außer den Wahlen an irgendeine behördliche Sichtung und Beteiligung gebunden. *Durch die Hände der Parlamente* gehen sie. Die Parlamente legen, von formulierten Volksinitiativen abgesehen, die referendumspflichtigen Erlasse letztinstanzlich inhaltlich fest, und an sie richten sich zunächst die Anstöße aus dem Volke. Die behördliche Beteiligung ist da am geringfügigsten, wo das Parlament einem Volksinitiativbegehren bloß eine Empfehlung auf Annahme oder Ablehnung an das Stimmvolk mitgibt, am einschneidendsten hingegen da, wo es sich weigert, ein Volksinitiativbegehren zur Volksabstimmung, zur endgültigen Entscheidung also, zu bringen[9].

Mit solchen Einschaltungen behördlicher Befunde wird ein *Steuerungsauftrag der plebiszitären Betätigungen aus einem behördlichen (das heißt repräsentativen) Überblickzentrum* heraus verfassungsrechtlich erteilt. Dessen Einwirkungsmöglichkeiten sind institutionell freilich so eingebunden, daß sich beispielsweise ein Volksbegehren in der ursprünglich vorgeschlagenen Gestalt auf jeden Fall bis zur Volksentscheidung durchschlagen kann, wenn die Initianten darauf beharren[10]. Geduldet wird die parlamentarische und

---

[9] Was möglich ist, wenn das Volksinitiativbegehren entweder die Formalien, z.B. die Unterschriftenzahl oder den bereits ins Materielle hineinreichenden Grundsatz von der «Einheit der Materie» (ein einziger Gegenstand für ein Revisionsverfahren), nicht berücksichtigt oder gegen materielle Schranken der Verfassungsrevision verstößt. Materielle Schranken sind in den Gemeinden und Kantonen häufig in Diskussion, vor allem die Frage, ob das Begehren nicht höheres Recht verletze. Im Bunde, wo allein Verfassungsrecht initiiert werden kann, werden in der Staatspraxis materielle Schranken nicht anerkannt, ausgenommen im Fall, wo etwas Unmögliches oder Undurchführbares verlangt wird (zuletzt bestätigt in der Botschaft des Bundesrates über die Volksinitiative «Demokratie im Nationalstraßenbau» vom 26. Mai 1976, BBl 1976 I, S. 1133).

Die Rechtswissenschaft hat es mehrfach unternommen, weitere Schranken zur Sicherstellung rechtsstaatlicher Grundlagen aufzuweisen, so HANS HAUG, Die Schranken der Verfassungsrevision, Zürich 1947, und dann vor allem WERNER KÄGI, z.B. in seinem grundlegenden Referat zum schweizerischen Juristentag 1956 (Rechtsfragen der Volksinitiative auf Partialrevision, ZSR 75, 1956, S. 740 a ff.). Doch die Praxis des Bundes hat ihr nicht Gefolgschaft geleistet. Überblick über die Staatspraxis bei JEAN-FRANÇOIS AUBERT, Traité de droit constitutionnel suisse, Paris / Neuchâtel 1967, S. 130 ff.

Die Befunde der Bundesversammlung über Revisionsschranken sind endgültig, diejenigen der kantonalen Parlamente hingegen richterlich überprüfbar, indem das Bundesgericht Verfassungsbeschwerden sowohl über die Verweigerung des Abstimmungsverfahrens als neuerdings auch über dessen Zulassung entgegennimmt (BGE 99 I a 728 ff.).

[10] Der explizite verfassungsrechtliche Informationsauftrag der Repräsentanten gegenüber dem Stimmbürger besteht im Bunde nur in einem «Antrag» über die Verwerfung oder Annahme des Volksbegehrens oder in der für sich selbst redenden Vorlage eines Gegenentwurfs (Artikel 121 der Bundesverfassung). Dazu kommt die stillschweigend

teilweise richterliche Kontrolle der Volksrechte für den Fall, daß sie grob gegen rechtsstaatliche Grundsätze verstießen[11]. Aber sonst dient die behördliche Beteiligung nach dem historischen Sinn der Institutionen mehr der Artikulation und der Korrektur unbeholfener oder schwerfälliger Vorkehren aus dem Volke. Die *Repräsentanten* erscheinen mithin *als Helfer ihres Volkes*, für das sie die innovierenden Anstöße in praktikable Formen bringen und in den *allgemeinen* Volkswillen überzuführen sich bemühen. Bei den höchstrangigen Entscheidungen gar, nämlich im Bundesverfassungsrecht, entfallen behördliche Interventionsmöglichkeiten beinahe vollständig. Wenn es dem stimmenden Volke gefiele und die Bundesversammlung ihre Zurückhaltung in der materiellen Schrankenkontrolle aufrechterhielte, könnte *an dieser Stelle am leichtesten der Ausbruch in Parzellen absoluter oder totalitärer Demokratie legaliter* vor sich gehen, zum Beispiel durch die Beseitigung von Verwaltungsakten, Regierungsakten und Gerichtsurteilen auf dem Wege der inhaltlich uneingeschränkten Partialrevision der Bundesverfassung.

erwartete Kommunikation des Repräsentanten mit dem «Volk», wobei unklar bleibt, was hier «Volk» bedeutet: potentielle Wähler, Interessierte, Beliebige, Ausgelesene usw. Die hinreichende Information durch die politischen Parteien ist im großen und ganzen noch knapp gewährleistet, leidet aber zunehmend an der begrenzten Leistungsfähigkeit der Parteien als organisierte intermediäre Gewalten und unter dem Kostenaufwand zeitgemäßer, das heißt: den Stimmbürger ansprechenden und zum Mit-Denken veranlassenden Propaganda. Parteifinanzierung einerseits und behördliche Öffentlichkeitsarbeit andererseits stoßen auf vielseitige Einwände. Vgl. PETER PAUL, Zur staatsrechtlichen Stellung und Funktion der politischen Parteien in der Schweiz, Basler Diss. 1974, S. 156 ff., 229 ff.
Ein großes und offenes Thema ist, wie weit Fernsehen und Radio das Informationsbedürfnis der Referendumsdemokratie, das sich nicht auf bestimmte Abstimmungsfragen begrenzt, neben der Presse, die ihre Distanz zu den politischen Parteien vergrößert, zu decken vermögen. Eine weitere Erschwerung liegt in der begrenzten «Aufnahmefähigkeit der Öffentlichkeit. ... Es lassen sich nicht zur selben Zeit mehrere grundlegend neue Fragen diskutieren» (DIETRICH SCHINDLER, Ausbau oder Abbau der Demokratie? in: Jahrbuch der Neuen Helvetischen Gesellschaft 38, 1967, S. 121).
Zur Bemühung, die Öffentlichkeitsarbeit der Behörden zu beleben und zugleich vor etatistischer Volksaufklärung zu bewahren vgl. Botschaft des Bundesrates über die Reorganisation der Bundesverwaltung vom 12. Februar 1975, BBl 1975 I, S. 1543 ff.
[11] Das Bundesgericht hat in rechtsschöpferischer Praxis Grundsätze über den Bestand und die Ausübung der Volksrechte in den Kantonen ausgebildet (vgl. die immer noch wegleitende Verarbeitung von VITO PICENONI, Die Kassation von Volkswahlen und Volksabstimmungen in Bund, Kantonen und Gemeinden, Zürcher Diss., Aarau 1945). Die Grundsätze beanspruchen auch für den Bund Geltung. Sie haben unter anderem Eingang gefunden in der neueren kantonalen Wahl- und Abstimmungsgesetzgebung und in der Botschaft des Bundesrates zu einem Bundesgesetz über die politischen Rechte vom 9. April 1975, BBl 1975 I, S. 1317 ff.

(4) Zur Zeit sind Tendenzen zu Ausweitungen oder *Gegenstandsveränderungen für die Volksrechte* sichtbar. Es betrifft vornehmlich den Bund, während in den Gemeinden und in etlichen Kantonen bereits breitere Befugnisse bestehen, die freilich wenig erkannt und wenig institutionsgemäß genutzt werden. Die Tendenzen fließen unter anderem über Strömungen ein, die den plebiszitären Faktoren auch generell-konkrete oder individuell-konkrete Akte erschließen und den Zugriff namentlich auf Verwaltungs- und Regierungsakte unternehmen möchten. Die Abnahme des Verständnisses für das Allgemeine und für dessen Höherschätzung gegenüber dem Besonderen, aber auch die wachsende objektive Erschwerung, in abstrakten Festlegungen Verbindlichkeiten anzulegen und zu erkennen, um daraus methodisch konkrete Entscheidungsinhalte zu gewinnen, fördern die *Ausdehnung des Plebiszitären auf Gebiete der konkreten Ordnungsgestaltung.* Hier, so ist der Eindruck, geschehe das Eigentliche, fielen die relevanten Entscheide. Statt wie bisher vorwiegend nur zum Rechtssatz wird der plebiszitäre Zutritt zur Konzession, zur verwaltungsrechtlichen Genehmigung, zur wirtschaftspolitischen Maßnahme, zum Bauprojekt, zum Straßenplan, zur Unterrichtsgestaltung gesucht. Es ist gar nicht so sehr das «Grundlegende», «Prinzipielle», «Großdimensionierte», die heutzutage für Volksrechte attraktiv wirken, vielmehr das Hautnahe, unmittelbar Sichtbare, gerade Gegenwärtige und Vollzugsbereite [12]. Damit will man nicht etwa das «Grundlegende», aus dem plebiszitären Kompetenzbereich entlassen, vielmehr eine Vervollständigung im Sinne einer weiteren Annäherung an die identitäre Demokratie anbahnen.

Der Hang zur identitären Demokratie [13] ist namentlich in der *Volksinitiative* angelegt. Sie *blüht bei geeignetem politisch-sozialem Klima auf,* so in den letzten paar Jahren, als die sich überschlagende Entwicklung von Staat und Gesellschaft die rationale Orientierungsfähigkeit der Behörden schwächte und die mehr emotional fundierte Orientierungssicherheit des Volkes bedrängte. Ausdruck davon ist eine ungewöhnlich hohe Zahl von Volksinitiativen im Bunde [14], aber auch die Nachahmung von formfreien

---

[12] Das heutige Vortasten zum konkreten Entscheid ist in der Gemeindedemokratie vorgezeichnet. Deswegen bringt die «partizipative Demokratie» der Idee nach für die Schweiz keine Neuerungen (vgl. ADOLF GASSER, Staatlicher Großraum und autonome Kleinräume, Gemeindeautonomie und Partizipation, Basel 1976), sondern eine Fortführung in den kantonalen und Bundesbereich. Dabei gibt es freilich den Umschlag ins Qualitative, worüber die Diskussion erst einsetzt.

[13] Klärend zur identitären Demokratie: MARTIN KRIELE, Einführung in die Staatslehre, Reinbek bei Hamburg 1975, S. 240 ff.

[14] Von zur Zeit 47 rechtshängigen Initiativen zur Änderung der Bundesverfassung stammt rund die Hälfte aus dem Volke, die andere aus der Mitte des Parlaments. Vgl. dazu HANS-URS WILI, ZSR 94, 1975, S. 603 ff. Darüber hinaus sind 23 Volksbegehren angekündigt und größtenteils bei der Unterschriftensammlung. Trotzdem kann man nicht von einer

Bürgerinitiativen, wie sie in der Bundesrepublik Deutschland aufgetreten sind und in der Schweiz rechtlich noch Fremdkörper bilden[15]. Volksbegehren können zur Zeit die für die rationelle Aufgabenbewältigung des Staates notwendige planvolle Tätigkeit der Behörden in der Tat stören; denn unter dem Druck der öffentlichen Meinung und von normativen Fristsetzungen erheischen sie oft vorrangige Behandlungen. Namentlich bremsen sie geordnete *Rechtssetzungsprogramme gemäß sachlichen Prioritätenordnungen*, die im Kleinstaat mit Erfolgsaussicht aufgezogen werden könnten, da dieser weit weniger als andere Staaten auf exogene «Lagen reagieren» (HERBERT KRÜGER) muß und zudem den stabilisierten Behörden, die nicht durch die dauernde Obsorge um die Machtbehauptung wie im parlamentarischen System absorbiert werden, eine konsequente und kontinuierliche Arbeit ermöglicht[16].

Flut sprechen, die nicht zu bewältigen wäre und die Institution sprengte. Einerseits ist die hohe Zahl Ausdruck eines bedenkenswerten Innovationsbedürfnisses und -defizits, andererseits der gerühmten Tatsache, daß Mißstimmungen und Änderungswünsche aus der Mitte des Volkes in geordnete Verfahren gebracht werden sollen. Die große Zahl abzutragen, wird eine umfangreichere gesetzliche Verfahrensregelung in bezug auf die Behandlungsfristen erfordern. Kritisch ist im Bund die Heterogenität der Begehren, unter denen minder Wichtiges mit Bedeutsamem sich findet (Förderung der Fuß- und Wanderwege, 12 autofreie Sonntage pro Jahr, Beibehaltung der Kavallerie, Schwangerschaftsunterbrechung, Teuerungsbekämpfung, Überfremdungs- und Ausländerfragen, Ausbau von Grundrechten), wodurch der Sinn für die Verfassungsproportionen Schaden nehmen kann.

[15] In der Schweiz werden sie rechtlich dem Petitionsrecht zugeschrieben, doch sind sie namentlich in ihrer Massenerscheinung damit unzulänglich erfaßt, insbesondere in ihren häufigen Anliegen, direkt die Verwaltung anzusprechen. Vgl. WALTER SCHMIDT und RICHARD BARTLSPERGER, Organisierte Einwirkungen auf die Verwaltung, VVDStRL 33, 1975, S. 183 ff. und 221 ff. Für die Schweiz wird die «Volksmotion» erwogen, die Volksgruppierungen und Gemeinden, eventuell auch Parteien und Verbänden erlaubte, sich mit Anträgen an die Parlamente zu wenden und diese verhielten, die Anbringen materiell zu behandeln.

[16] Ansätze für eine Parlamentsarbeit nach wertbestimmten Prioritäten finden sich im Bund und in einigen Kantonen in den sogenannten Regierungsprogrammen, die am Anfang einer Legislaturperiode für eine vierjährige Dauer durch die Regierung aufgestellt und vom Parlament zur Kenntnis genommen werden, worauf am Schluß der Planperiode ein Rechenschaftsbericht erstattet wird. Für den Bund vgl. z. B. Bericht des Bundesrates über die Richtlinien der Regierungspolitik in der Legislaturperiode 1971–1975 vom 13. März 1972 und der entsprechende Bericht über den Vollzug der Richtlinien vom 23. April 1975 (BBl 1972 I, S. 1025 ff. und 1975 I, S. 1641 ff.). Die momentan gültige Planung für Amtsperiode 1975–1979 in BBl 1976 I, S. 442 ff. Zur Entwicklungsbedürftigkeit des schweizerischen Regierungsprogrammes, namentlich auch zur Frage der Änderbarkeit der Verbindlicherklärung durch bindenden Parlamentsbeschluß vgl. WALTER E. PFISTER, Regierungsprogramm und Richtlinien der Politik, Basler Diss., Bern / Frankfurt a. M. 1974, insbes. S. 335 f. Kantone und Gemeinden gehen dazu über, mittelfristige Zielvorstellungen aufzustellen und ihre Tätigkeit

(5) Das Bild von einer forschen und in der ganzen staatlichen Aufgaben-
breite agilen Volksaktivität wäre freilich wirklichkeitsfremd. Das erweist
sich vor allem beim *effektiven Referendum*. Die Stimmbürger in ihrer
aktivierbaren Gesamtheit sind, anders als die initiierenden Gruppen, alles
in allem von grundsätzlich abweisender Gesinnung. Sie sind eher bereit,
Vorlagen zu verwerfen, als anzunehmen, vor allem wenn keine subjektiven
Begünstigungen ablesbar sind und wenn zudem glaubhaft gemacht wird,
die staatliche Kompetenz- und Machtfülle werde ausgeweitet. Deswegen
können sich Referendumskampagnen in verschiedensten Materien propa-
gandistisch unter erstaunlich nah verwandten Parolen abspielen. Das
Referendum in seinem negativen, vetohaften Grundzug bremst vorwiegend die ausgreifende Rechtssetzung im Wirtschafts- und Finanzbereich,
ruft aber auch Rückstände in der Justizgesetzgebung, im Polizeirecht, im
Organisationsrecht usw. hervor, die Revisionsverzögerungen von Jahrzehnten aufweisen können.

Hervorstechender als die Auswirkungen der effektiv durchgeführten Volksabstimmungen sind die Vorauswirkungen des *potentiellen Referendums*,
wobei die Risiken der Ablehnung allerdings meist hoch und zu hoch
eingeschätzt werden. Die ausgefeilten präparativen Vorverfahren und die
parlamentarischen Hauptverfahren für alle jene Staatsakte, die in ein
Referendum einmünden könnten[17], stehen, ungeachtet ihrer Herkunft und
politischen Vaterschaft, unter einem ersten *vorherrschenden Gebot: Das
Referendum muß vermieden werden. Erst als zweites Gebot folgt: Das Referendum muß gewonnen werden.* Um das Referendum ballt sich die hohe und
niedere politische Taktik. Im Wechselspiel von Referendumsdrohungen
und Kompromißaufweisen wird *die abgesicherte Entscheidung aufgebaut.* Sie
genügt den politischen Wertmaßstäben, wenn sie die Referendumstauglichkeit durch Vermeidung des Urnengangs oder die Durchsetzung in der
Abstimmung belegt[18].

(6) Das *Referendum ist kein Schiedsgerichtsverfahren.* Es wird nicht in
distanzierter Unabhängigkeit leidenschaftslos nach einem (vorbestehen-
den) empirischen Volkswillen gefragt. Wer das fakultative Referendum

---

danach auszurichten, unter Einrechnung, daß es sich um rollende Planung handeln muß.
So z. B. der Kanton Basel-Stadt mit einer zweistufig konkretisierenden Zielgebung 1975
und 1976.

[17] Vgl. Jacques-Michel Grossen, L'organisation des travaux préliminaires de législa-
tion, und Walter Buser, Die Organisation der Rechtsetzung, beide ZSR («Probleme
der Rechtsetzung») 93, 1974, S. 349 ff. und 377 ff.

[18] Zur Durchführung und Bedeutung der durch die plebiszitäre Komponente auferlegten
Entscheidfindungsverfahren vgl. jetzt Leonhard Neidhart, Repräsentationsformen
in der direkten Demokratie, in: Festschrift für Erich Gruner, Bern 1975, S. 299 ff., insbes.
S. 314 ff.

auslöst, will die Vorlage angreifend zu Fall bringen. Das hat im Verhältnis zwischen Parlament und Regierung zunächst eine zusammenschweißende Wirkung. Beide bringen die referendumspflichtige Vorlage in gemeinsamem Bemühen zustande. Sehen sie sich später in ihrem Werke angegriffen, kann in der Referendumskampagne eine Art von Solidarität beider Gewalten zum Tragen kommen, wobei häufig dem Regierungsmitglied, das die Ausarbeitung geleitet hat, die Vorlage zugerechnet, Erfolg und Mißerfolg vorwiegend an seine Person und nicht etwa an die Fraktionen und Parteien geheftet werden. Die Solidarität bleibt freilich brüchig. Parlamentarier, Fraktionen und Parteien können ihre Opposition aufrechterhalten und in der Volksabstimmung Wortführer der Ablehnung werden. Das Referendum erscheint dann als Appell von unbeugsamen Parlamentsminderheiten gegen die Parlamentsmehrheit. Aber in Wirklichkeit sind die Parlamentarier und die Parteien wenig mehr als Auslösungsquellen. Eine Abstimmungskampagne darüber hinaus auch durchzutragen, erfordert die Bereitstellung von so viel personellen, finanziellen und sächlichen Mitteln, daß viel breitere und leistungsfähigere Ressourcen mobilzumachen sind, als daß man nur eine Minderheitsaktion aus dem Parlament an das Volk annehmen könnte.

Ablehnende Volksentscheide sind objektiv *lästig*. Sie machen monate-, ja jahrelange Bemühungen in Arbeitsräumen und Ratssälen schlags zunichte und hinterlassen keine faßbaren Aussagen über die behebbaren Mängel der Vorlage. Sie legen nackt an den Tag, daß der im ausgiebigen Verfahren der Volksabstimmung ausgereifte empirische Volkswille mit der Vorlage nicht erfaßt und getroffen worden ist. Die Repräsentanten brachten offensichtlich ihren urtümlichen Auftrag nicht zustande, zunächst einen hypothetischen Volkswillen in Umrissen zu entwerfen und ihn alsdann in einem komplizierten Annäherungsprozeß mit dem empirischen, der seinerseits erst geprägt werden mußte, in Übereinstimmung zu setzen. Und überdies hat die Kompromißermittlung im begleitenden Lichte der Suche nach einem artikulierbaren Gemeinwohl fehlgeschlagen. Die Referendumsdrohungen wurden nicht zulänglich einkalkuliert, indem man sie entweder über- oder unterbewertete. Denn das ist immer wieder deutlich zu machen: *Der hypothetische und der empirische Volkswille sind Variablen*, die sich in einem gegenseitigen Reifevorgang beeinflussen, und der Maßstab, der für den Wertungsvorgang entscheiden sollte, *das Gemeinwohl* nämlich, ist seinerseits noch nicht fixiert, so daß drei veränderbare Größen sich miteinander auseinandersetzen. Letztlich aber obsiegt – das ist die *ratio* und auch Gewaltsamkeit des Referendums – der empirische Volkswille, aber nicht als vorgegebene Größe, sondern in dem fast zufälligen Stadium, bis zu dem er am Abstimmungstag sich entwickelt hat. Beinahe jede Volksabstimmung erscheint irgendwie *verfrüht oder verspätet:* Ob der

Meinungsbildungsvorgang bis zum möglichen Optimum gediehen und der Maßstab des Gemeinwohls *in concreto* geeicht worden ist, weiß man nicht oder kann umstritten bleiben.

Das 19. Jahrhundert hat im allgemeinen negative Volksentscheide weniger als Verdikte denn als *Auftrag zu neuem Versuche* verstanden, vielleicht unter anderem deswegen, weil dem empirischen Volkswillen nicht die unbedingte Dominanz und Höherrangigkeit gegenüber dem repräsentierten zugeschrieben worden ist. Das 20. Jahrhundert ist in dieser Beziehung härter und monistischer. Dabei spielen die Massenmedien mit ihren spezifischen Mitteilungstechniken eine gewisse Rolle. Bei den buchstäblich Minuten nach der Ermittlung der Abstimmungsergebnisse vorzunehmenden Auswertungen werden Abweichungen von Repräsentanten und Stimmvolk gerne zu Gräben und Schluchten vertieft, zu Malaise und Entfremdung gestempelt. Die anhaftende Deutung des Volksentscheids geschieht häufig in Distanzlosigkeit und damit Verengung, was schiefe Urteile und unausgereifte Konsequenzen für das weitere Vorgehen (Verzicht oder Neuanfang oder Retouchen) auslösen *kann*.

Obwohl negative Volksentscheide die Exponenten der Vorlage nicht von der politischen Bühne wegfegen, hinterlassen sie jedenfalls in aller Regel für einige Zeit Mißstimmung, Ungewißheit und Stillstand. Wer jedoch den affirmativen Volksentscheid für das Handeln im Staatsinteresse braucht – die Regierung oder das Parlament –, wird sich verständlicherweise im voraus möglichst aller Mitspieler vergewissern und ausreichende Reserven sicherstellen, um den realen Volksentscheid zu seinen Gunsten zu wenden. Gleichwohl bleibt das Stimmvolk die aktuelle oder virtuelle Letztinstanz, die von allen Beteiligten die unberechenbarste und irgendwie auch die gefürchtetste Potenz darstellt. «Politik als Beruf» in der Referendumsdemokratie erheischt deswegen nicht nur die Kunst der Konsensfindung in erprobten Kompromißverfahren zu beherrschen, sondern auch ein politisch-psychisches Durchstehvermögen einzuüben, das Geduld mit Angriffigkeit paart und die Bereitschaft herstellt, Volksentscheide irgendwie als Urteile einer gegenwärtigen oder überdauernden Vernunft klaglos entgegenzunehmen. Wer als Politiker der Referendumsdemokratie mit Volksentscheiden beharrlich hadert, findet den Zugang zur Wirksamkeit letztlich nicht. Aus der Bejahung der so oder anders gefällten Volksentscheidung heraus gelingen am ehesten die Versuche zu neuen Vorlagen.

II. Unwiderruflichkeit der Volksrechte

(1) Kritik an den Volksrechten lebt in der Schweiz immer wieder auf. Heute sind es vorwiegend drei Richtungen.

Die eine hebt die Erschwerungen und Gefährdungen der Entscheidungs-prozesse hervor. Eine überbordende Nutzung der Initiativ- und Referendumsrechte, die den von ERNST FRAENKEL aufgewiesenen Keim der Selbstzerstörung in sich bergen, könne Maßlosigkeiten auch im Inhalt der Staatsakte hervorrufen. Das der Gemeinschaft Zuträgliche könnte über- oder unterschritten werden. Das Volksrecht gefährdet bei dieser Sicht die nicht nur formelle, sondern auch notwendigerweise materielle Selbstdisziplinierung des demokratischen Gemeinwesens. Eine andere Richtung der Kritik legt den Finger auf den konservativ-verneinenden Zug des Referendums, unter dem die innovatorischen Potentialitäten ersticken könnten. Nicht in der stimmenden Mehrheit, bestenfalls in den geistig regen Initiativgruppierungen werden die voranführenden Kräfte erwartet. Hier liegt dann der Verzicht auf das Referendum unter Beibehaltung der Initiative nahe. Eine dritte Richtung stößt sich an der Handhabung und an den Auswirkungen des Referendums, das manipulierbar, zufällig und flitterhaft wirken könne[19].

Was auch immer als «Abhilfe» erwogen wird, sofern die Kritik überhaupt zu dieser schließlich allein relevanten Frage vorstößt, so bricht sie sich recht früh an *unübersteigbaren Schranken*. Soziologisch-politische Nachweise über die tatsächlichen Wirkungen und Nebenwirkungen der politischen Rechte, wissenschaftliche Darlegungen über die Vorzüge referendumsunabhängiger Repräsentationen, Hinweise auf wirkliche oder vermeintliche Zwangslagen der Behörden, sich durch außerordentliche und rechtlich oft fragwürdige Verfahren an den Volksrechten vorbei Handlungsfreiheiten zu verschaffen und damit das System der Volksbeteiligungen tatsächlich zu schmälern, Offensichtlichkeit der geringen Stimmbeteiligung bei Sachabstimmungen mit der Gefahr, daß kleinere Minoritäten den als Mehrheitsentscheid etikettierten Volksentscheid herbeiführen[20], werden nur am Rande zur Kenntnis genommen und bald beiseitegeschoben. Die Einen-

---

[19] Durch die Normierung der Referendumsvoraussetzungen können verzerrende Zufälligkeiten entstehen. Der Bürger könnte über die Linienführung der Nationalstraßen oder über einschneidende Niederlassungsverträge nicht befinden, wohl aber über die Erhöhung des Einfuhrzolls auf Sauerkraut von 5 auf 45 Franken pro 100 kg (vgl. BBl 1976 II, S. 1081 ff. und 1133 ff.). Ferner stößt der Ausschluß des Bürgers vom Stadium der materiellen Konsensfindung auf wachsenden Widerspruch. Schließlich erregt die simple Ja-Nein-Entscheidung zunehmend Bedenken, obschon eingängige Lösungen noch nicht gefunden sind. Vgl. einen neuesten Versuch von WALTER ADOLF JÖHR, Das Abstimmungsproblem bei Initiativen, St. Gallen 1975. Selbst das hergebrachte «simple» Fragen ist mitunter schwer genug, vor allem weil es unter dem Gebot der Verständlichkeit «für jedermann» steht. Vgl. HANS HUBER, Die Formulierung der Abstimmungsfragen bei Eventualabstimmungen gemäß Art. 30 Abs. 2 der Zürcher Kantonsverfassung, Schweizerisches Zentralblatt für Staats- und Gemeindeverwaltung 77, 1976, S. 177 ff.

gung der plebiszitären Mitwirkungen, seien sie nur scheinbar, seien sie tatsächlich, wird nicht hingenommen. Die Ablehnung wäre jeder kürzenden Verfassungsrevision sicher. Man hat demgemäß eine *beinahe absolute Irreversibilität* zu beachten.

(2) Die Schweiz muß *mit den eingeführten Volksrechten leben*, ob zur «eigenen Legendenbildung» oder nicht, ob zum gemeinen Wohl oder nicht, ob zum Stolz oder zum Verruf. Man mag darin die Unfähigkeit eines starrköpfigen Volkes zur Wirklichkeitssicht und eine Untauglichkeit der führenden Schichten zur Herbeiführung von Anpassungen erblicken. Doch gründet die Situation in historischen und politischen Tiefen: Was einem politisch Berechtigten einmal zugesprochen ist, gibt er nicht kampflos preis, sofern einigermaßen ehrlich gespielt wird. Und wer wollte aufstehen, um dem Volke die heutigen Befugnisse streitig zu machen? Wer wäre imstande, mit den erwähnten «wissenschaftlichen» Argumenten, oder auch anderen, das Volk dazu zu bringen, aus seinem Besitzstand Ausstreichungen vorzunehmen? Und in welchem Verfahren wenn nicht durch Staatsstreich? Es ist offensichtlich: Nur ein gänzliches Versagen der Staatsform, und zwar wenn augenfällig schon passiert, könnte einschneidende Verzichte, z. B. auf die Referendumsrechte, herbeiführen.

Zudem – und das ist gewichtig – widerstehen der empirischen Kritik *die ideellen Aspekte direkter Volksbeteiligungen* in unverminderter Stärke, ja, gegenüber dem letzten Jahrhundert eigentlich erhöht, weil sich die Befürchtungen, die bei der Einführung der Volksrechte namentlich im Bunde bestanden haben, mittlerweile nicht bestätigt haben. Zwar wird nicht übersehen: Die *plebiszitäre Komponente funktioniert in sich selbst nur mit erheblichen Mängeln und fordert ununterbrochen den Kompromiß.* Und dieser kann schief liegen, die Weite verbauen, den Schwung politischer Neugestaltung brechen, eindeutige Lösungen verwässern, Verantwortlichkeiten verwischen und den händlerischen Konsens zum Verfahrensprinzip überhaupt erheben. Aber er kann auch tauglich sein. In beiden Fällen mündet die einseitig-imperative Staatlichkeit in eine partielle *Verhandlungsdemo-*

---

[20] Das Problem der geringen – und anscheinend weiterhin sinkenden – Stimmbeteiligung findet unterschiedliche Beurteilung. Nach einer verbreiteten Auffassung gibt sie den Staatsentscheid einer zufälligen Minorität in die Hand und löst die plebiszitäre Komponente schließlich auf. Nach andern Auffassungen gehört es zur Freiheit des Stimmberechtigten, an einem konkreten Urnengang auch nicht teilzunehmen. Ob darin eine desintegrierende Verweigerung oder eine legitimierende Generalakzeption der aktiven Mitbürgermeinung liegt, ist umstritten, aber auch nicht alternativ zu beurteilen. Vgl. auch URS ENGLER, Stimmbeteiligung und Demokratie, Basler Diss., Bern / Frankfurt a. M. 1973, insbes. S. 203 ff.; DUSAN SIDJANSKI / HENRY KERR / JACQUES NICOLA, Enquête sur le comportement politique en Suisse, Genève 1974.

kratie aus [21]. Deren Kompromiß hat die Chance, den unerläßlichen Konsens zu tragen [22].

(3) *Mangelhafte Sachentscheide, schädliche «Null-Entscheide» liegen freilich im Bereich des Möglichen.* Die staatliche Ordnung könnte qualitativ gesamthaft absinken und das Leistungsniveau anderer Staatsformen unterschreiten. Allein, der *Eintauschwert für das konsensual Plebiszitäre ist auf jeden Fall erheblich: Es ist die gefestigte Legitimation* staatlicher Entscheidungen und die Erleichterung der *Integration.* Die legitimierende Akzeptation ist tatsächlich im großen und ganzen gesichert, die Bereitschaft, sich dem Staatsakt zu unterziehen, erhöht, das «garantierte Recht» (REINHOLD ZIPPELIUS) verläßlicher begründet. Der sozialpsychologische Entlastungseffekt im politischen Leben durch die Begegnung plebiszitärer mit repräsentativen Elementen [23] kommt zustande. Vor allem aber wird der *Mensch* unvoreingenommen in seiner Würde und Mündigkeit *respektiert* und ihm der Zutritt zur *realen Teilhabe am Staatsentscheid,* der über die zweckrationale Dezision hinauswächst, offen gehalten. Das Partizipieren hat die Möglichkeit der Realität.

Daß derartige Ergebnisse mit Hilfe von Volksinitiativen und Referenden –

---

[21] Der Verhandlungsdemokratie wird nicht nur in der Schwäche der Meinungslosen oder in der Sammlung der Ohmächtigen der Boden bereitet. Weit mehr ruht sie darin, daß man *in politicis* von den starren Selbstüberzeugungen und Rechthabereien abkommen dürfte (die «reife politische Nation») und daß man dem Frieden und der Befriedung höheren Wert zumißt als der Durchsetzung des eigenen Standpunktes, den man in seiner Partikularität selbst der Standort-, Ziel- und Mittelkritik unterwirft (die «befriedete Nation»).

[22] *Jedes* integrierte, nicht durch die Diktatur der Mehrheit oder einer Minderheit bestimmte Staatswesen bedarf des realen Konsenses als einer weitreichenden aktiven oder passiven Übereinstimmung. Vgl. ULRICH SCHEUNER, Konsens und Pluralismus als verfassungsrechtliches Problem, in: Rechtsgeltung und Konsens, Berlin 1976, S. 33 ff. Jeder tiefere Konflikt muß schließlich in einen Konsens überführt werden. Die Methoden sind verschieden. Bei einer *Konsensfindung* kann die Begegnung oder Auseinandersetzung *agonal oder kooperativ-koordinativ* sein. Das Schöpferische braucht darin nicht zu fehlen. Im ersten Falle herrscht der Glaube an die *schöpferische Kraft der Konkurrenz* vor, wobei Meinungs- und Entscheidungsträger identisch sind oder vor einem unbeteiligten Dritten sich auseinandersetzen, bis der Abbruch des Meinungsbildungsprozesses beschlossen wird. Dieser Weg bietet sich namentlich bei ideologisch getragenen Entscheidungen an, aber auch in institutionalisierten Kollegialorganen oder bei einfachsten Fragestellungen mit zwei Alternativen. Im zweiten Fall glaubt man an die *schöpferische Kraft des gemeinsamen Suchens,* zum Beispiel bei hochkomplexen Sachfragen oder wenn beim agonalen Vorgang die majorisierte Minderheit nicht bereit wäre, sich zu unterziehen, oder wenn sachbezogene Mehrheiten nicht zu finden wären und das Vorhaben an der Kumulation der Negationen scheitern müßte.

[23] Dieser Entlastungseffekt gibt sich in der Versammlungsdemokratie am deutlichsten kund, ist aber bei jeder institutionalisierten Teilnahmeform zu erwarten. Vgl. WERNER STAUFFACHER, Die Versammlungsdemokratie im Kanton Glarus, Zürcher Diss., Glarus 1962, insbes. S. 22 ff., 264 ff., 286 ff.

als Möglichkeit und als vollzogene Institutionen – bedingungslos gesichert wären, ist damit freilich nicht behauptet. Es ist beispielsweise ungewiß, ob die *tatsächlich stimmende Mehrheit* die übrige Bevölkerung schon hinreichend so zu motivieren vermag, daß Staatsakte hingenommen würden, welche etwa die Daseinsvorsorgen und wesentliche soziale Sicherheitsgarantien des Staates verringerten. Möglicherweise entständen hier Widersetzungen «aus dem Volk gegen das Volk», zum Beispiel aus sich zusammenfindenden pluralen Gruppen gegen die regelmäßig zur Urne tretenden Schichten oder gegen die Behörden, in denen man die verengte Repräsentation gerade dieser Schichten sähe. Sichernde oder begünstigende Leistungen des Gemeinwesens sind in eine den Volksrechten vergleichbare Irreversibilität gestellt; Unverrückbares träte gegen Unverrückbares an. Ob plebiszitäre Demokratieanliegen oder administrative Leistungsgarantien dann obsiegten, steht dahin. Doch solche Konfrontationen sind bisher im Bunde nicht aktuell geworden, wohl aber in Gemeinden und Kantonen, wo z. B. die Volksrechte ausschaltende Ermächtigungen im Gesundheits-, Bau- und Fürsorgewesen erteilt werden, um die Gewährleistung nicht zu gefährden.

III. Ausgleichendes und Erneuerungsfähiges

(1) Die funktionalen und politischen Erschwernisse im schweizerischen Regierungssystem, die die Initiativ- und Referendumsrechte mit sich bringen, werden in erheblichem Ausmaße *aufgefangen durch institutionalisierte und frei entstehende Ausgleichsformen.* Wille, Zufall, Duldungen, Verschleierungen, Unentdecktes bringen Polsterungen zustande, die Stöße mildern. Sie führen zudem mit einer nicht spektakulären, jedoch ununterbrochenen Findigkeit Möglichkeiten herauf, welche die Regierbarkeit des komplizierten Staatswesens recht verläßlich regelmäßig erneuern. Soziale Normen, Konventionalregeln und faktisch bindende Übungen stellen sich neben die geschriebenen Verfassungsnormen. Situationsgebundene Aushilfen konkreter Natur stützen die politischen Strategien einer aktualisierten Demokratie. Dabei geht freilich ein gutes Stück pragmatischer Opportunität mit, die sich erlaubt, von Folgerichtigkeit und Eindeutigkeit abzusehen. Wenn daraus politisch vernünftige Ergebnisse hervorgehen, gilt sie als vor der Historie gerechtfertigt. Die Lage ist wahrscheinlich weniger erstarrt und bedrängt, als sozialwissenschaftliche Durchleuchtung sie gelegentlich beschreibt, und das System ist zeitgemäßer nachgeführt, sobald man die ganze Breite sozialer und staatlicher Veränderungen in den Blick faßt [24].

[24] ROGER GIROD, Phänomen Schweiz: Sozialer Wandel, politische Beharrung, Schweizer Monatshefte 1976, S. 215 ff., zeigt die bedeutende Verarbeitungskapazität des sozialen Wandels durch die Schweiz, die im ausgleichenden Gegenbild dazu in den politischen Formen und Prozessen traditionalistisches Beharren bevorzugt.

(2) Beispiele für Ausgleichungen in den *rechtlichen Institutionen* zeigt etwa das Referendum da, wo es aufgehalten und von einem sonst vorgängigen (vor Inkrafttreten des Aktes) in ein nachträgliches gewandelt wird: Es tritt ein, wenn der Erlaß zeitlich dringlich ist. Die Anfälligkeit, vor das Forum des Stimmvolkes gezogen zu werden oder dabei auf die Ablehnung zu stoßen, sinkt. Die gleiche Aktivbürgerschaft, die im ordentlichen Recht dem Bunde die generelle Kompetenz zur Konjunkturlenkung verweigert, gesteht sie ihm bei einzelnen Vorkehren auf dem Wege von Dringlichkeitsbeschlüssen zu. Der Gesetzgeber ruft sodann das Parlament vielfach in die Befugnis, Recht unter Ausschluß des Referendums zu setzen. Aber auch Budget, Staatsrechnung, selbständige Finanzbeschlüsse, Vorsorgen für die äußere und die innere Sicherheit, föderative Koordinationen, die meisten Staatsvertragsgenehmigungen ergehen nicht als förmliche Gesetze, durchlaufen mithin das Parlament ohne Referendumsvorbehalte und lösen damit keine Referendumsdrohungen aus. Ausgedehnt ist die Kompetenz zur Regierungsverordnung. Sie deckt konkretisierendes Vollzugsrecht und reicht bis zur gesetzesvertretenden Verordnung. Sie beruht entweder auf einer unmittelbar verfassungsrechtlichen Grundlage oder auf einer vom Verfassungsrecht geduldeten Ermächtigungsklausel des Gesetzgebers. Die Verwaltung (Departemente und ihre Abteilungen) kann ebenfalls in einfachen Delegationszusammenhängen Rechtsverordnungen erlassen. In schweren Krisen – vor allem während der beiden Weltkriege – greift mit wenig Bedenken das sogenannte Vollmachtenrecht durch: Die Repräsentation in Gestalt der Bundesversammlung setzt sich eigenmächtig als eine Art verfassungsgebender Gewalt ein, erläßt eine allgemeinste Zweitverfassung mit Prioritätscharakter gegenüber dem ordentlichen Verfassungsrecht und ermächtigt die Exekutive, alles weitere Recht zu setzen und alle Maßnahmen zu treffen, welche die Lage gebietet[25]. Das ordentliche Recht wird suspendiert, soweit es diesem Notrecht zuwider ist.

Dringlichkeitsrecht, Beschlußrecht der Bundesversammlung, Verordnungsrecht der Exekutive, Notrecht als Vollmachtenrecht – sie *reduzieren die Volksrechte oder stellen sie zeitweilig oder gar dauernd still*. Doch Praxis und Lehre suchen in diesem «System der Aushilfen» zurechtzukommen und Mißbräuche in Grenzen zu halten. Das Ergebnis ist: Die *repräsentative Komponente drängt sich in bestimmten Situationen vor*, versetzt die plebiszitäre in die Nachhand und macht plausibel, daß sie allein jetzt gerade die angemessenen Entscheidungen treffen kann und soll.

---

[25] Vgl. Z. GIACOMETTI, Das Vollmachtregime der Eidgenossenschaft, Zürich 1945. Die Einführung einer Notstandsverfassung innerhalb der ordentlichen Bundesverfassung analog dem Bonner Grundgesetz wird in der Schweiz ernsthaft nicht erwogen. Vgl. Bericht der Studienkommission für strategische Fragen vom 14. November 1969, Zürich 1971, insbes. S. 75 ff.

Im übrigen ist die *plebiszitäre Komponente nicht einfach Negation und Hinderung der repräsentativen*, sondern auch komplementäres Gegenstück. Sie weckt die repräsentativen Faktoren in gewollter oder ungewollter Kommunikation zur politischen Lebendigkeit und bewahrt sie vor der stagnierenden Oligarchisierung[26]. Dank ihr wird sodann das Gesamtvolk – selbst die Bürger, die der Urne fernbleiben – periodisch mit Sachfragen in derart intensiver Weise befaßt, daß *die allgemeine politische Präsenz bei dutzendfachen Mängeln und Lücken doch immer noch einen überdurchschnittlichen Stand* zu erlangen vermag und für die Repräsentanten eine anspruchsvolle Vertretungsbasis schafft. Die plebiszitäre Komponente ist indessen nicht einfach mit den paar Volksbegehren und Volksentscheiden schon gesättigt. Die «Demokratie als Lebensform», die unter dem zündenden Einfluß des Gleichheitsgebots sich ständig ausweitet, ist Realität, gibt freie Mitspracheformen und ein Teilhaberbewußtsein, die über die institutionalisierten Formen kräftig hinausgreifen[27]. Freilich sind solche Bewußtseinsgehalte quantitativ nicht erfaßbar und entziehen sich qualitativ noch immer methodisch einwandfreien Umschreibungen. Trotzdem sind sie wirksame Größen.

(3) Dazu treten auf zwei Ebenen *Versuche zu institutionellen Veränderungen* auf, wobei diese, wie ausgeführt, darauf bedacht sind, den Bestand der Volksrechte nicht zu schmälern.

Die eine Frage richtet sich darauf, ob *andere Gegenstände als bisher* den Volksrechten zugänglich gemacht werden können. Neben konkreteren Entscheidungen, von denen oben die Rede war, geht es vorwiegend um die

[26] Verstärkt wird diese Kommunikation durch die beharrliche Ablehnung eines «Berufsparlaments» im Bunde, obwohl eine erhebliche Anzahl von Abgeordneten tatsächlich nicht wesentlich anders als ausländische hauptberuflich in politischen Funktionen tätig sind. Vgl. ALEXANDER RUCH, Das Berufsparlament, Basler Diss., Basel/Stuttgart 1976, insbes. S. 164 ff.

[27] Die Ergänzung der Demokratie als Staats- und Herrschaftsform durch «demokratisierte» und «demokratisierende» Komplementärfaktoren der Gesellschaft wird in der Schweiz als unerläßlich anerkannt. Vgl. HANS HUBER, Die schweizerische Demokratie, jetzt in: Rechtstheorie – Verfassungsrecht – Völkerrecht, Bern 1971, S. 451 ff., wie auch den von ihm verfaßten Bericht des Bundesrates über das Volksbegehren für die Einführung der Gesetzesinitiative im Bund vom 29. März 1959, Separatum, S. 9 ff.; HANS RYFFEL, Der demokratische Gedanke im politischen und im sozialen Bereich, in: Demokratie und Verwaltung, Berlin 1972, S. 191 ff. Vgl. auch HERMANN JAHRREISS, Demokratie, Selbstbewußtsein – Selbstgefährdung – Selbstschutz, in: Festschrift für Richard Thoma, Tübingen 1950, S. 71 ff.; ADOLF SCHÜLE, Demokratie als politische Form und Lebensform, in: (erste) Festgabe für Rudolf Smend, Göttingen 1952, S. 321 ff. Damit, daß WILHELM HENNIS (Demokratisierung, Zur Problematik eines Begriffs, Köln/Opladen 1970) die Begriffsverwendung außerhalb des Staatlichen als fragwürdig aufweist, hat der Autor die für die demokratische Herrschaftsordnung komplementäre Gesellschaftsgestaltung nicht übersehen oder bestritten.

politische Planung[28]. Damit verknüpft ist die häufig gemachte Anregung, das Referendum *zeitlich* vorzulegen und wo möglich über Varianten anzusetzen, sei es im Detail, sei es als Grundsatzentscheid[29]. Man möchte jedenfalls den Volksentscheid aus dem vereinfachenden Ja-Nein-Mechanismus herausführen und die Partizipation des Bürgers inhaltlich bereichern. Weniger das Rechtlich-Institutionelle verursacht hier Mühe, als vielmehr die *Einstellung des Stimmbürgers*, der sein Entscheiden neu deuten müßte: Er träfe nunmehr Vor-Entscheide, die der effektiven Revision zugänglich zu halten wären. Sein bisher letztes Wort hätte dem Änderungszwang jeder Planung zu weichen. Er könnte sich zwar erneut an Planfestsetzungen beteiligen, aber er müßte sich der Fessel seiner Endgültigkeitsüberzeugung entwinden. Ob er schließlich die Planungsvoraussetzungen mitzuvollziehen bereit wäre und ob der erforderliche Informationsstrom durch bisherige oder neue Informationsträger zu fließen vermöchte oder ob die Planung im plebiszitären Mitwirken stagnierte, sind anstehende und heute noch nicht beantwortbare Fragen.

Einfacher sind die *Reformerörterungen auf den Verfahrensebenen*. Ernsthaft diskutiert wird, ob das obligatorische Gesetzesreferendum und das obligatorische Finanzreferendum in etlichen Kantonen in fakultative Formen umgewandelt werden sollen, ob die vielgestaltigen Formen der Volksinitiative zu einem praktikableren Einheitsinstitut (Einheitsinitiative) unter Erweiterung der Initiativbefugnisse des Bundesvolks und der Intensivierung der parlamentarischen Mitgestaltung zusammengefaßt werden sollten, ob das Staatsvertragsreferendum in Bund und Kantonen ohne Schädigung der Vertragsfähigkeit auszudehnen sei, ob das dem Referendum entzogene Rechtssetzungsrecht der Parlamente preiszugeben und das Verordnungsrecht der Regierung klar anzuerkennen, zugleich aber in

---

[28] Vgl. WILHELM HILL, Möglichkeiten künftiger Gestaltung der Planung beim Bund, Bern 1975, insbes. S. 39 ff.; FRITZ W. SCHARPF, Planung als politischer Prozeß, Aufsätze zur Theorie der planenden Demokratie, Frankfurt a. M. 1973, insbes. S. 33 ff., 114 ff. Im Entwurf vom 4. Februar 1976 für eine neue Verfassung des Kantons Aargau wird eine dreistufige Entscheidung im Bereiche der politischen Planung angelegt. Das Volk kann durch Gesetz generelle Planungsbeschlüsse des Parlaments, die von staatsleitender Bedeutung sind und von der Regierung vorbereitet werden, als referendumspflichtig erklären (§ 27 lit. b). Eine Volks*initiative* für Planungsakte ist nicht vorgesehen, es sei denn, sie ließen sich in Gesetze kleiden. Eine analoge Regelung findet sich im Entwurf der jurassischen Rechtsanwälte für eine Verfassung des neu zu schaffenden Kantons Jura vom Herbst 1975 (Artikel 67 lit. e).

[29] Die Abhebung von Grundsatzentscheiden von anders gearteten Entscheidungen läßt sich in den Gemeinden am aussichtsreichsten durchführen. Vgl. LUKAS BRINER, Grundsatzentscheide (zweistufiges demokratisches Beschlußverfahren) am Beispiel der zürcherischen Gemeinde, Zürcher Diss., Zürich 1974, insbes. S. 69 f., 91 ff., 95 ff. Die Übertragung auf den Bund und die Kantone wird in den hängigen Verfahren von Verfassungstotalrevisionen erörtert, ohne daß sich bereits Lösungen abzeichneten.

faßbare Grenzen zu bannen sei, ob zugreifende richterliche Kontrollen bei der Wahrnehmung der Volksrechte zuzulassen seien.

(4) Alle Reformen melden offen oder stillschweigend das Bedürfnis an, die steuernden *Interventionsmöglichkeiten der Repräsentanten* auf dem Felde der Volksrechte zu stärken, nicht um deren Ausübung zu erschweren, sondern um sie sicherer auf den tieferen Sinn der Volksbeteiligung zu richten. Voran steht die Einrichtung des sogenannten *Behördenreferendums*, das heißt der Kompetenz des Parlaments, allenfalls selbst der Regierung, von sich aus Volksabstimmungen über Parlamentsakte, zum Beispiel Gesetze, anzuordnen oder an sich nicht referendumspflichtige Erlasse dem Referendumsbegehren der Stimmbürger zu unterstellen, zum Beispiel gewisse Verwaltungsakte oder Staatsverträge. Das Referendum ließe gezieltere und dem Zufall entziehbare Volksentscheidungen in wichtigen Sachfragen zu. Das Risiko, daß die Behörden die Institution nicht nutzten oder sie in der Deformation der eigentlichen Plebiszite verkommen ließen, wird jedoch hoch eingeschätzt, und deshalb ist das Zögern mit der Neuerung erheblich. Doch ohne das Wagnis des Vertrauens zur repräsentativen Komponente sind die Voraussetzungen, um zu eindringlicheren, differenzierteren und nach Wichtigkeit bemeßbaren Volksbeteiligungen zu kommen, schwerlich herzustellen. Die *Notwendigkeit, die repräsentativen mit den plebiszitären Komponenten enger zu verbinden, wächst.*
In den praktischen Kombinationen von repräsentativen und plebiszitären Komponenten liegt eine dauernde Problematik des schweizerischen Regierungssystems. Ein für allemal läßt sich die *Kombination nicht fixieren.* Sie ist aus sich heraus und angesichts der vielfachen mitbestimmenden Faktoren in einer ständigen Veränderungsbereitschaft, getrieben durch die wechselnden institutionellen, personellen, informellen Situationen der beteiligten Organe, durch den allgemeinen sozialen Wandel und die Art seiner Verarbeitung und schließlich jedes Mal durch die Sachthematik, die zur konkreten Entscheidung ansteht. Trotzdem behält sie *einen festen Kern.* Über diesen läßt sich allgemeingültig sagen, daß beide Komponenten einerseits einander dienlich sind, sich gegenseitig fördern und in disziplinierender Kontrolle halten. Andererseits wirken sie einander entgegen, und jede ist bestrebt, sich so groß und kräftig als nur möglich zu halten. Über eine fruchtbare Konkurrenz hinaus liegen darin lähmende oder übertreibende Entfaltungstendenzen jeder Komponente. Sinnvoll dürfte diejenige Fortbildung sein, die unter realistischer Einrechnung der Ziele, Aufgaben und Mittel dieses demokratisch-freiheitlichen Gemeinwesens im dreistufigen föderativen Aufbau die Demokratie als Auftrag versteht, in der die plebiszitäre und die repräsentative Komponente je praktikable Synthesen eingehen.

Der geforderte Staat:
Zur Problematik der Staatsaufgaben

I. Vom gegenwärtigen Stand

1. Der Staat der Gegenwart steht in der *Bereitschaft*, «alle» Aufgaben aufzunehmen. Er erreicht damit einen Gipfel der Folgerungen aus Idee und Begriff der Souveränität, die in ihrer heutzutage schillernden Situation Zuspitzungen zwar abbauen, zugleich aber mögliche Konsequenzen in einen rigorosen Ernst bringen. Die «Blanko- und Generalvollmacht zum Handeln»[1], die die Souveränität in sich birgt, veranlaßt und begründet der staatlichen Potenz die selbstbestimmte Aktivität, die vorerst grenzenlos zu sein scheint. Der souveräne Staat soll und kann handeln, wo er es für geboten erachtet. Er kann – virtuell – «alles» tun, ja, brauchte, wenn es ihm so gefällt, nicht einmal auszulesen: Darin birgt sich seine angelegte *Allzuständigkeit*. In der Staatswirklichkeit tritt diese zumindest als seine rechtliche und faktische Fähigkeit auf, selbst zu bestimmen, was er tun will und nicht tun will. Allzuständigkeit ist dann vorwiegend und formal betrachtet *Selektionsmöglichkeit* in der Situation. Sie kann sich aktualisieren als ein Reagieren auf «Lagen»[2], also auf das, was dem Gemeinwesen gleichsam von außen begegnet, z. B. gesellschaftliche Zustände und Entwicklungen, auswärtige Konstellationen. Es können aber auch spontane oder ideologische Gestaltungsantriebe oder der Einsicht verdeckte Motivationen sein, die die Handlungsbereitschaft auslösen.

Daß die unbegrenzte Selektions*möglichkeit* auch Selektions*freiheit* bedeute, ist damit freilich nicht dargetan. Der aktivierte souveräne Staat, der sich zugleich rechtfertigen will, wird gewisses tun *müssen*, anderes umgekehrt unterlassen. Faktische und geistige Notwendigkeiten zwingen ihn – gerade um seiner Souveränität willen – z. B. zur Wahrung des inneren Friedens und zur Behauptung nach außen; will er gerechter Staat sein, so hat er für die hinreichende Rechtsverwirklichung besorgt zu sein. Doch so oder anders gibt es ein weites Feld konkret-aktualisierenden Befindens, welche Aufga-

In: *«Regierbarkeit», Studien zu ihrer Problematisierung, Herausgeber:* WILHELM HENNIS, PETER GRAF KIELMANSEGG, ULRICH MATZ, *Band I, S.103–117. Verlag Klett, Stuttgart 1977.*

[1] HERBERT KRÜGER, Allgemeine Staatslehre, 2. Aufl., Stuttgart 1966, S. 759 ff.
[2] HERBERT KRÜGER (Anm. 1), S. 766 ff.

ben er aufgreifen will und welche nicht, und hier ist nochmals die Behauptung festzuhalten, daß die Gegenwart eine kaum begrenzte Bereitschaft zu «allem» Tun, das sich als universale Wahrnehmung von Sachaufgaben kennzeichnen läßt, auch im westlichen Staat an den Tag legt.

Damit ist der Weg bereitet für eine Behaftung und eine Verfestigung, die das Staatswesen qualitativ transformieren. Der prinzipiell und potentiell allzuständige Staat, der sich bis in das 20. Jahrhundert hinein tatsächlich nur Ausschnitte aus denkbaren Kollektivaufgaben herausnahm und damit erheblich limitierter Staat war, beginnt seine universale Potenz tatsächlich zu nutzen. Es wird rasch wachsend sowohl durch den Bürger und die Sozialgruppierungen als auch durch die Behörden von der Allzuständigkeit auf die *reale Allfähigkeit* geschlossen. Dem Staat wird die unbegrenzte Möglichkeit effektiver und effizienter Aufgabenbewältigung auch *zugemutet*.

2. Dazu kommen geballte Ereignisse, die in brutaler Äußerlichkeit verstärkend wirken. Die beiden Weltkriege, die Weltwirtschaftskrise und die unerwartete Entfaltungsphase nach 1949 stellten den Staat unter einen unausweichlichen *Erfolgszwang*. Die Staaten aller Lager und Formen *mußten* überleben, mußten eine Problemfülle und -komplexität bewältigen wie wohl keine organisierte Gemeinschaft je zuvor, wuchsen sodann in eine Forderungsgesellschaft mit einem gelähmten Selbstbeschränkungswillen hinein, die den Staat aus seinen ausgedehnten Anstrengungen nicht entließ, sondern gegenteils neuerdings antrieb. Und der Erfolg stellte sich in der Tat jedesmal ein: Was die staatliche Organisation, getragen von einem geistig, psychisch und physisch forcierten Menschen, in den vergangenen siebzig Jahren erfolgreich zustandegebracht hat, grenzt ans Unerhörte.

Es schleicht sich eine einfache Überlegung ein: Die *«Ver-Staatlichung»* erscheint als *unfehlbares Instrument* zur Problemlösung. Das 19. Jahrhundert hat noch an die Selbstregulations- und Problemlösungskraft einer eigenständigen Gesellschaft geglaubt. Das 20. Jahrhundert hegt nicht nur Zweifel, sondern kommt zu einem eigenartigen Dispens. Teils unter dem Einfluß von Lehren, die Staat und Gesellschaft nicht mehr unterscheiden wollen, teils unter dem gedankenarmen Treibenlassen einer bequemen Funktionsauffassung wird nämlich die Selbstregulations- und Problemlösungskapazität außer-staatlicher Handlungsgrößen partiell gar nicht mehr angestrengt: Der Anruf unterbleibt oder entbehrt der herausfordernden Ermutigung. Zwar gehen eindrückliche Leistungen von gesellschaftlichen Kräften aus, und die innovatorische Gabe, z. B. im Bereiche der Wirtschaft, kann bedeutend sein[3]. Allein, im großen und ganzen ist doch ein *Anstren-*

---

[3] Daß die gesellschaftliche Selbstregulation weiterhin wesentlicher Bestandteil westlicher Gesamtordnung ist und bleiben muß, legt eindrücklich dar: ROMAN HERZOG, Allgemeine Staatslehre, Frankfurt a. M. 1971, S. 118 ff.

gungsverzicht nicht-staatlicher Potenzen unübersehbar. Bei verschlungenen Vorurteilen und in nationalen und internationalen Imitationsprozessen, in denen Trägheiten und Passivitäten im einen Sektor andere anstecken, wird der Staat vorwiegend als zweckrationale Organisation für *komplexe, konfliktanfällige und erfolgsungewisse Aufgaben* gedeutet und eingesetzt. Sobald Risiken groß werden, *erklären* die gesellschaftlichen Größen *ihre Inkapazität*, z.B. im Gesundheitswesen, im Bildungswesen, in der Wirtschaft. Der Staatsbereich wird ausgeweitet. Daß er das Vorfindliche und Aufgetragene löse, gilt rasch als Selbstverständlichkeit, jener Dispens als gerechtfertigt und einsichtig.

3. Erfahrung und darin bestätigte Hoffnung, daß der Staat die «Lage» in jedem Falle meistere, setzen ihn einer *unbegrenzten Erwartungssituation* aus. Diese verdeutlicht sich mit dem Schwinden der geistigen und psychischen Energien und werterfüllten Ausrichtungen des Menschen. Seit die Säkularisation die kritische Schwelle überschritten hat und weil aus der Gesellschaft heraus dem Menschen nicht die Hilfen zur Lebensführung im Innern zuwachsen, deren er für die Bewältigung seiner Existenz bedarf, entwickeln sich veränderte Staatsverständnisse: Die Stütze wird jetzt vom Staat erwartet, und ihm wird die Erfüllung auferlegt in vielfältigen Zuschreibungsvorgängen, in denen emotionale, in tiefen Schichten wurzelnde Übertragungsbedürfnisse befriedigt werden möchten. Beispielsweise die persönlichen Unbeholfenheiten des bedrängten und halt-losen Menschen, dessen Perfektionsforderungen an Mitmensch und Umwelt, seine Befangenheiten im Anspruchsdenken, die Schwierigkeiten der geistigen Orientierung mit den Werte-Ratlosigkeiten (z.B. aus Ideologieverhaftungen, Verwissenschaftlichungen, Technologisierungen und Informationsüberhäufungen), die Unfähigkeit zur Gesamtschau der gesellschaftlich-staatlichen und mondialen Lage, sowie zur Ausrichtung des kollektiven Handelns an allgemein anerkannten Maximen, weiten die Aufgabenzumutung gegenüber dem Staat in eine grundsätzlich vollständige *Offenheit*.

4. Es kommt zur unkritischen und wenig reflektierten *Aufgabenhäufung*. Die herkömmlichen Wege und Instrumente der Behutsamkeit bei staatlichen Kompetenzkreationen schwächen sich ab. So wird die *Verfassung* nur noch *punktuell* zur Limitierung der staatlichen Aufgabenpotentialität eingesetzt, die man unter dem unbestimmten Begriff des Sozialstaats weniger zielsicher als einfach-kräftig aktualisiert. Faßbare Begrenzung wird mit der Idee und den Institutionen des «Sozialen Rechtsstaats» für den gesellschaftsgestaltenden Staat unter Formen und Sicherungen des Rechts mit der Wahrung freiheitlicher Bereiche erwartet, und offenbar gelingt damit die Bewahrung vor der überfordernden Ausuferung. – Die Kämpfe sodann um Wählergunst, um neuartige Beteiligungsrechte, um die

Geltung der politischen Parteien und Verbände fördern *«populäre» Aufga-benstellungen*. In gleicher Richtung wirken die integrativen Postulate aus unbestimmter Quelle, wonach der Staat selbst um Beliebtheit und freundliche Aufnahme bei Massenmedien und öffentlichen Meinungen ringen soll. Umgekehrt treten notwendige, jedoch unbeliebte Aufgabenerfüllungen (z. B. Ordnungsbereich, Finanzbereich) zwar nicht weg, jedoch in den Hintergrund. – Die *föderative Ausgliederung* schließlich, die wie ein beliebiges Organisationsprinzip auf Überlegungen zweckmäßiger Arbeitsabwicklung gestützt wird, *bremst die Aufgabenfülle* der verknüpften Gemeinwesen mit größter Wahrscheinlichkeit *nicht*, sondern verteilt sie lediglich auf spezifische Weise und macht sie damit unauffälliger. Ähnliches gilt für die Tendenz, öffentliche Aufgaben, z. B. in der Energieversorgung oder im Verkehrswesen, auf verselbständigte Anstalten oder Private zu verteilen, womit lediglich das Gesamtbild der Betätigung der öffentlichen Hand gedämpft wird.

5. Der Staat braucht seine prinzipiell offene Aufgabenpotentialität und die aktualisierende Aufgabenselektion mit Erfolgsausweis für seine eigene *Legitimierung*. Versagt er in der zugemuteten Aufgabenerfüllung und erleidet er Fehlschläge in der Leistungsfähigkeit, brechen plötzliche Legitimitätseinbußen auf. Mißerfolge bei der Bekämpfung der Inflation oder bei der Beseitigung der Arbeitslosigkeit, Mißstände im Wohnungsmarkt, Unfähigkeit zur klaren Linienführung in der Energiepolitik sind Herde von einschneidenden Legitimitätskrisen.

Naheliegendes Rezept, um den legitimierenden Erfolgsausweis wieder herzustellen, hat in den letzten Jahren darin bestanden, eine Überforderung des Staats und seiner Organisation zu konstatieren, die «Gesundschrumpfung» zu empfehlen und mit einem reduzierten Pensum die effektive staatliche Problemlösungsfähigkeit zu restaurieren. Staatstheoretisch stellt man den Staat vor neue Grundentscheidungen: Er soll eine *Aufgabenselektion ab ovo* aufnehmen, beispielsweise durch Gesamtänderungen der Verfassungen[4] oder durch grundlegende gesetzliche Neudispositionen, anknüpfend etwa an die finanzrechtlichen Elementarentscheidungen. Das würde in sich schließen, wertende Rangfolgen unter den Aufgaben zu ändern, also *neue Prioritätenordnungen* zu setzen, Aufgabenbereiche fallen zu lassen, dafür neue aufzugreifen. Die Frage: «Wer soll was machen?» möchte unbefangen gestellt und in unpräjudizierten Wertungen beantwortet werden.

---

[4] Vgl. HANS HUBER, Gesamtänderung der Verfassung. Ansätze für einen Vergleich zwischen Österreich, der Schweiz und der Bundesrepublik Deutschland, in: Festschrift für Ulrich Scheuner, Berlin 1973, S. 183 ff.

Doch da stößt die Staatspraxis auf feste Mauern von Unumkehrbarkeiten; es schieben sich *Phänomene der Irreversibilitäten* vor. Der Abbau von einmal aufgenommenen Aufgaben und die Hinlenkung von Verfügbarkeiten auf Aufgaben in *veränderten Prioritätsordnungen gelingt* nur mühsam oder gar *nicht*. Es macht den Anschein, als seien die staatlichen Reaktions- und Aktionsmobilitäten in der Wirklichkeit eingleisig: Umdispositionen und Umkehr von einigem Gewicht sind blockiert, nur für die Aufnahme neuer Aufgaben ist die Bahn zu öffnen. Die Aufgabenaufnahmen sind weitgehend irreversibel.

6. Die Regierbarkeit eines Staates ist kein konstruierbarer und dann gesicherter Zustand, und seine Aufgegebenheit fände wohl am leichtesten erfolgsgewisse Erfüllung, wenn die staatliche Aufgabenstellung eine *praktikable Mobilität zu bewahren* vermöchte. Regierbarkeit ließe sich dann herbeiführen, wenn die staatlichen Aufgaben eine Manövriermasse bildeten und in wirksamem Umfang tatsächlich verfügbar und beweglich wären. Die festgestellten Irreversibilitäten wie eine unumstößliche Tatsache hinzunehmen, erscheint doch eigentlich als eine verfrühte Resignation, letztlich auch als eine Abdikation der Politik, die sich selbst preisgäbe und ihre Sendung, die Regierbarkeit fortwährend zu konstituieren, leugnete, sobald einmal eine Staatsaufgabe eingeführt wäre. So bleibt als Auftrag, zumindest als zielgebundene Hoffnung, *Aufgabenselektionen und Prioritätenordnung zustande zu bringen.*
Der andere Weg des Staats, in der Aufgabenfülle mit ihrer Tendenz zur unbegrenzten Ausweitung Herr der Situation zu bleiben, also die unerläßlichen Erfolge sicherzustellen, läge wohl darin: die *Problemlösungskapazität* ihrerseits in ein *gesichertes und ständiges Wachstum zu versetzen.* Das heißt *in praxi:* die Steigerung der organisatorisch-funktionellen Qualität.
Die Wirklichkeit begibt sich nicht in Alternativen, sondern sucht Mittelwege. Indessen sind Möglichkeiten, die Problemlösungskapazität maßgeblich zu verbessern und mit Gewißheit auch zu steigern, in den letzten 20 Jahren erkundet und gelegentlich erprobt worden, ohne daß man behaupten dürfte, die Qualifizierung sei gesichert. Namentlich die staatlichen Entscheidungsprozesse bleiben gebrechlich, nämlich sachlich und in der Legitimierung nicht verläßlich, solange die Zusammenhänge mit den Aufgabenstellungen nicht beachtet, bloß formale Organisationsreformen getrieben werden. Es wird einsichtig, daß die Bedingungen der Aufgabenerfüllung in ihren Komplexitäten und Konnexitäten erfaßt und von diesem Ansatze aus die künftige Gewährleistung der Regierbarkeit gesucht werden wird. Auf derartige Bedingungen ist als nächstes hinzuweisen.

II. Faktoren der Aufgabenerfüllung im Lichte der Regierbarkeit

1. Der souveräne Staat des Westens wird also *Auftrag und Vermögen zur Aufgabenselektion* in Anspruch nehmen müssen. Darin wird er am meisten durch innerstaatlich-gesellschaftliche Größen und durch internationale Konstellationen gehindert; sie können seiner Selbstlimitierung den Weg verlegen. Wenn der laxe und permissive Staat heutigen Zuschnitts «alles» aufzunehmen bereit ist, was Mensch, Gruppe und Gesellschaft ihm zumuten, gerät er überdies in die Leistungslähmungen des Überforderten. Er gefährdet mit seinen Effizienzeinbußen seine Legitimität, für die die Akzeptationsvorgänge verweigert werden; er wird zum getriebenen, indisziplinierten amorphen Gebilde, das nicht Meister seiner selbst ist und seine Souveränität auch im unaufgebbaren Kern zu zerreiben riskiert; er verliert die sachliche Zielordnung, weil selbst Primäraufgaben unzulänglich wahrgenommen werden. Die alte Antinomie dringt auf den westlichen Staat ein: zu zerfließen oder zwangsläufig in totalitär-autoritäre Ordnungen einzumünden.

2. Offensichtlich hängt Entscheidendes davon ab, ob die *Fähigkeit zur Aufgabenauslese aufgebaut und durchgehalten* werden kann. Und diese Fähigkeit kann nicht beliebig konstruiert werden, sondern hat in einem Geflecht von Abhängigkeiten wertende Abwägungsprozesse zu durchlaufen, die sich einerseits als Produkt der Regierbarkeit, andererseits als deren Voraussetzungen darbieten. Voran steht die einfache Erfahrung, daß Zielgebungen und Aufgabenstellungen des Staates unter anderem von den disponiblen Mitteln abhängig sind. Doch ist die beliebte Formel, der Staat habe alle Mittel bereitzuhalten, die die anerkannten Ziele und Aufgaben erforderten, in dieser Schroffheit unhaltbar: die Ziele und Aufgaben sind ihrerseits in die Wertung einzubeziehen, also in den Abwägungsprozessen grundsätzlich, wenn auch nicht vorbehaltlos als *Variablen* zu verstehen. Demgemäß muß es wechselseitige *Ziel-Mittel-Bestimmungen* geben. Von dieser instrumentalen Basis aus stehen zur Zeit vier Faktoren im Vordergrund, welche für die Aufgabenselektion maßgeblich wirken. Wenn das Bild aus der Ökonomie hierher verpflanzt werden darf: Die Aufgabenselektion ist in ein magisches Vieleck gebracht, in dem verschiedenartige Pole beachtlich sind, wenn der konkret-richtige Entscheid zustandezubringen ist.

a) Erstens ist die Aufgabenerfüllung eine Folge *zureichender Organisation*, wobei dieser Begriff hier weit zu fassen ist und Struktur, Kompetenz, Funktion und Verfahrensordnung in sich schließt. Der staatliche «Apparat» ist nicht beliebig machbar. Organisationstechnische Schranken und betriebliche Gesetzlichkeiten, vor allem aber die erforderliche Ausrichtung auf den in der Organisation handelnden wie den von ihr betroffenen Menschen setzen unumgängliche Daten. Dazu treten vorwiegend emotional-traditionale Zurückhaltungen, wenn versucht wird, für die Organisation die zweckrationalen Möglichkeiten voll auszuschöpfen; es herrscht beispielsweise ein sonderbares Zögern gegenüber organisatorischen Reformen in den letzten Jahren vor, was dem Ungestüm der Aufgabenübernahmen durch den Staat nicht entspricht. Denn staatliche Organisation hat um die eigene Legitimierung zu ringen, und diese kann ihr versagt bleiben, wenn sie verstehbare und einfühlbare Formen vernachlässigt. Sie muß Bedingungen ihrer immanenten Lenkbarkeit und Wirksamkeit setzen, die die Adaption an die sozialen Vorgegebenheiten voraussetzt. Die *praktisch-optimale Organisation* des weltlichen Staats braucht die gesicherten Demokratie- und Rechtsstaatsbezüge, was auch immer im einzelnen Staat darunter verstanden wird, sie braucht aber zugleich den Wirksamkeitsausweis. Nicht beliebig organisieren zu können, bedeutet, die Organisation nicht als frei greifbares Mittel für die Aufgabenkreation zur Verfügung zu haben. Die wechselseitige Bedingtheit von Organisationen und Aufgabenstellung ist damit in eine zweite Komplizierungsschicht eingefügt.

b) Zweitens ist der aufgabenreiche Leistungsstaat auf *das Recht* angewiesen: nicht nur in seiner inneren Zielgebung und ideellen Erfüllung, wofür ihm das Recht Auftrag und Sinngehalt bietet, sondern auch auf die instrumentale Eigenart und Kraft des positiven Rechts. Der Staat braucht die Rechtsnorm, ihre Durchsetzbarkeit, ihre Verfahren: also das, was man «garantiertes Recht» (REINHOLD ZIPPELIUS) genannt hat. Mit ihr stellt er einesteils die materiellen Ausgleiche her, andererseits steuert oder besorgt er mit dem Recht die aufgenommene Sozialgestaltung. Wenn ihm auch vielfach andere, meist technologische Mittel zur Verfügung stehen und wenn er beachtliche Betätigungen als Planungen, Tathandlungen, politische Vorkehren jenseits rechtsnormativer Festlegung abwandelt, so bleibt der größere Teil staatlicher Aktivitäten in Rechtsformen eingebunden. Damit und insofern aber vermag der Staat gerade so viel, als die Rechtsnorm wesensgemäß zu leisten imstande ist. Und dieses Vermögen ist begrenzt; es kann nicht beliebig vergrößert werden[5].

c) Drittens ist das, was der Staat als Sachaufgabe zu erbringen vermag, von seiner *ökonomisch-finanziellen Leistungsfähigkeit* bestimmt. Was schon lange am Problem der staatlichen Subventionen aufgewiesen wurde[6], wird

---

[5] Zur begrenzten Leistungsfähigkeit der Rechtsnorm: HEINRICH HENKEL, Einführung in die Rechtsphilosophie, 2. Aufl., München 1977, S. 101 ff.; CH. PERELMAN, La règle de droit, Bruxelles 1971, S. 7 ff.

[6] RENÉ A. RHINOW, Wesen und Begriff der Subvention in der schweizerischen Rechtsordnung, Basel/Stuttgart 1971, S. 149 ff.

mit dem Eintritt der Rezession wieder allgemeiner einsichtig: Das Ausmaß der Verfügbarkeiten über finanzielle Mittel und der wirtschaftlichen Disponibilität geben sowohl den Umfang als offenbar auch die Prioritäten staatlicher Aufgabenerfüllung an. Zugleich geht der Staat recht entschlossen dazu über, die finanzielle Mittelbeschaffung als Steuerungsvehikel der Sozialgestaltung einzusetzen. Dabei waltet wiederum nicht Beliebigkeit, indem Abschöpfungen und Umverteilungen die organisierbaren Möglichkeiten des Staates zu beachten haben.

In einem erweiterten Sinne kann man in diesem dritten Faktor die Ökonomie der Staatsaufgabenstellung in ihrer Abhängigkeit zur finanziell-ökonomischen Leistungsfähigkeit der auf das konkrete Gemeinwesen zugeordneten Sozietät erblicken. Das heute vordringliche Problem ist die Aufrechterhaltung einer Gesamtschau, die der Multipolarität eingedenk bleibt. Denn die beinahe plötzliche, übersteigerte Knappheit der Finanzmittel verführt zu einseitigen und unausgereiften Rangordnungen allein aus finanzpolitischen Wertungen heraus, z. B. durch lineare Köpfungen oder durch hingeworfene Umverteilungen der verfügbaren Mittel aus begrenzter Einsicht in die Zusammenhänge oder durch Prioritätensetzungen nach Maßgabe des Popularitätsgrades der Aufgaben.

d) Viertens ist der Staat infolge der *internationalen Interdependenzen* veranlaßt, sich auf auswärtige Gegebenheiten und eigene Zielsetzungen (z. B. Politik des Überlebens oder der Expansion) auszurichten: Sein Aufgabenbereich ist mitbestimmt von der internationalen und damit stark wechselnden Lage, die ihm nicht freien Raum gestattet. Seine sicherheitspolitischen Aufgabenstellungen und seine wirtschaftspolitischen Betätigungen sind eingeschnürt und treffen auf unüberspringbare Fixierungen.

III. Die Frage nach den Möglichkeiten des sinnvollen Aufgabenausmaßes

1. Daß die Herausforderung des Staats durch eine bedenkenlose universale Aufgabenzumutung nicht in totalitär-staatlichen Antworten endet, hängt unter anderem davon ab, ob in der Aufgabenstellung jeweils *Ausgleiche* hergestellt werden, vorab inmitten zweier naheliegender Maximen der Staatsgestaltung: in der Aufgabenübertragung Maß zu halten, in der Erfüllung der gewählten Aufgaben Erfolg auszuweisen, also Begrenzungen mit voller Anstrengung, Staatslimitierung mit Staatsperfektionierung zu verbinden. Man mag darin auch eine übergreifende Maxime der *Verhältnismäßigkeit* im umfassenden Sinne für die Staatsleitung erblicken. In der Herstellung der in einem mittleren Zeitmaß relativen Ausgeglichenheit liegt eine *Garantie der Regierbarkeit* des nicht-totalitären Staats, und

Regierbarkeit bedeutet, jenen Ausgleich regelmäßig reproduzieren zu können.

2. Nun fehlt eine anerkannte Lehre von der staatlichen Aufgabenstellung, und die Praxis gibt theoretisch gültige Sätze auf induktivem Wege hier nicht leicht her[7]. Es fehlt aber auch schon am wissenschaftlichen oder gar praktischen Konsens über allgemeingültige *Kriterien für die aktualisierten Aufgabenaufnahmen und Aufgabenverzichte.*
Deswegen sind die staatsgestaltenden Gewalten immer wieder versucht, deduzierend *aus abstrakten Zielgebungen des Gemeinwesens* heraus das «Zuträgliche» und «Angemessene» abzuleiten. Doch damit wird man in eine womöglich noch größere Problematik hineingestoßen, nämlich in die der staatsgestaltenden Zielgebung. Ein Gemeinwohlbegriff, ein umfassender Begriff der Gesundheit oder des humanen Wohlbefindens, ein wiederbelebter Begriff des Glücks oder eines neueren utilitaristischen Vitalismus oder ein vertiefter Begriff der Lebensqualität sind entweder nicht vorgegeben und deshalb *a priori* nicht als unbestrittene Maßstäbe nutzbar; oder sie verharren in einer lenkungsschwachen Vagheit. Ähnliches scheint sich auch bei den neueren Versuchen abzuzeichnen, den Staat als Garanten der Selbstverwirklichung des Menschen zu charakterisieren, wobei die Rollen des Staats und der Sozietät bis jetzt zwielichtig bleiben: Ist der Staat Nothelfer des Übergangs für das sich selbst findende Individuum oder bleibende Stätte seiner Erziehung, Einfügung und Sozialteilhabe, oder ist er in einer noch auszumachenden, genuin antinomischen Funktion für beides zugleich ausersehen? Der Pluralismus der heutigen Welt- und Lebensvorstellungen dürfte den Staat am ehesten auf eine eudämonistisch-utilitaristische Institution unter dem Titel des umfassenden Wohlbefindens verweisen, für die jedoch die inhaltlich lenkenden Grundwerte in die völlig offene Diskussion gesetzt sind. Das bedeutet für die Frage der Aufgabenstellung, daß der Gehalt der *«Wohlbefindens»-Werte* gerade in der Erörterung um die Aufgaben erst gefunden, geschaffen oder zumindest definiert werden muß. Als hochabstrakte Zielvorgaben hingegen vermögen diese Werte die Aufgabenselektion schwerlich praktisch zu lenken.
So steht man immer wieder am Anfang des Problemprozesses: Dem Zwangslauf in Schritt und Tritt möchte der problembewußte Staat entrinnen, findet indessen noch keine anderen als die *pragmatischen Entscheidungsvorgänge.* Im reaktiven Handeln gegenüber lang- oder kurzfristig aufkommenden, real schon eingetretenen oder prospektiv erwarteten oder willentlich herbeigeführten «Lagen» erblickt er den konkreten Auftrag, der zugleich davon enthebt, den allgemeinen Gefährdungen des permissiv-

---

[7] ERHARD MÄDING, Aufgaben der öffentlichen Verwaltung, in: Die Verwaltung, 1973, S.258ff.

laxen Staates nachzusinnen: Es geht ja um konkretes Tun, und die Aktivität zerstreut die Bedenken gegenüber den möglichen Übermarchungen und Überforderungen[8], ja, selbst gegenüber dem Dispens, in der Multipolarität von Organisation, Rechtseinsetzung, Finanzierung und internationaler Interdepedenz den Aufgabenentscheid zu treffen.

Die «Aufgabe der Aufgabenstellung mit einer Aufgabenbegrenzung» ist verhältnismäßig neu. Sie stellt sich jedenfalls im technokratisch ausgestatteten Staate, der vorab in den beiden Weltkriegen das Feld der «unbegrenzten Möglichkeiten» betreten hatte und davon im Prinzip nicht mehr loskommt, anders als im bescheiden instrumentierten Gemeinwesen des Absolutismus. Deswegen ist die klassisch-liberale oder «liberalistische» Antwort auf den Absolutismus für die heutige Problematik keine Lösung: der asketische Minimalstaat in der Sozialabstinenz kann im Ernst nicht angegangen werden. Aber auch das Subsidiaritätsprinzip, auf das große Hoffnungen gesetzt wurden, ist für den Staat und die reale Aufgabenaufgreifung nicht ertragreich[9]. Es erhebt sich vielmehr die Frage, ob man nicht höchst bescheiden nach Ansätzen tasten soll, die bei der Bemessung der Aufgaben für den Staat der Gegenwart *einige orientierende Gesichtspunkte* einzubringen vermöchten. Sie sollen und können das Reagieren auf eingetretene oder erwartete «Lagen» nicht ersetzen, aber bei genügender Entwicklung dabei den entscheidenden Organen punktuell vielleicht erste Hilfen im Selektionsprozeß bieten. Es wird hier vorweg vorausgesetzt, daß die Möglichkeiten der Aufgabenbewältigung unter dem Gesichtswinkel der *Finanzierung* und unter Einsicht in die Auswirkung auf die Wirtschaft ausgeschöpft werden.

3. Auf einige denkbare weitere Ansätze ist nachstehend hinzuweisen.

a) *Kategorisierung der Staatsaufgaben.* Die Aufgabenbemessung stößt regelmäßig als erstes auf die sachliche und begriffliche Undurchsichtigkeit dessen, was Staatsaufgaben sind und ob sie in wertmäßig faßbaren Relationen zueinander stehen. Die systematischen Gesetzessammlungen oder die Haushaltpläne und die zwar häufig kritisierten, aber im ganzen doch beachtlichen Einteilungen der Aufgabenbereiche durch die Verwaltungswissenschaft sind brauchbare Handhaben, um abstrakte Sachgliederungen in konkreten Situationen bestimmter Gemeinwesen zu begreifen. Von hier an können bei genügendem Integrationsgrad des Gemeinwesens wertende Gliederungsraster konzipiert werden, etwa in dem Sinne, daß unerläßliche

---

[8] HANS LETSCH, Überforderter Staat – überforderte Wirtschaft, Bern 1975.

[9] Angelegt ist es auf die *Verteilung* von Aufgaben, die aufzugreifen man bereits entschlossen ist. Es ist selbst hier aber für den Staat mit Fragwürdigkeiten durchsetzt: ROMAN HERZOG (Anm. 3), S. 148 ff.

Aufgaben («Primäraufgaben») über gebotenen bis zu wünschenswerten und schließlich entbehrlichen aufgereiht werden, wieder ohne Anspruch auf Allgemeingültigkeit, jedoch als Gliederungskonzept unter Kennzeichnung der wertgebenden Faktoren. Daß darin keine stringenten Aufweise möglich sind und daß die politische Wertung nicht durch scheinbar «wissenschaftlich-schlüssige» Darstellung von neutraler Objektivität ersetzt werden kann, braucht nicht unterstrichen zu werden: Es geht nicht um die Ablösung der politischen Präferenzordnung durch eine quasi-wissenschaftliche Prioritätenordnung, wohl aber um die optimale Erfassung der Kategorien der Aufgabenproblematik.

Dabei wird dem *Begriff der Wichtigkeit* eine unterstützende Rolle zufallen können: In der Rechtssetzung wird zur Zeit versucht, für die Einstufung der Regelungsmaterien in die zulänglichen Rechtsformen relativ allgemeine Gesichtspunkte der Wichtigkeit zu ermitteln[10], und diese dürften in methodisch und sachlich vergleichbaren Ermittlungen für Aufgabenstellungen fruchtbar zu machen sein.

b) *Verschaffung des Überblicks.* Mit der Kategorisierung einher geht die Sicherstellung dessen, daß gesehen, verstanden und beurteilt wird, was der Staat hier und jetzt bereits tut und welche Folgen organisatorischer, personeller und finanzieller Natur sich daran anknüpfen. Bislang sind solche Gesamterfassungen nicht vorhanden; sie fehlen namentlich in stark gegliederten Staatsgebilden. Freilich haben die Finanzstatistiken wiederum aussagekräftige Anfänge gebracht. Die mangelhafte Kenntnis der Ist-Zustände und der Folgekosten im weiten Sinne sind Ursache für sachlich entbehrliche politische Auseinandersetzungen im staatlichen Entscheidungsprozeß, indem um – unerläßlich unbekannte – Prämissen gestritten wird; sie ist ferner Quelle für Leichtfertigkeiten in der Abweisung oder Aufnahme neuer Aufgabenzumutungen, indem im emotionalen Bereiche gelassen wird, was in die rationale Klarheit gebracht werden könnte. Es genügt nicht, daß der Überblick und die Detailerfassung an einer zentralen Stelle stattfindet; es kommt darauf an, das Wissen und Sehen in Regierung, Parlament, Justiz, Planungsstellen, Massenmedien und Öffentlichkeit einzubringen und auf aktuellem Stand lebendig zu halten.

c) *Erfassung der staatlichen Leistungskapazitäten.* So, wie der Stand und die Eigenart der Aufgaben selbst mit Unbekanntem durchsetzt sein kann, ist es auch mit der Organisation bestellt: Weder systematisch noch umfassend sind die Leistungsfähigkeit, die Veränderbarkeit, die Steigerungsmöglichkeiten im Blick und zur Disposition der organisierenden, aufgabenver-

---

[10] GEORG MÜLLER, Inhalt und Formen der Rechtssetzung als Problem der demokratischen Kompetenzordnung, Basler Habilitationsschrift, Basel/Stuttgart 1979.

gebenden Organe. Deshalb finden ununterbrochen Über- und Unterschätzungen statt; man vermag die Auswirkungen nicht treffsicher abzuschätzen und ergeht sich bei Neuentscheidungen wiederum in wertenden Streitigkeiten, die kühles Ermitteln und relativ gewisses Wissen vermeiden könnten. Bedrängend wird der Sachverhalt, wenn plötzlich veränderte «Lagen» zu überstürzten Entscheidungen verleiten.

In diesen Fragenbereich gehört, ob die Problemlösungskapazitäten des Staates auch ohne Demokratie- und Rechtswerteinbußen nicht doch noch gesteigert werden könnten. Sobald das naive Stadium der unreflektierten Aufgabenübernahme überwunden ist, pflegt die totale Skepsis gegenüber Kapazitätssteigerungen um sich zu greifen, und dazu treten die manchmal überbordenden Abneigungen gegen Technik, Wachstum, Effizienz, Organisation und Funktion. Wenn damit der Wille zur Aufgabenaskese einherginge, so wären Stabilisierungen zu gewinnen, z. B. durch die Weigerung, neue Aufgaben an die Hand zu nehmen. Allein, so weit geht die konsequente Haltung häufig nicht, sondern es bleiben die Forderungen der unverminderten oder gesteigerten Aufgabenübernahmen bei unkorrigierter Organisation aufrecht. Solche Blindheit muß nicht sein. Und die Ermittlung, Kapazitäten zu steigern, sind nicht abgeschlossen, ja, kaum in die mögliche Intensität versetzt. Sie bewegen sich vorwiegend von folgenden Instrumenten aus:

— neubelebte Planung mit der Überwindung der heutigen Planungsstagnationen, die geeignet sein kann, politische Planung im weiten Sinne, vornehmlich in Regierungsprogrammen (Richtlinien), Finanzgesamtplänen und sektoralen Sachkonzepten, zu realisierbaren Steuerungsinstrumenten zu machen, wobei der gegenläufigen Gefahr, mit der Planung vorweggenommene Entscheide unauflösbar zu zementieren, entgegenzuwirken ist, also prospektives Tun *und* spontane Initiative als Handlungsmöglichkeiten offen zu halten sind;
— qualifizierte Rechtssetzung, die Kohärenz und «System» der Gesamtrechtsordnung aufbaut und beachtet, verbunden mit der Optimierung des Rechtsverwirklichungsvorgangs bei hinreichender Sachqualität;
— ermessensgeöffnetes Verhalten mit Einbindungen in rechtsstaatlich-demokratisch legitimierte Grundsätze der Verwaltungstätigkeit, z. B. mit einem ausgereiften Verhältnismäßigkeitsprinzip, und effizienten Verwaltungshandlungskontrollen;
— materielle Kooperationen der zentralen und dezentralen Einheiten mit der Bewältigung der internationalen Verflechtungsproblematik;
— offene Nutzung der Delegationsmöglichkeiten, versehen mit der komplementären Verdichtung informierender, korrigierender und steuernder Kontrollen;

– Aktivierung des Bürgers durch Abschwächungen seiner konsumierenden Negativhaltung und Einbezug seiner «Findigkeit», die für den Staat genutzt werden kann, ohne daß es nur bei Kleinigkeiten einer sensibilisierten und forderungsbereiten Bevölkerung sein Bewenden hat.

d) *Erfassung der Handlungsmöglichkeiten in Krisenlagen.* Die Staatsaufgaben sind vorwiegend für «ordentliche» Zeiten (Normallagen) aufgenommen, zu einem Teil für krisenhafte Situationen (z. B. Landesverteidigung, Landesversorgung mit lebenswichtigen Gütern, Abwehr des Terrorismus). Jene sollten jedoch auch in bedrohlichen Phasen bewältigt werden, möglicherweise verstärkt, erweitert und unter erschwerten Voraussetzungen (z. B. Verkehrswesen, Gesundheitswesen, Außenwirtschaft, Sicherheitspolizei). Es kann Maßgebliches davon abhängen, ob und allenfalls wie die Aufgabenfülle in Krisenlagen aufrecht bleiben und ausgedehnt werden soll, was erfordert, sich über die Krisenstufungen so gut wie über die möglichen Aufgabenzumutungen und -abwicklungen verläßliche Vorstellungen zu machen. Muß der Staat in Krisenlagen den Aufgabenumfang erheblich weiten und dafür abkürzende oder autoritär gerichtete Entscheidungsverfahren einschlagen, wird sorgfältige Präparation die Rückführung in ordentliche Situationen bedenken, um hier dem Gesetz der Unumkehrbarkeiten rechtzeitig zu entgehen: Kriege etwa, die am Ende nicht die organisatorische und sachliche Kontinuität gänzlich zum Erliegen bringen und nicht Neuanfänge *a tabula rasa* erfordern, sollten der Rückführung in normalisierte Aufgabenabläufe nicht entgegenwirken.

e) *Die Aktivierung der Wissenschaft.* Die Möglichkeiten der Wissenschaften vom Staate und aller mittelbar dienlicher Wissenschaftszweige für die Problematik der Aufgabenstellung und -bewältigung zielsicher und geordnet zu nutzen, ist bisher nur wenig geschehen. Die Spezialisierung und Punktualitäten der technischen, medizinischen und Sozialwissenschaften fördern allerdings die Bereitschaften zur Aufgabenübernahme, und die Disziplinen werden durchaus konsultiert. Den befragten Wissenschaften selbst aber fehlt nicht nur der Zusammenhang unter sich, sondern auch die Ausrichtung auf das Gesamtgebilde Staat, das da zur Aufgabenbewältigung antritt. Angesprochen ist die Frage, ob hier nicht synoptische Wissenschaften die Fragestellungen koordinieren, die Gesamtschau anbahnen, die Auswertung steuern können und müssen. Eine Wissenschaft von der Politik, breit genug angelegt, Recht, Wirtschaft und Philosophie einbeziehend, scheint eine drängende Aufgabenstellung vor sich zu haben: die Aufgabe der Aufgabenbewältigung für diese Zeit und diese konkreten Staaten lösen zu helfen.

Die Kontrolle in der rechtsstaatlichen Demokratie der Gegenwart

Es wird wenig rechtsstaatlich-demokratische Staaten geben, die in den letzten Jahren nicht mehr oder weniger drastische Beispiele realisierter Kontrolle sich oder der Weltöffentlichkeit geliefert haben. Man braucht für Beispiele nicht nur auf den monströsen Watergate-Skandal der USA zu starren, der freilich, aus der Nahsicht betrachtet, ungefähr alle Aspekte möglicher Kontrollprobleme durchlaufen haben dürfte. Es genügen auch harmlosere Situationen. Die Schweizer hatten 1965 ihre Mirage-Affäre, als der Ankauf französischer Kampfflugzeuge Verwaltungsmängel aufdeckte, was zur Entfernung hoher Chefbeamter, zur schließlichen Demission des Chefs des Militärdepartements, zu Parlamentsreformen und zu einer bis heute noch nicht beendeten Regierungs- und Verwaltungsreform Anlaß gab; der Bankskandal der Schweizerischen Kreditanstalt, der die Schweiz und ihr Renommee einige Wochen erschüttert hat, ist nicht allein das mißliche Verhalten einer Großbank, sondern auch ein Kontrollproblem staatlicher Aufsicht über soziale Mächtigkeiten von staatlicher Relevanz. So harmlos-pikant wie die Ersetzung des britischen Ministers Profumo ist die Ablösung von Bundeskanzler Willy Brandt durch Helmut Schmidt nicht gewesen, aber für den Staat und die Kontrollthematik vergleichbar einschneidend. Welche Kontrollprozeduren abliefen, als Prinz Bernhard der Niederlande die öffentlichen Funktionen einstellte, oder welche Kontrollvorgänge im Hintergrund der zahlreichen Regierungswechsel der letzten zwei Jahre stehen, z. B. in Spanien, in Frankreich, in Schweden, sind Fragen, die zweifellos lebhaft bewegte Bilder aus dem Kontrollbereich zutage brächten. Daß nun neuestens auch Österreich mit dem Rücktritt seines Verteidigungsministers etwas zur farbigen Historie der Kontrollen beiträgt, ist «Trost» für die «kontrollgepeinigten» Nationen, indem sie einen Akt des geschichtlichen Ausgleiches darin erblicken mögen.

In: «Macht und Kontrolle». Herausgeber: ANDREAS KHOL. *Studienreihe der Politischen Akademie, Band 5, S. 19–33. Vereinigung für politische Bildung, Wien 1978.*

1. Zur Phänomenologie der Kontrollen

Repräsentative Demokratie und Kontrolle

Die Geschichte der praktikablen Demokratie ist unter anderem eine dauernde Auseinandersetzung mit der unausweichlichen Frage, welche Institutionen tauglich erscheinen, an Stelle der «Identität von Regierenden und Regierten», also statt der identitären oder direkten Demokratie, der Idee der Volkssouveränität bestmögliche Annäherungen zu verschaffen. Denn offensichtlich ist für die Demokratie weiterhin – und gerade heute im Lichte der «Demokratisierung der Demokratien» – die Forderung in der Rousseauschen Abkürzungsformel wegleitend, daß sie verwirklicht werde, wo der Bürger derjenigen Norm unterworfen sei, der er selbst zugestimmt habe oder der er sich nach freier und vernünftiger Einsicht unterstellen könne, so daß er schließlich nur seinem eigenen Willen folge. Zugleich ist aber auch einsichtig und in der Staatsrechtslehre weitgehend anerkannt, daß in der utopiefreien Staatsordnung Herrschaft stattfinden *muß* und identitäre oder direkte Demokratie keine erfüllbare Erwartung sein kann. Auch die bestgemeinte, von idealem Schwung getragene Demokratie muß repräsentative Ordnung sein, der je nach Größe, Aufgabenfülle und geistig-psychisch-politischen Voraussetzungen plebiszitäre Faktoren, z. B. mit Wahlen und Abstimmungen sowie Volksinitiativen, in differenziertem Ausmaß beigegeben sind. Nun vollendet sich die praktikable Demokratie aber nicht mit der genialen Entdeckung der *Repräsentation* und einigen plebiszitären Unterbauten oder Anbauten. Sie braucht dazu etwas Zweites: die *Kontrollen.* Repräsentation und Kontrollen sind fundamentale, teilweise aufeinander bezogene Signal- und Symbolbegriffe, die die moderne Demokratie als staatliche Institution realisierbar machen. Nur müssen wir uns eingestehen: Beide Begriffe sind ungewöhnlich schwierig, in Fülle und Umfang umstritten und in sich wandelbar; derjenige der Kontrolle ist jünger, und vielleicht bleibt ihm der Leidensweg der Mißdeutungen, Überdehnungen und Unverständnisse eher erspart als dem Bruderbegriff der Repräsentation.

Interorgankontrollen und Intraorgankontrollen

Es gibt eine fesselnde Darstellung des modernen «Staates in Funktion», die sein Sein und seine Aktivitäten als ein umfassend-komplexes Geflecht von Kontrollen deutet: Der Deutschamerikaner Karl Loewenstein [1] sieht die Demokratie als ein kunstvolles System von wirksamen *Interorgankontrollen* zwischen den Organgruppen und *Intraorgankontrollen* innerhalb der

---

[1] Karl Loewenstein, Verfassungslehre, 2. Aufl., Tübingen 1969, insbes. S. 167 ff. und *passim.*

einzelnen Organgruppen, die bei ausgewogenen Verhältnissen den echt konstitutionellen Staat zustandebringen.

Für die Fragestellung, die uns heute hier beschäftigt, dürfte dieser Loewensteinsche Kontrollbegriff indessen wohl zu breit und zu allgemein sein. Ähnliches wird auch gelten von der Auffassung, die die Kontrollen vornehmlich mit einem «Zusammenwirken» staatlicher Organe beschreibt, so daß Kontrollen immer dann ablaufen, wenn zwei oder mehr Organgruppen an der Gestaltung *eines* Staatsentscheides beteiligt sind, namentlich in der Gesetzgebung und weiteren Interaktionen von Regierung und Parlament vor sich gingen [2]. Das Phänomen, daß auch bei der sogenannten «*Kontrolle durch Zusammenwirken*» wirksame und durchgreifende Kontrollverläufe stattfinden, ist freilich nicht zu übersehen. Es gibt eben gleichsam einen materiellen Kontrollbegriff, in den neben der Gesetzgebung auch Staatsvertragsgenehmigungen, parlamentarische Wahlen, beliebige innenpolitische Sachdebatten und dergleichen aufzunehmen sind. Wir wollen im vorliegenden Zusammenhang derartige Kontrollvorgänge nicht einfach außer acht lassen, aber das Augenmerk doch vorwiegend darauf richten, daß eine Staatsfunktion *sui generis* anerkannt werden kann, die zentral die Kontrolle als spezifische Aufgabe aufgreift. Sie läuft häufig in eigens eingerichteten Verfahren mit besonderen Kontrollorganen ab.

So möchte ich denn empfehlen, hier und jetzt keinen strengen und engen Begriff in voller Präzision, sondern, wie ULRICH SCHEUNER einmal gesagt hat [3], die «Bezeichnung Kontrolle... *weit und elastisch* aufzufassen», um des reich und fein differenzierten Systems unverstellt ansichtig zu werden und sich die Möglichkeiten der Erfassung und Entwicklung offen zu halten. Es tritt also ein erheblicher Bereich kontrollierender Betätigungen auf, die als spezifische Staatsfunktion zu begreifen sind, z. B. finanzielle Kontrollen des Parlaments gegenüber der Exekutive oder die Einsetzung parlamentarischer Untersuchungsausschüsse oder die Staatsaufsicht über private oder gemischtwirtschaftliche Aufgabenträger; doch ist dieser Bereich möglicherweise auch begleitet von Kontrollbetätigungen, die in andere Staatsfunktionen eingekleidet sind, z. B. eben Gesetzgebung, so daß die Kontrollaufgabe nur mittelbar erkennbar ist.

In diesem Zusammenhang darf angedeutet werden, daß die Kontrollfunktionen im ausgebauten und feinnervig reagierenden Staat in der Tat ein *durchdachtes und lückenarmes Gesamtsystem* darstellen könnten, ein Ge-

---

[2] RICHARD BÄUMLIN, Die Kontrolle des Parlaments über Regierung und Verwaltung, ZSR 85 II, 1966, S. 168 ff. (244 ff.). Vgl. auch WERNER MOSER, Die parlamentarische Kontrolle über Verwaltung und Justiz, Zürich 1969, S. 5 ff.; ANTON EGLI, Die Kontrollfunktion kantonaler Parlamente, Bern/Stuttgart 1974, S. 15 ff.

[3] ULRICH SCHEUNER, Verantwortung und Kontrolle in der demokratischen Verfassungsordnung, in: Festschrift für Gebhard Müller, Tübingen 1972, S. 379 ff.

webe, das sich über die primären Entscheidungsstrukturen und aktiven Staatshandlungen legt und mithilft, die Demokratie durch sein Sein und Wirken plausibler, zustimmungsbereiter, kongruenter zu machen. Daß dieses Gewebe aber leicht zerreißen oder umgekehrt die von ihm gedeckten Aktivitäten der Primärstrukturen vereiteln kann, ist freilich eine dauernde Gefährdung, auf die vielfach noch einzugehen sein wird: faßbar mit der Formel «Defizit oder Übermaß an Kontrollen».

«Demokratie der Kontrollen» genügt drei geläufigen Strukturforderungen moderner Demokratieverständnisse: Sie ist bei der Umsetzung und praxisbedingten Korrektur der Rousseauschen Forderung Garant partizipativer und transparenter Demokratiepraxis, der zugleich Effektivität gesichert bleibt, indem Teilnahme oder Durchschaubarkeit sich der Utopie herrschaftsloser Gesellschaft fernhalten und einen Staatsaufbau und eine Staatstätigkeit gestatten, die eine wirksame Gestaltung des Leistungsstaates mit einem sinnvollen Volksbezug ermöglichen.

Kontrolle und Kontrollierte

Im Kontrollvorgang stehen sich *zwei Größen gegenüber*[4]. «Contre-rôles» werden wahrgenommen; aber nicht Gegenrollen so, daß zweimal das gleiche geschieht, sondern komplementäre Rollen der gegenseitigen Ausrichtung greifen Platz: Einer, der handelnd das ihm Zugeschiedene verrichtet, wird von einem anderen beobachtet und bewertet. Der eine handelt, ist aktiviert; der andere schaut zu, ist wesensgemäß gerade Nichthandelnder, geht, wenn man es überspitzt formuliert, in eine kognitiv-kontemplative Haltung. Doch dabei bleibt es nun freilich nicht. Das Betrachten ist nicht Beschaulichkeit um ihrer selbst willen, keine deskriptive Wissenschaft, der bestenfalls ein belangloses Zunicken oder Kopfschütteln wie im akademischen Raume folgt. Der feststellenden und qualifizierenden Betrachtung wohnt vielmehr ein Wille zum Wirken oder Bewirken inne. Der Betrachtende möchte schließlich doch seinerseits in der staatlichen Realwelt etwas zustandebringen. Er möchte nämlich den Kontrollierten irgendwie auf irgend etwas hinlenken, ihn bestimmen, inhaltlich prägen, zumindest abhalten oder umgekehrt vorantreiben – kurzum, nach modischer Terminologie: steuern. Der Kontrollierende sucht Steuerungseffekte.

Doch der Kontrollierende bleibt in bezug auf seine Kontrollfunktion in ein zweiseitiges, *dialogisches Verfahren* eingebunden, bei dem die Rollen der beiden Größen notwendigerweise *ungleich* sind. Der Kontrollierte behält sein Aktionsfeld, er ist und bleibt der Akteur des Vordergrundes, der ersten Stufe, der Handlungsverantwortung: z. B. die Regierung leitet die Verwal-

---

[4] Kurt Eichenberger, Die Problematik der parlamentarischen Kontrolle im Verwaltungsstaat, SJZ 1965, S. 269 ff.

tung, sie bricht eine auswärtige Beziehung ab, sie sorgt für die Verteidigungsbereitschaft – nicht der Kontrollierende, der kritisieren, aufbegehren, andere Ausrichtung verlangen mag, aber seinen Beobachtungsturm nicht verläßt und nicht selbst auf die Akteurenbühne tritt. «Kontrolle bleibt Kontrolle», sie wird nicht zum exkludierenden Selbsthandeln und geht nicht auf Selbstaufhebung aus, in der die Rolle des Kontrollierenden verschwände. Deswegen hat der Wille zur Steuerung, den der Kontrollierende entfaltet, seine *unerläßliche Begrenzung*. Es ist ihm eine notwendige Disziplinierung auferlegt, eine Mäßigung des Geltungsdranges und der Eitelkeiten des Besserwissens. In dieser Zurückhaltung liegt zugleich eine Stärke, weil die Distanz, das *letztlich* doch «Nichtselberwollen» und «Nichtselberhandelnkönnen» die Sublimierung des relativ Unbeteiligten zustandebringt, sofern nur seine Kontrollausrichtung wertvoll genug ist.

Freilich, diese Tendenz zur distanzierten und vom eigenen Wollen relativ losgelösten Steuerung verleiht der Kontrolle auch den doch immer wieder hervorschimmernden negierenden, häufig defensiven Grundton. Dieser Aspekt läßt sich nicht beseitigen, aber man sollte als Gegengewicht immer auch wieder die Einsicht festigen, daß Kontrolle für den Kontrollierten eine *Entlastungsfunktion* erfüllt, ihn verstehungsfähigen Gesprächspartnern zuführt, Verständnis auslöst und das unendlich viel Positive, Aufbauende, Fortführende, das in der Demokratie sich regelmäßig einstellt, zutage fördert und häufig öffentlich sichtbar macht. Der öffentliche *Kommunikationsprozeß* wird in Gang gesetzt, also die gelebte Demokratie ermöglicht. Kontrolle ist auch Gelegenheit, Lauterkeiten und Tüchtigkeiten, etwa in der Beamtenschaft, festzustellen und zu würdigen. Kontrollen sollen demzufolge nicht – zumindest nicht nur – nörgelnde Verfolgung durch eine mißtrauisch gestimmte Gegengewalt sein, sondern auch die *Erfassung von Gesamtgeschehen* durch Kundige und Fähige, die aus gesamtheitlicher Sicht Dimensionen und Proportionen erkennen und verstehen. Wie selten sonst, ist hier das Augenmaß, von dem MAX WEBER wiederholt redet[5], gesucht.

Kontrolle ist also auf eine Weise schwieriger, subtiler, differenzierungsbedürftiger und sachlich wie menschlich *anspruchsvoller* als das primäre Aktivhandeln. Es setzt, wenn es hinreichend wahrgenommen werden soll, Reife und die Fähigkeit der vornehmen mittelbaren Führungskunst aus den Zeiten *vor* der «hemdsärmeligen Politik» voraus, als man den bewirkenden Persönlichkeiten noch auferlegte: «nur nicht so unmittelbar sein»[6]. Vielleicht sind da und dort Staat und Machtträger freilich zu groß geworden, so daß Kontrolle um ihrer Wirkung willen mitunter ihrerseits grob-

---

[5] z. B. in: Politik als Beruf, 2. Aufl., München / Leipzig 1926.

[6] EDGAR SCHUMACHER, Vorgesetzter und Untergebener, Zürich 1949, S. 32 ff.; DERSELBE, Umgang mit Menschen und Menschenführung, Frauenfeld 1959, S. 229 ff. geleitet vom Leitbild etwa eines Prinzen Eugen.

klötzig werden muß. Regel sollte es immerhin nicht werden, wenn Demokratie und politische Zivilisation nicht Gegenbegriffe werden sollen.

2. Zur Begründung der Kontrolle

Der demokratische Staat setzt sich vier kardinale Ziele, wenn er Kontrolle einrichtet.

Hemmung der Macht

In erster Linie geht es um die *Hemmung der Macht.* Was das umfassende Gewaltenteilungsprinzip zur Machtbrechung allgemein aussagt und fordert, wird mit Kontrollvorgängen realisiert, indem die unterschiedenen Funktionen und Organe in verschränkte Beziehungen gesetzt sind. Der Verfassungsrichter bremst den Gesetzgeber, die kontrollierende Budgetgewalt hält die Verwaltung zurück, die auswärtigen Prärogativen der Regierung hindern das Parlament, eigenwillig die Außenpolitik zu bestimmen. Kontrolle bewährt sich hier meistens als «Aufsicht über fremde Amtsführung»[7]. Sie wird damit ihrerseits als Machtentfaltung erkennbar, selbst da, wo wie etwa mit der Justiz, eigens Kontrollbehörden eingesetzt sind.
Kontrolle ist Macht und Machtentfaltung, und wer kontrolliert, bedarf einer vergleichbaren beobachtenden und verfolgenden Begleitung wie der, der primär agiert und der originären Kontrolle bedarf. Deshalb: Auch der Kontrollierende braucht Kontrollierende. Das treibt das alte Gewaltenteilungsschema von Checks *and* Balances an[8], kommt aber nicht mehr vollständig unter; denn es gibt Institutionen und Sozialkräfte, denen keine *eo ipso* kontrollierende Gegengewalt gegenübersteht, z. B. den Verfassungsrichter, den Ombudsmann, den obersten Verwaltungsrichter, gelegentlich das Staatsoberhaupt, das Volk, vor allem aber häufig die Massenmedien in der heutigen Struktur. Hier endet man bei der alten Frage: *«quis custodiet ipsos custodes»* und hört die alte Warnung, daß «der Hüter sich leicht zum Herrn» des Staates macht[9], ohne aus der Frage herauszukommen.

Realisation von Verantwortlichkeiten

In zweiter Linie wird die Kontrolle als Mittel zur *Realisation von Verantwortlichkeiten* verstanden. Wo die repräsentative Demokratie – z. B. in den Lehren von der rechtsstaatlichen Demokratie der drei letzten Jahrzehnte – als ein System von Verantwortlichkeiten aller Herrschenden gegenüber den

[7] WERNER MOSER, Anm. 2, S. 6.
[8] HEINZ RAUSCH (Hrsg.), Zur heutigen Problematik der Gewaltentrennung, Darmstadt 1969, S. VII ff. und *passim.*
[9] CARL SCHMITT, Der Hüter der Verfassung, Tübingen 1931, S. 7.

Beherrschten gedeutet wird, müssen unerläßlicherweise Verantwortlichkeiten institutionell sichergestellt werden. Die Vorkehren, um politische, vermögensrechtliche, strafrechtliche oder disziplinarrechtliche Verantwortlichkeiten auszulösen, beginnen mit Kontrollen, ja, eine ganze Verantwortlichkeitsprozedur durchzuziehen, kann als ein Kontrollvorgang charakterisiert werden. Und man darf sagen, Demokratie als realer Verantwortlichkeitszusammenhang setze voraus und vollende sich in Kontrollen. Namentlich entspringt hier das Junktim von Repräsentation und Kontrolle, indem diese jene glaubhaft und erträglich macht. Die potentielle Arroganz der Repräsentanten, namentlich die der bestimmenden Mehrheit, soll sich in den Kontrollen brechen.

Kontrolle als Integrationsmittel
In dritter Linie erfüllt die Kontrolle eine maßgebende Funktion im demokratischen *Integrationsprozeß*. Sie kann eines der Mittel sein, um Konsens zwischen Behörden und Volk herzustellen. Insbesondere bei Erschütterungen ist sie eine Möglichkeit der Sanierung «durch Austreibung der Unwürdigen und durch Einbringen des Heilen». Mit ihr gedeiht das Vertrauen auf die Lauterkeit der Organwalter und damit des Staates überhaupt. Sie schafft Grundlagen der inneren und äußeren Anteilnahme des Bürgers am Staat, indem Unkorrektheiten ausgeräumt, Fehlhandlungen vermieden, Sanktionierungen sichergestellt werden, so daß jenes Maß von legitimierender Zustimmung, von Behagen und Kongruenz immer wieder konstituiert werden kann. Die die Demokratie auslaugende Privatisierung wird eingedämmt. Parlamentarische und Öffentlichkeitskontrollen sind vorwiegend zur Integrationswirkung ausersehen.

Kontrolle als Instrument für richtiges Staatshandeln
In vierter Linie ist die Kontrolle Instrument für *rechts- und sachrichtiges Staatshandeln*. Vornehmlich die störanfällige Großverwaltung soll durch hinreichende Kontrollinstrumente veranlaßt werden, dank Sorgfalt, Umsicht und Rechtstreue Mängel zu vermeiden. Treten solche gleichwohl auf, was unausweichlich ist, bietet die Kontrolle die Möglichkeit der Entdeckung oder der Beseitigung. In ausgezeichneter Weise wird für diesen Aspekt der Kontrolle die Justiz eingesetzt.

3. Arten der Kontrollen

Es erleichtert, dem Wesen und der Problematik der Kontrolle näher zu kommen, wenn man einen Blick auf die Arten der Kontrollen wirft. Ich kann nicht vollständig sein und nenne eine Auswahl:

Nachträgliche, vorgängige und begleitende Kontrollen
Nachträgliche Kontrolle erfaßt abgeschlossene Sachverhalte und Staatsakte, die sie rügen, beseitigen oder korrigieren mag. Justizkontrolle ist hier zu Hause, aber auch große Teile der Finanz- und der politischen Kontrolle wickeln sich als nachträgliche ab. Vorgängige oder antizipierte Kontrolle greift neuerdings mit Vorliebe in Vorbereitungsstadien ein, verschafft Einwirkungsmöglichkeiten in Phasen der noch offenen Entscheidungen und gibt dem Kontrollierenden Möglichkeiten der unauffällig-echten Partizipation. Beispiele finden sich in der Budgetbehandlung, in Vorverfahren der Gesetzgebung und in den Kontrollaktivitäten zu Planungen. Begleitende oder mitschreitende oder simultane Kontrollen schließlich bemühen sich um eine prinzipiell ununterbrochene Einschaltung des Kontrollierenden in die Tätigkeit des Kontrollierten. Diese Kontrollart realisiert «Kontrollen durch Mitwirkung» am deutlichsten. Sie findet vornehmlich in der Einschaltung der parlamentarischen Haushaltsausschüsse, der Verteidigungsausschüsse, der Auswärtigen Ausschüsse oder von Planungsgremien bei der Regierungs- und Verwaltungstätigkeit ihren Platz. In der mitschreitenden Kontrolle vermischen sich am meisten die Rollen der Kontrollierten und des Kontrollierenden; sie ist jedoch wohl die ertragreichste Einwirkungsmöglichkeit der kontrollierenden Potenz auf das aktive Organ und gehört der Entstehung nach zu den Versuchen, das Parlament gegenüber der Exekutive zu stärken.

Repressive und präventive Kontrolle
Verwandt, aber nicht identisch mit nachträglicher, vorgängiger und begleitender Kontrolle, die sich nach dem Zeitpunkt unterscheiden, ist das Begriffspaar von *repressiver und präventiver Kontrolle*, das sich nach der Wirkungsweise differiert [10]. Repressive Kontrollen warten meist mit Sanktionen auf, die eine beanstandete Angelegenheit rügen, liquidieren oder sanieren, jedenfalls erledigen und möglichst abschließen, während präventive darauf gerichtet sind, Geschehenes geschehen sein zu lassen und auf die Zukunft hin Änderungen (Verbesserungen) hervorzurufen. Beides läuft allerdings oft ineinander über.

Interne und externe Kontrolle
Die unterscheidbare gegenseitige Stellung der Beteiligten läßt die Unterscheidung von *internen und externen Kontrollen* zu. Bei jenen, etwa den verwaltungsinternen Finanz- oder Ermessenskontrollen oder bei verwaltungsinterner Rechtspflege, spielen sich die informierenden und purgie-

---

[10] Klärend hiefür z. B. WERNER MOSER und ANTON EGLI (Anm. 2); ARTHUR FUCHS, Wesen und Wirken der Kontrolle, Tübingen 1966, S. 9 ff.

renden Vorgänge ausschließlich im kontrollierten Organ oder doch in seiner Organgruppe ab, so daß eine Art der Selbstkontrolle zustande kommt. Sie kann härter, ausgreifender, sachgerechter sein als eine Fremdkontrolle, hat heute jedoch vermehrt das Odium auf sich, es werde schonungsvoll hantiert, so daß die Kontrollzwecke nicht immer erreicht werden. Hier bleibt jedenfalls zu bedenken, daß in den reinigenden Kontroll- und Verantwortungsprozeduren mit Öffentlichkeitswirkung oft der Schein von Belang ist: Auch was sachlich-objektiv in Ordnung gestellt ist, hat den Effekt noch nicht erzielt, wenn Schein und Glaube sich nicht einstellen. Das Volk zum Beispiel muß auch sehen und glauben, daß etwas erzielt werde, so daß gelegentlich ohne sachlich zwingenden Grund «Köpfe rollen» müssen. Externe oder Fremdkontrollen sind Interorgankontrollen im Sinne LOEWEN- STEINS, die in der Staats- und Verwaltungsgerichtsbarkeit und in den parlamentarischen Verwaltungskontrollen ihre klassischen Formen finden.

Politische und Rechtskontrolle

Politische und Rechts- oder Fachkontrollen bilden ein weiteres Unterscheidungspaar. Politische Kontrolle prüft mit politischen Maßstäben und endet, bei sauberem Durchspiel, in politischen Sanktionen, z.B. bei Rücktritten, politischen Rügen oder einfach in der Preisgabe an die öffentliche Mißstimmung. Rechts- oder Fachkontrollen anderseits arbeiten bei normativ fixierten Maßstäben, z.B. Rechtsnormen, und laufen bei Mängeln entweder in die Aufhebung des Staatsaktes, seltener in die persönliche Haftung des Organwalters aus.

Das Problem der Institutionalisierung

Ich will dieses Zwischenstück über die Kontrollarten schließen mit dem Hinweis darauf, daß *Dichte und Maß der Institutionalisierungen* in den Kontrollgebieten unterschiedlich sind und daraus Folgerungen für die Bedeutung der Kontrollvorgänge erwachsen können. Wo richterliche Fremdkontrollen in strengem Prozeßrecht ablaufen und positiv-rechtlich Sanktionen, z.B. Kassationen oder Vermögenshaftungen, festgelegt sind, besteht relativ Gewißheit, was herauskommt, wenn Kontrollverfahren angezettelt werden. Und hat man bei parlamentarischen Kontrollen im günstigen Fall dank der Fraktionsdisziplin einerseits und wegen einer parlamentarischen Manövriermasse anderseits Überblick und Führungssicherheit, kann man «respicere finem». Aufs Glatteis hingegen begibt man sich in formfreien Verfahren und gar bei der Anrufung der öffentlichen Meinung als der letztmaßgeblichen Größe; denn hier ist keine faßbare und ihrerseits in Verantwortung einziehbare Kontrollgewalt am Werke. Wer nichts zu verlieren hat, kann diesen Gang bedenkenlos begehen. Andere werden vorsichtiger bleiben, insbesondere da, wo Radio und Fernsehen oder die in Machtkonzerne konzentrierte Presse Macht und Kraft der Letztinstanzlichkeit einnehmen. Kontrollen können als soziale Phänomene fernab der staatlichen Institutionen eingerichtet oder einfach präsent sein und durchaus verläßlich funktionieren, z. B. Ämterkumulationen verhindern, Staats- und Wirtschaftsmacht voneinander fernhalten, Abdankungen sicherstellen usw. Bei Zulänglichkeit sozialer Kontrollen bedarf es weniger oder keiner staatlichen Vorkehren, so daß die Last, Kontrollen zu gewährleisten, die Organisationsgewalt nicht immer vollumfänglich aufzunehmen braucht. Es kommt auf die Lage des Staates und der Gesellschaft *in concreto* an.

4. Vier ausgesuchte Probleme aus der gegenwärtigen Kontrollthematik

Im letzten Teil möchte ich auf einige aktuelle Probleme der Kontrolle hinweisen, welche die rechtsstaatliche Demokratie umtreiben.

Die Legitimierung des Kontrollierenden

Da tritt als erstes die Frage nach der *Legitimierung des Kontrollierenden* auf. Wer soll diese Rolle handhaben dürfen? Vor allem weil sanktionierende, purgierende, sanierende Effekte erzielt werden müssen, ist die Frage nicht gleichgültig. Die politisch relevanten Kontrollen laufen offensichtlich auf das Parlament zu, dem wegen seiner kräftigen Legitimierung durch die Volkswahl und wegen seiner heutzutage in der Rechtssetzung begrenzten Eigenständigkeit die Kontrolle als die kapitale Aufgabe je länger desto deutlicher als Hausgut empfohlen wird. Soweit politische Kontrollen wahrzunehmen sind, die sich an dem während des Kontrollvorgangs noch zu bestimmenden Gemeinwohl ausrichten, ist das *Parlament* unbestrittenermaßen das richtige Organ. Seine Schwierigkeiten beginnen, wenn komplizierte Sachverhalte der Klärung bedürfen; Untersuchungsausschüsse, Hilfsdienste und Sukkurs aus der Administration helfen eine Zeitlang weiter, bewahren aber das Parlament häufig nicht vor der Sackgasse der Sachunkundigen, die Ausflucht suchen durch sozusagen gewalttätige Zwangslösungen oder durch fadenscheinige Übertünchungslösungen. Das alles heißt: Parlamentarische Kontrollen können fehlschlagen, wenn komplexe Sachfragen zu lösen sind und die Reduktion der Problematik auf einfache politische Fragen angemessen nicht zustandekommt. Oder es müssen Rechtsfragen, insbesondere Verfassungsrechtsfragen mitbeantwortet werden, die trotz einer Bemühung um Objektivität das Parlament aus seiner urpolitischen Natur nicht herausreißen können, also in politische – und dann meist noch parteipolitische – Dezisionen führen. Hier ist die Gefahr der Willkür akut.

Die Überleitung in die *Gerichtsbarkeit* liegt demzufolge besonders nahe, weil so die legitimierende richterliche Unabhängigkeit eingesetzt und die Sachkunde sichergestellt werden kann. Soweit feststehende Rechtsnormen Maßstab bilden und durch Sachverstand klärbare Tatfragen im Spiel sind, hat sich die richterliche Einschaltung offensichtlich bewährt. Was allein in den letzten 30 Jahren etwa in der Verwaltungsgerichtsbarkeit der westlichen Welt an kontrollbedürftigen Gegenständen aufgefangen und zu befriedigenden Lösungen geführt werden konnte, bezeugt eine hervorragende Findigkeit und organisatorische Kreativität der rechtsstaatlichen Demokratie. Der Verfassungsgerichtsbarkeit für die Kontrollaufgaben hingegen einige Reserve entgegenzubringen, grenzt für Juristen an ein Sakrileg, zumal in Österreich, wo dieser Zweig der Rechtsprechung so hervorragend funktioniert[11]. Gleichwohl bleibt das alte Risiko für andere Staaten aufrecht: daß der namentlich zur Normenkontrolle eingesetzte Verfassungsrichter in politische Implikationen gezogen wird, die seine Kontrolle dem engeren Rechtsnormativbereich entziehen, ihm die Unabhängigkeit schmälern und damit die gesuchte Legitimierung wieder beeinträchtigen.

Neu sind die Versuche im Westen, aus den nordischen Staaten den *Ombudsmann* in modifizierten Ausformungen zu übernehmen. Die effektiven Kontrollerfolge scheinen beachtlich zu sein, doch reicht bislang die Betätigung kaum über den Schutz des einzelnen hinaus. Ein umfassendes Kontrollorgan, das neben der ordentlichen staatlichen Entscheidungsorganisation steht, wird sich aus dem Ombudsmann schwerlich entwickeln lassen. So sind denn heute und wohl auch auf die Zukunft hin die kontrollierenden und kontrollierten Organe vorwiegend in der allgemeinen Behördenorganisation eingegliedert.

Den *elitären Kontrollorganen* – elitär wegen ihrer qualifizierenden Sachkunde, ihrer geringen Mitgliederzahl und ihrer weitreichenden Unantastbarkeit – stehen in der Demokratie regelmäßig die *populären Kontrollorgane* als Alternative gegenüber. Und die populären sind – den vielleicht populär zu machenden Ombudsmann jetzt einmal außer acht gelassen – regelmäßig großzahlig oder wesensgemäß auf Masseneffekte eingerichtet. Hier ist denn der Ort, wo die Massenmedien eine neue politische Funktion zu suchen scheinen. Die recherchierende Presse oder die Television, die mitunter die Gebärde des überlegenen Arbiter der Zeitgeschichte anzunehmen liebt, zeigen den Hang, zum umfassenden Kontrollorgan aufzusteigen. Sie sprechen das Publikum direkt und endgültig an, behaupten eine eigenstän-

[11] HERMANN MOSLER (Hrsg.), Verfassungsgerichtsbarkeit in der Gegenwart (Länderberichte und Rechtsvergleichung für das internationale Kolloquium) Heidelberg 1961, Köln / Berlin 1962, S. 439 ff. (Melichar), 725 ff., 764 ff.

dige Legitimation und lassen trotz ihrer staatlichen Zulassung über sich faktisch keine Gegenmacht gelten. Sie umfahren die institutionalisierten Kontrollen des Staates, und daß sie oft Erfolg haben, belegt nicht nur ihre Angriffigkeit, sondern auch einen Rückstand der staatlichen Kontrolleinrichtungen. Die Massenmedien als Kontrolleinrichtungen – das Problem ist nicht bewältigt.

Kontrollgegenstand und Kontrollbedürfnis

Ein nächstes Permanenzproblem der Kontrolle ist das *Erfassen des Kontrollgegenstandes und des Kontrollbedürfnisses*. Betrachten wir etwa die Objekte, die zum Gegenstand parlamentarischer Kontrolldebatten gemacht werden, so fallen häufig die Zufälligkeit, die mindere Wichtigkeit, die für die Staatsleitung geringe Ergiebigkeit, die wenig überlegte Ergebnismöglichkeit für Staat oder Kontrollinstanz auf. Das wäre alles erträglich und verzeihlich, wenn die Parlamente in der Verfügung über ihre Zeit schwelgen könnten und wenn neben den Bagatellen und Kleinlichkeiten großdimensionierte kontrollbedürftige Fragen gleichwohl aufgegriffen würden. Freilich können auch unbedeutende Themen allgemeine Kontrolleffekte erzielen, insbesondere eine didaktisch-edukative Wirkung, aber die Regel ist es nicht. Was fehlt – und dies offenbar auch im rein parlamentarischen Regierungssystem, wo die geschlossene Opposition der organisierte Hüter der politischen Kontrollen sein kann – ist doch wohl die systematisch-planmäßige Kontrollauslösung, die nach Wichtigkeit und politischer Grundsituation in Gang gesetzt würde.

Hat man aber einmal ein Kontrollobjekt auserkoren, kann die Entdeckung der Mängel und der Korrekturmöglichkeiten ungemein erschwert werden, wenn die Organwalter des Kontrollierenden, z. B. Parlamentarier, nicht sachvertraut genug sind, Experten nicht hinreichend ansetzen, befragen und verstehen können, durch die Kontrollierten sich hinhalten lassen usw. Die verbreitete Groteske der *Attrappenkontrollen* läßt sich nur dann von der staatlichen Bühne absetzen, wenn der Kontrollierte, z. B. die Verwaltung, so loyal ist, daß er Mängel und die Lösungsmöglichkeiten selbst angibt und kooperativ mithilft, die Kontrollprozedur zu einem Enderfolg durchzuziehen. Erstaunlicherweise gibt es diese Mischung von Selbstreinigung in fremden Händen immer wieder.

Es braucht *Kontrolltechniken*, die ein kontrollierendes Organ so beherrschen sollte wie etwa die parlamentarischen Geschäftsordnungen oder die Prozeßgesetze oder den persönlichen Umgang mit Massenmedien. Bei der Kontrolltechnik und Kontrolltaktik ist man aber schwerlich auf dem optimalen Stand und von Virtuosität weit entfernt – alles zum Nachteil der Kontrollzwecke, die wir früher betrachtet haben.

Der Maßstab der Kontrolle

Damit verwandt ist die dritte Frage, nämlich die des *verwendbaren Maßstabes*, soweit Kontrollieren ein Messen bedeutet. Für Messen und Bewerten ist nicht einfach das Verfassungsrecht oder das Recht überhaupt oder das Gemeinwohl oder das öffentliche Interesse oder die Opportunität oder die Staatsraison oder die Volksstimme bestimmend, sondern je nach Kontrollobjekt, Kontrollverfahren, Kontrollorgan und Kontrollbegehren das eine oder andere oder eine Verbindung davon. Auch das Parlament gegenüber der Verwaltung oder jede organinterne Intrakontrolle kann scheitern oder zu Fehlergebnissen führen, wenn der Maßstab nicht erkannt oder nicht richtig angelegt wird. Das greift über die vorhin genannte Taktik und Technik hinaus, welche das Kunstgewerbe der Einpeitscher sein kann, und erreicht die Anforderungen wissenschaftlichen Vermögens für angesprochene Bereiche (z. B. Ökonomie, Jurisprudenz, Historie, Politikwissenschaft, Philosophie) und oft die Dignität staatsmännischer Führungskunst auf beiden Seiten: auf der des Kontrollierenden wie auf der der Kontrollierten.

Kontrolle im Übermaß

Auf einen vierten Problemkreis darf ich noch eingehen: Der Konnex von Verantwortung und Kontrolle verführt immer wieder zu einem *Übermaß* von Kontrollvorkehren. Zuzugeben ist auch, daß die Idee der «Kontrolle durch Zusammenwirken», die notwendigerweise die herkömmlichen Kompetenzbegriffe und -abgrenzungen abbaut, die Kontrolle unangemessen machen kann, also uferlos und total. Im übrigen tragen Mißdeutungen der Verantwortung zu Überdehnungen bei. Anschaulich sind die Beispiele aus der Verwaltung. Hier herrscht vielerorts noch ein strenges hierarchisches Denken vor, das seine Ursprünge im kirchlichen und militärischen Gebiet haben mag und wo der Chef patriarchalisch für alles und jedes, was in seinem Ressort geschieht und nicht geschieht, einzustehen hat. Gegenstück zu dieser *umfassenden Verantwortung* ist die unbegrenzte Dienst- und Befehlsgewalt, aber auch die Verpflichtung zur unbegrenzten Aufsicht oder Kontrolle. Das parlamentarische Regierungssystem schleppt noch Ausläufer dieser zugespitzten, monistischen Verantwortungsvorstellung in bezug auf den Premier mit sich, verdünnt freilich, weil Kollegial- und Ressortprinzip das Premierprinzip zu durchdringen beginnen.

Verwaltung im demokratischen Rechts- und Sozialstaat muß heute tief und breit gegliederte *Kompetenzordnung* sein, was bedeutet, daß derjenige, der in dieser amtsmäßig-objektiven Ordnung Kompetenzen übertragen bekommt, für seine Zuständigkeit auch *einzustehen* hat. Der hierarchische Verwaltungsaufbau ist damit nicht verunmöglicht, aber es gibt richtigerweise keine Formalverantwortlichkeiten mehr. Einzustehen hat man für das, was man *effektiv* tun kann. Es gilt heute der wegleitende Satz: «Der Chef ist für das Ganze, aber nicht für alles verantwortlich.»[12] Daß das Ganze seines Bereichs läuft – dafür wird er behaftet. Daß es störungsfrei und ohne Fehler vor sich gehe, das wäre unerfüllbar, auch unmenschlich und dem *realen* Verantwortlichkeitsprinzip zuwider. So erstreckt sich die Verantwortung eines Chefs in der Regel auf

– die Auswahl seiner Mitarbeiter,
– die Auftragszuweisung und Instruktion in dem Maß, das auf die Qualität des Mitarbeiters ausgerichtet ist,
– die Bereitstellung der aufgabenangepaßten Mittel,
– die angemessene Beaufsichtigung.

Wo man solche reale Verantwortlichkeit praktiziert, ist der Vorgesetzte der Überforderung enthoben, jede Handlung in seinem Ressort anordnen, verfolgen, genehmigen oder korrigieren zu müssen. Konsequenz daraus kann die wie auch immer geartete Reduktion der Kontrollen auf Wesentliches sein. Bei dieser Situation muß indessen ein *feinfühliges Kontrolldenken* einsetzen.

Auf der einen Seite soll das verbleibende Kontrollieren, z. B. die angemessene Beaufsichtigung der Untergebenen, auf Wirksamkeit ausgehen, also das oft schluddrige, leerlaufende Formalbetrachten durch ein materiell-sachkundig-kritisches Nachvollziehen ablösen. Das bedingt, daß der Kontrollierende versteht, um was es geht, denkend begreift, sinnvoll fragt und im günstigeren Fall Fähigkeiten aufbringt, Alternativen zu erkennen. Aus solchen Forderungen sollte man im Prinzip auch die politische Kontrolle nicht entlassen, weil auch sie letztlich nur durchschlägt, wenn sie ernst genommen werden kann, und hiefür genügt nicht mehr die hierarchische oder die mandatierte Autorität, sondern vorwiegend die sachgetragene Autorität, verknüpft mit einem glaubwürdigen Persönlichkeitswert des Kontrollierenden.

Auf der anderen Seite bleibt zu bedenken, daß der komplizierte soziale Leistungsstaat, zu dem alle westlichen Demokratien geworden sind, gleichsam freie Luft und *offene Betätigungsfelder* braucht. Er lebt davon, daß an vielen Stellen initiative, schöpferische, unternehmensfreudige Kräfte wirksam sind. Es braucht Entfaltungsmöglichkeiten. Und das nun verbietet die einengenden-kleinlichen Kontrollen an jeder Stelle tagein tagaus. *Überdimensionierte Kontrolle* lähmt, raubt den kreativen Schwung, schafft ängstlich-vorsichtige, passive Bürokratien, die die unfallfreie Routine zum Leitprinzip machen. Man muß für die zeitgemäße Zurückhaltung freilich

---

[12] Richtlinien (des schweizerischen Bundesrates) für die Verwaltungsführung im Bunde, Bern 1974, S. 31 ff.

auch einen Preis entrichten. Die konzentrierte und gebremste Kontrolle geht Risiken ein: Es kommt zu Fehlhandlungen, Störungen, Mißerfolgen, die eine dichte Kontrolle vielleicht vorausgesehen und vermieden hätte. Es gibt *keine rettende Formel:* Der konkrete Staat muß in seinen jeweiligen Situationen das richtige Maß an Kontrollen bestimmen, und da geht es nicht ab ohne die Möglichkeit des Zuviel oder des Zuwenig. Offenbar gehört es sowohl zum einfachen Handwerkszeug staatspolitischer Betätigung als auch zur hohen Kunst staatsmännischer Staatsgestaltung, das je Zuträgliche auszumachen und durchzubringen. Jedenfalls wird an diesem Punkte nochmals deutlich: *auch Kontrolle ist verantwortliches Tun,* ist zu verantworten, und wenn man dieses Verantworten mit Kontrollen sicherstellt, so ist das Bemühen in der Demokratie nicht abzuschreiben, vermehrt auch solche Kontrollierende in Kontrolle zu fassen, die bisher wegen ihrer Letztinstanzlichkeit sich dem Kontrollkonnex und damit der realen Verantwortung entziehen konnten.

5. Schlußbetrachtung

Rechtsstaatliche Demokratie ist unter anderem kontrollierte und kontrollierende Staatsaktivität. Kontrolle bändigt Macht, integriert, fördert die rechts- und sachrichtige Staatsbewältigung, ermöglicht Partizipationen und festigt das Vertrauen zum Gemeinwesen, womit der Mensch in seiner Verlorenheit wieder Anknüpfung zu Gemeinschaften finden mag. Aber Kontrolle ist ihrerseits Macht und zeigt alle Gefahren und Risiken ungebändigter Mächtigkeit. Deshalb ist sie in die Verantwortung gesetzt; sie ist nur als verantwortliche Funktion zu rechtfertigen. Kontrolle ist nicht dazu angesetzt, die primäre, affirmative, gestaltende Kreativitätskraft des Gemeinwesens in Funktion zu bringen. Sie bleibt – auch wo sie präventive, antizipierende, begleitende, mitverantwortliche, ihrerseits kontrollierte Tätigkeit darstellt – ein Tun in zweiter Hand, ist wesensgemäß Nachvollzug und vorwiegend darauf gerichtet, Mängel zu vermeiden, zu entdecken, zu beseitigen. Mit der Kontrolle wird der Staat noch nicht regiert, der Bürger noch nicht in seine Entfaltungsmöglichkeiten gesetzt, das Gemeinwesen noch nicht in die volle demokratische Partizipation gebracht. Die für den Bürger segensreiche Verwaltungsgerichtsbarkeit, die für die Rechtsstaatlichkeit der Staatsleitung fruchtbare Verfassungsgerichtsbarkeit, der für die Beruhigung wirkende Ombudsmann, die für die Machthemmung der Exekutive unerläßliche politische Parlamentskontrolle, die für die saubere Finanzgebarung und die tüchtige Verwaltungstätigkeit wirksamen verwaltungsinternen Kontrollen – sie sind erhebliche Errungenschaften und Bestätigungen kontrollierter Demokratie. Doch steigen sie trotz ihrer heutigen Unentbehrlichkeit nicht auf zur Höhe der Staatsleitung. Kontrolle bleibt eine unterstützende, abgeleitete, re-agierende Sekundärfunktion.

Das Wesen der Kontrollen, ihre Möglichkeiten und Grenzen für den konkreten Staat in der gegebenen Zeit zu erkennen, die Verläßlichkeit nicht-institutionalisierter Sozialkontrollen, welche staatliche Regelung ergänzen oder überflüssig machen, abzuschätzen, die verbleibenden positivrechtlichen Festlegungen zu treffen und zu handhaben – dies alles gehört zu den Tagesaufgaben demokratischer Gestaltung. Dabei steht heute voran, für die praktikable Demokratie die jeweils ausgewogene Kontrolldichte zu finden. Man kann zu wenig, man kann im Übermaß ein Staatswesen aber auch bis zur Handlungslähmung kontrollieren. Es geht darum, die groben Lückenhaftigkeiten und die systemlos-punktuellen Zugriffe ebenso zu überwinden wie die Kontrollüberfülle mit den Überlagerungen der primären Entscheidungsstrukturen mit konkurrierenden Kontrollfunktionen. Rechtsstaatliche Demokratie ist der Auftrag und die Hoffnung, hier wie sonstwo die ausgewogene Lösung zu finden.

Entwicklungstendenzen
in der schweizerischen Demokratie

I. Fortführung der Demokratie

1. Die Forderung der Synthese rechtsstaatlicher Demokratie

Vor 25 Jahren hat WERNER KÄGI in seinem Beitrag zur Festgabe für Zaccaria Giacometti eindringlich und nachhaltig dazu aufgerufen, die Fortbildung der Demokratie mit den Forderungen des Rechtsstaates zu verknüpfen: Die vielfach behauptete Antinomie von Demokratie und Rechtsstaat solle überwunden und die Synthese zustandegebracht werden[1]. Er erkennt und schildert Risiken, die in radikalisierenden Demokratievorstellungen liegen können, wo dezisionistisch-totalitäre Auffassungen die Allmacht, die Unwiderstehlichkeit, die Allzuständigkeit des Volkes oder der Volksmehrheit hervorrufen, die kontrollierenden Eingrenzungen demokratisch begründeter Macht scheitern und im Demokratismus schließlich totalitäre Herrschaft aufgerichtet wird. Dezisionistische Dogmatik und Praxis entfesseln den «demokratischen Leviathan». WERNER KÄGI sieht die «grosse Aufgabe unserer Zeit» in der Herstellung und Sicherung des «demokratischen Rechtsstaates». Dieser Aufgabe wendet er immer wieder sein wissenschaftliches Bemühen und seinen ganzen persönlichen Einsatz zu[2].

Denn die Aufgabe ist nie abgeschlossen, stellt sich aber im Gang der Geschichte mit unterschiedlicher Eindringlichkeit. Im letzten Teil dieses Jahrhunderts scheint sie, zumindest dem Worte nach, damit freilich rasch

In: «Menschenrechte, Föderalismus, Demokratie», Festschrift zum 70. Geburtstag von Werner Kägi, S.79–100. Schulthess Polygraphischer Verlag, Zürich 1979.

[1] WERNER KÄGI, Demokratie und Rechtsstaat, Antinomie und Synthese, in: Festgabe für Zaccaria Giacometti, Zürich 1953, S.107ff.; jetzt auch in: ULRICH MATZ (Hrsg.), Grundprobleme der Demokratie, Darmstadt 1973, S.107ff. – Die normative Idee des Rechtsstaates hat er im Jahr zuvor mit neun Grundpostulaten der Rechtsordnung wegleitend gekennzeichnet: Zur Entwicklung des schweizerischen Rechtsstaates seit 1848, ZSR 71 I, 1952, S.173ff.

[2] Wie schon die Habilitationsschrift (Die Verfassung als rechtliche Grundordnung des Staates, Zürich 1940/45) ist auch das Referat für den Schweizerischen Juristenverein (Rechtsfragen der Volksinitiative auf Partialrevision, ZSR 75, 1956, S.739aff.) durchdrungen vom Bemühen um die Synthese, wobei das rechtsstaatliche Moment als das gefährdetere, der hegenden Sorgfalt bedürftigere behandelt wird.

auch der Sache nach, in den Hintergrund treten zu wollen, verdrängt vor allem von monistischen Demokratiediskussionen. Wer den heutigen Stand und die bedrängende Problematik des Staats und des Rechts indessen bedenkt, wird schwerlich den Begriff des demokratischen Rechtsstaates aus dem Verkehr ziehen können.

Der Sache nach jedenfalls stellt sich die Frage der Grundwerte und ihrer Verbindungen, die mit Demokratie *und* Rechtsstaat angesprochen sind, weiterhin. Wenn man deshalb versucht, allein innerhalb des Demokratiebegriffs zurechtzukommen, so verlagert man die Rechtsstaatsfrage und das Problem der Synthesen in die Erörterung der «Demokratieverständnisse» vor dem Hintergrund vielleicht unterschiedlicher Freiheitsdeutungen[3]. Das erleichtert das Gespräch und die Verständigung kaum, versetzt aber die rechtsstaatlichen Faktoren zunächst in die Nachhand, namentlich wenn praktisch-institutionelle Folgerungen gezogen werden sollen und dabei über die Voraussetzung der Freiheitsdeutungen nicht Klarheiten geschaffen werden.

2. Drei erschwerende Tatbestände

Freilich hat sich seit den fünfziger Jahren manches verschoben: in Benennungen, Begriffen, Begründungen, Folgerungen, politischen Praktiken und Stoßrichtungen. Und etliche der damals aufgewiesenen Entwicklungslinien haben sich akzentuiert oder verlaufen. Die *soziale und politische Umwelt*, in der die von WERNER KÄGI gekennzeichnete Synthese derzeit zu ermitteln ist und die alle Lösungsversuche maßgeblich mitbestimmt, ist vorwiegend durch drei Merkmale gekennzeichnet.

Erstens ist der Staat in eine *unübersehbare Aufgabenfülle* hineingewachsen, die ihn zu einer bisher ungekannten machterfüllten Großorganisation gedrängt hat[4]. Er steht – bei Gefahr von zerstörerischen Legitimitätseinbußen – unter einem unausweichlichen Erfolgszwang, dem er im großen und ganzen bisher zu genügen vermocht hat. Seine erstaunliche Fähigkeit, vielerlei Krisen und existentielle Bedrohungen zu meistern, setzt ihn einer sich steigernden Erwartungssituation aus. Die Weltkriege und die Weltwirtschaftskrise waren offensichtlich nicht singuläre Anstrengungen des Staatlichen, denen grundlegende Entlastung und Redimensionierung

---

[3] Schweizerische Politik im Jahre 1977, 13. Jahrgang, Bern 1978, S. 11.

[4] Vgl. ULRICH MATZ, Der überforderte Staat: Zur Problematik der heute wirksamen Staatszielvorstellungen, in: WILHELM HENNIS / PETER GRAF KIELMANNSEGG / ULRICH MATZ (Hrsg.), Regierbarkeit, Studien zu ihrer Problematisierung, Band 1, Stuttgart 1977, S. 82 ff.; ferner meinen Beitrag: Der geforderte Staat: Zur Problematik der Staatsaufgaben, ebenda, S. 103 ff.; HANS PETER BULL, Die Staatsaufgaben nach dem Grundgesetz, Frankfurt a. M. 1977; FRIDO WAGENER (Hrsg.), Regierbarkeit? Dezentralisation? Entstaatlichung?, Bonn 1976, *passim*.

gefolgt wären, sondern die damalige Ballung staatlichen Könnens und staatlicher Macht hat sich, in oft veränderten Formen, fortgesetzt, gefestigt und perfektioniert. Empfehlungen und Versuche, die offene Aufgabenpotentionalität zu verengen, Schrumpfungen der Aufgabenfülle in die Wege zu leiten und neue Prioritätenordnungen zu setzen, sind bislang unbeachtet geblieben. Die faktischen Unumkehrbarkeiten zeigen das Bild einer nur eingleisigen Reaktions- und Aktionsmobilität des Staates: Die Aufgaben steigen an, der Staat aber, der sich anschickt, sie zu bewältigen, verändert seine Strukturen, Funktionen und qualitativen Ausrichtungen. Es muß mit einer inhaltlich grundlegend veränderten Potenz umgegangen werden.

Zweitens ist dieser Staat des 20. Jahrhunderts in einen unvergleichlich *beschleunigten Sozialwandel*[5] hineingestellt und davon mitgerissen. Dabei sind es nicht nur die äußeren Änderungen insbesondere der technischen und wissenschaftlichen Welt, die ihn erfassen, sondern auch der beinahe schrankenlose *Wertwandel*, der ihn in allseitige Ungewissheiten und Orientierungsschwierigkeiten versetzt. Der Staat kann jedoch keinesfalls abseits bleiben, sondern wird unter dem gesellschaftlichen Druck und kraft eines seiner Seinsweise entsprechenden Auftrags zu Sozialgestaltungen veranlaßt, den gesellschaftlichen Wandel anzutreiben oder ihm vollstreckend nachzueilen. Das Tempo der eigenen Bewegung paßt sich dem des sozialen Wandels an, die Dynamik wird nicht nur zum gelobten, sondern auch praktizierten Prinzip eines Dynamismus, die Stabilitätsfaktoren, die in ihm wirken und seine Festigkeit und Kontinuität begründen, sind geschwächt. Hast und Zeitdruck sind – mit den konträren Reaktionen der Verzögerungen und Lähmungen – die Modi der staatlichen Bewegung.

Drittens trifft der aktivierte Staat auf *veränderte Grundhaltungen und Mentalitäten*[6], die in ihm selbst allmähliche Umstellungen veranlassen. Es

---

[5] Vgl. WILBERT E. MOORE, Strukturwandel der Gesellschaft, deutsch München 1967; HANS PETER DREITZEL (Hrsg.), Sozialer Wandel, Zivilisation und Fortschritt als Kategorien der soziologischen Theorie, Neuwied/Berlin 1967; RALF DAHRENDORF, Sozialer Wandel, in: Evangelisches Staatslexikon, 2. Aufl., Berlin 1975, Sp. 2347 ff.; Der Bundesminister für Arbeit und Sozialordnung (Hrsg.), Wirtschaftlicher und sozialer Wandel in der Bundesrepublik Deutschland, Göttingen 1977; EDWARD HALLETT CARR, Die neue Gesellschaft, Aspekte der Massendemokratie, deutsch Frankfurt a. M. 1968.
Die alarmierende Gesamtwürdigung bei der synoptischen Sicht von Staat und Gesellschaft über Frankreich hinaus: ALAIN PEYREFITTE, Le Mal français, Librairie Plon 1976, insbes. S. 361 ff., 461 ff.

[6] Auf diese Veränderungsphänomene in ihren dutzendfachen Erscheinungen ist WERNER KÄGI mehrfach eingegangen. Zwei Arbeiten kennzeichnen m. E. besonders nachhaltig die Verpflichtung zur Resistenz einerseits und Modifikation andererseits, beides auf dem tragenden Grund, Recht, Rechtswerte und Rechtlichkeit durchzutragen: Vom bleibenden Sinn der Verfassung in einer veränderten Welt, in: Jahrbuch der Neuen Helvetischen

sind nicht nur die Leistungserwartungen eines vorwiegend konsumierenden Menschen zu sättigen, sondern die Emanzipationen vieler Ebenen sind
im Begriffe, sich im politischen und administrativen Alltag tiefer und
breiter festzusetzen. Sie verändern vornehmlich die Entscheidprozesse. Die
Autoritätseinbußen staatlicher Institutionen und Amtswalter und der
Auftritt eines wacheren, kritischeren, forderungsfähigeren Bürgers bringen
die herkömmlichen Strukturen und Funktionen in Bedrängnisse. Dabei
scheint sich eine paradoxe Grundsituation einzukerben: Der Mensch wird
staatsabhängiger, sucht sogar für persönlichste Schwierigkeiten bewußt
oder unbewußt Stützen in der säkularisierten staatlichen Organisation, die
für sein äußeres *und* inneres Dasein bedeutungsvoller wird, so daß er für die
Mitgestaltung dieses Staates sei es für immer, sei es bis zur Rekonstruktion
von wirkungsvollen Kirchen oder bis zur Totalemanzipation eines futuri-
stischen neuen Menschen hochgradig motiviert sein dürfte; zugleich ist er
behende bereit, sich diesem Staate zu verweigern, wenn Erwartungen nicht
erfüllt werden. Zuwendung und Abwendung zu gleicher Zeit treiben
verheddderte Beziehungen hervor. Augenfällig ist: Der um seine Legitimität
besorgte und auf die Wahrung der Menschenwürde ausgerichtete Staat
setzt die gewohnten Kategorien der Rechtsverwirklichung und der Selbstbehauptung nur begrenzt, manchmal nur in besonderen Situationen ein
und begibt sich sonst in die Rolle des Werbenden, der Beliebtheit sucht und
Zustimmung, Mitgehen und Beteiligung durch Attraktivitäten zustandezubringen trachtet. Der mit der wachsenden Emanzipation gekoppelte
Prozeß der *Pluralisierung* führt eine geistig-psychische Vielgestaltigkeit
herauf, die vielbeschriebene Pluralismen zum bestimmenden Phänomen
geschichtskräftiger Vorgänge macht und die staatlichen Entscheidprozesse
kompliziert[7]. Angeblich wird in einer Art politischer Verweichlichung und
bei geringen persönlichen Belastbarkeiten billiger Konsens ausgehandelt
und die schöpferischen Konflikte oppositioneller Kräfte gemieden. Die
Wirklichkeit ist etwas anders: Die integrative Basierung in allgemein
respektierten Grundwerten und in praktischen Staatsentscheidungen ist
außerordentlich erschwert. Sie erträgt wenig spielerische Freiheiten und
stellt die politischen Vorgänge unter den Druck, Entgegensetzung und

Gesellschaft 38, 1967, S. 35 ff., und das Gutachten zum Jesuiten- und Klosterartikel der
Bundesverfassung, 1973, insbes. S. 255 ff.
[7] Zu den verschiedenen «Ebenen» des Pluralismus und den Ansätzen der Bewältigung
zusammenfassend ROMAN HERZOG, Artikel Pluralismus, in: Evangelisches Staatslexikon, 2. Aufl., Berlin 1975, Sp. 1848 ff.; DERSELBE, Allgemeine Staatslehre, Frankfurt
a. M. 1971, S. 67 ff.; und immer wieder fruchtbar: ERNST FRAENKEL, Der Pluralismus als
Strukturelement der freiheitlich-rechtsstaatlichen Demokratie, Verhandlungen des
45. Deutschen Juristentages, München/Berlin 1964; vgl. auch REINHOLD ZIPPELIUS,
Allgemeine Staatslehre, 4. Aufl., München 1973, S. 117 ff.

Einigung je in ausgedehnten kohärenten Verfahren zu verwirklichen. Die oft gerügte Konkordanzdemokratie ist in Tat und Wahrheit weniger ein bequemer allgemeiner Weg für die staatliche Bewegung als ein mühevoll erreichtes Ergebnis von Fall zu Fall im konkreten Sachgeschäft, also meist nicht Verzicht auf effektive Oppositionen, sondern der sichtbare Teil eines komplexen Prozesses der Entscheidherstellung.

3. Die Betonung des Demokratiefaktors

An diesen drei – und selbstverständlich weiteren – Tatbeständen der Aufgabenfülle, des beschleunigten Sozialwandels und des Mentalitätswandels im Pluralismus stößt die fortführende Staatsgestaltung seit der Jahrhundertmitte heftig an, und sie verändern die Wege, aber auch die Substanzen zur aufgetragenen Synthese des demokratischen Rechtsstaats. Der Begriff des Rechtsstaats wird einen Ideenkern beibehalten, wie WERNER KÄGI ihn umschrieben hat[8]. Aber er hat auch *Modifikationen* aufzunehmen[9], die jedoch offenbar mit jenen Tatbeständen der Wandlung in Tempo und popularitätsfähigen Gehalten *nicht* voll *Schritt zu halten* geeignet sind[10]. Der Rückstand dürfte damit zusammenhängen, daß die bewahrenden und stabilisierenden Grundpostulate, die die Rechtsstaatsidee und dann der Rechtsstaatsbegriff mitführen, von einer adaptationsverpflichteten Staatspraxis nur teilweise verstanden und zur Synthese aufbereitet werden. Und in den institutionellen Sektoren des Rechtsstaats ragen Schutzvorkehren durch eine regsame Justiz hervor, die der individualisierte Bürger tatsächlich gerne und zunehmend in Anspruch nimmt, der aber in der öffentlichen Meinung und bei behördlichen Reorganisationen die Geltung eines umfassenden Rechtshüters dann doch wieder nicht zuerkannt wird[11].

[8] Vgl. Anm. 1.

[9] Zur prinzipiellen Veränderungsmöglichkeit und -fähigkeit des Rechtsstaatsbegriffs: ERNST-WOLFGANG BÖCKENFÖRDE, Entstehung und Wandel des Rechtsstaatsbegriffs, 1969, jetzt in: DERSELBE (Hrsg.), Staat, Gesellschaft, Freiheit, Frankfurt a.M. 1976, S.65ff.
Vgl. auch RUDOLF WEBER-FAS, Rechtsstaat und Grundgesetz, Pfullingen 1977, S.11ff.; FERNANDO GARZONI, Die Rechtsstaatsidee im schweizerischen Staatsdenken des 19. Jahrhunderts, Zürich 1952.

[10] Vgl. HANS HUBER, Niedergang des Rechts und Krise des Rechtsstaates, in: Festgabe für Zaccaria Giacometti, Zürich 1953, S.59ff., jetzt auch in: Rechtstheorie – Verfassungsrecht – Völkerrecht, Bern 1971, S.27ff. Zu der daraus erwachsenden Schwierigkeit, des Ganzen des Rechts ansichtig zu werden, und zum Versuch, durch «probierendes Denken» es doch wieder zu erfassen: REINHOLD ZIPPELIUS, Das Wesen des Rechts, Eine Einführung in die Rechtsphilosophie, 4. Aufl., München 1978, insbes. S.33ff., 151ff.

[11] Bezeichnend dafür ist der zurückhaltende Vorschlag der Expertenkommission für die Vorbereitung einer Totalrevision der Bundesverfassung (Kommission FURGLER) zum Ausbau der Verfassungsgerichtsbarkeit (Art.109 des Entwurfs und Bericht, Bern 1977,

So schiebt sich eindrücklich das Moment der *Demokratie in den Vordergrund* und zieht die politischen Kräfte und selbst die wissenschaftliche Blickrichtung weit mehr auf sich, als das Moment des Rechtsstaats es vermag.

Man kann zwar nicht behaupten, rechtsstaatliche Anliegen seien in der Schweiz unbeachtet geblieben. Der Ausbau der Verwaltungsrechtspflege im Bund und in den Kantonen oder die lebhafte Entwicklung der Grundrechte durch das Bundesgericht und durch den Beitritt zur Europäischen Menschenrechtskonvention oder die Stabilisierungen der sozialen Sicherheit als eine primäre Behütung der Menschenwürde und als Voraussetzung der Freiheitsverwirklichungen sind sprechende Beispiele. Trotzdem liegt das *Schwergewicht* offensichtlich einseitig auf dem Ausbau demokratischer Faktoren, denen sich die öffentliche Anteilnahme und die politische Betätigung seit den sechziger Jahren mit wachsendem Einsatz zuwenden[12]. Es ist dabei kaum die Synthese, um die man sich kümmert, als die Heraushebung der demokratischen Faktoren allein. Die Auseinandersetzungen, die die Bundesrepublik Deutschland um den sozialen *Rechtsstaat und den Sozialstaat* überhaupt auszutragen hatte, wurden in der Schweiz registriert, aber weder praktisch-politisch noch wissenschaftlich in jener Tiefe und Intensität mitgemacht: Der Ausbau zum Sozialstaat stand als staatsgestaltende Grundentscheidung doch wohl seit der Volksabstimmung vom 6. Juli 1947 über das Bundesgesetz über die Alters- und Hinterlassenenversicherung fest und wurde auch später selten dem Rechtsstaat entgegengesetzt[13].

S. 178 ff.), der selbst in dieser Gestalt erhebliche Widerstände ausgelöst hat. Vgl. GERHARD SCHMID, Zur Ausgestaltung der Verfassungsgerichtsbarkeit im Entwurf einer totalrevidierten Bundesverfassung, in: Totalrevision der Bundesverfassung – Notwendigkeit oder Wunschtraum? Zürich 1978, S. 135 ff. Kantone, die ihre Verfassungen revidieren, schaffen – abgesehen von Nidwalden, Freiburg und Jura – keine Verfassungsrechtspflege durch einen Verfassungsrichter. Eindrücklich die Stellungnahmen im Kanton Aargau gegen den Vorschlag, einen kantonalen Verfassungsrichter einzuführen: vgl. HEINZ SUTER, Ergebnis des Vernehmlassungsverfahrens, Aarau 1977, S. 190 ff.

[12] Der offenere und wendigere Zugang zum Demokratiefaktor zeigt sich auch etwa darin, daß einmal abgelehnte Ausbauten nicht außer Abschied und Traktanden fallen, sondern nach sich kürzenden Fristen neu vorgebracht werden können. Volk und Stände lehnten am 1. Februar 1959 das Frauenstimmrecht im Bunde ab, nahmen es aber am 7. Februar 1971 beinahe wie selbstverständlich an, woran übrigens WERNER KÄGI einen erheblichen Anteil haben dürfte, z. B. schon mit seinem Gutachten: Der Anspruch der Schweizerfrau auf politische Gleichberechtigung, Zürich 1956. Die Einführung der Gesetzesinitiative im Bunde wurde am 22. Oktober 1961 verworfen, dürfte seit etlichen Jahren aber wohl zu den fälligen Neuerungen gehören, für die lediglich der geeignete Zeitpunkt und Einfügung (Totalrevision oder Partialrevison der Bundesverfassung) offen sein dürften. Eine Generalsichtung durch HANS HUBER, Die schweizerische Demokratie, in: RICHARD LÖWENTHAL (Hrsg.), Die Demokratie im Wandel der Gesellschaft, Berlin 1963, S. 90 ff.; jetzt auch in: Rechtstheorie – Verfassungsrecht – Völkerrecht, Bern 1971, S. 451 ff.

Hingegen wurde beinahe plötzlich eine andere Problematik sichtbar: Der gewandelte aufgabenreiche Staat erheischt eine *hochleistungsfähige Organisation,* die sich nicht von selbst hervorbringt. Die tradierten Strukturen und Funktionen bedürfen offenbar der Überholung, wenn dieser Staat der Erfüllungen fortgeführt werden soll. Reorganisationen werden zum Thema: in täglichen Korrekturen der Staatspraxis, in Teilreformen, schließlich in Verfassungstotalrevisionen[14]. Dabei wird sichtbar, daß die demokratische Gestaltung und die demokratische Staatspraxis betroffen sind: Wie weit ist jene hochleistungsfähige Organisation als Demokratie durchführbar? Wie ist von einem allfälligen Grenzbereich an zu handeln: Soll im Falle von Unvereinbarkeiten Leistungsvermögen oder Demokratie den Vorrang haben? Sollen herkömmliche normative Demokratiebilder modifiziert werden, wenn ja, in welcher Richtung? Da hätte es nahegelegen, sich an Demokratietheorien zu wenden und, sich an ihnen ausrichtend, die Neugestaltung in die Wege zu leiten.

II. Schwierigkeiten mit sozialwissenschaftlichen Demokratievorstellungen

1. Aufkommende theoretische Ausrichtungen

Die schweizerische Demokratie ist – abgesehen von kurzen Zwischenaugenblicken im 19. Jahrhundert – pragmatisch und nicht in Ausrichtung auf Theorien aufgebaut, ausgebaut und gelebt worden. Im weltweiten Ausbrei-

---

[13] Was sich in der Erörterung der Sozialrechte zeigt, denen freilich nicht durchwegs der Eintritt in die Verfassung gewährt werden will, jedoch nicht wegen der Störung der Rechtsstaatsbelange. Vgl. von HANS HUBER verfaßte Darlegungen im Schlußbericht der Arbeitsgruppe für die Vorbereitung einer Totalrevision der Bundesverfassung (Arbeitsgruppe WAHLEN), Bern 1973, S. 180 ff.; JÖRG P. MÜLLER, Soziale Grundrechte in der Verfassung? ZSR 92 II, 1973, S. 707 ff.; ETIENNE GRISEL, Les droits sociaux, ebenda, S. 13 ff.; CHRISTIAN E. BENZ, Die Kodifikation der Sozialrechte, Zürich 1973.
Zur Diskussion und zu Neuansätzen in der Bundesrepublik: KARL DOEHRING, Sozialstaat, Rechtsstaat und freiheitlich-demokratische Grundordnung, in: Die politische Meinung, Sonderheft, Bonn 1978, S. 7 ff.
[14] Übersichten: LUZIUS WILDHABER, Das Projekt einer Totalrevision der schweizerischen Bundesverfassung, in: Jahrbuch des öffentlichen Rechts der Gegenwart, Band 26, Tübingen 1977, S. 239 ff.; Schweizerisches Jahrbuch für politische Wissenschaft 1977 in den Beiträgen von PIUS BISCHOFBERGER (S. 33 ff.) und GERHARD SCHMID (S. 97 ff.); FRITZ MARKUS SCHUHMACHER, Die Bedeutung von Regierungs- und Verwaltungsreformen, Diss. Basel 1976; Bericht der Kommission FURGLER (Anm. 11), S. 1 ff.
Totalrevisionen von Kantonsverfassungen mit ausgearbeiteten Entwürfen – in freilich unterschiedlichem Beratungsstand – sind im Gange in den Kantonen Glarus, Solothurn, Basel-Landschaft und Aargau.

tungsprozeß der Demokratie hat sich im 20. Jahrhundert eine eifrige Demokratieproduktion eingestellt, und dies nicht nur in der Buntheit der praktischen Staatsgestaltungen, sondern auch in der theoretischen Formung von «Demokratieverständnissen», «Demokratievorstellungen», «Demokratieleitbildern», «Demokratietheorien». In dem Zeitraum, da die erwähnten demokratischen Gestaltungsfragen in der Schweiz aufbrachen und zu Lösungen drängten – das heißt behutsam beginnend in den fünfziger Jahren, leuchtend sichtbar seit der Mitte der sechziger Jahre, ausgebreitet in den siebziger Jahren –, strömten zugleich derartige Demokratiedeutungen aus meist sozialwissenschaftlichen Quellen in das Land ein und *lösten Unsicherheiten aus*[15]. Bis dahin hatte man allgemein und wenig reflektiert dafür gehalten, die Schweiz sei – dank langer geschichtlicher Gunst und praktischer Erfahrung – eine reale Demokratie[16], behaftet allerdings mit dutzendfachen und im sozialen Wandel immer neuen Mängeln, aber mit grundsätzlich behebbaren, die durch Selbstkorrekturen aus dem System heraus regelmäßig verringert oder beseitigt werden könnten. Daß die Reinigungen und Fortbildungen im Staat der komplexen Aufgabenstellungen und der gesteigerten Erwartungen und Ansprüche zunehmend schwieriger würden, wurde nicht bestritten, aber vorerst an den Rand gedrängt. Im ganzen waltete ein beinahe naives Selbstvertrauen, daß man die Lage unter Wahrung und Verstärkung der realen Demokratie, in der die Volkssouveränität[17] sich einstelle, meistern werde. Das ewige Problem, wie

---

[15] Die Demokratietheorien gelangten fast vollständig aus der Bundesrepublik Deutschland in die Schweiz, meistens auch diejenigen angelsächsischen Ursprungs, während Frankreich in der IV. Republik bis in die siebziger Jahre sich nur beschränkt an der allgemeinen Demokratieerörterung beteiligte. In der Schweiz wurden selten Gesamtdarstellungen in eine breitere Diskussion gesetzt; es war vorwiegend ein fraktioniertes Einfließen vermittels Zeitungen, Zeitschriften und Vorträgen (mit oder ohne Radio und Fernsehen), ergänzt und erweitert offenbar durch das Taschenbuch, das aber doch nicht weite Kreise erreichte. Die Beiträge schweizerischer Autoren boten sich meistens in gleichen Formen an.
Was im besonderen die Erörterungen im wissenschaftlichen Raum angeht, trifft die Auswahlbibliographie von E. SCHNEIDER-ENNING und W. DEETZ in: ULRICH MATZ (Hrsg.), Grundprobleme der Demokratie, Darmstadt 1973, S. 473 ff., das auch die Schweiz interessierende und hier benutzte Schrifttum recht zuverlässig.

[16] In der Meinung, daß die Volkssouveränität nicht nur Vorstellung bleibe, daß eine Partizipation der Aktivbürgerschaft über das allgemeine und gleiche Wahlrecht hinaus sich auf Sachentscheide erstrecke und – auf irgendwelche Weisen – Rückbindungen des «Staatswillens» an einen «Volkswillen» stattfänden, wobei die Modalitäten der Übereinstimmungen und Identitäten offen bleiben. Versuche zur Typisierung bei MAX IMBODEN, Die politischen Systeme, Basel/Stuttgart 1964, S. 27 ff. – Ein eingängiger Versuch zur Erfassung der Gesamtzusammenhänge einer «realen» oder «lebendigen» Demokratie unter Betonung der rechtlichen Bedingungen: HANS F. ZACHER, Freiheitliche Demokratie, München/Wien 1969.

150

sich der Volks- und Mehrheitswille einfangen oder unverfälscht bilden und im Staatsentscheid auswirken lasse, wurde gesehen, aber als befriedigend lösbar gehalten. Es herrschte keine artikulierte innovationsfeindliche Grundstimmung, obwohl eine vielleicht überdimensionierte politische Gelassenheit bei Volk und Behörden die fortführenden Impulse immer wieder verdrängte. Als Stimmen sich erhoben und anschwollen, die, vor allem angesichts der vorn erwähnten drei erschwerenden Tatbestände, Zweifel in solche Zuversicht und Haltung setzten, deutete man sie gern als Mißverständnisse oder als verfehlte Verzögerungen importierter Problematisierungen, namentlich aus ausländischen Bewegungen der aufgewühlten Jahre um 1968.

Doch stellten sich keine endgültigen Beruhigungen ein. Im Gegenteil. Man wurde gewahr, daß sich, häufig unter dem Titel wissenschaftlicher Analysen und Diagnosen, Demokratieideen und Demokratieideologien meldeten, die die Unsicherheiten bis zu einer *verwirrenden Orientierungslosigkeit* trieben. Zumindest wurden sie – und hier durchaus auch fruchtbar – Herausforderungen und Zwang, sich umzusehen und nach Orientierung Ausschau zu halten.

Den verwirrlichsten Einbruch erzielten wohl die Behauptungen, die *reale Demokratie* komme auch in der Schweiz nicht zustande. Die Kongruenz von Staatshandeln und Volksmeinung (in einer unmanipulierten Mehrheit oder in schützenswerten Minderheiten) fehle. Die Schweiz stehe unter der – meist verbrämten – Herrschaft von Oligarchien, vorwiegend der wirtschaftlichen Großunternehmen, liiert mit machtgierigen Verbänden oder verderbten Parteien. Das korrumpierte Unterdrückungssystem sei zu entlarven [18] und abzulösen durch eine wahre Selbstbestimmung des Volkes, in der der Inbegriff einer wiederzuentdeckenden neuen Freiheit gefunden werde. Von andern Ausgangspunkten aus argumentierten – wahrscheinlich echt um Freiheit und Menschenwürde besorgte – Auffassungen, die nicht die kollektive Selbstbestimmung des Volkes ins Zentrum stellten, sondern die Forderung der individuellen Selbstverwirklichung der Menschen. Politik und Staat sollen diese aktiv sicherstellen, also nicht einfach duldend zulassen, sondern aktiv hervorbringen. Eine weitere Richtung hob das Bedürfnis hervor, daß im Sinne J. J. Rousseaus der Bürger nur derjenigen Norm unterworfen sei, der er selbst zugestimmt habe oder der er sich nach freier Einsicht unterstellen könne, so daß er schließlich nur seinem eigenen Willen folge. Diese Richtung führte, wiewohl selten direkt ausgesprochen,

[17] Peter Graf Kielmansegg, Volkssouveränität, Eine Untersuchung der Bedingungen demokratischer Legitimität, Stuttgart 1977, insbes. S. 168 ff.

[18] Zur Erwartung der Entlarvungen und zur Errichtung neuer Verhüllungen: Robert Spaemann, Zur Kritik der politischen Utopie, Zehn Kapitel politischer Philosophie, Stuttgart 1977, insbes. S. 2 ff., 104 ff., 127 ff., 167 ff.

auf die «partizipative Demokratie» zu, in der die Betroffenen den Staatsakt maßgeblich bestimmen sollen [19].

Es ist nicht möglich und nicht beabsichtigt, hier eine kritische Übersicht über die meist sozialwissenschaftlich begründeten Demokratievorstellungen darzustellen, die in der Schweiz in den letzten zehn Jahren sich zu Worte gemeldet haben. Aber es ist hinzuweisen auf die Ansätze, die in der Begegnung von offerierten theoretischen Überlegungen und praktizierter Staatsgestaltung die Rolle von orientierenden Gesichtspunkten zu gewinnen scheinen. In dieser Begegnung befragt namentlich derjenige, der staatsgestaltende Normen konkretisiert, interpretiert, entwirft oder verbindlich erklärt, die ziel- und inhaltsbestimmende Theorie bald einmal nach den *praktischen Folgerungen:* Wie ist die Institution zu formen, welcher Gehalt ist dem Staatsakt zu geben, welche Verfahren sind einzuschlagen? Es sind Prüfsteine der Praxisrelevanz, ob operationale oder praktikable Antworten erteilt werden, und daran mißt sich auch, ob die

---

[19] Zu den Fundierungen der Teilhaben vgl. GERHARD LEHMBRUCH, Die ambivalenten Funktionen politischer Beteiligung in hochindustrialisierten Demokratien, in: Festschrift für Erich Gruner, Bern 1975, S. 237 ff.

«Partizipative» Demokratie, umgesetzt in staatsrechtliche Kategorien, wird man meines Erachtens etwa in vier Hauptformen konstituiert sehen:

a) In einer Dekonzentration und vor allem Dezentralisation der Entscheidungsprozesse. Die Forderung der «Quartierdemokratie» für die Städte in der Schweiz muß richtigerweise nur kommunale Überlegungen beleben, für neuartige Kooperationsprozesse sorgen und da und dort überdehnte Eingemeindungen rechtlicher oder faktischer Natur redimensionieren. Es gilt lediglich die Grundwahrheit auch hinzunehmen, daß die kleinere Gemeinde und gemeindeähnliche Gebilde die technisch-bürokratische Leistungshöhe perfektionistischer Organisationen wesensgemäß nicht erreichen und das Improvisiert-Laienhafte mitläuft.

b) In der Einführung «doppelter Mehrheiten» im Sinne übereinstimmender Schlußnahmen der Betroffenen einerseits, des größeren Verbandes andererseits. Die Risiken der Nullentscheide und schließlich der Stillstände liegen auf der Hand.

c) Die Schaffung von erweiterten Anhörungsansprüchen und Weiterzugsmöglichkeiten der Betroffenen, jedoch unter Belassung der Endkompetenz eines übergeordneten Verbandes. Die Folge sind hier Verlängerungen der Verfahren, aber ohne grundsätzliche Abweichung von bereits bekannten Einspruchs-, Einigungs- und Schlichtungsverfahren, die außer im Arbeitsrecht im öffentlichen Enteignungs- und Baurecht einen beachtlichen Stand erreicht haben (vgl. ERICH ZIMMERLIN, Baugesetz des Kantons Aargau, Kommentar, Aarau 1977, S. 45 ff., 514 ff., 579 ff.).

d) Die partielle Re-Privatisierung öffentlicher Aufgaben auf Gemeinschaften Betroffener, wie sie im Landwirtschaftsrecht insbesondere bei Bodenverbesserungen und Produktionsverwertungen stattfinden.

Zu den grundsätzlichen Entscheidungsarten und zu Selbststeuerungen der politischen Systeme: THEODOR ESCHENBURG, Staat und Gesellschaft in Deutschland, München 1965, S. 115 ff.; KARL W. DEUTSCH, Staat, Regierung. Politik, Eine Einführung in die Wissenschaft der vergleichenden Politik, Freiburg i. Br. 1976, S. 196 ff.

theoretischen Angebote in der Tat ernsthaft aufgenommen werden. Nicht zu übersehen ist jedoch, daß rechtsstaatliche Überlegungen bei den Demokratieproblematisierungen völlig zurücktreten können. Vorwiegend die spekulativ gewonnenen Demokratievorstellungen der jüngeren Zeit lassen sich – bei freilich nur relativer Abgrenzung – in zwei Hauptrichtungen gruppieren: in gesamtgesellschaftliche und in bloß staatsbezogene (staatspolitische), von wo aus Orientierungssicherheiten zu begründen versucht werden[20].

2. Gesamtgesellschaftliche Demokratievorstellungen

In gesamtgesellschaftlichen Demokratievorstellungen wird eine durchgreifende oder *umfassende Demokratisierung* von Staat und Gesellschaft als Ziel gesetzt[21]. Staat und Gesellschaft gehen ineinander auf, und die Wirtschaftsordnung wird nicht ausgesondert. Der Demokratiebegriff ist vorwiegend als Postulat der Demokratisierung einer «offenen» Gesellschaft bestimmt und erfaßt prinzipiell alle Lebensbereiche. Die gesamtgesellschaftlichen Demokratiebelange sind quantitativ und qualitativ anders als die die staatliche Demokratie begleitende und stärkende Ambiance demokratischer Lebensformen[22]. Sie sind bei idealer Einstellung ausgerichtet auf die Bändigung oder auch Beseitigung sozialer Macht, vorwiegend wirtschaftlicher Herkunft. Die Demokratisierung der Wirtschaftsordnung

[20] Analog z.B. THOMAS ELLWEIN, Das Regierungssystem der Bundesrepublik Deutschland, 3. Aufl., Opladen 1973, S. 42 ff. Vgl. die philosophieorientierten Zugänge zur Demokratieerfassung über ideologische Typen mit der Möglichkeit, erhebliche Klarheiten einzubringen: JEANNE HERSCH, Die Ideologien und die Wirklichkeit, Versuch einer politischen Orientierung, 2. Aufl., deutsch München 1973, insbes. S. 21 ff., 37 ff., 157 ff.

[21] Vgl. FRITZ VILMAR, Strategien der Demokratisierung, Band I: Theorie der Praxis, Band II: Modelle und Kämpfe der Praxis, Darmstadt/Neuwied 1973; MAURICE DUVERGER, Les deux faces de l'Occident, Paris 1972 (deutsch: Demokratie im technischen Zeitalter, Das Janusgesicht des Westens, München 1973); RICHARD BÄUMLIN, Demokratisierung, Reformatio 23, 1974, S. 336 ff.; DERSELBE, Gesellschaftspolitik und Verfassungsverständnis, Eine Problemskizze, in: Totalrevision der Bundesverfassung – Notwendigkeit oder Wunschtraum?, Zürich 1978, S. 32 ff. Vgl. auch JEANNE HERSCH (Anm. 20), S. 257 ff. und FRIEDER NASCHOLD, Organisation und Demokratie, Untersuchung zum Demokratisierungspotential in komplexen Organisationen, Stuttgart/Berlin/Köln/Mainz 1969, S. 17 ff., 56 ff., 81 ff. Zur erwünschten Erweiterung des «menschlichen Miteinander» ohne die mit dem Begriff auch die Idee der Demokratie abnutzende Ausuferung in beliebige Sozialtatbestände grundlegend: WILHELM HENNIS, Demokratisierung, Zur Problematik eines Begriffs, Köln/Opladen 1970.

[22] Im Sinne DIETRICH SCHINDLERS sen. und anderer. Vgl. Verfassungsrecht und soziale Struktur, Zürich 1931, S. 92 ff.; ADOLF SCHÜLE, Demokratie als politische Form und Lebensform, in: (erste) Festschrift für Rudolf Smend, Göttingen 1952, S. 321; CARL JOACHIM FRIEDRICH, Demokratie als Herrschafts- und Lebensform, 2. Aufl., Heidelberg 1966, insbes. S. 37 ff.

ist dann gesetzt auf gesteigerte Lebensqualität, in der individuelle Selbstentfaltung mitverstanden sein kann.

Im Umgang mit gesamtgesellschaftlichen Demokratievorstellungen stößt die befragende praktische Staatsgestaltung regelmäßig auf *wunde Stellen*, die ähnlich auch bei den klassischen Staatsutopien oder bei Marxismuskritiken geläufig sind, sich jetzt aber im Zuge von drängenden staatlichen Reformen vergröbert und handfester darbieten. Meist sind es Ungewißheiten, indem die Theorie keine Antworten erteilt oder Vieldeutigkeiten hinstellt. So ist der Zeithorizont fraglich: Soll schon hier und jetzt, da die tatsächliche Situation der gesamtgesellschaftlichen Zielvorstellung noch weitgehend entgegengesetzt ist, der erstrebte Zustand hergestellt werden, was revolutionierende Umkehr erforderte, oder wird er in die ferne Zukunft verlegt, auf die hin erst Schritte aufgenommen werden? Wird eine Übergangszeit eingelegt, und wie wäre sie methodisch-zielgerichtet zu bestehen? Wird der Mensch so, wie die Gegenwart ihn antrifft, angenommen und hingenommen, oder ist er etwas, das überwunden, von der Wurzel her geändert werden muß? Wird das Volk, wo nötig, zwangsweise erzogen und der Rest alten Herrschaftsdenkens im Paradox des Zwangs auszutreiben versucht? Drängt man auf Klärung der Führungsvorgänge, werden diese nicht etwa als entbehrlich ausgewiesen; sie müssen offensichtlich – während der Übergangszeit oder auf Dauer – durch Eliten wahrgenommen werden, und anstelle heutiger Oligarchien tritt das Bild der lenkenden Intellektuellen, die interpretieren und verbindlich aussprechen, was Bürger und Volk wollen sollten [23]. Im Dunkeln bleibt, mit welchen Ordnungsansprüchen die noch vorhandene staatliche Organisation auftritt: Der Zug zum umfassenden und kräftigen Staat ist meist vorhanden, aber es wird auch sogleich der Vorbehalt sichtbar, daß der «selbstverwirklichte Mensch» sich dem Staate auch verweigert, falls es ihm tunlich erscheint. Das geht – ausgesprochen oder beschwiegen – einher mit der Forderung hoher Leistungsfähigkeit und Effizienz des Staates, dem aber der dauernde Vorwurf zugeschoben wird, er begebe sich in technologisch-bureaukratisches Fahrwasser und liefere sich einer brutalen Technokratie aus.

---

[23] Zum Eliteproblem, das in der Schweiz nur gestreift wird, richtigerweise aber in der ganzen Breite, namentlich auch in den Aspekten der intellektualistischen Trägerschaften aufgenommen werden müßte und dabei neuen Auseinandersetzungen mit den Repräsentationsmöglichkeiten nicht ausweichen sollte, enthalten belangvolle Ansätze und Erörterungen: DIETER OBERNDÖRFER / WOLFGANG JÄGER, Die neue Elite, Freiburg i. Br. 1975; OSKAR SCHATZ (Hrsg.), Abschied von Utopia? Anspruch auf Auftrag der Intellektuellen, Graz/Wien/Köln 1977, insbes. die Beiträge von MANÈS SPERBER (S. 47 ff.), RICHARD LÖWENTHAL (S. 69 ff.), JEAN AMÉRY (S. 87 ff.), ROBERT HETTLAGE (S. 151 ff.), WILHELM HENNIS (S. 172 ff.). Vgl. auch ALFRED GROSSER, In wessen Namen? Werte und Wirklichkeit in der Politik, Frankfurt a. M./Berlin/Wien 1976, insbes. S. 38 ff.

Gesamtgesellschaftliche Konzepte sind *langfristig angelegte Großpro-gramme*, häufig mit idealistischen und neo-humanistischen Einfügungen. Sie werten und qualifizieren die Institutionen und die Staatspraxis, lassen sich aber nur höchst begrenzt auf praktisch-institutionelle Probleme ein, sei es, daß diese als technologische Details der Beachtung nicht wert erschei-nen[24], sei es, daß man sich die Realisation in einer Systemüberwindung denkt und diese jetzt nicht vor aller Augen sichtbar aufpflanzt.

3. Staatsbezogene Demokratieleitlinien

Engen sich die Demokratievorstellungen auf den politisch-staatlichen Bereich ein, wird von einer mehr oder weniger deutlichen Unterscheidung von Staat und Gesellschaft ausgegangen[25], die Wirtschaftsordnung nicht *a priori* in die Gleichheitsforderung einbezogen, der Staat als begrenzt begriffen und die individuelle Freiheit vor staatlich-gesellschaftlicher Totalerfassung zu bewahren gefordert. Dabei werden in unterschiedlichem Ausmaß Mängel der geltenden Ordnung nachgewiesen, Korrekturen erwar-tet, Vervollkommnungen als Aufträge angegangen. Es können utopische Spuren als «Realutopien» in Leitbildern vorkommen, doch hält man im allgemeinen dafür, man sei faktisch doch schon unterwegs zur *optimierba-ren Demokratie*. Praktikablen Korrekturen nachzuspüren, ist verbreitet, z. B. der Eindämmung von Machtmißbräuchen, auch in gesellschaftlichen Bereichen, oder in der Ausweitung wirksamer Partizipationen des Men-schen in Staat und Sozialausschnitten, vor allem aber in der Sicherstellung demokratiewirksamer Institutionen.

Diese andere Ausrichtung leidet mehr als die gesamtgesellschaftliche am *Pluralismusproblem* der Gegenwart. Es besteht ein Nuancenreichtum, der Zusammenzügen und Reduktionen trotzt, so daß es von hierher zu keinen einheitsstiftenden Lösungen mit Durchschlagskraft für die hängigen

---

[24] Den praktisch-politischen Gestaltungsfragen zunächst auszuweichen, erklärt sich aus dem lobenswerten Bemühen, Hauptzüge herauszuschälen und sich nicht in Einzelheiten, um die sich Parteieifer und Routinekonservativismus sammeln könnten, zu verlieren. Der kritische Punkt fruchtbarer Erörterung ist indessen früh erreicht, und mit der Selbstdispensation von der Vertiefung in rechtlich faßbare institutionelle Formen und Möglichkeiten bringen sich – jedenfalls in der Schweiz – Politologie und Soziologie um die erstrebte Breitenwirkung. Mit dem Verharren im Vagen erreichen sie freilich auch ein Überleben: Sie werden nicht «ausdiskutiert» und schwelen im Unentschiedenen weiter. Wie fruchtbar es für diese Wissenschaften wird, wenn sie sich dem Institutionellen zuwenden, eindrücklich: SIGMUND NEUMANN, Der demokratische Dekalog: Staatsge-staltung im Gesellschaftswandel, in: RICHARD LÖWENTHAL (Hrsg.), Die Demokratie im Wandel der Gesellschaft, Berlin 1963, S. 11 ff.

[25] ERNST-WOLFGANG BÖCKENFÖRDE, Die Bedeutung der Unterscheidung von Staat und Gesellschaft im demokratischen Sozialstaat der Gegenwart (Anm. 8), S. 158, gegen die heutigen Gleichsetzungstendenzen. Vgl. auch WILHELM HENNIS (Anm. 20).

Staatsgestaltungen kommt. Es gibt, mit andern Worten, derzeit keine – auch keine nur staatsbezogene – *Demokratietheorie*, die, aus einem durchschlagenden konstitutiven Prinzip heraus argumentierend, die Fortführung der Demokratie zu bestimmen vermöchte.

Da liegt allerdings ein Wort bereit, das orientierende Hilfe zu bergen verspricht und beliebte Scheidemünze in der Demokratieerörterung geworden ist, nämlich das von der *«Verwesentlichung der Demokratie»*. Es ist indessen widersprüchlich gedeutet worden: Verringerung oder Erweiterung der Volksrechte haben beide darunter Platz gesucht. WERNER KÄGI hat dazu jüngst klärend festgehalten, «daß ein ‹Ausbau der demokratischen Ordnung› auch heute noch durchaus möglich und nötig ist», worin eine «Ausweitung der Demokratie und insbesondere auch der direkten Demokratie» eingeschlossen sein kann. Bei der Verwesentlichung gehe es «einerseits darum, die gegebenen Rechte zu aktivieren, die bestehenden Ordnungen neu lebendig zu machen; es handelt sich aber andererseits auch darum, eine da und dort zu weit getriebene Demokratie auf jenes Maß zu reduzieren, das eine bessere Erfüllung ermöglicht» [26]. Zum Wesen als der tragenden Bedeutung und zum Sinngehalt der Demokratie anschauend vorzudringen und darauf gezielt die Staatswirklichkeit so zu formen, daß sie die immer bessere Erfüllung zu bilden vermag, ist der postulierende Aspekt des Begriffs. Es geht um die *erfülltere Demokratie*, ist verbesserte Übereinstimmung der Staatswirklichkeit mit einem normativ gedachten Sinngehalt, ist optimierte Verlebendigung der Idee Demokratie. Aber der Begriff ist letztlich fragender, nicht antwortender Natur, und so bleibt das Problem weiterhin im Raum, wie die praktische Staatsgestaltung inhaltlich zu treffen sei.

III. Ausbauprobleme
bei den direkt-demokratischen Komponenten

1. Die Ausrichtung an komplexen Grundströmungen
Es mag durchaus zutreffen, daß die Fortführung der schweizerischen Demokratie übermäßig problematisiert wird, indem einer Verwissenschaftlichung von Staat und Gesellschaft zu viel Platz geschaffen und von ihr etwas erwartet wird, das sie nicht zu leisten vermag: die einheitliche synthetische Theorie, um die sich die bestimmenden und Legitimität verleihenden Kräfte scharen könnten. Die Fortführung und der Ausbau der Demokratie aber ist auch dieser Zeit aufgetragen, und sie erfüllt den Auftrag nicht nur mit politologisierten und ideologischen Schemata. Wie

---

[26] WERNER KÄGI, Gegen den Strom, in: ULRICH KÄGI (Hrsg.), Wird Freiheit Luxus?, Gespräche über die Zukunft der Schweiz, Olten/Freiburg i. Br. 1977, S. 206 f.

sie tatsächlich verfährt, zeigt alles in allem doch eine Offenheit und Lebendigkeit, die überkritischen Schriftstellern, welche sich nicht in die Niederungen der praktischen Staatsgestaltung und des tatsächlichen politischen Lebens begeben möchten, mitunter verschlossen bleiben[27]. Es stellen sich nämlich beachtenswerte Verbindungen ein, worin *Erfahrungen* mit tradierten Demokratieeinrichtungen und -leitgedanken sich zu *angelegten (systeminhärenten) Tendenzen* gesellen und dazu, in freilich schwer analysierbaren Vorgängen, grundsätzliche, theoretische oder ideologisch geprägte *Teilgehalte* mit aufnehmen. Diese Verbindungen ereignen sich meist in staatlichen Einzelentscheidungen und in den erwähnten Reformen, ohne daß infolge der zuvor geschilderten Schwierigkeiten mit abstrakten Demokratievorstellungen präzise und abgegrenzte Leitkonzepte aufgestellt und einer allgemeinen Akzeptation unterworfen würden. Es gibt keine meßbare Ermittlung eines staatsgestaltenden Konsenses über eine verbindlich-steuernde Demokratietheorie. Es bleibt bei jenen Verbindungen, die sich als *komplexe Grundströmungen* darbieten und nach denen und in denen mehr oder weniger erkennbar die Fortführungen abgewickelt werden. Daraus erwächst gerne der Eindruck, Behörden und Volk trieben unbewußt und willenlos, oder aber gesteuert durch heimliche Kräfte auf Wogen durch die Zeit. Daß dem zwar gelegentlich so ist, daß meist aber die komplexen Verbindungen auf praktische Fragestellungen hin stattfinden, erweist sich, wenn die Ausbauprobleme der Staatspraxis betrachtet werden. Die Sorge meldet sich hier jedoch mit verstärkter Kraft, die WERNER KÄGI so zentral beschäftigt, nämlich ob rechtsstaatliche Werte in der Tat einfließen.

2. Die Pflege der Institutionen

Reale Demokratie ist denkbar auch bei rudimentärer staatlicher Normordnung und selbst entgegen demokratiewidrigen Festlegungen, und umgekehrt kann trotz bester Normierung wirkliche Demokratie ausbleiben, so, wie jede normative Regelung entgegengesetzte oder nicht-erfüllte Wirklichkeiten neben sich haben kann. Ein Hang meldet sich immer wieder neu: Die durch Rechtsnormen errichtete und gesicherte demokratische Institution wird belanglos, wenn angenommen wird, daß die Wirklichkeit der Demokratie sich ihrer ungeachtet vollziehe, und die Rechtsnorm wird bloße Formalität, wenn sie im Lichte materialer Wertschätzung vernachlässigt

---

[27] Vgl. etwa die Darstellung der Grundhaltungen Max Frischs zum Staat und seiner Distanzierung von den wirklichen Dimensionen des Problemlösungsbedarfs bei KARL SCHMID, Unbehagen im Kleinstaat, 3. Aufl., Zürich / München 1977, insbesondere mit dem neu beigefügten Briefwechsel zwischen Karl Schmid und Max Frisch. Von anderer Ebene aus die Rede von LEO SCHÜRMANN, Politiker und Schriftsteller: ein ungeklärtes Verhältnis, Schweizer Rundschau 73, 1974, Heft 5.

werden darf. Es repetiert sich, daß eine materielle gegen eine formelle Demokratie ausgespielt wird. Das sind indessen extreme Positionen, die taugliche Ansätze mit Übertreibungen verknüpfen. Solange ein Gemeinwesen auch den Kategorien des Machbaren, Organisierbaren und Kontrollierbaren zugänglich ist, die verfolgenswerten Ziele rechtsnormativ faßt und den staatlichen Instrumentierungen nicht absagt, wird es sich regelmäßig bemühen, Demokratie auch und im zutreffenden Maß institutionell herzustellen und zu sichern[28]. Wo man Staatsreformen anstrebt, liegt im Aufweis der Institutionen und des institutionellen Aufbaus eine der Obliegenheiten des Staatsrechts und seiner Wissenschaft. Doch die notwendige Formung und Nutzung des Institutionellen verfällt in einer unverhältnismäßigen Reaktion auf vorgekommene Dogmatisierungen und Technisierungen dem Ruf, entbehrlich, demokratiehinderlich, volksfeindlich und innovationshemmend zu sein[29]. In der Ungewißheit bloß gesellschaftlicher Abläufe und angesichts der Eigenarten des unvollkommenen Menschen dürfte reale Demokratie indessen anderweitig stärker gefährdet sein als bloß durch die Risiken, daß Institutionen mißbraucht werden. Die Aufgabe, *durch Rechtsnorm und rechtliche Institutionen* Demokratie dauernd herzustellen, ist nicht entbehrlich, zumal da sie sich ausweitet. Weil nämlich bloßgelegt wurde, wie oft und stark Mißbräuche Demokratie verhindern, ist einer der haltenden Dämme gegen die deformierenden Ströme gerade die rechtliche Institution[30]. Sie sollte auf-, nicht abgewertet werden.

[28] Vor den Gefahren der übertriebenen Institutionalisierung (Maximierung des Institutionellen) warnte RICHARD BÄUMLIN, Die rechtsstaatliche Demokratie, Zürich 1954, S. 29 ff.; ihnen tritt die Gefahr eines zu geringen normativen Institutionalisierungsgrades gegenüber, worauf PETER BADURA, Artikel Verfassung, in: Evangelisches Staatslexikon, 2. Aufl., Berlin 1975, Sp. 2723, aufmerksam macht. Gegen die Aufweichungen, die die «relative Demokratie» einerseits und der Verzicht auf rechtlich festgelegte Formen andererseits mit sich bringen, jetzt einläßlich KLAUS STERN, Das Staatsrecht der Bundesrepublik Deutschland, Band I, München 1977, S. 416 ff., 439 ff.
Die sichere Entfaltung der Demokratie im Rahmen des Institutionellen unterstreicht HANS NEF, Die Fortbildung der schweizerischen Demokratie, in: Festgabe für Zaccaria Giacometti, Zürich 1953, S. 203 ff.

[29] Vgl. zu den Kritikansätzen AXEL GÖRLITZ, Demokratie im Wandel, Köln/Opladen 1969, S. 26 ff., 93 ff.; IRING FETSCHER, Die Demokratie, Grundfragen und Erscheinungsformen, 2. Aufl., Stuttgart/Berlin/Köln/Mainz 1972, S. 62 ff.

[30] Vgl. die ausgewogene grundsätzliche Umschreibung, die auch für die Schweiz wegleitend sein kann, bei KONRAD HESSE, Grundzüge des Verfassungsrechts der Bundesrepublik Deutschland, 11. Aufl., Heidelberg/Karlsruhe 1978, S. 52 ff., 110 ff. Ein einleuchtendes Beispiel für die Auffassung, daß die Demokratie und in ihr die direkt-demokratischen Faktoren die institutionelle Einbindung brauchen, ist immer wieder die unter der Leitung von WERNER KÄGI verfaßte Dissertation von HANS-PETER GASSER, Die Volksrechte in der Zürcher Verfassung, Die Funktion der direkt-demokratischen Institutionen im modernen kleinräumigen Verfassungsstaat, Zürich 1966, insbes. S. 30 ff., 74 ff., 148 ff.

Was sie als erstes zu verhindern hat, sind unfaßbare Machtentfaltungen durch *elitäre Interpretatorenherrschaft,* in der z. B. ein moderner Intellektualismus sich selbst einsetzt und die zu Recht gerügten alten oligarchischen Machtabläufe in neuer Manier aufleben läßt. Zu bewahren ist die postulierte Demokratie vor *staatlichen Machtbestrebungen* und davor, daß *soziale Mächtigkeiten* die staatlichen und die staatsrelevanten außerstaatlichen Entscheidprozesse lenken und zugleich den Vorgang verdunkeln. Es ist dies z. B. der immer wieder angeschriebene Kampf gegen unkontrollierte und entfesselte wirtschaftliche Macht, ferner die Bewahrung vor der noch wenig bewußten Macht der Informationsträger vornehmlich in Gestalt der Massenmedien und schließlich die Abwendung dessen, was die Demokratie den *«actions directes»* irgendwelcher Breite und Härte preisgeben möchte[31].

Die demokratische Institution wird *in praxi* einer vorerst sanften, aber offenbar ansteigenden *Konkurrenzierung* ausgesetzt. Mit dem Abbau des allgemeinen Formenverständnisses, begleitet von der Ungeduld gegenüber den meist langwierigen formalisierten Entscheidungsverfahren, zeichnen sich *neuartige Kundgaben* von politischen Gruppenmeinungen ab. Gröbster Art sind die Großdemonstrationen und Besetzungen, die negierend staatlich zugelassene Tätigkeiten vereiteln oder positiv staatliche Handlungen, die bisher unterblieben waren, erzwingen wollen. Nicht weit entfernt davon sind staats- und behördendiffamierende Grundhaltungen breitgestreuter Publikationsorgane, in denen negativistische Äußerungen nicht bei oppositioneller Kritik anhalten, sondern darauf ausgehen, öffentliche Meinungen zu prägen und über massiven oder aushöhlenden Sozialdruck die institutionellen Verfahren zu überholen. Das gelingt da nachhaltig, wo sich Presseorgane, Radio und Fernsehen zu konzertierten Aktionen zusammenfinden, bestimmte Politiken betreiben und einen spezifischen Massenmediendruck ansetzen, in dem durch selbsteingesetzte Deuter ein angeblicher Volkswille ausgesprochen, vermehrt aber erst gebildet, jedenfalls unter Ausnutzung technischer Perfektion in die Entscheidungszentren gebracht wird[32]. Drittes Beispiel bieten Bürgerinitiativen, die in der Schweiz außerhalb der

---

[31] Die Machtkontrolle innerhalb der Demokratie und damit die Ermöglichung der Demokratie ist auf den strukturellen Raster, die normativen Grundentscheidungen, die dem Bürger dienenden Rechtsbehelfe und das Kontrollgesamtsystem angewiesen. Vgl. ULRICH SCHEUNER, Die Kontrolle der Staatsmacht im demokratischen Staat, Die Eingrenzung der Macht in der Verfassungsordnung der Bundesrepublik Deutschland, Hannover 1977, *passim;* ferner meinen Beitrag: Die Kontrolle in der rechtsstaatlichen Demokratie der Gegenwart, in: ANDREAS KHOL (Hrsg.), Macht und Kontrolle, Wien 1978, S. 19 ff.

[32] Der Einsatz «technischer Mittel» und die Ausfeilung von Beherrschungs-«Techniken» für die politische Macht in der Gegenwart bestätigen selbst in relativ harmlosen Sachverhalten in der Schweiz die Feststellungen von ERNST CASSIRER, Der Mythus des Staates, 2. Aufl., Zürich/München 1978, S. 360 ff. Vgl. auch die Rektoratsrede von HANS

verfügbaren Institutionen stehen, und das Petitionsrecht, das schon mit den sogenannten Massenpetitionen Wirkungsmöglichkeiten sucht und bei verfeinerter Anwendung zur Volksmotion werden könnte[33]. Verstärkt werden alle diese Mittel dadurch, daß sie nicht wie Volksinitiativen und Referendum am Anfang oder Schluß geregelter Verfahren stehen und den Trägern eine historisch-politische Verantwortung zuscheiden, sondern für eine Sache beliebig ansetzbar und wiederholbar sind. Wie selbstverständlich wird vorausgesetzt, daß bei Massenmanifestationen oder kräftigem Massenmediendruck die Figur der Rechtskraft nicht gilt, so wenig wie das Vertrauensprinzip für einmal abgewandelte Rechtsverfahren.

Es wird nach *unentziehbaren Instrumenten* Ausschau gehalten, die als Volkswille rascher und wirksamer politische Wirkungen hervorbringen sollen als die bedächtigen Prozeduren der institutionalisierten Wege. Es steht aber auch das Bedürfnis dahinter, auf einfachere Weise, als die institutionalisierten Instrumente sie gewähren, die Entscheidungszentren zu befassen und zu beeinflussen. Darin liegen Fingerzeige: Auf der einen Seite ist die gegenwärtige Ausstattung mit Institutionen, namentlich mit den aus der Mitte des Volkes auslösbaren und beeinflußbaren, nicht am Ende der Möglichkeiten, so daß die Aufforderung zu Modifikationen auf der Hand liegt[34]. Auf der andern Seite ist die Möglichkeit nicht zu übersehen, daß Institutionen durch beliebige («freie») Handlungsformen entwertet und ein dominanter rechtsstaatlicher Faktor in der Demokratie, nämlich nach Recht und in Institutionen zu verfahren und damit letztlich die Demokratie selbst zu stützen, sich verlaufen kann.

3. Die Beibehaltung der halb-direkten Demokratie

Was auch immer für die Reformen empfohlen werden mag, es ist undenkbar, daß die Schweiz das kombinierbare System der semi-direkten Demokratie irgendwie preisgäbe[35]. Die unmittelbare Teilnahme und Teilhabe des Aktivbürgers an Sachentscheidungen, verknüpft mit einer der Repräsentationsidee verpflichteten Behördenorganisation, gehört zu den verfas-

HUBER, Das Recht im technischen Zeitalter, jetzt in: Rechtstheorie – Verfassungsrecht – Völkerrecht, Bern 1971, S. 57 ff.

[33] GUNNAR FOLKE SCHUPPERT, Bürgerinitiativen als Bürgerbeteiligungen an staatlichen Entscheidungen, Verfassungstheoretische Aspekte politischer Beteiligung, Archiv des öffentlichen Rechts 102, 1977, S. 369 ff.; KARL KORINEK, Das Petitionsrecht im demokratischen Rechtsstaat, Tübingen 1977, *passim*.

[34] Versuche dazu im Verfassungsentwurf der Kommission FURGLER (Anm. 11), Art. 69 («Anhörung» iwS), Art. 97 («Regierungsaufgaben» mit der Verpflichtung auf Kommunikationsprozesse mit der Öffentlichkeit).

[35] Dazu meinen Aufsatz: Zusammen- und Gegenspiel repräsentativer und plebiszitärer Komponenten im schweizerischen Regierungssystem, Zeitschrift für Parlamentsfragen 8, 1977, S. 318 ff., insbes. S. 326 ff.

sungsgestaltenden Grundentscheidungen und zu den festgefügten Vorver-
ständnissen, die jede realitätsverpflichtende Reform beachten wird. Fraglich ist das Ausmaß der Partizipationen, fraglich sind institutionelle
Feinheiten und Einzelheiten, fraglich sind die Gewichtsverteilungen und
die Ausgleichsverfahren zwischen Behörden und teilhabendem Volk.
Starre Abgrenzungen von Staat und Gesellschaft sind – bei aller Respektierung der Unterscheidung – nicht angestrebt. Wo «demokratisierte» Gesellschaft der staatlichen Demokratie komplementär begegnet, wird sie gehegt
und gefördert. Doch geht es dauernd um die Bürger, Staat und Gesellschaft
erfassende *Ausgewogenheit*, die Sinnerfüllungen und Funktionsfähigkeit
einschließt [36].

Die Bundesrepublik Deutschland, die sich ebenfalls mit Reformen abgibt,
zögert nicht, bei der repräsentativen Demokratie zu bleiben und auf
plebiszitäre (direkt-demokratische, identitäre) Faktoren zu verzichten [37].
Die Schweiz im Zuge der «Verwesentlichung der Demokratie» tendiert mit
beachtlichem Nachdruck offensichtlich nicht nur auf Erhaltung des erreichten Standes, sondern auch auf Ausweitungen, bestimmt von der
Auffassung, daß die «Rückbindung an den Volkswillen» (Enquête-Kommission) verläßlicherweise auch und vor allem durch plebiszitäre Faktoren
in Sachentscheiden sichergestellt werden soll. Vier Motive stehen zu
Gevatter. Eines des politischen Kalküls voran: Es ist unwahrscheinlich,
daß das Volk, das in der Verfassungs- und Gesetzgebung das letzte Wort
hat, seine eingeräumten Möglichkeiten – abgesehen von geringfügigen
Korrekturen – verringerte. Es wäre deswegen nutzloser politischer Einsatz,
derartige Änderungen vorzubereiten. In zweiter Linie konstituieren direkt-
demokratische Rechte Freiheiten, die tradierten schweizerischen Freiheits-
auffassungen wie neuen Überlegungen der Mitwirkungen und der Selbstverwirklichung entsprechen, und insoweit sind die vorn angedeuteten

---

[36] Mit der Problematik der Ausgewogenheit mit den direkt-demokratischen Faktoren setzt
sich WERNER KÄGI immer wieder auseinander. Vgl. Anm. 26; ferner: An den Grenzen der
direkten Demokratie? Zu einem Grundproblem unserer Verfassungspolitik, Jahrbuch
der Neuen Helvetischen Gesellschaft 1951; Das Massenproblem in der direkten Demokratie, in: Maße und Demokratie, Erlenbach-Zürich / Stuttgart 1957, S. 85 ff.

[37] Schlußbericht der Enquête-Kommission Verfassungsreform des Deutschen Bundesta-
ges, Teil I: Parlament und Regierung, Bonn 1977, S. 19 ff. Die Überzeugung, die durch
allgemeine Volkswahlen (und Verfassungsrechtsschutz) aufgebaute Volksrepräsentation erlaube, daß die behördlichen Handlungen «nicht nur organisatorisch, sondern auch
real und politisch dem Volk selbst zugerechnet werden» können, ist in der Bundesrepublik gefestigt (vgl. S. 49 ff.). In der Schweiz dagegen braucht es Möglichkeiten der
direkten «Rückbindung»: Bericht der Expertenkommission für die Vorbereitung einer
Totalrevision der Bundesverfassung (Kommission FURGLER), Bern 1977, S. 131 ff. Zu
den Volksrechten im Verfassungsentwurf: GERHARD SCHMID, Die direkte Demokratie im
magischen Vieleck der Staatsziele, ZSR 97 I, 1978, S. 457 ff.

Demokratieverständnisse institutionell nicht unergiebig. In dritter Linie treiben die Beteiligungsrechte das politische Leben an, selbst bei niedriger Stimmbeteiligung, und fördern überhaupt durch die Teilhabe und durch die eingeübte Anerkennung des Mehrheitsprinzips die staatliche Integration kräftig[38]. Beim vierten Motiv herrscht Unsicherheit: Ist die direkt-demokratische Komponente Garantie für die sachlich-qualitative Verbesserung des Staatsentscheides oder gerade nicht, sei es, daß die behördliche Arbeit sorgfältiger betrieben wird und der Volksentscheid mangelhafte Behördeakte beseitigt, sei es, daß gegenteils die differenzierten Entscheide in den Abstimmungsverfahren zermalmt würden und nur Bestand hätten, wenn sie ohne Verfälschungen Reduktionen auf einfache Fragestellung ertrügen? Dieser vierte Gesichtspunkt ist nicht meßbar, so daß Meinungen hin- und herwogen, wenn dem Volk und den Volksrechten zugeschrieben wird, sie seien entweder konservativ-neuerungsabgeneigt, was der zeitgemäße Staat materiell und organisatorisch nicht erträgt, oder sie seien manipulierbar und löschten im Gebrauch die ihnen zugedachten Freiheitsfunktionen selber aus[39].

Die direkt-demokratischen Komponenten der semi-direkten Demokratie halten in diesem Motivengeflecht mit ihren begrenzten Veränderungsmöglichkeiten Ausschau namentlich in folgenden Richtungen: Sollen die Objekte, denen Initiative und Referendum zugänglich sind, erweitert werden, insbesondere auf wichtige Akte jenseits der Rechtssetzung[40]? Sind Obligatorien des Referendums einzuschränken oder auszuweiten? Sind die

---

[38] KARL W. DEUTSCH, Die Schweiz als paradigmatischer Fall politischer Integration, Bern 1976, S. 7 ff.

[39] Vgl. LEONHARD NEIDHART, Repräsentationsformen in der direkten Demokratie, in: Festschrift für Erich Gruner, Bern 1975, S. 299 ff. Ferner LEONHARD NEIDHART / JEAN-PIERRE HOBY, Ursachen der gegenwärtigen Stimmabstinenz in der Schweiz, Ein Forschungsbericht, Zürich 1977, insbes. S. 103 ff.

[40] Daß nicht Rechtssetzung allein, und hierbei nicht einzig Verfassungs- und einfache Gesetzgebung, den Partizipationsbedürfnissen staatspolitisch und individuell immer nachkommen und deswegen Ausdehnungen auf andere wichtige Staatsakte als Ausnahmen, jedoch im Rahmen verfassungsrechtlicher Kompetenzzuscheidung, gesucht werden sollten, hat WERNER KÄGI behutsam geltend gemacht: (Anm. 1) S. 124 ff., bzw. 126 ff.; DERSELBE, Von der klassischen Dreiteilung zur umfassenden Gewaltenteilung, in: Festschrift für Hans Huber, Bern 1961, S. 171 ff., jetzt auch in: HEINZ RAUSCH (Hrsg.), Zur heutigen Problematik der Gewaltentrennung, Darmstadt 1969, S. 310 ff. Das Problem aktualisiert sich immer wieder am Finanzreferendum der Kantone und Gemeinden, die aus dem Dilemma, daß der Finanzentscheid des Volkes den Sachentscheid des gleichen Volkes stillstellen kann, nicht herauskommen. Es verschärft sich beim Anleihensreferendum, das zu einem materiellen Budgetreferendum werden kann. Zu den Belebungsversuchen: HANS NEF, Erneuerungen des Finanzreferendums, in: Gedenkschrift für Max Imboden, Basel / Stuttgart 1972, S. 255 ff. Modifikationen an Referendumsrechten stehen heute vorwiegend zur Diskussion für:

Volksentscheide auslösenden Vorkehren und Vorgänge zu erleichtern oder zu erschweren? Ist insbesondere die Möglichkeit der Volksinitiative für Partialrevisionen der Verfassungen unter Schranken zu setzen oder nicht[41]? Sollen Volksbegehren und Volksentscheide vermehrter oder verringerter Kontrolle, insbesondere richterlicher Kontrolle ausgesetzt werden[42]? Können Großmanipulationen von Volksentscheiden vermindert oder verhindert werden? Wo und wie sind Parlament und Volk einander zuzuführen? Das sind meist alte Fragen[43], die schon das 19. Jahrhundert gestellt hat und die je positives Recht und gelegentlich das Bundesgericht als Verfassungs-

- politische Planungen
- Staatsverträge iwS
- Anleihen («Defizitreferendum»)
- Ausgaben
- Regierungsakte der Parlamente.

Vgl. Anm. 35, S. 331 f. Änderungen bei den Initiativgegenständen in den Kantonen werden wenig erwogen, was damit zusammenhängt, daß die Praxis den Hang bekundet, «nur-formelle» Gesetze zuzulassen.

[41] Dazu WERNER KÄGI, Anm. 2 passim. Über die inhaltliche Ausdehnung von Partialrevisionen der Bundesverfassung («Einheit der Materie») herrscht Unklarheit. Die Bundesversammlung hat 1977 eine Volksinitiative «gegen Teuerung und Inflation» gemäß Antrag des Bundesrates als unzulässig erklärt, jedoch nicht herausgearbeitet, ob das Zwischenstück zwischen einer Totalrevision, die zumindest formal die gesamte Verfassung ins Revisionsverfahren einbezieht, und einer (nun eng begrenzten) Partialrevision entweder einer Totalrevision zuzurechnen oder mit einem dritten Revisionstypus zu erfassen sei, z. B. mit dem «Regelungsbereich» eines weiterreichenden Zusammenhangs. BBl 1977 II, S. 501 ff., Amtl. Bull. 1977 NR., S. 1221 ff. und 1727, SR, S. 720 ff., 762. Das Bundesgericht differenziert den Begriff der Einheit je nachdem, ob eine Verfassungs- oder eine Gesetzesinitiative vorliegt: BGE 99 I a 638 ff. Zum zulässigen Inhalt von Volksinitiativen: BGE 98 I a 637, 102 I a 131 (keine Verwaltungsakte oder andere individuell-konkrete Anordnungen, keine Programmsätze, es sei denn, das kantonale Verfassungsrecht lasse solche Objekte zu).

[42] Das Bundesgericht überprüft die inhaltliche Zulässigkeit von Volksinitiativen nicht, wenn die kantonalen Behörden ihrerseits keine positivrechtlich auferlegte Überprüfungspflicht haben: BGE 102 I a 548 in Verbindung mit 99 I a 724. Das Bundesgericht auferlegt sich Zurückhaltung bei Ungültigkeitserklärungen von Volksinitiativen: BGE 99 I a 724, 101 I a 354, 103 I a 417.

[43] Die Grundfragen der Volksrechte wurden wohl noch deutlicher als bei der Totalrevision der Bundesverfassung 1872/74 im langwierigen Verfahren zur Einführung der Volksinitiative auf Partialrevision im Jahre 1891 sichtbar gemacht: BBl 1879 III, S. 1001 ff., 1183 ff., 1880 III, S. 596 ff., 667 ff.; 1889 III, S. 49 ff.; 1890 III, S. 455 ff.; 1891 I, S. 16 ff., II, S. 330 ff., IV, S. 1 ff.

Vgl. auch die Versuche zu Gesamtsichtungen der institutionellen Demokratieprobleme:
a) Schlußbericht der Sachkommission 4 des Verfassungsrats des Kantons Aargau (Die Rolle des Volkes in der staatlichen Willensbildung) und der Sachkommission 5 (Die kantonalen Behörden und ihre Funktionen), Aarau 1974;
b) Zweiter Bericht der Prospektivkommission für die Totalrevision der Staatsverfassung des Kantons Basel-Landschaft (Demokratiereform), Liestal 1977.

gericht beantworten müssen. Allein, die Fragen stellen sich im gewandelten Staat unter veränderten Voraussetzungen und bedürfen der erhellenden Beleuchtung aus dem rechtsstaatlichen Licht.

Wagt man, dem Begriff der Verwesentlichung der Demokratie im Sinne der erfüllteren Demokratie die Türe offen zu halten, so erhebt sich die Forderung WERNER KÄGIS in aller Schärfe weiterhin: Es geht um die Einbringung und Sicherstellung rechtsstaatlicher Werte in den Gang der Entwicklung, die derzeit das demokratische Moment fördert und die Zusammenhänge mit dem schwer zu bestimmenden Rechtsstaat zurückzudrängen die Neigung hat.

Freiheit als Verfassungsprinzip:
Der Staat des Maßes

Freiheit und Verfassung

Am Ursprung geschriebener Verfassungen steht regelmäßig die Freiheit: Freiheit als errungenes Gut und als aufgetragenes Ziel. Die Unionsverfassung der Vereinigten Staaten von Nordamerika von 1787 und die erste französische Verfassung von 1791 zusammen mit der Menschen- und Bürgerrechtserklärung von 1789 sind bis in die Gegenwart hinein monumentale Zeugnisse erstmals vollendeter Verfassungswerke, an die sich die Hoffnung bindet, daß da, wo die Verfassung Aufschwung nehme, sich Freiheit einstelle, weite und festige. Und in dem Maße, wie der Freiheitsbegriff des politisch-gesellschaftlichen Lebens und der ideellen Sphäre sich verfeinere und ausgliedere, in dem Maße – dahin zielt die Erwartung – werde auch die Idee der Verfassung vielfältiger, sinnerfüllter und unentziehbarer. Seit rund 1830 setzt denn auch der unaufhaltsame Strom der Verfassungsgebungen ein, die bei der Neuordnung der europäischen Staaten mit und nach den Pariser Vorortsverträgen den ersten Triumph, nach dem Zweiten Weltkrieg bei der Heraufführung der universalen Staatenwelt den nächsten Triumph zu erleben scheinen.

Eine stetige und fortschreitende Entwicklung ist indessen in diesen quantitativen Erfolgen nicht enthalten. Wohl ist die theoretische Vorstellung dessen, was Verfassung sein soll und sein kann, angereichert und vertieft worden, woran die Bundesrepublik Deutschland, die mit geschärftem Blick auf die harten Folgen zerstörter und fehlender Verfassung zurückschaut, den verdienstvollsten Anteil haben dürfte. Und vielenorts folgt die Staatspraxis den theoretischen Deutungen. Aber daneben sind weit verbreitet substantielle Abbauten des normativen Gehalts mit pervertierten Deklamationen von Demokratieerweiterungen oder Rechtsstaatssicherungen vorgekommen, und die Verfassungen werden da bestenfalls zurückgedrängt auf wertneutrale Organisationsstatute mit Herrschaftsfixierungen. Ein Freiheitszuwachs oder auch nur eine verbesserte Garantie der Freiheitsverwirklichungen können in Tat und Wahrheit verweht sein. Autori-

In: «Liberalismus – nach wie vor. Grundgedanken und Zukunftsfragen.» Aus Anlaß des zweihundertjährigen Bestehens der Neuen Zürcher Zeitung, S.15–27. Verlag der Neuen Zürcher Zeitung, Zürich 1979.

täre und totalitäre Herrschaften statten sich mit Verfassungsurkunden aus, die als «semantische Verfassungen» (KARL LOEWENSTEIN) Schein bleiben.

Nicht unähnlich sind Effekte übersteigerter Verfassungsbewertung. Von Zeit zu Zeit belebt sich nämlich der Hang, die Verfassung zum zentralen und absoluten Zurechnungsort für das gesamtgesellschaftliche samt dem staatlichen Geschehen zu erklären und ihr zuzuschreiben, Quelle jeglichen gesellschafts- und staatsrelevanten Tuns und, wo es gefällt, unmittelbar anwendbare Norm für alles Entscheidungsbedürftige zu sein. Bei dieser Sicht verströmt sie das politisch Beachtliche schlechtweg. In sublimierender Gestalt ist das Verfassungstotalitarismus, der sich gerade da auszubreiten liebt, wo der Verfassungstext karg und hochabstrakt ist und der kaum ausgemessenen Verfügung der (oft ideologiebesetzten) Verfassungsdeuter preisgegeben ist. Da wird das Verfassungswerk zum sanktionierenden Signum oder zur Ersatzvorkehr anstelle eines absoluten Monarchen, einer modernen Diktatur oder säkularisierter Unfehlbarkeitsbehauptungen. Die Freiheit verliert die für sie wohnliche Stätte.

Der innige Zusammenhang von geschriebener Verfassung und Freiheitsrealität kann unter dem einen wie dem anderen Vorzeichen versickern, und im Gefolge dieser mißlichen Tatsache sieht sich das 20. Jahrhundert erneut vor Grundfragen gestellt, von denen man lange geglaubt hat, das 18. und 19. Jahrhundert hätten sie gültig beantwortet. In Zweifel gesetzt ist beides, die Freiheit sowohl als auch die Verfassung; in Zweifel gerät aber auch ihre Verknüpfung.

Freiheitsvorstellungen in der Idee des Liberalen

Die Freiheit hat es schwieriger. Sie fällt im Strom der Geschichte von Hinderung zu Hinderung und braucht Hilfen und Stärkungen, um zu bestehen. Das Pathos, das sich gern an ihre Fersen heftet, stellt sich zwar recht verläßlich ein, aber hält nicht vor und verflüchtigt sich im Alltag, wo es auf das Aufbau- und Beharrungsvermögen ankäme. Die stützende Allianz mit der Verfassung ist unter ungleichen Partnern geschlossen. Die Freiheit kommt aus Werthöhen, welche die Verfassung übersteigen, und sie muß immer wieder dorthin zurückkehren. Sie hat Dimensionen und Seinsweisen, die der Verfassung fern stehen. Tritt sie aber mit ihr in Beziehung, wird sie zu Bestimmtheiten in faßbaren Begriffen veranlaßt, die sie zugleich zu verfestigen und zu beengen drohen. Namentlich werden nur mühsam die vielen Ambivalenzen der Freiheitsvorstellungen eingefangen (bloße Abwesenheit von Zwang gegen Wahl des Selbstseins; Losgelöstsein von Notwendigkeit gegen einsichtiges Sichfügen; Ausleben gegen Beherrschung; Willkür gegen Selbstgenügsamkeit; innere gegen äußere Freiheit usw.). Wo die Begegnung mit der Verfassung vorkommt, ist vorwiegend eine zweistufige Handlungsfreiheit gemeint. Die «Situation..., in der jeder sich vorfindet» (W. WEISCHEDEL), bedeutet unerläßliche Einschränkung, der man sich beugt; aber sie hält innert ihrer Grenzen Freiräume für mehrfache Möglichkeiten selbstbestimmten Handelns offen.

Die Verfassung nun mit dem ihr nachfolgenden Recht tut zweierlei. Sie schließt erstens solche Räume auf und hält diese zugänglich, und zweitens dämmt sie die übermarchende Nutzung ein. Sie öffnet und begrenzt zugleich, aber beide Male zugunsten der umfassenden Freiheit, die bewahrt wird vom Sturz in anarchische Zustände und chaotische Selbstblockierungen. Handlungsfreiheit streift Fesselungen ab und wehrt den Behelligungen, ist somit negative Freiheit, und schließt die Fähigkeiten und Möglichkeiten zum aktiven Tun auf, ist somit positive Freiheit.

In der Vielheit von Freiheitsvorstellungen sucht ein kompositioneller Freiheitsbegriff im Hinblick auf die Begegnung mit der Verfassung eine standfeste Geltung, indem er einen festen Kern ausformt, der nur langwierigen Veränderungen zugänglich ist, so wie der Mensch in seiner Würde und Gestalt unantastbar bleibt: die Freiheit als persönliche Freiheit, die Freiheit des Individuums als Persönlichkeit. Sie ist umgeben von gruppenmäßigen Freiheiten (Freiheiten von Gemeinschaften) und tritt im Aktionsfeld der Verfassung vornehmlich als politische, wirtschaftliche, gesellschaftliche auf. Es sind keine eklektischen Zusammenzüge, sondern begriffliche Gefüge als gewachsene Idee.

Diese Idee ist höchstens Erbe «des Liberalismus» und Zeuge dessen von bleibender Gegenwart, nicht spekulativ und spontan zum Zwecke der Weltveränderung kreiert, vielmehr das offene Ergebnis eines langen Prozesses, der im Humanismus beginnt, Renaissance, Reformation und Naturrechtsperioden durchläuft, in der Aufklärung und Revolution eine abstrakte Vollendung findet und in der Folgezeit den dauernden Korrekturen und Anpassungen an die Lage des Menschen in seinem Zusammensein mit Gesellschaft und Staat unterworfen ist. In diesem geschichtlichen Verfahren gewinnt die Idee erweiternde Inhalte, wird unter Bewahrung des festen Bereichs biegsam gehalten, konkretisiert sich laufend und erprobt ihre institutionelle Tragfähigkeit. Sie erneuert ständig die Attraktionskraft auf die, die zu hören bereit sind.

Dabei wird dem 19. Jahrhundert, dem 20. Jahrhundert im besonderen bewußt, daß diese freie Person des liberalen Verständnisses nicht das isolierte Wesen in individualistischer Abgeschiedenheit und unstörbarer Ruhe sein kann, das nur geringste Sozial- und Staatsbezüge braucht und sonst auf sich und in sich selber steht und darin Vollendung finden könnte. Vielmehr wird im Zuge einer wachsenden Praktikabilität und der zunehmenden Verwirklichungschancen der Freiheit offenbar, daß die Gesellschafts- und Gemeinschaftsbezogenheit der Person mitgeht, und zwar nicht als lästige Notwendigkeit, sondern als mit-erfüllende Komponente. Diese Seite wird nicht mit der negativen Freiheit möglichst abgewendet, wohl aber im Zügel gehalten, und sie tut sich darüber hinaus der positiven und aktiven Freiheit aller, als Möglichkeit des Mittuns und Dabeiseins im politischen und sozialen Sein, auf. Die Vereinfachungen eines Individualismus, der absondert oder höchstens eine streng begrenzte Sozialschicht beachtet, werden im Laufe des 19. und des 20. Jahrhunderts weit überschritten und hinter sich gelassen. Es kommt zur differenzierten, nuancenreichen und – wenn man das Wort hier wagen will – dialektischen Ausformung der Idee des liberalen Gutes.

Zwar setzen antiliberale Strömungen immer wieder dazu an, liberales Denken und Handeln an bestimmte und kurze Stadien der Ideen- und politischen Geschichte vornehmlich der ersten Hälfte des 19. Jahrhunderts anzubinden, dazu noch Erneuerungsbemühungen des Neoliberalismus im 20. Jahrhundert zu schlagen, um dann entweder liberal als liberalistisch im Sinne des diffamierten Kapitalismus, eines überheblichen Großbürgertums oder eines egoistisch-engen Kleinbürgertums endgültig abzutun, oder aber Wort und Begriffe für sich zu okkupieren, indem diese in Sozialismen, Progressivismen, konfessionell gerichtete Bewegungen eingefügt werden. Derartige Versuche der Vereinnahmung bezeugen die Werterfülltheit des Liberalen, verwischen aber in einer angeblichen Konvergenz der politischen Richtungen oft den Kernbereich der liberalen Freiheitsidee und dienen mehr der verbrämenden Legitimation extremer Positionen als der Verpflichtung auf freiheitliches Wollen. Stärker noch wird dem Wort, den Begriffen und der Idee des Liberalen indessen zugesetzt von solchen Parteien und Geistesrichtungen, die sich tradiert oder opportunistisch die Bezeichnung «liberal» zulegen, sich an gewisse Ausformungen des historischen Liberalismus anklammern und sie beinahe dogmatisieren, etwa gar auf dem Stand des jungen WILHELM VON HUMBOLDT (1792) oder dem der frühliberalen Ökonomen, wobei sich der weite Geist ADAM SMITHS offenbar weniger nutzen läßt als der beengte DAVID RICARDOS.

Freiheit im Emanzipationsprozeß

Man kann die Idee des Liberalen begrenzt als treibende Kraft und Ziel des ausgreifenden Emanzipationsprozesses verstehen. Sie ist wirksamer Beweger, freilich nicht der einzige; neben ihr gibt es marxistische, progressive vieler Schattierungen, kirchliche, nationalistische und andere mehr. Die Ausbrüche aus Unmündigkeiten in Selbstbefreiungen oder – seltener – in Gewährungen, die die Aufklärung in liberaler Ausrichtung vorbereitet hat, finden in der frühliberalen Emanzipation des Bürgertums das Leitbild der bisher vielleicht vollständigsten und erfolgreichsten Los-Lösung. Darin liegt so etwas wie eine historische Verpflichtung für alles, was unter dem Titel Emanzipation nachfolgt. Zumindest sieht sich die Idee des Liberalen aufgefordert, die Zielgebungsfähigkeit und das Steuerungsvermögen so einzusetzen, daß, was an ihr liegt, die Los-Lösungen, die das 20. Jahrhundert bewegen, aus dem liberalen Gehalte Orientierung und Läuterung erlangen. Das ist ein heikles Unterfangen, in dem die Freiheit auch als Verfassungsprinzip voll beteiligt ist.

Die vielen Emanzipationen, die im Gange sind – alte, längst eingeleitete, die noch unterwegs sind, z. B. die der Frauen oder die des «vierten Standes», oder neue, die erst aufbrechen, z. B. die der Jugend –, schlagen allerlei Richtungen ein, bewahren aber enge Zusammenhänge der Wechselwirkungen und der gegenseitigen Bedingtheiten. Wo und wie die Prozesse ineinandergreifen, einander fördern, aber auch, was man leicht übersieht, hemmen und verzerren, ist derzeit erst ausschnittsweise sichtbar zu machen. Die Meinung, jede beliebige Los-Lösung wirke am Teppich der Freiheit und bedeute sicheren Gewinn, ist zumindest voreilig, um so mehr, als das Ziel der Emanzipationen nur partiell Mündigkeit und Freiheit an sich, häufig jedoch eudämonistische oder hedonistische Stationärzustände von unterschiedlichen Lebensvorstellungen her bildet. Der Erfolg für ein Ganzes und Umfassendes «der Freiheit» ist nicht gewiß. Ob deshalb die Emanzipation unbekümmert, simultan und allüberall zu betreiben richtig sei, oder, falls ausgelesen und lähmende Effekte durch kluge Aktivierungen vermieden werden sollen, welche Themata in der Abfolge zu wählen und wie sie zu behandeln seien, bleibt meist noch in Zonen des Erahnens, des Glaubens oder der Ideologien. Oder sie bleiben eben als Fragen unentdeckt und deshalb Gegenstand des blinden und zufälligen Agierens. Im Blick auf das tatsächliche Geschehen stimmt nachdenklich, daß unter Opfern viel Scheinbefreiungen erstritten, Rückfälle hervorgerufen und neue Mündigkeitsdefizite erzeugt werden. Die Prozesse, die überhaupt angelaufen sind und in Wechselwirkungen stehen, haben einen ungleichen Stand erreicht, der z. B. in der politischen Freiheit anders ist als in der familiären oder wirtschaftlichen. Es sind demzufolge unterschiedliche Zwischenziele, Anstöße, Gefährdungen und Instrumentierungen im Spiel, deren Standorte und Tendenzen aufzuweisen indessen kein Ding der Unmöglichkeit sein dürfte.

Der Emanzipationsprozeß, der den Eindruck vermittelt, in ihm sei die Freiheit schlechtweg im unwiderstehlichen Lauf, ist in Verwirrlichkeiten eingemündet, die die Freiheit aufzuhalten und zu zerstreuen imstande wären. Da setzt die Hoffnung auf die Idee des Liberalen. Diese ihrerseits braucht für ihre orientierende und weiterführende Klärung, wie in der

Gegenwart aufdämmert, die Verfassung, was später nochmals aufzunehmen sein wird. Um was es geht: um Ordnungsprinzipien im Emanzipationsprozeß, jedenfalls da, wo sich eine hohe staatlich-gesellschaftliche Relevanz einstellt, und diese Prinzipien haben die Differenzierungen, Behutsamkeiten, rationalen Durchdringungen und wirklichkeitsbezogenen Erfassungen der Bedingtheiten so gut als möglich hervorzubringen. Die vernünftigen Leitlinien für den Emanzipationsprozeß – sie sind der Idee des Liberalen wie ihrem bevorzugten Instrument, der Verfassung, aufgegeben.

Macht als Bedroher und Hüter der Freiheit

Freiheit und Freiheitlichkeit machen Fortschritte, sind zugleich aber auch aus inneren Ursachen im Menschen und äußeren der Umwelt bedroht, sei es, daß sie real gar nicht zustande kommen, sei es, daß sie verloren gehen. Beim einzelnen und in tragbaren Gruppen stehen Trägheiten und Antriebsarmut so sehr an der Wurzel wie Ängste vor verwirklichter und zu behauptender Freiheit. Vor den Entscheidungsmöglichkeiten kann man zurückschrecken. Der Traum und gar das wache Verhalten gehen meist nicht auf absolute Freiheit in lauter Ungebundenheit. Der Mensch der Emanzipationen tritt an gegen die gerade spürbare und plagende Fesselung, und er strebt alles in allem unbewußt oder bewußt die Kaskade von so viel negativer Freiheit an, daß er von da aus zu einer positiven gelangen kann, die ihm erstrebenswerte Teilhaben und Teilnahmen gewährt und sich ihm selbst so viel aktionsfähige Selbständigkeit und Unabhängigkeit in der Lebensführung sicherstellt, als er zu ertragen wähnt und jedenfalls tatsächlich will. Er möchte – das dürfte ein bewirkendes Regulativ sein – weder zur Freiheit gezwungen noch von ihr abgehalten sein. Daß er dabei zu wenig wollen, die Anstrengungen zur Erlangung und Behauptung zu gering halten könnte, ist ein Faktor der Freiheitsgefährdung, wie es auch daran mangeln kann, daß machbare Voraussetzungen nicht bereitgestellt sind, deren es doch bedüfte.

Hauptquelle der Bedrohungen sind allerdings äußere Macht und Mächtigkeiten. Sie haben nach geläufigen, unermüdlich zitierten und wenig beherzten Sentenzen die Eigenart, zu wachsen und sich Eigenschaften des Bösen zuzulegen, und dies offensichtlich noch nie so wie heute, wo sie sich das unabsehbare Potential technischen Könnens und perfektionierten Zwangs zunutze machen können. Manipulative und gewaltsame Zwangsmittel sind geeignet, Freiheiten jeder Art zu zertrümmern und am Wiederaufkommen massiv oder ausgeklügelt zu hindern. Feinheiten und Grobheiten, Bedrohungen und Durchgriffe, Raffinesse und Simplizität sind zur Hand, so daß dem Betroffenen der Raum jeglicher Bewegung genommen, die Hoffnung auf Wiedererlangung erstickt werden könnte. Wenn Technik und Bosheit die schreckliche Verbindung eingehen, bleibt jeder bisherige Absolutismus zurück, wo häufig noch Eigenes als reale Freiheit auf unteren Stufen des täglichen Lebens möglich geblieben war. Im technisierten Geflecht indessen, das sich von der zerstörerischen Kernwaffe bis zur anscheinend harmlosen Informationstechnologie über den Menschen senkt, kann Bewahren in Würde oder auch nur Entrinnen in Furcht verunmöglicht werden.

Daß der Staat Träger solcher Machtmöglichkeiten ist, der ausländische wie der eigene, ist Vermutung des ersten Blicks und erkannte Tatsache des zweiten. Die Erfahrungen der letzten hundert Jahre haben aber die altliberale Annahme verdrängt, daß der Staat allein die bedrohliche Potenz darstelle, was freilich auch damals nie vollends so vereinfacht gesehen wurde. Denn man duldete den (minimalen) Staat wegen gesellschaftsschützender Obliegenheiten, was belegt, daß er sich über soziale Machtverstrickungen erheben und die sonst als gemeinhin gut und freiheitlich gelobten Gesellschaftskräfte in Schranken halten mußte und durfte. Heute ist die polare Stellung des Staates nicht mehr zu übersehen. Er ist Hüter und Schützer der erstrebten Freiheit, die andernfalls, auf sich selbst gestellt, wuchert und in Macht umschlägt, in potentiell schädigende persönliche und gesellschaftliche Macht, die gemäß alten Einsichten und der klassischen Feststellung in Artikel 4 der Menschen- und Bürgerrechtserklärung vom 26. August 1789 durch Beschränkung des Beliebens und des ungezügelten Freiheitsgebrauchs diszipliniert werden soll. Was dort noch Aussicht und staatstheoretisches Postulat war, erwies sich als realitätsbezogenes Gebot an die Verfassungsgeber in der nachrevolutionären Zeit. Die Ambivalenzen in der Freiheit und in der Macht sollen unter Nutzung des Staates, der selbst in der Polarität des Freiheitsgaranten und der machterfüllten Organisation steht, immer wieder bewältigt werden, ungeachtet dessen, aus welchem Boden die Übermacht sprießt. Mensch, Gesellschaft und Freiheit brauchen den Staat, und nicht nur den harmlos rechtspflegerischen, sondern die umfassend handlungsfähige Wirkungseinheit, die sich um der werterfüllten Staatsziele willen zu behaupten und damit die Macht zu gebrauchen hat, um vor allem die Freiheit laufend herzustellen.

Wer Freiheit hier und jetzt will, muß mit der Polarität leben. Man löst deren Schwierigkeiten nicht dadurch, daß man über den Staat hinweg blickt oder ihn als Abirrung deutet, die sich – entbehrlicherweise – mit Aufgaben und Wirksamkeit ausstattet. Die Idee des Liberalen in der zeitgemäßen Gestalt nimmt gegenteils den polaren Tatbestand in sich auf und kommt zu einem unverstellten Verhältnis mit dem Staat, was sich besonders eindrücklich in der Schweiz demonstriert hat, wo liberale und liberal-radikale Richtungen schon im 19. Jahrhundert den Staat bejahen, ausbauen und im Freiheitsauftrag bestätigen. Die Idee des Liberalen, zeitgemäß fortgebildet, muß nicht an Utopien appellieren, kann gleichwohl zielbestimmte und motivierende Kraft sein und darf den Zwiespalt ablegen, an dem sozialistische oder marxistische Bewegungen schwer tragen, indem diese das Ziel des staats- und herrschaftslosen Zustandes vor sich hinstellen und doch eine unbedingte Herrschaft von Auserwählten, die monistisch die allein richtige und maßgebliche Lehre vertreten und darob die Freiheit beiseite schieben, während einer unbestimmt langen Dauer aufgerichtet halten: Der Staat ist bei ihnen verflucht und ausgestoßen und zugleich aufs heftigste gewollt und total gesetzt. Das ist nicht Bewältigung von Polarität, wo Gegensätzliches wesensgemäß zueinandergehört, sondern Kontradiktion des Staates, wo die Gegenwart verdammt ist und Handlungsmotivationen entweder mit Fiktionen oder mit Revisionsbewegungen zu erlangen sind.

Die bedingte Kampffähigkeit der Idee des Liberalen

Mit der Kreation oder Findung der Idee von polarer Struktur ist ihre Verwirklichung noch nicht gesichert. Zwar kann sie Vertrauen setzen in den vehementen Freiheitsdrang des Individuums, das seit der Französischen Revolution um die gleichzeitige Bindung an die Gemeinschaft weiß und sich verpflichtet sieht, die Bereitschaft aufzubringen, die Freiheit des Mitmenschen anzuerkennen. Individuelle Selbstbestimmung und Gemeinschaft, mit Macht handelnder Staat und Selbstbegrenzung der öffentlichen Gewalt – eine «so schöne, geistreiche, halsbrecherische und widernatürliche Sache» ist in der Ausübung «schwierig und verwickelt», und ob «sie auf dieser Erde Wurzel schlagen könnte» (J. ORTEGA Y GASSET) für den Realisten fraglich. Die Begeisterung jedenfalls reicht allein nicht aus, so wenig wie die Besonnenheit reifer Repräsentanten von gestärkter innerer Freiheit, an deren Vorbild sich der Mensch aufrichten könnte. Vielmehr muß – nicht dauernd, aber doch in vielen Augenblicken – für die Idee des Liberalen eine Kampfbereitschaft und die Fähigkeit zur praktischen politischen Auseinandersetzung hergestellt werden. Hiezu sind gewisse Vereinfachungen der Inhalte und Ziele und die Beanspruchung politischer Parteien und sozialer Gruppierungen, wohl auf lange Sicht hinaus, unentbehrlich.
Die Lage bleibt indessen bedrängend genug. Die Idee des Liberalen öffnet sich nämlich wesensgemäß dem Pluralismus, schafft Toleranz und entsagt dem rigorosen Machtgebrauch. Dies aber ruft eine Grundhaltung und praktische Gesinnungen hervor, die sich der entschlossenen Aggressivität enthalten, die die geballte Konzentration vermeiden und die das Getümmel spektakulärer Kämpfe scheuen. Kritische Betrachter legen es als Dürftig-

keit und hartnäckige Gegner als Schwächezeichen aus, was vordergründig zutreffen mag, hintergründig eine unübersteigbare Schranke aufzeigt, die letztlich eine Stärke des Liberalen darstellt. Der Idee des Liberalen fehlt das Zeug zur fanatisierten Verdichtung und zur demagogischen Einfärbung. Wo Pluralismus, Toleranz und Machtdisziplinierung obwalten, besteht ein Unvermögen, im politischen Kampf jene schlagkräftige Einseitigkeit an den Tag zu legen, die ideologisierten Bewegungen eigen ist und ihnen die kämpferische Note bis zur brutalen Unbedingtheit verleiht.

Mithin ist die Idee des Liberalen, trotz höchster Lebenskraft der Freiheit, nicht in Selbstverwirklichungsvorgängen der Durchsetzung sicher, auch nicht einer Kampftätigkeit, die sie jederzeit siegesgewiß antreten läßt. Sie sucht noch andere Wege. Der bevorzugte ist die Verfassung.

Die Verfassung als Garant der Idee des Liberalen

Die Verfassung westlichen Verständnisses deutet sich so und entwickelt sich so, daß sie der Idee des Liberalen gemäß wird. Sie muß beanspruchen, mehr als ein nur-formales Organisationsstatut für die zufällig vorhandene Herrschaft und mehr als ein semantisches Dekor für beliebige Machtträger zu sein. Die Idee des Liberalen will in der westlichen Tradition die materiale Verfassung, die organisiert, integriert und limitiert. Diese Verfassung ist Hoffnung auf ein vernunftgeleitetes soziales und politisches Dasein in freiheitlicher Ordnung. Sie bringt ordnende, Übersicht verschaffende und Sicherheit bietende Normativvorstellungen zur Geltung und beendet die chaotischen, verwirrten Zustände eines willkürlichen sozialen Soseins. Diese Funktionen der Verfassung beruhen auf der Erwartung, daß das Grundgesetz der staatlichen Ordnung bei zureichender Ausgestaltung und praktischer Konkretisierung als oberste Rechtsnorm imstande sei, fortwährend den zur politischen Gemeinschaft zusammenführenden Fundamentalkonsens zu bilden und darzustellen. Zureichend ausgestaltet wird sie, wenn sie inhaltserfüllte Zielvorstellungen (Leitgedanken) mit der Garantie der optimierten Freiheit des Menschen und mit der kontrollierbaren Organisation der staatlichen Institutionen bringt.

Daß mit derartigen Umschreibungen Wertungen und Wertausfüllungen nötig sind, wird nicht verdeckt, sondern als Auftrag und Aufgabe («Aufgegebenes») hervorgehoben. Dahinter steht das Wissen, daß nicht die Verfassung an sich, sondern erst die bestimmt geartete Verfassung jene Erwartungen deckt: Es ist die von der Idee des Liberalen durchdrungene, auf sie hin gerichtete normative Grundordnung. Nicht bei jeder Verfassung kommen solche Verbindungen zustande. Wo und wie es möglich sei, ist eine Frage der Verfassungsgebung und Verfassungspraxis bei westlichen Staats- und

Rechtsverständnissen. Dabei ist die Verfassung, wenn man sie nicht überfordert, nicht normatives Ordnungssystem der Gesamtgesellschaft, sondern das Grundgerüst des Staates, das intensive Bezüge zur Gesellschaft und zum einzelnen darlegt, ohne bis zur Identifikation von Staat und Gesellschaft schreiten zu wollen. Dadurch, daß Staat und Gesellschaft tatsächlich ineinanderstehen, hat man nicht schon Gleichsetzung vorgenommen, sonst bereitet man in der Konsequenz bis zum Eintritt der staatslosen Gesellschaft den totalitären Staat.

Freiheit und konkrete Freiheiten sind nicht einfach da und aus einem Naturzustand wie vorgegeben verfügbar, sobald sie sich in der Wirklichkeit der Sozietät und des Staates einstellen sollen. Sie beruhen vielmehr auf Voraussetzungen. Diese in ihrer materiellen, institutionellen und geistig-psychischen Art herzustellen und zu sichern, ist eine Aufgabe, die sich auf viele Schultern stützt. Inmitten dieser vielseitigen Trägerschaft nimmt die Verfassung eine vorangehende und lenkende Stellung ein. Sie hat insbesondere diejenigen Anteile festzulegen und einzusetzen, die der Staat beibringen soll. Daß der Staat nicht genug tut, wenn er sich in die Abstinenz begibt, ist offensichtlich geworden: Er hat sich auch aktiv an der Schaffung der Freiheitsvoraussetzungen zu beteiligen. Tut er dies nicht, kommt weder sein substantieller Beitrag noch der bewegende Antrieb zustande, ohne die die Freiheitsverwirklichung ausbleiben kann. Kontinuität und Energie staatlicher Aktivität, getragen, ausgelöst und ausgerichtet durch die Verfassung, sind Grundlagen gelebter Freiheitlichkeit. Daran sieht das 20. Jahrhundert nicht vorbei, und die Idee des Liberalen nimmt den Tatbestand auf.

Die Problematik des Sozialstaats

Freiheitsvoraussetzungen zustande zu bringen ist also auch und vorherrschend Sorge der Verfassung. In ihrer Gesamtheit sowie mit tradierten und neuartigen Institutionen schafft sie im 20. Jahrhundert den zu hohen Leistungen befähigten und mit einer unvergleichlichen Aufgabenfülle ausgestatteten Staat: den Sozialstaat und sozialgestaltenden Leistungsstaat. Offensichtlich ist dieser Staat nicht bloße Folge des dem älteren und dem späteren Liberalismus entgegentretenden Sozialismus und auch nicht der Kompromiß des zwischen diesen beiden Strömungen vermittelnden Solidarismus. Er ist aber auch nicht billige taktische Klugheit eines überlebenden jüngeren Liberalismus, der sich pragmatisch über Wasser zu halten versucht. Er ist vielmehr Folge des sozialen Wandels samt dem allgemeinen Wertwandel, mithin der geschichtlichen Entwicklung der letzten 150 bis 200 Jahre, wovon die Idee des Liberalen selbst ein Teil ist. Auch sie stellt sich überall ein und rechnet staatstheoretisch wie praktisch-politisch vollauf damit, daß die Gesellschaft, sich selbst überlassen, die Selbstregulation zum harmonischen Gefüge nicht mit Gewißheit zustande bringt und deswegen fürsorgende, vorsorgende und regulative Aktivitäten des steuerungsfähigen Staates gefordert sind.

Dieser Staat ist Ausdruck eines gewandelten Menschen und einer veränderten gesellschaftlichen Wirklichkeit, in der die Freiheit weiterhin und erst recht erstrebtes persönliches und allgemeines Ziel ist. Vor allem auch allgemeines, indem es nicht mehr um klassen- oder standesbezogene Freiheit geht, sondern um die des Jedermann, um die aller. Das Thema der Freiheit erstreckt sich jetzt und künftig in Weiten, die noch im 19. Jahrhundert unerschlossen waren. Der Mensch indessen ist in dichtere Abhängigkeitsnetze verstrickt, als alte Bilder wahrhaben wollen. Er ist weniger der starke, selbstsichere und in sich ruhende Herr des persönlichen Schicksals als das zwar anspruchsvolle, aber damit vermehrt angreifbare, ausgegliederte und vielseits bedürftige Wesen. Es von Abhängigkeiten der Existenz zu lösen, es von da fortschreitend zu materiellen, psychischen und geistigen Sicherheiten zu leiten, um dann das Tor aufzuschließen für die Freiheiten in ihrer Komplexität nach der Idee des Liberalen – das alles leistet das Individuum nicht aus sich, das leistet die Gesellschaft ihrerseits nicht, es bedarf zusätzlich und für einen beachtlichen Teil des Staates. Der Abschied vom Bürgertum des 19. Jahrhunderts, das sich lange als der «allgemeine Stand» verstand und das später Anlaß gab, Liberalismus mit Kapitalismus und liberales Gut mit Großbürgertum gleichzusetzen, vollzieht sich langwierig und ist nicht abgeschlossen, weder bei den personalistisch ausgerichteten Etikett-Liberalen noch bei ihren Gegnern. Der Geschichtslauf strömt indessen an ihnen vorbei. Der Sozialstaat ist Realität. Unumkehrbar, wenn der Schein nicht trügt.

Realität ist freilich auch seine Problematik. Er ist nicht einfach sanftes Muttertum für den bedrängten und verletzlichen Menschen, sondern im gleichen Zuge Machtkonglomerat, das die üblichen Abbilder von Macht und Machterweiterung an sich trägt und der Erscheinung nach ebenfalls im autoritären und totalitären Staat vorhanden ist. Die Risiken der Machtmißbräuche sind präsent, eine freiheitszerstörende Möglichkeit ist aufgebaut. Der Mensch kann der ungehemmten Staatsmacht oder der niederwalzenden Gesellschaft anheimfallen, und der Staat kann schon auf dem Wege zur genutzten Macht statt Freiheitsvoraussetzung die erodierende Freiheitsauflösung sein. Die Ambivalenz der Macht aktualisiert sich hochgradig und schlägt sich in zwiespältigen Haltungen gegenüber dem heutigen Staate nieder: Er wird herbeigerufen, ausgeweitet, vertrauensvoll legitimiert als Grundlage gelebter Freiheit und zugleich mit verbreitetem Unbehagen verfolgt, das sich etwa im agierenden Zorn gegen technisch-wirtschaftliches Weiterausgreifen oder in passivistischer Abwendung oder in wunderlichen Versuchen zur Rückkehr in den Minimalstaat ausdrückt. Es gibt antizipierende Auflehnungen gegen das leistungsstaatliche Macht- konglomerat, das seinem negativen Faktor einseitig verfallen könnte. Darin versinkt die Sicht auf den tieferen Auftrag dieses Staates, der mit der von der Verfassung gewollten und gestalteten Leistungsfähigkeit die Freiheitsvoraussetzung garantieren soll.

Was man sucht: Sich mit diesem Staat zurechtzufinden, seine erwünschten Tätigkeiten zu nutzen, seine Gefährdungen zu bannen, seine Macht unter Kontrolle zu bringen, ihn also nicht zu brechen, die ihn konkurrierenden gesellschaftlichen Kräfte nicht in Überdimensionen zu steigern, ihn gegen- teils in ein bewegliches System der Ausgewogenheit zu bringen, worin die optimierte Freiheitserwartung Tatsache werden kann. Was man meidet: Den Staat und seine unerläßliche Macht voreingenommen zu dämonisieren und die freiheitlichen Faktoren in der unausweichlichen Verliererrolle zu sehen, in der man vielleicht noch mit dem Mut des Verzweifelten ausharrt. Verfassungsgebung und Verfassungspraxis sind insofern ungleich viel schwieriger geworden, als sie den leistungsfähigen Staat gleichsam liebevoll aufzubauen und anzutreiben und ihm mit gleichem Eifer Fesseln anzulegen haben, wodurch er im Maß gehalten wird. Das Maß zu treffen und sich so einzurichten, daß es im Gang der Entwicklung immer wieder gefunden und durchgesetz werden kann, ist bedrückenderweise einer Zeit aufgetragen, der der Sinn für Maß und Lob des Maßes ebenso abzugehen scheinen wie das Ziel, in Harmoniebereitschaften und in harmonisierendem Wirken die Polaritäten und Ambivalenzen zu bewältigen und den freien Menschen und freiheitliche Gemeinschaften realiter zu ermöglichen.

Der Auftrag zum Staat des Maßes

Trotz allen Schwierigkeiten: die Verfassung, die die Idee des Liberalen in sich aufgenommen hat, erstrebt in dieser Situation den Staat des Maßes. Sie greift dafür zurück auf reiche Erfahrungen mit Institutionen, die das Feuer der Geschichte geläutert hat und die noch Änderungsfähigkeiten in sich tragen. Es sind die Grundrechte, es ist die demokratische Ordnung, es sind weitere Elemente des materiellen Rechtsstaates, es ist, wo gangbar, der föderative Staatsaufbau, alles begleitet von besonderen Einrichtungen, die auf konkrete Sachverhalte in einem bestimmten Staate eingehen, wie Machtkontrollen durch unabhängige Gerichte in Verfassungs- und Verwal- tungssachen, Rechnungshöfe, Ombudsmann, kommunikative Instru- mente zur Aktivierung der öffentlichen Meinung für das relevante Staats- geschehen. Da kann das unverstellte Verhältnis zum Staate aufrechterhal- ten bleiben, die Staatsverneinung oder das substanzlose Verlangen nach staatlicher Minimalisierung oder das Verständnis des Staates als Sicherungsanstalt unterbleiben, die Anteilnahme im tagtäglichen Dabeisein am politischen Vorgang mehr als bedrückende Last und abwehrende Geste sein. Man weiß, daß im Rahmen, den die Verfassung legt, und in Zielen und Institutionen, die sie setzt, die sichtbare Staatsgestaltung und das spürbare Verhältnis von Individuum und kollektiven Formen so zustande kommen, wie die politischen Kräften sie laufend hervorbringen.

Da tritt mit der Verfassung die Idee des Liberalen in Aktion. Sie kann sich jetzt als eine Art ordnendes Prinzip von dynamischer Seinsweise entfalten, ohne Anspruch auf unbedingte Geltung zu erheben, die sie befähigen würde, wegen der angeblich undiskutierbaren Richtigkeit auf den Konsens der Staatsglieder zu verzichten. Solchen Anspruch erhebt sie nicht, und sie reiht sich ein unter die Prinzipien, die Konsens suchen und finden müssen. Sie wehrt auch die verbreitete Meinung ab, die politische Gestaltung entspringe einzig ökonomischen Motiven und führe, auf welchen Umwegen auch immer, notwendigerweise auf die wirtschaftlichen Belange zurück. Sie selbst ist Zeugnis dafür, daß vielfältige Motive das politische Feld beeinflussen. Sie ermöglicht, daß die Auseinandersetzung um die politische Macht jederzeit zustande kommt und daß dann, wenn sie vonstatten geht, der Machtinhaber nicht in einer begünstigten Ausgangslage steht. Wenn es zutrifft, daß das Neue den westlichen Menschen immer wieder zu begeistern vermag, so ist die politische Idee des Liberalen, die zwar Stabilitäten kennt und Traditionen pflegt, sich jedoch nicht verfestigt, Hort und Schwungkraft auf Neues hin in einem. Das ausgehende 20. Jahrhundert ist auf die Idee des Liberalen von derartigen Ansätzen aus stärker angewiesen, als eine pessimistische Prophetie des 19. Jahrhunderts voraussagte: Sie sollte sich in erster Dringlichkeit als ordnende Kraft in den vorn erwähnten Emanzipationsprozeß einschalten, wofür sie vorwiegend die Frage der Demokratie und der Grundrechte als Einstieg berufen wird.

Den Staat des Maßes zu schaffen wird der Verfassung aufgetragen, und das ist der Durchbruch der Idee des Liberalen in den Staatsvorstellungen der Gegenwart. Die Grundrechte werden aus dem isoliert individualistischen Dienst in die Weite objektiver Gestaltungen gesetzt, ohne darob ihren Dienst an der individuellen Freiheit zu vernachläßigen. Die Demokratie fordert heraus, das Institutionelle und Organisatorische zu pflegen und auf die Verwirklichung freiheitlicher Betätigung bedacht zu bleiben. Verfassung ist Chance, daß Freiheit sich einstellt.

Verfassungsrevision

Richtpunkte einer Verfassungsrevision

I. Die Verfassung in der Anfechtung

Die Verfassungsgeschichte der letzten 50 Jahre darf mit Fug unter den Titel des *Ringens um Idee und Wirklichkeit der Verfassung* gestellt werden. In dem Maß, in dem der liberalistisch-bürgerliche Staat des 19. Jahrhunderts vornehmlich durch die Erschütterungen des 20. Jahrhunderts abgebaut und in neue Dimensionen transformiert wurde, die mit den Stichworten des Sozial- und Verwaltungsstaats, des Wirtschaftsinterventionismus, der internationalen Verflechtungen und der Nuklearbedrohung angedeutet werden können, in dem Maß mußten auch die überkommene Idee und die Institution der rechtlichen Verfassung in Frage gezogen werden. Die Verfassung als «rechtliche Grundordnung des Staates» (KÄGI) ist geistesgeschichtlich und politisch Ausdruck der emanzipierten bürgerlichen Gesellschaft, ein polemisches Kampfinstrument gegen mittelalterliche und gegen absolutistische Staats- und Rechtsverständnisse. In der Verfassung wird die *«Organisation der Rechtsgemeinschaft»* (W. BURCKHARDT) *durch «vernunftgeleitete Entscheidung»* (BADURA) angestrebt, und zwar so, daß nach heutigem idealtypischen Verständnis vor allem dreierlei ermöglicht werden soll:

– erstens die Bändigung der Macht dank einer freiheitsbehütenden Mäßigung der Herrschaft und einer Rationalisierung der politischen Vorgänge,

– zweitens die Fundierung einer politischen Entscheidungs- und Handlungsfreiheit, die erlauben soll, die gesellschaftsordnende Funktion im sozialen Pluralismus fortlaufend sicherzustellen,

– drittens die Sicherung des neuzeitlichen Rechtsverwirklichungsprozesses durch die Aufrichtung rechtslogischer und rechtsmaterialer Bezugspunkte in Fundamentalnormen.

Die staatliche Wirklichkeit des *20. Jahrhunderts läßt zwar die Verfassung zu einem äußerlichen Triumphe kommen* – die sich verdoppelnde Staatenwelt

«Totalrevision der Bundesverfassung ja oder nein?», *Sonderheft, Zeitschrift für Schweizerisches Recht 87 I, 1968, S. 439–455. Verlag Helbing & Lichtenhahn, Basel 1968.*

kreiert sich der Form nach zu Verfassungsstaaten –, schwächt und perver-
tiert Bild und Lenkungskraft der Verfassung jedoch so weit, daß sie, im
ganzen gesehen, doch verarmt und verblaßt[1]. Das 20. Jahrhundert reduziert die lebendige politische Beziehung mit der Verfassung, die in der
Wohlstandsgesellschaft oft für die Staatspraxis Hinderung und Last, für
den Bürger unverständlicher Formalismus, für aggressive Sozialgruppen
morsche Tradition zu werden in Gefahr steht.

*Diesem Bild von der Verfassung in Anfechtung entspricht die verfassungstheo-
retische Situation.* Einerseits streiten sich widersprechende Verfassungsver-
ständnisse: Symptomatisch sind die Auseinandersetzungen in der Zwischenkriegszeit in Deutschland unter einer hervorragenden wissenschaftlichen Garnitur, wofür die Namen etwa von RICHARD THOMA, HANS
KELSEN, CARL SCHMITT, HERMANN HELLER und RUDOLF SMEND auch
heute noch voll repräsentativ sind. Andrerseits läuft die Verfassungstheorie
an den Klippen der verwirrenden Grundsituation der Philosophie auf,
glaubt schließlich eine Zeitlang, sich auf der Woge der materialen Wertethik wieder flott machen zu können, erfährt aber bei aller Ergiebigkeit die
doch begrenzte Tragkraft dieser Richtung für das Recht[2] und sieht sich
zurückgeworfen in die offene philosophische Problemlage.

Indessen ist es doch ein Ringen: *Staatspraxis und Staatslehre geben Idee und
Institution der Verfassung nicht auf.* Man wurde um die Mitte dieses
Jahrhunderts der dauernden Werte in der Verfassung wieder vollauf inne –
die schweizerische Staatsrechtslehre hat an dieser Belebung in der Nach-
kriegszeit vorwiegend mit den Namen ZACCARIA GIACOMETTI und WERNER
KÄGI einen respektablen Anteil – und setzte an zu Neubesinnungen auf
Wesen und Funktion der Verfassung in einer Welt, die durch die unerhörte
Beschleunigung des Sozialprozesses charakterisiert ist. Damit wurde aber
auch offenbar: Es gilt, eine Verfassungstheorie und -realität zu suchen, die
den klassischen Konstitutionalismus im dialektischen Fortgang in neue
Verständnisse überführt. Eine solche *Neuorientierung* kann kein Unterfangen kurzer Zeit und einiger Leute sein. Es geht um einen geistigen Prozeß
von vertiefenden Bemühungen, vornehmlich *durch eine behutsam und
methodisch, geduldig und beharrlich arbeitende Wissenschaft, Hand in Hand
mit einer aufnahmebereiten Praxis.*

---

[1] Zu diesem Abbau bedrängend und schonungslos: GEORGES BURDEAU, Zur Auflösung des
Verfassungsbegriffs, erweiterte Fassung des Beitrags in der Festschrift für Achille Mestre
von 1956, Der Staat 1, 1962, S. 389 ff. Vgl. aber vor allem die Analyse bei HANS HUBER,
Stillstand, Verdrängung und Abwertung der politischen Theorie in der Gegenwart, in:
Jahrbuch der Neuen Helvetischen Gesellschaft, 38, 1967, S. 64 ff., insbes. S. 67.
[2] Am Beispiel der Grundrechte eindrücklich aufgewiesen durch REINHOLD ZIPPELIUS,
Wertungsprobleme im System der Grundrechte, München/Berlin 1962.

II. Das erzwungene Revisionsverfahren

Die fünfziger und die erste Hälfte der sechziger Jahre haben jene Neuorientierung in hoffnungsvollen Ansätzen aufgenommen. Die schweizerische Staatsrechtslehre investierte große Energien. Abhandlungen, Monographien, Gutachten und andere Bearbeitungen kündeten mit neuartigen Fragestellungen, Methoden und Ergebnissen wissenschaftsgeschichtlich Neuland an. Zugleich legten sie bereits tragfeste Grundsteine für neue Verständnisse, die mit großer Wahrscheinlichkeit entweder auf ein gewandeltes «Leben mit der alten Verfassung» oder auf eine Revision als reife Frucht hinausgelaufen wären. Das hätte freilich seine Zeit des ungezwungenen Wachstums im Medium freier, insbesondere interdisziplinärer Forschung und dichter Verbindung mit der Praxis gekostet. Diese Geduld wurde nicht aufgebracht. Das umfassende Totalrevisionsgespräch, auf das weder Volk und Behörden noch Wissenschaft innerlich eingestellt waren, wurde unter geschickter Ausnutzung augenblicklicher Stimmungen und scheinbar bedrängender politischer Konstellationen 1965/66 recht eigentlich erzwungen. Ob es richtig und politisch weise war, den Motor der Totalrevision verfrüht anzukurbeln, namentlich dem Volk jetzt vorerst mühsam plausibel zu machen, daß es unter einer überholten Verfassung lebe, und dann das Risiko einzugehen, die in ihm erweckten und hochgeschraubten Erwartungen doch nicht erfüllen zu können, ist eine Frage an die Historie; sie darf uns im Augenblick nicht umtreiben.

«Es ist nun einmal so.» Die Sache ist in Marsch gesetzt. *Es gilt jetzt, das Beste daraus zu machen.* Negativ ausgesprochen: Es müssen jetzt alle Bemühungen daran verwendet werden, daß das eingeleitete *«politische Abenteuer»*[3] *nicht in einem desintegrierenden und zerstörerischen Fiasko endet.*

Dabei darf man den Motionären und den eidgenössischen Räten das Verdienst zuschreiben, daß sie immerhin mit dem inaugurierten Vorverfahren Möglichkeiten der Besinnung und gar des Anhaltens ins Auge gefaßt haben[4]. Ob allerdings ein «Abbruch der Übung» durch politische Potenzen anberaumt werden könnte, also praktisch durch die Bundesversammlung nach der Berichterstattung über die Motionen durch den Bundesrat, ist heute schwer vorstellbar, selbst wenn sich die einigenden Kräfte und die fruchtbaren Konzeptionen im Vorverfahren nicht einstellen sollten. «Irgend etwas» wird sich im Revisionsbereich tun müssen.

Indessen stehen verschiedene Wege offen, die zu unterschiedlichen Revi-

---

[3] WERNER KÄGI, Vom bleibenden Sinn der Verfassung in einer veränderten Welt, in: Jahrbuch der Neuen Helvetischen Gesellschaft, 38, 1967, S. 35 ff.

[4] «Motionen zur Totalrevision der Bundesverfassung. Antworten des Bundesrates» als zusammenfassende Broschüre: Staat und Politik, Heft 2, Bern 1967.

sionstypen führen. Die Totalrevision im absoluten Sinne ist *einer* davon. Es gibt auch noch andere. Und *diesen* Entscheid über die Wahl des geeigneten Weges sollte man sich allerdings noch in voller Freiheit offen halten.

III. Revisionstypen

1. Totalrevisionen

Es gibt verschiedene Typen von Totalrevisionen:

a) Die Totalrevision im absoluten Sinne

Die gewohnte Umschreibung der Totalrevision geht dahin, daß die *gesamte bisherige Verfassung in Frage gestellt* werde[5]. Über sämtliche Bestimmungen und Institutionen wird die verfassungspolitische Diskussion eröffnet, und es muß *durchgängig neu geantwortet* werden. Selbst wo Bisheriges übernommen wird, ist es neue Antwort: Der Verfassungsgeber bekennt sich erneut zur bisherigen Regelung. Im übrigen schließt die Totalrevision ein, daß auch bisher nicht gestellte Fragen aufgeworfen werden und insofern unbedingt neuen Inhalt einbringen.

Den *Totalrevisionen im absoluten Sinne* können nun solche *in einem relativen Sinne* an die Seite gestellt werden, worunter zwei Typen für die gegenwärtige Aufgabe hervortreten: die totale Formalrevision und die totale Formalrevision mit punktuellen Neuschöpfungen.

b) Die totale Formalrevision

Eine Verfassungsänderung kann das Verfassungswerk *inhaltlich unangetastet lassen, ihm jedoch durch Neuformulierungen eine neue Gestalt geben.* Diese Revisionsform hat soeben der Kanton Tessin versucht[6]. Obwohl die Neuformulierung unvermeidlich auch inhaltliche Modifikationen in sich schließt, weil die «Rechtsform» nicht abscheidbares Gegenstück zum Rechtsinhalt bildet, sondern die Form den Gehalt mitkonstituiert und neue Form zumindest Chancen neuen Inhalts birgt, kann die kunstvolle Verfassungsauslegung dem revidierten Werk den Ursprung in beachtlichem Maß bewahren.

Dieser Revisionstyp bietet sich an, wenn die politischen Kräfte für die materielle Neuordnung nicht ausreichen oder wenn die bisherige Ordnung materiell befriedigt, jedoch nach einem zeitgemäßen Kleid gerufen wird. Man tut Revisionsforderungen, die auf eine überholte Sprache, auf mangel-

---

[5] Zu Revisionstypen vgl. auch WERNER KÄGI, a.a.O. Umschreibungen bei WALTHER BURCKHARDT, Kommentar der schweizerischen Bundesverfassung, 3. Aufl., Bern 1931, S. 813; JEAN-FRANÇOIS AUBERT, Traité de Droit constitutionnel suisse, I, Paris/Neuchâtel 1967, S. 140 ff.

[6] Bereinigte Verfassung des Kantons Tessin vom 4. Juli 1830/12. September 1967. Dazu BBl 1968 II, S. 205 ff.

hafte äußere Systematik und Überladungen hinweisen, gerade in rechtswissenschaftlichen Kreisen allzu rasch und mokierend als *«Verfassungskosmetik»* ab. Damit sich zu plagen, wird als unwürdig verworfen. Nicht ganz zu Recht. Es *kann* eine echte Aufgabe sein, der Verfassung eingängige Gestalt zu geben, und es *kann* ausreichen, diffuse Revisionsbewegungen derart überhaupt noch fruchtbar zu machen.

c) Die totale Formalrevision mit punktuellen Neuschöpfungen
Eine totale Formalrevision läßt sich *verbinden mit materiellen Änderungen in ausgesuchten Belangen*. In der verfassungspolitischen Erörterung auferlegt man sich Beschränkungen, zum Beispiel deswegen, weil nur wenige materielle Fragen kritisch sind, weil man sich aus politischen Gründen nicht mehr zumuten darf oder weil man innert einer übersehbaren Frist an ein Ende kommen will.
Am reinsten wird dieser Typus vertreten durch die Totalrevisionen in den Kantonen Nidwalden und Obwalden[7]. Die beiden Motionen, die das gegenwärtige Gespräch im Bund eingeleitet haben, zielen wahrscheinlich auf diesen Typus ab[8]. Der Fragenkatalog der Kommission WAHLEN hingegen greift so weit aus, daß die Totalrevision im absoluten Sinne ins Blickfeld rückt.

2. Partialrevisionen

Fließend sind die Grenzen der Totalrevisionen zu den Typen der Partialrevisionen, die sich ihrerseits strukturell differenzieren lassen nach dem Ausmaß dessen, *was* sie materiell neu zur Entscheidung stellen und *wie* sie es tun.

[7] Verfassung des Kantons Unterwalden nid dem Wald vom 10. Oktober 1965 und die Verfassung des Kantons Unterwalden ob dem Wald vom 16. März 1968. Dazu BBl 1968 II, S. 53 ff.
Die Totalrevision im Bund von 1874 ist charakterisiert durch eine Einengung auf wenige materielle Bereiche, ohne daß eine totale Formalrevision damit verknüpft worden wäre. Vgl. auch WILLIAM E. RAPPARD, Die Bundesverfassung der Schweizerischen Eidgenossenschaft 1848–1948, Zürich 1948, S. 321 ff.
[8] Vgl. etwa aus der Begründung von KARL OBRECHT: «Die kommende Revision wird sicher nicht das Ergebnis eines geistig-weltanschaulichen Kampfes sein. Ein solcher Kampf um die geistigen Grundlagen der Verfassung wäre besonders für die Jugend gewiß mitreißender. Aber er ist heute einfach nicht denkbar, weil diese geistigen Grundlagen nur in Nuancen bestritten sein können.» Es würde sich *«daher vorwiegend um eine organisatorische Reform»* handeln (a. a. O., S. 26 f.).
PETER DÜRRENMATT macht gerade *nur fünf Revisionskreise* namhaft: einen rechtsästhetischen, einen emotionellen mit konfessionellen Bestimmungen und Frauenstimmrecht, einige (eher bescheidene) organisatorisch-verfahrensrechtliche Anliegen, einen aus der Relation Staat–Wirtschaft und schließlich einen aus dem außenpolitischen Gebiet (a. a. O., S. 43 ff.).

a) Die isolierten Partialrevisionen

Gegenüber der Vorstellung, daß die Partialrevisionen die Änderung oder Ergänzung je nur «einzelner Artikel» beschlagen, ist die Erweiterung aufzunehmen, daß unbeschadet der Zahl von Bestimmungen Regelungskomplexe, die die Struktur der Verfassung als Ganzes durchaus wesentlich betreffen und modifizieren, als Partialrevisionen auftreten können [9]. Die Wirtschaftsartikel von 1947 geben das Beispiel ab.

b) Die Partialrevisionskette

Neben die komplexen, aber isolierten Revisionsentscheidungen muß man als neuen Typus die *Abfolge von Partialrevisionen mit mehr oder weniger engen Sachzusammenhängen stellen.* Hier wird von der Vorstellung ausgegangen, daß zwar viele Revisionsgegenstände in Frage zu ziehen seien – im Extremfall: alles, also mit gleichem Endziel wie bei der Totalrevision –, daß aber Bearbeitung und Entscheidung schrittweise vor sich gehen sollen. Motive für dieses Verfahren können in arbeitstechnischen Überlegungen liegen: es läßt sich nicht das ganze Revisionsthema in einer geschlossenen Zeiteinheit bewältigen; es können methodische Gründe bestimmend sein: es mag sich empfehlen, Gegenstände mit Sachprioritäten vorweg in Wirksamkeit treten zu lassen, um je nach Erfahrungen die nachfolgenden Entscheidungen angepaßt auszugestalten [10]; schließlich können politische Argumente die Staffelung auferlegen, namentlich deswegen, um dem Volk verschiedene Verfassungsfragen zu präsentieren und allfällige Ablehnungen durch Anpassungen aufzufangen und in genehme Regelungen überzuleiten. Partialrevisionsketten bilden jenen Typus, der der Aktivbürgerschaft die größten unmittelbaren Partizipationen eröffnet, der dem Ruf nach Alternativen (Varianten) auch in Volksentscheidungen sinnvoll nachkommt und der sachliche Überforderung der Entscheidungsorgane ins geringste Maß versetzt. Mitgedacht bei diesem Typus ist, daß *ein präparatives Planungsorgan in Permanenz waltet, das aus gesamtheitlicher Sicht den erstreckten Kreationsprozeß antreibt und alimentiert.*

IV. Fundamentale Voraussetzungen

1. *Wissenschaftliche Erarbeitung statt spekulative Kreation*

Ob «wirkliche Verfassungen» mit lenkungskräftigen und substantiellen Fundamentalnormen auf Grund spekulativ ermittelter Staatsbilder – also

---

[9] Zur Partialrevision mit Strukturumwälzungen: JEAN-FRANÇOIS AUBERT, a. a. O., S. 141; Z. GIACOMETTI, Schweizerisches Bundesstaatsrecht, Zürich 1949, S. 704 f.

[10] Ein Beispiel: Eine Revision der politischen Rechte des Volks ist abhängig von der Aufgabe und der Effektivität des Parlaments. Dessen Reform vorwegzunehmen, kann sich unter Umständen empfehlen.

die geniale Verfassungsgebung als Wurf aus einer «Idee» – heute überhaupt noch zustandezubringen wären, ist zweifelhaft. Dafür sind Aufgaben, Funktionen und Organisationen für *jeden* Staat wohl zu komplex geworden. Die spekulative Spontankreation ist bestenfalls noch in politischen «Not»-Situationen zu erhoffen, dann aber regelmäßig behaftet mit Bresten und Unzulänglichkeiten der Tagessorgen; solche Verfassungsschöpfungen leiden im heutigen Staat unter dem verkürzten Blick der bedrängten Verfassungsgeber.

Jedenfalls muß man die Sonderheit eines großen Revisionsunterfangens in der Schweiz der Gegenwart bedenken, wodurch zwei Sachverhalte ausgeschlossen sind: Einmal geht es *nicht um eine ursprüngliche Verfassungsgebung,* die ein Staatswesen historisch gründet und normativ begründet. Sodann besteht *keine politisch-staatliche Krisenlage, die durch eine Totalrevision überwunden und abgeschlossen werden könnte.* Heute fehlen einerseits der unmittelbare historische Auftrag und die aus dem Gewissen auferlegte unzweideutige Verantwortung der staatsführenden Schichten mit einem nachdrängenden Impetus der öffentlichen Meinung, wie dies Verfassungsgebungen in Krisenlagen sonst regelmäßig auszeichnet; andrerseits besteht kein außenpolitischer Druck, der die befriedende Zusammenfügung beschleunigen könnte. *Angestrebt wird vielmehr eine «fortführende» Totalrevision,* die alle Züge der Reform – im Gegensatz auch zur unterbrechenden, alte Institutionen schlechthin vernichtenden Revolution – im klassischen Gewande der Verfassungserneuerung aufweist. Daß einer Totalrevision immerhin Züge des Revolutionären wesensgemäß innewohnen, wird damit nicht übersehen; aber sie herrschen nicht vor.

Der Einwand, die Gegenwart stehe geistig und sozial in krisenhaftem Umbruch, folglich stehe man ja gerade in jener zur schöpferischen Aktion befähigenden «Not»-Situation, schlägt nicht durch. Denn diese *Krise ist weit umfassender, als daß sie durch eine Totalrevision der Bundesverfassung beendet* oder gar schlagartig beseitigt werden könnte. Die Verfassungsrevision könnte bestenfalls Ausdruck, aber nicht Ursache jener «großen Umkehr» sein, die gegenwärtig vertieft *und* oberflächlich aus vielen Quellen gefordert wird.

Eine Verfassungsrevision ist *heute kein Hinwerfen aus hoher Eingebung, sondern ein Erarbeiten.* Und dieses Er-arbeiten ist *nach Methode und Haltung der Wissenschaft verpflichtet, ja, recht eigentlich durch die Wissenschaft zu leisten.* So muß die Verfassungsgebung auf sicherer Basis stehen, die ihr die Wissenschaft durch Darlegung des Ist-Zustandes, durch Ideen- und Rechtsvergleich, durch Aufweis und Kritik möglicher Varianten für Einzelnes wie für Ganzes, durch kritische Würdigung formulierter Regelungen verschafft. Die *Aufgabe reicht weit über die Rechtswissenschaft hinaus, die freilich im interdisziplinären Untersuchungsgang die Rolle des*

Vorangehenden auf sich nehmen muß. Man kann die Notwendigkeit dieser wissenschaftlichen Ausstattung und Stützung des Revisionsunterfangens schwerlich überschätzen[11].

2. *Die Haltung der Offenheit und der Freiheit*

Wenn es gilt, «to make the best of it», mit dem Revisionsanliegen nämlich, so kommt es entscheidend auf die Grundhaltung an, die die Revisionsgespräche trägt. Das *ganze* Volk an den Erörterungen von Anfang an bis zum Schlusse *voll* teilnehmen zu lassen, wäre eine Übertreibung. Der «Mann von der Straße» wird der überlangen und problemgerichteten Erwägungen bald einmal müde; er zieht immer noch und in der Mehrzahl praktische Vorschläge und klare Richtungsweisungen vor, die er annehmen oder verwerfen kann. Es bedarf einer *auf lange Sicht sorgfältig zu konzipierenden Kommunikationspolitik und wechselseitigen Informationstechnik*, die vor allem bei einer Totalrevision – eine Partialrevisionenkette mit der periodischen Volksentscheidung böte weit weniger Probleme – nicht leicht zu handhaben wäre. Der *Bürger muß vorab mit neuartigen Tatbeständen vertrauter werden*, als er es heute ist (zum Beispiel: mit Aufgaben und Arbeitsweisen der Behörden, mit den realen Eigenarten wichtigster Staatsfunktionen, mit der Bedeutung seiner Grundrechtspositionen für den Alltag, mit dem Wesen der Wirtschafts- und der Finanzverfassung), und er soll über Hauptprobleme und Lösungsvarianten zwar vereinfacht, aber nicht verfälscht orientiert werden. Anzustreben ist *die Offenheit und die illusionsfreie Darlegung in intellektueller Redlichkeit.* Verharmlosungen so gut wie Aufbauschungen sind zu meiden. Das scheint selbstverständlich zu sein, ist es aber nicht. Es fällt auf, wie in der parlamentarischen Debatte von 1966 die Sachfragen, die geistigen und sozialen Zusammenhänge, die politische Problematik der Totalrevision sonderbar verkürzt dargestellt wurden. Ob es taktischen Motiven entsprang, um nicht aufzuschrecken, steht dahin. Man sollte nur früh genug einrechnen, daß *verengte Sichtungen und beschwiegene Problemlagen entweder ein totes Revisionsrennen eröffnen oder das Risiko heraufbeschwören, daß im Laufe des Revisionsverfahrens Radikalisierungen eintreten,* die die erwartete friedliche Hausrenovation ins Gegenteil verkehrten. Wenn erst einmal das Fragen eröffnet ist, tritt zutage, in welcher ungeheuer weiten Problematik Staat, Recht und Gesellschaft heute stehen, und die Situation ist alles andere als schläfrig, niedlich und einmütig. Das kann man vor dem Volke nicht verschleiern, man muß das Volk aber zugleich auch auf angemessene Weise in das offene Gespräch aktiv einbeziehen. Das gilt um so mehr, als *mit einer annehmenden*

---

[11] Ähnlich: Klaus von Beyme, Die verfassungsgebende Gewalt des Volkes, Tübingen 1968, S. 58 ff.

188

Volksmehrheit eine neue Verfassung noch längst nicht am Ziel ist: Sie muß auch eingehen in die politische Realität und Effektivität im breiten Strom der weiteren legitimierenden Vorgänge.

Statt der deformierten Haltung vieler Gesetzesentwerfer, die im Banne von Referendumsdrohungen und vermuteter Referendumstauglichkeit mühselig ihrem Werk obliegen, sollte es bei den Revisionsarbeiten, gleichgültig welchen Stadiums, *für einmal nur die andere Haltung geben: die wissenschaftliche*, das heißt die der *Verpflichtung auf die ungebrochene Wahrhaftigkeit im Fragen, Antworten und Beurteilen.* Der Geist wissenschaftlicher Freiheit sollte die Arbeiten beflügeln, die der Wissenschafter so gut wie die der Behörden. Auch das ist nicht selbstverständlich.

V. Materielle Richtpunkte

1. *Die Suche nach einem zureichenden Verfassungsverständnis und effektiver Verfassung*

Die vorzeitige Einleitung des Revisionsgespräches dispensiert nicht davon, sich um ein gewandeltes Verfassungsverständnis zu bemühen. In der theoretischen und praktischen Ungewißheit, was Verfassung im Verwaltungs- und Sozialstaat sein kann und was Verfassungsrevision sein soll, wird man sich von drei Extremauffassungen vorerst freihalten müssen.

a) *Verfassungsrestauration*

Einmal sind preiszugeben Vorstellungen des alten wie eines restaurierten Konstitutionalismus. In der Verfassung der Gegenwart und der nächsten Zukunft die *umfassende* Basis, das *vollendete* System, den *unveränderlichen* Hort überdauernder Werte sehen zu wollen, die Stabilität und Permanenz bis zur nächsten Totalrevision brächten, zerbricht in der geistigen und in der politischen Realität. Wir können heute keine glaubwürdige Verfassungsrestauration mehr betreiben.

b) *Verfassungsfaktizität*

Sodann wird man sich distanzieren von Auffassungen, die in der Verfassung überhaupt nur *augenblickliche* Verhaltensentwürfe sehen wollen und die verfassungsrechtliche Normativität vollends in der Dynamik der Geschichte aufgehen lassen. Die fruchtbare Integrationslehre darf nicht in eine ganzheitliche Verfassungstheorie überführt werden [12], die sonst Gefahr

---

[12] Wie sich auch aus der berühmten Selbstkritik Rudolf Smends in seinem Artikel «Integrationslehre» im Handwörterbuch der Sozialwissenschaften, 5, 1956, S. 301 ergibt.

läuft, in der Praxis den geisteswissenschaftlichen Ansatz zu verlieren und in einer Soziologie der Verfassungstatsächlichkeit zu verlaufen.

c) Verfassungsmythologie
Schließlich wird man sich in acht zu nehmen haben vor einer modernen Verfassungsmythologie, die zum Beispiel aus Totalrevisionen die Neusammlung der Nation oder gar Lösungen für unsere geistigen und psychischen Gegenwartsprobleme erhofft. Das sind in Wirklichkeit pseudo-mythische Erwartungen ohne die Lenkungskraft antiker oder spätmittelalterlicher Utopien und ohne die Potenz symbolhafter Urerlebnisse.
Das gültige Wesen und die taugliche Form der zeitgemäßen Verfassung muß eine eingeleitete Revision erst ermitteln und eigentlich selbst kreieren. Hierin könnte ein begründender Sinn der Totalrevision überhaupt liegen. Als Arbeitshypothese bietet sich am ehesten ein differenziertes Verfassungsverständnis an, wofür KONRAD HESSE kürzlich Elemente beigesteuert hat[13]. Dieser Staatsrechtslehrer in Freiburg i. Br. schreibt – unter Anlehnung, aber entscheidender Fortführung RUDOLF SMENDS – der Verfassung die ununterbrochene Herstellung politischer Einheit und rechtlicher Ordnung als Aufgegebenheit zu, sucht eine in die Zeit geöffnete normative Verfassung, die die Kraft aufbringt, sich im Staats- und Rechtsleben zu aktualisieren und in der Fülle alltäglicher Konkretisierungen die *wirkliche* Verfassung darzustellen. *Die geschriebene Verfassung soll auch effektive Verfassung sein,* aus normativer Kraft ordnungsstiftend und lenkungsfähig. Sie nimmt die stabilisierende und Sicherheit verschaffende Aufgabe ernst, ohne darob zu erstarren.

2. Praktikabilität
Eine geschriebene Verfassung mit normativer Kraft ist auf die Zukunft hin gerichtet, die sie mitprägen will. Aber sie steht doch mit beiden Beinen in der Gegenwart und in der Historie. Vor allem durch ihre Gegenwartsbezogenheit, dank der sie artikuliert, was im objektiven Geist lebendig ist, *greift eine Revision Fragen auf, die uns heute bedrängen.* Schon wegen der begrenzten Fähigkeit zur Prospektive[14] muß sie *vorwiegend die Gegenwart bewältigen.* Nur so wird sie ordnende Sozialpotenz, spricht sie an, erlangt sie Lenkungsfähigkeit. Eine Verfassung hat bei aller Sublimität Erdnähe, ist *rechtliches* Werk mit allen Einengungen und Sonderheiten, die dem Recht anhaften. Sie sucht Praktikabilität.

[13] KONRAD HESSE, Grundzüge des Verfassungsrechts der Bundesrepublik Deutschland, 2. Aufl., Karlsruhe 1968, S. 10 ff.
[14] BERTRAND DE JOUVENEL, L'Art de la Conjoncture, 1964, deutsche Übersetzung: Neuwied/Berlin 1967, S. 62 ff.

3. Beachtung gesellschaftlicher Realitäten

Eine Verfassung ist in die Zeit, aber auch in die Gesellschaft gestellt. Zustand und Lauf der Gesellschaft kann sie beeinflussen. Aber vorerst hat sie doch einmal *soziale Elementarsachverhalte hinzunehmen*. Und das heißt für uns: Wir haben uns *zurechtzufinden in einer pluralistischen Sozietät*, die durch Interessen motiviert ist. Verfassungsbilder, die auf homogene Einheitsgefüge und kompromißfreie Ordnungsgestaltung ausgehen, sind immer wieder zur Wirkungslosigkeit verurteilt.

4. Die Bereitschaft zum erlaubten verfassungsrechtlichen Experiment

Die verfassungsrechtlichen Anliegen namentlich organisatorischer Natur würden richtigerweise in einer geordneten Flexibilität gehalten. So hätten wir jetzt Phasen des zulässigen Experimentierens nötig, um durch Erfahrung zu ermitteln, was etwa das Parlament oder das Kollegialsystem sein können, was die Kantone effektiv zu leisten vermögen, welche Mittel die zeitgemäße Wirtschaftsverfassung erheischt, was in der Finanzverfassung tauglich ist. Ja, selbst für die Grundrechte ist man auf den Versuch angewiesen, zum Beispiel für die Gestaltung der Meinungsfreiheit in sinnerfüllten Formen angesichts der Massenkommunikationsmittel, für die Fragen der sozialen Grundrechte oder für die Erschließung neuer Grundrechtsbedürfnisse. Alte konstitutionalistische Verfassungsidee und die Vorstellung zulässigen Experimentierens aber sind kaum verträgliche Widersprüche.

Eine heute revidierte Verfassung müßte sich auch darin vom 19. Jahrhundert absetzen, daß sie den Glauben aufgibt, mit dem Auftreten des *pouvoir constituant* die Verfassungsfragen abschließend und vollkommen zu lösen. Das Verfassungsrecht ist wesensgemäß polar strukturiert: Es will Sicherheiten geben, wofür es Stabilitäten verschaffen muß; es will aber auch lenkungsfähig bleiben, wofür es Bewegung braucht. Diese hat es heute weit weniger durch förmliche Teilrevisionen als in der fortführenden Handhabung durch den Gesetzgeber, die Regierung und den Richter. Mit der Totalrevision ersteht die Gefahr, daß man wegen einer Vollkommenheitserwartung auf starre Festlegung und dichte Systematisierung ausgeht. Dem ist die Forderung entgegenzusetzen, *für das zulässige verfassungsrechtliche Experiment und die Fortbildung der Verfassung* sowohl genügend *Räume offen zu lassen*, als auch *geeignete Organe dafür einzurichten*, die fähig erscheinen, diszipliniert und doch in geistiger Weite der Verfassung im laufenden Konkretisierungsvorgang je Leistungsfähigkeit und Wirksamkeit zu sichern. *Die zeitgemäße geschriebene Verfassung nähert sich damit strukturell den flexiblen Verfassungen und muß die positivistische Starrheit lockern. Normenstruktur, System und Regelungsdichte neuen Verfassungs-*

rechts sind offene Fragen. Mit den Worten von der «kurzen» oder der «einprägsamen» oder der «populären» Verfassung ist noch nichts geklärt[15].

VI. Schlußbemerkung

Wir sind auf beinahe allen Lebensgebieten überflutet von derartigen Neuerungen und Veränderung, daß, neben der Freude und neben dem Staunen über die Fülle und über das Unerhörte, Gefühle der Unsicherheiten sich immer wieder vordrängen. Auf der Suche nach Halt im Bereiche der sozialen Gestaltungen ginge man jedoch in die Irre, durch Totalrevisionen gleich charismatischen Führungskräften «Lösungen» herbeizusehnen. Es entspricht unserem wissenschaftlich-technischen Zeitalter, *in Nüchternheit und illusionsfreier Redlichkeit an die praktischen Probleme heranzutreten.* Das ist keine Absage an die Ausrichtung auf hohe Leitwerte, vorab auf die Gerechtigkeit, die Menschenwürde und die eingangs erwähnten Hauptziele einer überdauernden Verfassungsidee, wohl aber der *Verzicht auf die leere Formel und die aufgeregte Betriebsamkeit.* Gelingt es, diese Ausgangsbasis zu erreichen, ist Entscheidendes gewonnen. Dann wird man nach den ersten Sichtungen der Revisionsthematik mit besonderer Sorgfalt gleichsam als *Vorfragen prüfen,* welcher Revisionstypus vorzuziehen, welche wissenschaftlichen Bearbeitungen nötig, wie die Kommunikationen mit der Öffentlichkeit zu gewährleisten wären.

---

[15] Über die durch Rechtsnatur, Verfassungsidee und die verfassungspolitische Situation bestimmte Redaktionstechnik vgl. etwa KARL LOEWENSTEIN, Verfassungsrecht und Verfassungsrealität, in: Beiträge zur Staatssoziologie, Tübingen 1961, S. 471 ff.

Hundert Jahre Schweizerische Bundesverfassung

I

Die Bundesverfassung vom 29. Mai 1874 wird in ihrem Jubiläumsjahr mit wenig Glanz umgeben. Wir feiern sie verhaltener als einen hundertjährigen Schulhausbau, und wir gebärden uns in den Würdigungen trockener als gegenüber einem hundertjährigen Verein. Wir geben uns wohl weniger deshalb so nüchtern, weil das Verfassungwerk nur mühevoll in die für feierliches Gedenken gewohnte emotionale Hülle einzukleiden ist, und auch weniger deshalb, weil wir pathetische Belobigungen im Jugendstil des Vaterländischen befürchten oder moralisierende Lesungen, die die staatsabgewandte Wohlstandsmentalität geißeln, fernzuhalten hätten. Weit mehr und besser begründet dürfte die Zurückhaltung daraus entspringen, daß die geltende Bundesverfassung von 1874 in den Schatten ihrer Totalrevision gestellt ist. Man kann nicht sagen: in den Schatten ihrer Nachfolgerin; denn diese hat weder Gehalt noch Konturen in dem Maß, daß schon Vorauswirkungen stattfinden könnten. Aber das vor bald 10 Jahren aufgenommene Thema der Totalrevision hat der geltenden Bundesverfassung die normative Autorität gemindert, wird doch die Gesamtänderung in groben Verkürzungen gern dergestalt eingängig gemacht, als ob «Abhilfe gegen die Bundesverfassung von 1874 zu schaffen» sei. Sie wird angeprangert, weil sie unübersichtlich geworden, unsystematisch gestaltet, mit Nebensächlichem beladen, in Wesentlichem lückenhaft, für den Bürger kaum verständlich und für die Behörden verwirrlich geworden sei. Die Kritik vermißt in ihr genügende sichtbare Ausweise der innovatorischen Vorgänge eines drängenden Zeitenlaufs und findet nur dürftige Ansätze, aus denen heraus die Zukunft bewältigt werden sollte – was alles mehr oder weniger wahr ist, aber noch nicht das Ganze dieser Bundesverfassung trifft und vor allem ihre positive Leistungskraft verschweigt.

Größen in Ablösung, denen man nicht *«ad multos annos»* zurufen darf, haben in der Tat einen gebrechlichen Jubiläumsstand. Trotzdem werden wir nicht aus dem Auge verlieren dürfen: Ob in ausmeßbarer Zeitspanne eine neue Bundesverfassung kommt oder nicht und ob diese makellos genug sein wird, um den Revisionserwartungen reihum zu genügen, wissen wir

Zeitschrift des Bernischen Juristenvereins 110, 1974, S.337–345. Verlag Stämpfli, Bern 1974.

alle nicht. Es könnte passieren, daß wir noch lange mit der vierundsiebziger Verfassung leben müssen oder – je nachdem, was den informellen und formellen Revisionsverfahren schließlich entsteigt – dürfen. Es ist ratsam, mit der Bundesverfassung von 1874 nicht vor ihrer Ersetzung schon ins schweigende Archiv zu fahren, in ihr nicht nur das verwaschene Gegenbild des farbenkräftigen Künftigen zu sehen und ihr namentlich nicht die Anerkennung zu versagen, auf die sie billigerweise Anspruch hat. Wir brauchen mit dem Lobe nicht zu kargen; sie hat sich vielfach bewährt.

Wenn eine Verfassung ihren bestimmenden Wert daraus erhält, was die Generationen, denen sie anvertraut ist, aus ihr und mit ihr machen, so gilt gleichzeitig, daß im Rechtsstaat die handelnden Menschen des Öffentlichen ohne die rechte Hand wären, hätten sie die auch für sich stehende sinnerfüllte Verfassung nicht zur Verfügung. An dem im ganzen doch so glücklichen Verlauf der Geschichte der Schweiz in den letzten 100 Jahren und an der Entfaltung einer gemeinschaftsbildenden politischen Kultur ist kausal und rational die Bundesverfassung zentral beteiligt, als bewirkter Ausdruck so gut wie als bewegende Kraft.

II

Die schweizerische Bundesverfassung ist nicht das älteste unter den geltenden Grundgesetzen Europas. Diejenigen der Monarchien von Belgien, Holland, Luxemburg, Norwegen und Schweden liegen ihr voraus. Aber außer dem schwedischen ist sie das einzige, das mit seinem Staat unversehrt und ohne zeitweilige Verdrängung durch fremde Mächte die letzten 100 Jahre durchschreiten konnte. Sie ist zu Beginn und in der Entwicklung begünstigt gewesen.

Ihr war vorab nicht überbunden, die tückenreiche Transformation von einem absolutistischen Fürstenstaat zum Staat des liberalen Bürgertums zu bewerkstelligen. Sie mußte sich nicht als Instrument für die Eindäm-mung oder Beseitigung des Obrigkeitsstaats und für die elementarste Beteiligung des Bürgertums an der Staatswillensbildung einsetzen lassen, in welcher Aufgabe sich ein Großteil der ersten europäischen Verfassungen aufgerieben hat. Sie durfte sich dank der pflügenden Arbeit der Verfassung von 1848 und schon der Regeneration der dreißiger Jahre darauf konzen-trieren, eine grundsätzlich integrationswillige Gesellschaft in einem frei-heitlichen Staat zusammenzuhalten und darin eine von politischem Schwung bewegte demokratische und föderative Grundordnung fortzubil-den, im allgemeinen ohne polemische Umwege und ohne trotzige Einheit-lichkeitsbegehren. Sie mußte nicht urbar machen, sondern durfte mit Erfolgsaussicht aussäen.

Wiederum begünstigt, wenn auch weniger eindeutig, war sie beim zweiten, dem sozial- und leistungsstaatlichen Transformationsauftrag, der die meisten europäischen Verfassungen im 20. Jahrhundert traf und sie in bedrohliche Lagen brachte. Es war die Phase, in der es galt, den abstinenten Minimalstaat des 19. Jahrhunderts in den sozialgestaltenden und anspruchsdeckenden Leistungsstaat überzuführen, wobei die Rolle der Verfassung plötzlich unklar wurde: Konnte, sollte, durfte sie hier mitmachen und wie? Das Dilemma wurde in seiner Tragweite erst allmählich bewußt, bestand aber sachlich seit dem Auslaufen des frühen liberalen Staates. Sollte man an den Vorstellungen von der vornehmlich organisierenden, ausgrenzenden und Macht beschränkenden, also der instrumentalen und inhaltlich kargen Verfassung eines formellen Rechtsstaates festhalten, womit zu befürchten stand, daß die Verfassung vom Felde der aktiven politischen Entscheidungen verdrängt worden wäre, weil sie materiell nichts zu diesen beizutragen gehabt hätte? Oder sollte sie sich umgekehrt öffnen für eine inhaltliche Steuerung der anstehenden Gestaltungsprobleme, wofür ausgleichende, gewährende und vorsorgende Gehalte in den Verfassungstext einzubringen und bestehende Grundrechtsnormen zu allgemeinen staatsgestaltenden Leitprinzipien zu erweitern waren? Damit gewärtigte sie den Abstieg in die Niederungen der Interessenkämpfe und in die Banalitäten der Tagespolitik, und es drohte ihr auch hier der Verlust von Boden, jetzt durch das Zuviel und durch die Preisgabe jener Sublimität, die sie aus der ihr zukömmlichen Distanz erlangt. Im Ausland hat der sich ausbreitende Sozial- und Leistungsstaat Praxis und Lehre von der Verfassung in tiefe Krisen getrieben.

Die Schweiz blieb davon nicht gänzlich verschont. Aber da die Anlage der Bundesverfassung von 1874 auch die materiell steuernde Norm wie selbstverständlich enthalten hatte (z.B. Unterrichtswesen, Arbeiterschutz, Gesundheitsschutz, Verkehrswesen), reicherte sich das schweizerische Grundgesetz mit Aufgaben- und Auftragsnormen gleichsam organisch an (so im Gang vom Kranken- und Unfallversicherungsartikel bis zum Wohnungswesen, von der Nutzbarmachung der Wasserkräfte bis zur umfassenden Raumplanung). Es war dabei nicht gerade im Vortrab des sozialen Wandels, oft nicht einmal im Gleichschritt, aber doch – aufs Ganze gesehen – ohne erdrückende Stauungen oder eruptive Ausbrüche. Eine wahrhaft sozialgestaltende Substanzverfassung wuchs heran, die sich als zukunftsoffen und von materialer Grundstruktur aufwies.

Hiezu war die Partialrevision das prinzipale Mittel: hundertfünfzigmal wurde zum abschließenden Entscheide angetreten; 29 Bestimmungen sind geändert, zwei gestrichen worden, 45 sind neu dazugekommen, 90 sind textlich unverändert geblieben. Es kam zur ununterbrochenen, die Identität wahrenden «Erneuerung in der Zeit», begleitet von der Verfassungsin-

terpretation, vom praktizierten Verfassungswandel und von Verfassungs-
gewohnheitsrecht, was der Verfassung die erstaunliche Vitalität und
Effektivität herzustellen und zu erhalten half.

Interessanterweise hat vor allem die bundesstaatliche Normenlogik die
Bundesverfassung zur materialen Struktur gedrängt. Weil jede Tätigkeit
des Bundes in seinen Verfassungsnormen kompetentiell zu begründen ist
und die schwerwiegenden Staatsaufgaben dem Bunde zuzuscheiden waren,
erlangte die Bundesverfassung die sie auszeichnende spezifische Gegenwär-
tigkeit. Behörden und Volk gewöhnten sich, daß sich die Bundesverfassung
des staatlich-gesellschaftlichen «Problemlösungsbedarfs» annehmen muß,
entlastende Entscheidungsverfahren zur Verfügung hält und an der praktischen materiellen Lösung teilhat. Sie nimmt nicht nur die strukturelle
Organisation vor, um darnach in die Unscheinbarkeit einer passiv-hegen-
den Mutternorm zurückzusinken, sondern hat und ist hohe Aktualität im
staatlichen Gestaltungsprozeß. Sie ist dabei.

III

Man überfordert indessen eine Verfassung, wenn man von ihr erwartet, den
politischen Tagesentscheid und die große Politik jahrein, jahraus zu
meistern, d. h. die gemeinwohlbestimmenden Entscheidungen verfahrensmäßig und inhaltlich sicherzustellen, Konflikte wie ein Konfliktlösungs-
kodex störungsfrei zu vermeiden oder zu tilgen, dem Staatsschiff immer-
während glatte See zu bereiten. Die hundertjährige Verfassung demonstriert, daß sie dem staatlichen Sein nichts Transzendentes ist. Sie ist
namentlich von den Stürmen des Staates auch ergriffen, es sind auch ihre
Stürme. Und ihr Schicksal ist mitbestimmt von der allgemeinen Politik,
von der staatlich-gesellschaftlichen Gesamtordnung, von der Mentalität
derer, die in Staat und Gesellschaft den Ton angeben, und derer, die sich
führen lassen.

Die Bundesverfassung von 1874 hat drei existentielle Erschütterungen
mitgemacht, in den beiden Weltkriegen und in der Weltwirtschaftskrise der
dreißiger Jahre, und möglicherweise nagt in der Gegenwart eine vierte,
schleichende Krise an ihren Wurzeln. Damals war sie dem Scheine nach
verdrängt, denn originäres Notrecht trat an ihre Seite und mußte den Staat
durchtragen. Seither wird sie mitunter als Schönwetterprogramm belä-
chelt: sobald der Staat aus harmlosen Stadien heraustrete, werde sie
ihrerseits hilf- und nutzlos. Das sind übertreibende Vorhalte. In Wirklichkeit ist sie mit ihrem ordentlichen Recht durch das Vollmachtenrecht nur
ausschnittsweise ausgeschaltet gewesen, und sie selbst hat mit ihrer
Behördenordnung, ihren Verfahrensregelungen und den beibehaltenen

Leitprinzipien der komplementären Notrechtsordnung weitgehend die Legitimität verschafft und das Notrecht gemäßigt. Mit dem Abklingen der äußeren Bedrohungen ist sie verhältnismäßig rasch wieder in die alleinige Geltung eingerückt, ohne auf die Dauer grob schwächende Nachwirkungen zu erleiden.

Das vervollständigt eine allgemeine Erfahrung. Sichtbare Durchbrechungen oder partielle Suspensionen der Verfassung haben in großer Regelmäßigkeit alarmierenden Widerhall gefunden; erfreulicherweise, denn nur so wird im schweizerischen Rechtssystem ihre Beachtung oder Wiederherstellung unter Pressur gesetzt. Man darf aber aus dem Umstand, daß bedenkliche Verletzungen vorgekommen sind, gerade nicht ableiten, die Verfassung sei ein brüchiger Bau, ein vom Erfolg verlassenes Unternehmen, von dem sich die Gunst der legitimierenden Akzeptation abgewendet habe. Das Aufheben ist oft reinigendes und stärkendes Reagieren.

Bedrückender nehmen sich halb verdeckte Übelstände aus, die sich in den letzten 15 Jahren zu mehren scheinen. Mit der Forcierung oder Verformung verfassungsrechtlicher Institutionen (so der Volksinitiative, des Dringlichkeitsrechts, des Gesetzesreferendums), mit der erstaunlichen Unfähigkeit zu zeitgerechten Verfassungsentscheidungen im Bereiche der Wirtschaftsverfassung, der Finanzordnung und der Behördenorganisation haben sich Gefahrenherde festgesetzt, die der Verfassung Wasser entziehen und der Befürchtung Nahrung geben, der Sinn für das Maß und für die politische Vernunft könnte diese Nation allmählich im Stiche lassen. Daß daneben kompensierende Verstärkungen der Verfassungssubstanz Platz greifen (so mit der Ausweitung der Grundrechte durch die bundesgerichtliche Rechtsprechung), mag eine bilanzierende Sicht beruhigen, garantiert jedoch keine Festigung der «rechtlichen Grundordnung» (W. Kägi) und ihrer außerrechtlichen komplementären Bedingungen im Sinne Dietrich Schindlers. Beides ist auf erhöhte Behütung und pflegliche Betreuung angewiesen.

Das mag der Ort sein, der kooperativen Beziehung zwischen Praxis und Wissenschaft zu gedenken, die in der Schweiz offenbar enger ist als in den meisten ausländischen Staaten. Die Rechtswissenschaft hat in den letzten 100 Jahren ihren Auftrag als praktische Disziplin immer auch dahin verstanden, für die klärende Durchdringung und die zeitgemäße Sinnbewahrung der Bundesverfassung im Blick auf die Praxis besorgt zu sein. Hervorragende Köpfe haben sich in diesen Dienst gestellt – so, um repräsentativste Beispiele zu nennen, Carl Hilty, der die gedeihliche Zusammenführung der neuen Bundesverfassung mit der politischen Gesamtordnung aufnahm, Walther Burckhardt, der den Sinngehalt voll erschlossen, geweitet und gesichert hat, Fritz Fleiner, der die Bundesverfassung mit einer eingängigen Lehre umgab, Zaccaria Giacometti, der sie in den Gefährdungen mutig verteidigte, HANS HUBER, der ihr die Wege in ein neues Zeitalter öffnet und kreativ sie stärkt. Der kritischen und verantwortungsbewußten Wissenschaft aber erstand eine mitunter widerwillige, mitunter aufnahmebereite Partnerschaft in politischen und richterlichen Behörden, in öffentlicher Meinung und Aktivbürgerschaft. Ein gegenseitig förderndes Bemühen um diesen Staat und seine Verfassung bildet trotz mannigfachen Erschwerungen eine gemeinschaftliche Wegleitung.

IV

Die Bundesverfassung von 1874 prägt und trägt einen singulären Staat. Sie hält doktrinäre Züge von sich fern, wobei es nicht richtig ist, wenn sie des puren Pragmatismus und des rechnerischen Opportunismus geziehen wird. In den Begriffen der Demokratie, der Bundesstaatlichkeit, der Rechtsstaatlichkeit, der Sozialstaatlichkeit, der unabhängigen Kleinstaatlichkeit hat sie werterfüllte Ziele ihres Werdens und Seins, und diese Ziele werden zusammengehalten, zur Kooperation genötigt und beflügelt von der sich immer wieder erneuernden Idee der Freiheit von Mensch und Gemeinschaft. Die Bundesverfassung beachtet dabei freilich allgemeines und ausländisches Gedankengut nur sparsam, und sie wird ihrerseits vom Ausland, für das sie mehr Ausnahme denn nutzbares Modell bedeutet, wenig ausgeschöpft. Das beseitigt nicht die Tatsache, daß eine Verfassung, die die letzten 100 Jahre durchgehalten hat, geeignet ist, methodisch, empirisch und geistesgeschichtlich Hinweise für wirklichkeitsorientierte Verfassungstheorien zu geben. Solche Theorien aber dürfen wiederum befähigt sein, für den Neuerlaß und die Fortbildungen praktischer Verfassungen Hilfen zu bieten.

Die entfaltete Bundesverfassung von 1874 gibt beispielsweise eindrücklich zu erkennen, wie Verfassungsrecht nicht einseitig nur mit registrierenden Normen Vorfindliches aufzeichnen oder umgekehrt mit kreativen Normen nur visionärer Zukunftsentwurf sein kann, sondern um der Legitimität und Wirksamkeit willen beiderlei Elemente in sich bergen muß; wie Verfassungsgebung verstehen muß, Unabänderliches oder derartiges, dessen Änderung nicht durch das Recht bewirkt werden kann, zu unterscheiden von dem, was der rechtsnormativen Lenkung offensteht, um jeder Gattung den gebührenden Raum zuzuweisen; wie die Behütung und Fortbildung des Verfassungsrechts nicht einem einzigen Organ, z. B. dem Verfassungsrichter, anheimgegeben werden können, sondern vom Zusammenspiel der vielen staatlichen Leitungsorgane auf einem bejahenden gesellschaftlichen Untergrund abhängig sind; wie eine Verfassung ihre eigenen Leitgrundsätze, z. B. die Rechtsgleichheit oder das Mehrheitsprinzip, nicht der undifferenzierten Auspressung und damit der zerstörerischen Übertreibung überlassen darf; wie eine Verfassung überhaupt die Grenzen ihrer Wirksamkeit abstecken und wissen muß, wo sie aufzuhören hat, indem andere Normenordnungen Regelungen übernehmen oder Freiräume offenzulassen sind.

Es tritt keine *constitutio triumphans* auf der Jubiläumsstraße auf. Sie verbirgt Spuren ihres Alters und mancherlei Ungenügens nur dürftig; trotzdem ist sie lebendig und wirksam. Eine Zeit wie die unsere, welcher Unzufriedenheit wohlgefällig ist, jedoch durchaus politische Energie verbleibt, kann es konsequenterweise nicht beim Beklagen der Mängel bewenden lassen. Sie wird sich einen disziplinierenden Auftrag geben, den Auftrag nämlich, zu versuchen, in der Revision relevante Verbesserungen zustande zu bringen, zugleich aber offenzubleiben für den gerechten Blick, was heißen will: erstens dem modischen Hange abzusagen, im Bisherigen nur Überholtes zu sehen, zweitens den Hochmut zu bannen, als ob Land und Geschichte bedingungslos auf diese Generation gewartet hätten, um das staatliche Fundament umfassend neu zu empfangen, und drittens die Fähigkeit zu pflegen, die eigenen Vorschläge der Prüfung durch die gelassene politische Vernunft zu unterwerfen und in den großen Zusammenhängen sachlich zu bewerten. Das Gedenken, daß die geltende Bundesverfassung als maßvolle und vernünftige politische Schöpfung 100 Jahre wirksam durchlaufen hat, ist zumindest Aufforderung zu vergleichbarer Anstrengung und Bescheidung in einem für einen nächsten Abschnitt des Verfassungslebens.

Systemwahrende Kontinuität
in Verfassungsänderungen

ERICH GRUNER hält es für möglich, «daß sich sowohl die Schweiz wie ihre Umwelt im Jahre 1970 an der Schwelle eines Epochenbeginns» befunden haben[1]. Im geschichtlichen «Netz vieldimensionaler Korrelationen», in dem sich «gleichzeitig Züge des Beharrens und des Erneuerns» ausprägten, sei eine «Übergangszeit» am Auslaufen. Dabei sei für die Schweiz der «museale», «retardierende Charakter» ihrer Politik bezeichnend gewesen, der teils aus den politischen Institutionen, teils aus dem «Lokalen» ihrer Sozialordnung hervorgehe. Zwar wären «kreatives und innovatives Handeln» mit vorhandenen Instrumenten nicht ausgeschlossen, doch sei – so beim Volksbegehren – «der Pioniergeist durch Schwergewichte belastet». Erneuerungsvorstöße würden «allein schon durch den umständlichen und langwierigen Prozeß, auf den sie zu ihrer Verwirklichung verwiesen werden, temperiert». Erneuerungswillige oppositionelle Kräfte seien selbst von der Idee einer Totalrevision der Bundesverfassung bisher «kaum berührt» worden. Die Schweiz sei sozusagen «das Opfer ihrer Kontinuität».

Ungeachtet des geschichtsphilosophischen Wesens der Kontinuität im historischen Lauf eines Gemeinwesens[2] spricht alle Wahrscheinlichkeit dafür, daß die festgestellte Kontinuität im Verfassungsstaat der Neuzeit[3] mitbedingt ist durch die Institution der Verfassung und der Verfassungsänderung. Die erahnte neue Epoche wird durch «große Erneuerungen» ausgezeichnet sein müssen, wenn ihr die Bedeutung eines tragenden historischen Abschnitts in Wirklichkeit zuwachsen soll. Für die «großen Erneuerungen» aber stellt sich unter anderem die Frage nach dem Verhältnis zur änderbaren Verfassung. Ist ihnen die Verfassung Hinderung, Förderung, Voraussetzung oder beiläufiges Instrument? Die Antwort gibt

---

In: «Geschichte und politische Wissenschaft», Festschrift für Erich Gruner, S.195–211. Verlag Francke, Bern 1975.

[1] ERICH GRUNER, Die Schweiz in ihrer Umwelt, in: Die Schweiz seit 1945, Bern 1971, S. 5 ff. und S. 355 ff. (358, 359, 392, 393).

[2] HANS MICHAEL BAUMGARTNER, Kontinuität und Geschichte. Zur Kritik und Metakritik der historischen Vernunft, Frankfurt a. M. 1972, bes. S. 14 ff., 88 ff. und 140 ff.

[3] CARL J. FRIEDRICH. Der Verfassungsstaat der Neuzeit, Berlin/Göttingen/Heidelberg 1953, S. 148 ff.

erst der Verlauf der kommenden Zeit selbst; aber an deren Pforte werden sich die politisch wirksamen Kräfte Rechenschaft über ihr vorgestelltes Verhältnis zur Verfassung und zur Verfassungsänderung zu geben versuchen. Zu derartigen Orientierungen, die sich in politischen Erwartungen ausdrücklicher oder stillschweigender Natur niederschlagen, pflegen historisches Erfahrungsgut und verfassungstheoretische Überlegungen mit wechselnden Anteilen Verbindungen einzugehen, die sich nicht in methodischer Reinheit präsentieren, jedoch die spezifische Lage der gegenwärtigen Staatslehre anzeigen: Sie trachtet darnach, staats- und rechtssoziologische Ermittlungen mit Erkenntnissen von normativen und Handlungswissenschaften auf problemorientierten Kontaktflächen zusammenzuführen[4]. Mehr als Merkpunkte für die erhoffte Orientierung erwachsen aus solchem Tun nicht, aber die Wissenschaften selbst denken ja im Augenblick offenbar wieder bescheidener als in den sechziger Jahren von Auftrag und Vermögen, für die praktische Sozial- und Staatsgestaltung nutzbare Beiträge zu erbringen.

I

Die Verfassungsidee tritt mit der amerikanischen und der französischen Revolution voll in die politische Wirklichkeit ein, also im Augenblick der großen geistigen Umstellungen im allgemeinen politisch-staatlichen Sein. Der «moderne Staat» ist erstanden. Und er ist Menschenwerk. Er ist machbar. Zwar ist die Grundordnung in den Menschen- und Bürgerrechtserklärungen noch angeknüpft an Vorgegebenes und Unverrückbares, aber es ist doch nicht mehr das, was aus unbedingtem göttlichem Ursprung als Geoffenbartes oder schlechtweg Vernünftiges undiskutiert hervorgeht. Der profane Mensch formuliert zumindest jene Erklärungen, hat sie damit in seinem spürbaren Verfügungsbereich und gliedert sie deswegen auch bald und bedenkenlos in die Verfassungswerke ein[5].

---

[4] Für derartige Zusammenführungen ist das Werk des Jubilars ein einzigartiges Beispiel, eingerechnet seine wegleitende Freiheit gegenüber methodologischen Beengungen, die anderswo daraus zu erwachsen pflegen, daß apriorische Methodenkonzepte aufgestellt und darauf Frage und Gegenstand eingerichtet werden, selbst wo man sich auf den Boden stellt, daß der Gegenstand die Methode bestimme und nicht umgekehrt.

[5] Zum ursprünglichen Ausschluß von der Verfassung der USA: Nr. 84 in: The Federalist (Hamilton); zu späteren Einfügungen: GERHARD OESTREICH, Die Entwicklung der Menschenrechte und Grundfreiheiten, in: BETTERMANN/NEUMANN/NIPPERDEY, Die Grundrechte, Berlin 1966, Bd. I/1, S. 47 ff., 57 ff. und 87 ff.; MAURICE DUVERGER und LUCIEN SFEZ, Die staatsbürgerlichen Freiheitsrechte in Frankreich und in der Union Française, in: Die Grundrechte, Berlin 1967, Bd. I/2, S. 550 ff.; ROBERT K. CARR, Die Grundrechte in den Vereinigten Staaten, in: Die Grundrechte, Bd. I/2, S. 887 ff.; THEODOR MAUNZ, Deutsches Staatsrecht, 19. Aufl., München/Berlin 1973, S. 99 ff.

Die formelle Verfassung ist Ausdruck des Machbaren. Sie wird mit ihrer integrierenden und materialen Sendung auch zum produzierten Instrument, mit dem Recht und politischer Prozeß Gestalt und Lenkung finden. Damit ist jedoch auch bisher Unbekanntes, und das bedeutet: Unheimliches, in das Staatsleben eingeführt: die Möglichkeit der Änderung, der bewußten, kurzfristigen, steuerbaren Modifikation. Der schwungvolle Mut zur konstitutiven Planung des Staats, zur eigen-willigen schöpferischen Formung ist freilich begleitet vom allmählich erwachenden Bewußtsein, daß das Errichtete auch einreißen, anderes an seine Stelle gesetzt werden könnte. Die Konsequenz der Machbarkeit ist die Änderbarkeit.

So stehen am Anfang der ausgewachsenen Verfassung sowohl die Ahnung als auch – schon mit dem Jahre 1791 – die aufschreckende Erfahrung ihrer Beweglichkeit und Gebrechlichkeit. In den Begriff der Verfassung als dem Gemachten wird zunehmend die Möglichkeit der Ersetzung und Änderung durch Neumachen einfließen. Die Grundordnung wird jetzt, anders als meist in der Antike, anders als im Mittelalter und hin bis ins Zeitalter des Naturrechts, der Zeitlichkeit ausgesetzt; ihre prinzipielle Unveränderlichkeit und Unwandelbarkeit, die sich auf die göttliche Herkunft stützen und die ihr Konstanz verschaffen, weichen Ansätzen der Kontingenz.

Handelt der Verfassungsgeber indessen im Glauben an das Tüchtige, Gute und Überdauernde in seiner Person und in seinem Tun – und solcher Glaube war dem Konstitutionalismus doch in weitem Maß Handlungsvoraussetzung –, so wird er die Begleitung seiner produzierenden Fähigkeit, eben die Änderbarkeit, zunächst als Hinwendung zum Üblen und schließlich als Scheitern empfinden, so lange nämlich, bis er die Dürftigkeit seiner Voraussetzungen und die Eitelkeiten in seinem Tun überhaupt einsehen lernt, und dies bringt er doch wohl erst im 20. Jahrhundert zustande, als er inmitten der Inflation von Verfassungsgebungen[6] die Komplexität einer Staatskonstruktion erfährt und zugleich seine spontane konstitutionelle Gestaltungskraft ermatten sieht.

Weniger um den selbstbestätigenden Glauben zu stützen als vielmehr im achtenswerten Bestreben, die Funktion der Verfassung als tragendes und dirigierendes Grundgesetz nach der offenen oder verdeckten Revolution sicherzustellen, umgeben sich Verfassung und Verfassungstheorie mit festigenden Rechtsinstituten und Lehren. Die radikalen Versuche, die einmal geschaffenen Verfassungen als unabänderlich zu erklären und die Revisionen *ex constitutione* auszuschließen, waren politisch, rechtslogisch und wesensgemäß unbehelflich; man vermag das menschlich Machbare nach getaner Arbeit nicht plötzlich in die Sphäre des Unantastbaren zu

---

[6] Karl Loewenstein, Verfassungsrecht und Verfassungsrealität. Beiträge zur Ontologie der Verfassung, jetzt in: Beiträge zur Staatssoziologie, Tübingen 1961, S. 430 ff.

heben, es sei denn, der Verfassungsgeber selbst umgebe sich mit einem Anspruch auf unangreifbare Erhöhung[7]. Subtiler waren die Bemühungen, anknüpfend an die Unterscheidung eines Allgemeinen, Allgemeingültigen und Dauerhaften vom Besonderen und Fluktuierenden, der Verfassung den Auftrag zuzuschreiben, die fundamentalen Elemente der staatlichen Existenz in organisatorischer und materieller Hinsicht stabilisierend einzubringen. Es sollen die Elemente sein, die im Gemeinwesen als unbestritten und unangegriffen der Alltagsdiskussion entrückt sind. Breiteste Zustimmung oder Hinnahme verdichten sich so zur erhofften Dauerhaftigkeit. Da wird also vom Inhaltlichen aus die Änderbarkeit beengt. Mit erschwerenden Revisionsverfahren wird der materiellen Festigkeit eine verfahrensmäßige Verstärkung hinzugefügt. Schließlich bemühen sich die Lehren von den Verfassungsschranken, dem Änderungswillen Abirrungen und Leichtfertigkeit zu verleiden und der Verfassung die hohe Qualität zu wahren. Mit solchen gedanklichen und institutionellen Vorkehren wird die Verfassung *in praxi* den Änderungen nicht entzogen, aber doch erschwert zugänglich gemacht[8]. Im letzten hängt man aber wohl weiterhin dem Leitbild der unveränderlichen Grundordnung an; die Revision ist zwar möglich, jedoch irgendwie irregulär und immer vom Zuge geleitet, in eine neue, jetzt womöglich festere Dauer überzuführen. Die Verfassungsänderung ist demzufolge Korrektur des bisher noch Unzulänglichen. Sie steht im Dienst einer Vollendungsidee, die sich als Konstanz und unbewegte Stabilität behaupten möchte.

Mit doppelter Kraft wird solcher Hoffnung zugesetzt: Das 19. Jahrhundert bringt den Gedanken der «Entwicklung», des fortlaufenden Gangs in alle Ebenen geschichtlichen und politischen Denkens, und die staatliche Grundordnung wird mit erfaßt. Verbunden damit tritt ins helle Bewußtsein, daß das Recht beständig in einem Zyklus oder in einer wellenförmigen Bewegung begriffen ist: Entschiedenes verfestigt sich, wird dogmatisiert, sucht Lockerung, tritt ins Offene über, drängt erneut nach Bestimmtheit, nimmt aber als Entschiedenes den Weg wieder auf. Entdogmatisierung liegt im Wechselspiel mit Dogmatisierung. Die offene Frage ist, wie sich die Verfassung zu solchem Lauf verhalten solle.

Entziehen kann sie sich ihr nicht; aber sie kann es darauf ankommen lassen:

---

[7] Wozu die Lehre vom *pouvoir constituant* freilich Fundierungen zu bringen suchte. Vgl. E. ZWEIG, Die Lehre vom pouvoir constituant, Tübingen 1909; KLAUS VON BEYME, Die verfassungsgebende Gewalt des Volkes, Tübingen 1968, S. 8 ff.

[8] Die Verbindung der Idee der Revisionserschwerung mit der unverlierbaren Möglichkeit der Verfassungsänderung ist wohl noch deutlicher als in den USA zum Ausdruck gekommen im VII. Titel der französischen Verfassung vom 3. September 1791. Vgl. JACQUES GODECHOT, Les Constitutions de la France depuis 1789, Paris 1970, S. 31 f. und 65 f.

ob sie sich beharrend durchzusetzen vermöge, also die Entwicklung in ihre normativen Bahnen zwingen könne, oder ob sie dem Neuen Platz schaffen müsse, sei es, daß sie sich wandelt oder sichtbar ändernd anpaßt, sei es, daß sie zerbricht und abtritt. So öffnen sich im Verfassungsstaat, den man der Geschichtlichkeit offenhalten will, zwei prinzipielle Möglichkeiten für den politischen Prozeß auf der Verfassungsebene: die Kontinuität und die Diskontinuität, ausgeformt in vier typisierbaren Verläufen: Die Kontinuität wird als entelechischer oder schlicht prozeßhaft fortschreitender Gang durch die Anerkennung der Verfassungswandlung[9] sowie der Institutionalisierung der förmlichen Verfassungsänderung ermöglicht, die Diskontinuität wird hingenommen im Phänomen der Revolution und im Konzept des großen Sprungs.

Das «Konzept des großen Sprungs» setzt auf die Hoffnung, die geltende Verfassung könne sich behaupten oder den Entwicklungsgang so lange verzögernd lenken, bis ein gänzlicher Neuanfang der politischen Energie entsteige. Leitend ist das Bild von einer «geordneten» Revolution, die sich der revolutionären Zerstörung im äußeren Verlauf enthält, im Inhaltlichen aber potentiell bereit ist, dem Bisherigen abzusagen und, dem Typus nach, ohne Überleitungen das Neue zu tun[10]. Das Wagnis des materiellen Bruchs wird eingegangen. *Eine* Erwartung kontinuierlichen Fortgangs freilich wird beibehalten, reduziert auf den Restbestand, daß es wieder eine Verfassung nach dem Urbild des Konstitutionalismus sei, das die neue Ordnung zustande bringe, wodurch die Rechtlichkeit des Staats und vor allem Grundrechte des Bürgers weitergetragen würden. Dergestalt bezieht

---

[9] Die Möglichkeit des Verfassungswandels, d.h. der Bedeutungsänderung von Verfassungsnormen und -instituten ohne Textänderung, ist in der Schweiz verfassungstheoretisch wenig erörtert, in der Verfassungspraxis freilich anerkannt worden, wobei man sich der Gefährlichkeit ihrer ungehemmten Ausweitung mehr oder weniger bewußt blieb. KONRAD HESSE, Grenzen der Verfassungswandlung, in: Festschrift für Ulrich Scheuner, Berlin 1973, S.123 ff., versucht Eingrenzungen, deren Bedürfnis sich u. a. einleuchtend bei KARL LOEWENSTEIN, Über Wesen, Technik und Grenzen der Verfassungsänderung, Berlin 1961, S. 14 ff., ergeben hat.

[10] Es sind vorwiegend zwei in sich zusammenhängende Gründe, die das lebhafte Bemühen von Lehre und Recht erklären, die Revolution zu vermeiden und trotzdem Neuerungen zu ermöglichen: die befürchtete Unaufhaltsamkeit des eingeleiteten Vorgangs, der in den «revolutionären Rhythmus» der Gewaltsamkeit mit dem schließlichen Ende in der totalitären Herrschaft verfallen könnte (vgl. FRIEDRICH, Anm. 3, unter Hinweis auf E. ROSENSTOCK), und die Sinnwidrigkeit der Zerstörungen und Gewaltanwendungen im Staat der industriellen Gesellschaft, für den äußerer Stillstand und Unterbruch auch irreversiblen Untergang nicht nur der staatlichen Organisation – die ja eben ersetzbar wäre –, sondern auch der Substanz von Volk und seinen zivilisatorischen Werten bedeuten könnten. Eine verharmlosende Charakterisierung des revolutionären Geschehens in seinen nicht ausschließbaren Zerstörungen neuerdings wieder bei KURT LENK, Theorien der Revolution, München 1973, S.9 ff.

der Staat im Marsch durch die Geschichte Raum für Raum; wohleingerichtet hält er sich im einen, bis er sich veranlaßt sieht, den nächsten zu belegen. Die materielle Identität wird bei diesem Wechsel im Prinzip preisgegeben; der Umzug dagegen hinterläßt keine Trümmer.

Das Konzept des großen Sprungs mit dem bedingungsfreien Neuanfang steckt in der Idee der «Totalrevision» der Verfassungen. Das machen vor allem diejenigen Verfassungen deutlich, die von diesem Wege schweigen. Sie meinen meistens nicht, daß es ihn nicht gebe, aber sie erkennen, daß er außerhalb ihrer normativen Regulierungskraft steht, und überlassen es den Trägern der Neuerungsbedürfnisse, die Modalitäten der Neuschöpfung anzugeben und zu vollziehen[11]. Die schweizerische Bundesverfassung und ihre Kantonsverfassungen indessen sprechen ohne Scheu und klaren Wortes von Totalrevisionen und geben Verfahren an, dank denen es zu geordneten Kreationen kommen könne.

Doch damit wird die Vorstellung von der prinzipiellen Diskontinuität, vom ungehemmten Anfang, von der Erschaffung des wahrhaft Neuen moderiert und mit Ansätzen versehen, die Brückenschläge einer Kontinuität erleichtern. Zwar soll nach geläufiger Auffassung der Begriff der «Total»-Revision das Ganze und jedes der Verfassung in Frage stellen dürfen und müssen[12], und materielle Schranken werden diesem Verfassungsgeber kaum entgegengestellt. Allein, die Verfahrensordnung der Bundesverfassung sucht gleichsam noch organschaftliche Identitäten zu erlangen: Ein Verfassungsrat, dieser sichtbare Inbegriff eines echten Pouvoir constituant und repräsentativer Ausdruck des potentiellen Neuanfangs, wird nicht eingesetzt; der ordentliche Gesetzgeber ergreift auch diese hohe Aufgabe fast wie ein anderes Geschäft, lediglich neugewählt im Falle einer Auslösung der Totalrevision durch ein Initiativenreferendum der Aktivbürgerschaft (sogenannte Vorabstimmung zur Umwandlung eines Volksinitiativbegehrens oder der Behördeninitiative einer einzigen Kammer: Artikel 120 BV); wenigstens eine der erwarteten materiellen Beschränkungen für das neue Verfassungswerk wird darin sichtbar, daß das endentscheidende Organ an

---

[11] Die Bundesrepublik Deutschland institutionalisiert die Verfassungsänderung im Sinne der Wahrung von «Identität und Kontinuität» durch Beengung des Verfassungsgebers mit Schranken der Verfassungsänderung (Art. 79 Abs. 3 des Grundgesetzes), faßt also normativ nur das ins Auge, was CARL SCHMITT, Verfassungslehre, Berlin 1928, S. 101 ff., verfassungs*gesetzliche* Verfassungsänderung genannt hat. Vgl. MAUNZ/DÜRIG/HERZOG, Kommentar (zum Grundgesetz), München 1971, Ziff. 21 ff. zu Art. 79; KONRAD HESSE, Grundzüge des Verfassungsrechts der Bundesrepublik Deutschland, 5. Aufl., Karlsruhe 1972, S. 272, im Anschluß an HORST EHMKE, Grenzen der Verfassungsänderung, Berlin 1953, S. 99 f.

[12] Vgl. HANS HUBER, Die Gesamtänderung der Verfassung, Ansätze für einen Vergleich zwischen Österreich, der Schweiz und der Bundesrepublik Deutschland, in: Festschrift für Ulrich Scheuner, Berlin 1973, S. 183 ff.

die föderative Zustimmungsordnung gebunden wird (Artikel 123, Absatz 1 und 2, BV).

Kontinuität wird im Bereiche des Verfassungsrechts zu einer grundlegenden Kategorie, die sich der Geschichtsdeutung von JOHANN GUSTAV DROYSEN [13] annähert, ohne Stellung nehmen zu müssen, ob sie von linearen oder zyklischen Vorstellungen des Geschichtsverlaufs ausgeht. Kontinuität ist bei diesem Verständnis nicht Stillstand, Stagnation, unbewegtes und unveränderliches Verweilen, sondern «Werden, Weiterführung, Erweiterung, Ergänzung des Früheren durch das Spätere... Steigerung, rastloses Nacheinander» [14], also das Voranführen im prozeßhaften Weg, der glatt oder holperig, ununterbrochen oder hindernisdurchsetzt sein mag, jedoch nicht abreißt [15]. Daraus erwächst dem Staat eine spezifische Identität, indem er sich im Wandel seiner Bedingungen, Formen und Gehalte doch gleich zu bleiben vermag. Die Zusammenhänge mit dem Systembegriff treten damit in Erscheinung, sofern man diesen Begriff von negativen Ideologien und polemischer Ausrichtung freihält [16]. Die Verfassung im formellen und im materiellen Sinne bildet ein einheitlich geordnetes Ganzes, in dem die ausdifferenzierten Elemente in einer Interdependenz einander zugeordnet sind und «nach außen» stabilisierend durchhalten. Dieses System, will es sich im Fluß der Geschichte erhalten, ist auf Veränderbarkeit gestellt, indessen in der Kategorie der Kontinuität. Wird das Neue in das Ganze sinnadäquat integriert, ist eine Verfassungsänderung systemkonform oder systemwahrend; sie ist, vorerst jedenfalls, systemwidrig, wenn die Einfügung an Widersprüchlichkeiten scheitert oder das Neue als «Fremdkörper» eine Heterogenität aufrechterhält und namentlich funktionale Störungen im Verwirklichungsvorgang des Staates auslöst.

II

Der schweizerische Bundesstaat hat sich unausgesprochen der «Kontinuität und Identität» als einer staatsleitenden Grundentscheidung unterworfen, und seit 1848 legt er das politische und insbesondere das staatspoliti-

---

[13] JOHANN GUSTAV DROYSEN, Historik. Vorlesungen über Enzyklopädie und Methodologie der Geschichte, 4. Aufl., Darmstadt 1960.

[14] HANS MICHAEL BAUMGARTNER (Anm. 2), S. 57 f.

[15] Verwandtschaften zu dieser Sicht bei Jacob Burckhardt in den Interpretationen durch EBERHARD GRISEBACH, Jacob Burckhardt als Denker, Bern/Leipzig 1943, bes. S. 251 ff., und KARL LÖWITH, Weltgeschichte und Heilsgeschehen. Die theologischen Voraussetzungen der Geschichtsphilosophie, 3. Aufl., Stuttgart 1953, S. 28 ff.

[16] HEINRICH HENKEL, Ideologie und Recht, Tübingen 1973, passim. Die Systemumschreibung in Anlehnungen an NIKLAS LUHMANN, Zweckbegriff und Systemrationalität, Tübingen 1968; NIKLAS LUHMANN, Rechtssoziologie, Reinbek bei Hamburg 1972.

sche Leben darauf an, ihr Genüge zu tun[17]. Dafür gibt es vielerlei Ursachen. Eine Kausalreihe beginnt mit einer dauernden existentiellen Gefährdung dieses Staates, außenpolitisch wie innenpolitisch betrachtet: Mußte von 1848 bis 1860 die Umwelt abgehalten werden, sich in die heikle Staatswerdung störend einzumischen, so versetzten der Aufbau der Nationalstaaten im Süden und Norden an Stelle harmloser Splittergebilde und die plötzliche Umklammerung durch vier aktive, auf «Realpolitik» gestimmte Großstaaten seit 1870/71 die Eidgenossenschaft in eine latente Bedrohung, die in den beiden Weltkriegen des 20. Jahrhunderts Höhepunkte erreichte. Damit koppelten sich innerstaatliche Anfälligkeiten gegenüber desintegrierenden Kräften, die sich mitunter an nationalstaatliche Ideologien hefteten. Die wirtschaftliche und soziale Lage vor allem aber blieb im rohstoffarmen Binnenland in hoher Abhängigkeit von ausländischen Zuständen und Verhaltensweisen. Die Schweiz stand deswegen mehr oder weniger offensichtlich, aber doch anhaltend unter dem inneren Anruf, für den politischen und sozialen Zusammenhalt Sorge zu tragen, weil daraus allein die Basis des existentiellen Bestandes sich halten und jeweilen neu festigen konnte. Es erwuchs eine spezifische Haltung zum innerstaatlichen Konflikt im politischen und im sozialen Bereich. Der Konflikt wurde im allgemeinen nicht in aktivistischen Beschönigungen verdrängt oder durch Einseitigkeiten von Mehrheitsgruppierungen dauernd unterdrückt; ein wachsender Pluralismus vieler Ebenen vergrößerte gegenteils seine Explosivkräfte. Aber der Kleinstaat mußte den Konflikt domestizieren und darnach trachten, in einer Vielzahl ordnender und geordneter Verfahren allenthalben friedfertige Konsense von Handlungsphase zu Handlungsphase herzustellen. Es wurde und blieb einsichtig: Am leicht und gesichert herbeizuführenden Konsens hängt letzten Endes die Existenz dieses Staates und seiner nationalen Gesellschaft[18].

Die Verfassungsgebung erwies sich als eines der wirksamen Mittel, ohne zerstörerische Umwege den Konsens zustande zu bringen. Das war zunächst einmal aus rechtslogischen Gründen so, weil beispielsweise der Bund als der leistungsfähige Gesamtstaat neue integrierende Aufgaben nur an die Hand nehmen konnte, wenn sie ihm der Verfassungsgeber Stück für Stück übertrug (Artikel 3 BV). Sodann war es ein staatspolitisch einleuchtender Weg: Einerseits mit der obligatorischen Volksabstimmung und anderer-

---

[17] Eine «politische Kontinuität» als Wesensmerkmal der Schweiz, entsprungen aus demokratischer Wurzel, stellt KLAUS SCHUMANN, Das Regierungssystem der Schweiz, Köln/Berlin/Bonn/München 1971, S. 296 (und *passim*), fest.

[18] Zum Konsens namentlich im schweizerischen Entscheidungsprozeß: ERICH GRUNER, Die Parteien in der Schweiz, Bern 1969, S. 56 f.; DERSELBE, Regierung und Opposition im schweizerischen Bundesstaat, Bern 1969, S. 23 ff.; GERHARD LEHMBRUCH, Proporzdemokratie, Tübingen 1967, S. 15 ff.

seits mit der Möglichkeit, durch Volksinitiativen der Aktivbürgerschaft direkten Zugang zur inhaltlichen Ausgestaltung des Staates zu eröffnen, vermochten die Verfassungsänderungen die meßbare und als verbindlich akzeptierte Übereinstimmung jeweilen herzustellen. Die Verfassung war gleichsam alltäglich ins Volk verlegt und lebte im Medium des Volkes – was auch immer für Krisen der Verfassung und der Verfassungsidee an den Abgründen des 20. Jahrhunderts in der Schweiz auflodern mochten –, wodurch die Konfliktlösungen und die Überführungen der angelegten Divergenzen in die gesuchten Konvergenzen haltbar legitimiert wurden. Und konnte die Überführung im ersten Schritt einer Verfassungsrevision noch nicht breit und tief genug stattfinden, so bot die nachfolgende Gesetzgebung mit ihrem Referendumsvorbehalt die Chance einer bereinigenden zweiten Phase; die institutionalisierte Gelegenheit, die Konfliktstatbestände abzutragen, würde in einem anschließenden Verfahren wiederholt.

Auffällig bleibt trotzdem, daß dem Bundesstaat bisher Revolutionen erspart geblieben sind. Es gibt viele Ursachen, warum beispielsweise die Zeit des ersten Weltkriegs ohne revolutionäre Erschütterungen auslief. Beteiligt war erstens die Tatsache, daß wir keine kriegerische Niederlage erlitten hatten, so daß die aufkommende historische Gesetzlichkeit vom innenpolitischen Stranden der kriegführenden Staaten, die sich dem wirtschaftlichen und seelisch-geistigen Chaos ausgesetzt finden[19], sich hier nicht erprobte. Anteil hatte zweitens die Möglichkeit, die soziale Frage, namentlich als Bekämpfung der Armut und als Sozialausgleich, beruhigend aufzufangen. Maßgeblich war drittens, daß die politischen Institutionen dem Zug der Zeit weit voranstanden und ihre Bewährung auswiesen, so etwa die republikanisch-demokratische Staatsform, die Verfassungszustimmung des Volks, Elemente identitärer Demokratie, ohne plebiszitäre Verformung eingefügt in das Grundmuster einer funktionsfähigen repräsentativen Demokratie, eine für einen föderativen Staatsaufbau weitreichende Rechtseinheit. Von Einfluß war viertens, daß auf erfolgreiche Notverfassungen ausgewichen werden konnte, soweit die reguläre Verfassung dringlichste Probleme in bedrängter Zeit nicht zu lösen imstande war, ohne daß es zur Vernichtung der klassischen Verfassung gekommen wäre, die sich in ihrer Lenkungs- und Geltungskraft, wenn auch mit Schädigungen, zu regenerieren vermochte. Vor allem aber mag fünftens das Institut der Verfassungsänderung beteiligt gewesen sein[20]. Es gewährte schon

[19] Vgl. HANNAH ARENDT, Über die Revolution, München 1963, S. 9 ff.
[20] Der von der Revisionskommission der Tagsatzung erstattete Bericht über den Entwurf einer Bundesverfassung vom 8. April 1848 hält fest, es würden Bestimmungen vorgeschlagen, «welche die Revision sehr erleichtern, weil es ein Ausfluß der Souveränität ist, daß das Volk die Verfassung ändern könne, wann dasselbe es notwendig findet, und weil

immer Anpassungsmöglichkeiten und gründete ein Vertrauen darauf, Stabilität und Entwicklung (Fortschritt) in der verfassungsrechtlichen Kontinuität zu kombinieren. Es schuf den Eindruck des flexiblen und anpassungswilligen Verfahrens, das einen Überdruck auf Herkömmliches aufhob und sich der Zukunft offen zugewandt zu halten vermochte. Es verschaffte befriedigende Partizipationsmöglichkeiten in der oft erfolgreichen Suche nach Mehrheiten im pluralistischen Gemeinwesen[21].

Das kann nicht darüber täuschen, daß das Institut der Verfassungsänderung etliches von dem nicht zu leisten imstande war, was politische und soziale Bedürfnisse in Erwartung setzten. Das daraus entstehende verfassungsrechtliche Entscheidungsdefizit wurde teilweise gemildert durch die Anerkennung des Verfassungswandels, sodann des ungeschriebenen Verfassungsrechts[22] als Gewohnheits- und Behördenrecht und schließlich einer legitimierten Verfassungsdurchbrechung im Dringlichkeits- und Vollmachtenrecht. Dergestalt kam es zu bereichernden Fortbildungen oder Umbildungen für die Grundrechte, für die Leitungsfunktion des Bundesrates, für Delegationen in der Rechtssetzung, für Transformationen in der föderativen Ordnung.

Die Leistungsfähigkeit des Verfassungsgebers ist wesensgemäß begrenzt[23]. Er vermag nicht mehr, als Recht vermag, und er kann der Grobmaschigkeit, der robusten Instrumentierung, der Armut an effektiven Sanktionen gegenüber den oberen Behörden nicht entfliehen. Staatsgestaltende Schöpferkraft, die im Staatsmann, im Politiker, in der politisch tragenden Gruppierung, im Volke lebt, läßt sich nicht entbehren, auch wo beste Verfassungen gelten; schon gar nicht entbehrlich sind sie, wenn durch Verfassungsänderung das Verfassungswerk fortgeführt werden soll.

III

Der Gedanke von der Machbarkeit der staatlichen und insoweit auch der gesellschaftlichen Ordnung tritt wohl erst in den beiden letzten Jahrzehn-

die Erfahrung beweist, daß die meisten Revolutionen ihre Ursache gerade darin fanden, daß Verfassungsänderungen zu viele Hindernisse in den Weg gelegt waren, oder daß verblendete Parteien ihre Stellung behaupten oder die Entwicklung der Zeit hindern zu können glaubten» (S. 76 f.).

[21] ULRICH SCHEUNER, Das Mehrheitsprinzip in der Demokratie, Opladen 1973, *passim*, mit betonter Berücksichtigung der schweizerischen Verhältnisse.

[22] Zum Verfassungswandel siehe oben Anm. 9. Zum ungeschriebenen Verfassungsrecht: HANS HUBER, Probleme des ungeschriebenen Verfassungsrechts, jetzt in: Rechtstheorie – Verfassungsrecht – Völkerrecht, Bern 1971, S. 329 ff.

[23] Dazu Schlußbericht der Arbeitsgruppe für die Vorbereitung einer Totalrevision der Bundesverfassung VI, 1973, bes. S. 32 ff.

ten ins breite Bewußtsein und wird bewegende Kraft im politischen Alltag. Staatsgestaltung nach menschlischer Vorstellung und menschlichem Willen wird nach einer für die historische Dimension nicht ungewöhnlichen Phasenverschiebung Gemeingut und löst bezeichnende politische Verhalten und Forderungen aus, wovon hier zwei zu nennen sind:

Einmal ist es die Springflut von Planungsbegehren, die den staatlich-gesellschaftlichen Bereich überziehen. Das Planen vornehmlich als prospektive Handlungsfestlegung durch Nutzung oder Abwendung erwarteter Entwicklungen und Sachverhalte wird zu einer Funktion *sui generis* gestempelt, ohne daß man mit Gewißheit sagen könnte, daß damit etwas in Sinn und Wesen anderes angestrebt werde als da, wo der Mensch Recht setzt, um dergestalt künftiges Verhalten zu bestimmen; neu und anders ist freilich das Quantitative und teilweise das Methodische des modernen Plans gegenüber der staats- und sozialgestaltenden Rechtssetzung. Im Augenblick läßt sich aber keine durch systematische Gliederung der Planungsvorhaben geordnete Planungseinheit konstituieren, ja es gelingen nicht einmal für die staatlichen Planungen die gebotenen Planungskoordinationen, um den Sinnzusammenhang der planerischen Bemühungen aufzubauen und sicherzustellen. Deswegen wuchern in Behörden, Wirtschaft und Gesellschaft diffuse Hoffnungen auf Planwirksamkeiten, ohne daß reale Aussichten auf Erfolg schon mitgegeben wären; denn einfach vertrauend darauf, daß wissenschaftlich-technisches Können und «irgendwelche» Steuerungsfunktionen «Erwartetes» zustande brächten, bleibt vollends vage.

Sodann ist es das in den letzten zwanzig Jahren ungewöhnlich angeschwollene Ausmaß von Begehren auf Verfassungsänderungen (Partialrevisionen der Bundesverfassung), das anzeigt, wie sich ein aktivistischer politischer Wille anschickt, die Staatsgestaltung selbst mit eigener Hand zu betreiben, und zwar als andauerndes Geschäft für fundamentale wie für zweit- und drittrangige Themata [24]. Die oft beklagte Gesetzesinflation ist kein selbständiges Phänomen, dem man schon mit einer simplen Reduktion der Rechtssetzungstätigkeiten und mit verbesserter Klassifikation der Rechtssetzungsformen wirksam entgegentreten könnte; denn dahinter steht der glaubensgetragene Anspruch auf die Realisation dessen, was dem Menschen eben aus eigenem Vermögen als machbar erscheint, und das ist dem Scheine nach alles, was im staatlichen Bereich auftritt.

Doch begleiten den derartig beschwingten Lauf bremsende Strömungen, die unter anderem anzeigen, daß der Gegenwart der Optimismus klassi-

---

[24] Von 1945 bis 1973 sind 70 Abstimmungen über Änderungen der Bundesverfassung durchgeführt worden; dabei sind 38 Vorlagen angenommen worden. Über 30 Initiativbegehren waren Ende 1973 hängig oder vor dem Abschluß der Unterschriftensammlung.

scher Aufklärung und eines technisierten Weltbildes nur geschmälert erhalten geblieben ist. Ausdruck davon ist der von Erich Gruner signalisierte Umstand, daß das Unterfangen einer Totalrevision der Bundesverfassung auf geringen Widerhall gestoßen ist, wozu die erwähnte Revisionsfreudigkeit in bezug auf partielle Änderungen einen sonderbaren Kontrast bildet. Es ist offensichtlich, daß die Gegenwart zu jenem «großen Sprung» mit dem Wagnis der Diskontinuität keine spürbare Neigung hat. Darüber sind in den letzten Jahren Vorwürfe an die Nation, an Behörden, an politische Organisationen, an die Wissenschaften vom Staate gerichtet worden, doch können nicht nur Sattheit, Trägheit und Phantasielosigkeit Quelle dafür sein, daß Zurückhaltungen walten. Es sind noch weitere Faktoren beteiligt, von denen hier einige zu erwähnen sind und die den sozusagen natürlichen Hang zur Kontinuität beleuchten können.

a) Die bald zehnjährige Diskussion um das Thema einer Totalrevision der Bundesverfassung[25] hat unter anderem den fruchtbaren Effekt gehabt, Kenntnisse von Wesen und Grenzen der formellen Verfassung zu vertiefen und zu verbreiten. Die rechtliche Verfassung vermag trotz ihrem Anspruch, Fundament und Integrator des Gemeinwesens zu sein, nur sektoral Wirkungen hervorzubringen, und sie ist auch im Gefüge des sozialen Rechtsstaats kein Instrument für eine gänzliche Umstrukturierung der Gesellschaft: Sie ist vorwiegend Instrument für die *politische* Herrschaftsordnung[26] und greift so weit aus, als staatspolitische Gestaltungskräfte ein Aktionsfeld funktional und rational überhaupt haben können. Das ist aber eben nicht die ganze Ebene menschlicher Betätigungen überhaupt. Deswegen dürften die Mythologisierungen der Verfassung, die Unterschiebung eines Mandats, für die psychisch-geistige Sanierung des heutigen Menschen zumindest greifbare Ansätze zu bieten, und schließlich die Steigerung zum ruhenden Pol für Mensch und säkularisierte Gesellschaft überwundene Verirrungen der sechziger Jahre gewesen sein. Die Verfassungsgebung ist notwendigerweise Teilwerk, auf reichste Komplementierungen nicht nur durch weitere organisierte Staatstätigkeiten, sondern auch durch die Fülle von Sozialnormen, allgemeinen Verhaltensweisen und Geisteshaltungen angewiesen. Die Verfassungsänderung als Funktion selbst ruht auf Impul-

---

[25] F.T. Wahlen, Bemerkungen zum Schlußbericht der Arbeitsgruppe für die Vorbereitung einer Totalrevision der Bundesverfassung, ZSR 92, 1973, S. 225 ff.

[26] Für eine neuerliche Hervorhebung des instrumentalen Zugs in der Verfassung in Entwicklung von Ansätzen, die im *Instrument of Government* Cromwells von 1653 vorgezeichnet waren: Wilhelm Hennis, Verfassung und Verfassungswirklichkeit, Tübingen 1968, S. 11 ff.; vgl. dazu einläßlich und weiterführend die verfassungstheoretischen Überlegungen von Jörg P. Müller, Soziale Grundrechte in der Verfassung?, ZSR 92, 1973, S. 715 ff. Aus französischer Sicht: André Hauriou, Droit constitutionnel et institutions politiques, 5. Aufl., Paris 1972, S. 27 ff.

sen und mitgeteilten Gehalten, die außerhalb ihrer selbst liegen, wodurch sich ihre Machbarkeit von vorneherein beschränkt sieht: Sie kann aus Zeit und Umwelt nicht ausbrechen [27].

b) In der ideologisierten Vorstellung von der Totalrevision einer Verfassung ist historisch ein Glaube eingeschlossen gewesen: der an den «splendiden Einfall», an den «genialen Wurf», an die «evidente Totallösung», und damit verbindet sich schnell das von HANNAH ARENDT [28] aufgewiesene Requisit der Revolution: die Unwiderstehlichkeit. Unwiderstehlichkeit im Wort als bewegende Parole, Unwiderstehlichkeit im Ablauf, Unwiderstehlichkeit in Druck und Zug aufs Neue hin – Totalrevision *ist* Revolution. Die Gegenwart ist zwar erwartungsvoll und hoffnungsfähig, aber dabei so nüchtern, daß sie hinter jenem Glauben auch alt-naturrechtliches und einseitig-statisches Denken spürt, das auszieht, um perfektionierte Endzustände und bleibenden Heilzustand zu gewinnen. Die Einsichten in die Bedingungen einer gestaltbaren Welt des 20. Jahrhunderts und die methodischen Voraussetzungen zu ihrer Herbeiführung können die historische Unverdorbenheit und die ehrgeizigen Schöpferfreuden des 18. und 19. Jahrhunderts nicht mehr reproduzieren. Wenn am Anfang der Revisionsbemühungen der sechziger Jahre gleichwohl Töne aus vergangenen Zeiten angeschlagen wurden, so waren es zu respektierende Versuche, eine Erweckung zu erreichen. Ihre Erfolglosigkeit ist kein Beleg für die Nichtigkeit, Verfassungsänderungen großen Umfangs aufzunehmen, wohl aber Hinweis darauf, daß sie ein ganz anderes Klima, neue Voraussetzungen, gänzlich veränderte Erwartungen vorfinden als das 19. Jahrhundert, das als verfassungsschöpferisch im Ruhme steht.

Mit der Geschichtlichkeit [29] als *einer* Komponente in Verfassung und Recht Ernst zu machen, also ihre notwendige zeitliche *und* sachliche Begrenztheit einzusehen und in Rechnung zu stellen, breitet sich in der Verfassungspraxis aus. Kaum neu eingesetzt, müßte sich auch eine total revidierte Verfassung unverweilt dem Strom geschichtlicher Veränderungen wieder öffnen. Die für die Gegenwart bezeichnende Beschleunigung des sozialen Wandels versetzt die Verfassung ohnehin in eine besondere Situation: Sie kann sich ihm entziehen oder sich ihm stellen. Sie wäre imstande, sich dermaßen vom regelungsbedürftigen Sozialbereich zu entfernen, daß sie von der harten Auseinandersetzung zwischen Normanspruch und Wirklichkeit unberührt bliebe, womit sie jedoch im gleichen Ausmaß auch diejenige Steuerungsfähigkeit einbüßte, die verwirklichtes Verfassungsrecht kennzeichnet. Sie ginge schließlich ihres Sinns verlustig. Verweilt sie

[27] HANS RYFFEL, Recht und Politik, ZSR 91, 1972, S. 459 ff.
[28] HANNAH ARENDT (Anm. 19), S. 57 ff.
[29] RICHARD BÄUMLIN, Staat, Recht und Geschichte, Zürich 1961, S. 9 ff.

umgekehrt im Netz der Wirksamkeiten, gerät sie partiell unter das Diktat des sozialen Wandels, also des geschichtlichen Prozesses und der ihm je eigenen Geschwindigkeit, was sie nicht nur zu einem entsprechenden Änderungsrhythmus zwingt, sondern ihr auch auferlegt, doch wieder «kleine Schritte» aufzunehmen. In Angleichung an den früheren naturwissenschaftlichen Satz *«natura non facit saltus»* hat man Ähnliches für den Sozialbereich deklariert und scheint nun da und dort versucht zu sein, die Analogie fortzusetzen, wenn die Naturwissenschaften jenen Satz für sich umzukehren scheinen. Allein, die sozialen «Sprünge» in der sich selbst und dem Verfassungsrecht überlassenen Sozialordnung sind unter westeuropäischen Bedingungen der Gegenwart nicht so weit, daß Evolution und Kontinuität im bisher gebräuchlichen Sinne deswegen als wissenschaftliche und politische Kategorien entfielen, es sei denn, man erblicke in der Beschleunigung des sozialen Wandels einen Umschlag in die permanente Revolution. Dann allerdings wäre auch die verwirklichte Verfassung als stabilisierende und integrierende Grundordnung hinfällig geworden.

c) Kontinuität ist auf dem verfassungspolitischen Feld suspekt, wenn die Zukunft alleinige Denkdimension bildet und alle Vergangenheit als Irrtum abgetan werden muß, weil sie entweder tatsächlich belastend war und nachwirkt oder weil die Gegenwart zu keiner ressentimentfreien Beurteilung dessen fähig ist, was die Vergangenheit in ihrer jeweiligen Situation entschieden und getan hat. Der Schweiz der Gegenwart ist die Vergangenheit im Ernst kein Alpdruck, und für die «Bewältigung der Vergangenheit» sind nicht eifrigere Bemühungen nötig, als sie jede sich selbst suchende und zur Handlung bereite Gegenwart auch sonst aufweist. Die sonderbare Neuigkeitsgläubigkeit und die Verketzerung des Hergebrachten ist freilich eine kräftige Modeströmung im sozialen und politischen Raum, aber doch zu schwach, daraus Impulse und Kreativität hervorzurufen. Es fällt auf, wie wenig praktikable Vorschläge für eine verfassungsrechtliche Neuordnung der Eidgenossenschaft namhaft gemacht werden, sei es für das Ganze, sei es für ausgedehntere Institutionen. Die Antworten der Kantone, Parteien, Universitäten und weiterer Kreise auf den Fragenkatalog der Arbeitsgruppe für die Vorbereitung einer Totalrevision der Bundesverfassung reihen sich in dieses vergröbernde Globalurteil ein[30]. Es mag damit zusammenhängen, daß schon die «objektiv gegebenen» institutionellen Möglichkeiten, einen Staat aufzubauen, begrenzt sind, sicher auch damit,

---

[30] Publizierte Antworten auf die Fragen der Arbeitsgruppe für die Vorbereitung einer Totalrevision der Bundesverfassung I bis IV, 1969/70. Analoges gilt auch für die von Jörg Thalmann u. a. herausgegebene Schrift Helvetische Alternativen, Zürich 1971, die mehr eine Kritik an der Methodik der «Arbeitsgruppe Wahlen» als einen materiellen Beitrag bildet. Fruchtbar und materiell konstruktiv ist Leonhard Neidhart, Reform des Bundesstaates. Analysen und Thesen, Bern 1970.

daß die schweizerische Geschichte den einer Verfassung zugänglichen Institutionen und Instituten in reichem Ausmaß Bewährungen nachzuweisen vermöchte.

d) Skepsis gegenüber einem «großen Sprung» mag ferner in der oft beklagten Handlungsscheu und Hemmung vor weitreichender Schau (willentliche Horizontverkürzung) ruhen. In diesen Phänomenen laufen oberflächliche Symptome und tiefliegende Gründe ineinander, verbinden sich aber gesamthaft in einem Ausweichen vor den letzten Konsequenzen der Machbarkeit. Es ist ein Ausweichen im eigentlichen Sinn der Metapher: Die Politik geht nicht in Stagnation über; es werden fortführende Themen aufgegriffen und in eine aktuelle Diskussionsbereitschaft versetzt, wie etwa Regierungs- und Verwaltungsreformen, Parlamentsreformen, Volksrechtsreformen, Finanzplanungen, Raumplanung und dergleichen. Doch werden die Kernprobleme oft unberührt gelassen oder nicht ausdiskutiert, oder spätestens bei Antritt der Verwirklichungsphase werden einschneidende Neuerungen in Randgebiete abgedrängt; so werden die staatlichen Regeln für die Wirtschafts- und Finanzordnung in sonderbare Verharmlosungen und Wirkungsarmut versetzt. Seit Jahrzehnten anstehende Themata, die keine sachlichen Lösungsschwierigkeiten böten, jedoch in ideologischen Leitbildern verfestigt sind, werden ohne klärende Bereinigung fortgeschleppt, wobei sie von Zeit zu Zeit Anlaß zu Unmut geben: Das leidige Problem der Gesetzesdelegation und des Rechtsverordnungsrechts der Regierungen, das kein Verfassungsgeber endlich zu lösen unternimmt und an dem der Verfassungsrichter bald klärende, bald verunsichernde richterliche Fortbildungen ansetzt, gehört so gut dazu wie die Bereinigung des Staatsvertragsreferendums nicht nur im Bunde, sondern auch in den Kantonen, oder wie die überfällige Vereinfachung und Effektuierung des Finanzreferendums, oder wie die wieder nötige Disziplinierung des Dringlichkeitsrechts (Artikel 89 [bis], insbesondere Absatz 3, BV), das in beinahe leichtfertiger Weise erneut zu einem «normalen» Rechtssetzungsinstrument gemacht wird. Vor allem aber sind bezeichnend die Unklarheiten rings um die aufkommenden Regierungsprogramme in Bund und Kantonen [31], die als erwünschte gubernative Leitungsmittel in einer Ungewißheit ihrer Verbindlichkeit und ihrer Beziehung zum Parlamente stehen, weil nicht in das Zentrum dieser beiden Sachfragen eingedrungen wird.

Es ist zu billig, daraus einseitig Anklagen gegen dieses Volk und seine Vorangehenden abzuleiten. Vieles spricht dafür, daß auch eine tiefere Einsicht waltet: Mit jener Machbarkeit des Staats durch das Verfassungswerk und der damit verknüpften Änderbarkeiten hat es irgendwo ein Ende;

---

[31] WALTER PFISTER, Regierungsprogramme und Richtlinien der Regierungstätigkeit, Diss. Basel 1974.

sie sind nicht total. Die Komplexitäten, in die Mensch, Gesellschaft und Staat eingefangen sind, sind nicht einmal durchschaubar, mithin auch nicht frei disponibel, und wenn die Komplexität durch Verfahren reduziert werden kann[32], so ist zwar vieles für die willentliche Staatsgestaltung gewonnen, aber nicht gesichert, daß das Machbare *in concreto* auf Richtiges hin angelegt wird. So liegt dicht neben einer gewissen Armut an Mut und Wagnis, die einem Gemeinwesen Schwung und Zugkraft verleihen sollten, damit es die der Stagnation entfliehende Novation zustande bringe, auch eine Behutsamkeit gegenüber dem unübersehbaren Experiment und ein Respekt vor geschichtlichen Kräften, die dem raschen und groben Zugriff einer manipulierenden Gegenwart entzogen bleiben müssen.

IV

Ein bewegendes Thema an der vermuteten Schwelle einer neuen geschichtlichen Epoche ist die innere Novation des Staates[33]. Neben vielen andern Potenzen, die diesen Prozeß in Gang halten, wird die Verfassungsänderung ein bevorzugtes Instrument sein. Das «Konzept des großen Sprungs», mit der Totalrevision der Bundesverfassung und etlicher Kantonsverfassungen jetzt aufgegriffen, mag sich tatsächlich als Unterfangen der formalen und materialen Bereinigung darbieten, die nicht den absoluten Neuanfang verwirklicht, sondern das der Eidgenossenschaft inhärente Prinzip von Kontinuität und Identität bestätigt. Die Novation müßte sich aber auch bewerkstelligen, wenn schließlich die Totalrevision verworfen werden sollte: Es wäre mit Teilschritten doch zu verwirklichen, was für die Fortführung dieses Gemeinwesens aufgegeben ist[34]. Die punktuellen und

---

[32] NIKLAS LUHMANN, Legitimation durch Verfahren, Neuwied am Rhein/Berlin 1969, S. 38 ff.

[33] Vgl. meine Bemerkungen zur Novation in ZSR 92 II, 1973, S. 993 ff. Der Begriff der Novation meint vorerst eine Erneuerung in «Kontinuität und Identität», verschließt sich aber nicht andern Wegen, wenn jene in Stagnation übergeht.

[34] Sollte die Totalrevision unterbleiben, weil die förmliche Anhandnahme abgelehnt würde, so wären jedenfalls einige Modalitäten im Institut der Verfassungsänderung anzustreben. So wird man einmal die Revision kohärenter Verfassungsteile in einem einzigen Entscheidungsgange ermöglichen, um – bei aufmerksamer Koordination der schrittweisen Erneuerung – die Zusammenhänge des Sachsystems zu wahren. Vgl. dazu schon MARTIN USTERI, Voraussetzungen einer Totalrevision der Bundesverfassung, WuR 14, 1969, S. 216 f. Sodann wird die Aufrichtung von formellen und materiellen Schranken der partialen Verfassungsrevision aufzugreifen sein, um die Risiken zu vermindern, daß mit unscheinbaren Änderungen systemsprengende Neuerungen eingefügt werden und dergestalt verhüllt wird, was an und mit der Verfassung geschieht. Der großdimensionierte Neuerungswille sollte nicht über die enge Passage der Partialrevision nach heutiger Modalität geführt werden müssen.

okkasionellen Partialrevisionen, die zur Zeit hängig oder zu erwarten sind, vermögen dieses Aufgegebene freilich nicht zu leisten; es fehlt ihnen die einigende und weitende Kraft, aus der mehr erwüchse als zufällige und unproportionierte Veränderungen. Das Prinzip der schrittweisen Verfassungsänderung bedürfte seinerseits der Änderung: Die Partialrevisionen wären aus einheitlichen Sichtungen unter Wahrung größerer Zusammenhänge vorzunehmen, gesteuert aus einer mit der synthetischen Fähigkeit ausgestatteten Zentralstelle. Es wäre ein Sukzessivverfahren, dessen Ursprung und Ziel die Verfassungseinheit bliebe. Damit wird einsichtig: Wenn die geschriebene Verfassung ihrerseits ein System darstellt und wenn sie zusammen mit weiteren staatstragenden Entscheidungen, Werten und Sozialnormen ein noch umfassenderes Gesamtsystem bildet, so sind gehäufte Partialrevisionen von der Art, wie sie gegenwärtig in Erörterung stehen, dem Risiko ausgesetzt, systemwidrig zu wirken. Sie setzen ihr Werk – anders als systemwidrige Verfassungsänderungen der großen Dimension, von denen Professor C. J. HUGHES in dieser Festschrift handelt – gleichsam am Rande an und lösen einen Erosionsvorgang aus, der nicht in konstruktiver Novation, sondern in eine Verfassungsdürftigkeit oder gar Verfassungsleere ausläuft. Kontinuität in Verfassungsänderungen bedeutet bei dieser Sicht das «Durchhalten einer Sinnentscheidung» (LUHMANN). Die Partialrevision ist nicht unerläßlich Kontinuitätswahrung, die Totalrevision nicht unerläßlich das Gegenteil. Wesentlich ist zumindest, daß für die Operation einer Verfassungsänderung Klarheit darüber besteht, in welcher Änderungskategorie sie sich bewegt.

Zur Gestaltung der Verfassung des Kantons Aargau

1. Grundentscheidungen und wegleitende Tendenzen des Verfassungsrates

Leitsätze, Berichte der Sachkommissionen und Plenardebatten lassen erkennen, welche Forderungen für den Aufbau und die Gestaltung der neuen Verfassung maßgeblich sein sollen:

a) Verfassungsklarheit

Voran steht, daß die Verfassung dem Postulat der Klarheit nachkomme. Gemeint ist damit erstens die begriffliche Präzision, soweit sich diese wegen der unerläßlichen, hohen Abstraktheit einer Verfassung überhaupt zustande bringen läßt. Zweitens wird ein systematischer Aufbau verlangt, damit sowohl die Verfassung selbst als auch der von ihr verfaßte Staat in seinen wesentlichen Strukturen und Funktionen eindeutig erkannt werden können. Drittens wird eine verhältnismäßig leichte Lesbarkeit angestrebt, damit neben den Behörden auch der Bürger – und darunter namentlich der junge Bürger, dem die Verfassung das Erfassen des Staates erleichtern soll – den Zugang zur Fundamentalordnung des Kantons findet.
Diese drei Ziele lassen sich nicht immer nebeneinander erreichen. Dann sind da und dort Abstriche zu Lasten des einen oder anderen zu machen. So darf man vor allem nicht außer acht lassen, daß die Verfassung ein *rechtliches* Normengefüge darstellt und mit den wenigen Bauprinzipien des Rechtes arbeiten muß, die dem Laien nicht immer sofort gegenwärtig sind.

b) Verfassungswahrheit

Die Verfassung soll sich erfüllen lassen. Mit besonderer Eindrücklichkeit geht aus den Beratungen des Verfassungsrates immer wieder hervor, daß eine Verfassung entstehen soll, die keine unwirklichen Bilder entwirft, die nicht leere Versprechen abgibt. Sie soll vielmehr mit dem Menschen in seinen guten und manchmal minder guten Eigenschaften rechnen, die soziale und politische Situation des Kantons und die Möglichkeiten von Veränderungen wirklichkeitsgerecht beurteilen und in einer Staatsordnung niederlegen, welche Mensch und Gesellschaft in Tat und Wahrheit leben können. Die Verfassung soll ein redliches Werk sein, aus dem der Wille zur Übereinstimmung von Norm und Wirklichkeit hervorgeht. Das heißt

Bericht des Redaktors und der Redaktionskommission über den Entwurf vom Februar 1976 der Verfassung des Kantons Aargau, S.8–14 und S.148–149. Aarau 1976.

nicht, daß sie nicht Postulate aufnehmen und Ziele bestimmen könnte, die bisher nicht bestanden haben. Aber entscheidend ist, daß die Aussicht auf Verwirklichung echt ist, und das nicht erst in einer weit entfernten Zukunft, sondern auch und gerade in der Epoche, in der die verfassungsgebenden Menschen wirken und tätig sind. Die gute Verfassung ist die, unter der sich «dieser Mensch» in «dieser Zeit» wohlfühlen kann, immer eingerechnet die Tatsache, daß vollkommene Zustände und ein gesichertes Glücksgefühl nicht durch eine Verfassung – jedenfalls nicht durch eine Verfassung allein – hergestellt werden können.

c) Verfassungswirksamkeit

Mit der genannten Verfassungswahrheit verknüpft ist das Anliegen des Verfassungsrates, der Verfassung einen bestimmenden Platz in der staatlichen Normenordnung und damit im politischen Entscheidungsprozeß zu gewährleisten. Der Ruf geht nach der lebendigen Verfassung. Das ist für die Kantonsverfassungen schwerer zu bewerkstelligen als für die Bundesverfassung. Der Verfassungsrat hat aber eine bemerkenswerte Entschlossenheit an den Tag gelegt, der kantonalen Verfassung dieses Gewicht zu verschaffen, so zum Beispiel mit den Kompetenzkatalogen der Behörden, die für den leistungsfähigen Staat den Bedingungen der heutigen Zeit angepaßt sein müssen, oder mit dem Grundsatz, daß kantonale Aufgaben eine verfassungsrechtliche Abstützung brauchen, wodurch die Verfassung bewußt in den politischen Alltag einbezogen wird. Eine Verfassung kann erst dann die beste Wirksamkeit entfalten, wenn sie nichts verschleiert, also den Mut hat, einzugestehen, daß vom Staat der Gegenwart oft anderes und vor allem weit mehr verlangt wird als im 19. Jahrhundert, wofür unter anderem eine veränderte Organisation, angepaßte Beziehungen unter den staatlichen Gewalten und eine neuzeitliche Instrumentierung Voraussetzungen bilden.

d) Konsequenzen

Verfassungsklarheit, Verfassungswahrheit, Verfassungswirksamkeit führen den Verfassungsgeber zu einem straffen, begrifflich und systematisch verhältnismäßig strengen Erlaß. Um vom Lauf der Zeit nicht rasch ausgeschwemmt zu werden (Normenerosion) und die Wirksamkeit der Verfassung zu bewahren, muß die Verfassungsgebung eine schwierige praktikable Synthese zustande bringen: Sie hat die Normen so ausführlich zu halten, daß eine tatsächliche Steuerungskraft von ihnen ausgeht. Zugleich soll der Entwicklung Raum gelassen werden, indem die Verfassung den politischen Prozeß nicht unterbindet, sondern in friedliche Bahnen lenkt und unter rechtlicher Kontrolle hält (offene Verfassung). Zu diesem Zwecke darf die Verfassung die Festlegungen nicht engmaschig und zu ausführlich treffen, sonst gibt sie sich der raschen Veralterung und schließlich der Nichtbeachtung preis. Die Kunst, die wirksame Verfassung zustande zu bringen, dürfte sich am ehesten da einstellen, wo der umsichtige und gewissenhafte Verfassungsgeber Großzügigkeit und Vertrauen an den Tag legt: Vertrauen auf Volk, Parlament und Regierung, die in der nachfolgenden Gesetzgebung und bei weiteren Staatsfunktionen die Gedanken und Vorstellungen des Verfassungsgebers konkretisieren und zeitgemäß fortbilden. Damit ein solches Vertrauen nicht blind sei, wird der Verfassung ein spezifischer Hüter beigegeben: Der Verfassungsrichter soll die Gewalten, die *nach* dem Verfassungsgeber auftreten, immer wieder auf die Grundlagen des Verfassungswerks zurückführen und dessen Fortbildung überwachen; für den kantonalen Verfassungsgeber stellt sich dabei die Erleichterung ein, daß der Bund bezüglich der kantonalen Verfassungen eine vorbildliche Verfassungsgerichtsbarkeit ausgebaut hat und nur noch einzelne Parzellen der richterlichen Behütung durch eine kantonale Verfassungsgerichtsbarkeit bedürfen.

Der Wille des Verfassungsrates ist eindeutig: Die künftige aargauische Verfassung soll sich nicht mit einem Organisationsstatut, das bloß die Strukturen, Kompetenzen, Funktionen und Verfahren der oberen Staatsorgane festlegt, zufriedengeben. Sie soll aber auch nicht bei einer programmatischen Festlegung von Handlungszielen und -instrumenten im Sinne einer mittel- und langfristigen politischen Planung stehenbleiben. Vielmehr wird ein Verfassungskonzept bevorzugt, das die kantonale Grundordnung sowohl in organisatorischer als auch in rechtsmaterieller Hinsicht in den wesentlichsten Belangen zur Darstellung bringt, das zudem die Chance der verhältnismäßig langen Dauer erlangt und sich schließlich angelegen sein läßt, für die staatliche Gestaltung maß-geblich zu sein.

2. Vom Staatsbild des Verfassungsrates

In inhaltlicher Hinsicht hat der Verfassungsrat das Bild einer «wirksamen Demokratie» im föderativen Gesamtstaat herausgearbeitet, die von den Prinzipien des «sozialen Rechtsstaates» eingerahmt und getragen wird. Demokratie, sozialer Rechtsstaat sind nur Stichworte: Wesentlich ist, wie sie praktisch in den einzelnen Instituten (z. B. Volksrechten, Behördenorganisation, Grundrechten) und in der einzelnen Norm ausgestaltet werden; der Verfassungsrat hat sich in allen seinen bisherigen Arbeiten darum bemüht, sie faßbar und substantiell zu machen. Das Staatsbild des Verfassungsrates enthüllt sich aber vollständig erst dann, wenn man dereinst sein abgeschlossenes Verfassungswerk vor Augen hat. Doch mag es im Sinne einer Zusammenfassung der vorläufigen Beschlüsse und Äußerungen dienlich sein, einige Elemente herauszugreifen, die «diesen Kanton» ausmachen sollen.

a) Wirksame Demokratie

Die größte Freiheit in der Selbstgestaltung hat ein Kanton bei seiner Organisation (Organisationsautonomie). Er wird deshalb sein besonderes Augenmerk darauf richten, daß seine Organisation auf ihn zugeschnitten ist und er seine Gestaltungsfreiheit auch ausnutzt. Daß der Aargau eine kräftige und standfeste Demokratie bleiben und sich darin stärken will, geht aus den Erörterungen des Verfassungsrates dutzendfach hervor. Gefordert ist die echte, die wirkliche, die wirksame, die effektive, die effiziente Demokratie.

Die Worte erfassen zwei Sachverhalte: Zum einen meinen sie die Staatsordnung, bei der das Volk ausschlaggebende Mitwirkungsrechte bei der Staatsgestaltung in den Händen behält: durch die Wahlen wichtigster Staatsorgane und durch die Teilhabe an Sachentscheiden (als Initiativ- und Referendumsrechte); ergänzt wird dieses System durch mittelbare Einwirkungen (so kraft der Grundrechte; durch Anerkennung der intermediären Gewalten, insbesondere der politischen Parteien; durch die Organisation lebenskräftiger Gemeinden usw.). Der Bürger, die soziale Gruppe, das Volk sind reale Potenzen der staatlichen Entscheidungs- und Gestaltungsvorgänge. Staat, Mensch und Gesellschaft stehen ineinander, und der Bürger ist nicht bloß Nutznießer, behüteter und geschonter Bewohner oder gar Untertan einer staatlichen Herrschaft, vielmehr mitverantwortlicher Entscheidungsträger. Die Mitwirkungsrechte des Volkes sind wirklich und wirksam.

Zum anderen richten sich die Worte von der «wirksamen Demokratie» darauf, daß die demokratische Staatsordnung auch die hohe Leistungsfähigkeit aufweist, die vom heutigen Staat allenthalben gefordert wird. Der Staat als Demokratie ist darnach zur Aufgabenbewältigung, zur Lösung der aufgebrochenen Probleme, zur hochgradigen Wirkungskraft tatsächlich befähigt.

Diese beiden Seiten der «wirksamen Demokratie» können von einer kritischen Schwelle an in Widersprüche zueinander geraten. Die enorme Fülle von Aufgaben, deren Kompliziertheit, die wachsende Schwierigkeit, anstehende Sachentscheide auf einfachere Fragen zu reduzieren, die häufige Überforderung der Amtsträger im herkömmlichen demokratischen Entscheidungsprozeß, die Gefahr des Vertagens oder Übertünchens drängender Probleme infolge der Rücksichtnahmen auf die Vielzahl von Teilnehmern am Entscheidungsablauf usw. haben der Demokratie tatsächlich ungewöhnliche Erschwerungen gebracht, die man nicht einfach in den Wind schlagen kann, obschon nachdrücklich zu betonen bleibt, daß andere Staatsformen ebenfalls nur mit großer Mühe die «Regierbarkeit» des modernen Staates aufrechterhalten können.

Die «wirksame Demokratie» mit ihren beiden Polen kann – das ist das unerläßliche Credo der heutigen schweizerischen Demokratie – immer erneut zustande gebracht werden, wenn vorurteilslos und ohne romantisierende Verzierungen der gangbare Weg ertastet wird, auf dem die Wirksamkeit in ihrer zweifachen Ausrichtung optimal zustande zu bringen ist. Der Verfassungsrat hat mit großer Umsicht diesen Weg für den Aargau ermittelt. Ein hervorstechendes Merkmal ist, daß die Behörden in ihren staatsleitenden Funktionen anerkannt und ihre Bedeutung offen dargelegt werden. Es wird beispielsweise nicht so getan, als habe der Regierungsrat nur eine verwaltende Tätigkeit auszuüben und dazu noch einige Hilfsfunktionen für das Parlament zu versehen. Vom Großen Rat wird erwartet, daß er sich auf die großen Staatsaufgaben konzentriere und hierbei das Bestmögliche eines Milizparlaments zustande bringe. Mit solchen Grundentscheidungen ziehen nicht nur Verfassungswahrheit und -klarheit ein, sondern auch eindeutige Verantwortlichkeiten. Ein anderes Merkmal ist die Umwandlung des obligatorischen in ein fakultatives Gesetzesreferendum, womit nicht nur die verwirrliche Zwischenform des Dekrets (Großratsverordnung) fallengelassen werden kann, sondern die Gesetzgebungsarbeit auch beschleunigt, die dringlich gewordene Korrektur veralteter Gesetze erleichtert und die kantonale Gesamtrechtsordnung auf den geforderten Stand gebracht werden kann. Analoges sollte sich bezüglich des Finanzreferendums ergeben. Daß sich der Staat auf die Planung einrichtet, ist Selbstverständlichkeit geworden. Diese Funktion mit den tradierten demokratischen Institutionen zu verbinden, hält indessen schwer, ist aber lösbar. Der Verfassungsrat legt dafür ein ebenso nüchternes wie plausibles Konzept dar. Mit der ausführlichen und differenzierten Aufzählung der Grundrechte werden für eine wirksame Demokratie wesentliche Voraussetzungen geschaffen, womit sichtbar wird, daß auch Teile der Verfassung, die nicht von der Organisation handeln, Bezüge zu Struktur und Funktion aufweisen.

b) Sozial- und Rechtsstaatlichkeit

Der Verfassungsrat hat sodann mehrfach Grundentscheidungen gefällt, die sichtbar machen, daß der Kanton die Sozialstaatlichkeit und die Rechtsstaatlichkeit realisieren soll. Sozialstaatlichkeit ist kein Widerspruch zur Rechtsstaatlichkeit. Beide bedingen einander, müssen dabei freilich Extremlagen vermeiden, sonst mißlingt die heute gebotene Verknüpfung der beiden Prinzipien. Mit den sozialstaatlichen Komponenten nimmt der Kanton zweierlei in Aussicht: in der gesellschaftlichen Ordnung erstens so weit regulierend tätig zu werden, als es beim Zustand von Mensch und Gesellschaft geboten und einem Staatswesen mit seinen rechtlichen, finanziellen und politischen Mitteln möglich ist; zweitens namentlich dem schwachen und bedrängten Menschen die von der Menschenwürde geforderten Hilfeleistungen zu garantieren. In den sozialstaatlichen Belangen, namentlich bei ihren wirtschaftlichen Aspekten, ist die Gestaltungsfreiheit des Kantons allerdings enger geworden, da der Bund erhebliche Teile dieser Staatsaufgabe löst. Eine ähnliche Durchdringung mit Bundesrecht und Bundestätigkeiten trifft auch in der Obsorge um die Rechtsstaatlichkeit zu. Staat und Staatstätigkeiten richten sich am Recht aus, beachten die rechtlichen Grundsätze für den Aufbau und die Durchsetzung der staatlichen Ordnung, unterwerfen sich selbst der rechtlichen Regelung und schaffen damit Gewähr für ein von Willkür und Gewalt freies Dasein.

Der Verfassungsrat gibt mit seinen Sachkommissionen diesen Willen zur sozialen Rechtsstaatlichkeit kund, vorab in den Schlußnahmen über die Präambel, die Grundrechte, die Staatsaufgaben, den Finanzhaushalt, die Rechtssetzung, die Rechtspflege usw.

c) Einfügung in den Bundesstaat

Der Verfassungsrat hält sich ständig vor Augen, daß der Kanton kein souveräner Staat, sondern Glied eines Bundesstaats ist. Seine Regelungsmöglichkeiten sind begrenzt und bedürfen der Übereinstimmung mit dem Bundesrecht, und kantonale Politik ist auf die eidgenössische Politik einzuspielen. Der Aargau hat den Bundesstaat immer bejaht, und er hat keine Ressentiments und Aversionen gegen den Bund auszutragen. Das klingt durch die ganze Arbeit des Verfassungsrates immer wieder durch: Der Aargau ist von einer ruhigen Selbstsicherheit getragen, sucht durchaus sein Gewicht in der bundesstaatlichen Ordnung nach Maßgabe seiner Kraft und Leistungsfähigkeit zur Geltung zu bringen, tritt für die interkantonale Zusammenarbeit ein, aber alles ohne Übermaß und Übereifer, so daß er dem Bunde zugesteht, was des Bundes ist. Die Kantonsverfassung wird deshalb auch nicht zum Appell an eine den Bund fernhaltende, gegen ihn gerichtete politische Haltung. Der Kanton beachtet, daß er aus der Fülle von Aufgaben, die dem Staatswesen heute zufallen, nur Ausschnitte zu bewältigen in der Lage ist.

d) Die kommunale Gliederung

Der Verfassungsrat ist vom Bestreben geleitet, die Gemeinden als Träger öffentlicher Aufgaben und als Kernstück der gelebten demokratischen Willensbildung zu bewahren. Ähnlich wie beim Verhältnis zum Bund hat der Kanton auch hier den gewachsenen Situationen gerecht zu werden: Gemeinde und Kanton sind bei einer Großzahl öffentlicher Aufgaben funktionell miteinander verflochten, und vernünftiges Ziel kann nicht die scharfe Trennung beider Gemeinwesen und ihrer jeweiligen Aufgaben sein; sinnvoll ist, ihr Zusammenwirken, ihre gegenseitigen Rücksichtnahmen und die Respektierung der Eigenarten in den Vordergrund zu stellen, was der Verfassungsrat vielfach getan hat.

Fragen des Ausmaßes und der Methoden von Partialrevisionen der Bundesverfassung im Vorfeld einer Totalrevision

dargelegt am Revisionsvorhaben auf dem Gebiete des Energiewesens

Vorwiegend veranlaßt durch die sogenannte Ölkrise im Herbst 1973, als die dauernde Gefährdung der Energieversorgung des Landes auch in «normalen Situationen» plötzlich allgemein bewußt wurde, setzte der Bund eine «Kommission für die Gesamtenergiekonzeption» (GEK) ein[1]. Im Zuge ihrer Untersuchungen stellte diese Kommission 1975/76 vier Varianten für eine Bestimmung über das Energiewesen in der Bundesverfassung zur Diskussion, und zwar bevor eine materielle Konzeption des Energiewesens und insbesondere über die gebotenen staatlichen Vorkehren dargelegt werden konnte[2]. Die Verfassungsvarianten[3] erörterte die Kommission mit betroffenen Kreisen der Wirtschaft in Hearings. Im Zusammenhang mit diesen Erörterungen wurde mir[4] in erster Linie die Frage gestellt, wie weit eine verfassungsrechtliche Regelung des Bundes gehen müsse, um energiewirtschaftliche Maßnahmen treffen zu können. In zweiter Linie wurde eine Reihe von staats- und verwaltungsrechtlichen Fragen aufgeworfen. – Die nachfolgenden Ausführungen geben in einer weitgehend gekürzten, gelegentlich verdeutlichenden Fassung ein Gutachten vom 28. April 1976 wieder, erweitert um Anmerkungen; weggelassen sind vorwiegend verwaltungsrechtliche Passagen; gelegentlich wird auf Gesichtspunkte hingewiesen, die sich durch neue rechtspolitische Entwicklungen seither ergeben haben.

Zeitschrift für Schweizerisches Recht 96 I, 1977, S. 209–232. Verlag Helbing & Lichtenhahn, Basel 1977.

[1] Verfügung des Eidgenössischen Verkehrs- und Energiewirtschaftsdepartements, vom 23. Oktober 1974.

[2] Die Kommission formulierte im Mai 1975 erste «Ziele einer schweizerischen Energiepolitik», die beim damaligen Stand der Arbeiten noch hochabstrakt waren, namentlich keine praktischen Maßnahmen und keine Erfolgsbewertung angeben konnten.

[3] Die vier Varianten aus dem Jahre 1975 sind in Anm. 34 dieses Aufsatzes wörtlich zitiert.

[4] Vom Vorort des Schweizerischen Handels- und Industrie-Vereins, vom Schweizerischen Energie-Konsumenten-Verband und vom Verein industrieller Brennstoffverbraucher.

1. Die Frage nach rechtsgestaltenden Maximen bei der partiellen Verfassungsrevision

Das Thema der sinnvollen Ausgestaltung einer Kompetenznorm des Bundes auf dem Gebiete des Energiewesens ist repräsentativ für ein allgemeineres Problem, nämlich ob der Verfassungsgeber völlige Freiheit habe, wie er eine Staatsaufgabe (Sachaufgabe) ordnen wolle. Besteht bei Partialrevisionen beliebige Gestaltbarkeit, oder gibt es allenfalls gewisse steuernde Maximen richtiger Verfassungsgebung? Ist das legislatorische *Gestaltungsermessen,* das man auch rechtspolitisches Ermessen nennen kann, jedoch in Begründung und Handhabung deutlich von verwaltungsrechtlichem Ermessen zu unterscheiden hat, irgendwie eingebunden? Gibt es allenfalls Sonderheiten, wenn Partialrevisionen unter dem Eindruck einer erwarteten Totalrevision stehen?

1.1. *Die Abhebung der Rechtssetzungsmaximen gegenüber «materiellen Schranken der Partialrevisionen»*

Die Frage nach rechtsgestaltenden Maximen ist nicht identisch mit der nach materiellen Schranken der Partialrevisionen, die beispielsweise J.-F. Aubert unter Hinweis auf Lehre und Praxis übersichtlich dargestellt hat [5]. Unter *rechtslogischen* Gesichtspunkten folge ich diesbezüglich nach wie vor Walther Burckhardt [6], laut dem ein Verfassungsgeber positivrechtlich nicht durch Revisionsvorschriften oder andere Verfassungsbestimmungen gelenkt werden kann: Weder Verfahren noch Inhalt seiner *neuen* Verfassungsnorm können rechtsverbindlich und durchsetzbar durch schon bestehendes Verfassungsrecht negativ oder positiv bestimmt werden. Es gibt insofern kein «verfassungswidriges Verfassungsrecht» (Otto Bachof), und dies im Grundsatz weder bei Totalrevisionen noch bei Partialrevisionen.

Allein, hier und jetzt steht eine andere Frage als die nach der in der Rechtslogik begründeten Zulässigkeit oder Unzulässigkeit von Volksinitiativen oder behördlichen Revisionsvorlagen zur Diskussion, obwohl die Revisionsthematik letztlich ein zusammenhängendes Ganzes bildet. Ge-

---

[5] Jean-François Aubert, Traité de droit constitutionnel suisse, Paris / Neuchâtel 1967, N° 324 ff.

[6] Walther Burckhardt, z. B. in: Organisation der Rechtsgemeinschaft, 2. Aufl., Zürich 1944, S. 207 ff., dem auch J.-F. Aubert zustimmt. Anders die Entwicklung in der deutschen Lehre, wo wieder «höherrangige», der Verfassung aber immerhin «immanente Prinzipien» anerkannt werden, die auch den «Verfassungsänderungsgesetzgeber» (Partialrevisionsgewalt) lenken. Eindrücklich in der Wirtschaftsordnung: Klaus Stern / Paul Münch / Karl-Heinrich Hansmeyer, Gesetz zur Förderung der Stabilität und des Wachstums der Wirtschaft, Kommentar, 2. Aufl., Stuttgart / Berlin / Köln / Mainz 1973, S. 113 ff.

meint ist, ob, gemessen an den *Bauprinzipien richtigen Rechts*, der Verfassungsgeber Bindungen beachten sollte [7].

Seit einiger Zeit sind Bemühungen im Gange, eine *Rechtssetzungslehre* (Gesetzgebungslehre) zu entwickeln. Sie fußt auf der gefestigten Erfahrung, daß der Rechtssetzer offenbar gewisse Regeln berücksichtigen muß, wenn er lenkungskräftiges, nützliches, vollziehbares, logisch zureichendes, material gerechtes und sachgemäßes Recht – also: richtiges Recht – schaffen will. Eine solche Lehre ist noch keineswegs abgerundet oder an einem ersten Ziele angelangt. Sie weiß sich aber verpflichtet, für den rechtssetzenden Aufbau der gesamten Rechtsordnung so gut wie für die Gestaltung einer Verfassung oder eines Gesetzes Grundlagen zu bieten, Richtlinien zu ermitteln, schließlich vielleicht einmal zu jenen Bauprinzipien richtigen Rechts vorzudringen [8]. Was sie vorderhand an Einsichten gewinnen und zu postulierenden Folgerungen verdichten kann, mag sich partiell in «Regeln», «Thesen», «Richtlinien», «Leitsätzen», «Grundsätzen» niederschlagen. Am geeignetsten dürfte sein, jetzt einmal von *«Rechtssetzungsmaximen»* zu reden und sie so auszugestalten, daß sie für den Rechtssetzer Anhaltspunkte bieten, von wo aus im Wechsel Wissenschaft und Rechtssetzer Fortbildungen erzielen sollten. Möglicherweise können solche Maximen allerdings nicht auf einen durchgehend perfektionierten Stand gebracht werden, sondern müssen sich von Gegenstand zu Gegenstand, von Normgattung zu Normgattung und von Gesamtrechtslage zu Gesamtrechtslage verschieden darbieten.

Die Rechtssetzungsmaximen sind also nicht «Schranken» im Sinne der

---

[7] Zum «richtigen Recht» jetzt wieder und vertiefend: Hans Ryffel, Grundprobleme der Rechts- und Staatsphilosophie, Neuwied/Berlin 1969, insbes. S. 235 ff.; Heinrich Henkel, Einführung in die Rechtsphilosophie, 2. Aufl., München 1977, insbes. S. 521 ff.

[8] Für die Schweiz sind Einstieg und Auftrag für eine Rechtssetzungslehre wohlfundiert bei Eugen Huber, Recht und Rechtsverwirklichung, 2. Aufl., Basel 1925, und Walther Burckhardt, Methode und System des Rechts, Zürich 1936. Vgl. nun Peter Noll, Gesetzgebungslehre, Reinbek bei Hamburg 1973; Referate zum Schweizerischen Juristentag 1974 über «Probleme der Rechtssetzung», ZSR 93 II, 1974; ferner Ch. Perelman (Hrsg.), La règle du droit, Bruxelles 1971; Jürgen Rödig/Eberhard Baden/Harald Kindermann (Hrsg.), Vorstudien zu einer Theorie der Gesetzgebung, St. Augustin 1975; Jürgen Rödig (Hrsg.), Studien zu einer Theorie der Gesetzgebung, Berlin/Heidelberg/New York 1976; Johann Mokre/Ota Weinberger (Hrsg.), Rechtsphilosophie und Gesetzgebung, Wien/New York 1976; Jahrbuch für Rechtssoziologie und Rechtstheorie, II, Düsseldorf 1972.
Der Bund und etliche Kantone gehen auf der Seite der Praxis dazu über, die Rechtssetzung systematisch und methodisch zu durchdringen. «Richtlinien der Gesetzestechnik» hat einerseits die Bundeskanzlei für den Bund 1976 definitiv, andrerseits die Regionalkonferenz der Regierungen der Nordwestschweiz 1974 für die beteiligten Kantone als Empfehlung herausgegeben. Solche «technischen» Anweisungen sind wertvolle erste Schritte für eine fortführend angewandte Rechtssetzungslehre.

herkömmlichen Schrankenlehren, die dem Verfassungsgeber gewisse Normgehalte verbieten. Es sind eher umgekehrt affirmative Gestaltungsgebote, die dem Rechtssetzer helfend zur Verfügung stehen, wenn er eine Norm oder einen Normenkomplex (Erlaß) konzipiert und formt. Beachtet ein Verfassungsgeber diese Gestaltungsgebote nicht, wird er nach den heute geltenden organisatorischen und verfahrensrechtlichen Ordnungen deswegen *nicht ungültiges Recht* setzen (während bei Mißachtung jener negativen Schranken gemäß Schrankenlehre kein gültiges Recht zustandekommen dürfte). Aber er setzt *mangelhaftes Recht,* hinkendes, strukturell oder inhaltlich unzulängliches[9].

Von welcher *Seinsqualität* Rechtssetzungsmaximen sind, ist nicht leicht auszumachen und kann hier nicht verfolgt werden. Sie werden teilweise als Entfaltungen aus Rechtsgrundsätzen angesprochen werden können, z. B. aus dem umfassenden Gleichheitsgebot, oder aus staatsgestaltenden Grundentscheidungen, z. B. aus denen der demokratischen Grundordnung; sie können in Sätzen der Logik oder in Erfahrungssätzen der Rechtsverwirklichung gründen. In Grundrechten können die Ansätze liegen. Nicht auszuschließen ist natürlich, daß ein Rechtssetzer sich ihrer bemächtigt und sie in positivrechtliche Festlegungen mit Bindungswirkung für nachgeordnete Rechtssetzer einkleidet, womit aber nochmals in die Augen springt, daß eine *Positivität* für den *Verfassungs*geber nicht zustandegebracht werden kann. Doch darf, wenn durch die rechtslogische Situation dem positiven Recht der Zutritt zum Verfassungsgeber verwehrt ist, zumindest die Rechtswissenschaft sich nicht abhalten lassen, ihrerseits das gegebene oder projektierte Verfassungsrecht im Lichte von Rechtssetzungsmaximen zu betrachten, Aussagen über ihre Feststellungen zu machen und allenfalls Empfehlungen an den Verfassungsgeber zu formulieren.

1.2. *Rechtssetzungsmaximen bei Staatsaufgaben im allgemeinen*

Für die Regelung von Sachaufgaben durch den Verfassungsgeber im Bundesstaat stehen zwei Rechtssetzungsmaximen im Vordergrund: erstens die der systemwahrenden und harmonisierbaren Verfassungsergänzungen und zweitens die der spezifischen Ausmessung der Handlungskom-

---

[9] In einem dem Verband schweizerischer Gaswerke erstatteten Gutachten vom 21. Februar 1977 über den Energieartikel der Bundesverfassung diagnostiziert J.-F. Aubert (S. 3 des Originaltextes), die im Kontext diskutierten Rechtssetzungsmaximen seien «une considération mélangée de droit et de politique». Es liege «une idée politique présentée sous la forme d'une règle de droit» vor, deren Mißachtung nicht fähig sei «d'établir l'inconstitutionnalité». Das letztere ist unbestritten; ebenso ist klar, daß die Einkleidung einer Maxime in einen Rechtssatz für die Verfassungsstufe nicht möglich ist, und zuhanden niedrigerer Stufen fehlt sie *in praxi* noch. Da schließlich Rechtssetzung offene Rechtsgestaltung ist, insofern also Politik im Rechtsbereich darstellt, sind die Maximen gewollt und bejaht in die intermediäre Funktion versetzt.

petenz. Ihnen folgen die Gebote der Verfassungsklarheit und -wahrheit[10] sowie der Widerspruchslosigkeit mit dem Verzicht auf Doppelnormierungen (Vielfachnormierungen) und der Vermeidung anderer Kollisionen. Schließlich ist die verfassungsprogrammatische Lage (Rechtssetzungsplanung) von Bedeutung. Auf einzelne dieser Rechtssetzungsmaximen ist noch einzugehen (unten Ziff. 2).

1.3. Fernwirkungen von Partialrevisionen im Vorfeld der Totalrevision der Bundesverfassung

Die hängigen und künftigen Partialrevisionen der Bundesverfassung stehen im Begriff, in eine besondere Rechtssetzungssituation hineinzuwachsen: Sie bewegen sich im Vorfeld der Totalrevision der Bundesverfassung. Obgleich diese noch weitab in den Gefilden eines Vorverfahrens steckt und noch kein bundesrätlicher Entwurf vorliegt, geschweige der Einleitungsbeschluß der Bundesversammlung oder des Volkes gefaßt ist, zeigt sie Fernwirkungen. Vorentwürfe zur Totalrevision könnten schon jetzige Partialrevisionen beeinflussen *(Vorauswirkungen)*. Zunächst liegen indessen antizipierte *Nachwirkungen* von jetzt beschlossenen Partialrevisionen auf die künftige totalrevidierte Bundesverfassung im Blickfeld. Eine Totalrevision könnte offensichtlich an einschneidenden Entscheidungen in Partialrevisionen, die in den Zeitraum ihrer Bearbeitung fallen, nicht vorbeigehen, z. B. jetzt in bezug auf das Staatsvertragsreferendum oder die Unterschriftenzahlen bei Volksrechten. *Neueres Verfassungsrecht wird revisionsresistent.* Es wird weniger aus sachlichen als aus politischen Gründen – im Prinzip unveränderten – Eingang in den Kontext einer totalrevidierten Bundesverfassung heischen. Und verstärkt wird diese Wirkung durch das «Gesetz» der *Bundes-Kompetenz-Irreversibilitäten* bei Sachaufgaben: Was der Bund hat, bleibt ihm; eine Re-Kantonalisierung fällt ähnlich schwer wie Re-Privatisierungen und gehört bisher nicht zu praktizierten Vorgängen im schweizerischen Bundesstaat. Daß die Totalrevision der Bundesverfassung möglicherweise nicht zustandekommt, schmälert diese eigenartige Situation nicht. Denn heutige Partialrevisionen können nicht spekulieren und haben zwangsläufig den einen Fall einzurechnen, daß die Totalrevision gelingt.

Daraus erwächst das zeitgebundene *Gebot erhöhter Sorgfalt bei Partialrevisionen.* Die Unumkehrbarkeiten und antizipierten Nachwirkungen veranlassen entweder so umsichtige Regelungen, daß sie voraussichtlich lange überdauern können, oder auferlegen eine Zurückhaltung bei gegenwärtigen Festlegungen, die dem Verfassungsgeber der Totalrevision die nötigen

[10] Vgl. Bericht des Redaktors und der Redaktionskommission über den Entwurf vom Februar 1976 der Verfassung des Kantons Aargau, Aarau 1976, S. 8 ff.

Rechtssetzungsfreiheiten sichern. Es stellt sich geradezu eine Loyalitäts-frage, indem derjenige, der heute aus partikulärer Sicht revidierend Volksentscheide herbeiführt, nicht denjenigen politisch-praktisch fixieren sollte, der demnächst aus umfassender Sicht den Gesamtentscheid vorzube-reiten hat.

2. Drei für einen «Energieartikel» beachtliche Rechtssetzungsmaximen

2.1. *Die Rechtssetzungsmaxime der systemwahrenden und harmonisierbaren Verfassungsergänzung*

2.1.1. Innere Grenzen der Partialrevisionen

Das geschriebene Bundesverfassungsrecht bildet kein strenges und ge-schlossenes System, in dem vollends widerspruchsfreie und aus nahtlos harmonisierten materiellen Fundierungen heraus die rechtliche Grundord-nung in Erscheinung träte. Trotzdem kann von einem «System» gesprochen werden, einem vielleicht noch «offenen», jedenfalls «lockeren», in dem jedoch die Institutionen und Funktionen aufeinander bezogen sind und eine als Einheit begreifbare Staatsrechtsordnung darstellen. Dieser Staats-rechtsordnung können durch Partialrevisionen neue Gedanken, Ziele und Instrumente ein- und angefügt werden, ohne daß sie «mangelhaft» im oben erwähnten Sinne (Ziff. 1.1.) werden müßte. Das System bleibt diesfalls gewahrt.

Indessen gibt es von irgendwelcher Linie an eine kritische Zone. Diese kann man nicht verlassen, ohne daß man die bisher bestehende Staatsrechtsord-nung in Frage stellte oder doch angriffe: Man schafft entweder eine neue Basis, womit auch die bisherigen Bestandteile der Staatsrechtsordnung eine einschneidende Sinnänderung erfahren. Oder man läßt Widersprüch-lichkeiten stehen, an denen die Staatsrechtsordnung leidet, Schaden nimmt oder letztlich zerbricht. Das Gefüge wird gestört. Auch das lockere Verfas-sungssystem ist *nicht allen neuen Gedanken, Funktionen, Aufgaben und Institutionen gegenüber unempfindlich und verfügbar*, soweit mit Partialre-visionen Änderungen herbeigeführt werden[11].

---

[11] Treten infolge Partialrevisionen Kollisionen auf, z.B. im Bereiche von Grundrechten oder von Kompetenzausscheidungen, geht ein erststufiger Auftrag zur Harmonisierung stillschweigend an diejenigen Staatsorgane, welche Verfassungsrecht handhaben, insbesondere konkretisieren oder interpretieren. In zweiter Stufe können Divergenzen, z.B. zwischen Gesetzgebungsaufträgen und Freiheitsgarantien, ein Ausmaß annehmen, daß sie sich mit herkömmlichen Methoden und Verfahren nicht mehr überbrücken lassen; namentlich die Konkretisierung wird dann notwendigerweise zur verfassungsge-staltenden Neuschöpfung aus der Hand des Verfassungsrichters oder des Gesetzgebers oder der Budgetgewalt. In der typisierten dritten Stufe sind offene oder verdeckte Divergenzen untilgbar, z.B. dann, wenn Staatsaufgabenordnung und Finanzordnung

An dieser Stelle wird spürbar, daß sich das Verfassungsrecht, das sich sowohl gegen Begrenzungen seiner Revisionsmöglichkeiten als auch gegen das Abgleiten in Unwirksamkeit zufolge Widersprüchlichkeiten wehrt, aus innerer Notwendigkeit heraus und um seiner selbst willen *Differenzierungen* auferlegt. Es sieht zwei Typen von Verfassungsänderungen vor (Total- und Partialrevision) und gibt der Unterscheidung einen inneren oder materialen Sinn, indem es für grundlegende Umstrukturierungen die Totalrevision einrichtet. Die Partialrevision soll die schmiegsamen und wesensgemäß anpassungsfähigen (integrativen) Modifikationen einbringen, während bei grundlegenden Staatsveränderungen, die man auch «System»-änderungen nennen kann, das Verfahren der Totalrevision einzuschlagen ist; Partialrevisionen sollen das vorhandene, wiewohl lockere Verfassungsrechtssystem respektieren; überschreitet ein Revisionsvorhaben die kritische Zone der systemkonformen Einfügung oder Ergänzung, ist die Totalrevision am Platze[12].

2.1.2. Zur gegenwärtigen Verfassungsgrundlage bei den Staatsaufgaben

Das «System» der Bundesverfassung im Bereiche der Staatsaufgaben ist durch Partialrevisionen der letzten 50 Jahre schrittweise verändert worden. Der Bund hat seine Aufgaben-, Kompetenz-, Verantwortungs- und Machtfülle kräftig *ausgedehnt*[13]. Dies ist nicht aus einem planmäßigen, auf lange Sicht angelegten legislatorischen Regelungskonzept heraus geschehen, sondern anhand der sich aufdrängenden konkreten Probleme. Jede der einzelnen Kompetenzergänzungen war, für sich allein genommen, wahrscheinlich *ohne systemtransformierende Wirkung*. Die Partialrevisionen

---

auseinanderklaffen, wenn in einer Partialrevision schlicht und einzig Artikel 80 (Bestand und Struktur des Ständerates) oder Artikel 96 der Bundesverfassung (feste Amtsdauer des Bundesrates) gestrichen würden.

[12] Die Grenzziehung zwischen den beiden Revisionsarten kann nicht scharf und mit vollendeter begrifflicher Präzision vorgenommen werden. J.-F. Aubert (zit. Anm. 5) legt es anschaulich dar. Vgl. Hans Huber, Die Gesamtänderung der Verfassung, in: Festschrift für Ulrich Scheuner, Berlin 1973, S. 194 ff.

[13] Auf dem Wege der Partialrevisionen mit folgenden Wegmarken: 1921 Automobilwesen und Luftschiffahrt (Art. 37 bis und 37 ter); 1925/72 AHV (Art. 34 quater); 1929 Brotgetreideversorgung (Art. 23 bis); 1947 Wirtschaftsordnung (Art. 31 ff.); 1953 Gewässerschutz (Art. 24 quater); 1957 Atomenergie (Art. 24 quinquies); 1958 Straßenbau (Art. 36 bis, 36 ter); 1959 Zivilschutz (Art. 22 bis); 1961 Rohrleitungsanlagen (Art. 26 bis); 1969 Raumplanung (Art. 22 quater); 1971 Umweltschutz (Art. 24 septies); 1972 Wohnungsbau (Art. 34 sexies); 1973 Forschung (Art. 27 sexies). Kennzeichnend ist, daß der Bund hier in der Regel neue Staatsaufgaben aufgriff und nicht Betätigungsfelder, auf denen sich bisher die Kantone ergangen hätten, an sich zog. Mit andern Worten: Es treten kaum föderative Verteilungsprobleme auf, sondern es wird die Grundfrage gestellt, ob das Sachgebiet überhaupt der staatlichen Regelung unterstellt werden solle. Vgl. auch Josef Stofer, Ein Erklärungsversuch der wachsenden Staatstätigkeit in der Schweiz, Freiburger Diss. 1971, insbes. S. 176 ff.

beachteten im übereinstimmenden Prima-facie-Urteil das angelegte Verfassungssystem oder modifizierten es in einem Maß, welches die kritische Zone nicht überschritt [14].

Betrachtet man indessen die Gesamtheit der Schritte und rechnet man ein, was auf Grund der Verfassungsaufträge der Gesetzgeber und die Kantone ins Werk setzten, wird man in den siebziger Jahren gleichsam plötzlich der grundlegenden Veränderung der Verfassungs- und Rechtsordnung inne. Die punktuell und okkasionell geschaffenen Aufgabengebiete, die sich jeweilen wie vereinzelte Ausschnitte im Meer gesellschaftlicher Betätigungen ausnahmen, waren in sachliche und funktionelle Zusammenhänge hineingewachsen. Sie stellen sich heute als *kohärente Aufgaben- und Kompetenzkomplexe* dar, die als verflochtene Subsysteme der Verfassungsrechtsordnung eine *neue verfassungsrechtliche Wirklichkeit* konstituiert haben. Dieser wurde man vollends ansichtig, als die Bundeskompetenzen für die Raumplanung (Artikel 22 [quater]) und für den Umweltschutz (Art. 24 [septies]) zu den bisherigen Befugnissen hinzutraten und als die ausführenden Gesetzesentwürfe die mögliche Tragweite dieser Verfassungsbestimmungen voll bewußt machten. Der Bund hat sich einen kompetentiellen Aufgabenreichtum zugelegt, der ihm Handlungsmöglichkeiten verschafft, wie sie vor 1950 nur in notrechtlichen Zuständen möglich gewesen sind.

Die Schweiz – mit dem vorangehenden Bund und den nachziehenden Kantonen – ist zum sozialgestaltenden Staat geworden, und sie hat sich bemüht, diesen Sozialstaat als *Rechtsstaat* zu formen [15, 16]. Daß man es dabei aber noch nicht zu einem ausgewogenen («idealen») sozialen Rechtsstaat gebracht hat, dürfte augenfällig sein. Denn die gesellschaftsgestaltenden Staatsbefugnisse sind *nicht* von einem *komplementären Ausbau der rechtsstaatlichen Grundordnung,* in den die demokratische Komponente

---

[14] Am prekärsten war zunächst die Revision der Wirtschaftsartikel im Jahre 1947, die jedoch in einem relativ raschen (gegenseitigen) Anpassungsprozeß in die Verfassungsordnung einverarbeitet wurden. Vgl. HANS HUBER, Rückblick auf die «neuen» Wirtschaftsartikel der Bundesverfassung, in: Festgabe für Hugo Sieber, Bern/Stuttgart 1975, S. 57 ff.

[15] Vgl. ULRICH HÄFELIN, Die Fortbildung des schweizerischen Bundesstaatsrechts in den Jahren 1954–1971, in: Jahrbuch des öffentlichen Rechts der Gegenwart, 22, 1974, S. 3 ff., insbes. S. 45 ff.
Idee und Begriff des Rechtsstaats selbst scheinen mittlerweile in eine Zone der Unbestimmtheit geraten zu sein. Was etwa mit der Festgabe für Zaccaria Giacometti (Zürich 1953) als gefestigter Stand erreicht worden war, verlor – teilweise wegen der Übernutzung des Begriffs im Tageslauf der Rechtsverwirklichung, wo für die einfache Durchsetzung des Rechts entbehrlicherweise und eilig auf die Höhen des Rechtsstaats gewiesen wird – die klaren Konturen.

[16] Vgl. HANS PETER TSCHUDI, Soziale Demokratie, Basel 1975, S. 11 ff. und 45 ff.; DERSELBE, Der schweizerische Sozialstaat – Realität und Verpflichtung, in: Festgabe für Hugo Sieber, Bern/Stuttgart 1975, S. 131 ff.

eingefügt ist, begleitet worden[17]. Die puren Aufgabennormen weisen einen erheblichen Vorsprung vor der steuernden und kontrollierenden institutionellen Ausstattung mit demokratisch-rechtsstaatlichen Elementen auf. Insofern besteht ein institutionelles Defizit, das eine erhöhte Aufmerksamkeit auf die weitere Ausgestaltung der staatlichen Möglichkeiten lenken muß, und zwar vornehmlich in zwei Richtungen.

2.1.3. Folgerungen für den Augenblick

Als erstes hat man sich wieder in Erinnerung zu rufen, daß der soziale Rechtsstaat auf jeden Fall normativ und faktisch ein *begrenzter Staat* ist. Er macht sich nicht anheischig, die gesamte Gesellschaftsordnung zu gestalten, alle wichtigeren gesellschaftlichen Gestaltungsprozesse bestimmend zu steuern, die potentielle Allzuständigkeit verfassungsrechtlich zu fundieren und immer bereit zu sein, diese zu aktualisieren. Er auferlegt sich vielmehr materielle Begrenzungen und verbindet sie mit einer freiheitlich orientierten Wirtschaftsordnung[18]. Wo er gesellschaftsgestaltend auftritt, tut er es in den Formen und nach dem Maß des Rechts. Der Soziale Rechtsstaat als begrenzter Staat muß nicht alles und darf nicht alles, wozu er als souveräner Staat «an sich» fähig wäre.

Von hier aus stößt man auf ein Zweites: Eine *beliebige* Vermehrung von Staatskompetenzen, die gesellschaftsgestaltend wirken, bedrängt die Grundentscheidung für den sozialen Rechtsstaat. Der Umfang der Staatsaufgaben hat sich bis zu den siebziger Jahren so ausgeweitet, daß weitere Anfügungen jeweilen der sorgfältigen Erwägung rufen, ob die Neuerung *nötig, angemessen und harmonisierbar* sei, wenn es beim begrenzten Sozialstaat bleiben soll. Demzufolge sollte die sozusagen unbekümmerte Kompetenzkreation durch Partialrevisionen, wie die fünfziger und sechziger Jahre sie kannten, einer ausgesuchten legislatorischen *Behutsamkeit* Platz machen.

Das alles heißt *keineswegs,* daß über die vorliegende Rechtssetzungsmaxime dem Bund die Erweiterung oder die Neuschaffung von Kompetenzen auf dem Wege der *Partialrevisionen verwehrt* werden sollten. Geboten ist aber eben die bisher nicht als erforderlich betrachtete sensible Umsicht, damit systemkongruente, harmonisierbare Verfassungsänderungen zu-

---

[17] Zur Bewahrung eines systemgerechten Gleichgewichts wäre vor allem nötig gewesen, die Grundrechte zu präzisieren und die Verfassungsgerichtsbarkeit zu erweitern, die Kontrollen des Parlaments über die Verwaltung intensiver, als es geschehen ist, fortzubilden, die Bundesaufsicht über die Kantone und über andere Träger öffentlicher Aufgaben zu effektuieren, die Qualität der Rechtssetzung zu heben u.a.m.

[18] Vgl. HANS PETER CHRISTEN, Die Wirtschaftsverfassung des Interventionismus, Diss. St. Gallen 1970, insbes. S. 320 ff.; ULRICH SCHEUNER, Wirtschaftslenkung im Verfassungsrecht des modernen Staates, in: Die staatliche Einwirkung auf die Wirtschaft, Frankfurt a.M. 1971, S. 9 ff., insbes. S. 18 ff., 59 ff.

standekommen. Sieht sich der Verfassungsgeber veranlaßt, darüber hinauszugehen, so sollte er das Verfahren der Totalrevision einleiten und damit allenthalben kenntlich machen, daß er die Impedimente der Systemwahrung und Harmonisierung ablegt.

2.2. Die Rechtssetzungsmaxime der ausgemessenen Staatskompetenz

2.2.1. Normierungsmöglichkeiten des Verfassungsgebers

Der Verfassungsgeber, der dem Staat Sachaufgaben zuscheidet, geht idealtypisch auf zwei Weisen vor: Er kennzeichnet den Regelungsbereich stichwortartig mit wenigen, häufig technologischen Sachbegriffen, verschafft dem Bund eine umfassende, häufig auch ausschließliche Verbandskompetenz und gewährt dem Gesetzgeber in dessen Organkompetenz einen weiten Spielraum eigenen Befindens (legislatorisches Ermessen)[19]. Es wird vorwiegend mit «Stichwortnormen» die Handlungsmöglichkeit eröffnet, womit es dem Gesetzgeber überlassen wird, die materiellen Gehalte der Ordnung einzubringen, nachdem der Verfassungsgeber knapp und karg aufgetreten ist[20]. Die andere Weise ist dadurch charakterisiert, daß der Verfassungsgeber die Ausrichtung der künftigen Ordnung materiell selbst angibt, indem er inhaltliche Festlegungen vornimmt und insoweit den Gesetzgeber einbindet[21]. Es liegt eine ausmessende Normierung der Verfassung vor, weil das Sachgebiet nicht blank dem Gesetzgeber anvertraut wird, vielmehr eine substantielle Vorwegentscheidung der Verfassungsebene Regelungsgehalte zustandebringt. Dabei wird typischerweise soweit Kompetenz verliehen, als das überblickbare Regelungsbedürfnis und die eigene Regelungsfähigkeit reicht, im Gegensatz zur «Stichwortnormierung», wo wesensgemäß das ganze Aufgabengebiet erfaßt wird. Daß die Verfassungspraxis sich häufig im Zwischenfeld dieser beiden Idealtypen aufhält und ein beachtlicher Teil der Sachaufgabennormen beiderlei Strukturen aufweist[22], braucht nicht unterstrichen zu werden.

---

[19] So z.B. bei den Bestimmungen über: Schiffahrt (Art. 24 ter), Gewässerschutz (alt Art. 24 quater und neu Art. 24 bis Abs. 2 lit. a), Atomenergie (Art. 24 quinquies), Umweltschutz (Art. 24 septies), Eisenbahnen (Art. 26), Rohrleitungsanlagen (Art. 26 bis), Forschung (Art. 27 sexies), Bankwesen (Art. 31 quater), Luftschiffahrt (Art. 37 ter).

[20] Zur Stichwortnormierung auch im Kompetenzbereich vgl. HANS HUBER, Über die Konkretisierung der Grundrechte, in: Gedenkschrift für Max Imboden, Basel / Stuttgart 1972, S. 202 ff.

[21] So z.B. Getreideversorgung (Art. 23 bis), Natur- und Heimatschutz (Art. 24 sexies), Filmwesen (Art. 27 ter), Gastwirtschaftsgewerbe und Alkoholwesen (Art. 31 ter, 32 bis, 32 ter, 32 quater), Wohnungsbau (Art. 34 sexies und 34 septies), Arbeitslosenversicherung (Art. 34 novies), Spielbanken (Art. 35).

[22] So z.B. der neue Wasserrechtsartikel (Art. 24 bis), aber auch Teile der Wirtschaftsartikel (Art. 31 bis und 31 quinquies) und der Finanzverfassung (Art. 36 ter und 41 bis, 41 ter, 42).

Eine Eigenart heftet sich an die ausgemessene Kompetenz: Sie wird *nicht «auf Vorrat»* gewährt. Vielmehr sorgt der Verfassungsgeber dafür, daß er im Spiele bleibt, indem er mit Begriffen und normativen Anweisungen an den Gesetzgeber seinen Willen ausdrücklich sichtbar macht und zur Beachtung aufgibt; wird die Verfassungsermächtigung zu eng, will er durch neues Verfassungsrecht das Maß wieder bestimmen können.

2.2.2. Die Begünstigung der ausgemessenen Kompetenzen

Drei grundsätzliche Argumente werden für eine Ausmessung der Bundeskompetenzen ins Feld geführt, wovon das eine, nämlich das föderalistische Bemühen darum, daß der Bund sich nicht unnötig zulasten der Kantone ausweite, hier beiseite gelassen werden kann.

Wenn der Staat – das ist die eine Argumentationsreihe – auf der Hut sein muß, daß er sich nicht zu viele Kompetenzen zulegt, die ihn auf dem Wege der Partialrevisionen in das *Gefälle totalitärstaatlicher Aktivitäten* oder doch Möglichkeiten brächten, so wird er blockartige Kompetenzaufrichtungen tunlichst meiden. Er sucht Differenzierungen und beansprucht für sich gerade so viele Befugnisse, als die rechtspolitische Situation sie rechtfertigt.

Gegenüber dieser Begründung ist der *Einwand* geläufig, daß der Verfassungsgeber ohne Bedenken die weitgefaßte und unbegrenzte Kompetenzregelung treffen könne. Der nachfolgende Gesetzgeber sei durch die Motive, die den Verfassungsgeber bewegt hätten und aus denen ein limitierter Gebrauch der Verfassungsnorm ersichtlich sei, ohnehin gebremst. Dies ist freilich nur bedingt richtig, dann nämlich, wenn der Verfassungsgeber eine solche Limitierung eindeutig und einmütig in den Materialien kundtut, sodann der Gesetzgeber sich an eine vorwiegend historische Ausrichtung seiner Verfassungsinterpretation tatsächlich hält und im Laufe der Handhabung der Verfassungsnorm diese Interpretation erhärtet wird[23]. Diese Bedingungen stellen sich nicht leicht ein. Regel ist vielmehr, daß der Gesetzgeber in einer objektiv-zeitgemäß ausgerichteten und häufig topischen Konkretisierung der Kompetenznorm das aus dem Gegenstand macht, was *ihm* nach *seinem* Wissen und Gewissen richtig erscheint. Daß er *eines Tages «alles» aus der Verfassungsnorm herausholt,* was sie herzugeben vermag, ist nicht nur Alltagserfahrung, sondern auch nach den objektiven Auslegungs- und Konkretisierungslehren für Verfassungsrecht der gerechtfertigte Umgang. Von einer Übernutzung der Verfassungsnorm könnte schwerlich gesprochen werden, und es stände in der gegenwärtigen Verfahrensordnung kein rechtlicher Behelf zur Verfügung, um gegen die Auffassung des Gesetzgebers vorzugehen.

---

[23] So etwa bei Art. 31 quinquies BV («Konjunkturartikel»).

Ein zweiter Grund, der, je nach der Lage von Verfassung und Gesamt-rechtsordnung unterschiedlich, gegen Stichwortnormierungen streitet, steckt in der *Anlage der Verfassung selbst.* Wird nämlich dem Gesetzgeber eine umfassende, eben mit bloßen Stichworten gekennzeichnete Kompe-tenz verschafft, die die ganze materielle Regelung auf die zweite Rechtsset-zungsstufe (Gesetzgebung) verlegt, versagt sich die Verfassung der eigenen Teilnahme und der Mitgestaltung des betreffenden Regelungsbereichs. Sie verzichtet auf dirigierende Möglichkeiten und *scheidet* demzufolge *aus dem rechtspolitischen Alltag aus.*

Diese Wirkung *kann gewollt sein:* einmal dann, wenn die Verfassung ohnehin karg strukturiert ist und ihre Aufgabe nicht in der normativen Steuerung der Sachkompetenzordnung sieht (z. B. die USA-Verfassung und etliche Kantonsverfassungen); in zweiter Linie im Bunde dann, wenn der Verfassungsgeber für die substantielle Entscheidung die obligatorische Volksabstimmung und die Zählung des Ständemehrs zu vermeiden trach-tet, so daß allein das Gesetz den Regelungsinhalt beibringt; in dritter Linie schließlich dann, wenn der Verfassungsgeber im Sachgebiet auf geringe Erfahrungen zurückgreifen, wenig klare Zielvorstellungen entwickeln und nur unzureichend Instrumentierungskenntnisse nutzen kann.

2.2.3. Folgerungen für den Augenblick

In der geltenden schweizerischen Bundesstaatsordnung ist die Kompetenz-regelung auf der Verfassungsstufe den Stichwortnormen offensichtlich abhold. Sie *bevorzugt ausgemessene Kompetenzen.* Obwohl sich in der Verfassungsrechtslehre die Tendenz zur echt offenen Verfassung ausweitet, in welcher Stichwortnormierungen zur adäquaten Ausdrucksform des Verfassungsgebers bei Aufgabenbegründungen werden, kann man noch nicht davon ausgehen, daß sich für die Bundesverfassung von 1874 beim Verfassungsgeber Grundhaltung und Wille ausgebildet hätten, den Stil der Kompetenzregelungen grundsätzlich zu ändern[24]. Eine Rechtssetzungs-maxime hat sich deshalb an der Tatsache zu orientieren, daß der herkömm-liche *Verfassungsstil* mit der relativ breiten und ausladenden Sachaufga-benregelung sich vorderhand behauptet[25]. Die Maxime selbst wird darauf

---

[24] Namentlich weisen die paar Fälle der Stichwortnormierung, so bei den Bundeskompe-tenzen zur Atomenergie (Art. 24 quinquies) und zum Umweltschutz (Art. 24 septies), nicht auf einen Stilwechsel hin. Denn im gleichen Zeitraum, da der Verfassungsgeber knappe Normierungen erläßt, trifft er auch ausgedehnte Kompetenzregelungen bei ausschließli-chen Bundeskompetenzen, womit er das dem Verfassungsrecht zuträgliche Maß an Detaillierung gelegentlich überschritten haben mag, z. B. bei der Neuordnung der AHV (Art. 34 quater) im Jahre 1972.

[25] Das hindert die Rechtswissenschaft selbstverständlich in keiner Weise, zu untersuchen, ob und allenfalls wie ein Stilwechsel angebahnt werden könnte, wenn man auf dem Boden und im Rahmen der 74er-Verfassung bleiben muß. Die knappe, stichwortartige Kompe-

bedacht sein, daß ausgewogene, in der Regelungsdichte nicht übertreibende und auf Grundsätzliches konzentrierte Normen zustandekommen. Sie wird daneben Ausnahmen respektieren, also Stichwortnormierungen, vor allem da, wo derart ein Sachgebiet zureichend erfaßt und zugleich dem Bunde vollständig und womöglich ausschließlich zugewiesen werden soll, oder umgekehrt da, wo mögliche Entwicklungen nicht vorausgesehen werden können, aber gleichwohl der Entschluß feststeht, dem Bunde die Kompetenz ungeschmälert zu verschaffen.

Daß die Rechtssetzungsmaxime von der ausgemessenen Bundeskompetenz bei einer *anders strukturierten Bundesverfassung* nicht gelten könnte [26], versteht sich von selbst. Sie ist nicht von absoluter Natur, sondern gehört in den Kontext der geltenden Bundesverfassung, ihrer gegenwärtigen Lage und ihrer Verfassungspraxis.

2.3. Die Rechtssetzungsmaxime der Vermeidung vielfacher Normierung

Aus dem umfassenden Gebot der Verfassungsklarheit ableitbar, aber auch für sich selbst stehend, ergibt sich eine Rechtssetzungsmaxime des Inhalts, daß neues Verfassungsrecht ein *klares Verhältnis zu bisherigem Recht* aufweisen sollte, insbesondere zu Normen des gleichen Erlasses, die direkt oder indirekt den gleichen Regelungsbereich betreffen. Wird bisheriges Recht absorbiert, eingeengt, ergänzt, unberührt gelassen? Interpretation und Konkretisierung vermögen bei wirklichen oder vermuteten Doppel- oder Vielfachnormierungen häufig Klärung einzubringen, aber nicht unbedingt und meistens nur um den Preis, daß es durch rechtsschöpferische Entscheidungen geschehen muß, die richtigerweise dem Verfassungsgeber selbst vorbehalten wären.

3. Zur Rechtssetzungsmethode für Verfassungsrecht im Energiewesen

3.1. Kritik am eingeschlagenen Vorgehen

3.1.1. Die Ausgangslage für verfassungsrechtliche Neuregelungen im Energiewesen

Von vornherein bringt ein mit der schweizerischen Rechtsordnung vertrauter Beobachter den Eindruck mit, daß im Energiewesen verhältnismä-

---

tenzeinweisung ruft einem sich aktivierenden Parlament und einem, wenn auch kleinen Ausbau der Verfassungsgerichtsbarkeit. Selbstverständlich liegt ferner dann nahe, daß versucht wird, das fakultative Gesetzesreferendum in ein obligatorisches umzuwandeln, was indessen den Intentionen, zu einer sichtlich offenen Verfassung zu kommen, nicht entsprechen dürfte; denn die gesuchte Mobilität würde wieder gehemmt.

[26] Im Entwurf der Expertenkommission für die Vorbereitung der Totalrevision der Bundesverfassung (Kommission Bundesrat FURGLER) wird im Bereich der Staatsaufga-

ßig viele rechtliche Regelungen bestehen, die auf Bund, Kantone und Gemeinden aufgesplittert sind. Er weiß, daß am komplexen Aufbau der effektiven Energiebeschaffung und -verteilung sowohl die öffentliche Hand als auch die Privatwirtschaft beteiligt sind. Er ahnt das wachsende Koordinationsbedürfnis im sachlichen wie im rechtlichen Aspekt des schweizerischen Energiewesens. Er sieht, daß rechtlich die einfachste Lösung darin besteht, mit einem forschen Liquidationsakt die bestehende Vielfalt zu beseitigen und unter Aufrichtung einer umfassenden und ausschließlichen Bundeszuständigkeit die zentrale Lenkung des Energiewesens zu bewerkstelligen. Er entdeckt freilich sogleich, daß darin möglicherweise entbehrliche Forcierungen lägen, die sachlich und politisch noch keine optimale Ordnung im Energiewesen garantierten. Es liegt nahe, daß es angesichts der bedrohlichen Energieverknappung sowie der Umweltschutz- und Sicherheitsbedürfnisse mehr um eine koordinierte Energie*politik* im Sinne einer abgestimmten Handlungseinheit (Aktivitäteneinheit) gehen könnte als um eine Global- und Totalbestimmung des Energiewesens durch den Bund. Dafür böten sich offenbar nicht nur imperative, sondern auch einvernehmliche Verfahren an, ohne daß so und anders auf den Pluralismus der Energieversorger (Bund, Kanton, Gemeinden, interkantonale und interkommunale oder gemischt-wirtschaftliche Unternehmen sowie Privatwirtschaft) von vorneherein und grundsätzlich verzichtet werden müßte. Doch die Gestaltungsfrage ist gestellt.

3.1.2. Zum Vorgehen bis 1976

Interessant ist nun das Vorgehen des Bundes. Er artikuliert nach der Ölkrise das Bedürfnis nach einer gesamtschweizerischen Energiepolitik. Seine zur Klärung eingesetzte Kommission GEK legt im Mai 1975 ein hochabstraktes Arbeitspapier über «Ziele einer schweizerischen Energiepolitik» vor, dem ein ebenso abstrakter «Katalog möglicher Maßnahmen der Energiepolitik» beigefügt ist. Es wird eine Fülle *denkbarer* Zielvorstellungen und Vorkehren präsentiert, die von der staats- und gesellschaftspolitischen Umstrukturierung bis zur technischen Beschaffung reichen. Welche Ziele und vor allem welche Mittel als erforderlich erscheinen – «erforderlich» für zu definierende Staats-, Gesellschafts- und Wirtschaftsvorstellungen –, wird nicht ausgemacht und dargelegt. Trotzdem folgt diesen Aufstellungen vorbehaltlos die Aufzeichnung von vier Varianten für einen «Energieartikel» der Bundesverfassung, worüber die oben erwähnten Hearings durchgeführt wurden. Wenn man angenommen haben sollte, daß auf diese Weise politisch und rechtswissenschaftlich tragbare Ergebnisse

ben ein grundlegender Methodenwechsel vorgeschlagen, indem sowohl eine zielgebende Übersicht über die Staatsaufgaben als auch die Aufgabenverteilung im Bundesstaat konsequent in Form von «Stichwortnormen» aufgeführt werden.

zustandekommen könnten, so hätte man wesentliche Voraussetzungen zureichender, d. h. methodisch erträglicher Verfassungsgebung außer acht gelassen.

3.1.3. Vorgehen anhand von Konzepten in Stufen

Stellungnahme politischer Potenzen und rechtswissenschaftliche Klärungen müssen bei solcher Ausgangslage im Ungefähren und Ungewissen oder in einer praktisch unbrauchbaren Vielzahl von Eventualitäten oder bei irrationalen Vorurteilen steckenbleiben. Methodisch ist *in casu* der technisch-ökonomischen Sachbearbeitung eine Zusatzarbeit zuzumuten. Sie hat, in einem optimalen Grad der *Konkretheit,* zu ermitteln und zu umschreiben, welche Maßnahmen oder besser: welches Bündel von Handlungen notwendig erscheinen, um den allgemeinen Zielvorgaben (vgl. unten Ziff. 4.1.) zu genügen. Darin stecken bereits auch Konkretisierungen der Zielvorgaben selbst und deren Bewertungen, z. B. darnach, ob sie sich «lohnen», das heißt in einem vertretbaren Verhältnis zum technischen und ökonomischen Aufwand stehen. Ergebnis solcher Untersuchungen wird ein hinreichend detailliertes *Maßnahme- oder Handlungskonzept* sein.

Erst daran anschließend kann eine unterscheidbare Phase der eigentlichen juristischen Ausgestaltung und Bewertung, verbunden mit einer rechtspolitischen Gesamtbeurteilung folgen. Darin vor allem laufen ab: die Abklärung, inwiefern bestehendes Recht dieser oder anderer Stufe das neue Ordnungsanliegen zu erfüllen gestattet; für Verfassungsrecht namentlich die Ermittlung, ob geltende Normierungen ausreichen, um die staatlichen Aktivitäten zu ermöglichen; die Feststellung von Rahmenbedingungen der gesuchten Ordnung, z. B. im Energiewesen die, ob und inwieweit privatwirtschaftliche Betätigungen und private Wahlfreiheiten in bezug auf die Energieträger ermöglicht werden sollen, schließlich die aus globaler Sicht ermöglichte Beurteilung, welche Ziele nun und welche Mittel in Aussicht genommen werden sollen. Resultat dieser zweiten Phase wird im allgemeinen ein *Regelungskonzept* sein können, eventuell ausformulierte Verfassungsbestimmungen; ein derartiges «Konzept» bringt voraussetzungsgemäß ein Leitprogramm, welches das Handlungs- und Regelungsobjekt umfassend begreift, die Zusammenhänge berücksichtigt, die maßgeblichen Zielvorstellungen definiert und die Mittel hiezu angibt.

Mit einer mindestens zweigeteilten Staffelung wird weder das Recht noch der Jurist in die verpönte und falsche Rolle des bloß redigierenden Ausführers dessen, was technologische oder ökonomische Ansichten und Thesen autark aufgestellt haben, gedrängt. Man rutscht, rechtstheoretisch gesprochen, noch nicht in ein durch Soziologie und Tat geprägtes Verfahren des «naturalistischen Positivismus» (HEINRICH HENKEL) hinein. Die Eigenständigkeit der rechtlichen Belange wird gewahrt, wenn diese in der zweiten Bearbeitungsphase die Vorgaben der andern Disziplinen zu ändern begehren können, eben dann, wenn die Gesamtschau und die kohärente Bewertung zustandezubringen sind und das sachadäquate und rechtlich angemessene Regelungskonzept daraus hervorgeht. Das hindert nicht, sondern macht es erwünscht, daß – jetzt empirisch gesprochen – Juristen schon beim Handlungs- oder Maßnahmekonzept mitwirken, indem sie verfassungsrechtliche und verfassungspolitische Bedingungen signalisieren, womit die Rückkoppelungsverfahren in der zweiten Stufe abgekürzt werden können. Allein, das Eigentliche an juristischer Ausgestaltung und rechtspolitischer Bewertung läßt sich bei Gegenständen, die wie die «Bewirtschaftung» des Energiewesens primär durch die Möglichkeiten der Technik und durch die Konsequenzen im Gebiet der Ökonomie bestimmt sind, in der ersten Phase noch nicht zustandebringen. Und über dieses Stadium hinaus war man 1975/76 beim Energiewesen noch nicht gediehen.

3.2. *Feststellung bestehender Rechtsgrundlagen im Energiewesen*
Um erstens neue Normierungsbedürfnisse abzuklären und zweitens den Rechtssetzungsmaximen, insbesondere denjenigen der Vermeidung von Kollisionen und Vielfachregeln (oben Ziff. 1.2. und 2.3) Rechnung zu tragen, ist einläßlich zu unterscheiden, welche Rechtsgrundlagen und normative Festlegungen das geltende Recht schon bringt. Dafür braucht es vorab die verläßliche Angabe, welche Maßnahmen als praktikabel ergriffen werden können (oben Ziff. 3.1).

3.2.1. Hinweise auf kantonales Recht
Das kantonale Recht hat nicht in einer geschlossenen Gesamtsicht zum Energiewesen legiferiert, und es hat bisher noch nicht alle Möglichkeiten ausgeschöpft[27], die das Bundesrecht den Kantonen vor allem aus der Sicht der Handels- und Gewerbefreiheit läßt. Energiesparmaßnahmen z.B. können im Konnex des kantonalen Baurechts ergriffen werden[28]. Die

---

[27] Vgl. Botschaft des Regierungsrates des Kantons Aargau an den Großen Rat vom 8. Dezember 1975 über ein «Aargauisches Energiekonzept», insbes. S. 6, 35 und 37 ff.

[28] Wobei die Anknüpfung gerne an der Gesundheitspolizei genommen wird. Vgl. ERICH ZIMMERLIN, Baugesetz des Kantons Aargau, Kommentar, Aarau 1977, S. 482 f.; DERSELBE, Bauordnung der Stadt Aarau, Aarau 1960, S. 284, 286; DIETRICH VON SCHULTHESS, Gesetzliche Regelung der Gesamtüberbauungen, Diss. Zürich 1963, S. 28, 86. Führt man die Auffassung des Bundesgerichts weiter, wonach die Versorgung des Landes mit Energie im öffentlichen Interesse liegt und der kantonale Gesetzgeber im Baurecht sich dieser Aufgabe zuwenden darf, *in casu*: zur Förderung der Diversifikation der Energiequellen (BGE 98 I a 584 ff., insbes. 593), so erscheinen kantonale Bauvorschriften über Isolationen, die zum Zwecke der Energieeinsparungen und damit der Energieversorgung erlassen werden, als zulässig. Zur Bedeutung des öffentlichen Interesses für Städtebau, Raumplanung, Kulturpflege, Natur- und Heimatschutz vgl. HANS HUBER,

Kantone könnten allenfalls monopolistische Positionen für die Wärmelieferung (Fernheizungsanlagen) erlangen, sofern manifeste öffentliche Interessen bestehen, das Verhältnismäßigkeitsprinzip gewahrt und eine klare gesetzliche Grundlage im Kanton bereitgestellt wird.

Der Bund hat auf der Verfassungsstufe eine Anzahl von Kompetenzen, die direkt oder indirekt das Energiewesen betreffen. Am deutlichsten ist seine umfassende und doch wohl ausschließende Zuständigkeit auf dem Gebiete der Atomenergie (Art. 24 quinquies BV) und für die Kriegsvorsorge (Art. 31 bis Abs. 3 Buchst. e BV). Der neue Artikel 24 bis Absatz 1 BV über die Wasserwirtschaft fundiert die gewohnten Bundesbefugnisse für die Nutzbarmachung der Wasserkräfte, während der neue Artikel 24 quater dem Bund die umfassende Kompetenz für die Fortleitung und Abgabe elektrischer Energie gewährt. Das Energiewesen unmittelbar trifft sodann Artikel 26 bis BV über Rohrleitungsanlagen [29].

3.2.2. Kriegsvorsorge und Landesversorgung

Einen rechtlich fesselnden Aspekt bietet die Aufgabe des Bundes, für bedrängte Zeiten «vorsorgliche Maßnahmen» zu treffen. Nach dem Wortlaut des geltenden Rechts soll dies «für Kriegszeiten», also: im Hinblick auf Kriegszeiten, geschehen, wobei, wenn geboten, die Handels- und Gewerbefreiheit unbeachtlich ist (Art. 31 bis Abs. 3 Buchst. e BV). Diese Ausrichtung hat sich als zu eng erwiesen [30], und in einer Expertenkommission des Bundes wird

Öffentlichrechtliche Gewährleistung, Beschränkung und Inanspruchnahme privaten Eigentums in der Schweiz, jetzt in: Rechtstheorie – Verfassungsrecht – Völkerrecht, Bern 1971, S. 197 ff., insbes. S. 231, 255, 264. Der Begriff des öffentlichen Interesses, das die Eigentumsbeschränkungen im Baurecht rechtfertigt, ist weiter und allgemeiner als im klassischen Polizeirecht und läßt Raum für Energie-«Politik» mit Ausstrahlungen auf die Wirtschaft, die Sozialordnung und die persönliche Lebensgestaltung. Öffentliches Interesse kann sozialen Werten eingebettet sein, z. B. im Wohnungsbau (BGE 88 I 248), bei Regelungen über Vorkaufsrechte des Gemeinwesens, über die Erstellung preisgünstiger Wohnungen, über Abbruchverbote.

[29] Indirekte, aber möglicherweise einschneidend wirksame Bezüge zum Energiewesen haben vor allem: Art. 22 quater (Raumplanung), Art. 24 septies (Umweltschutz), Art. 27 sexies (Forschung), Art. 21 quinquies (Bekämpfung der Wirtschaftskrisen), Art. 8 und 85 Ziff. 6 und 102 Abs. 1 Ziff. 8 und 9 (auswärtige Beziehungen und äußere Sicherheit), Art. 20 (Militärwesen), Art. 23 (öffentliche Werke), Art. 24 bis Abs. 2 (Gewässerschutz), 24 ter (Schiffahrt), 24 sexies (Natur- und Heimatschutz), Art. 26 (Eisenbahnwesen), Art. 28 f. (Zollwesen), Art. 31 bis Abs. 2 und 3 lit. a–d (Wirtschaftspolizei und Wirtschaftspolitik des Bundes), Art. 34 ter (Arbeitsrecht i. w. S.), Art. 34 sexies (Wohnungsbau), Art. 36 bis und 36 ter und 37 (Straßenbau), Art. 37 sexies (Straßenverkehr), Art. 37 ter (Luftschiffahrt), Art. 41 ter (Bundessteuern), Art. 42 lit. h (gesetzliche Bundeseinnahmen), Art. 69 bis (Verkehr mit Gebrauchsgegenständen).

[30] Das ausführende Bundesgesetz vom 30. September 1955 über die wirtschaftliche Kriegsvorsorge unterscheidet drei Gefährdungsstufen (unsichere Zeiten, ernstliche Gefährdung der Zufuhr, unmittelbare Kriegsgefahr), richtet diese jedoch alle auf die Kriegszeiten aus

erwogen, eine breitere Verfassungsgrundlage zu schaffen. 1975/76 wurde folgender Buchstabe e vorgeschlagen: der Bund könne Vorschriften erlassen «zur Sicherstellung der Versorgung des Landes mit lebenswichtigen Gütern und Dienstleistungen sowie über weitere, besondere Maßnahmen der wirtschaftlichen Landesverteidigung». Dabei sollte die staatliche Betätigung immer noch unter den *Obertitel der Landesverteidigung* gestellt bleiben, das heißt als Bestandteil der Sicherheitspolitik gegen äußere Gefährdungen gelten. Es sind Mangel- und Notzeiten im Sinne von Bedrohungslagen, die aus strategisch-machtpolitischen Konstellationen, nicht aber aus marktwirtschaftlich verursachten Verknappungen hervorgehen, anvisiert.

Eine solche erweiterte Bestimmung ist fähig, fast jede Betätigung des Bundes im Energiewesen kompetentiell zu decken, sofern nur der Bezug der strategisch machtpolitischen Bedrohung besteht, was sich im Energiewesen relativ rasch einstellt. Nun lassen sich aber Kausalreihen von dieser Bedrohung einerseits und von marktwirtschaftlich verursachten Verknappungen andrerseits nicht leicht auseinanderhalten. Die Expertenkommission schlägt wohl deshalb neuerdings – das heißt 1977 und *nach* Erstattung des Gutachtens, das dem vorliegenden Aufsatz zugrundeliegt – vor, Buchstabe e wie folgt zu fassen: Der Bund könne Vorschriften erlassen: «über vorsorgliche Maßnahmen der wirtschaftlichen Landesverteidigung sowie *allgemein* zur Sicherstellung der Versorgung des Landes mit lebenswichtigen Gütern und Dienstleistungen». Energie gehört ohne Zweifel zu den lebenswichtigen Gütern, Beschaffung und Verteilung zu den entsprechenden Dienstleistungen. Würde dieser neue Text Verfassungsrecht, ergäbe sich eine grundlegend veränderte Kompetenzsituation: Der Bund hätte nicht nur Kriegsvorsorge im weiten Sinne oder Vorsorge im Sinne der Sicherheitspolitik (Gesamtverteidigung) zu betreiben, sondern *Landesversorgung mit lebenswichtigen Gütern schlechthin* und zu jeder Zeit, immerhin unter den Voraussetzungen des Ingresses von Artikel 31bis Absatz 3 BV (Gesamtinteresse und Requisit der Notwendigkeit).

Es ist offensichtlich, daß ein erheblicher Teil der angestrebten Bundesbetätigung im Energiewesen verfassungsrechtlich als Landesversorgung aufgefaßt werden könnte. Rechtssetzungsmethodisch hat sich eine *spannende Situation* entwickelt: Unter der getrennten Verantwortung von zwei Bundesdepartementen werden zu gleicher Zeit Verfassungsbestimmungen

(Art. 1, 4 und 18). Die Landesversorgung wird jedoch auch gefährdet durch anderes Verhalten ausländischer Staaten oder von Privaten, ohne daß jener Bezug auf einen Kriegszustand im Sinne indirekter Kriegsführung, des konventionellen Krieges oder des Krieges mit Massenvernichtungsmitteln bestehen müßte (Bericht des Bundesrates vom 27. Juni 1973 über die Sicherheitspolitik der Schweiz, Ziff. 31). Die Praxis scheint denn auch die Begrenzungen des Kriegsvorsorgegesetzes von 1955 gelegentlich überschritten zu haben, um der realen Gefährdung Herr zu werden.

vorbereitet – beim Eidgenössischen Volkswirtschaftsdepartement der Landesversorgungsartikel, beim Verkehrs- und Energiewirtschaftsdepartement der Energieartikel –, die teils in der Zielgebung, vor allem in der Mittelgestaltung für gleiche Aktivitäten die Verfassungsgrundlage böten und in Doppelnormierungen ausliefen. Wo und wie Kooperationen stattfinden und die Relation zweier Regelungen geordnet werden, wird Ausweis über den Stand der koordinierten Rechtssetzung im Bund werden.

4. Praktische Regelungsmöglichkeiten des Bundes

4.1. Die Allgemeinziele und -mittel

Unbestritten ist, daß für die Schweiz ein einheitliches Staatshandeln in bezug auf das Energiewesen sichergestellt werden muß: Es ist ein Bewertungs- und Handlungszusammenhang herzustellen. Ebenso dürfte außer Streit stehen, daß der Bund sich mehr als bisher aktivieren sollte, wobei feststeht, daß er seine schon bestehenden energierelevanten Kompetenzen bisher nicht voll genutzt hat. Indessen wird man staatliche Aktivitäten in *praktikablen Dimensionen* halten wollen, das heißt: die Energiepolitik nicht zur Sicherung der Lebensqualität schlechtweg erheben und nicht «gesellschaftsverändernde» Strukturpolitik über sie betreiben wollen[31]. Wenn das zutrifft, geht es laut bisherigen Ermittlungen in der Zielsetzung darum, eine möglichst störungsfreie und kostenmäßig tragbare Energieversorgung des Landes sicherzustellen, dabei eine Synthese von staats- und marktwirtschaftlichen Momenten aufrechtzuerhalten, dem Einzelnen im Rahmen der technischen Möglichkeiten und der Versorgungssicherheit Freiheiten in der Wahl der Energie zu wahren, die Sicherheit der Bevölkerung, den Umweltschutz und die Schonung der Energiequellen ernstzunehmen und zu beachten. Für diese, teilweise in Polaritäten eingespannten Zielsetzungen kommen als kausale Mittel oberster Stufe vor allem in Betracht: Diversifizierungen, Energiesparmaßnahmen, informierende und organisierende Vorkehren, Forschung, Erschließung neuer Energiequellen, Sicherstellung interkantonaler Zusammenarbeit. Daß jene Ziele mit diesen Mitteln allein durch den Bund erreicht werden müßten, ist – zumindest für den Augenblick – ausgeschlossen. Gesucht ist, wie gesagt, eine Lösung in «praktikablen Dimensionen»[32].

[31] Der Motionär AUGUST ALBRECHT hat in seinem parlamentarischen Vorstoß vom 19. Juni 1974 etliche dieser Randbedingungen hervorgehoben: Amtl. Bull. 1974 NR, S. 1291 ff.

[32] Geht man von der Frage der politischen Praktikabilität in der gegenwärtigen Staats- und Verfassungslage aus, dürfte eine staatliche Totalregelung des Energiewesens im Bunde entfallen. Das heißt mit andern Worten, daß schon eine Kurzfassung im Sinne der Variante I (vgl. unten Anm. 34) ungeachtet der Einwände, die die erörterten Rechtssetzungsmaximen vorbringen, ernsthaft nicht zur Diskussion stehen wird.

4.2. Die zwei Hauptmöglichkeiten

Eine erste praktikable Möglichkeit der Neuordnung diesfalls durch den Bund[33] besteht darin, daß die geltenden Verfassungsbestimmungen, die das Energiewesen unmittelbar betreffen, zusammengelegt werden. Statt der verstreuten Regelung könnte eine *Sammlung* Platz greifen, die namentlich für eine vom Bund koordinierte und gesteuerte Energiepolitik die klare und prägnante Verfassungsbasis einbrächte. Eine andere Möglichkeit wird da gewählt, wo die geltenden Verfassungsbestimmungen, insbesondere Artikel 24 quinquies (Atomenergie), 24 bis (Wasserwirtschaft), 24 quater (Elektrizitätsverteilung) und 26 bis (Rohrleitungsanlagen), aufrechterhalten werden, jedoch eine *Verfassungsergänzung* mit denjenigen ausgemessenen Kompetenzen vorgenommen wird, die dem Bunde aufgrund des konkretanschaulichen Handlungsbedürfnisses verschafft werden müssen.

Jeder Weg hat seine Eigenheiten, seine Vor- und Nachteile, die gegeneinander abzuwägen erst befriedigend gelingen kann, wenn einmal die gebotenen Maßnahmen definiert sind (Handlungskonzept) und das Regelungskonzept (oben Ziff. 3.2.) auf dem Tische liegt.

4.3. Zur Bewertung der Vorschläge vom Mai 1975[34]

Eine im gegenwärtigen Zeitraum zu treffende Neuregelung im Verfassungsrecht wird richtigerweise auf die oben (Ziff. 1 und 2) diskutierten Rechtssetzungsmaximen, wie sie sich für den Augenblick darbieten, achten. Sie wird ferner bedenken, daß sie sich im Vorfeld einer Totalrevision bewegt (oben Ziff. 1.3). Schließlich wird sie methodische Überlegungen der Verfassungsgebung (oben Ziff. 3) im Auge behalten. Zu den im Mai 1975 ausgehändigten Vorschlägen für eine Verfassungsbestimmung, die ohne zuvor entworfenes Handlungskonzept aufgestellt wurden, ist hier kurz folgendes zu bemerken:

---

[33] Die Kommission GEK hat die vier Varianten, die nicht von ihr stammen, nicht etwa empfohlen und zu ihnen nicht Stellung bezogen. Doch waren sie Gegenstand der Anhörungen, so daß sich die befragten Stellen zuhanden der Kommission mit den Entwürfen notwendigerweise auseinanderzusetzen hatten, was einem «Ritt über den Bodensee» gleichkommen mußte: Sie kannten die Grundlagen, Voraussetzungen und Randbedingungen für die Texte nicht.

[34] Die vier Varianten lauten wie folgt:

Variante I

Die Gesetzgebung auf dem Gebiete des Energiewesens ist Bundessache.

Variante II

[1] Zur Gewährleistung einer möglichst sicheren, umweltgerechten, haushälterischen und preiswerten Energieversorgung ist der Bund befugt, gesetzliche Bestimmungen zu erlassen über:

a) Erzeugung, Umwandlung, Beförderung, Lagerung, Abgabe, Bezug, Verwendung, Ein-, Aus- und Durchfuhr von Energieträgern;

Variante I so in die Verfassung eingefügt, wie sie lautet, nicht versehen mit der Aufhebung oder Änderung bestehender Bestimmungen, schafft Turbulenz. Die Harmonisierung durch Interpretation und Konkretisierung ist schwer vorstellbar. Der Bund hätte – wie heute auf dem Gebiete der Atomenergie – totale Handlungsvollmacht. Weil das Energiewesen, namentlich im Verein mit Raumplanung, Umweltschutz und Landesversorgung, zum Hebel gesellschaftspolitischer Fundamentaländerungen gemacht werden kann, eröffnet die Variante I vor allem sozialgestaltende Möglichkeiten, die die relevanten Rechtssetzungsmaximen vollends hinter sich ließen.

Variante II geht Kollisionen mit dem geltenden Verfassungsrecht ein (so bezüglich Kriegsvorsorge bzw. Landesversorgung, Umweltschutz, Forschung und Abgaben), enthält normimmanente Steine des Anstoßes (so mit den Begriffen der Oberaufsicht, der «ausländischen Energieträger», der Abgaben) und sollte wohl über die dreifache Trägerschaft im Energiewesen (Bund, andere Gemeinwesen und Private) und das Verhältnis zu Grundrechten, insbesondere zur Handels- und Gewerbefreiheit Aussagen machen.

Variante III sucht Doppelnormierungen und Kollisionen mit bestehendem Verfassungsrecht zu beseitigen und einfach zu bleiben, was jedoch nicht

b) Förderung der Erschließung einheimischer Energiequellen, wozu dem Bund die Oberaufsicht über die einschlägigen kantonalen Bergregale zusteht;

c) Vermeidung einseitiger Abhängigkeiten von einzelnen ausländischen Energieträgern, Bezugsquellen und Zufuhrwegen und Förderung der Vorratshaltung an solchen Energieträgern;

d) Energieforschung;

e) Erhebung von Abgaben auf Energieträgern, soweit dies zur Erreichung der unter Buchstaben b bis d erwähnten Zielsetzungen erforderlich ist.

[2] Die Kantone und zuständigen Organisationen der Wirtschaft können zum Vollzug herangezogen werden.

Variante III

(wie Variante II, jedoch unter Ausklammerung derjenigen Punkte, die bereits in irgendeinem Bundesverfassungs-Artikel geregelt sind)

[1] Zur Sicherstellung der Energieversorgung des Landes steht dem Bund die Gesetzgebung über das Energiewesen zu.

[2] Er regelt insbesondere die Erzeugung, die Umwandlung und den Verkehr der Energieträger.

[3] Er fördert die Erschließung einheimischer Energiequellen und kann zu diesem Zwecke die kantonalen Regalrechte einschränken.

[4] Er trifft Vorkehren, um einseitige Abhängigkeiten von ausländischen Energieträgern (evtl.: Energiequellen) auszuschließen.

Variante IV

[1] Der Bund regelt die Energieversorgung.

[2] Er erläßt insbesondere Bestimmungen über die Nutzung der Wasserkräfte, über die Errichtung von Kraftwerken, über die Fortleitung, die Ein- und Ausfuhr und nötigenfalls über vorübergehende Verbrauchsbeschränkungen von Energie und Energieträgern.

voll gelingt. Es sind weiterhin Probleme des Verhältnisses zu andern energierelevanten Bestimmungen und zu Grundrechten offen, und Absatz 1 gewährt einen vielleicht unnötig weiten Spielraum.

Variante IV trägt Einwände mit sich, die vor allem der Variante I anhaften, aber auch solche von II und III[35].

4.4. Die zweitrangige Bedeutung des Verfassungsrechts in der heutigen Problematik des Energiewesens

Die im Mai 1975 ausgehändigten Vorschläge für eine Verfassungsbestimmung waren *verfrüht*, weil damals das faßbare Handlungskonzept noch fehlte[36]. Zudem ging man an einer bestimmenden Tatsache vorbei: Die heutige Problematik des Energiewesens und deren Gesamterfassung liegt letztlich nicht im Verfassungsrecht des Bundes. Deshalb meistert man diese Problematik auch nicht schon mit neuem Verfassungsrecht. Die wirkliche Problematik steckt vielmehr darin, daß es noch keine gesamtheitliche Sicht und kein konnexes Handlungskonzept gibt. Und was schließlich dem Bund zufällt, wird sich voraussichtlich zum größten Teil diesseits des bereits geltenden Verfassungsrechts abspielen, nämlich in der Gesetzgebung, in der koordinativen Politik und im Verwaltungshandeln. Allfällig neues Verfassungsrecht zu schaffen, ist gleichsam letzte Sorge, der man sich zuzuwenden hat, wenn man einmal weiß, was man sachlich will und mit den vorhandenen Verfassungsgrundlagen nicht schon kann.

---

[35] Die Variante IV gibt den Wortlaut wieder, der im Arbeitspapier I der Expertenkommission für die Vorbereitung einer Totalrevision der Bundesverfassung (Kommission FURGLER) von 1974 für die Energieversorgung als Diskussionsgrundlage aufgeführt wurde (vgl. dort Ziff. 2.2.29). Die Bestimmung ersetzte im Arbeitspapier den heutigen Wasserwirtschaftsartikel, den Atomenergieartikel und den Rohrleitungsartikel, aber auch Teile der Landesversorgungskompetenz. Darüber hinaus öffnete er sich für neue Energieträger oder -quellen. Absatz 2 macht ersichtlich, daß nicht das ganze Energie-«Wesen», d. h. der ganze Regelungsbereich Energie, erfaßt werden wollte (anders als Variante I), sondern die Versorgung zur Sicherstellung des Landesbedarfs. Die Steuerungen der Energieversorgung sind dort restriktiv, insbes. des (vom Markt bestimmten) Verbrauchs. Der Wortlaut hat im Zusammenhang des Arbeitspapiers I, das sich von der Handels- und Gewerbefreiheit entfernt und die Wirtschaftspolitik ins Zentrum der Wirtschaftsverfassung stellt, eine veränderte Bedeutung als der gleiche Wortlaut im Kontext der heutigen Bundesverfassung. Anders wäre es nur, wenn man jetzt mit einem Energieartikel eine systemdurchbrechende Partialrevision (vgl. oben Ziff. 2.1.) zustandebringen wollte.

[36] Erfreulicherweise hat Ende 1976 die Kommission GEK eine neue Methode eingeschlagen: Sie läßt nunmehr durch Ausschüsse die in diesem Gutachten als nötig bezeichneten Aufstellungen der gebotenen relativ konkreten Maßnahmen (Maßnahmenkonzept) vornehmen und abklären, wie weit dafür bereits geltendes Recht die Grundlagen bietet. Nach Abschluß dieser Vorarbeiten sollen die klaren und eindeutigen Normierungsbedürfnisse und -möglichkeiten bestimmt werden (Regelungskonzept), worauf erst – und unbefangen neu – Entwürfe für eine Verfassungsänderung ausgearbeitet werden sollen.

Schlußvotum im Verfassungsrat des Kantons Aargau vom 13. Dezember 1978

Herr Präsident, meine sehr verehrten Damen und Herren! Als der Verfassungsrat am 28. April 1976 die erste Lesung begann, fiel es mir zu, zur Einleitung den Verfassungsentwurf im Überblick kurz vorzustellen. Wenn Sie mir nun am Schluß der zweiten Lesung das Wort erteilen, wäre es vermessen, die Verfassung, wie sie dem Volk nun vorgelegt werden kann, abschnittweise zu durchgehen und als Gesamtes zu würdigen, mich namentlich auch über die Art und die Gestaltung des Referendums auszusprechen. Ich darf jedoch kurz auf die Situation eingehen, in die der Revisionsvorschlag des Verfassungsrates hineingestellt ist und in welcher allgemeinen Lage des Staates die Vorlage dem Volk unterbreitet wird.

Es ist viel von der Krise die Rede. Das Wort von der Krise, in der sich der Staat und insbesondere die Gliedstaaten des Bundes befinden sollen, besagt aber nicht viel. Wahrscheinlich fechten wir in der Gegenwart, die sich gerne als eine Übergangszeit versteht, mit vergleichsweise ähnlichen und gleich schwierigen Problemen, wie viele geschichtliche Epochen mit ihren begrenzteren Instrumenten es früher auch taten. Wir sind wahrscheinlich keine Ausnahmegeneration. Anders gesagt: Jede Zeit ist, für sich genommen, eine Ausnahme und hat ihr Bündel zu tragen, das nur gerade sie trifft, das sich ungewöhnlich schwer ausnimmt und das eben eine krisenhafte Lage anzuzeigen scheint.

Trotzdem kann man die Hände nicht einfach in den Schoß legen und sich der Hoffnung hingeben, es komme mit einem Staatswesen wie es kommen müsse, und zwar für die schon oft verschonte Schweiz einfach gut und wohlgeordnet. Auch wer auf einen fremdgelenkten oder umgekehrt auf einen selbsttätigen Geschichtsverlauf baut, wird mit vielen darin einiggehen, daß etliches machbar, auch lenkbar, zum mindesten beeinflußbar ist durch die politisch handelnden Menschen. Politik ist menschliche, gesellschaftliche, staatliche Gestaltung und lebt von der Erwartung, daß mit ihr die Gemeinschaft durchgetragen und auf Besseres hingeführt werden könne.

Verhandlungen des Verfassungsrates des Kantons Aargau, S. 1186–1187. Aarau 1978.

Der Verfassungsrat hat Politik getrieben, Politik als Gestaltung in einer verwirrten Zeit, teils bestätigend, teils erneuernd, aufzeigend, wie es weitergehen könnte. Er hat hiezu einen Weg gewählt, der sich vom alltäglichen ein wenig ausgetretenen Pfade unterscheidet, nämlich im Bemühen, die großen Zusammenhänge zu wahren und sich auf das wirklich Grundlegende auszurichten, wiewohl auch viel Kleines mitzuregeln war. Der Verfassungsrat hat sich auch nicht treiben lassen, hat zwar konzentriert, aber ohne Hast seine Aufgabe wahrgenommen.

Schon allein die Tatsache, daß ein vom Volk gewähltes, oberstes Staatsorgan diesen Stil vorleben kann, zeigt, daß genügend Vitalität, genügend Besonnenheit, genügend politisches Gestaltungsvermögen, aber auch belebbares Selbstvertrauen vorhanden sind, um den Schwierigkeiten, in denen die Staatswesen stehen, Herr zu werden.

Man kann zwar nicht sagen, der heutige Staat stagniere. Er hat eine ungeheure Aufgabenfülle vor sich, hat einen Aufgabenberg aufgeschüttet, dem er mit einer erstaunlichen Leistungsfähigkeit zu Leibe rückt, aber in einem doch erheblichen Maße jenseits der Verfassung. Bei zunehmendem Organisationsbedürfnis, bei zunehmender Perfektionsforderung, bei abnehmender Gegenleistungsbereitschaft und bei abnehmender Zufriedenheit mit dem Erreichten hält sich dieser Staat noch über Wasser und ist betriebsam. Es geschieht an tausend Stellen etwas. Freilich geschieht es weltweit, auch in der Schweiz. Wir sind hier Meister der Kleinigkeiten und Künstler des Unwesentlichen, zum Beispiel in der hohen, allzu pragmatisch bestimmten Staatstätigkeit. Wir beherrschen das Mittel der Verhüllungen, indem wir echte und lösbare Probleme oft nur oberflächlich berühren oder beiseite schieben, zum Beispiel das Problem der wirksamen, nicht nur der scheinbaren Kontrollen, der Kontrollen staatlicher und gesellschaftlicher Macht. Wir sind eine Art Kulissenschieber für wenig substantielle politische Schauspiele, zum Beispiel für die unentwegten Reprisen der Finanzreform. Die Vieltuerei kann aber nicht darüber hinwegtäuschen: Erstens, daß wenig zielsicher und wenig auf grundlegende Verfassungswerte hin gehandelt wird; zweitens, daß das hastige Agieren vorwiegend kurzatmiges Reagieren ist und besonnen-planvolles Vorangehen, was eine zeitgemässe Verfassung erlauben und erheischen würde, fehlt; drittens, daß mit einem großen persönlichen Einsatz, unter verschwenderischem Gebrauch physischer und psychisch-geistiger Energie der Politiker und Staatsmänner verbissen verengte und beengte Alltagspolitik getrieben werden muß, während der weite Horizont und die ideellen und idealistischen Dimensionen einer auf die Gerechtigkeit verpflichteten Gemeinschaft relativ geringe Beachtung finden. Man weiß nicht recht, wo man steht, auf was man zugeht, in welchen Räumen man eigentlich politisch handelt. Das politische Tun, das staatsrelevante Handeln, die Fortführung des Gemeinwesens durch die Fährnisse des Alltags leidet an einer Orientierungsschwäche und an einer ausgebreiteten Orientierungsunsicherheit. Dies ist nicht aargauische und nicht nur schweizerische Eigenart, sondern durchzieht einen Großteil der mobilen und labilen Staatenwelt. Aber eben, es trifft auch für die schweizerischen Kantone zu.

Es scheint ein Leichtes zu sein, sich in den Verfassungen Rat zu holen. Aber in diesem Falle müssen wir auf Verfassungen des letzten Jahrhunderts zurückgreifen. Da trifft man auf den bedrückenden Tatbestand, daß sie nur noch rudimentär auf unsere Fragen Antworten geben und selbst einen Teil der vorwaltenden Unsicherheiten bilden. Was die Zeit braucht, ist, sich wieder zu orientieren, also den Standort zu bestimmen und die Marschrichtung festzulegen. Es braucht nichts Umstürzendes, nichts durchgreifend Originelles zu sein. Es kommt darauf an, Sicherheit zu gewinnen. Hat man diese allmählich aufgebaut, kehrt auch das Selbstvertrauen wieder, das Vertrauen, daß mit diesem Volk und mit diesem Staat doch noch etwas los ist, das Vertrauen, daß der Mensch in dieser Zeit doch noch etwas zuwege bringt, das Vertrauen, daß das Staatswesen seine Lebendigkeit nicht eingebüßt hat und in der Lage ist, in der zweiten Hälfte des 20. Jahrhunderts sichere und tragfähige Brücken zu bauen und in die heikle Zeit hinüber zu gelangen.

Häufig wird unserer Zeit die Sendung und die Fähigkeit abgesprochen, aus Gesamtsichten heraus zu handeln und deswegen imstande zu sein, ein zusammenhängendes Ganzes zu formen, wie es eine Verfassung ist. Ob dieses für große Staaten, die in einem übertönten Pluralismus und in Handlungsschwächen gefangen sind, wirklich zutrifft, oder ob es eine Ausrede ist, um den Anstrengungsverzicht zu rechtfertigen, mag für diese großen Staaten dahingestellt bleiben. Was aber sicher möglich und bei gehörigem Einsatz realisierbar sein dürfte, ist, Gliedstaaten in einem Bundesstaat auf dem denkbar besten Stand zu halten, dies zumal dann, wenn sie auf so günstigen Voraussetzungen ruhen, wie es für den Aargau zutrifft.

Der verstorbene Regierungsrat Kurt Kim, der Entscheidendes zur staatlichen Belebung und Fortbildung sowie auch zur Einleitung dieser Verfassungsrevision beigetragen hat, gab wiederholt der Überzeugung Ausdruck, daß es möglich sein sollte, aus einem Kanton wie dem Aargau ein für unsere Zeit bestmögliches Gemeinwesen zustande zu bringen. Eine Verfassungsrevision kann Ausdruck und Voraussetzung für eine solche Optimierung sein, die die Wirklichkeit zwar voll beachtet und nicht Unmögliches vom handelnden und politischen Menschen erwartet, sich aber doch auf hohe Werte ausrichtet.

Damit ist also keine ferne Utopie angerufen und kein ideologisiertes Gemeinwesen als Phantasiegebilde vorgezeichnet, denn beides würde, das haben die Erklärungen von vorhin deutlich zu Tage treten lassen, im handfesten politischen Leben zermalmt oder mit ironisierender Gebärde weggefegt.

Eine Kantonsverfassung ist Menschenwerk und birgt auch dann, wenn sich die verfassunggebende Versammlung anstrengt und das Bestmögliche zustande zu bringen versucht hat, Mängel in sich. Mängel können schon jetzt sichtbar sein, möglicherweise treten sie erst nach Jahren und Jahrzehnten zu Tage. Aber das ist sozusagen normal, ist das übliche Bild aller Gesetzeswerke. Deswegen gerade soll man die Verfassung ja auch revidieren können.

Die jetzt aktive und damit für den Staat und das Recht verantwortliche Generation nimmt die Mühen der Revisionsüberlegungen und Revisionsarbeiten auf sich. Sie fühlt sich aufgefordert und herausgefordert, sich wieder zurechtzufinden und das aufgelaufene Revisionsbedürfnis zu sättigen, eben nach dem Maß und dem Vermögen, die dem heutigen Menschen verfügbar sind. Mehr muß es nicht sein, weil es nicht mehr sein kann.

So ist jede lebenstaugliche Verfassung, die sich im politischen Leben bewährt, mit Kompromissen durchsetzt. Es gibt keine wirksamen Verfassungen, die lupenrein wären und die sich makellos konsequent darstellen würden. Verfassungen müssen den politischen Prozeß lenken, und dieser Vorgang ist irdisch. Deswegen ist die heutige Manie so verderblich und auch bedenklich, daß wir uns selbst mit übertriebenen Perfektionsforderungen umgarnen und uns selbst marschuntauglich machen, statt, ohne die Überheblichkeit des Unsicheren und ohne den Hochmut des Ängstlichen, nach unserem Können vorwärts gehen. Daß der Verfassungsrat hier größtenteils Zuversicht, Mut und Vertrauen entwickelt und an den Tag gelegt hat, darf ihn – ich darf mir dieses Urteil herausnehmen – mit Genugtuung erfüllen. Er hat die politische Haltung realisiert, die unserer Zeit angemessen ist, zu der sie herausgefordert ist.

Ich danke Ihnen.

Rechtssetzung

Rechtssetzungsverfahren und Rechtssetzungsformen in der Schweiz

Bemerkungen zur Praxis der Rechtssetzung, insbesondere der Gesetzgebung

Einleitung

Das Thema der Rechtssetzungsverfahren und Rechtssetzungsformen in der Schweiz ist vielschichtig und weitgespannt. Das Referat muß sich auf Ausschnitte beschränken. So übergeht es Darstellungen des geltenden Rechts und setzt dieses als bekannt voraus. Das ist um so mehr gerechtfertigt, als insbesondere Professor Z. GIACOMETTI es umfassend und zusammenfassend bearbeitet hat *. Die Fragwürdigkeiten liegen heute in erster Linie in der *Praxis*, das heißt in der Handhabung des Rechtssetzungsrechts und in der Entwicklung der kompensatorischen Ambiance im Sinne DIETRICH SCHINDLERS **. Solche Fragen aus der Praxis werden angegangen. Dabei wird das Gesetzgebungsverfahren in den Mittelpunkt gestellt, da diesem verfassungsrechtlich wie verfassungspolitisch immer noch die größte Bedeutung zukommt. Das damit eng verbundene praktische Problem der Übertragung der rechtssetzenden Gewalt muß beiseite gelassen werden; es ist denn auch in der schweizerischen Literatur ausführlich, wenn auch keineswegs abschließend behandelt.

§ 1. Über Wesen, Sinn und Zweck der Rechtssetzungsverfahren

I. Im Allgemeinen

1. *Rechtssetzung* ist die bewußte Rechtserzeugung durch Objektivierung eines Rechtsgehalts in faßbare und bestimmte Rechtsgestalt (Rechtsform). Sie ist die bewußte Positivierung eines Rechtsinhalts zu Rechtssätzen und schließlich zu Rechtsinstituten und einer einheitlichen Rechtsordnung[1].

Zeitschrift für Schweizerisches Recht 73, 1954, S. 1 a–118 a. Verlag Helbing & Lichtenhahn, Basel 1954.

* Das Staatsrecht der schweizerischen Kantone, Zürich 1941 (zit.: KStR); Schweizerisches Bundesstaatsrecht, Zürich 1949 (zit.: BStR).
** Verfassungsrecht und soziale Struktur, 2. Aufl., Zürich 1944, S. 92 ff.

Diese rechtserzeugende «Umsetzung», «Formgebung», wird durch das Recht selbst geregelt; sie geschieht verlaufartig, in einem Prozeß, und dieser wird durch Normen[2] geordnet. Der Prozeß läßt sich wesensmäßig in zwei Hauptphasen unterteilen: in die Inhaltsgebung, wo die gedanklichen Elemente zusammengetragen werden, und in die Entscheidung, wo der Inhalt als Rechtswille deklariert wird. Eigenartig ist, daß die Inhaltsgebung von Vorentscheidungen durchsetzt ist, indem fortlaufend Auslese unter verschiedensten Möglichkeiten getroffen werden muß. Die schließliche Entscheidung beschränkt sich auf die gänzliche Bejahung oder gänzliche Verneinung des geschaffenen Inhalts.

Die *Regelung der Rechtserzeugung* hat sich, wenn sie vollständig sein soll, auf drei Gebiete zu erstrecken: Sie hat einmal die Organe zu bestimmen und einzusetzen, die das Recht zu schaffen berufen sind (Organisation im engeren Sinne, Behördenorganisation). Sie hat zum zweiten die Zuständigkeiten dieser eingesetzten Organe zu umschreiben, ihr Tätigkeitsfeld gegeneinander abzugrenzen, inhaltliche Schranken aufzurichten und allenfalls andere Anweisungen für die Inhaltsgestaltung der Rechtsordnung zu erteilen (Kompetenzordnung im engeren Sinne[3]). Zum dritten hat sie sich dazu zu äußern, auf welche Weise die eingesetzten Organe die ihr zugeschiedenen Kompetenzen auszuüben haben; sie hat deren Arbeitsweise festzulegen (Verfahrensordnung im engeren Sinne).

«*Rechtssetzungsverfahren*» bedeutet also die Arbeitsweise, in der Recht erzeugt wird. «Verfahrensrecht» ist die normmäßige Regelung dieser Arbeitsweise. Solches Recht findet sich teilweise im formellen Verfassungsrecht, das heißt in den Verfassungsurkunden, dann aber auch etwa in Abstimmungsgesetzen, Geschäftsverkehrsgesetzen, Organisationsgesetzen, Geschäftsreglementen der Parlamente und dergleichen mehr.

---

[1] Zu Wesen und Aufgabe der Rechtssetzung vgl. WALTHER BURCKHARDT, Die Organisation der Rechtsgemeinschaft (zitiert: Organisation), 2. Aufl., Zürich 1944, S. 201 ff. und 228 ff.

[2] Es ist meistens Verfassungsrecht im absolut materiellen Sinne, wie Z. GIACOMETTI es umschreibt (KStR, S. 16 ff.). Es bedarf zur Funktionstauglichkeit der Ergänzungen durch außerrechtliche Normalien, durch eine komplementäre «Ambiance»; vgl. DIETRICH SCHINDLER, Verfassungsrecht und soziale Struktur, S. 53 ff., 92 ff.

[3] Diese ist nur teilweise absolut materielles Verfassungsrecht, nämlich soweit Widersprüche unter den berufenen Rechtssetzungsorganen ausgeschaltet werden müssen (Verteilung der Rechtssetzungsfunktion auf die verschiedenen Organe). Die inhaltlichen Beschränkungen fallen im übrigen unter das relativ materielle Verfassungsrecht im Sinne GIACOMETTIS. Sie müssen aber nach rechtsstaatlicher Auffassung als dem Wesen der Verfassung zugehörig betrachtet werden. Vgl. unter anderen WERNER KÄGI, Die Verfassung als rechtliche Grundordnung des Staates, Zürich 1945, S. 39 ff. und 59 ff.; Rechtsstaat und Demokratie, in: Festgabe für Zaccaria Giacometti, Zürich 1953, S. 132 ff.

2. Das *Verfahrensrecht* für die Rechtssetzung bringt vorab technische Anleitungen für die Rechtssetzungsorgane. Es hat diesen einen für ihre Aufgabe tauglichen Arbeitsgang zu eröffnen und zu weisen. Insofern richtet sich seine Ausgestaltung nach der Forderung der «*Zweckmäßigkeit*», und seine Qualifikation hängt davon ab, ob es diesen Dienst zu leisten imstande ist. Dabei kann es streckenweit wertindifferent bleiben, nämlich als echt «technisches» Recht, das mit prozedürlichen Anweisungen auf nichts anderes als eine einfache, rationelle, kosten- und zeitsparende Tätigkeit abzielt. Daneben ist es aber zu einem guten Teil doch auch wertbezogen und durch die ideellen Grundlagen, welche die staatliche Organisation tragen, mitbestimmt.

Das Verfahrensrecht hat den Gang der Rechtserzeugung insofern nicht «an sich», losgelöst von Bindungen, zu regeln, sondern im Hinblick einerseits auf die daran beteiligten Organe sowie die zu normierenden Gegenstände und andererseits auf die aus den Verfahren hervorgehenden Ergebnisse, die Rechtsformen. Daraus erwächst ihm ein zweifacher *Sinn- und Zweckbezug*:

a) Die Berufung der rechtssetzenden Organe und die Zuteilung der Kompetenzen erfolgt auf Grund verfassungspolitischer Leitsätze und politischer Prinzipien, welche die Staatsstruktur (normativ) bestimmen. So setzt etwa die demokratische Auffassung die Volksrepräsentation, möglicherweise unter Zuzug der Aktivbürgerschaft, als hauptsächlichstes Rechtssetzungsorgan ein; die absolut-demokratische Auffassung grenzt dessen Kompetenzen nicht oder nur wenig ein; die rechtsstaatlich-demokratische Auffassung tut gerade dies sehr sorgfältig; der liberale Staat beschränkt die Rechtssetzung auf wenige Gegenstände (zum Beispiel Zivil-, Straf- und Prozeßrecht), der interventionistische Staat bringt eine Fülle. In einem komplizierten, feinnervigen System von «Gewichten und Gegengewichten»[4], von stärkenden und schwächenden Anlagen, von Einwirkungsmöglichkeiten, Hemmungen, Freisetzungen werden die Rechtssetzungsfunktionen verteilt, Rechtssetzungsermächtigungen und -aufträge ausgegeben und dadurch dem Staat ein bestimmtes Gepräge verliehen. Das Verfahrensrecht soll sich in dieses System einpassen und, mehr noch, ermöglichen, daß die Rechtserzeugung so vor sich geht, wie dieses System es voraussetzt und fordert. Diese Eingliederung erheischt eine ganz bestimmte Gestaltung des Verfahrens, das den einzelnen Faktoren der Rechtssetzung die ihnen zugedachte Rolle zu spielen gestattet, das ihre Aktivität, ihre Entfaltung, ihr Gewicht

---

[4] «Gewichte und Gegengewichte» gibt es nicht nur zwischen den drei klassischen Gewalten, sondern auch innerhalb der einen und gleichen Gewalt. Sie hier weiter auszubilden, in neuen Gewaltenteilungsschemata zu erfassen und dabei doch die Einheit des Staates nicht zu gefährden, ist außergewöhnlich schwierig, weil undurchsichtig, komplex und nicht auf einfache Formeln reduzierbar (vgl. unten Anm. 64).

zur Geltung kommen läßt und ihre Aufgabe zu lösen erlaubt. Erst wenn Behördenorganisation, Kompetenzbereich und Verfahren aufeinander ausgerichtet und eingespielt sind und eine harmonisierende *Ganzheit* bilden, können sich die der gesamten Organisation der Rechtssetzung zugrundeliegenden verfassungspolitischen Leitsätze verwirklichen. Durch diese notwendige Eingliederung und Rücksichtnahme aber wird auch das Verfahren auf die staatstragenden Anschauungen, durch welche Behördenorganisation und Kompetenzzuweisung bestimmt werden, sinnbezogen. Kommt die erwähnte Angleichung des Verfahrens an die weitere Organisation jedoch nicht zustande, indem das Verfahrensrecht deren Eigenarten verfehlt, krankt die Rechtssetzung und damit der Staat an einem wesentlichen Mangel.

In der begrifflichen, soziologischen und politischen Erfassung der Rechtssetzung rücken Verfahren und Behördenorganisation samt den wichtigsten Teilen der Kompetenzordnung derart nahe zueinander, daß sie ungeschieden behandelt und beurteilt werden. Das eine wird durch das andere mitbestimmt. Es ist deshalb mehr als eine Vereinfachung, wenn der Sprachgebrauch unter «Rechtssetzungsverfahren» in einem weiteren Sinne sowohl das eigentliche Verfahren als auch die Behördenorganisation versteht: Die gesamtheitliche Regelung der Rechtserzeugung ist nicht nur die formelle[5] Voraussetzung für das zu schaffende Recht, sondern auch eine funktionell untrennbare Einheit.

b) Rechtssetzung ist Formgebung. Sie endet da, wo der Rechtsgehalt im Gewand des Rechtssatzes, des Rechtsinstitutes und schließlich der Rechtsordnung als Objektivation seine relativ verselbständigte Existenz annimmt und so für die weitere Rechtsverwirklichung – Anwendung und Vollstreckung – verwendbar ist. Das Nahziel der Rechtssetzung ist mit der Formvollendung erreicht. Die Organisation der Rechtssetzung, insbesondere das Verfahren aber sind unter diesem Gesichtspunkt in erster Linie *Mittel*, nämlich Apparat und Weg, um die *Rechtsform* zustande zu bringen. Dabei kann sich die Ausgestaltung dieses Mittels an der Bedeutung ausrichten, welche der zu schaffenden Rechtsform in der Rechtsordnung zugedacht ist. Rechtssätze von Tragweite oder sonstwie ausgezeichneter Natur werden in anderer Gestalt auftreten und demzufolge anders zustande gebracht werden dürfen als solche, die untergeordneten Charakters sind. Es gibt einen wertbestimmten Stufenbau der Rechtsformen, nach denen sich das Rechtssetzungsverfahren richten darf. Das Ziel – die Rechtsform – bestimmt insofern voraus den Weg, das Rechtssetzungsverfahren (vgl. auch unten § 2, I).

---

[5] WALTHER BURCKHARDT, Methode und System des Rechts (zitiert: Methode), Zürich 1936, S. 107 ff.

Die Rechtsform hat vor allem zwei Forderungen zu erfüllen: Sie muß, um *richtiges Recht* darzustellen, erstens in ihrem «formalen» Aufbau logisch richtig, das heißt folgerichtig, widerspruchslos, vollständig und in der Hierarchie der Normordnung richtig eingestuft sein. Zweitens hat sie in ihrer inhaltlichen Ausgestaltung unter Beachtung der Realien [6] den staatspolitischen und ethischen Anforderungen, namentlich der Gerechtigkeit, Genüge zu tun. Die Form, die diesen Postulaten entspricht, kann Anspruch auf Verbindlichkeit (normative Geltung) erheben und erhält, nach allgemeiner Erfahrung, kraft Anerkennung und Handhabung durch die rechtsanwendenden Organe soziologische Geltung, das heißt Wirksamkeit.

Das Verfahren als Mittel zur Erzeugung der inhalttragenden Rechtsform wird, wenn es sinnvoll geordnet ist, ermöglichen, daß diese formal und inhaltlich die erwähnten Forderungen erfüllt und dadurch normative wie soziologische Geltung erlangt. Das Verfahren kann seiner Natur nach freilich kaum positiv dafür garantieren, daß die Form effektiv jenen Konstitutionsprinzipien gemäß gestaltet wird; das hängt, vor allem was den politischen und ethischen Gehalt betrifft, vielmehr von der persönlichen Tauglichkeit des Rechtssetzers und von allfälligen verfassungsgerichtlichen Sicherungen ab. Aber das Verfahrensrecht kann mehr oder weniger wirksame *Dämme gegen verfehlte Formgestaltungen* aufrichten, indem es – negativ – rechtsmißbräuchliche, willkürliche, unüberlegte, widerspruchsvolle Lösungen erschwert.

In bezug auf die richtige *Einordnung* der Form in den *Stufenbau* der Normordnung – z. B. Gesetz oder Verordnung – hat das Verfahren in Verbindung mit der Behördenorganisation freilich eine entscheidende Funktion: der Rang der Rechtsform in der Normenhierarchie hängt davon ab, durch welche Organe und in welchem Verfahren sie geschaffen worden ist.

Eine Sonderheit in der Beziehung zwischen Form und Verfahren steigert dessen Bedeutung außergewöhnlich: in der Praxis wird einer Rechtsform die normative Geltung schon dann zugeschrieben, wenn sich ihre Erzeugung in normmäßig geordneten Verfahren vollzogen hat. Die Beachtung der Verfahrensvorschriften ist nun zwar sicherlich formelle Voraussetzung der Verbindlichkeit [7], nach rechtsstaatlicher Auffassung freilich nicht die

---

[6] Im Sinne EUGEN HUBERS, Recht und Rechtsverwirklichung, 2. Aufl., Basel 1925, S. 281 ff.; BURCKHARDT, Methode, S. 249 f.; HUGO SINZHEIMER, Theorie der Gesetzgebung, Haarlem 1948, S. 63 ff.

[7] Für eine normlogische Auffassung des Rechts die einzige. Vgl. dazu HANS KELSEN, Reine Rechtslehre, Leipzig/Wien 1934, S. 73 ff. Aber auch eine «radikal-demokratische» Auffassung kann, wie noch auszuführen sein wird, den Inhalt außer acht lassen: Volk oder Volksrepräsentation können jeden beliebigen Inhalt schaffen und in normative Geltung setzen; wesentlich ist einzig, daß er auf dem Wege zustande kommt, an dem die die Demokratie verbürgenden Organe beteiligt sind. Das gilt auch für eine formelle Rechtsstaatlichkeit positivistischer Prägung (vgl. unten Anm. 44).

einzige; es sollten eben auch und vor allem die inhaltlichen und formalen Konstitutionsprinzipien, wie sie oben umschrieben worden sind, vorhanden sein. Davon wird jedoch leicht abgesehen und allein schon in der Einhaltung des Verfahrensrechts der Geltungsgrund der Rechtsform angenommen[8]. Da aber die als normativ gültig betrachtete Rechtsform regelmäßig in soziologische Geltung versetzt wird, kann im Verfahren die wesentlichste rechtliche und tatsächliche *Grundlage für die Wirksamkeit einer Rechtsnorm* und damit auch der Rechtsordnung erblickt werden.

Schließlich führt die Verbindung von Verfahren und Rechtsform auch dazu, daß sie zu *korrelativen Begriffen* werden: mit der Bestimmung des einen ist auch das andere festgelegt. Wenn das Verfahren feststeht, ist auch die Form gegeben, und wenn die Form feststeht, ist auch das Verfahren bekannt. Das wird vor allem der begrifflichen Erfassung der Rechtsformen dienstbar gemacht[9].

II. *Im Konstitutionalismus und im schweizerischen Staatsrecht*

1. Die *schweizerische Staatsauffassung*, wie sie im Verfassungsrecht des Bundes und der Kantone Niederschlag gefunden hat, ist dem Konstitutionalismus verhaftet, der zwar keine vollständige oder gar einheitliche Theorie, wohl aber im 19. Jahrhundert trotz mannigfaltigen Variationen eine erstaunliche Gleichheit und relative Konstanz in den Grundzügen entwickelt hat. Dazu trat – seit den vierziger Jahren, mit Vehemenz allerdings erst nach 1860 – die aus den Ideen der späteren Aufklärung und der Französischen Revolution genährte radikal-demokratische Erweiterung der unmittelbaren Volksbeteiligung[10]. *Konstitutionalismus* und *Demokratismus* haben Sinn und Zweck der Rechtssetzungsverfahren und -formen in der Schweiz maßgeblich bestimmt[11]. Soweit normiert, sind sie auch im heute geltenden Verfahrensrecht noch enthalten.

---

[8] Vgl. aber auch HANS SCHNEIDER, Die Bedeutung der Geschäftsordnungen oberster Staatsorgane für das Verfassungsleben, in: Festschrift für Rudolf Smend, Göttingen 1952, S. 307: «Man war (sc. im 19. Jahrhundert) überzeugt davon, daß ein richtig geregeltes Verfahren der beste Weg sei, um zu einer wahren und inhaltlich richtigen Entscheidung zu gelangen. Die Wahl einer guten Technik schien deswegen eine Notwendigkeit, ja sogar eine ausreichende Garantie für die inhaltliche Richtigkeit und Güte des Ergebnisses ihrer Anwendung.»

[9] Die Korrelation führt jedoch dazu, daß die positivrechtlichen Definitionen der Formen (etwa des einfachen Gesetzes) mit der Umschreibung des Verfahrens (zum Beispiel als referendumspflichtigen Erlaß des Parlamentes) tautologisch bleiben und dem Rechtssetzer wenig dienen. Dieser wäre nämlich darauf angewiesen, zu erfahren, *welches* Verfahren, bzw. *welche* Form für eine beabsichtigte Rechtssetzung zu wählen sei. Darauf gibt ihm nur ein materieller Begriff der Rechtsform Antwort (vgl. unten § 2, I).

[10] Vgl. EDUARD HIS, Geschichte des neuern schweizerischen Staatsrechts, Basel 1929/38, II, S. 72 ff., 230 ff., 258 ff., 276 ff.; III, S. 217 ff., 291 ff., 323 ff., 357 ff., 1173 ff.

In der Rechtserzeugung wird das volksrepräsentierende *Parlament* als Legislative in den *Mittelpunkt* gerückt. Es erhält die meisten Rechtssetzungskompetenzen zugewiesen und wird – normativ [12] – fast nur durch die Grundrechte beschränkt. Die Normalform, in die das Recht gekleidet wird, ist das Gesetz (vgl. unten § 2, II/III). Der Demokratismus schiebt allerdings einen Teil des Volks in Gestalt der Aktivbürgerschaft unmittelbar in den Gang der Rechtserzeugung ein, indem er ihr Initiativ- und Entscheidungsrechte einräumt. Doch wird das Parlament dadurch im Grundsatz nicht depossediert: es behält – abgesehen vom schwerfälligen, selten angewendeten Institut der formulierten Gesetzesinitiative – den materiell wichtigsten Teil der Rechtssetzung, die Inhaltsgebung, in der Hand und kann mit Hilfe der verbliebenen Entscheidungsbefugnisse die Rechtsordnung nach seinem Willen durch Gesetzesrecht gestalten. Darüber hinaus verbleibt ihm, namentlich in den Kantonen, eine das Volk ausschließende Rechtssetzungskompetenz («Verordnungsrecht» der Legislativen). Die Revisionsbestimmungen der meisten Verfassungen gliedern das Parlament auch in das *pouvoir constituant* ein und geben ihm dadurch noch vermehrtes Gewicht. Der Exekutive dagegen wird nur ein beschränktes Mitspracherecht in der legislativen Rechtssetzung zugebilligt (Initiativ- und Antragsrechte) und überdies ein zum Teil selbständiges, zum Teil unselbständiges Verordnungsrecht in bescheidenem Umfange gewährt. Die Exekutive bleibt zur Hauptsache auf Vollziehungs- und Regierungsfunktionen verwiesen.

Das Verfahrensrecht im engern Sinne kann sich angesichts der dominierenden Stellung der Legislative und seiner Erlasse im wesentlichen damit begnügen, die *Arbeitsweise des Parlamentes* und die *Modalitäten der Volksbeteiligung* zu normieren; der Gang der Rechtssetzung durch die Exekutive darf als nebensächlich fast ganz vernachlässigt werden. So bildet sich denn ein umfangreiches, detailliertes und kompliziertes Verfahrensrecht des Parlamentes und der Aktivbürgerschaft aus, das, seiner Bestimmung gemäß, versucht, die Rechtssetzung den Organen, ihren Kompetenzen und den Rechtsformen angemessen zu gestalten und sich an den aus der Staatsauffassung fließenden verfassungspolitischen Leitsätzen auszurichten, bzw. diese sich realisieren zu lassen.

---

[11] Dazu kommt im Bund die föderalistische Komponente. Diese muß im folgenden vernachlässigt werden.

[12] Politisch-soziologisch ist der Bereich der staatlichen Betätigung eng begrenzt. Und normativ macht die Legislative des Bundes eine wichtige Ausnahme: sie kann nur in denjenigen Gebieten legiferieren, die ihr durch die Bundesverfassung ausdrücklich überlassen werden (Art. 3 BV). Immerhin kann der Bundesverfassungsgeber durch Revisionen diesen Bereich ausdehnen.

2. Parlament und politische Volksrechte erhalten Relief und verfestigte Gestalt in einer Epoche, in welcher der *Staat als begrenzte Ordnung* vorgefunden und bestimmt wird[13]. Die staatliche Gemeinschaft hat im Grundsatz nur solche Gegenstände in den Kreis ihrer rechtlichen Regelung einzubeziehen, welche die Kraft des einzelnen übersteigen oder welche nicht gesellschaftlichen Wirksamkeiten überbunden werden können. Es sind zur Hauptsache die tradierten friedensstiftenden und friedenserhaltenden Ordnungen der wichtigsten menschlichen Beziehungen, wie Personen-, Familien- und Erbrecht, Vermögensrechte, gemeines Strafrecht, Polizeirecht, Organisationsrecht namentlich für Gericht und Verwaltung, dann freilich auch Sozialrecht in bescheidenen Anfängen. Es ist die Epoche der großen, zusammenfassenden Kodifikationen im Privatrecht und der zurückhaltenden Einzelgesetzgebung im öffentlichen Recht. Größe und Berufung der Rechtssetzung werden erkannt, und die Träger staatlichen Willens und öffentlicher Meinung versuchen durchaus nicht, sich den daraus erwachsenden Aufgaben zu entziehen. Im Gegenteil, es ist gerade in der Schweiz ein Zeitalter freudiger Staatsbejahung und teilweise gar Staatsgläubigkeit. Aber die Berufung des Staates und seiner Rechtssetzung wird nicht in einer unbegrenzten Tätigkeit gesehen, sondern in der Lösung der wohl großartigen, aber überblickbaren Regelung wichtigster und dauernder menschlicher Beziehungen in den Grundlagen[14].

In diese Auffassung und Aufgabe hineingestellt, durch sie auch großgezogen, ist es das Hauptanliegen des konstitutionellen Verfahrensrechts, zu ermöglichen, daß das berufene Parlament einen *sachlich und ethisch richtigen Gesetzesinhalt*[15] zustande bringt. Dazu sollen unter anderem folgende institutionellen Vorkehren und Zwecksetzungen beitragen:

a) Das Parlament hat Raum zu bieten für das *geordnete Gespräch,* für die im Rhythmus der Dialektik sich entwickelnde Gedankenbildung eines Kollektivorgans, in deren Gefolge bei öffentlicher Rede und Gegenrede ungebun-

---

[13] Zeitlich gesprochen handelt es sich in der Schweiz um die Periode von der Regeneration (um 1830) an bis etwa zur Jahrhundertwende. Die endgültige Abkehr bringt der erste Weltkrieg, allerdings erst faktisch. Vgl. KÄGI, Zur Entwicklung des schweizerischen Rechtsstaates seit 1848, ZSR 71, 1952, S. 197, 201.

[14] HANS WILHELM SCHRADER, Recht und Gesetze, in: Recht, Staat und Wirtschaft, III, Düsseldorf 1951, S. 80 f., hebt drei Aufgaben des Gesetzgebers hervor: Die Findung solcher Rechtsregeln, 1. die sich in der Rechtsüberzeugung des Volkes gebildet haben und die zur Ausschaltung von Irrtümern, Mißdeutungen und Übertreibungen in feste Formen zu gießen sind; 2. die unklare Rechtsvorstellungen zu klaren Normen gestalten und die Rechtsentwicklung lenken; 3. die außerhalb des «täglichen Lebens» liegen, aber für die Funktion des Rechtsapparates nötig sind (zum Beispiel Verfahrensrecht).

[15] Zum richtigen Gesetzesinhalt gehört insbes. auch seine Verfassungsmäßigkeit. Das Parlament als erster Hüter und Wahrer der Verfassung soll diese Aufgabe in seinem üblichen Verfahrensgang erfüllen.

dener Repräsentanten die Wahrheit im Tatsächlichen, die Richtigkeit im bewertenden Urteil und damit auch im Normgehalt getroffen werden [16, 17]. Das setzt unter anderem dreierlei voraus. Einmal muß der Repräsentant bereit und fähig sein, Meinung und Willen im Schoße des Parlamentes zu bilden; er soll nicht durch außerparlamentarische Bindungen gelenkt und eingeengt sein; es braucht die Institution des *«freien Mandates»* [18]. – Dazu kommen die parlamentarischen Immunitäten im Sinne einer Garantie für die Redefreiheit (Unverantwortlichkeit) und der strafprozessualen Unverletzlichkeit (Verfolgungsprivileg). Verfahrensrechtlich im engeren Sinne werden diese Einrichtungen ergänzt und verstärkt in einer *freiheitlichen Ordnung* der Debatte durch Gewährung freier Rede, unbeschränkter Antragsrechte und sinnvoller Abstimmungsvorschriften, ferner – wenn auch zurückhaltend – in Vorkehren gegen grobe Obstruktionsversuche durch die Möglichkeit, übermarchende Redner zurechtzuweisen und gar von der Versammlung auszuschließen oder Verhandlungen aufzuschieben

---

[16] Diese namentlich von CARL SCHMITT (Die geistesgeschichtliche Lage des heutigen Parlamentarismus, 2. Aufl., München / Leipzig 1926; Verfassungslehre, München / Leipzig 1928, S. 315 ff.) vertretene Sinnbezeichnung des Parlaments und damit auch des Gesetzgebungsverfahrens, die teilweise direkt auf Guizot und Constant zurückgehen, sind angefochten worden. So haben sich z. B. auch RICHARD THOMA, Zur Ideologie des Parlamentarismus und der Diktatur, Archiv für Sozialwissenschaft und Sozialpolitik 53, 1924, S. 212 ff., ferner HANS KELSEN, Vom Wesen und Wert der Demokratie, 2. Aufl., Tübingen 1929, S. 53 ff., insbes. S. 58, dagegen ausgesprochen. Allein, ideengeschichtlich ist die Auffassung SCHMITTS wohl unanfechtbar. Und soziologisch ist sie kein unvollziehbarer Gedanke gewesen. Das Parlament zehrt heute noch vom Glauben an das läuternde Gespräch. Das hindert nicht, dem Parlament gleichzeitig auch integrierende Funktionen zuzusprechen.

[17] Die echte Diskussion drängt die Entscheidungsfunktion des Gesetzgebers in den Hintergrund. Denn die echte Diskussion bringt die Wahrheit in der Sachfrage und Übereinstimmung in der ethischen Bewertung hervor. Wahrheit und Richtigkeit des Werturteils sind evident. Jeder Einsichtige wird sie übernehmen, so daß die Entscheidung nichts anderes darstellt als die zwingende Schlußfolgerung aus den Argumenten der Diskussion. Deshalb darf nach einer solchen Auffassung der parlamentarischen Tätigkeit auch eine an Einstimmigkeit grenzende Beschlußfassung erwartet werden: nur der Unbelehrbare, Uneinsichtige wird sich nicht anschließen können. Unter diesem Gesichtswinkel darf aber zugleich auch erwartet werden, daß das Gesetz die *Volonté générale* im Sinne Rousseaus trifft und in Rechtsgestalt gießt, weil die *Volonté générale* die Wahrheit enthält, vernünftig und gerecht ist. (Vgl. auch SCHINDLER, Verfassungsrecht und soziale Struktur, S. 129 und 141; ferner FERNANDO GARZONI, Die Rechtsstaatsidee im schweizerischen Staatsdenken des 19. Jahrhunderts, Zürich 1952, S. 56 f.) Erst Positivismus und Relativismus in vielen Schattierungen (vgl. HELMUT COING, Grundzüge der Rechtsphilosophie, Berlin 1950, S. 95 ff.), die im Dezisionismus enden, haben die Diskussion entwertet: sie rücken den Entscheid in den Mittelpunkt.

[18] Im weitesten Sinne, im Sinne von Unabhängigkeit von Wähleraufträgen, von finanziellen und wirtschaftlichen Bindungen, von Instruktionen durch Kantone. Vgl. dazu auch CARL SCHMITT, Verfassungslehre, S. 318.

und abzubrechen. – Zum dritten setzt die Gestaltung richtigen Gesetzesinhaltes im parlamentarischen Gespräch auch voraus, daß der Abgeordnete den *geistigen Anforderungen,* die an den Rechtsetzer gestellt werden müssen[19], persönlich gewachsen sei. Er muß sich nicht nur auf die Kunst der Meinungsbildung durch Diskussion verstehen, sondern auch und vor allem die für die rechtliche Gestaltung eines Gegenstandes erforderlichen sachlichen und juristischen Kenntnisse mitbringen. Er soll Argumente und Gegenargumente zu erfassen, zu verarbeiten und zu beurteilen vermögen. Er braucht Sachkenntnis, Urteilskraft, offenen Blick und weiten Horizont. Das Verfahrensrecht übersieht nicht, daß es außerstande ist, diese Qualität des Gesetzgebers sicherzustellen. Dies ist ja der Natur der Sache nach eine Sorge der politisch-gesellschaftlichen «Ambiance», namentlich des politisch verantwortungsvollen Handelns der Parteien und Aktivbürger in den Wahlen. Aber es erwartet, daß dieser Voraussetzung *in praxi* Genüge getan werde, was sich rechtlich gleichsam am Rande bemerkbar macht: die Auslese der tüchtigen Kräfte wird anfänglich im Majorzwahlsystem zu ermöglichen versucht; die Vorstellung des liberalen Zeitalters, daß «Bildung», das heißt auch geistige Ausrüstung für den Beruf des Rechtsetzers, mit «Besitz» verbunden sei, erlaubt, den Parlamentarier ehrenamtlich einzusetzen oder doch nur für Aufwendungen schadlos zu halten.

b) Das große Wagnis, menschliche Beziehungen durch menschengeschaffene Gesetze gerecht, dauerhaft, sinnvoll zu bestimmen[20], erfordert *umfassende Kenntnisse* der tatsächlichen Verhältnisse, *sorgfältige Bewertung* und *Voraussicht.* Das parlamentarische Verfahren hat dementsprechend Gelegenheit zu einer sorgfältigen Arbeitsweise, zur hinreichenden Überlegung und zur Beschaffung tatsächlicher Materialien zu bieten. Zu diesem Ziele wird eine Vielzahl von Mitteln bereitgestellt[21], wie etwa: Beratung und Entscheidung werden zwei gleichgeordneten Kammern übertragen, um eine möglichst umfassende, alle wesentlichen Momente beachtende Bearbeitung sicherzustellen. Wo nur eine einzige Kammer eingesetzt ist, sucht sie dasselbe mit mehrmaliger, zeitlich gestaffelter Beratung zu erreichen. Um die Übersicht zu gewinnen, das Grundsätzliche hervorzuheben und das Eindringen in die Materie zu erreichen, wird die Beratung in Eintretens- und Detailberatung gegliedert und durch Referenten in großer Breite eingeleitet. Die Möglichkeit, nach Schluß der Beratung auf das Ganze oder auf Einzelheiten zurückzukommen, soll übersehene Unzulänglichkeiten

[19] Über die allgemeingültigen Anforderungen an den gesetzgebenden Menschen vgl. SINZHEIMER, Theorie der Gesetzgebung, S. 72 ff.

[20] Vgl. HERMANN JAHRREISS, Größe und Not der Gesetzgebung, Bremen 1952, S. 29 ff.

[21] Die meisten der in der Folge aufgezählten Mittel haben auch noch andere Zweckbestimmungen. Auf diese braucht in diesem Zusammenhang nicht eingegangen zu werden.

ausmerzen. Das Ende der Beratung wird von der endgültigen Entscheidung (Schlußabstimmung) zeitlich oft getrennt, damit unüberlegte Reaktionen ausgeschaltet bleiben. Eine ausführliche Protokollierung soll die Bedeutung der Beratung unterstreichen. Selbst das Begutachtungsrecht der Exekutive in bezug auf Initiativen aus der Mitte des Parlamentes oder aus dem Volk, Kantonen oder Gemeinden dient primär der gründlichen Abklärung der Tragweite. Wenn die Exekutive ein eigenes Initiativrecht ausübt, begründet sie ihre Vorlage in tatsächlicher, rechtlicher und politischer Hinsicht in ausführlichen Botschaften; und wenn das Parlament die Gegenstände durch Ausschüsse (parlamentarische Kommissionen) vorberaten läßt, so geschieht es wesentlich zur Erfassung technischer Einzelheiten.

Dem parlamentarischen Verfahren ist eine *große Ruhe* eigen, ein breit ausladendes, fast gemächliches Hinfließen im Strom der Zeit und der umfassenden Überlegung. Es ist jeder Eile abhold und setzt in reichem Maß Sicherungen ein, um Hast, Abkürzungen, Augenblicksentscheidungen auszuschalten. Das Gesetz als Frucht geistiger Zucht soll reifen können in einer Atmosphäre der Sorgfalt, der Umsicht, der Muße im guten Sinne.

c) Das gesatzte Recht bedarf nach konstitutioneller[22] wie demokratischer Auffassung der *Verwurzelung im Volk,* und zwar – abgekürzt ausgedrückt – in zweifachem Sinn: es soll herauswachsen aus dem objektiven Geist des Volks, es soll aber auch, wenn und weil positiviert, wieder eingehen in den objektiven Geist des Volks und hier seine ständige Belebung finden. Es darf deshalb nicht das einzige Anliegen des Gesetzgebers sein, den sachlich und logisch richtigen Rechtssatz zu finden; er soll zugleich den spezifischen Gehalten und Begehren entsprechen, die im Volke wirksam sind und mit Hilfe des Rechts dort wirksam bleiben können. Ja, die «richtige Norm», die der Gesetzgeber in seiner Tätigkeit anstrebt, kann Anspruch auf diese Eigenschaft erst erheben, wenn der Wille des Volks und die tragenden Prinzipien in ihr leben. Die praktische Schwierigkeit liegt darin, daß das Volk als Träger des Volkswillens wegen der Unmöglichkeit, sich zu versammeln oder als Versammlung zu handeln[23], den Inhalt des Rechts nicht selbst zu prägen vermag und auch die Entscheidungsfunktion nur in beschränktem Umfang sich vorbehalten kann. Es ist auf leitende Vermittlung und umfassende Darstellung angewiesen. Diese der Versammlung von

---

[22] Die verdienstvolle Aufzeigung der Antinomien zwischen Rechtsstaat und Demokratie hat zeitweilig die Tatsache etwas zugedeckt, daß auch der Konstitutionalismus den Regreß des Rechts auf das Volk anstrebt. Vgl. dazu GARZONI, Die Rechtsstaatsidee im schweizerischen Staatsdenken des 19. Jahrhunderts, S. 13, 52 ff., 74 ff., 125 ff., 191 ff.

[23] Die von CARL SCHMITT, Volksentscheid und Volksbegehren, Berlin/Leipzig 1927, S. 32 ff., hervorgehobene Polarität von *populus und magistratus* ist im Ansatz unbestreitbar, für schweizerische Verhältnisse in den Ableitungen aber zu extrem.

Volksvertretern zu überbinden, entspricht der konstitutionellen wie der durch die Praxis geprägten demokratischen Auffassung; der Lösungsversuch einer *Repräsentation des Volks im Parlament* wird Gemeingut.

Um die legislative Repräsentation als die Darstellung und Lenkung der politischen Einheit des Staates in der Rechtssetzung zustande zu bringen, braucht das dazu berufene Parlament die lebhafte Kommunikation mit dem Volk, vor allem mit der wahren *öffentlichen Meinung* als dem sachrichtigen, dauerhaften und ausgebreiteten Motivationselement des Volkswillens [24]. Die direkte Volkswahl und die kurze Amtsdauer der Abgeordneten sollen dazu beitragen, die Repräsentationsgrundlagen periodisch überprüfen und, wo nötig, korrigieren zu können. Ein Berufsparlament wird in der Schweiz als ausgeschlossen behandelt [25], weil die Gewißheit besteht, der Abgeordnete bedürfe fortdauernd der Rückkehr in das Volk, wo er seine Fundierung zu belassen habe. Die Kommunikation zwischen Volk und Legislative soll aber vor allem auch durch die «*Öffentlichkeit der Rechtssetzung*» gesichert werden. Dazu gehört in erster Linie, daß Beratung und Beschlußfassung des Parlamentes allgemein zugänglich sind und daß eine freie Presse über den Verlauf uneingeschränkt berichten darf. Öffentliche Kritik und Diskussion an der parlamentarischen Arbeit sind ermöglicht und bleiben grundsätzlich straffrei. Diese Öffentlichkeit, die das Verfahrensrecht im weiteren Sinne zu gewähren hat, erweitert den Zustrom der öffentlichen Meinung in die Rechtssetzungsarbeit, korrigiert Mängel und füllt Lücken in der Repräsentationsaufgabe der Abgeordneten: die Chance, daß das Gesetz dem «Willen des Volkes» entspricht, vergrößert sich. Das volksrepräsentative Parlament hat aber im Konstitutionalismus noch weniger die Funktion, die öffentliche Meinung in den Ratssaal und schließlich in das Gesetz hineinzutragen, als vielmehr die eigene Meinung hinauszutragen in das Volk und sie zur wahren öffentlichen Meinung auszuweiten. Das Parlament ist als «Prägstätte der öffentlichen Meinung» (GIACOMETTI) und als bedeutungsvoller Integrationsfaktor [26] ausersehen. Es hat durch sein öffentliches Verfahren das gesetzte Recht in das Rechts-

---

[24] Über Begriffe und Voraussetzungen der öffentlichen Meinung vgl. unter anderen HERMANN HELLER, Staatslehre, Leiden 1934, S. 173 ff.; CARL SCHMITT, Verfassungslehre, S. 242 ff.; ROBERT SCHNYDER VON WARTENSEE, Die öffentliche Meinung als Element der staatlichen Willensbildung in der Demokratie, Affoltern a. A. 1946, S. 5 ff.; HANS HUBER, Öffentliche Meinung und Demokratie in der neueren amerikanischen Staatslehre, in: Festgabe für Karl Weber, Zürich 1950, S. 34 ff.; ERICH KALT, Das Prinzip der Öffentlichkeit staatlichen Handelns als Voraussetzung der demokratischen Willensbildung, Zug 1953, S. 17 ff. Vgl. dazu unten § 3, III, 1.

[25] Was sich zum Beispiel schon darin zeigt, daß die Bundesverfassungen von 1848 und 1874 mit einer einzigen Session rechnen. Im kantonalen Verfassungsrecht ist es nicht anders.

[26] Vgl. RUDOLF SMEND, Verfassung und Verfassungsrecht, München 1928, S. 36 ff., 91.

bewußtsein des Volkes überzuführen und seine Anerkennung zu begründen; es hat die politische Einheit des Staates im Gebiete der Rechtssetzung zu verwirklichen[27], [28].

3. Konsequente Ableitungen aus dem Prinzip der Volkssouveränität und teils romantische Umsetzung historischer Überlieferungen in praktisch-politische Postulate, ferner auch ein gewisses, fast ererbtes Mißtrauen des schweizerischen Volks gegen den parlamentarischen Betrieb und schließlich die Erfahrung, daß die Repräsentation *in praxi* den Volkswillen verfehlen und sich Eigenmächtigkeiten herausnehmen kann, hat dem schweizerischen Staatsrecht in einzigartiger Weise die *unmittelbare Beteiligung von Aktivbürgern am Rechtssetzungsverfahren* gebracht. Die abschließende Entscheidung über das Gesetz muß oder kann vom aktiven Volke gefällt werden, und ein Bruchteil der Aktivbürgerschaft kann auf mannigfaltige Art die Initiative zur Rechtssetzung ergreifen. Der demokratische Gedanke der Identität von Regierten und Regierenden wird dadurch in einem außergewöhnlichen Maß verwirklicht.

Diese Initiativ- und Referendumsdemokratie ist von einem tiefen Optimismus in die *Leistungsfähigkeit des einzelnen Bürgers und des Volks als Ganzes* getragen. Die Aktivbürgerschaft wird als tauglich betrachtet, das Wahre und Echte zu erkennen, vernünftig zu urteilen, das dem Gemeinwesen Zuträgliche zu wollen, persönliche Interessen und Rücksichtnahmen hintanzustellen, Freiheit und Verfassung zu achten und zu schützen. Das durch das Volk entschiedene Recht ist richtiges Recht im umfassendsten Sinne des Wortes. Es kommt lediglich darauf an, die öffentliche Meinung frei bilden und den Willen des Volks unverfälscht zum Ausdruck kommen zu lassen. Die Garantie von Freiheiten für die öffentliche Kritik vorgelegter Entwürfe und für die öffentliche Diskussion in den Referendumskampagnen, das heißt von Rede-, Versammlungs-, Vereinsfreiheit, selbst aber auch Gewissensfreiheit, soll die Bildung einer wahren öffentlichen Meinung ermöglichen. Ein detailliertes Verfahrensrecht hat zu gewähren, daß diese zum entscheidenden Volkswillen verdichtet werden kann: allgemeines und

---

[27] KALT, Das Prinzip der Öffentlichkeit staatlichen Handelns als Voraussetzung der demokratischen Willensbildung, S. 37 ff., schreibt der Öffentlichkeit der parlamentarischen Verhandlungen folgende Wirkungen zu: Öffentlichkeit verhindert Mißtrauen, fördert Verständnis, zwingt zum sorgfältigen Entscheiden, ermöglicht Kontrolle, ermöglicht Integration, ist Voraussetzung zur freien selbständigen Meinungsbildung der Bürger.

[28] Die integrierende Funktion des Parlamentes ist in hohem Maße in den 1803 neu geschaffenen Kantonen, aber auch im Bund nach 1848 zum Ausdruck gekommen. Die rasche, historisch merkwürdige Konsolidierung der Kantone St. Gallen und Aargau z. B. geht denn zu einem guten Teil auf die Tätigkeit ihrer Parlamente im 19. Jahrhundert zurück. Wieweit dies bewußt war, steht offen.

gleiches Stimmrecht, lange Referendumsfristen, sorgfältige Sicherung des Stimmgeheimnisses, Erleichterungen in der Stimmabgabe, zuverlässige Feststellung des Ergebnisses, Rekursmöglichkeiten, strafrechtliche Sanktionen für Beeinträchtigungen der Willensbildung. Das Initiativrecht des Volks, das die Passivität, das Unvermögen oder auch die Widerspenstigkeit des Parlaments als Inhaltgeber gegen den Volkswillen ausgleichen soll, wird durch tief angesetztes Quorum, durch eine beschränkte Überprüfungsmöglichkeit auf die inhaltliche Verfassungsmäßigkeit und durch die Verpflichtung zu ungesäumter Erledigung erleichtert und gefördert.

§ 2. Über Wandlungen bei den Rechtssetzungsformen

I. Begriffe der Rechtsformen

Die im Rechtssetzungsverfahren erzeugte Rechtsform macht das Recht sichtbar, faßbar. Sie trägt den Rechtsgehalt. Sie ermöglicht dessen Umsetzung in die Tatsächlichkeit.

Nun kennt der Staat, der Recht setzt, regelmäßig verschiedene Rechtsformen, die sich wertmäßig unterscheiden; sie sind, nach Rang geordnet, in einer Hierarchie des Geltungswertes eingestuft.

Verschiedene Rechtsformen auszubilden, begründet sich in der Notwendigkeit, Sonderheiten in den Rechtssetzungsaufgaben, in der Behördenorganisation und im Verfahren Rechnung zu tragen (vgl. oben § 1, I, 2). Die Unterscheidung der Rechtsformen ergibt sich danach einerseits aus einer Verschiedenheit der Erzeugung, indem entweder die rechtssetzenden Organe oder der Verfahrensgang oder beides variiert werden; andererseits fließt sie aus Verschiedenheiten der Rechtssetzungsaufgaben, was sich in Differenzen inhaltlicher Eigenschaften der Rechtsformen niederschlägt. Eine Rechtsform erlangt denn da die sinngemäße Bestimmung, wo Erzeugung und inhaltliche Eigenschaften aufeinander bezogen sind: Behördenorganisation und Verfahrensregelung sollen den inhaltlichen Eigenschaften der angestrebten Rechtsform entsprechen und umgekehrt. Die Differenzierung von Rechtsformen ist erst voll begründet, wenn diese sich nicht allein in bezug auf ihre Erzeugung, sondern auch in bezug auf ihre inhaltlichen Qualitäten auseinanderhalten lassen. Dementsprechend bemißt sich auch die wertmäßige Unterscheidung der Rechtsformen in der Bedeutung, die in der Rechtsgemeinschaft – kumulativ – einer Behördenorganisation mit ihrem Verfahrensgang und den inhaltlichen Qualitäten der von ihnen erzeugten Rechtsformen zugeschrieben wird. Zahl, Eigenschaften und Rangordnung der Rechtsformen ist dergestalt aufs engste mit der Staatsstruktur verbunden.

Die doppelte Bezugnahme der Rechtsformen – auf die Erzeugung und auf inhaltliche Qualitäten – wird nun freilich bei ihrer Bestimmung tatsächlich nicht immer beachtet. Die einzelne Rechtsform wird zum Beispiel oft einzig nach den sie erzeugenden Organen und deren Verfahren bestimmt und derart von anderen Formen abgehoben. Das ergibt einen formellen Begriff der Rechtsform. Sie kann aber auch nach inhaltlichen Eigenschaften bestimmt werden, was zu einem materiellen Begriff der Rechtsform führt. Sinnvollerweise würde nur ein einziger Begriff gebildet[29]. Begrifflich läßt sich eine Ausscheidung zwischen Rechtsformen überhaupt nicht treffen, wenn Organe, Verfahren oder inhaltliche Qualitäten nicht wechseln. Es ist deshalb auch wenig sinnvoll, wenn – wie das in der schweizerischen Staatspraxis üblich ist – die nach Erzeugung und inhaltlicher Qualität gleichartigen Rechtserlasse verschiedene Bezeichnungen tragen; hier liegen keine differenten Rechtsformen vor.

II. Vom Vorrang des Gesetzes im schweizerischen Staatsrecht

1. Das in der zweiten Hälfte des 19. Jahrhunderts ausgebildete schweizerische Staatsrecht hat ein *einfaches System an Rechtsformen* gebracht: Verfassung, Gesetz und Regierungsverordnung[30]. Als die Aktivbürgerschaft in die Gesetzgebung einbezogen wurde, erhielten die Parlamente für eigene Rechtssetzungen eine Verordnungsform[31]. Die Differenzierung der Rechtsformen und deren Geltungskraft wurde vorab vom Gang der Erzeugung her gewonnen; der Kreis der daran beteiligten Organe oder deren spezifischer Verfahrensgang wechselte von der einen zur anderen Form[32]. Demgemäß ließen sich (positivrechtlich) formelle Begriffe von den

[29] Vgl. HERMANN HELLER, Der Begriff des Gesetzes in der Reichsverfassung, Berlin/Leipzig 1928, S. 112 ff.

[30] Vgl. EDUARD HIS, Geschichte des neuern Schweizerischen Staatsrechts, III, Basel 1938, S. 296 ff., 397 ff., 447.

[31] Zu den Verordnungsformen der Legislativen gehört auch der allgemeinverbindliche dringliche Bundesbeschluß vor 1949. Vgl. O. H. MÜLLER, Die Verordnungskompetenzen der kantonalen Legislativen, Aarau 1942; HELLMUT HUNGERBÜHLER, Der dringliche Bundesbeschluß, Zürcher Diss. 1951.
Die nicht referendumspflichtigen Rechtssetzungsakte unbekümmert um das erlassende Organ unter der Bezeichnung Verordnung zusammenzufassen, entsprach der älteren Auffassung und vor allem auch der Praxis. Später wurde die Bezeichnung den Erlassen der Regierung vorbehalten. Vgl. dazu HIS, a.a.O., S. 398; O. H. MÜLLER, a.a.O., S. 12 ff. Vor allem GIACOMETTI geht indessen wieder auf die alte Umschreibung zurück (vgl. zusammenfassend KStR, S. 488; BStR, S. 771), und die allgemeine Auffassung folgt ihm.

[32] Immerhin mit Ausnahmen: In Kantonen mit obligatorischem Verfassungs- und Gesetzesreferendum kann auch die verfahrensmäßige Differenzierung wegfallen, ebenso zwischen Bundesgesetz und allgemeinverbindlichem Bundesbeschluß nicht dringlicher Natur.

Rechtsformen bilden. In bezug auf inhaltliche Eigenschaften aber fehlte eine durchgängige Unterscheidung; im Verfassungsrecht mangelten vielseits Elemente, um materielle Begriffe von den Rechtsformen zu prägen. Das fiel anfänglich nicht merklich ins Gewicht[33], weil einerseits eine feststehende Vorstellung über die Eigenschaften der Gesetzesform vorhanden war[34] und andererseits die Gegenstände, die den Verordnungsformen zugänglich waren, verfassungsrechtlich limitiert waren[35]. Das enthebt vom Bedürfnis, materielle Begriffe der Rechtsformen festzustellen.

Was feststand, war ein *Gesetzesbegriff als Zentralbegriff*. Er knüpfte an den Begriff des Rechtssatzes an, worunter verstanden wurden generell-abstrakte Normen, die in Rechtsvollziehungsakten der Konkretisierung und Verwirklichung zugeführt werden[36]. Zu solchen Rechtssätzen gehören einmal Verhaltensnormen, die an die Allgemeinheit gerichtet sind und den Privaten ein Verhalten zwingend oder nichtzwingend vorschreiben[37]. Sobald die Rechtsnatur der Organisationsnormen erkannt[38] wird und wenn ferner das Merkmal der Allgemeinheit nicht mit der Gesamtheit der Rechtsunterworfenen identifiziert, sondern in der Unbestimmtheit der Adressaten schlechthin erblickt wird[39], fallen auch organisatorische Nor-

---

[33] Ähnlich Theo Guhl, Bundesgesetz, Bundesbeschluß und Verordnung, Basel 1908, S. 71. Im Bund bereitete eigentlich einzig die Unterscheidung zwischen Bundesgesetz und allgemeinverbindlichem Bundesbeschluß gemäß Art. 89 BV Sorge, und es wurde – erfolglos – nach materiellen Kriterien gesucht (vgl. dazu auch Guhl, a. a. O., S. 8 f., 43; jetzt wohl abschließend Giacometti, BStR, S. 742 ff.).

[34] Vgl. Heller, Der Begriff des Gesetzes in der Reichsverfassung, S. 105.

[35] Vgl. unter anderen O. H. Müller, Die Verordnungskompetenzen der kantonalen Legislativen, S. 49 ff., 238 ff.; H. R. Siegrist, Die selbständige Rechtsverordnungskompetenz der Kantonsregierungen, Aarau 1939, S. 25 ff.; Johannes Roth, Das Polizeiverordnungsrecht des Bundesrates und der Kantonsregierungen, Zürich 1947, S. 121 ff.

[36] Ohne die Merkmale der Allgemeinheit und Abstraktheit kann nicht von einem Rechtssatz gesprochen werden, nämlich von der Rechtsgestalt, die auf einer Voraussetzung mit dem Ziel nachheriger Anwendung durch Konkretisierung beruht. Insofern sind die Merkmale logischer Natur und allgemeingültig. Daneben sind sie freilich auch ethisch begründet, nämlich im Gleichheitssatz demokratischer und rechtsstaatlicher Prägung. Vgl. u. a. Burckhardt, Die Organisation der Rechtsgemeinschaft, S. 266 f.; Hans Marti, Das Verordnungsrecht des Bundesrates, Zürich 1944, S. 52 ff.; Carl Schmitt, Verfassungslehre, S. 139 ff.; Hans Haug, Die Schranken der Verfassungsrevision, Zürich 1947, S. 100 f.

[37] Diese Umschreibung entspricht der heutigen Rechtslehre; im 19. Jahrhundert waren die Eigenarten der Normen noch nicht dergestalt bestimmt, aber zweifellos in der Rechtsauffassung – z. B. auch in der Eigentums- und Freiheitsformel des deutschen Gesetzesbegriffs – implizite vorhanden. Auf die Genese kann hier nicht eingegangen werden.

[38] Vgl. darüber Heller, Der Begriff des Gesetzes in der Reichsverfassung, S. 123 ff., im Anschluß an Gierke und Smend.

[39] Marti, Das Verordnungsrecht des Bundesrates, S. 52 ff.

men unter den Rechtssatzbegriff, das heißt solche Normen, die staatliche Organe einsetzen, ihren Aufgabenkreis umschreiben und ihren Verfahrensgang regeln[40]. Dieser weitgespannte Rechtssatzbegriff erfaßt sämtliches objektive Recht, und der Gesetzesbegriff nimmt diesen Rechtssatzbegriff in sich auf. Ausgeschieden werden lediglich organisatorische Normen in beschränktem Umfange[41]. Die in der Behördenorganisation und im Verfahren begründete absolute Vorrangstellung von Parlament und Aktivbürgerschaft erfordert eben den Einbezug grundsätzlich allen Rechts in deren Rechtsform; die überragende Stellung der Gesetzgebungsorgane teilt sich ihrer Rechtsform mit. Diese allgemeine Erscheinung in der Epoche des Konstitutionalismus zeigt sich auch in der Schweiz[42]. Sowohl das Prinzip der Gewaltenteilung, wie es damals verstanden wurde, mit seiner Forderung, die Rechtssetzung vom Rechtsvollzug objektiv und subjektiv zu trennen, als auch das Prinzip der Volkssouveränität mit seiner Forderung, die Rechtssetzung den Volksrepräsentanten und der Aktivbürgerschaft anzuvertrauen, wie schließlich das formelle rechtsstaatliche Prinzip mit seiner Forderung, Rechtsvollziehungsakte nur auf Grund von parlaments- bzw. volksbeschlossenen Rechtssätzen ergehen zu lassen, verschafften den referendumspflichtigen Rechtserlassen der Parlamente einen so unbestrittenen Vorrang, daß ihre Rechtsform, das Gesetz, «grundsätzlich die einzige Form der Rechtsschöpfung» darstellte[43]. Das gibt denn den eigenartigen

[40] Vgl. u.a. GIACOMETTI, BStR, S. 739 ff. (Verhaltensrecht = Rechtssätze im engeren Sinne; Organisationsrecht = Rechtssätze im weiteren Sinne); PAUL REICHLIN, Verfassung, Gesetz und Verordnung im Kanton Schwyz, ZBl 44, 1943, S. 203 ff.; ROTH, Das Polizeiverordnungsrecht des Bundesrates und der Kantonsregierungen, S. 58 ff.; G. BÜTIKOFER, Die Rechtssetzungsbefugnis der Gemeinden, Zürich 1950, S. 52.

[41] Vgl. dazu im Grundsätzlichen u.a. FRITZ FLEINER, Institutionen des Deutschen Verwaltungsrechts, 8. Aufl., Zürich 1939, S. 61 ff.; HERBERT KRÜGER, Rechtsverordnung und Verwaltungsanweisung, in: Festschrift für Rudolf Smend, Göttingen 1952, S. 212 ff. Wie HELLER, Der Begriff des Gesetzes in der Reichsverfassung, S. 121, 123 f., dargetan hat, ist diese Entlassung von Rechtssätzen organisatorischer Natur aus dem Gesetzesbegriff und seinem Vorbehalt nicht durch logische Abgrenzung, sondern durch Tradition, Zweckmäßigkeit, Machtlage und Rechtsbewußtsein erfolgt.

[42] Einschränkungen ergeben sich in den Kantonen Uri, Obwalden, St. Gallen und Graubünden. Vgl. dazu O. H. MÜLLER, Die Verordnungskompetenzen kantonaler Legislativen, S. 198 ff.; GIACOMETTI, KStR, S. 470. Vgl. ferner REICHLIN, Verfassung, Gesetz und Verordnung im Kanton Schwyz, S. 203 ff.

[43] HANS HUBER, Verbandsrecht und staatliches Recht, ZBl 50, 1949, S. 52. Vgl. u.a. GUHL, Bundesgesetz, Bundesbeschluß und Verordnung, S. 65; HIS, Geschichte des neuern Schweizerischen Staatsrechts, III, S. 371 f., 398; BURCKHARDT, Kommentar, S. 665; GIACOMETTI, KStR, S. 469; BStR, S. 739; O. H. MÜLLER, Die Verordnungskompetenzen der kantonalen Legislativen, S. 72, 196 f.; KONRAD VON ORELLI, Das Verhältnis von Demokratie und Gewaltenteilung und seine Wandlungen, Aarau 1947, S. 127; KÄGI, Zur Entwicklung des schweizerischen Rechtsstaates seit 1848, ZSR 71, 1952, S. 201.

liberal-demokratischen Gesetzesbegriff, der keine anderen Unterscheidungsmerkmale aufführt als die generelle und abstrakte Formulierung und damit einen allgemeinen Vorrang und Vorbehalt beansprucht.

Das heißt nun nicht, daß die Gesetze nicht doch durch gewisse *inhaltliche Qualitäten* ausgezeichnet gewesen wären. Diese ergaben sich aus den Gegenständen, die der Gesetzgebung zugeschieden wurden; die Rechtssetzung war auf wesentliche, am Maßstab der Gerechtigkeit meßbare, die wichtigsten Sozialbeziehungen betreffenden Regelungen begrenzt (vgl. oben § 1, II, 2). Das Gesetz brachte Rechtssätze entsprechender inhaltlicher Eigenschaften.

Der Positivismus in der Rechtslehre, der das Gesetz auf keinen bestimmten Inhalt festlegte und schließlich der Gesetzesform grundsätzlich jeden Inhalt zugestand, sowie die radikal-demokratische Auffassung von der Unbeschränktheit der Volksgesetzgebung[44], förderten die *Formalisierung* des Gesetzesbegriffs[45]. In der schweizerischen Praxis wirkte sich diese Wandlung des Gesetzesbegriffs selbst indessen nicht voll aus, da mit dem ersten Weltkrieg die Entwicklung des Gesetzgebungsstaates abgebrochen wurde; die Problematik des positivistischen Rechtssatzbegriffs übertrug sich jedoch auf das Verordnungsrecht.

2. Mit dem «perpetuierten Ausnahmezustand» (KÄGI), der mit dem ersten Weltkrieg einsetzt, wird das *liberaldemokratische System der Rechtsformen* gestört. Einerseits werden Rechtsformen, die von Verfassungs wegen ausgesonderten Gegenständen vorbehalten sind, allgemein und übermäßig beansprucht[46]. Derart werden vor allem die unselbständige Regierungsverordnung, ferner die selbständige und unselbständige Verordnung der Legislative – zum Beispiel der allgemeinverbindliche dringliche Bundesbeschluß – forciert; in dieses Bild gehört aber auch die übermäßige Beanspruchung der Verfassungsform durch sehr ausführliche oder befristete oder konkrete Regelungen. Andererseits werden Zwischenformen ausgebildet,

---

[44] Vgl. WERNER KÄGI, Zur Entstehung, Wandlung und Problematik des Gewaltenteilungsprinzipes, Zürich 1937, S. 158 ff., 204 ff., 222 ff.; Die Verfassung als rechtliche Grundordnung des Staates, S. 152 ff.; Rechtsstaat und Demokratie, S. 108 ff.; HANS HUBER, Niedergang des Rechts und Krise des Rechtsstaates, in: Festgabe für Zaccaria Giacometti, Zürich 1953, S. 68 ff.

[45] Vgl. HELLER, Der Begriff des Gesetzes in der Reichsverfassung, S. 98 ff.; DIETRICH SCHINDLER, Zum Wiederaufbau der Rechtsordnung, in: Recht – Staat – Völkergemeinschaft, Zürich 1948, S. 105 ff.

[46] Vgl. GIACOMETTI, KStR, S. 274 f., 486 ff.; BStR, S. 476, 786 f., 790 f.; MARTI, Das Verordnungsrecht des Bundesrates, S. 21 ff.; VON ORELLI, Das Verhältnis von Demokratie und Gewaltenteilung, S. 135 ff.; HUNGERBÜHLER, Der dringliche Bundesbeschluß, S. 120 ff.; THOMAS SPEISER, Vom Notrecht in der Demokratie, Zürich 1953, S. 71 ff.; ERNST BRACK, Die Gesetzesdelegation in der Praxis des Bundes, Zürich 1953, S. 63 ff.

vorab die sogenannten Genehmigungserlasse, wo die Rechtsschöpfung einem Staatsorgan übertragen, einem anderen aber die konstitutive oder deklaratorische Genehmigung vorbehalten bleibt[47]. Schließlich wird die Setzung objektiven Rechts von staatlichen Organen auf Verbände übertragen und dem Staat nur eine beschränkte Mitwirkung gelassen[48].

Forcierung und Differenzierung der Rechtsformen entspringen in erster Linie dem Bedürfnis, die Verfahrensgänge bzw. den Kreis der an der Rechtssetzung Beteiligten zu modifizieren. Soweit das Verfassungsrecht sie überhaupt beachtet, legt es das Gewicht auf verfahrensrechtliche Regelungen; die formellen Begriffe der betreffenden Rechtsformen lassen sich deshalb ohne Mühe feststellen. *Unklarheiten* bestehen indessen in bezug auf die *materiellen Begriffe.* Zwar werden zuweilen die Gegenstände, die in den betreffenden Rechtsformen zu regeln sind, faßbar bezeichnet; hier entfällt die praktische – nicht aber die dogmatische – Notwendigkeit, materielle Begriffe festzustellen. Zuweilen liefert das Verfassungsrecht zumindest Anhaltspunkte, die erlauben, einer Rechtsform inhaltliche Qualitäten zuzuschreiben und damit Abgrenzungen herbeizuführen[49]. Oft aber läßt es inhaltliche Abgrenzungen offen. So ist es zum Beispiel in Fragen der inhaltlichen Qualifikation bzw. der Abgrenzung zwischen Gesetz und selbständiger oder delegierter Allgemeinverordnung mit primären Rechtssätzen[50], zwischen Gesetz *und* allgemeinverbindlichem dringlichem Bun-

---

[47] Vgl. WERNER CHRIST, Die Genehmigung von Verordnungen der Exekutive durch die Legislative, Affoltern 1945; O. H. MÜLLER, Die Verordnungskompetenzen der kantonalen Legislativen, S. 181 ff., 295 ff.; FLORENT DROEVEN, Die Genehmigung kantonaler Gesetze und Verordnungen durch den Bundesrat als Problem des Bundesstaates, Zürich 1950.

[48] HANS HUBER, Verbandsrecht und staatliches Recht, S. 52 ff.; GIACOMETTI, BStR, S. 805 ff.; HELENE THALMANN-ANTENEN, Die Allgemeinverbindlichkeit der Gesamtarbeitsverträge, Zürich 1944; HANS GEORG GIGER, Die Mitwirkung privater Verbände bei der Durchführung öffentlicher Aufgaben, Bern 1951, S. 143 ff., 181 ff.

Die «qualifizierte Rechtsverordnung», wie sie in Vorentwürfen zu einem neuen Arbeitsgesetz für die Schaffung von Verbandsrecht zwingenden Charakters vorgesehen war, scheint trotz intensiver Fürsprache (vgl. z. B. EDUARD NAEGELI, Die Mitwirkung der Verbände bei der Rechtssetzung, unter besonderer Berücksichtigung der qualifizierten Rechtsverordnung, in: Festgabe für Hans Nawiasky, Einsiedeln 1950, S. 206 ff.) aufgegeben worden zu sein.

[49] Das ist z. B. möglich im Verhältnis zwischen Gesetz und Vollziehungsverordnung, wofür GIACOMETTI (KStR, S. 489; BStR, S. 774) die relativen Begriffe von primären und sekundären Rechtssätzen ausgebildet hat.

[50] Auf die Frage der Begründung der Verordnungsformen ist hier nicht einzugehen. Der Schweizerische Juristenverein hat sie 1943 bei der Behandlung der Gewaltentrennung im schweizerischen Staatsrecht behandelt (ZSR 62, S. 339 a ff.). Die Klärung ist seither nicht wesentlich weitergediehen. Allgemein anerkannt ist die Zuständigkeit der Vollziehungsorgane, selbständige Verwaltungsverordnungen zu erlassen und in Ausführung von Gesetzen Rechts- oder Allgemeinverordnungen zu statuieren. Umstritten bleibt der

desbeschluß, zwischen Gesetz und Genehmigungsverordnung. Wo die Verfassungen keine klaren Antworten geben, muß Auslegung, bzw. rechtsschöpferische Verfassungspraxis helfen.

Und hier bestehen nun große Unsicherheiten: Der Rückgriff auf die Grundlagen der Verfassungen mit einer als teleologisch bezeichneten, dabei aber stark historisch[51] gerichteten Auslegungsmethode fördert regelmäßig den liberal-demokratischen Gesetzesbegriff, oft mit seiner positivistischen radikal-demokratischen Verschärfung, und dem daran geknüpften Allgemeinvorbehalt zutage. *In praxi* aber denkt niemand ernsthaft daran, die neuen oder die forcierten alten Formen abzubauen, das Gesetz in seinen Vorrang wieder einzuweisen. Im konkreten Fall streitet denn eine «aus dem Leben gegriffene» Rechtsanschauung gegen den liberal-demokratischen Gesetzesbegriff.

Die Rechtsformen bedürfen der Überprüfung auf ihre materielle Begründung und der Ausbildung materieller Begriffe. Die Klärung hat das Verfassungsrecht zu bringen. Die Diskussion aber muß beim Gesetzesbegriff einsetzen.

III. Modifikationen im Gesetzesbegriff

1. Ziel der Rechtssetzung ist, richtiges Recht zu schaffen. Behördenorganisation und Verfahren sollen es ermöglichen. Die Rechtsform ist Ausdruck der Abstimmung der verfahrensmäßigen Rechtserzeugung auf jenes Ziel. Der Begriff des Gesetzes und seine rangmäßige Stellung bestimmen sich nach dieser koordinierenden Zurechnung. Wenn nun abgekürzte Rechtssetzungsverfahren richtiges Recht produzieren, während das Gesetzgebungsverfahren es nur beschränkt tut, so kann auf die Dauer nichts entgegenstehen, den *Wandel des Gesetzesbegriffs anzuerkennen*. Die bisherige Zurückhaltung der Staatslehre ist indessen verständlich, denn sie müßte bedeutungsvolle Einbrüche in die Prinzipien der Gewaltenteilung und der Volkssouveränität hinnehmen, das heißt in zwei Grundlagen, von denen in der schweizerischen Staatsauffassung schwer vorstellbar ist, daß sie der Verwirklichung des Postulates nach richtigem Recht hinderlich sein könnten.

Umfang des selbständigen Verordnungsrechts für Allgemeinverordnungen, insbes. Polizeiverordnungen, während die Befugnis zu gesetzesvertretenden Verordnungen auf Grund einer Übertragung der rechtsetzenden Gewalt entweder überhaupt verneint oder in beschränktem Umfange bejaht wird. Die verfassungsrechtliche Ausmarchung, wie sie OSWALD (a. a. O.) gefordert hat, ist bis heute unterblieben.

[51] Was keineswegs unbegründet ist. Eine historische Methode beschränkten Umfangs ist der Verfassungsinterpretation adäquater als eine von der *ratio* der Entstehung abgelöste Betrachtungsweise. Ähnlich HANS HUBER, Zur Frage der Verfassungsmäßigkeit des Gesetzesentwurfs über die wirtschaftliche Landesverteidigung, in: WuR 5, 1953, S. 85.

Die *heutige Rechtssetzung* hat einen unermeßlichen Umfang angenommen, unermeßlich nicht nur in der Zahl der Erlasse [52], sondern vor allem auch in der Ausdehnung der der Regelung unterworfenen Gebiete und in der Dichte der Normen [53]. Die Aufgabe des Rechtssetzers ist gegenüber demjenigen aus der Zeit der Kodifikationen aber auch deswegen so schwierig geworden, weil nicht mehr tradiertes, durch Jahrhunderte gewachsenes, die einfachen Sozialbeziehungen regulierendes Recht positiviert werden muß, sondern mit Hilfe der zwangsbewehrten Rechtsnormen das Sozialgefüge, insbesondere der Ablauf des Wirtschaftsprozesses gestaltet werden soll [54].

Diese neuartige Situation zeichnet sich – darauf ist mehrfach hingewiesen worden – vorab nach zwei Richtungen aus: einmal muß das Recht «dynamisch» gestaltet werden; es muß sich veränderten, komplizierten Verhältnissen und Bedürfnissen fortwährend, rasch und leicht anpassen. Alsdann lassen sich wesentliche Teile der Anordnungen, die der moderne Staat zu treffen hat, nur schwer oder überhaupt nicht in ethisch bewertbare, in dominierenden Prinzipien fußende, generell-abstrakte Rechtssätze im Sinne von Verhaltens- oder Organisationsrecht einkleiden: der Staat trifft konkrete, augenblicksbezogene, zweckbestimmte, technische Maßnahmen, mit denen er unterstützend, fördernd, hemmend, verteilend, ausgleichend, beaufsichtigend in den Sozial- und Wirtschaftsprozeß eingreift, weniger grundsätzlich, als der konkreten Opportunität, Notwendigkeit, Zweckmäßigkeit gehorchend. Jenes treibt die Ausbildung abgekürzter

[52] ANTON MOSER stellt in einer statistischen Untersuchung (Schweizerische Zeitschrift für Volkswirtschaft und Statistik 88, 1952, S. 250 ff.) die Frage: «Haben wir eine Gesetzesinflation?» Er kommt zum Schlusse: «Im Kanton Bern existiert weder eine sich anhäufende Paragraphenflut noch eine Gesetzesinflation. Aber hier wie anderwärts eignet den Vorschriften ohne Gesetzeskraft eine bedenkliche Kurzlebigkeit.» Diese Feststellungen erschüttern die Behauptungen insbes. der Professoren GIACOMETTI und KÄGI über eine Gesetzesinflation nicht, sie bestätigen sie eher. Es ist eben zu bedenken, daß die Zunahme an Rechtssetzungskompetenzen zur Hauptsache dem Bunde zufällt, während der Zuständigkeitskreis der Kantone relativ stabil bleibt oder zur Abnahme neigt. Zudem verlagert sich die Rechtssetzung auf andere als die Gesetzesform, was für die «Inflationswirkungen» belanglos ist. Im ganzen betrachtet, hat die Zahl der rechtlichen Vorschriften zweifellos stark zugenommen.

[53] Vgl. u.a. KÄGI, Die Verfassung als rechtliche Grundordnung des Staates, S. 30 ff.; JAHRREISS, Größe und Not der Gesetzgebung, insbes. S. 39 ff.

[54] Vgl. dazu und zum folgenden vor allem HANS HUBER, Das Staatsrecht des Interventionismus, ZSR 70, 1951, S. 173 ff., insbes. 180 ff.; Niedergang des Rechts und Krise des Rechtsstaates, in: Festgabe für Zaccaria Giacometti, Zürich 1953, S. 59 ff., insbes. S. 75, 77; Recht, Staat und Gesellschaft, Bern 1954, S. 5 ff.; ERNST FORSTHOFF, Lehrbuch des Verwaltungsrechts, I, 2. Aufl., München/Berlin 1951, S. 51 ff., 278 ff.; OTTO KONSTANTIN KAUFMANN, Die revidierten Wirtschaftsartikel der Schweizerischen Bundesverfassung und das geltende Wirtschaftsrecht, in: Festgabe für Hans Nawiasky, Einsiedeln 1950, S. 33 ff.

Rechtssetzungsverfahren hervor; dieses bringt den Gesetzgeber in den Konflikt, entweder in Gesetzesform oder gar Verfassungsform individuell-konkrete Anordnungen zu treffen, oder aber außer der Masse technischer Verfügungen selbst einschneidende, den Rechtsunterworfenen hochgradig treffende Entscheidungen nachgeordneten Instanzen zu überlassen. Das sind Aufgaben und Eigenarten des Rechts, welche der liberal-demokratische Gesetzesbegriff gar nicht anvisiert, weil sie damals weder vorhanden noch erahnt waren.

2. Eine zusammenfassende Betrachtung der Rechtssetzungspraxis im Bund und in einigen größeren Kantonen läßt (kaum bewußte) Versuche erkennen, nach der krisenhaften Rechtssetzung der dreißiger und vierziger Jahre allmählich doch zu einer gewissen Grundsätzlichkeit in der Anwendung der Gesetzesform zu gelangen, wobei gegenüber dem liberal-demokratischen Gesetzesbegriff deutlich eine engere Fassung zur Geltung gebracht wird[55]. Daß dagegen immer noch verfassungsrechtliche Bedenken geltend gemacht werden müssen, ist offensichtlich. Allein, es wird, auf die Dauer gesehen, das Verfassungsrecht sein, das sich anzupassen hat[56]. Wenn die Beobachtung nicht trügt, scheint sich nämlich die Praxis auf einzelne Ausschnitte des Gesetzesbegriffes zuzubewegen, der für die Aufklärung und den früheren Konstitutionalismus nachgewiesen worden ist. Die Staatslehre hat schon seit längerer Zeit mit Nachdruck darauf aufmerksam gemacht, daß jener *ursprüngliche Gesetzesbegriff* keineswegs mit dem Begriff des Rechtssatzes zusammenfiel, sondern durch qualifikatorische Merkmale eingeengt war: das Gesetz war die grundlegende, die vernunftgetragene, die gerechte, die Allgemeinheit betreffende, dauerhafte Regelung[57, 58]. Solche

---

[55] Das wohl instruktivste Beispiel, das Tendenzen eindrücklich offenbart, dürfte das Bundesgesetz über die Förderung der Landwirtschaft und die Erhaltung des Bauernstandes (Landwirtschaftsgesetz) vom 3. Oktober 1951 darstellen. Es kann nicht zweifelhaft sein, daß die sehr weitläufigen Delegationen an Bundesversammlung (für sogenannte «Beschlüsse der Bundesversammlung») und Bundesrat sowie die weitschichtigen Lenkungskompetenzen von Verwaltung und gemischten Organen dem liberal-demokratischen Gesetzesbegriff und seinem Allgemeinvorbehalt zuwiderlaufen.

[56] Otto Konstantin Kaufmann, Verfassung, Gesetz und Verordnung im schweizerischen Rechtsstaat, ZBl 50, 1949, S. 11.

[57] Vgl. Heller, Der Begriff des Gesetzes in der Reichsverfassung, S. 101 ff.; Carl Schmitt, Verfassungslehre, S. 138 ff.; Kägi, Die Verfassung als rechtliche Grundordnung des Staates, S. 51, 109 ff.; Ulrich Scheuner, Ausländische Erfahrungen zum Problem der Übertragung rechtsetzender Gewalt, in: Die Übertragung der rechtsetzenden Gewalt im Rechtsstaat, Frankfurt a. M., 1952, S. 138; Der Bereich der Regierung, in: Festschrift für Rudolf Smend, Göttingen 1952, S. 261 ff.; Hans Huber, Niedergang des Rechts und Krise des Rechtsstaates, S. 74; Garzoni, Die Rechtsstaatsidee im schweizerischen Staatsdenken des 19. Jahrhunderts, S. 52 ff., S. 74 ff.

[58] Der Zusammenhang mit der Auffassung vom Parlament als der Stätte des rationalen Gesprächs ist offensichtlich (vgl. oben § 1, II, 2).

Auffassungen lagen zum Beispiel auch WALTHER BURCKHARDT nahe, als er allgemein untergeordnete Gegenstände der Rechtssetzung in die delegierte Verordnung verwies[59]. In neuester Zeit hat GEORG DAHM[60] den Unterschied zwischen Rechtsgesetzen (Rechtsbewahrungsgesetzen), die auf tieferen, bestehenden Rechtsüberzeugungen aufruhen, und Zweckgesetzen, vorab Plangesetzen, die das wirtschaftliche und soziale Leben zweckrational-technisch gestalten, herausgearbeitet. Die Unterscheidung haben HANS HUBER[61] und ULRICH SCHEUNER[62] aufgenommen[63].

In dieser Richtung wird sich eine Bereinigung des Gesetzesbegriffs bewegen müssen. Dem referendumspflichtigen Gesetz soll das *Grundlegende, Wichtige, Dauernde, die Allgemeinheit Betreffende* vorbehalten bleiben. Die kurzfristige, gleichsam tägliche Lenkung der Sozial- und Wirtschaftsordnung sowie die Gebiete der Verwaltungsinterna aber dürfen Verordnungsgewalten und weiter zu differenzierenden Verordnungsbegriffen zugeschieden werden. Das würde erlauben, dem Gesetze das zuzuführen, was zum Rechtsgefühl der Rechtsunterworfenen Zugang findet, also im Volke zu wurzeln vermag und als Recht verstanden wird. Es wäre auch das, was das parlamentarische Verfahren – im Gegensatz zur heutigen Praxis (vgl. unten § 3) – zu bewältigen und der Aktivbürger zu beurteilen vermag. Die

---

[59] Kommentar, S. 665. Auch GUHL, Bundesgesetz, Bundesbeschluß und Verordnung, S. 64, betrachtete nur Erlasse, die auf längere Dauer berechnet seien, als der Gesetzesform bedürftig. Die Praxis stand aber bis zum ersten Weltkrieg offensichtlich auf dem Boden des umfassenden liberal-demokratischen Gesetzesbegriffs. Vgl. dazu KÄGI, Zur Entwicklung des schweizerischen Rechtsstaates seit 1848, ZSR 71, 1952, S. 201; BRACK, Die Gesetzesdelegation in der Praxis des Bundes, S. 65 ff.

[60] Deutsches Recht, 1951, S. 46 f.

[61] Der Niedergang des Rechts und die Krise des Rechtsstaates, S. 73 (mit dem Hinweis auf die Verwandtschaft zur Unterscheidung zwischen ethischen Bewertungsnormen und Bestimmungsnormen); ferner: Zur Frage der Verfassungsmäßigkeit des Gesetzesentwurfs über die wirtschaftliche Landesverteidigung, S. 87.

[62] Ausländische Erfahrungen zum Problem der Übertragung der rechtsetzenden Gewalt, S. 139 ff.

[63] Diese beiden Autoren sowie FRIEDRICH KLEIN (Verordnungsermächtigungen nach deutschem Verfassungsrecht, in: Die Übertragung der rechtsetzenden Gewalt im Rechtsstaat, S. 28 f.) verweisen auch auf HERMANN JAHRREISS, Herrschaft nach dem Maß des Menschen, 1951, S. 24: «Aber schlimmer ist, daß noch weniger Gesetze, als in die Köpfe gehen, Eingang finden in das Rechtsgefühl, in die Herzen, weil das in den Gesetzen geregelte Verhalten überwiegend rein technischer Natur ist; solche Gesetze haben mit Moral nichts zu tun, sprechen das Gewissen nicht an.» Und weiter: «Gesetz sollte gerade da, wo der Betrieb, das Hetzen die Menschen so unstet gemacht hat wie im heutigen Leben, in dem die Technik Herr des Menschen geworden ist, nur diejenige gesetzte Norm sein, die auf Dauer bestimmt ist und nach allen Umständen das Zeug in sich hat, sich in der Behördenpraxis und im Leben des Jedermann so einzubürgern, daß ihre Geltung wie selbstverständlich ist.» (Vgl. auch vom selben Verfasser: «Größe und Not der Gesetzgebung», S. 50 ff.)

Möglichkeit, richtiges Gesetzesrecht zu erhalten, würde erleichtert, während umgekehrt das spezialisierte, beschränkte, kurzfristige, technische Recht jenen Quellen entnommen würde, die dafür Apparat, Beweglichkeit, Beurteilungsvermögen zur Verfügung haben.

Die an sich begründeten *Bedenken,* die aus den Prinzipien der Volkssouveränität und der Gewaltenteilung gegen eine solche Einschränkung des Gesetzesbegriffs entspringen, verlieren an Gewicht, wenn sowohl die heutige Rechtssetzungspraxis als auch der tiefere Gehalt jener Grundsätze bedacht werden. Die Zersplitterung der Rechtssetzungsverfahren und insbesondere die umfangreiche Verordnungsrechtssetzung halten schon heute die ordentlichen Gesetzgebungsorgane von einem großen Teil der Rechtssetzung fern. Wegen des Umfangs und der Natur der Rechtssetzungsaufgaben sind überdies Parlament und Volk in der Gesetzgebung mächtigen Einflüssen gesetzgebungsfremder Kräfte so ausgesetzt, daß ihre Anteile und ihre Selbständigkeit allmählich verschwinden (vgl. unten § 3). Aus den gleichen Gründen wirken Parlament und Aktivbürgerschaft nur bedingt als demokratische Garanten für rechtsstaatliche Ziele gegen eine absolutistische Rechtssetzung. Demokratie in der Rechtssetzung bedeutet denn nicht Volksbeteiligung unter allen Umständen, sondern Fundierung richtigen Rechts in Geist und Willen des Volkes. Und Gewaltenteilung besteht nicht in einer starren materiellen Funktionentrennung, sondern in derjenigen zeitgebundenen, zweckmäßigen Organisation, welche die Macht im Staate zum Schutze individueller Freiheit und Menschenwürde mäßigt und verteilt[64].

Immerhin wird die Anerkennung eines gewandelten Gesetzesbegriffs nur dann sinnvoll und tragbar, wenn mit der Erfüllung von drei *Voraussetzungen* gerechnet werden darf: Erstens muß die Gesetzgebung im verbleibenden Gebiete hochwertig sein, das Grundlegende, Wichtige und Gerechte wirklich bringen und es richtig bringen (vgl. dazu unten § 4). Zweitens müssen die Verordnungsgewalten durch möglichst klare Ausscheidungen eingegrenzt, entsprechende Verordnungsbegriffe ausgebildet, ein eindringlicher qualifizierter Rechtsschutz ausgebaut, die oberaufsichtsrechtliche und öffentliche Kontrolle verdichtet sein. Drittens muß die Möglichkeit offen bleiben, auch andere Staatsakte als generell-abstrakte Rechtsnormen

---

[64] Vgl. dazu Kägi, Verfassung als rechtliche Grundordnung des Staates, S.43ff.; Zur Entwicklung des schweizerischen Rechtsstaates, ZSR 71, 1952, S.225ff., 233; Rechtsstaat und Demokratie, S.132ff.; Ulrich Scheuner, Der Bereich der Regierung, S.267; Grundfragen des modernen Staates, in: Recht, Staat, Wirtschaft, III, Düsseldorf 1951, S.148f.; Ernst Forsthoff, in der Einleitung zu Montesquieus «Vom Geist der Gesetze», I, Tübingen 1951, S.LIIff.; Victor Leontowitsch, Abhängigkeit und Selbständigkeit bei der Gewaltenteilung, in: Abhängigkeit und Selbständigkeit im sozialen Leben, Köln / Opladen 1951, S.394ff.

Parlament und Aktivbürgerschaft vorzulegen, sobald nämlich darin Entscheide liegen, die für die politische Existenz des Staates von ausgesuchter Bedeutung sind [65, 66].

§ 3. Ausschnitte aus der Rechtssetzungspraxis

Die nachstehenden Ausführungen betreffen in erster Linie die Gesetzgebung. Sie beziehen sich – ohne daß es immer ausdrücklich angemerkt wird – teilweise auch auf das Verordnungsrecht der Legislativen und der Exekutiven. Die Feststellungen sind der Praxis vorab des Bundes und der größeren Kantone, namentlich der Flachlandkantone, entnommen. Sie haben vereinzelt auch Gültigkeit für Gemeinden mit Gemeindeparlament und ausgebauter Gemeindeexekutive. Die Praxis kleinerer Kantone weicht zuweilen erheblich von den dargestellten Beobachtungen ab, was aber hier unbeachtet bleiben muß.

I. Parlament, Regierung und Verwaltung im Gesetzgebungsverfahren

1. Die Ausbildung eines Vorverfahrens

Dem Konstitutionalismus kann mit Grund eine gewisse Wirklichkeitsfremdheit oder wenigstens zweifelhafte Vereinfachung vorgeworfen werden, wenn er darauf baute, das Parlament werde den schöpferischen Akt der *Inhaltsgestaltung* zustande bringen. Voraussetzung für eine hinlängliche Parlamentsarbeit bildet der Entwurf, welcher das geistige Produkt einer oder weniger Personen ist [67]. Das schweizerische Staatsrecht aber ist wohl nie ernsthaft vom Gedanken ausgegangen, daß Abgeordnete die Entwürfe erstellen. Das wäre trotz zurückhaltender Rechtssetzung auf die Dauer nur Berufsparlamentariern möglich, was aber der schweizerischen Staatsauffassung offenbar mehr zuwider ist als die Tatsache, daß Nichtparlamentarier die wichtige Grundlage des Gesetzes, den Entwurf, beibringen. Schon das früheste parlamentarische Verfahrensrecht rechnete denn damit, daß die Regierung dem Parlament den Entwurf für die Beratung verschaffe [68]. Trotzdem blieb die Bestimmung des *Parlamentes als Stätte der Rechtserzeu-*

---

[65] In diesem Sinne auch KÄGI, Rechtsstaat und Demokratie, S. 125 ff., wobei eindringlich auf die erforderliche Zurückhaltung in derartigen Entscheiden hingewiesen wird.

[66] Daß ein wirksames Korrektiv demokratischen Ursprungs gegen eine ausgreifende Verordnungsgewalt das Budgetrecht des Parlamentes und Finanzreferendum darstellen, sei hier nur am Rande vermerkt.

[67] Vgl. KURT EICHENBERGER, Die oberste Gewalt im Bunde, Zürich 1949, S. 134 ff.

[68] Dabei dürfte es anfänglich selbstverständlich gewesen sein, daß die Regierung den Auftrag zur Entwurfserstellung an Persönlichkeiten außerhalb der Verwaltung vergab.

gung gewahrt. Die Mitarbeit der Regierung und von Sachverständigen war im Grundsatz vorbereitende Hilfe, Beschaffung von Material, Aufklärung über Erfahrungen im Gesetzesvollzug und über technische Möglichkeiten. Der Entwurf stellte kein festgefügtes, unantastbares Werk dar. Er beeinträchtigte die Freiheit des Parlamentes nicht, indem er der unbehelligten Umgestaltung, Erweiterung oder Kürzung offen stand. Entsprechendes gilt für die Antragsrechte und die Befugnis zur Teilnahme an den parlamentarischen Beratungen: der Regierung war keine *Rechtssetzungspolitik* im weiteren Sinne zugedacht; sie war in diesem Bereich Hilfsinstanz[69]. Die Verwaltung gar rückte ganz in den Hintergrund; sie war untergeordnetes Instrument der Regierung[70].

Dieser Rollenverteilung entspricht zur Hauptsache das heute noch geltende parlamentarische Verfahrensrecht[71]. Es setzt – allgemein gesprochen – mit seiner Regelung beim sogenannten *Initiativbegehren* ein, womit die Anregung zu einem Gesetzgebungsakt an das Parlament herangetragen wird. Es führt darauf über den *Initiativbeschluß*, worin das Begehren durch das Parlament aufgenommen wird, unverweilt auf die *Beratung* eines Entwurfs in parlamentarischen Kommissionen und im Plenum über. Es schließt ab mit Normierungen über die *Entscheidung* und eine allfällige Sanktion durch die Aktivbürger. Das Gesetzgebungsverfahren ist damit eingespannt zwischen der Initiative und dem Entscheid, und die normierten, das heißt vom Recht beachteten Stadien spielen sich – von der Volksinitiative und dem Referendum abgesehen – im Parlamente ab.

In Wirklichkeit wird diesem parlamentarischen Verfahren regelmäßig ein «*Vorverfahren*» vorangestellt oder zwischen Initiativbegehren und Initiativbeschluß eingeschoben. Das Vorverfahren ist im Bund und in den größeren Kantonen bereits teilweise durch Konventionalregeln geordnet. Es läßt sich etwa in folgende Stadien unterteilen: Veranlaßt durch das Initiativbegehren oder unverbindliche Anregungen, arbeitet diejenige Verwaltungsabteilung, in deren Geschäftsbereich das Gesetz gehört, einen Vorentwurf aus oder gibt – seltener – den Auftrag dazu an Sachverständige

---

[69] Indessen wird im schweizerischen Staatsrecht der Regierung immer das Initiativrecht eingeräumt. Und die Initiative ist ein hochpolitischer Akt im Sinne einer staatsleitenden Funktion, weil er Ausgangspunkt und Richtungsweisung für die Rechtsschöpfung darstellen kann. Vgl. dazu auch SCHEUNER, Der Bereich der Regierung, S. 253 ff., insbes. S. 265; ferner FRANZ MEYER, Der Begriff der Regierung im Rechtsstaat, Zürich 1948, S. 35 ff., 153 f.

[70] Wenn das Bundesgesetz über die Organisation der Bundesverwaltung vom 26. März 1914 Departementen und Abteilungen die Vorbereitung der Gesetze überträgt, so ist damals die Verwaltung nicht als Faktor der Gesetzgebung eingeführt worden: die Verwaltung hatte dem Bundesrat als Hilfsstelle zu dienen.

[71] Zusammenfassungen bei GIACOMETTI, KStR, S. 420 ff.; BStR, S. 542 ff.

aus *(Departements- oder Abteilungs[vor]entwurf)*. In einer aus Sachverständigen und Interessenten zusammengesetzten Expertenkommission wird der Departements(vor)entwurf beraten und modifiziert *(Expertenentwurf)*. Interessenten sowie öffentliche Instanzen, die am Vollzug beteiligt sein werden, erhalten Gelegenheit zur ausführlichen Stellungnahme und zur Anbringung von Anregungen und Begehren *(Vernehmlassungen)*. Die die Vorbereitungen leitende Verwaltungsstelle stellt einen die Experten und die Vernehmlassungen beachtenden *bereinigten Departementsentwurf* auf, welcher der Regierung unterbreitet wird. Diese erhebt ihn zum *Regierungsentwurf* und legt ihn dem Parlamente vor *(Vorlage)*, womit das rechtlich normierte Verfahren beginnt bzw. wieder einsetzt [72].

Das Vorverfahren ist keine schlichte Vorbereitung des Entwurfs für das Parlament. Es ist, wie noch auszuführen sein wird, *politisch von ausgesuchter Bedeutung*. Es legt den künftigen Gesetzesinhalt im wesentlichen fest; das Parlament sieht von eigener Inhaltsgestaltung ab. Es läßt soziologische Kräfte zur politischen Geltung kommen, die gemäß Konstitutionalismus und schweizerischem Staatsrecht zur Teilnahme an der Gesetzgebung nicht oder nur sehr beschränkt oder unter anderen Modalitäten ausersehen sind. Es versetzt aber auch die Verwaltung in das Zentrum der Rechtsschöpfung und macht sie – faktisch – zu einem wesentlichen, unumgänglichen Faktor der Gesetzgebung.

2. Anteile am Gesetzgebungsverfahren

Es ist im folgenden auf die Anteile einzugehen, welche der Verwaltung, der Regierung und dem Parlament am Gesetzgebungsverfahren für die Regel zuzukommen pflegen.

a) Die hervorragende Stellung der *Verwaltung* in der Gesetzgebung [73] wird *im Vorverfahren* sichtbar. Sie leitet, lenkt und trägt es: die Ausarbeitung des Vorentwurfs, die Berufung und wenigstens formelle Leitung der Expertenkommission, die Einholung der Vernehmlassungen, insbesondere aber die Auswertung aller Beiträge und die Erstellung des endgültigen Entwurfs

---

[72] Die Stadien des Vorverfahrens sind teilweise austauschbar; manchmal fallen einzelne weg (z. B. in den Kantonen oft die Expertenkommissionen oder die Bereinigung) oder gehen ineinander über (z. B. Expertenberatung und Vernehmlassungen) oder werden wiederholt (z. B. Departementsentwürfe und Vernehmlassungen).

[73] Was im folgenden zur Funktion der Verwaltung in der Gesetzgebung ausgeführt wird, hat fast ausnahmslos auch Geltung für die Verordnungsrechtssetzung der Exekutive, freilich normativ mit dem beachtenswerten Unterschied, daß die Verordnung der Bestimmung nach Recht der Exekutive ist und die umfassende Teilnahme der Verwaltung begründet werden kann. Immerhin ist auch hier einzuwenden, daß in dieser Verordnungsrechtssetzung die Regierung, nicht die Verwaltung, Recht zu setzen hat. Jene unterliegt einer öffentlichen Kontrolle mit gewissen Sanktionsmöglichkeiten, diese nur mittelbar.

fallen ihr zu. Sie klärt dessen Verfassungsmäßigkeit, erwägt die politische Situation, auf die er auftrifft, fügt ihn systematisch in die bestehende Gesetzgebung ein, prüft die finanzielle Tragweite, die technische Zweckmäßigkeit und die Praktikabilität. Die Inhaltsgestaltung fällt der Verwaltung zu. Innerhalb der Verwaltung gibt es keine Ämter für legislatorische Aufgaben. Das *Departement,* in dessen Geschäftsbereich der Gegenstand der gesetzlichen Regelung fällt, übernimmt die der Verwaltung zustehenden Funktionen im Vorverfahren. Immerhin wirken andere Verwaltungszweige regelmäßig mit, so vor allem etwa das Justizdepartement bei Fragen der Verfassungsmäßigkeit, des Verfahrens und der Rechtsform[74], das Finanzdepartement bei Fragen der finanziellen Voraussetzungen und Auswirkungen, die Staatskanzlei bei Fragen der Redaktion[75]. Befaßt sich der Entwurf auch mit Fragen aus Spezialgebieten oder berührt er Sachbereiche anderer Departemente, werden diese sich wenigstens mit Berichten beteiligen. In etlichen Kantonen ist die Verteilung der legislatorischen Aufgaben der Verwaltung allerdings noch stark persönlich bedingt: wenn die Verwaltung klein ist oder wenn einem Verwaltungszweig eine für die Rechtssetzungsaufgaben besonders geeignete Persönlichkeit angehört, so liegt zuweilen das Schwergewicht des Vorverfahrens in einer einzigen Stelle; es gibt Beamte, die als «die» Gesetzgeber gelten dürfen und die der Legislation eines Zeitabschnittes das Gepräge geben können.

Die Wichtigkeit der Gesetzgebung und die große Bedeutung des Vorverfahrens würden es nahelegen, daß sich auch die *Departementsvorsteher* und die Chefbeamten der gesetzgeberischen Aufgabe intensiv annähmen. Das ist jedoch nicht durchwegs so und hängt weitgehend von persönlichen Neigungen ab. Während in den Kantonen noch verbreitet Regierungsräte am Vorverfahren aktiv und selbst bei Einzelheiten teilnehmen, ja selbst Entwürfe erstellen, beschränken sich die Bundesräte – von wichtigen Ausnahmen abgesehen – etwa auf die Auftragserteilung, einige Richtlinien und Entscheidungen bei Alternativvorschlägen oder in Streitfragen zwischen den Departementsbearbeitern; häufig können sie sich materiell überhaupt nicht mit dem Geschäfte befassen.

---

[74] HANS NEF, Sinn und Schutz verfassungsmäßiger Gesetzgebung im Bunde, ZSR 69, 1950, S. 133 a ff., insbes. S. 193 a ff., beanstandet, daß im Bunde – Entsprechendes gilt auch für die Kantone – die Justizabteilung im Vorverfahren zu wenig beigezogen wird, und verlangt ihren Ausbau im Dienste vor allem einer präventiven Verfassungsgarantie.

[75] Vgl. für den Bund: FELIX WEBER, Koordination der Gesetzgebung im Hinblick auf Gesetzestechnik und Gesetzesredaktion ZSR 69, 1950, S. 251 ff., insbes. S. 285 ff. Die von der Bundeskanzlei geübte Koordination muß sich auf das Formale, vor allem auf das Stilistische, beschränken und kann wirksam keine präventive Verfassungsgarantie werden, wie sie Professor NEF gefordert hat (vgl. vorige Anm.).

Es fällt ohnedies auf, daß im Bund, aber auch in größeren Kantonen, die Funktionen der Verwaltung im Vorverfahren auf der hierarchischen Leiter gleichsam immer weiter «hinunterrutschen»: Abteilungen, Ämter und schließlich Sektionen stellen die Bearbeiter; sie treten in den Expertenkommissionen und bei der Einholung der Vernehmlassungen gegen außen selbständig auf; sie bewerten die Vernehmlassungen und die Arbeit der Expertenkommissionen, befinden über die Berücksichtigung der Anbringen. Das mag den fachtechnischen Anforderungen an das Gesetz zuweilen dienlich sein, weil die tieferen Glieder in Einzelheiten besser bewandert sind, tut aber der notwendigen Weite, Einpassung und juristischen Durchbildung auch wesentlicher Erlasse sicherlich häufig Abbruch. Spezialisierung bewährt sich für den Beruf des Gesetzgebers nicht sonderlich. Die Bearbeitung der Vorlagen durch die einzelnen Departemente und untergeordneten Dienststellen führt unter anderem dazu, daß die *Qualität der Rechtserlasse* stark differiert. Es gibt solche, die sich durch Sorgfalt und Meisterschaft bis ins Stilistische auszeichnen; andere wiederum fallen materiell und formell stark ab.

b) Vor dem Parlament und der weiteren Öffentlichkeit tritt als dasjenige Organ, das die Vorbereitungen für die Gesetzgebung getroffen hat, die *Regierung* als Kollegialbehörde auf. Rechtlich ist es durch die Auftragserteilung durch das Parlament und durch ihre Stellung an der Spitze der Verwaltung begründet: was diese ausführt, kann und soll der Regierung als Exekutive zugerechnet werden. Soziologisch gesehen, entspricht diese Zurechnung dem materiellen Anteil der Regierung an der Gesetzgebung freilich nicht.

Die Regierung – in Bund und Kanton bestehen sehr ähnliche Verhältnisse – durchgeht den bereinigten Departementsentwurf, beachtet die Mitberichte der Departemente und nimmt bei sehr umstrittenen Vorlagen von den Expertenberichten und den Vernehmlassungen Kenntnis; sie zieht die politische Situation in Erwägung, trägt Bedenken und Anregungen für Verbesserungen vor, weist den Entwurf zur Überholung zurück, veranlaßt Aufklärungen und trifft Auslese zwischen vorgeschlagenen Möglichkeiten. Mitunter wird sie während des laufenden Vorverfahrens um Vorentscheide oder Richtlinien für die weitere Bearbeitung angegangen. – Es kann nicht übersehen werden, daß der Departementschef, der den Entwurf einbringt, die Beratungen der Regierung anführt und meist beherrscht[76].

---

[76] Er ist am sachkundigsten. Er ist mit der Vorlage vertraut. Er darf – unter Wahrung des «Gegenrechts» – mit loyaler Zusammenarbeit rechnen. – Es kommt vor, daß sich der Departementschef in den Regierungsverhandlungen von Mitarbeitern begleiten läßt. Er untermauert dadurch den sachlich-fachlichen Vorsprung, büßt aber mitunter an Ansehen ein.

Wenn er auf seiner Lösung besteht und diese nicht vollends abwegig erscheint, fallen meistens Widerstände innerhalb der Regierung früher oder später[77] dahin.

Bundesrat und Kantonsregierungen wirken bei Gesetzesentwürfen[78] der Verwaltung in der Regel als relativ sorgfältige *Zensurstellen*. Bei politisch bedeutsamen Fragen treffen sie Entscheidungen. Bei einer Großzahl von Vorlagen beschränken sie sich jedoch auf die *Genehmigung*. Die Regierung entwirft das Gesetz nicht. Inhaltlich trägt sie wenig bei. Der endgültige Entscheid liegt nicht bei ihr. Bemerkenswert ist auch, daß es in der Regel nicht die Regierung ist, welche die (tatsächliche) Initiative zur Rechtssetzung trägt: Diese liegt vielmehr entweder beim Parlament, das Anregungen fast unbesehen entgegennimmt, oder bei der Verwaltung, die von sich aus oder veranlaßt durch außerstaatliche Einflüsse die Rechtssetzung einleitet. Die größte Bedeutung der Regierung in der Rechtssetzung ist denn darin zu suchen, daß sie das Ergebnis des Vorverfahrens von einem bloßen Departementsentwurf zu einer Vorlage der Regierung macht und es mit jener hohen *Autorität* ausstattet, die den schweizerischen Regierungen und ihren Akten zuzukommen pflegt. Zugleich vereinigt und verpflichtet die Behandlung in ihrem Schoße das Kollegium auf den Entwurf, so daß die einzelnen Mitglieder diejenigen Gruppen, aus denen sie hervorgegangen sind, für die Vorlage zu gewinnen suchen oder zumindest deren Opposition nicht fördern[79]. Ansehen und Solidarität der Regierung erhöhen den Entwurf der Verwaltung.

---

[77] Viele Widerstände und Einwände erlahmen auch im Schoße der Regierung durch Zeitablauf. Wer aushält, dringt schließlich durch. Es gibt für die Behandlung der Vorlage bereits in der Regierung taktische Überlegungen: Wahl des Zeitpunktes für die Einbringung, Vororientierungen, Verstärkung durch Anführung der Argumente gewichtiger Personen oder Organisationen, allgemeine Publikation des bereinigten Departementsentwurfs zur Bindung des Kollegiums durch eine sich bildende öffentliche Meinung usw. Vgl. aber auch Anm. 79.

[78] Bei Entwürfen für Verordnungen der Exekutive ist es sehr oft anders. Die geringere Bedeutung des Erlasses, namentlich aber der Umstand, daß Parlament und Öffentlichkeit auf die Verordnungen keinen Einfluß nehmen können, verleitet zu einer oberflächlicheren Behandlung in der Regierung. Schon die Verordnungen der Legislativen werden durch die Regierung in der Regel peinlicher vorbereitet und behandelt als diejenigen, die sie selbst erläßt.

[79] Es darf an dieser Stelle auf die bemerkenswerte Erscheinung hingewiesen werden, daß die Regierungskollegien im Bund und in den Kantonen trotz der durchgehend koalierten Zusammensetzung regelmäßig von einem Geist starker Solidarität und Mitverantwortung, ja mitunter der gegenseitigen Treue und persönlichen Verbundenheit durchdrungen sind. Wenn auch Spannungen bestehen, bleiben sie beherrscht von der gemeinsamen Sorge für den Staat (freilich manchmal: für die gegenseitige Sicherung der Wiederwahl!); sie fördern die echte Diskussion, die in der Regierung noch geführt wird. Die Solidarität sichert der Koalitionsregierung Handlungsfähigkeit und Ansehen.

c) Die bekannten kritischen Betrachtungen des Parlamentsbetriebes durch die Staatslehre seit dem ersten Weltkrieg [80] treffen in bezug auf die Rechtssetzungsaufgaben im großen und ganzen auch auf die gegenwärtigen schweizerischen Verhältnisse zu. Obwohl mehrfach und ausgiebig festgestellt, ist der Beobachter immer wieder überrascht darob, wie vollständig und konsequent auf die echte Diskussion in der *öffentlichen Plenumsberatung* verzichtet und die Bildung von Meinung und Willen in inner- und außerparlamentarische Kabinette verlegt wird [81]. Dazu gesellen sich der Verlust des freien Mandates, ein gewisser Mangel an gesetzgeberischen Qualitäten bei den Abgeordneten und eine Einbuße an integrierenden Wirkungen der Parlamentsarbeit.

Daß der Inhalt des Gesetzes in einem zum voraus geschaffenen Entwurf vorgezeichnet werden muß, ist als unumgängliche Voraussetzung hinzunehmen. Während des Vorverfahrens [82] wird ein Inhalt derart entworfen, daß ihm vor der parlamentarischen Beratung eine Mehrheit jener Kräfte beipflichtet, die auf Abgeordnete und öffentliche Meinung einen bestimmenden Einfluß auszuüben vermögen. «Soziologische Legislativkräfte» [83] nehmen gewichtigen Anteil an der Entwurfsgestaltung, und mannigfaltige Abhängigkeiten oder wenigstens Rücksichten binden die Parlamentarier an die Stellungnahme dieser Kräfte. Was deshalb im Parlament an Meinungen – in oft eifriger Rede – verkündet wird, ist zum großen Teil anderswärts gebildet und insbesondere *unabänderlich* gemacht worden. Die Entscheidung ist durch Fraktionsbeschlüsse und zwingende Bindungen bereits festgelegt, und die Abstimmung dient der zahlenmäßigen Registrierung der Gruppenstärken und der Ausstattung des Mehrheitswillens mit Verbindlichkeit. Freilich werden durch Einzelmitglieder und Fraktionen im Plenum noch Anträge gestellt und in häufig ausgiebigen Begründungen verfochten. Solche Unternehmen sind aber fast immer «letzte Mittel», ja oft

[80] Namentlich in Deutschland etwa von MAX WEBER, Parlament und Regierung im neugeordneten Deutschland, München 1918; THOMA, Zur Ideologie des Parlamentarismus und der Diktatur, a.a.O.; CARL SCHMITT, Die geistesgeschichtliche Lage des heutigen Parlamentarismus; W. HELLPACH, Die Krisis des deutschen Parlamentarismus, Karlsruhe 1927; GERHARD LEIBHOLZ, Das Wesen der Repräsentation mit besonderer Berücksichtigung des Repräsentativsystems, Berlin / Leipzig 1929.

[81] Innerparlamentarische Gremien können die parlamentarischen Kommissionen und – in einer Zwischenstellung – die Fraktionen genannt werden. Zu den außerparlamentarischen gehören vorab die Expertenkommissionen aus dem Vorverfahren. Über diese Flucht aus der Öffentlichkeit vgl. unten II.

[82] Gelegentlich auch noch während der Beratung in den parlamentarischen Kommissionen, aber auch da von jenen Stellen, die im Vorverfahren tätig sind, nicht von den Kommissionen.

[83] Vgl. darüber unten II und III, und EICHENBERGER, Die oberste Gewalt im Bunde, S. 133 f.

verzweifelte Versuche, einen Gedanken zu retten oder abzuwenden, nachdem das im Vorverfahren oder in den parlamentarischen Kommissionen nicht gelungen ist. Sie glücken selten, am ehesten noch dann, wenn sie politisch für so harmlos oder sachlich für so geringfügig gehalten werden, daß die Regierung oder Interessenten nicht Widerstand leisten. Oft sind sie sachlich unzulänglich. Die Plenumsverhandlungen werden eben derart vorbereitet, daß es fast aufsehenerregende Zufälligkeiten sind, wenn sie eine nicht erwartete Wendung nehmen. Die reiche Fülle an gesetzgeberischen Aufgaben bringt es indessen manchmal mit sich, daß Nachlässigkeiten in der Vorlage stehen bleiben oder daß der allgemeinen politischen Situation und Stimmung zu wenig Beachtung geschenkt wird. In solchen Fällen erweist sich das Plenum als *letzte*, relativ zuverlässige *Kontrolle:* doch bringt es nicht selbst die erforderlichen Korrekturen an, sondern weist die Vorlage ganz oder teilweise an die vorberatende Kommission und diese meist an die Regierung und Verwaltung zurück. Wenn entgegengesetzte Meinungen vor den Plenumsberatungen in keinem Kompromiß versöhnt werden können, hat das parlamentarische Verfahren die *Entscheidung* herbeizuführen. Zu diesem Ziele wird jedoch keine argumentierende, Überzeugung anstrebende Diskussion geführt, sondern nach der dokumentierenden Verkündung der festgefügten Gruppenmeinungen im arithmetischen Spiel einer Abstimmung die obsiegende Meinung zum Staatswillen gestempelt[84].

Das parlamentarische Verfahren zeichnet sich denn durch eine eigenartige *Leere* aus: was an schöpferischen Aufgaben anfällt, wird dem Parlament abgenommen und vor seinem Zusammentritt erfüllt. Was ihm an selbständiger Prüfung, Ermittlung, Abwägung, Repräsentation zu tun verbleibt, schiebt es entweder auf die kleineren Gremien der parlamentarischen Kommissionen und Fraktionen ab, oder aber umgeht es. Es entscheidet freilich, aber nicht frei und nicht über ein eigenes Produkt, sondern über einen Inhalt, der ihm gegeben wird, den zu ändern es nicht vermag und der durch inner- und außerparlamentarische Kräfte für die Abgeordneten bindend bewertet worden ist. Das parlamentarische Verfahren – durch den Konstitutionalismus und das Staatsrecht zu höchster Bedeutung erhoben – ist effektiv gehaltarm. Es erfüllt den ihm zugedachten Sinn offensichtlich nur noch sehr beschränkt.

Selbstverständlich bleibt das parlamentarische Verfahren bedeutungsvoll. Es allein wandelt ja den Entwurf zum Gesetz, den Gehalt zum staatlichen Willen. Es ist rechtlich das Gesetzgebungsverfahren; alles andere sind meist außerrechtliche Begleiterscheinungen, die bei positivistischer Betrachtung

---

[84] In kleinen Kantonen – wie auch teilweise in den Gemeinden – ist es noch anders. Hier kommen echte Diskussionen noch zustande.

sogar übersehen werden dürfen. Es ermöglicht ferner der breiteren Öffentlichkeit, Kenntnis zu nehmen von den gesetzgeberischen Absichten, die zwar materiell dannzumal festgelegt sein dürften, aber immerhin gewissen Korrekturen zugänglich bleiben. Eine konservative öffentliche Meinung, die allerdings nicht mehr weitverbreitet ist, sieht im Parlament immer noch den materiellen Gesetzgeber, weiß wenig von seinen Abhängigkeiten nach vielen Seiten und achtet auf seine Tätigkeit. Selbst die bloße Registrierung der von außerparlamentarischen Kräften zudiktierten Meinung in der parlamentarischen Beratung ist insofern sinnvoll, als sie politisch Verantwortungen für ermöglichte oder vereitelte gesetzgeberische Lösungen festlegt.

3. Das Übergewicht der Verwaltung

Wenn das gegenseitige Verhältnis der drei Größen Parlament, Regierung und Verwaltung in der tatsächlichen Gesetzgebungsarbeit abgewogen wird, ist davon auszugehen, daß das Parlament durch das Staatsrecht in eine starke Stellung versetzt ist – bildet es ja unter Vorbehalt der Volksrechte nominell und rechtlich die «oberste Gewalt» im Staate. Potentiell könnte es die materielle Gesetzgebung ganz oder teilweise an sich ziehen. Vor allem könnte es durch Nichteintreten die Vorlage abwenden. Es schöpft diese Möglichkeiten erfahrungsgemäß nie aus; aber die Aktualisierung – namentlich das Nichteintreten – liegt doch nicht so fernab, daß sie überhaupt nicht in Rechnung gestellt werden müßte. Sodann ist zu bedenken, daß das Referendum dem Parlament zwar die letzte Entscheidung abnehmen kann, ohne aber dessen Bedeutung zu mindern. Das Parlament hat gerade im Hinblick auf das Referendum Funktionen von Tragweite; es kann durch «volksadäquate» Legislation den Volksentscheid überflüssig machen oder die Annahme erreichen, durch «volksfremde» dagegen das Referendumsbegehren auslösen oder die Verwerfung fördern. Für die sachliche Richtigkeit bleibt ohnehin die letzte Verantwortung beim Parlament: das Volk kann nur bejahen oder verneinen, das Parlament aber, wenn es wollte, den Inhalt noch selbst gestalten.

Parlament und Parlamentsverfahren bergen also weittragende *Möglichkeiten* in sich. Diese zwingen alle jene Kräfte, die den parlamentarischen Entscheid festzulegen trachten – Verwaltung, Regierung, parlamentarische Kommissionen, Fraktionen, Parteien, Interessenorganisationen –, auf das Parlament oder wenigstens seine Mehrheit irgendwie Rücksicht zu nehmen. Es bleibt ein Faktor der Gesetzgebung auch in materieller Hinsicht, obschon größtenteils mit negativer Wirksamkeit: die legislatorischen Vorbereitungen haben das zu vermeiden zu suchen, was das Parlament zur Aktualisierung seiner Möglichkeiten reizen könnte; sie müssen Zusammensetzung, Stimmung, Neigung des Organs, das immerhin Eigengesetzlichkeiten folgt, bedenken. Positive Richtungsweisung bedeutet diese Beachtung des Parlamentes freilich nicht.

Trotz seinem formellen Vorrang und der geschilderten tatsächlichen Berücksichtigungen tritt das Parlament an Bedeutung in der Gesetzgebung vor Regierung und Verwaltung unverkennbar zurück. Es unterliegt dem unmittelbaren Einfluß der Regierung, einem mittelbaren der Verwaltung.

Die *Regierung führt das Parlament*[85]. Sie ist mit umfassender, jeder Opposition überlegener Sachkenntnis ausgerüstet; sie genießt allgemeines Ansehen und nimmt durch ihre Mitglieder hervorragenden Einfluß auf die Fraktionen; sie kann sich bei der Verfechtung ihrer Vorlage auf die Unterstützung «beteiligter Kreise» berufen; sie übt mit Erfolg vielfältige Verhandlungstaktik; sie nutzt die Tatsache aus, daß die Parlamentarier in der Regel außerstande sind, wesentliche Änderungen an der Vorlage in befriedigender Weise zu beantragen. Der bestimmte Einsatz der Regierung sichert ihrer Vorlage fast regelmäßig die Annahme im Parlament. Sie treibt materiell und verfahrensmäßig Gesetzgebungspolitik, und insofern ist sie «Gegenspieler» des Parlamentes, das sich zu fügen pflegt[86].

Die Präponderanz der Regierung über das Parlament darf aber nicht darüber hinwegtäuschen, daß jene im Gesetzgebungsverfahren zumeist nur ausspricht und verficht, was ihr die *Verwaltung* auguriert und zuhält. Selbstverständlich würde die Regierung in reichem Maß über rechtliche und tatsächliche Mittel verfügen, um Widerstände der Verwaltung zu beseitigen, und es kommt vor, daß solche zu brechen sind. Allein, die Regierung befindet sich gegenüber der Verwaltung in einer ähnlichen Lage wie das Parlament ihr gegenüber: die Verwaltung legt der Regierung einen durchgebildeten Entwurf vor, der im zumeist langwierigen Vorverfahren zustande gekommen ist. Hier hat mitgesprochen, wer von Bedeutung zu sein scheint; hier sind die erforderlichen juristischen, soziologischen und politischen Überlegungen angestellt worden; hier ist eine «tragbare Lö-

---

[85] Sie tut es mehr noch in den parlamentarischen Kommissionen als im Plenum. Sie braucht sich dort auch weniger Zurückhaltung aufzuerlegen. Vorderhand zeigt sie nämlich immer noch eine gewisse Scheu, vor der Öffentlichkeit die Selbständigkeit und Eigenwilligkeit zu demonstrieren. Bemerkenswert ist, daß zwischen Kommission und Regierung durchwegs Übereinstimmung erzielt wird (vgl. unten II), worauf die beiden im Plenum Hand in Hand auftreten. Der stärkere Partner ist die Regierung.

[86] Man könnte im Bund und in den Kantonen eine ansehnliche Zahl von Fällen aufführen, in denen sich diese Regel nicht bestätigt. Es ist aber da zumeist nicht so gewesen, daß das Parlament sich der Führung der Regierung in einem Streben nach Selbständigkeit entzogen hätte – solche Ereignisse sind selten. Sondern die Regierung verzichtete von sich aus auf eine eigene Politik – weil sie selbst wenig überzeugt, uneinig oder anderwärts gebunden war. In solchen Fällen wird das Parlament recht hilflos: es sucht nach Lenkung und Maßstab, findet sie aber nicht dort, woher sie üblicherweise kommen.

sung» gefunden worden. Aus diesem Werk bricht die Regierung ungern Steine heraus. Bei der Verwaltung liegt heute die *schöpferische Arbeit der Gesetzgebung*. Obgleich Änderungen am Entwurf bis zu den parlamentarischen Schlußabstimmungen vorkommen und obgleich mit seiner Ablehnung von der Behandlung in der Regierung an bis zum Volksentscheid gerechnet werden muß, kann die Selbständigkeit der Verwaltung nicht wesentlich beeinträchtigt werden. Erstens sind die Möglichkeiten der Amendierungen sehr beschränkt. Vorgeschlagene Änderungen von etwelcher Bedeutung müssen zudem wieder durch die Verwaltung geprüft und oft auch entworfen werden, weil Parlament, parlamentarische Kommissionen und Regierung ohne die Stellungnahme der sachkundigeren Verwaltung in der Regel nicht beschließen. Zweitens stellt die Ablehnung des Entwurfs der Verwaltung nichts Aufbauendes dar. Die auf Ablehnung oder Rückweisung schließende parlamentarische Kommission oder gar das ablehnende Plenum können nichts Eigenes an die Stelle setzen und müssen sich mit der Negation bescheiden[87], vertrauend darauf, daß die Verwaltung im nächsten Entwurf ihrer Meinung besser Rechnung trägt. Was aber, wenn die Verwaltung es nicht tut oder es zwar tun will, die Meinung aber wiederum verfehlt? Die entscheidenden Organe können nicht wiederholt ablehnen, weil daraus kein Gesetz erwächst. Letztlich muß doch das beschlossen werden, was die Verwaltung bringt und – will.

Freilich ist die Wirklichkeit komplexer, sind die Abhängigkeiten vielseitiger. Namentlich ist beachtenswert, daß die *Verwaltung*, sobald sie einen gewissen Umfang annimmt, *keine einheitliche Gewalt* mehr darstellt. Die Eigenständigkeit, die sie auch gegenüber der Regierung behauptet, geht auf die einzelnen Departemente über. Nun ist es zwar ein einzelnes Departement, welches das Vorverfahren leitet und eine gewisse Einheitlichkeit sicherstellt. Indessen wirken bei größeren Entwürfen zumeist weitere Departemente mit und bringen aus anderen Gesichtspunkten heraus Meinungen und Beiträge zur Geltung, die denjenigen des leitenden Departementes widerstreiten können[88, 89]. Sehr häufig werden die Diffe-

---

[87] Das gilt selbst für Rückweisungen; nur selten kann aus ihr mit Sicherheit geschlossen werden, was für ein Gehalt – positiv – genehm wäre; es steht nur mehr oder weniger fest, was nicht genehm ist.

[88] Vor allem wachsen die Finanzdepartemente zu verwaltungsinternen Opponenten heran; die Sozial- und Wirtschaftsgesetzgebung hat eben regelmäßig beachtliche finanzielle Elemente.

[89] Es zeigt sich auch, daß gewisse soziologische Legislativkräfte – insbes. Verbände – selbst einzelne Departemente als Einfallstore für ihre Begehren betrachten, und sie mobilisieren deren Fürsprache, wenn ihnen das leitende Departement zu wenig Beachtung zu schenken scheint. Deshalb lassen sie es sich auch angelegen sein, wichtige Positionen in der Verwaltung mit Vertrauensleuten oder doch Wohlgesinnten zu besetzen zu suchen. Die Verwaltung wird dadurch eigenartig bedroht; ihre Integrität, Unbefangenheit und

renzen im interdepartementalen Gespräch bereinigt; zuweilen aber gelingt es nicht. In solchen Fällen trifft die Regierung die Auslese unter den widerstreitenden Varianten und Gedanken; sie stellt damit die Einheitlichkeit wieder her. – Im weiteren ist festzuhalten, daß die Verwaltung um ihre Stärke in der Gesetzgebung relativ wenig weiß[90]. Sie nutzt ihre Potenzen denn auch selten aus; sie ist *loyal* und erfüllt von beachtlichem Respekt gegenüber dem Parlament. Sie ist bemüht, den Willen der Repräsentanten und des Volkes mit ihren Entwürfen zu treffen[91]. Alle diese Einschränkungen entheben aber nicht von der abschließenden Feststellung, daß – alles in allem genommen – von den staatlichen Stellen, die am Gesetzgebungsverfahren beteiligt sind, den materiell *stärksten Faktor die Verwaltung* bildet.

II. Der Rückzug der Gesetzgebung in außer- und innerparlamentarische Kabinette

Die Gesetzgebung flieht aus dem Plenum des Parlamentes. Sie flieht damit aus der Öffentlichkeit. Das parlamentarische Verfahren wird durch nichtöffentliche Beratungen in Ausschüssen des Parlamentes (*parlamentarischen Kommissionen*) eingeleitet. Gleichzeitig befassen sich die *Fraktionen* mit den gesetzgeberischen Vorlagen. Schon vorher aber, im Vorverfahren, sind mit den *Expertenkommissionen* einflußreiche Gremien unter Ausschluß der Öffentlichkeit tätig gewesen. Diese drei Komitees haben verschiedenartige Stellungen und Funktionen im Gesetzgebungsverfahren. Sie haben aber auch Gemeinsamkeiten: abgesehen vom erwähnten Ausschluß der Öffentlichkeit und damit von einer öffentlichen Kontrolle und Verantwortlichkeit, liegen sie in der Eigenart, daß in erster Linie sie die Stellen sind, über welche die soziologischen Legislativkräfte – vorab Interessenorganisationen und Parteien –, dann aber auch Verwaltung und Regierung, die Gesetzgebung beeinflussen.

Einheit werden angetastet. Statt ausschließlich und unabhängig dem Staate, das heißt dem Allgemeinen, zu dienen, werden durch (vorläufig feingesponnene) Bindungen Verwaltungsstellen zu Wortführern von Partikularinteressen. Diese Entwicklung wird insbes. da gefördert, wo nicht die Departementsspitze, sondern untergeordnete Ämter das Vorverfahren leiten. Verantwortungsgefühl für das Ganze, Überblick über das Allgemeine sind hier weniger gesichert.

[90] Es gibt indessen berühmte Ausnahmen. In der Bundesverwaltung z.B. sind Ämter vorhanden, die ihre Stärke nicht nur kennen, sondern sie auch überschätzen. Das schlägt leicht in Überheblichkeit um.

[91] Das schwach ausgebildete «Selbstbewußtsein» der Verwaltung hat auch erhebliche Nachteile: Verbände und andere Interessenten haben in der Gesetzgebung oft nur deswegen so großen Einfluß, weil gewisse Verwaltungsstellen nicht wagen, den partikulären Interessen anspruchsvoller oder tatsächlich mächtiger Organisationen entgegenzutreten bzw. die entsprechenden Begehren zum Allgemeinwohl zu beschneiden. (Vgl. FRITZ MARBACH, Zur Frage der wirtschaftlichen Staatsintervention, Bern 1950, S.252. Vgl. auch unten im Text.)

1. Die Expertenkommissionen

Die Expertenkommissionen sind *keine einheitliche Erscheinung.* Im Bund und in den größeren Kantonen sind sie Institutionen geworden, die für jede Rechtssetzung von etwelcher Bedeutung regelmäßig gebildet werden. In kleineren Kantonen oder bei unwichtigen Rechtssetzungsaufgaben werden selten eigentliche Kommissionen eingesetzt, sondern Sachverständige informell befragt[92]; die Anhörung der Interessenten in mündlichen Verhandlungen nimmt aber auch hier an Umfang zu[93].

Die durch die Regierung oder ein Departement berufenen Expertenkommissionen bezwecken, wie ihr Name besagt, die sachkundige Beratung der Verwaltung in deren rechtssetzenden Vorarbeiten und damit der rechtssetzenden Staatsorgane überhaupt. Dementsprechend werden *Sachverständige* berufen. Zur Zeit der Kodifikationen, als die Expertenkommissionen aufkamen, gehörten ihr ausschließlich oder doch vornehmlich wissenschaftlich und praktisch erprobte Juristen an. Im Zeitalter der Wirtschafts- und Sozialgesetzgebung treten diese vor spezialisierten Wirtschaftssachverständigen vieler Schattierungen zurück[94].

Die Verdrängung des Juristen aus einer angestammten Domäne fällt jedoch noch weniger auf als die Tatsache, daß neben dem Sachverständigen, nämlich dem durch eindringliches Wissen und durch die Fähigkeit objektiver Bewertung ausgezeichneten Experten, eine andere Person in der Expertenkommission Einsitz nimmt: der *Interessenvertreter.* Zwar ist auch er sachverständig in dem Sinne, daß er die Realien, namentlich die tatsächlichen Verhältnisse, die der geplanten Gesetzgebung zugrunde liegen, ausgezeichnet kennt – besser vielleicht als irgendwer sonst. Er kann Tatsachen dokumentieren, praktische Wege aufzeigen, aus Erfahrungen schöpfen; er verschafft sich dank dessen mitunter Ansehen und Gehör. Wesentlich aber ist, daß er Beiträge und Mitarbeit zu dem Ziele leistet, die Interessen derjenigen sozialen Gruppe, die er vertritt, zu wahren, und zwar

---

[92] Oft fällt deren Konsultation auch weg.

[93] Es sollen hier jedoch die Verschiedenartigkeiten nicht erwähnt werden. Es ist aber bemerkenswert, daß die Schwierigkeiten und Eigenarten der Expertenkommissionen zum Teil übertragen werden können auf die Vernehmlassungen, das heißt die schriftlichen Stellungnahmen zu den Entwürfen im Vorverfahren.

[94] Die Erscheinung hat etliche Ursachen. Zum Teil liegen sie beim Juristen selbst, wodurch sich seine Eignung für die *heutige* Gesetzgebung mindert. Er denkt und wirkt zuweilen auch da konservativ und in überkommenen Formen, wo es nichts Erhaltenswertes gibt oder wo den «Forderungen der Zeit» vernünftigerweise Gehör zu schenken ist; er scheut vor soziologischen Problemen zurück und blickt auf die Volkswirtschaftslehre zwar wohlwollend, aber etwas erhaben; er weicht dem Verwaltungs- und Sozialrecht so lange als möglich aus und gibt sich mit ihnen erst ab, wenn es anders nicht mehr geht; er öffnet der Spezialisierung die Pforten seiner Fakultät und findet oft, sein Arbeitsgebiet sei die Rechtsanwendung, nicht aber die Rechtssetzung.

so, daß sie im Entwurf möglichst ungeschmälert beachtet, anerkannt, gesichert oder garantiert werden. Was er kritisiert, unterstützt, ablehnt, vorschlägt, geschieht unter dem Blickpunkt der vertretenen Interessen. Wenn sie mit dem Allgemeininteresse und dem objektiv Richtigen parallel laufen, verficht er zugleich auch diese[95]; geraten sie aber in Widerstreit, setzt er sich – als selbstverständlich – für seine partikulären Interessen ein. Das Moment der Fähigkeit objektiver Bewertung[96] fehlt dem Interessenvertreter. Er ist nicht Sachverständiger im umfassenden Sinne.

Die Expertenkommissionen sind *begehrte Einrichtungen*. Die Bundesgesetzgebung ist im Hauptbestandteil zur Wirtschafts- und Sozialgesetzgebung geworden, und in den Kantonen steht diejenige Rechtssetzung im Vordergrund, welche das Bundesrecht ausführt und ergänzt; jedoch auch die völlig selbständige Legiferierung der Kantone bewegt sich, wenigstens soweit sie von politischem Interesse ist, im Gebiete oder Grenzgebiet der Sozialgesetzgebung. Wegen dieser Natur der legislatorischen Gegenstände versuchen denn sowohl im Bund als auch in den Kantonen die Wirtschafts- und Berufsverbände, Vertreter in die Expertenkommissionen zu entsenden. Dazu kommt im Bunde regelmäßig auch eine Vertretung der Kantone, in den Kantonen etwa auch der Gemeinden. Die politischen Parteien dagegen entsenden keine. Da die Expertenkommission im Rechtssetzungsverfahren sehr früh auftreten, bergen sie *außerordentliche Einflußmöglichkeiten* in sich. Es sind in der Regel noch keine Positionen verfestigt; jedermann tastet nach einem gangbaren Weg; hier bietet sich denn – wie im ganzen Verfahren nachher nicht mehr – den Interessenten günstige Gelegenheit, ihre Postulate fast still, unbemerkt und unwiderruflich einzufügen. Wer in der Expertenkommission seine Anliegen beachtet findet, hat viel gewonnen.

Die *Auslese* der Mitglieder der Expertenkommissionen kann personell und politisch heikel sein. Insbesondere bereitet es Mühe, festzulegen, ob und wie Organisationen zu berücksichtigen seien, die entweder eine geringe Ausbreitung haben oder von der geplanten Gesetzgebung nur beschränkt und mittelbar betroffen sind[97]. Der Lösung dieses Minderheitenproblems wird

---

[95] Und zwar häufig mit besonderem Temperament, um die eigene Objektivität, die echte Fürsorge um das Gemeinwohl, die Hintanstellung partikulärer Interessen zu betonen. Man verschafft sich dergestalt guten Ruf, der dienlich ist, sobald das beschränkte eigene Interesse durchzusetzen versucht wird.

[96] In der offiziellen, registrierten Äußerung. Für sich selbst sind viele Interessenvertreter objektiver Betrachtungen fähig und – *privatim* – zugänglich. Sie trennen Auftrag und (bessere) Überzeugung. Das gibt ihnen etwas Schillerndes, besonders dann, wenn sie den Auftrag mit Pathos erfüllen.

[97] Zum Problem der «Zuständigkeit» von Verbänden für die Mitwirkung bei der Rechtssetzung vgl. GIGER, Die Mitwirkung privater Verbände bei der Durchführung öffentlicher Aufgaben, S. 136 ff., 142, 178 ff.

zuweilen dadurch ausgewichen, daß großzahlige Kommissionen unter Beizug von Vertretern auch abliegender Interessen gebildet werden. Sie erschweren die praktische Arbeit [98]. Im Bund hat sich die Regel ausgebildet, daß einige durch die Zahl der Angeschlossenen, durch gesellschaftliche Macht und Aktivität hervortretende Spitzenverbände sowie die durch die konkrete Regelung speziell betroffenen größeren oder kleineren Verbände regelmäßig zugezogen werden. Die Entwicklung ist so weit gediehen, daß mächtige Spitzenverbände Sitz in den Expertenkommissionen geradezu beanspruchen, auch unbekümmert darum, ob der konkrete Gegenstand unmittelbar in ihrem Sachbereich liege oder nicht. – Immerhin ist – rechtlich – die Zusammensetzung Sache der Regierung [99] oder der Verwaltung. Abgesehen von der obligatorischen Anhörung in einem Teil der Wirtschaftsgesetzgebung des Bundes (Art. 32, Abs. 3 BV) [100] und in einigen Spezialmaterien des Bundes und der Kantone, steht es ihnen zu, allein und frei über die Beiziehung zu befinden. Und es kommt in der Tat – namentlich in den Kantonen – gelegentlich vor, daß diese Freiheit genutzt wird, indem je nach der Tendenz des leitenden Departementes Kommissionen gebildet werden, die entweder dank personell glücklicher Zusammensetzung fruchtbar und qualifiziert arbeiten oder die wegen geringen Reliefs ihrer Mitglieder von der Verwaltung beherrscht und gelenkt werden. In der Regel aber werden jene Ansprüche auf Sitz und Stimme ohne weiteres anerkannt, wobei selbst die Bezeichnung ihrer Vertreter den Organisationen überlassen bleibt. Die Verwaltung sieht denn zumeist davon ab, die Zusammensetzung der Expertenkommissionen maßgeblich zu bestimmen.

Die *Arbeitsweise* der Expertenkommissionen ist weitgehend formfrei. Meist unter dem Vorsitz eines Beamten des leitenden Departementes – nur selten noch unter dem des Departementvorstehers – wird über den Vorentwurf

---

[98] Eine Hilfe bedeutet dann die Delegation einzelner Aufgaben an Kommissionsausschüsse.

[99] Die Regierung wählt in der Regel nur bei ganz wichtigen Kommissionen, oder wenn die Finanzkompetenz der Departemente für die Entschädigung der Kommissionsmitglieder nicht ausreicht.

[100] ERNST FEISST, Das Organisationsprinzip in der schweizerischen Wirtschaft als Mittel gegenseitiger Verständigung, in: Festschrift Nationalrat Dr. Gysler, Zürich 1953, S. A., S. 11, zählt 13 Spitzenverbände auf, die gemäß Art. 32 Abs. 3 BV Anspruch auf Anhörung im Bunde erheben dürften. Wie GIGER, Die Mitwirkung der Verbände bei der Durchführung öffentlicher Aufgaben, S. 36 ff., darlegt, ist auf die in Frage stehende Gesetzgebung abzustellen. Es wird eben Fälle geben, wo nicht alle Spitzenverbände als Betroffene gelten dürfen, und umgekehrt solche, die Kreise berühren – etwa die Konsumenten –, die in den Spitzenverbänden nicht zusammengefaßt sind und doch als «zuständig» zu betrachten wären. Art. 32 Abs. 3 BV gibt keinen Rechtsanspruch, und es muß im Ermessen der Verwaltung bzw. des Bundesrates gelegen bleiben, was für Organisationen im konkreten Fall zuzuziehen sind.

oder über Grundzüge einer Regelung in ein, zwei oder mehr Lesungen beraten. Wesentliche Einzelheiten und das Ganze werden Abstimmungen unterworfen. Daraus geht zuweilen ein eigentlicher Expertenentwurf, zuweilen eine Änderung oder auch nur unwesentliche Berichtigung des Vorentwurfes hervor; zuweilen erstattet die Kommission einen sogenannten Expertenbericht.

Die heutigen Expertenkommissionen führen nur sehr begrenzt ein praktisch-wissenschaftliches Gespräch zum Ziele der Raterteilung an die Verwaltung. Sie suchen vielmehr in Auseinandersetzungen diejenige Fassung des Entwurfs oder des Berichts, dem die aktivsten der beteiligten Gruppeninteressenten zustimmen (vgl. unten § 3, III, 3, b, § 3, IV). Sie selbst sehen in ihrer Tätigkeit mehr als eine Konsultation und erwarten, daß die Verwaltung ihre Arbeit voll beachte. In einem vielfältigen Spiel meist augenblicklicher Allianzen werden die Forderungen einzelner Interessenten in den Entwurf eingebaut: Zustimmungen werden mit dem Gegenangebot von Unterstützung bei nächster Gelegenheit erkauft (vgl. unten § 3, III, 3, b). Die Expertenkommissionen werden zu *politischen Kabinetten*[101].

Die Eigenart der Expertenkommissionen wirkt sich auf die *echten Sachverständigen* oft unerfreulich aus. Sie sind regelmäßig eine Minderzahl und können das Getriebe der Interessenverfechtung nicht anhalten. Sie mögen als «Neutrale» zuweilen den Ausschlag zwischen sich bekämpfenden Lagern geben, sofern diese ungefähr gleich stark sind[102]. Im übrigen aber werden sie, wenn ihnen keine hervorstechende Aktivität eigen ist, abgedrängt; sie werden mehr oder weniger wohlwollend angehört, schließlich jedoch nur beachtet, wenn ihre Meinung den verfochtenen Interessen nützlich erscheint. Trotz allfälliger Reserven oder gar Widerstände bleiben die Namen der Sachverständigen aber mit der Expertenkommission verbunden: ihr Ansehen und ihre Geltung werden in der späteren Behandlung des Entwurfs verwendet, um der Schlußnahme der Kommission Autorität, Anschein von Objektivität und fachlicher Fundierung zu verleihen.

Praktisch ist sehr bedeutungsvoll, wie sich die *Verwaltung* zu den Expertenkommissionen – das gleiche gilt für die Vernehmlassungen – einstellt.

---

[101] Das zeigt sich auch darin, daß sie abstimmen. Einer Vereinigung ratschlagender Sachverständiger wäre die Abstimmung für die Regel fremd: wird im Laufe der Diskussion eine einzige Meinung als objektiv richtig nicht für alle evident, so ist eine zahlenmäßige Feststellung der Abweichung vielleicht manchmal interessant, aber nicht wesentlich; wichtig wäre, die anderen Auffassungen in Alternativvorschlägen mit Begründungen darzulegen. Das geschieht nicht, oder nur sehr selten. Die Expertenkommissionen sind (vor-)entscheidende Einrichtungen, und der Entscheid hat einen betont politischen Charakter.

[102] Das sind Zufälle. Häufiger finden sich die Interessenvertreter zu Mehrheiten.

Hierin gibt es merkliche Unterschiede. Im allgemeinen ist festzustellen, daß die Verwaltung kaum eine sachlich-fachmännische Beratung erwartet und wünscht [103], sondern aus der Tätigkeit die Stellungnahme der «beteiligten Kreise» entnimmt, mit ihr die öffentliche Meinung abtastet und diejenigen Kräfte auf die Vorlage verpflichtet, welche die Entscheidungen erwartungsgemäß oder angeblich zu beeinflussen vermögen. Es gibt nun im Bund und in den Kantonen Verwaltungszweige, die das Ergebnis der Expertenberatung zusammen mit den Vernehmlassungen frei würdigen und nicht davor zurückschrecken, besserer Einsicht zu folgen, bei den Experten nicht die Stimme einer feststehenden oder beeinflußbaren öffentlichen Meinung zu hören, die Macht der Verbände nicht zu überschätzen. Indessen sind solche selbständige Verwaltungszweige seltener als diejenigen, welche die Ergebnisse der Experten fast unverändert übernehmen [104].

Dies geschieht weniger in der Überzeugung, damit das objektiv Richtige zu treffen, als in der Absicht, den Schwierigkeiten und Behelligungen auszuweichen, die ein allfälliger *Kampf der Zurückgesetzten* gegen den bereinigten Entwurf der Verwaltung mit sich bringt. Jene führen einen solchen Ansturm regelmäßig mit großem Einsatz durch. Andere Departemente, Regierungsmitglieder, Parteien, Fraktionen, Parlamentarier und – als letztes Mittel – eine engere oder weitere Öffentlichkeit werden angegangen, um mit ihrer Hilfe «verlorene Positionen» wieder zu erringen oder übergangene Begehren doch noch einzubauen [105]. Wenn dies auch nicht immer gelingt, so zwingt es doch die Verwaltung zu Auseinandersetzungen. Sie fallen in der Regierung in der Regel zugunsten der Verwaltung aus, und je nach der Intensität, mit welcher sich jene in den parlamentarischen Kommissionen, Fraktionen und im Plenum vor die Verwaltung stellt, dringt deren Ansicht auch hier durch. Vor dem Forum der Öffentlichkeit aber ist die Verwaltung schlechter gewappnet als die Gegenseite: Sie hat keine getreue Presse an der Hand; sie kann sich nicht mit Wortführern an der öffentlichen Diskussion beteiligen; sie kann mit Leichtigkeit als

---

[103] Die Verwaltung findet eben sehr oft – und nicht zu Unrecht –, sie sei in den Fachfragen am besten bewandert. Eine Ausnahme bildet das rein statistische Material. Hiemit ist die Verwaltung häufig schlechter ausgestattet als die Interessenvertreter.

[104] Ähnlich GIGER, Die Mitwirkung privater Verbände bei der Durchführung öffentlicher Aufgaben, S. 146. Dieser Autor wünscht Organe, die gegenüber den Verbänden Festigkeit und «Diplomatie» an den Tag legen. Vgl. auch MARBACH, Zur Frage der wirtschaftlichen Staatsintervention, S. 254.

[105] Erwähnenswert sind die manchmal von Erfolg gekrönten Versuche zurückgesetzter Interessenten in Bundessachen, ihre Forderungen oder Widerstände durch die Kantone in deren Vernehmlassungen verfechten zu lassen: Spitzenverbände bzw. deren Unterverbände finden häufig offene Ohren in kantonalen Verwaltungen; wenn dann die Regierungen die Entwürfe für die Vernehmlassungen nicht sorgfältig durchgehen, sprechen daraus unter dem Titel kantonaler Stellungnahmen Verbandsbegehren.

«verbeamtet», das heißt engstirnig, machthungrig, volksfeindlich ge-
brandmarkt werden; sie vermag solcher Polemik nicht mit wirksamen
Schlagworten zu begegnen. Diese wenig verlockende Aussicht veranlaßt die
Verwaltung denn sehr häufig, den Weg des geringsten Widerstandes zu
gehen, indem sie den Expertenentwurf mit den in den Vernehmlassungen
angebrachten Begehren übernimmt und in Verbindung mit den berücksich-
tigten Interessenten vor der Regierung und dem Parlament durchzusetzen
sucht (vgl. dazu auch unten § 3, III, 3, b, § 3, IV, 3).

2. Die Fraktionen

Die Vorlagen, welche die Regierung dem Parlamente unterbreitet, sind ein
abgerundetes, letztlich vielfältig erwogenes Werk. In den Expertenkommissionen und in den Vernehmlassungen haben die «interessierten Kreise»
ausgiebig mitgesprochen, und ihren Begehren ist umfassend Rechnung
getragen worden. Sonderbarerweise sind bis dahin weder die Parteien[106]
noch die Fraktionen als die Verbindungen von Parlamentariern gleicher
oder verwandter Parteizugehörigkeit angehört worden. Sie kommen erst
zum Wort, wenn die Vorlage beim Parlamente rechtsgültig hängig gemacht
ist.

In den Fraktionen werden die Vorlagen vor der Plenumsberatung, häufig
während und nach der Behandlung in den parlamentarischen Kommissionen durchberaten. Sachvertraute Mitglieder, die entweder der Expertenkommission oder den parlamentarischen Kommissionen angehören oder
die durch ihre zivile Beschäftigung mit dem Gegenstande vertraut sind,
erstatten über die Vorlage Bericht. Parteizugehörige Regierungsmitglieder
und mitunter auch Beamte ergänzen die Ausführungen. In der Debatte
werden Aufschlüsse erteilt, Bedenken vorgetragen und die Vorlage namentlich unter dem parteipolitischen Gesichtspunkt gewürdigt. In Abstimmungen wird die Stellungnahme zur ganzen Vorlage und zu wesentlichen Einzelheiten festgelegt, woran die *Fraktionsmitglieder* entweder
statutengemäß oder faktisch *gebunden* sind[107].

Gerade weil die Verhandlungen geheim bleiben[108] und deshalb Rücksichtnahmen auf die Parteigefolgschaft und auf Allianzen streckenweit vernach-

---

[106] Es gibt Ausnahmen: Es kommt vor, daß die Parteien zu Vernehmlassungen aufgefordert werden. Sodann ist zu beachten, daß die meisten Parteien mit Verbänden personell
und ideologisch derart verhängt sind, daß deren Stellungnahme auch diejenige der
Parteien mitenthält. Vgl. dazu Weiteres unten im Text.

[107] Vgl. FRANÇOIS LACHENAL, Le Parti politique, Basel 1944, S. 117ff.; WERNER KÄGI, BV
Art. 91: «Die Mitglieder beider Räte stimmen ohne Instruktionen», in: Jahrbuch «Die
Schweiz» 1952.

[108] Die Pressemitteilungen und die Fraktionserklärungen im Plenum bleiben immer
rudimentär.

lässigt werden können, scheint es, könnte in den Fraktionen eine Art[109] echter Diskussion über die sachlichen und politischen Fragen einer Vorlage geführt werden. In diesem Falle wäre denn auch die das freie Mandat des Abgeordneten beseitigende Fraktionsparole in gewissem Sinne gerechtfertigt, läge ihr doch die Bemühung um einen sachrichtigen Entscheid zugrunde und könnte sie als zweckmäßige Einrichtung zur Sammlung von Einzelmeinungen legitimiert gelten. Und tatsächlich gibt es ab und zu in Fraktionen, vor allem noch in den Kantonen, jene Diskussionen. Regel machen sie aber nicht. Vielmehr greift eine *Vielfalt von Einflüssen und taktischen Überlegungen* auf die Fraktionsbeschlüsse derart ein, daß sie nicht das Ergebnis einigermaßen freier Beratung darstellen können.

Vorab ist der Umstand der engsten Verbindungen zwischen *Partei und Fraktion* hervorzuheben[110]. Beide Spitzen sind fast durchgängig identisch, und die bekanntermaßen stark bürokratisierten Leitungen bestimmen Richtung und Beschluss[111]. Sie legen, ihrerseits durch die Stellungnahme verwandter Verbandsleitungen meistens bereits maßgeblich beeinflußt, eine Meinung über die Vorlage mehr oder weniger deutlich fest. Richtpunkt ist dabei das Parteiinteresse, nämlich die Berücksichtigung der parteitaktischen Auswirkungen[112] der Stellungnahme. Die Referenten greifen im gleichen Sinne ein. Wenn sich daraus die grundsätzliche Bejahung der Vorlage ergibt, erwachsen ihr in den parteizugehörigen Mitgliedern der Regierung wertvolle Helfer. Dagegen aufzukommen fällt dem einzelnen Fraktionsmitglied außerordentlich schwer. In Sachfragen ist es den Referenten und den Regierungsmitgliedern, in parteipolitischen Fragen der Fraktionsleitung nur selten gewachsen. Rücksichten auf die Wiederwahl und auf seine Geltung bei der Fraktions- und Parteileitung, an denen ihm

---

[109] Wahre Diskussion setzt, wie vor allem CARL SCHMITT immer wieder betont, Öffentlichkeit voraus. Sie braucht diese auch nicht zu fürchten, weil sie im Dienste der Wahrheit steht. Ideologische und taktische Rücksichtnahmen können dieser aber zuwiderlaufen, weswegen die Öffentlichkeit umgangen werden muß.

[110] Vgl. LACHENAL, Le Parti politique, S. 111 ff., 126 ff.

[111] Vgl. schon MAX WEBER, Parlament und Regierung im neugeordneten Deutschland, München 1918, S. 24 ff.; Wirtschaft und Gesellschaft, III, Tübingen 1921, S. 129 ff., 650 ff.

[112] Diese sind keineswegs auf die Wählerschaft beschränkt, sondern unter anderem und vor allem auf die Verbindungen mit verwandten Verbänden und auf Allianzen mit anderen Parteien ausgerichtet. Die Rücksichtnahme kann aus grundsätzlichen Erwägungen entspringen, aber auch aus dem Zusammenhang mit pendenten weiteren Sachgeschäften oder Wahlen. Die parteigetreue Aktivbürgerschaft tritt dagegen oft in den Hintergrund: wo kein obligatorisches Referendum besteht, die Ergreifung des (fakultativen) Referendums nicht von vornherein droht oder Wahlen in weiter Sicht liegen, darf sie fast ganz übergangen werden.

regelmäßig sehr gelegen ist, zwingen es zur Gefolgschaft. Daraus resultieren für die Regel ziemlich mühelos fast einhellige Fraktionsbeschlüsse.

Freilich, es kommen *Fronden* vor. Wenn schon die parteiverwandten Verbände divergieren, wenn die Partei- und Fraktionsleitung keine zielstrebige oder einleuchtende Richtung einschlägt, wenn die Referenten mit dem Parteistandpunkt oder mit wesentlichen Belangen verwandter Interessenorganisationen nicht übereinstimmen, wenn in der Vorlage zurückgesetzte Interessenten gewandte Wortführer finden, wenn die parteizugehörigen Regierungsmitglieder wenig Ansehen genießen oder wenn die öffentliche Meinung wichtig erscheint, aber ungewiß ist – dann kann mitunter aus den Fraktionsverhandlungen eine Stellungnahme hervorgehen, die von den Vorschlägen der Fraktions- und Parteileitung abweicht. Voraussetzung ist, daß die entsprechenden Wortführer eine ansehnliche Zahl von Fraktionsmitgliedern wenn immer möglich schon vor den Fraktionssitzungen für sich gewinnen können. Bei der soziologischen Struktur der Parteien und Fraktionen grenzen derartige Schlußnahmen jedoch an Revolten, und davor hält man sich zurück, es sei denn, die Opponenten fänden in anderen Organisationen, das heißt Verbänden, so großen Rückhalt, daß sie den Widerstand wagen dürfen oder müssen [113].

Von einer freien Meinungsbildung in den Fraktionen kann nicht gesprochen werden. Die sachliche Prüfung und Stellungnahme tritt zurück vor dem Gehorsam gegenüber einer relativ eigenständigen Partei- und Fraktionsleitung und gegenüber der Regierung. Eigenartig aber ist eine offensichtlich zunehmende Rücksichtnahme auf verwandte Interessenorganisationen [114], denen Parteien und Fraktionen als Mantel oder Podest dienen, um ihre Anliegen auch dort noch zu vertreten, so sie keine anerkannte Stimme haben. Sind im Vorverfahren solche Interessenten schlecht weggekommen oder sind ihre Begehren gefährdet, bieten ihnen die Fraktionen die zweit- oder drittletzte Gelegenheit, um sich doch noch zur Geltung zu bringen. Schließlich ist festzustellen, daß die Parteien und die Interessenorganisationen die Fraktionen dafür benutzen, Rechtssetzungsinitiativen auszuüben. Die Fraktionen «bewilligen» und unterstützen die Einreichung von

---

[113] Auch «müssen». Die Bindung an den Verband kann diejenige an Partei und Fraktion weit übertreffen. Es gibt eben relativ viele Abgeordnete, die nicht nur ökonomisch von ihrem Verbande abhängig sind, sondern auch das Mandat ihrem Verbande verdanken. Vgl. auch HOMBURGER, Über den Einfluß der politischen Parteien und der Wirtschaftsverbände auf die Gesetzgebung im Bunde, ZBl 54, 1953, S. 408; und unten im Text.

[114] Die Parteien sind bei den Wahlen, aber auch bei den Volksabstimmungen wesentlich auf die Hilfe der Verbände angewiesen. Vgl. dazu eingehend HOMBURGER, Über den Einfluß der politischen Parteien und der Wirtschaftsverbände auf die Gesetzgebung im Bunde, ZBl 54, 1953, S. 401 ff., insbes. S. 404 f.; MARBACH, Zur Frage der wirtschaftlichen Staatsintervention, S. 252.

Motionen und Postulaten, wobei es offen bleibt, wieweit die gegenüber dem Parlament auftretenden Abgeordneten die Anregung selbst tragen. Die Motive sind vielfältig und soziologisch nicht leicht zugänglich.

3. Die parlamentarischen Kommissionen

Um die Arbeit im Plenum zu kürzen und zu vereinfachen, um ihm die Aufgabe detaillierter Prüfung der Vorlage abzunehmen, bestellen die Parlamente Ausschüsse *ad hoc,* die proportional zu den Fraktionsstärken beschickt werden. Plenum oder Büro bezeichnen die Mitglieder, abstellend auf die Vorschläge der Fraktionen. In Nachbildung des Plenumverfahrens wird die Vorlage in Beratung gezogen und mit Abänderungsanträgen als sogenannte Kommissionsvorlage dem Plenum unterbreitet. Der Chef desjenigen Departementes, welches die Vorbereitungen geleitet hat, sowie die daran wesentlich beteiligten Beamten und gelegentlich Sachverständige folgen den Verhandlungen.

Angeführt durch den Kommissionspräsidenten, der sich in der Regel mit dem Gegenstand gründlich vertraut gemacht hat, werden die Grundzüge und die kritischen Einzelheiten durchgangen. Dabei fällt auf, daß – anders als im Plenum, in den Fraktionen und selbst in den Expertenkommissionen – *die sachlichen Gesichtspunkte voranstehen* können. Daraus entspringen relativ häufige Einwände gegen die Vorlage, zuweilen verbunden mit Anträgen oder doch Anregungen für Verbesserungen. Diese erleiden indessen ein sonderbares Schicksal. Am häufigsten werden sie durch die anwesenden Regierungsmitglieder oder Beamten unverweilt zerstreut, vor allem mit den Hinweisen darauf, daß die vorgeschlagene Lösung die Zustimmung der Verbände, der Kantone, der Gemeinden oder anderer «Beteiligter» sowie die (meist einstimmige) Billigung der Regierung gefunden habe, daß die Sachverständigen sie als richtig bezeichneten, daß eine Abweichung diese oder jene Opposition auf den Plan rufe usw. Was darauf an Einwänden und Vorschlägen noch verbleibt – weil die Verwaltung sie anerkennt oder weil die Kommission an ihnen festhält – wird formell der Regierung, materiell dem bearbeitenden Departement zurückgewiesen. Diese nehmen in Berichten und formulierten Vorschlägen Stellung, nachdem sie in wichtigeren Fällen nochmals Vernehmlassungen von den früher angegangenen Organisationen oder Organen und zuweilen auch die Ansichtsäußerung der Expertenkommission eingeholt haben. Erst auf Grund solcher departementaler Berichterstattungen beschließt die parlamentarische Kommission.

Daß sie dabei einem hervorragenden *Einfluß der Verwaltung und der Regierung* unterliegt, ist offensichtlich. Diese haben es faktisch in der Hand, den Einwänden oder Vorschlägen Folge zu geben oder sie als unausführbar, unzulänglich, untragbar hinzustellen. Die parlamentarische Kommission kann materiell keine eigene Arbeit erbringen. Sie ist auf die Mitwirkung der Verwaltung angewiesen; wenn diese zusammen mit der Regierung Widerstand macht, so hat die parlamentarische Kommission als einzigen Ausweg den Antrag auf Ablehnung zuhanden des Plenums zur Verfügung. Nun legt freilich, wie früher schon hervorgehoben (vgl. oben § 3, I, 3), die Verwaltung eine beachtliche Loyalität an den Tag. Dazu kommt oft eine eigenartige Furcht der Exekutivgewalt vor der Öffentlichkeit des Plenums. Es wird viel aufgewendet, um die parlamentarische *Kommission zufriedenzustellen*, sei es, daß die Einwände etwa mit Unterstützung der neu eingeholten Vernehmlassungen doch noch zu beschwichtigen versucht werden, sei es, daß ihnen mit abgeänderten Vorschlägen nachgelebt wird. Die Gründe solcher Bemühungen liegen vornehmlich darin, vermeintliche oder wirkliche wunde Stellen einer Vorlage zu beseitigen oder auch, was gelegentlich vorkommt, im Zusammenwirken mit der parlamentarischen Kommission im Plenum wenn immer möglich zu verdecken; denn jede, auch noch so geringfügige öffentliche Kritik birgt die Möglichkeit in sich, anzuwachsen, zur politischen Streitfrage zu werden, weitere Unzulänglichkeiten aufzudecken, Absichten für Referendumsbegehren zu fördern und schließlich die Vorlage als Ganzes zu gefährden. Da die Mitglieder der parlamentarischen Kommissionen jedoch in den Fraktionen Gewicht haben und das Plenum gerne auf seinen Ausschuß abstellt, lohnt es sich für Verwaltung und Regierung, die Solidarität herzustellen zu suchen.

Wenn immer wieder festgestellt wird, das Parlament *versage als Wahrer oder Hüter der Verfassung*[115], so liegt es vornehmlich an den parlamentarischen Kommissionen. Das Plenum eignet sich von Natur aus nicht sonderlich für verfassungsrechtliche Diskussionen, sofern sich diese auf verfeinerte Fragen beziehen und ihm dazu nicht vereinfachend referiert wird. Die Fraktionen haben – ebenfalls von Natur aus – Mühe, verfassungsrechtliche Probleme ihren Überlegungen voranzustellen, weil diese von parteitaktischen Gesichtspunkten überschattet werden. Hingegen wären die parlamentarischen Kommissionen nach Zahl, Qualität und Aufgabe hervorragend geeignet, sich um die Verfassungsmäßigkeit der Vorlagen zu kümmern. Schon die bloße Fragestellung würde heilsam wirken. Doch unterbleibt das häufig. Wenn zum Beispiel die Botschaft der Exekutive die Verfassungsfrage nicht aufrollt, wird sie in den Kommissionen leicht vergessen, und wenn sie diskutiert wird, geben Verwaltung oder Regierung die Interpretation.

---

[115] Vgl. u. a. ANDRÉ PANCHAUD, Les garanties de la constitutionalité et de la légalité en droit fédéral, ZSR 69, 1950, S. 44 a ff.; HANS NEF, Sinn und Schutz verfassungsmäßiger Gesetzgebung und rechtmäßiger Verwaltung im Bunde, ZSR 69, 1950, S. 163 a ff., insbes. 176 a.

III. Öffentliche Meinung und Gesetzgebung

1. Schwierigkeiten in der Erfassung der öffentlichen Meinung

Verlangt schon die Idee der Volksrepräsentation eine sorgfältige Bezugnahme der Gesetzgebung auf das Volk, erheischen erst recht die Institute des Referendums, das der Aktivbürgerschaft den Entscheid überträgt, und der Volksinitiativen, die den behördlichen Gesetzgeber lenken oder gar ersetzen können, daß dieser mit seinem Werke Meinung und Willen des Volks treffe. Das «Volk» im Sinne der in der Abstimmung entscheidenden Aktivbürgerschaft ist mehr und anderes als das das Initiativrecht ausübende Volk; es ist aber auch etwas anderes als das in der Repräsentation verkörperte oder das ständig gegenwärtige, die «Öffentlichkeit» bewirkende Volk[116]. So gewichtig die Differenzierung an sich ist, so bleibt sich für die den Rechtsinhalt schaffenden Organe der praktische Begriff des Volks jedoch gleich: bis zur Volksabstimmung, welche einen Volkswillen zahlenmäßig registriert, ist es eine *unbestimmbare Größe*. Es bleibt es meist auch, wenn die Volksabstimmung unterbleibt oder keine eindeutige Mehrheit feststellt. Dieser Größe aber so oder anders gerecht zu werden, wird durch die Beachtung der öffentlichen Meinung[117] versucht. Das ist zwar eine realiter vorhandene Erscheinung; Bestimmung und Erfassung sind aber erschwert.

Die Ursachen dieser Schwierigkeit liegen einmal darin, daß die wahre öffentliche Meinung, nämlich eine sachrichtige, dauerhafte und ausgebreitete Meinung von solchen, denen eines dieser Elemente abgeht, schwer zu scheiden ist. Dazu kommt, daß eine öffentliche Meinung in bezug auf die geplante Gesetzgebung vorerst gar noch nicht besteht. Es mögen diffuse Vorstellungen zwar vorhanden und mitunter auch erfaßbar sein[118]; sie erschöpfen sich aber meist in einer sehr allgemeinen Bejahung oder Verneinung von Grundzügen der vorgesehenen Regelung, in allgemeinen Wünschen, Unbehagen oder Abneigungen. Für Einzelfragen sind daraus selten Maßstäbe oder Gehalte zu ziehen. Während ein Gesetz zustande kommt, kann sich nun zwar eine öffentliche Meinung in bezug auf diesen Gegenstand bilden; es fragt sich aber – worauf zurückzukommen ist –, von welchem Augenblick an dies ermöglicht wird.

Es ist kraft demokratischer Logik und praktisch notwendig, eine gesetzgeberische Lösung zu suchen, für welche die größtmögliche Chance besteht,

---

[116] Vgl. dazu CARL SCHMITT, Verfassungslehre, S. 238 ff.

[117] Vgl. Anm. 24.

[118] Abgesehen davon, gibt es Grundsätze als Bestandteile einer wahren öffentlichen Meinung – es sind die «tieferen Überzeugungen» im Sinne SCHINDLERS (Die Bildung des Staatswillens in der Demokratie, Zürich 1921, S. 37) –, die feststehen. Es sind die Momente der Staatsidee. Ein kluger Gesetzgeber verletzt sie nicht; jedenfalls hätte er, wenn ihm daran gelegen ist, keine wesentliche Mühe, sie zu erkennen.

daß eine sich allmählich bildende öffentliche Meinung ihr beipflichtet. Wo eine Volksabstimmung stattfindet, das heißt die öffentliche Meinung unmittelbar bedeutungsvoll wird für einen rechtlich relevanten Akt, wird ihr besonderes Augenmerk zugewendet; hat eine ausgebreitete öffentliche Meinung die Vorlage akzeptiert, ist für die Regel die Annahme durch die Aktivbürgerschaft gesichert. Obwohl die Entstehung der öffentlichen Meinung weitgehend dunkel bleibt, ist doch unverkennbar, daß sie durch organisatorische Vorkehren teilweise *gerichtet und gelenkt* werden kann. Die Vermassungserscheinungen und die modernen, vielgestaltigen Propagandamittel erleichtern die Beeinflussung. Darüber hinaus verbleibt freilich immer noch ein merklicher Rest, der nicht aufgeht. Es kann nämlich eine öffentliche Meinung in bezug auf eine Gesetzesvorlage auch schwach gelenkt oder durch andere als die erwarteten Kräfte [119] bestimmt zustande kommen, wobei vielleicht gerade dieser Teil in Volksabstimmungen den Ausschlag geben kann.

2. Die Vernachlässigung der öffentlichen Meinung

Der Gesetzesinhalt erhält im Vorverfahren Gestalt. Hier schon, aber auch im parlamentarischen Verfahren, wird von der Vorlage «*Referendumstüchtigkeit*», die Rücksichtnahme auf die «Referendumspolitik» verlangt. Obwohl in diesen Ausdrücken wenig bestimmte und namentlich viel mißbrauchte [120] Vorstellungen mitschwingen, enthalten sie einen richtigen Kern, die Forderung nämlich, ein der Aktivbürgerschaft genehmes Gesetz zu schaffen, was dessen Übereinstimmung mit einer maßgebenden öffentlichen Meinung voraussetzt. In einem weiteren Sinne ist diese Kongruenz schon zum Zwecke der Rechtsverwirklichung auch bei jenen Erlassen anzustreben, zu denen die Stellungnahme der öffentlichen Meinung nicht in einer Volksabstimmung registriert wird.

Während des Vorverfahrens dient die *Anhörung der «interessierten Kreise»* in den Expertenkommissionen und in den Vernehmlassungen dazu, einerseits eine zustande gekommene öffentliche Meinung zu Worte kommen zu lassen, andererseits – und dieses Moment ist *in praxi* ungemein viel gewichtiger – jene Kräfte auf die Vorlage zu verpflichten, die fähig

---

[119] Etwas Unberechenbares haftet der öffentlichen Meinung auch deswegen an, weil sie sich offenbar bald mehr durch Gefühlsimpulse, bald aber mehr durch rationale Gründe bewegen läßt. Die organisierten Einwirkungen pflegen die eine oder andere Seite in den Vordergrund zu rücken, wobei es sich begeben kann, daß diejenige gewählt wird, welche nicht anschlägt. Wenn dann der Diskussionsgegner die Gegenseite rechtzeitig erfaßt, hat er Erfolgsaussichten.

[120] Begehren werden mit Vorliebe unter dem Hinweis bekämpft und abgelehnt, sie stellten «referendumspolitische» Belastungen dar, die nicht riskiert werden dürften. Es gibt Motive, die an sich diesen belastenden Charakter haben, zum Beispiel Fiskallasten. Oft aber wird ohne stichhaltige Hinweise eine öffentliche Meinung einfach vermutet.

erscheinen, die öffentliche Meinung zu beeinflussen und zu lenken. Dem gleichen Ziel dient auch der regelmäßige Beizug der *Kantonsregierungen* durch die Departemente des Bundes sowie die offenbar im Ansteigen begriffene Anhörung der *Gemeindebehörden* in der kantonalen Gesetzgebung[121], indem erwartet wird, in der behördlichen Vernehmlassung werde eine öffentliche Meinung vernehmbar sein und eine zustimmende Vernehmlassung oder die Beachtung von deren Kritik helfe eine günstig gesinnte öffentliche Meinung zu bilden.

An diesen Anhörungen aber ist nun eigenartig, daß sie unter *Ausschluß der Öffentlichkeit* vor sich gehen. Die Anbringen der Experten und der Vernehmlassungen fußen in der Regel nicht auf einer zur Sache gebildeten öffentlichen Meinung, sondern sind die Verlautbarungen von Exekutivgewalten: von Verbandsleitungen, von Parteileitungen, von kantonalen Verwaltungen und Regierungen, von Gemeindeexekutiven. Und was angebracht worden ist, dringt nur selten, und dann bruchstückhaft und meist bereits aus einer polemisierenden, nicht diskutierenden Quelle an die Öffentlichkeit. Es wird gar nicht oder kaum versucht, während des Vorverfahrens eine öffentliche Meinung zu bilden, die Öffentlichkeit ihres Gegenstandes unabdingbar voraussetzt. Die Elemente, die für ihr Entstehen nötig wären, nämlich ein ausreichendes Maß des geplanten Inhalts sowie der Einwände dagegen, werden, von gewichtigen Ausnahmen abgesehen, nicht publik gemacht. Die Publizität hängt von Zufälligkeiten und selbst vom Belieben der das Vorverfahren leitenden Personen ab. Das setzt sich teilweise fort, wenn das Verfahren in das Parlament hinüberwechselt. Zwar wird die Regierungsvorlage mit der Hängigmachung beim Parlamente veröffentlicht. Dannzumal aber ist der Entwurf abgeschlossen, bereinigt. Was an Einwänden noch vorgetragen wird, geschieht in der Regel in den geheimen Kommissions- und Fraktionssitzungen. Die dabei durchgesetzten Modifikationen werden im Parlament nicht mehr ernsthaft erwogen; die Willen sind bereits gebildet, der Gesetzesinhalt geprägt. Die öffentliche Meinung wird vor vollendete Tatsachen gestellt. Nur wenn sie – etwa unter Führung Schlechtweggekommener oder ehrlich Besorgter – in Ablehnung des Ganzen oder in Einwänden gegen Einzelheiten rechtzeitig eine erkennbare Intensität zu erreichen vermag und taugliche Wortführer findet, kann ihre Stimme im Parlament noch durchdringen. Die Fälle sind selten.

In der Regel wird der öffentlichen Meinung ein Gesetzesinhalt so vorgelegt,

---

[121] Die ersten Gründe für die Anhörung der Kantone bzw. der Gemeinden liegen allerdings in einem Streben nach Föderalismus inmitten zentralistischer Gesetzgebung, nach einer Art Ersatzleistung für die in bezug auf die Rechtssetzung zunehmende Einengung der Kantone und der Gemeinden durch die übergeordneten Gemeinwesen, schließlich aber auch in der Erfassung von Einwänden gegen die Praktikabilität des Entwurfs durch diejenigen Organe, welche ihn zu vollziehen haben werden.

wie er, unabhängig von ihr, aus dem Vorverfahren bzw. aus den geringfügigen Korrekturen des parlamentarischen Verfahrens hervorgegangen ist. Gleichzeitig – und auch schon vorher – setzen aus vielen Richtungen die *intensiven Bemühungen* ein, sie für den Beschluß zu gewinnen, was meistens gelingt, jedenfalls bis nach der Volksabstimmung [122]. Es wird auch – beim fakultativen Referendum, erst recht aber bei Erlassen, welche nicht der Volksabstimmung unterliegen – versucht, durch eine Art stillschweigender Übereinkunft derjenigen Kräfte, welche die Vorlage befriedigt, eine öffentliche Meinung überhaupt nicht zustande kommen zu lassen; der Erlaß wird in der Öffentlichkeit *beschwiegen*, zumindest so lange, als die Referendumsfrist läuft [123].

3. Die Berücksichtigung von Gruppeninteressen

Der erwähnte, vereinfacht gezeichnete Sachverhalt, daß eine Vorlage abgeschlossen ist, wenn die Bildung der öffentlichen Meinung einsetzen kann, wäre an sich nicht gar bedenklich, wenn das Gesetz allein unter dem Gesichtspunkt des *richtigen Rechts* zustande käme. Die öffentliche Meinung zu beachten, ist ja nur eine der an den Gesetzgeber gestellten Forderungen. Daneben und letztlich darüber stehen die Postulate der ethischen und logischen Richtigkeit unter Beachtung der Realien, im konstitutionellen Staat insbesondere auch die Verfassungsmäßigkeit. Diesen Postulaten könnte nun bis zu einem gewissen Grade auch unter Ausschluß der Öffentlichkeit Genüge getan werden, worauf die öffentliche Meinung für das Gesetz richtigen Inhalts gewonnen werden könnte [124]. Die Absicht,

[122] Immerhin bleibt, wie unter Ziffer 1 schon angetönt, die Volksabstimmung immer ein Spiel mit dem Zufall. Eine Ablehnung kann selten als von vorneherein ausgeschlossen betrachtet werden. In Perioden der Staatsverdrossenheit der Aktivbürgerschaft und infolge der pluralistischen Zersplitterung wächst das Risiko der Ablehnung. Deswegen wird mitunter versucht, die Unterschriftensammlung für Referendumsbegehren durch Gegenaktionen scheitern zu lassen. Das kann gelingen, wenn sich die Referendumsorganisation in der Öffentlichkeit noch nicht exponiert hat und – zum Beispiel unter der Drohung politischer Sanktionen oder wegen der Aussicht einer Allianz für eine nächste Gelegenheit – auf die Aktion verzichtet. Sonst aber kann nicht verhindert werden, daß die Begehren zustande kommen. Schon das Quorum liegt für die großzahligen Gemeinwesen zu tief.

[123] Es ist erstaunlich, wie relativ wenig Referendumsbegehren gestellt und wie viele Gesetze in der Volksabstimmung angenommen werden (Abstimmungsverzeichnisse für den Bund vgl. u. a. Statistisches Jahrbuch der Schweiz 1933, 1938 und 1953). Daraus darf indessen richtigerweise nicht ohne weiteres geschlossen werden, die Gesetzgebung sei sachlich nicht zu beanstanden und ruhe in der Kongruenz mit dem Volkswillen. Es scheinen sich die Fälle zu mehren, in denen eine wahre öffentliche Meinung erst zu spät erwacht. Vgl. auch den folgenden Absatz im Text.

[124] Die Schwierigkeiten in der Normierung und in der sachlichen Beurteilung der möglichen Folgen, die Ausrichtung auf die übrige Rechtsordnung, technische Erwägungen usw. sprechen die öffentliche Meinung nicht an (vgl. darüber oben § 2, III). Und die

Kantone bzw. Gemeinden, «interessierte Kreise» und Parteien an der Inhaltsgestaltung mitwirken zu lassen und sie nachher für die Gewinnung der öffentlichen Meinung einzusetzen, kann sich denn einzig darin legitimieren, daß die Angehörten nach dem richtigen Gesetzesinhalt streben und ihn zustande zu bringen helfen. Das aber ist nicht gesichert:

a) Hiezu wären die bei kantonalen bzw. kommunalen *Behörden* eingeholten Vernehmlassungen am tauglichsten. Jene könnten sich freihalten von Sonderinteressen und einen lebhaften wechselseitigen Kontakt mit einer wahren öffentlichen Meinung ihres Gemeinwesens pflegen. Meist verfaßt von den sachvertrauten Departementen, beraten und formell erstattet von den kantonalen Regierungen, können die behördlichen Vernehmlassungen in der Tat wertvolle Anregungen, aufbauende Kritik sowie Hinweise auf die praktischen oder politischen Schwierigkeiten bringen. Die Bedeutung wird *in praxi* nicht immer erkannt. Auf der einen Seite gehen die Entwurfsersteller zuweilen leicht darüber hinweg und sehen in der Einholung behördlicher Vernehmlassungen nichts anderes als eine tröstende Reverenz, die dem untergeordneten Gemeinwesen nun einmal erwiesen werden muß [125]. Auf der anderen Seite nehmen die angegangenen Behörden die Aufgabe zuweilen wenig ernst: der Entwurf wird nicht eindringlich behandelt oder ungeschaut akzeptiert oder leichtfertig kritisiert. Die behördlichen Vernehmlassungen degradieren sich jedoch am meisten entweder da, wo sie partikuläre Anliegen des Kantons bzw. der Gemeinde, namentlich finanzielle Beitragsleistungen des oberen Gemeinwesens, ohne Rücksicht auf das Ganze mit der Vehemenz einseitiger Gruppeninteressenten verfechten, oder aber da, wo sie kurzerhand die Ansicht von Interessenorganisationen übernehmen und anbringen.

b) Was die Anhörung der *«beteiligten Kreise»* betrifft, ist schon bei der Behandlung der Expertenkommissionen (oben § 3, II, 1) auf die Eigenarten hingewiesen worden. Ihre Mitwirkung im Vorverfahren setzt voraus, daß

öffentliche Diskussion kann Lösungen erschweren oder gar vereiteln. Wo solche Antinomien zwischen Demokratie und dem rechtsstaatlichen Postulat nach richtigem Recht aufbrechen, wäre letzterem der Vorrang einzuräumen. Allein, angesichts der unvollkommenen Erkenntnismöglichkeiten richtigen Rechts hält es schwer, Grenzen einzuhalten, das heißt nicht auch dort das demokratische Prinzip auszuschließen, wo es dem richtigen Recht nicht Abbruch täte. Das war die Situation im Notrecht der letzten 20 Jahre, sie ist es mentalitätsmäßig auch heute noch.

[125] Höchst bedenklich ist die aufkommende Praxis, Vernehmlassungsfristen ganz kurz anzusetzen. Das verhindert oft schon minimale Erwägungen in den Kantonen, namentlich im Schoße der Regierung. Der Bund erhält dergestalt leicht zustimmende Antworten und beruft sich darauf. Abgesehen davon, daß die Ansetzungen kurzer Fristen die Vernehmlassungen entwerten, liegen darin unhöfliche Akte gegenüber dem unteren Gemeinwesen.

sie organisiert sind. Die Organe treten auf. Die *Wirtschaft* im weitesten Sinne ist in der Schweiz durchorganisiert[126]. Kantonale und interkantonale Dachorganisationen sammeln Untergruppierungen, und einige *Spitzenverbände* erfassen mittelbar oder unmittelbar den Großteil aller schweizerischen Organisationen von wirtschaftlicher Natur im engeren Sinne. Daneben werden soziale Anliegen durch Organisationen wirksam gemacht, die von *Berufsverbänden* bis zu *ideellen Zusammenschlüssen mit sozialpolitischen oder wirtschaftlichen Nebenzwecken* reichen[127]. Die Handels- und Gewerbefreiheit hat jene wirtschaftlichen Verbände im engeren Sinn erzeugt, der Staatsinterventionismus ist ihr Produkt und ihre Begründung[128]. Ihre Erfolge machen Schule und regen vielfältige Zusammenschlüsse an.

Derartige Organisationen werden regelmäßig auf den Plan gerufen, wenn der von ihnen anvisierte Ausschnitt aus dem Sozialgeschehen von der geplanten Gesetzgebung berührt wird[129]. Wesentlich ist, daß es sich wirklich nur um Ausschnitte handelt: die einzelne Organisation erfaßt eine *abgegrenzte Gruppe* aus der Sozietät oder eine *einzelne Tätigkeit* aus dem Wirtschafts- und Sozialgeschehen. Ihre Aktivität entfaltet und bezieht sich auf die Bedürfnisse, den Nutzen, die Vorteile, die Erhaltung und die Gefahrenabwehr ebendieser Gruppe. Sowohl der Kreis der Organisierten als der Richtpunkt der organisierten Tätigkeit sind also begrenzt. Es sind Organisationen für die Verfechtung von Gruppeninteressen, wofür ihnen vielseitige, energisch eingesetzte Mittel zur Verfügung stehen. Sie können zwar unter anderem dadurch, daß sie in ihrem Schoße soziale Aufsplitterungen sammeln und Ausgleiche herstellen, die Rechtssetzung sowie die Durchsetzung des Rechts erleichtern[130]. Die Ausrichtung auf das Allgemeinwohl ist aber nicht ihre Wesensbestimmung, die vielmehr auf die Realisation ihres partikulären Interesses geht.

---

[126] Dazu GIGER, Die Mitwirkung privater Verbände bei der Durchführung öffentlicher Aufgaben, S.32 ff.; FEISST, Das Organisationsprinzip in der schweizerischen Wirtschaft als Mittel der gegenseitigen Verständigung, S.10 ff.

[127] ERICH GRUNER, Wirtschaftsverbände und Staat, Schweizerische Zeitschrift für Volkswirtschaft und Statistik 90, 1954, S.1 ff., scheidet die Spitzenverbände als staatsrechtlich aktivierte Sammelorganisationen von den Einzelverbänden als halböffentlichen Verwaltungskörpern mit privatrechtlich-gesellschaftlicher Blickrichtung (S.6f.). Für unsere Darstellung kommen im Bund die eigentlichen «Spitzenverbände» in Betracht; indessen sind auch Einzelverbände staatspolitisch tätig, namentlich in den Kantonen, wo im übrigen kantonale Gruppen der Spitzenverbände auftreten.

[128] Vgl. die interessanten Untersuchungen von GRUNER, Wirtschaftsverbände und Staat, S.7 ff., über die Anfänge des Verbandswesens auf dem Boden des Bundes.

[129] Vgl. dazu GIGER, Die Mitwirkung privater Verbände bei der Durchführung öffentlicher Aufgaben, S.143 ff.

[130] HANS HUBER, Recht, Staat und Gesellschaft, S.43, stellt fest: «... es gibt Verbände, die sich zum Beispiel insofern den echten Parteien nähern, als sie bedeutende Interessengegensätze schon in ihrem Innern ausgleichen und in ihren Programmen und Tätigkeiten

Die Interessenorganisationen nehmen an der staatlichen Rechtssetzung gewichtigen Anteil, so daß HANS GEORG GIGER[131] wohlbegründet zusammenfaßt: «...die Vorlage selbst stellt regelmäßig einen Kompromiß dar, der sich redlich bemüht, jedem das Seine zu geben, wobei den Wünschen der einzelnen Interessengruppen nach deren tatsächlichen Bedeutung Rechnung getragen wird, eine Erscheinung, die wir als Gesetzgebungsproporz bezeichnen möchten.» *In praxi* hält es außerordentlich schwer, die «tatsächliche Bedeutung» einer Interessengruppe zu ermessen. Bildet die Zahl der erfaßten Mitglieder oder die wirtschaftlich-soziale Macht Maßstab? Wie ist diese Macht, das heißt die Einflußmöglichkeit, erfaßbar? Und was soll gelten, wenn eine Organisation überlaut auftritt, eine andere stillsitzt[132]? Viel bedrängender aber ist der Umstand, daß sich die Schlüssigkeit eines Argumentes, die Begründung eines Begehrens, die Verfassungsmäßigkeit und die Richtigkeit einer gesetzgeberischen Lösung nicht nach der machtmäßigen Bedeutung, nach der Zahl der an ihr interessierten Personen und Organisationen beurteilen läßt. Ein «Proporz», wie das treffende Bild GIGERS lautet, mag tauglich sein für eine der Zahl zugängliche Auslese; für ein durch Ethik und Logik getragenes Werk ist er es grundsätzlich nicht; er versagt aber auch bei zweckgerichteten «Plangesetzen» (vgl. oben § 2, III). Bei der Gestaltung des Gesetzesinhalts wird das aber eben kaum beachtet. Es geht hier *weniger* um die *Richtigkeit* des Inhalts als um den *Einbau von Begehren*, um die Zustimmung der Organisationsleitungen. Es wird wohl versucht, «jedem das Seine» zu geben, nämlich jedem, der zum Mitreden zugelassen wird, das, was er begehrt. Das aber ist nicht das *Suum cuique* einer austeilenden Gerechtigkeit, sondern die Fügsamkeit gegenüber wirklichen oder vermeintlichen soziologischen Mächtigkeiten. Darin liegt auch eine Bevorzugung derjenigen Interessen, die organisiert sind. Wer zwar betroffen, aber nicht organisiert ist, kann sich nicht verlauten lassen. Daraus erwachsen sowohl gravierende Benachteiligungen als auch ein Zwang, das Organisationssystem immer weiter auszubauen, es zu verfeinern, sich für alle möglichen sozialen und wirtschaftlichen Anliegen zusammenzuschließen[133]. Darob aber gehen Proportionen für richtiges Recht erst recht verloren.

---

wenigstens teilweise auf das öffentliche Wort ausgerichtet sind, wenn auch nach wie vor der Gruppenegoismus daneben einhergeht.» Vgl. auch GIGER, Die Mitwirkung privater Verbände bei der Durchführung öffentlicher Aufgaben, S. 216 ff.

[131] Die Mitwirkung privater Verbände bei der Durchführung öffentlicher Aufgaben, S. 144. Vgl. auch S. 197 f.

[132] Über die Auslese vgl. GIGER, a. a. O., S. 136 ff.

[133] Der Bürger verfällt dem Glauben, «sein» Anliegen, «seine» Sorgen, «sein» Recht könne nur durch Organisationen gewahrt werden (und er geht darin nicht fehl). Das setzt dem Repräsentationscharakter des Parlaments ungemein zu.

c) Die öffentliche Meinung ist im wichtigsten Stadium der Gesetzgebung, im Vorverfahren, wenig oder nicht wirksam. Nun wären aber die *politischen Parteien* als diejenigen Sammlungen der Bürgerschaft, die grundsätzlich den ganzen Bereich staatlicher Wirksamkeit in ihre Tätigkeit einbeziehen und sich im Gegensatz zu den Interessenorganisationen nicht auf Ausschnitte beschränken sollen, bestimmt und geeignet, eine verbreitete öffentliche Meinung zu erfassen und ihr Ausdruck zu geben[134]. Während des Vorverfahrens treten sie jedoch selten auf. Gerade wenn und weil sie breit angelegt sind, vertreten sie nicht «beteiligte Kreise», sondern ein Allgemeineres. Sie erhalten deshalb erst Zutritt im parlamentarischen Verfahren. Wie die früheren Ausführungen gezeigt haben, ist eine Entfaltung hier jedoch gehemmt. Durch die vielseitigen Rücksichtnahmen und taktische Überlegungen gebunden, in Interessentenkreise einbezogen, durch das Koalitionsregime auf die Regierungsvorlage verpflichtet, bleibt ihnen wenig Freiheit. Sachliche Momente müssen sie außer acht lassen, die öffentliche Meinung vernachlässigen. In der Gestaltung des Gesetzesinhalts werden sie so durch die Interessenorganisationen konkurrenziert, im Stadium des öffentlichen Entscheides aber häufig als Vorspann eingesetzt: sie treten im Parlamentsplenum und in der öffentlichen Diskussion auf; sie sollen die Vorlage verfechten, die nicht sie geschaffen haben. Widerstrebt diese der öffentlichen Meinung, werden die Parteien mit der Verantwortung belastet, haben sie die Sanktionen bei Wahlen zu gewärtigen, müssen sie einen allgemeinen, recht bedenklichen Rückgang an Ansehen und Geltung tragen.

4. Die Ausübung der Volksrechte

Die «beteiligten Kreise», vornehmlich die Wirtschaftsverbände, im Vorverfahren anzuhören, stellt einen Versuch volksadäquater Gesetzgebung dar. Die Einrichtung stört aber das herkömmliche Gesetzgebungsverfahren. Sie entleert nicht nur das parlamentarische Verfahren, sondern beschneidet die *Volksrepräsentation* in ihrer Sinnerfüllung, einmal nämlich die öffentliche Meinung bei der Inhaltsgestaltung Einfluß nehmen und

---

[134] Mit dem Wesen der modernen politischen Parteien und deren Bedeutung für den demokratischen Staat befaßt sich die neue deutsche Staatslehre sehr einläßlich, und ihre Feststellungen sind zum Teil für die Schweiz zutreffend; vgl. u. a. RICHARD THOMA, Wesen und Erscheinungsformen der modernen Demokratie, in: Recht, Staat, Wirtschaft, I, Stuttgart und Köln, 1949, S. 1 ff., insbes. S. 11 ff.; GERHARD LEIBHOLZ, Der Strukturwandel der modernen Demokratie, Karlsruhe 1952; Der Parteienstaat des Bonner Grundgesetzes, in: Recht, Staat und Wirtschaft, III, Düsseldorf 1951, S. 99 ff., insbes. S. 106 ff.; SCHEUNER, Grundfragen des modernen Staates, S. 141 ff.; OTTO KIRCHHEIMER, Parteistruktur und Massendemokratie in Europa, Archiv des öffentlichen Rechts 79, 1954, S. 301 ff.; FRITZ MORSTEIN MARX, Betrachtungen zum amerikanischen Parteiwesen, ebenda, S. 269 ff.

durch die Kraft der Argumente für die Vorlage gewinnen zu lassen. Zugleich entzieht die neuartige Einrichtung dem Parlament auch die Möglichkeit, als Repräsentation die Einheit des Staates darzustellen, das Partikuläre in das Ganze zu transponieren.

Die öffentliche Meinung findet sich mit ihrer Ausschaltung nicht immer ab. Will sie sich mit der Vorlage nicht zufrieden geben, bleibt ihr freilich zunächst nur die Ablehnung, sofern *in concreto* der *Volksentscheid* überhaupt möglich ist. Sie kann sich auch mit dem *Initiativrecht* Luft machen. Verfassungsinitiativen und anregende Gesetzesinitiativen durchlaufen allerdings bei ihrer Konkretisierung das gleiche Verfahren wie die aus parlamentarischer oder anderer Initiative entsprungenen Gesetze. Eine sorgfältige Berücksichtigung der öffentlichen Meinung während der Inhaltsgestaltung ist nicht zu erkennen. Deshalb ziehen die Initianten es in zunehmendem Maße vor, entweder formulierte Initiativen einzureichen oder Verfassungsinitiativen und anregende Gesetzesinitiativen so ausführlich zu halten, daß ihren Absichten in der Ausführungsgesetzgebung unausweichlich Nachachtung geschaffen werden muß. Daß darunter die Systematik und verfassungsbegrifflichen Grundlagen insbesondere der Bundesverfassung leiden und daß die formulierten Gesetzesinitiativen Fehlkonstruktionen mit ausgedehnten juristischen Schwierigkeiten bringen, ist hinlänglich bekannt. Trotzdem darf festgestellt werden, daß die ausgebauten Volksrechte ein wohltuendes *Korrektiv* gegenüber einer exklusiven Gesetzgebung darstellen. Sie zwingen, wenn auch spät, die inhaltgebenden Organe, auf die öffentliche Meinung Bedacht zu nehmen oder diese – bei formulierten Initiativen – selbsttätigen Lauf nehmen zu lassen. Deshalb schrecken ja auch die Interessenorganisationen vor Rechtsformen, welche referendumspflichtige Verfahren voraussetzen, so sehr zurück: Wenn Verwaltung und Regierung für ihre Begehren gewonnen sind, müssen sie auch noch die – allerdings wenig gefährlichen, aber immerhin vorhandenen – Klippen des Parlaments umfahren, die Parteien an sich ziehen und die Bemühungen um die öffentliche Meinung aufnehmen. Das bringt nicht nur eine Verlängerung und Komplizierung des Rechtsetzungsweges, sondern auch das Risiko, daß die öffentliche Meinung nicht nachfolgt. Umgekehrt eignen sich parlamentarisches Verfahren und Volksentscheid dazu, allfällige Benachteiligungen zu beseitigen, unter Umständen durch die Ablehnung des Ganzen. Initiativrechte aber erlauben, Interessen, die in Verwaltung, Regierung oder Parlament zurückgesetzt worden sind, unter dem Druck großzahliger Unterschriftenbogen als beachtliche Größen hinzustellen und schließlich durchzusetzen.

Darin liegt denn eine *zunehmende Problematik* der Volksrechte und der öffentlichen Meinung in der Gesetzgebung: Die öffentliche Meinung ist eine reale Größe, die zwar nicht übersehen wird. Sie kann dank verfahrensrechtlicher Institutionen unmittelbar den Entscheid bestimmen; sie ist durch Tradition, Verfassungsrecht und Rücksicht auf die Durchsetzbarkeit des Rechts beachtlich. Aber sie ist eine unbequeme Größe, gerade für die modernen Gesetzgebungsgegenstände (vgl. oben § 2, III). Wenn es nicht gelingt, ihr auszuweichen, sie wenigstens von der Entscheidung fernzuhalten, wird sie in den Interessenkampf einbezogen, ohne daß ihr jedoch dessen Hintergründe und Motive aufgedeckt würden. Es wird versucht, sie durch wirksame Propagandamittel, durch Simplifikationen, zündende Schlagworte, Gefühlsappelle und halbwahre Darstellungen von einer sachlichen Diskussion abzuhalten. Dadurch wird allmählich die Zugänglichkeit gegenüber rationalen Argumenten verschüttet, der Sinn für Proportionen geschwächt, die Urteilskraft ausgehöhlt. Die öffentliche Meinung wird mißbraucht; auf eine in der Wahrheit ruhende Überzeugung wird wenig Wert gelegt, dafür die Masse bewegt und ausgenutzt. Das ist nicht das Volk und die öffentliche Meinung, mit denen Rechtsstaat und echte Demokratie gerechnet haben[135].

IV. Zwangslagen im Gesetzgebungsverfahren

Die heutige Rechtssetzungs-, insbesondere Gesetzgebungspraxis wird vielfach bemängelt. Soweit sich die Kritik im Drang der Geschäfte oder in Gewöhnung nicht verläuft, zeichnet sie sich dadurch aus, daß sie weniger nach Auswegen und Weiterentwicklungen als nach schuldhaftem Verhalten bei den Rechtssetzungsorganen forscht. Sie übersieht leicht, daß sich diese in Schwierigkeiten befinden, die fast zu Zwangsläufigkeiten und Zwangslagen geworden sind. Solche sind in den vorstehenden Bemerkungen zum Ausdruck gekommen, so daß hier im wesentlichen zusammenzufassen ist:

1. Der Parlamentarier

Die Parlamentarier des Bundes, aber auch die der meisten Kantone sind *überlastet*[136]. Erst auf die Wahllisten gesetzt, nachdem sie in der Öffentlichkeit, namentlich in öffentlichen Diensten, hervorgetreten sind, können sie

---

[135] Über die sachgegebenen Schwierigkeiten, denen sich das Volk in der modernen Gesetzgebung gegenübergestellt sieht, vgl. WERNER KÄGI, An den Grenzen der direkten Demokratie?, in: Jahrbuch Die Schweiz 1951, insbes. S. 6 ff. (S. A.).

[136] Eine Ausnahme bilden gewisse Verbandsfunktionäre als Abgeordnete, die der Zahl – nicht aber dem Einfluß – nach nicht sehr stark hervorgetreten. GIACOMETTI, BStR, S. 576, unterscheidet denn in Fortführung der Feststellungen FLEINERS (BStR, S. 185) zweierlei Abgeordnete: solche, die über die kommunale und kantonale politische Laufbahn in den Bundesdienst hineinwachsen, und solche, die dank ihrer Stellung als Verbandsfunktionäre unmittelbar in die Bundesversammlung gewählt werden und sich zu Berufspolitikern entwickeln. In bezug auf die Beanspruchung heißt das: Der Verbandsfunktionär kann sich Zeit lassen; der auf der «politischen Bahn» Emporgestiegene ist jedoch durch andere Obliegenheiten eingeengt. Das verschafft jenem einen Vorsprung.

mit dem Eintritt in das Parlament bisherige Ämter und Aufgaben nicht abstreifen. Im Gegenteil, ihre durch den Einsitz im Parlament dokumentierte Prominenz führt ihnen fortwährend neue, unentziehbare Obliegenheiten zu. Selbst wenn sie selbständig oder unselbständig im privaten Erwerbsleben stehen, wachsen sie – das gilt selbstverständlich in erster Linie für die Bundesparlamentarier, zunehmend aber auch für die kantonalen – derart in öffentliche und halböffentliche Funktionen hinein, daß die parlamentarische Verpflichtung eine von vielen und meistens nicht die wichtigste darstellt. Dazu kommt, daß sich der schweizerische Parlamentarier Ansehen und Wiederwahl weniger durch Tüchtigkeit im Ratssaale als durch Präsenz, Mitarbeit und Äusserungen in den «richtigen» Gremien zur «richtigen» Zeit sichern muß[137]. Darin sieht zwar eine verbreitete Auffassung die vielgewünschte Verwurzelung im Volk, übersieht aber leicht, daß solche Aktivitäten unliebsame Folgen haben: sie bringen den Abgeordneten weniger ins Volk als in Komitees; sie bedeuten ihm eine fast unerträgliche Last, zwingen ihn zu Oberflächlichkeiten und zeitlicher Hetze, ohne daß er dabei Anregungen, Kenntnisse und Einblicke erhielte, die seine legislatorischen Fähigkeiten mehrten, seine Sendung als Repräsentant der Nation erleichterten. – Fraktions- und Kommissionssitzungen, Sessionen oder periodische Einzelsitzungen des Plenums belegen den Abgeordneten jährlich von etwa 3 und 4 Wochen in kleinen Kantonen, bis zu 15, 20 und mehr Wochen im Bund. Oft sind Parlamentsmandate gehäuft, indem der Bundesparlamentarier auch im Kanton und in den Gemeinden der Volksrepräsentation angehört. Die Natur der Beratungen, die vor allem im Bund auf Kürze, Speditivität, Vereinfachungen ausgerichtet sind, verunmöglicht es dem Abgeordneten, sich erst während der Plenumsverhandlungen mit einer Vorlage vertraut zu machen. Entweder tut er es vorher, oder er kommt nicht ins Bild oder gar zu einer selbständigen Beurteilung. Die vorgängige Unterrichtung in schriftlichen Berichten und Botschaften wächst nun aber allmählich zu einer Flut an; die bloße Lektüre erfordert einen großen Zeitaufwand. Die Vertiefung ist beinahe ausgeschlossen. Der Abgeordnete strebt sie an, wenn er sich in der Materie ohnehin auskennt, wenn er sich ihr auftragsgemäß anzunehmen hat oder wenn er der parlamentarischen Kommission angehört. Andere gesetzgeberische Gegenstände muß er notgedrungenerweise vernachlässigen.

Die heutige Gesetzgebung ist komplex und kompliziert. Ihren Gegenstand in bezug auf die tatsächlichen, rechtspolitischen und juristischen Aspekte zu kennen oder gar zu gestalten, setzt *Kenntnisse und Fähigkeiten* in einem

[137] Er muß sich an Partei- und Verbandsversammlungen, an öffentlichen Kundgebungen zeigen, in den Komitees von Parteien und Verbänden, von Sozialinstitutionen, von Aktionen für Initiativen, Referenden und Abstimmungen mitwirken und in den geeigneten Publikationsorganen sich vernehmen lassen.

Maß voraus, das der Abgeordnete unmöglich mitbringen kann[138]. In einzelnen Gebieten mag er bewandert sein und aus Vorlagen daraus Fragwürdigkeiten entdecken, kritische Feststellungen begründen, Änderungen aufzeigen können. Allein, selbst hier, erst recht aber in den unvertrauten Gebieten ist er auf Hinweise, Auskünfte, Belege, Unterstützungen tatsächlicher, statistischer, finanzieller, juristischer Natur angewiesen, die zu liefern meist einzig die Verwaltung in der Lage ist.

Der Parlamentarier verdankt seinen Sitz der *Partei*, besser: der weiteren Parteileitung, die ihn vorschlägt und im Wahlkampf trägt. Das gilt auch für die Wiederwahl. Viele Parteien bedürfen in den Wahlen aber auch der Mithilfe von *Interessenorganisationen*, insbesondere von den großzahligen Wirtschaftsverbänden, die ihnen zuteil wird, wenn sie verbandsgenehme Nominationen machen. Der Parlamentarier ist deshalb nicht nur seiner Partei, sondern auch den alliierten Verbänden insofern verpflichtet, als sie seiner Nomination und Wahl nicht Widerstand entgegensetzen. Die daraus entspringenden Abhängigkeiten treten in zwei Graden auf: Der einen Gruppe sind diejenigen Abgeordneten zuzurechnen, die in erster Linie als Vertreter von Verbänden zählen dürfen, weil sie der Parteileitung von solchen vorgeschlagen worden sind oder gar in ihrem Dienste stehen; der anderen, größeren Gruppe gehören diejenigen Abgeordneten an, die wegen der Verbindung ihrer Partei mit den Verbänden zumindest deren Begehren nicht entgegentreten dürfen.

Überlastung, sachliche Schwierigkeiten und personelle Abhängigkeiten lassen denn dem Abgeordneten grundsätzlich nur *zwei Handlungsweisen*: er baut entweder auf das, was Verwaltung und Regierung, parlamentarische Kommission und Fraktion vortragen, oder aber er verlegt sich auf die Verfechtung dessen, was er kennt, nämlich das begrenzte Interesse seiner Gruppe. Diese Situation versetzt ihn in eine unbefriedigende Lage, lähmt den unerläßlichen Schwung und den idealistischen Einsatz. Die Abgeordneten werden selten – am ehesten noch in den Kantonen mit vertieften parteipolitischen Gegensätzen – vom Feuer der Berufung getrieben; das Mandat ist Ehrung, Belohnung, zugleich aber auch häufig Beruf, Geschäft oder belastende Aufgabe.

2. Das Parlament

Die Zwangslage des einzelnen Abgeordneten ist auch eine des Parlamentes. Sie beraubt es der echten Diskussion und der Repräsentationsnatur im konstitutionellen Sinne. Zudem lassen seine beschränkten Tagungsmöglichkeiten und die Weite seines Kompetenzbereiches, der tief in die Verwaltungs- und Regierungsfunktionen hineinreicht, für den großen

---

[138] Die Verwaltung benutzt einen ausgebauten Apparat, um die Entwürfe auszuarbeiten. Der Abgeordnete wird allein gelassen.

Anfall an schwierigen Rechtssetzungsaufgaben verhältnismäßig wenig Zeit und Raum. Das Plenum – und mit ihm parlamentarische Kommissionen und Fraktionen – steht fortgesetzt unter dem Druck einer großen *Geschäftslast* und der *Eile*. Begehren nach schriftlichen Berichten, Vorbehandlungen in den parlamentarischen Kommissionen, rigorose Kürzungen der Redezeiten, Ersatz der Aussprache durch Fraktionserklärungen, Ermahnungen zu Kürze und Konzentration – diese und weitere neuartige Mittel sollen die Verhandlungen abkürzen, Zeit einsparen. Aber das Parlament begibt sich durch die Beschreitung solcher Auswege wesentlicher Grundlagen seiner Existenz; es sperrt die gründliche Erwägung und die der Gesetzgebung zuträgliche Atmosphäre aus dem Plenum aus. Trotzdem bleiben jene Mittel letztlich untauglich. Die Geschäfte nehmen nämlich nicht ab. Die Eile wächst zur Hast und Hetze aus. Fragen, Vorschläge, Widerstände werden als lästige oder gar mutwillige Verzögerungen eines festgelegten Zeitplanes empfunden. Verwaltung, Regierung, Interessenten, Öffentlichkeit erwarten die kurzfristige Verabschiedung eines Geschäftes, das aus rechtlichen Gründen allerdings ein parlamentarisches Verfahren durchlaufen muß, dabei aber tunlichst nicht behelligt werden soll. In diesem unerbaulichen Spiel ist das Parlament als Ganzes weitgehend Objekt; eine aktive Regie – meist ausgeübt mit Hilfe der Regierung, Präsidenten, Büros, Fraktionschefs – treibt voran.

Die Wandlung des Parlamentes von der die Rechtsordnung schaffenden Behörde zur eingeengten und durch andere Rechtssetzer konkurrenzierten Genehmigungsinstanz, ferner der seiner Tätigkeit mangelnde politische Gehalt und die abnehmende Repräsentationsnatur werden nach und nach allgemein bewußt. Das regt publizistische *Kritik* an. Ferner erblicken viele Interessenorganisationen im Parlament eine unerwünschte Einrichtung, welche ihnen die Wahrung ihrer Begehren erschweren kann. Sie greifen – als wirksames Mittel im Kampfe um die Interessenwahrung – mit Vorliebe Arbeit und Arbeitsweise des Parlamentes an. Jene und diese Kritik, zuweilen vereint, verschaffen dem Parlament eine ausgesprochen *schlechte Presse*. Es grenzt nicht selten ans Verantwortungslose, was selbst einflußreiche Publikationsorgane an Beanstandungen, simplifizierenden Darstellungen und leichtfertigen Vorwürfen vorbringen. Die Kritik übersieht oft, daß die Ursachen der gerügten Verhältnisse zum geringsten Teil im Parlament selbst liegen, sondern in der Zunahme und Komplikation der Rechtssetzungsaufgaben, in der Invasion soziologischer Kräfte in die Rechtssetzung, in der Pluralisierung der Gesellschaft. Es führt zu einer vielleicht wenig bemerkten, aber sehr nachhaltigen Abwertung des Parlamentes. Eine weitverbreitete öffentliche Meinung sieht denn seine Funktionen nicht mehr; sie sieht in ihm nicht einmal mehr eine Versammlung achtenswerter Männer. Das entzieht dem Parlament den Rückhalt im Volk und insbesondere seine Führungsaufgabe in bezug auf die öffentliche Meinung. Das Gesetz findet in der öffentlichen Meinung nicht deswegen günstige Aufnahme, weil es vom Parlamente kommt; im Gegenteil, eine langwierige und relativ selbständige Bearbeitung macht die Vorlage verdächtig – «sonst wäre sie ja ohne weiteres angenommen worden». Es endet in einem unerfreulichen Zirkel: Der Strukturwandel des Parlamentes ruft der Kritik, diese aber überbordet so, daß jener Wandel beschleunigt wird.

3. Regierung und Verwaltung

Es wäre falsch, die Regierung oder die Verwaltung des Machttriebes und des Verfassungsmißbrauches anzuklagen, weil durch ihre *umfassende Vorberei-tung und maßgebende Lenkung* der Gesetzgebung die Gewaltenteilung und die Unterschiede zwischen Gesetz und Verordnung materiell weitgehend aufgehoben werden. Sie können sich der ihnen zugeschiedenen Aufgabe nicht entziehen; diese wird ihnen durch das zum Motionsrecht abgesunkene Initiativbegehrensrecht des Parlaments und das verwaltungsinterne Orga-nisationsrecht auferlegt. Niemand vermöchte sie in der geltenden Verfah-rensordnung zu ersetzen.

Die *Regierung* ist – im Gegensatz zur Verwaltung – Behörde, ein politisches Organ. Durch die Volkswahl in den Kantonen hat sie eine auch rechtlich ausgebaute Selbständigkeit gegenüber dem Parlament und unmittelbare Fundierung im Volk erworben. Hier, aber auch im Bund, trägt sie mit an der politischen Verantwortung, das heißt an der Sorge für die umfassende Existenz des Staates. Sie darf denn, gestützt auf Verfassungsrecht und auch auf Tradition und praktische Bewährung, in der bedeutungsvollsten politischen Angelegenheit, in der Gesetzgebung, mit Grund mitwirken. Deswegen wird die rechtlich konstituierte Staatsstruktur nicht gewandelt. Allerdings wächst sich diese Mitwirkung nicht nur zur Lenkung der Gesetzgebung aus, sondern fällt auch an die Verwaltung zurück. Die Regierung kann sich dessen nicht erwehren. Das Kollegialsystem vermag, trotz vereinzeltem Abbau, die Vielfalt an Aufgaben schlechthin nicht zu bewältigen. Die Regierungsmitglieder, in einzelnen Kantonen nur neben-amtlich tätig, sind durch verwaltungsmäßiges «Hausgut» ihrer Departe-mente so stark beansprucht, daß sie sich der Geschäfte des Kollegiums wenig annehmen können. Und diese sind nun so zahlreich, daß, auch wenn es bei einem Großteil bei der formellen Beschlußfassung sein Bewenden haben kann, für eine einläßliche Behandlung gesetzgeberischer Aufgaben einfach keine Zeit bleibt, es sei denn, eine augenfällige Problematik zwinge *in concreto* dazu. Wo aber eine Einlassung geboten ist, müssen einzelne Mitglieder führen.

Die *Verwaltung* ist bei der Vorbereitung der Gesetze auf sich selbst gestellt. Sie muß den gangbaren Weg suchen und kann währenddessen für Zwischenentscheide und Richtungsweisung vielleicht an die Regierung, nicht aber an das Parlament gelangen. Sie muß den Entwurf bereinigt haben, wenn sie ihn an Regierung und Parlament weiterleitet. Und zwar gilt der Auftrag vor Regierung, Fraktionen, Kommissionen, Parlament und Öffentlichkeit dann als am besten ausgeführt, wenn an ihrem Entwurf nichts mehr zu beanstanden bleibt. Sie wird deshalb geradezu gezwungen, eine nicht nur nach sachlichen, sondern auch nach politischen Gesichtspunkten ausgerichtete Vorlage auszuarbeiten[139]. Sie kann sich der Beachtung soziologischer Legislativkräfte und der Verteidigung ihrer Vorlage nicht entschlagen. Die Verwaltung, welche die Gesetzgebung umfassend vorbereitet, befindet sich ja denn unter anderem in der eigenartigen Situation, daß sie gegenüber den Interessenorganisationen dominierend, bestimmend, selbstsicher, gegenüber der Regierung und dem Parlament aber dienend, gehorsam, abhängig auftreten sollte. Dabei erfährt sie genau und detailliert, was die Begehren und Anliegen der Interessenorganisationen sind, während sie noch nicht weiß, was die Meinung der Regierung, des Parlamentes und schließlich der Öffentlichkeit ist. Deshalb schlägt jenes Verhältnis leicht in das Gegenteil um: die Verwaltung ist den Interessenorganisationen gegenüber willig und zugänglich – denn es ist etwas da, an das sie sich halten kann, das ihr eindrücklich vorgetragen wird –, den staatlichen Organen gegenüber jedoch verteidigt sie ihr Produkt – denn sie hat es mit Mühen erschaffen.

4. Schwindende Verantwortung

Die Eigenarten des praktizierten Gesetzgebungsverfahrens, aber selbst auch des Verordnungsverfahrens, führen zu einem Schwund der Verantwortung. Die im Vorverfahren aktive Verwaltung ist immerhin nur vorbereitende Instanz, und gerade ihre Loyalität gegenüber den nachfolgenden Gesetzgebungsfaktoren entspringt aus diesem Bewußtsein. Sie darf deshalb zum Beispiel mit einem gewissen Grund die Anbringen der Interessenten kritiklos übernehmen, indem sie auf die Korrekturmöglichkeiten von Regierung und Parlament vertraut. Diese Instanzen aber vertrauen ihrerseits auf die Verwaltung. *Keines* der an der Gesetzgebung beteiligten Organe fühlt sich *voll verantwortlich;* keines aber ist sich ganz bewußt, wieweit das andere materiell die Verantwortung zu tragen vermag; jedes «hofft» auf das andere.

Daraus erwachsen Lücken. Es gleiten, gleichsam unbemerkt, einzelne Bestimmungen, Rechtsfiguren und schließlich ganze Erlasse durch den Rechtssetzungsweg, für die (materiell) keine Verantwortungen getragen

---

[139] Politik läßt sich, namentlich in der Wirtschafts- und Sozialgesetzgebung, auch nicht von sachlichen Fragen trennen. Jede sachliche Frage hat ihren politischen Aspekt.

werden. Das zeigt sich eindrücklich schon bei den Initiativen zur Rechtssetzung. Die Abgeordneten sind außergewöhnlich aktiv in der Einreichung von Initiativbegehren. Es gibt relativ wenig Erlasse, die nicht auf entsprechende parlamentarische Vorstöße zurückgeführt werden könnten. Das Parlament aber – im Bund wie in den Kantonen – gibt den Anregungen in der Regel fast unbesehen und mit leichter Hand Folge, indem es sie erheblich erklärt. Es glaubt, bei der Vorlegung des Entwurfs noch die Freiheit zu haben, sich über die Notwendigkeit und Begründung der angeregten Rechtssetzung klar werden zu können. Die Regierung aber fügt sich meistens, wie es sich rechtlich gehört. Ist eine Vorlage dann einmal erstellt, hält es schwer, sie fallen zu lassen, und die Erwartung des Parlamentes erfüllt sich nicht [140].

Aus der lückenhaften Verantwortung ergibt sich denn auch, daß gelegentlich Interessenorganisationen und in den Kantonen manchmal Parteien Träger der ganzen Rechtssetzung sind. Sie bringen ein Initiativbegehren entweder – rechtlich beachtlich – durch Anregungen ihrer Abgeordneten an das Parlament, oder – faktisch – durch ihre Vertrauensleute an die Verwaltung heran. Sie finden hier und dort leicht Gehör und haben sich gleichzeitig als «beteiligte Kreise» ausgewiesen, was sich dahin auswirkt, daß sie in der Inhaltsgestaltung wiederum aktiv auftreten [141]. Setzen sie sich im Vorverfahren durch, haben sie die ihnen erwünschte Rechtssetzung erreicht. Die materielle Verantwortung dafür aber kann in keinem Staatsorgan lokalisiert werden.

§ 4. Hinweise auf Reformmöglichkeiten

I. Grundlagen

Die Kompetenzordnung des Staates – des Bundes und der Kantone – hat sich quantitativ und qualitativ grundlegend geändert. Behördenorganisa-

---

[140] Die geschwächte Verantwortung kommt auch bei den Genehmigungsverordnungen zum Ausdruck, wo selbst *rechtlich* die Verantwortlichkeit zweifelhaft ist. Schon BURCKHARDT, Kommentar, S. 667, hat deshalb die Figur abgelehnt. Neuerdings stellt sich PETER SCHNEIDER, Die Übertragung der rechtsetzenden Gewalt in der Schweiz, in: Die Übertragung der rechtsetzenden Gewalt im Rechtsstaat, Frankfurt a. M., 1952, S. 407, positiv dazu ein. Er erblickt in ihr eine erwünschte Kontrollmöglichkeit der Exekutive durch das Parlament. In der Praxis wird diese Möglichkeit aber eben nicht ausgeschöpft.

[141] Daraus erklärt sich auch, daß trotz der anwachsenden Rechtssetzungtätigkeit die Institute der Volksinitiativen verhältnismäßig wenig verwendet werden müssen: die Organisationen haben auf Parlament und Verwaltung Einfluß und können auf leichtem Weg den Rechtssetzungsapparat in ihrem Sinne in Bewegung setzen. Die Volksinitiative wird meist nur noch da notwendig, wo relativ extremen Begehren größeres Gewicht verliehen werden will.

tion und Verfahrensordnung sind jedoch zugeschnitten geblieben auf den gesellschaftsneutralen, nichtinterventionistischen, liberal-demokratischen Verfassungsstaat. Der überkommene verfahrensrechtliche Normenkomplex mitsamt dem liberal-demokratischen Gesetzesbegriff und -vorbehalt müht sich damit ab, der neuartigen Aufgaben Herr zu werden. Das will nicht mehr recht gelingen. Kompetenzordnung, Behördenorganisation und Verfahrensordnung im engeren Sinne bilden *keine harmonische Einheit* mehr. Behördenorganisation und Verfahrensordnung haben indessen außerrechtliche Ergänzungen erfahren. Diese stehen teils im Begriffe, sich ihrerseits in Verfahrensnormen niederzuschlagen, die zunächst konventioneller Natur bleiben, allmählich aber in eine rechtliche Anerkennung hineinwachsen. Teils verharren sie im Tatsächlichen und bilden weiterhin eine Ambiance im Sinne SCHINDLERS zur Normordnung. Sie setzen der Normordnung jedoch derart zu, daß sich diese anders verwirklicht, als es ihrem Sinn und Wesen entspräche. Recht und Ambiance sind nicht mehr aufeinander eingespielt.

Es ist offensichtlich – die Betrachtung der Gesetzgebungspraxis bestätigt es –, daß die heutigen Rechtserzeugungsverfahren *wesentlichen Grundlagen* der überkommenen Staatsstruktur *zuwiderlaufen*. Das Prinzip der Gewaltenteilung im Sinne objektiver und subjektiver Trennung von Rechtssetzung und Verwaltung ist weitgehend aufgehoben, wenn in der Verwaltung und in der Regierung die wirksamsten Gesetzgebungsfaktoren erblickt werden müssen. Vom Prinzip der Volkssouveränität repräsentativer und direkt-demokratischer Prägung wird abgerückt, wenn die rechtsschöpferische Tätigkeit auf eine dominierende Bürokratie von Verbands-, Partei- und Verwaltungsstellen übergeht. Rechtssicherheit und Klarheit der Rechtsordnung leiden darunter, wenn eine Vielfalt von Rechtsquellen tätig ist und mit Leichtigkeit in vielen Formen und Zwischenformen Recht positiviert. Die Verfassungsmäßigkeit sowie die Qualität des Rechts in ethischer und logischer Hinsicht werden herabgesetzt, wenn Vorteile einzelner Gruppen im Vordergrund der Inhaltsgestaltung stehen, dem Parlament die ruhige Abwägung entzogen und auf gesetzgeberische Eigenschaften des Parlamentariers nicht geachtet wird. Mit allen diesen Wirkungen aber droht die schwerwiegende Folge, daß schließlich politische und individuelle Freiheit vom Rechtssetzungsverfahren her bedrängt werden.

Die *großen Schwierigkeiten*, in denen sich das Recht und die Rechtsordnung heute befinden (vgl. oben § 2, III), sind auch solche der Rechtssetzung. Die Problematik ist komplex, und durchschlagende Konzeptionen zu deren Überwindung fehlen. Es wäre müßig, von rechtlichen Vorkehren eine durchgreifende Regeneration zu erwarten. Diese wäre tiefer, in der geistigen Haltung des einzelnen Menschen und der Gemeinschaften, zu fundieren. Der Jurist kann jedoch mithelfen, indem er bestehende Institutionen auf ihre Tauglichkeit überprüft und allenfalls Revisionen erwägt, die geeignet erscheinen, den Wertzerfall zu hemmen, die Wertverwirklichung zu fördern. Dazu gehört auch das Verfahrensrecht im weiteren Sinne. Unerfreuliche Entwicklungen unserer Rechtssetzungspraxis können offenbar in gesunde Bahnen gelenkt werden. Es kommt lediglich darauf an, im Kleineren, im Nahen und Konkreten praktisch anzusetzen zu wagen. Es wäre allerdings auch verfehlt, der Ungeduld und dem Drängen unserer Zeit zu verfallen und Neuerungen die Frist des Keimens zu beschneiden.

Erwägungen für Regenerationen und Neuerungen im Rechtssetzungsverfahren bedürfen der *Diskussion* zwischen Praxis und Wissenschaft. Zudem muß sich die *öffentliche Meinung* damit befassen können; denn sie ist nicht nur vom Rechtssetzungsverfahren umfassend betroffen, sondern dieses trägt auch wesentlich dazu bei, der Rechtsordnung die Legitimitätsgrundlagen zu verschaffen und zu erhalten. Die künftige Gestalt des Rechtssetzungsverfahrens – und wäre es letztlich nur die Stabilisierung der heutigen Praxis – muß in einer tieferen öffentlichen Meinung anerkannt werden. Nachstehend sollen einige Anregungen für die Diskussion gegeben werden, wobei von folgendem auszugehen ist:

Die heutige Kompetenzordnung des Staates, welche die ausgedehnte Rechtssetzung erlaubt und verlangt, könnte nicht grundsätzlich eingeschränkt werden. Ebensowenig würde es gelingen, die Staatsintervention im Wirtschaftsablauf grundsätzlich einzudämmen oder gar zu beseitigen. Die damit verbundenen Schwierigkeiten für die Normsetzung lassen sich nicht umgehen. Damit hat man sich abzufinden. Der *Interventions- und Sozialstaat* und der dadurch notwendige regsame Rechtssetzungsapparat sind unumstößliche *Tatsachen*.

Dagegen stellt sich *in praxi* die Frage des Maßes. Die für den Juristen mit unerfreulichen Aspekten verbundene Rechtssetzungspraxis würde von ihrer Bedenklichkeit verlieren, wenn die Einrichtungen der Rechtserzeugung nicht übermäßig und, wenn schon, mit weiser Sorgfalt beansprucht würden. Auch der die Elemente des Rechtsstaates[142] beachtende Sozialstaat mit seiner Aufgabe, dem Menschen Sicherheiten zu geben und ihn in seiner Menschenwürde zu schützen, braucht nicht ein Maximum, sondern nur ein Optimum an Rechtssätzen. Er bedarf der gründlich erwogenen, der

[142] Vgl. Kägi, Zur Entwicklung des schweizerischen Rechtsstaates seit 1848, ZSR 71, 1952, S. 173 ff.; Der Rechtsstaat als Bollwerk der Freiheit, S. A. aus der Schweizerischen Lehrerzeitung 1951; Zwischen Staatsvergötzung und Staatsverketzerung, im Jahrbuch «Die Schweiz» 1953; Garzoni, Die Rechtsstaatsidee im schweizerischen Staatsdenken des 19. Jahrhunderts, S. 12 ff.; Die Freiheit des Bürgers im schweizerischen Recht, Zürich 1948, insbes. die Beiträge von du Pasquier, Kägi, Ruck, Bridel, Huber, Giacometti, Nef.

ausgereiften Rechtserlasse. Er ist auch auf eine möglichst übersichtliche, allgemeinverständliche Ordnung angewiesen, in welcher sich der Rechtsunterworfene zurechtfindet. Eine *Disziplin der Rechtssetzungsorgane* ist unumgänglich. Sie ist Grundlage und Voraussetzung für alle Bemühungen, im Rechtssetzungsverfahren gesundere Verhältnisse herzustellen[143].

II. Regeneration des Parlamentes

Die Idee der Volksrepräsentation durch das Parlament ist, als Ganzes gesehen, nicht falsch oder unerfüllbar. Sie muß sich Abstriche gefallen lassen, die sich vorweg darin begründen, daß die Nation keine gegebene, ohne weiteres darstellungsfähige Einheit ist, daß die Auslese der Repräsentanten an technischen Möglichkeiten Schranken findet, daß die Gesellschaftsordnung nicht mehr vorgefunden, sondern weitgehend vom Recht gestaltet wird. Gerade aber auch die Referendumsdemokratie ist mit der Einrichtung einer parlamentarischen Volksrepräsentation verkoppelt, denn sinnvollerweise muß der Volksentscheid auf einer volksadäquaten Inhaltsgestaltung aufruhen können, die Aufgabe eines vom Volke kontrollierbaren, ihm letztlich verantwortlichen Staatsorgans ist.

Es drängt sich der Gedanke auf, zu versuchen, *neben* einer wesentlichen *Entlastung des Gesetzes* und des Gesetzgebungsweges (§ 2, III) das *Parlament* wieder in den *Mittelpunkt der Gesetzgebung* zu rücken. Unter Verweis auf die in §§ 2 und 3 gemachten Feststellungen sei hiezu folgendes erwähnt:

1. Vorkehren im Bund

Die Frage stellt sich vorerst für den Bund. Wenn sie mit Aussicht auf Erfolg gelöst werden soll, müssen dem Parlament als Grundlagen verschafft werden einmal bestmögliche *Selbständigkeit* sowohl gegenüber der Exekutivgewalt als auch gegenüber soziologischen Legislativkräften, sodann ausreichende *Sachkenntnis* und schließlich *Zeit*. Streckenweit können rechtliche Vorkehren solche Grundlagen beibringen. Zu einem guten Teil sind sie jedoch wiederum von außerrechtlichen Tatsachen abhängig.

a) Radikale, aber bei ausgewogenen Ergänzungen zweifellos wirkungsvolle Voraussetzung könnte die Bejahung des *Berufsparlamentes* für den Bund bilden. Von einer breiten öffentlichen Meinung bislang eindeutig abgelehnt, sollte der Gedanke heute doch nicht mehr als unvollziehbar hingestellt werden. Er würde mit alten Auffassungen brechen, andererseits aber nicht viel mehr als die Anerkennung eines bereits bestehenden Zustandes bedeuten. Der Bundesparlamentarier ist nicht mehr der in einer zivilen Tätigkeit stehende, zum öffentlichen Dienst beschränkten Umfangs herbeigerufene Bürger aus dem Volk, sondern zum überwiegenden Teil

---

[143] Vgl. dazu JAHRREISS, Größe und Not der Gesetzgebung, S. 49 ff.

durch öffentliche und halböffentliche, jedenfalls aber politische Dienste voll oder doch überwiegend beansprucht. Er ist heute schon – von bemerkenswerten Ausnahmen abgesehen – «Berufspolitiker». Nur ist er es zum geringen Teil für den Bund. Er ist es für vieles andere auch noch – bestenfalls für Kantone und Gemeinden, häufig aber für Parteien, Verbände, andere Organisationen. Daß daraus wesentliche Kraft aus dem Boden des Volks zuströmte, wäre schwer nachzuweisen. Warum aber sollte seine Tätigkeit und Tüchtigkeit nicht dem Bunde zugehalten, dort, weil unzersplittert, fruchtbar gemacht werden?

Der Aufgabenkreis wäre reichlich[144]. Befürchtungen, daß der hauptamtliche Parlamentarier zu wenig beschäftigt wäre, daß er dem Staate neue Betätigungsfelder suchte, daß er fernab vom Leben wirkte, sind kaum noch stichhaltige Einwände. Großer Widerstand würde einem Berufsparlament wegen der finanziellen Auswirkungen erwachsen, die zweifellos erheblich wären (vgl. auch unten lit. b und c). Sachlich dürften sie aber nicht ins Gewicht fallen, da sich der Staat die wichtigste seiner Institutionen, die Organisation der Gesetzgebung und die Oberaufsichtsinstanz, durchaus etwas kosten lassen darf.

Die Einsetzung eines Berufsparlamentes bietet organisationsrechtlich keine besonderen Schwierigkeiten. Es bedarf jedoch, wie erwähnt, institutioneller Ergänzungen (vgl. lit. b und c), ohne die das Parlament kaum aufgewertet werden kann. Derartige Ergänzungen könnten auch dann als zweckmäßige Vorkehren erwogen werden, wenn auf ein Berufsparlament verzichtet wird.

Vermöchte sich der Gedanke des Berufsparlamentes nicht allmählich durchzusetzen, so wird sich zumindest die Verlängerung der Sessionen nicht vermeiden lassen, sofern das Parlament auf eine irgendwie wirksame Arbeit noch Wert legt. Eine derartige «kleine Revision» hätte den Vorteil, daß sie als offensichtliche Notwendigkeit erschiene und von der öffentlichen Meinung, weil kaum bemerkt, ohne weiteres hingenommen würde; sie hätte aber den Nachteil, daß sie keine neue Atmosphäre brächte und die heutigen Mängel zu beheben kaum geeignet wäre.

b) Dem Abgeordneten und dem Parlamente sollte die *Unabhängigkeit* in einem Maß verschafft werden, das ihnen die ungehinderte Ausübung der Funktion gestattete. Die traditionelle, aus dem Kampf gegen die monarchische Gewalt herausgewachsene Immunität, die für die Schweiz nie beson-

---

[144] Es ist vor allem auch zu bedenken, daß die Regierungs- und Verwaltungsfunktionen des Bundesparlamentes an gleichen Erscheinungen kranken wie die Gesetzgebung. Die Regeneration des Parlamentes wäre hier ebenfalls erwünscht, wenn Regierung und Verwaltung nicht vollends freigesetzt werden sollen. Vgl. EICHENBERGER, Die oberste Gewalt im Bunde, S. 275 ff.

ders wichtig gewesen ist, genügt hiefür nicht. Rechtliche Verantwortlichkeiten für die Voten und strafprozessuale Verfolgungen bedrohen den Abgeordneten eben nicht. Ebensowenig muß die Freiheit der Willensbildung gegen direkte geistliche Einflüsse geschirmt werden, so daß zum Beispiel die Einschränkung des Art. 75 BV zu einer Norm ohne Notwendigkeit geworden ist. Bedeutungsvoll ist heute die Tatsache, daß der Parlamentarier durch Rücksichtnahmen auf soziologische Mächtigkeiten gebunden ist. Dagegen Schranken aufzurichten, hält schwer.

aa) Vom Proporzwahlverfahren, das mit einem System politischer Parteien rechnet, abzurücken, wäre undenkbar. Ebensowenig kann die Demokratie (vgl. Anm. 134) und gar die Referendumsdemokratie auf die Mitwirkung der Parteien als Instrumente der Kommunikation zwischen Gesetzgeber und öffentlicher Meinung, zwischen Staatsgewalt und Volk verzichten. Dementsprechend bleibt auch der Parlamentarier an *Fraktion und Partei* gebunden. Das sollte indessen soweit als immer möglich die einzige Bindung bleiben, die übrigens dadurch etwas gelockert werden könnte[145], daß rechtssatzmäßig die Verpflichtung auf Fraktionsbeschlüsse ausdrücklich untersagt und daß im Parlament durchgängig die geheime Abstimmung eingeführt würde.

Im weiteren müßte mit der Zeit vielleicht doch eine – sehr zurückhaltende – *Gesetzgebung über das Parteiwesen* ins Auge gefaßt werden, worin neben allfälligen finanziellen Kontrollen unter anderem die Designation von Kandidaten und die Ausgabe von Parteiparolen zu Sachabstimmungen in einem demokratischen Verfahren gefordert würde. Das könnte die bürokratisierte Leitung mildern, das daraus hervorgegangene Mißtrauen gegenüber den Parteien allmählich beseitigen und diesen wieder Ansehen verschaffen. Es würde auch den Abgeordneten veranlassen, seine Wählerschaft aufzusuchen, Rechenschaft abzulegen und eine echte Verwurzelung im Volke anzustreben. Gleichzeitig würde es ihm erlauben, sich unmittelbar auf die Wählerschaft zu stützen und damit von Partei- und Fraktionsleitung unabhängiger zu werden.

bb) Der Abgeordnete sollte neuartigen *Inkompatibilitäten* unterworfen werden. Es wäre zu erwägen, die Ausübung einer offenen oder verdeckten

---

[145] Eine gewisse Unabhängigkeit der Fraktion gegenüber der Partei könnte dadurch zu erreichen versucht werden, daß den Fraktionsmitgliedern die Mitwirkung in den Parteileitungen untersagt würde. Wenn äußerlich vielleicht auch durchsetzbar, könnte sie doch eine Kontaktnahme nicht ausschließen, würde diese aber in eine verbotene Zone verschieben. Zudem ist die (gesunde) Verbindung durchaus erwünscht. Ihre Unterbindung hätte u. a. zur Folge, daß Abgeordnete ins Kielwasser starker Parteileitungen gerieten, während heute Fraktionsmitglieder möglicherweise die Parteileitung lenken können. Die Fraktion kann, vielleicht manchmal zum Vorteil für das Ganze, stärker sein als die Partei.

Funktion in Interessenorganisationen als mit dem Parlamentsmandat unvereinbar zu erklären. Die einen Großteil der Gesetzgebung stark beeinflussenden «beteiligten Kreise» sind immer noch eine Art von «Parteien» im prozessualen Sinne, nämlich Träger von Interessen, die sie unter kräftigem Einsatz der allein ihren Standpunkt stützenden Mittel im Entscheid durchzusetzen suchen. Solange sie diese Natur nicht abgestreift haben, muß notwendigerweise das staatliche Gesetzgebungsorgan als «unparteiischer Dritter» über die Begehren dieser buchstäblich Beteiligten befinden können. Das vermag es nicht befriedigend, wenn unter seinen Mitgliedern selbst deren Vertreter sind. Die Aufgabe, festzulegen, was für Organisationen einzubeziehen wären, fiele nicht wesentlich schwerer als die heutige Bestimmung, wer gemäß Art. 32 BV zur Wirtschaftsgesetzgebung anzuhören sei. – Im Falle der Einführung eines Berufsparlamentes könnte die angestrebte Unabhängigkeit durch das Verbot einer wirtschaftenden Tätigkeit, etwa in Anlehnung an Art. 97, Schlußpassus, BV, wirksam gestärkt werden. Wieweit daneben öffentliche Funktionen in Kanton oder Gemeinde zuzulassen wären, hängt von verschiedenen Umständen ab, die hier übergangen werden dürfen.

Es ist zu erwarten, daß die Unvereinbarkeit in bezug auf die Interessenorganisationen besondere, problematische *Auswirkungen* nach sich zöge: Jene, der unmittelbaren Vertrauensleute im Parlament beraubt, würden sich vermehrt noch an die Parteien halten müssen, um sich auf diesem Weg die Geltung und die Möglichkeiten zu sichern, auf Initiative, Inhalt und Entscheid bestimmenden Einfluß auszuüben. Die Gefahr ist groß, daß die Einflußnahme der Interessenorganisationen auf das Parlament, die heute allmählich ans Licht der Öffentlichkeit rückt, wieder in das unkontrollierbare Halbdunkel persönlicher Verbindungen zurücksinken würde. Vor allem aber könnte sie die weitere Vermischung von Verbänden und Parteien fördern, diese von ihrer ganzheitlichen Blickrichtung noch mehr abziehen und so die erstrebte Unabhängigkeit von anderer Seite her in Frage stellen. Die Möglichkeit besteht. Ob sie sich verwirklicht, hängt wesentlich vom Verhalten der Parteien und der öffentlichen Meinung ab. Vom Rechtlichen her würde die erwähnte Gesetzgebung über das Parteiwesen die Stellung der Parteien in einer solchen Auseinandersetzung zu stärken geeignet sein.

cc) Ausbau der Inkompatibilitäten oder Einführung des Berufsparlamentes erfordern großzügige *Entschädigungen* an den Abgeordneten, die finanzielle Bindungen überflüssig bzw. deren Abbruch zumutbar machen. Es wäre auch zu erwägen, ob nach einer gewissen Amtszeit Ruhegehalte ausgerichtet werden sollten.

c) Alle Bemühungen um das Parlament hängen letztlich davon ab, daß ihm die für die Gesetzgebung erforderliche und nutzbare *Sachkenntnis* gegeben wird. Ihm ausreichend Zeit und Unabhängigkeiten zu verschaffen, wäre unergiebig, wenn es sich wegen mangelnder legislatorischer Kenntnisse und Fähigkeiten weiterhin auf die Ratifikation von Regierungsvorlagen beschränken müßte. Erstes Gebot, das kein Rechtssatz sicherstellen kann, sondern die nominierenden Parteien im Bewußtsein ihrer Verantwortung von sich aus erfüllen müssen, ist, *Parlamentarier* von persönlich *hoher Qualität* und Eignung für die Rechtssetzung zur Wahl zu bringen. Dann aber muß die qualifizierte Persönlichkeit instand gesetzt werden, ohne Umständlichkeiten in den Besitz derjenigen Unterlagen zu gelangen, die eine selbständige *Beurteilung der Regierungsvorlagen* und – vorher schon – der Anregungen für gesetzgeberische Vorlagen ermöglichen. Sie müssen ihm im Parlamentsbereich gegeben werden, und zwar von einer Stelle, die an der Regierungsvorlage nicht so beteiligt ist, daß sie nur das produziert, was diese stützt.

Die gründlichste Abwendung von der gegenwärtigen Gesetzgebungspraxis mit guter Aussicht, dem Parlament Selbständigkeit, Selbstvertrauen und soziologische Wirksamkeit zu verleihen, würde es bedeuten, wenn die *Parlamentarier* wenigstens für einen Teil der Gesetzgebung die *Entwürfe* erstellten, das Initiativrecht ausübten. Hierdurch würden unter anderem Regierung und Verwaltung ihrer zentralen Position in der Gesetzgebung *eo ipso* enthoben. Das Berufsparlament zum Beispiel könnte letztlich nur gerechtfertigt werden, wenn auch die Parlamentarier Vorlagen ausarbeiteten, den Inhalt der Gesetze schafften. Ein solches Ansinnen an die Abgeordneten zu stellen, ist indessen nur dann begründet, wenn ihnen auch hiefür die erforderlichen tatsächlichen und wissenschaftlichen Unterlagen und Grundlagen mühelos zugänglich gemacht werden.

Die *Vereinigten Staaten* – sowohl die Union als die Einzelstaaten – haben beachtenswerte *parlamentarische Hilfsinstitutionen* entwickelt[146]. Ein Gesetzgebungshilfsdienst (Legislative Reference Service[147]) verschafft dem Abgeordneten und dem Parlament Material im weitesten Sinne; er erstattet ihnen Gutachten aus allen zweckdienlichen Gebieten. In der Union sind 160 Angestellte in diesem Dienste tätig, in den Gliedstaaten weniger, zum

---

[146] Vgl. dazu KURT KLEINRAHM, Gesetzgebungshilfsdienst für deutsche Parlamente? Zur Ontologie der gesetzgeberischen Willensbildung, Archiv des öffentlichen Rechts 79, 1953, S. 145 ff.; ferner: GEORGE B. GALLOWAY, *Congress at the Crossroads*, New York 1946, insbes. S. 323 ff.; WILFRIED C. GILBERT, *The Legislative Reference Service*, Washington 1952; SCHEUNER, Ausländische Erfahrungen zum Problem der Übertragung rechtssetzender Gewalt, S. 147.

[147] Diesen ergänzt in etlichen Staaten eine vorausgehende Gesetzgebungsplanung: ständige Parlamentsausschüsse *(Legislative Councils)* entwerfen in der Zeit zwischen den Sessionen ein Gesetzgebungsprogramm, wägen den möglichen Erfolg legislativer Maßnahmen ab und befassen sich mit Verwaltungsreorganisationen. Im Zusammenwirken mit der Exekutive wird dem Parlament Bericht erstattet.

Beispiel in zwei Staaten nur zwei Angestellte. Zur Formulierung der Gesetze wird in einzelnen Staaten der *Reference Service,* in anderen ein besonderer Dienst *(Drafting Service)* zur Verfügung gestellt, dem Personen angehören, die das geltende Recht gründlich kennen und sich auf die Kunst der Formulierung verstehen. Schließlich bleibt zu erwähnen, daß dank staatlicher Beiträge die Abgeordneten des Bundeskongresses in die Lage versetzt werden, ein Büro mit drei bis acht Hilfskräften zu unterhalten[148].

Ein *parlamentseigener Dokumentations- und Rechtsdienst* wird *im Bund* unumgänglich sein, wenn mit einer Regeneration des Parlamentes ernst gemacht werden will. Die Ausgestaltung braucht sich keineswegs an die Beispiele der Vereinigten Staaten anzulehnen; sie wird spezifisch schweizerisch gehalten werden können und organisationstechnisch keine unüberwindlichen Schwierigkeiten bieten[149]. Wesentlich ist einzig, daß der Dienst erstens von tüchtigen, optimal unabhängigen Persönlichkeiten versehen wird[150], zweitens einzig und direkt dem Parlamente unterstellt ist, drittens nicht vorerst zu knapp ausgestattet wird. Der Dienst hätte die mehrfach erwähnten sachlichen Grundlagen im weitesten Sinne zu liefern, vor allem aber auch für die Formulierung des Gesetzes sowie die Fragen der Verfassungsmäßigkeit und der Einordnung in die übrige Rechtsordnung dem einzelnen Abgeordneten, den Kommissionen[151] und dem Plenum zur Verfügung zu stehen.

2. Aufschub in den Kantonen

In den Kantonen fallen Versuche, wie sie für den Bund zur Diskussion gestellt worden sind, außer Betracht. Die Stellung ihrer Parlamente ist zwar, allgemein gesehen, nicht stärker als diejenige der Bundesversammlung. Im Gegenteil, sie kann weitaus prekärer sein und sich mitunter zu einer Art Hilflosigkeit in der Gesetzgebung auswachsen. Indessen hat die

---

[148] KLEINRAHM (vgl. Anm. 146) sieht im amerikanischen Gesetzgebungshilfsdienst das Bestreben, «das Parlament zu stärken, seine Funktion wirksam werden zu lassen und die Selbständigkeit der Abgeordneten zu heben» (S. 151). Er erwartet daraus auch eine Eindämmung der Verordnungsgewalt in den USA (S. 156). KLEINRAHM empfiehlt angelegentlich und sehr eindrucksvoll die Einführung einer ähnlichen Institution in der deutschen Bundesrepublik, nachdem sie anfänglich auf Ablehnung gestoßen war.

[149] Es könnte z. B. damit begonnen werden, das Sekretariat der Bundesversammlung auszubauen, die Departementssekretariate, das Statistische Amt und eventuell Kantone und Gemeinden zur uneingeschränkten Akten- und Materialeröffnung zu verpflichten, geeignete Juristen und Volkswirtschafter beizuziehen. Die Weiterentwicklung, die unumgänglich wäre, um schließlich eine völlige Unabhängigkeit von der Verwaltung zu erreichen, wäre nach den Erfahrungen zu richten.

[150] Solche sollten auch *ad hoc* zugezogen werden können.

[151] Die Aktivierung des Parlamentes brächte auch einen Ausbau der parlamentarischen Kommissionen, die sich zu beachtlichen Hilfsorganen entwickeln ließen. Diese Seite muß hier übergangen werden.

kantonale Gesetzgebungsfunktion an Bedeutung verloren, und auch eine Stärkung föderalistischer Tendenzen wird das nicht wesentlich ändern. Das *Schwergewicht* staatlicher Betätigung liegt bei ihnen denn auch nicht mehr in der Rechtssetzung, sondern in der *Rechtsanwendung* und in Funktionen als «Leistungsträger»[152],[153]. Was an ansehnlichen Rechtssetzungsaufgaben verbleibt, sind häufig Ausführungsvorschriften zu Bundeserlassen[154] oder doch Ergänzungen der Rechtsordnung des Bundes. Die eigenständige kantonale Gesetzgebung nimmt, selbst im Gebiete der Polizei und des Anstaltswesens, an Bedeutung offensichtlich ab.

Die heutige Situation im Parlamentsbetrieb mag denn vorderhand noch hingenommen werden. Verbesserungen können sich einmal an den Erfahrungen des Bundes ausrichten[155]. Dabei dürfte ein parlamentseigener Informations- und Rechtsdienst am ehesten in Frage kommen. Bis dahin wären die Bemühungen um Reformen in den Kantonen auf Korrekturen im Vorverfahren auszurichten.

III. Korrekturen in der Vorbereitung der Rechtssetzung, insbesondere der Gesetzgebung

Das Verfahrensrecht ignoriert das heutige Vorverfahren der Gesetzgebung[156] fast vollständig. Dieses ist wohl äußerst wirksam und sehr bedeutungsvoll; aber es fehlt ihm vorderhand die normative Anerkennung. Das dürfte mit eine Ursache dafür sein, daß es sich so fernab von der Öffentlichkeit abwickelt, daß Existenz und Ablauf verhüllt, Bedeutungen nicht gezeigt, Verantwortungen nicht bewußt werden. Es wäre jedoch nicht empfehlenswert, das Verfahren durchgängig zu normieren, da daraus eher eine Stärkung im allgemeinen als eine Kanalisierung zu erwarten wäre. Zudem wäre es schwierig, für das richtige Vorgehen im einzelnen Fall genügend Spielraum zu lassen. Dagegen wäre zu erwägen, einige Ausschnitte und Grundsätze des Vorverfahrens normativ festzulegen.

Wenn im Bund ein Berufsparlament entstände und die Abgeordneten für einen Teil der Gesetzgebung die Entwurfserstellung übernähmen, so würde

---

[152] FORSTHOFF, Lehrbuch des Verwaltungsrechts, I, S. 278 ff.

[153] Demzufolge sollte die kantonale Rechtspolitik auf den Ausbau des Rechtsschutzes, auf die Verwaltungskontrolle und auf die gesunde Finanzgebarung ausgerichtet sein.

[154] Dafür reichen sekundäre Rechtssätze der Verordnungsstufe oft aus.

[155] Die berühmte Feststellung FLEINERS, die Kantone seien die politischen Versuchsfelder für die Eidgenossenschaft (vgl. Schweizerisches Bundesstaatsrecht, Tübingen 1923, S. 24), wandelt sich allmählich in ihr Gegenteil. Das gilt nicht nur für das Organisationsrecht, aber für dieses vornehmlich.

[156] Und erst recht das der Verordnungsrechtssetzung der Exekutive. Was im folgenden zur Gesetzgebung ausgeführt wird, gilt auch für das Verordnungsrecht der Legislative und der Exekutive.

das Vorverfahren an Ausmaß und Bedeutung ohnehin eingeschränkt[157]. Daneben und erst recht für den Fall, daß die Arbeitsverteilung zwischen Verwaltung und Regierung einerseits, Parlament andererseits überhaupt nicht geändert würde, drängen sich aber gewisse Korrekturen auf. Diese gelten sinngemäß auch für die wesentliche Verordnungsrechtssetzung. Sie sind für den *Bund* und die *Kantone* angezeigt. Sie liegen freilich wiederum zur Hauptsache in einem persönlichen – soziologischen Gebiet, in das Rechtsnormen nur schwer Zugang erhalten.

Es müssen Grundlagen geschaffen werden, die sich zusammenfassen lassen in den Postulaten: *Selbständigkeit* der Regierung gegenüber Verwaltung und der Verwaltung gegenüber soziologischen Legislativkräften, Sicherstellung der *sachrichtigen Bearbeitung* und angemessene *Öffentlichkeit* der Vorarbeiten. Ausgangspunkt muß das Bewußtsein aller beteiligten Staatsorgane bilden, daß die Rechtssetzung höchst bedeutsam ist und daß ihnen eine *große Verantwortung* für deren Gestaltung zufällt.

1. Aktivierung der Regierung

Es ist wichtig, die Regierung vermehrt an den Vorlagen zu beteiligen. *Sie*, als politisch verantwortliche Behörde, nicht die Verwaltung, sollte Mittelpunkt der gesetzgeberischen Vorarbeiten sein, was voraussetzt, daß sie sich viel intensiver als gegenwärtig damit abgibt. Die Fäden gehörten in ihre Hand, und sie sollte *materiell mitarbeiten*. Das Maß der Mitarbeit kann freilich nicht allgemeingültig umschrieben werden. Jedenfalls hat es zu ermöglichen, daß die Regierung die Verantwortung für ihre Vorlage uneingeschränkt übernehmen kann, was sich von der Frage, ob die Ausübung des Initiativrechts gerechtfertigt sei, bis zur Inhaltsgestaltung des Entwurfs erstreckt. Die Übernahme dieser Verantwortung ist für die Regierung weniger eine Frage der Verschaffung von Sachkenntnissen als der Zeit und des Willens, sich in der Rechtssetzung zu aktivieren. Das *Kollegium* muß dafür mehr als bisher von Kompetenzen *entlastet* werden, die untergeordnete Materien beschlagen, sowie von solchen, die durch andere Organe erfüllt werden können. Unter anderem hat der bisherige Ausbau der Verwaltungsrechtspflege im Bund und in einigen Kantonen hierin den Weg vorbereitet; die Möglichkeiten sind aber noch nicht ausgeschöpft. Dies gilt auch für weitere Verwaltungsobliegenheiten, die ohne Schaden für die Sache und die Betroffenen in die Departemente delegiert werden könnten. Solche Delegationen neigen natürlicherweise dazu, das einzelne Regierungsmitglied zwar im Kollegium, nicht aber als Departementsvorsteher zu entlasten. Das wiederum erleichtert es, daß wichtige Funktionen von der Departementsspitze auf untergeordnete

---

[157] Zum Teil würde es in den parlamentarischen Bereich verlegt, so die Anhörung der Interessenorganisationen.

Ämter übergehen und dort durch die Bürokratisierung erfaßt werden. Es wird deshalb vorab im Bund zu erwägen sein, den Departementsvorstehern *Staatssekretäre* beizugeben, welche unter politischer Verantwortlichkeit die Verwaltungsobliegenheiten der Departemente koordinierend leiten, um dadurch die Departementsvorsteher vermehrt für Regierungs- und Rechtssetzungsaufgaben freizumachen[158].

2. Klärungen im Vorverfahren

Die große Selbständigkeit, welche der *Verwaltung* gegenüber der Regierung heute zukommt, würde sich auf ein der politischen Stellung der Regierung angemessenes Maß reduzieren, wenn diese sich der Rechtssetzungsaufgaben führend annähme. Indessen liegen die praktisch größten Fragwürdigkeiten erstens im Verhältnis zwischen Verwaltung und Interessenorganisationen und zweitens in der Sicherstellung einer qualifizierten Vorbereitung der Rechtssetzung. Auf die tatsächliche Situation ist wiederholt eingegangen worden.

Hier ist lediglich nochmals zu betonen, daß die Anhörung der «beteiligten *Kreise*» wertvoll, praktisch und teilweise auch verfassungsrechtlich geboten ist[159]. Es kann und soll davon nicht abgegangen werden. Das würde auch gelten, wenn die Entwurfserstellung an Parlamentarier überginge. Indessen ist es unerläßlich, daß es wirklich bei der Anhörung bleibt, nämlich bei der Feststellung von tatsächlichen Verhältnissen, von Wünschen und Anregungen. Von grundlegender Bedeutung ist, daß diese *Anbringen bewertet* werden. Die Bewertung kann richtigerweise auch nicht den Beteiligten selbst überlassen werden, sondern gehört in die Hand eines «Dritten», das heißt von Staatsorganen als den verantwortlichen, durch die Organisation der Rechtsgemeinschaft bezeichneten Willensträger. Und die Bewertung muß hoheitlich, gemessen an den Konstitutionsprinzipien richtigen Rechts, vorgenommen werden. Die Gedanken der Verhandlung (im privatrechtlichen Sinne des «*do ut des*»), der kompromißmäßigen Zusammenfügung, der bloß schiedsrichterlichen Funktion der Staatsorgane[160] gehören nicht in die Gesetzgebung oder andere staatliche Rechtssetzung.

[158] Staatssekretariate mit magistralem Einschlag wurden bisher immer wieder abgelehnt. Die Befürchtungen, die Selbständigkeit der Verwaltung würde gestärkt und die Verantwortlichkeit der Regierung geschwächt, sind nicht unbegründet. Allein, der heutige Zustand hat mehr Nachteile als jene Institution. Im übrigen wäre ein Berufsparlament in der Lage, durch Kontrollausschüsse die Departemente wirksam zu kontrollieren, was heute schlechtweg ausgeschlossen ist. Der Umfang der Verwaltung legt es ohnehin nahe, die Kontrolle und Leitung zwischen Parlament und Regierung streckenweit zu teilen.

[159] Vgl. zusammenfassend GIGER, Die Mitwirkung der Verbände bei der Durchführung öffentlicher Aufgaben, S. 226 ff.

[160] Dieser Gedanke ist verbreitet: Wenn sich die Interessenten gefunden haben, sei ein selbständiger Weg der Verwaltung überflüssig, ja geradezu ungehörig.

Um zu erzwingen, daß überhaupt bewertet und nicht einfach übernommen wird, ferner, daß richtig bewertet wird, müssen Modifikationen im heutigen Vorverfahren erwogen werden. Dann aber ist auch allgemein eine hochwertige Rechtssetzung anzustreben, was Umsicht und Sorgfalt in den Vorbereitungen voraussetzt.

a) Die *Expertenkommissionen* sollten ausschließlich mit echten Experten, das heißt Sachverständigen ohne Interessenzugehörigkeit besetzt werden. Für die Regel sollte auch der Vorsteher des vornehmlich betroffenen Departementes an den Arbeiten teilnehmen, was ihn mitten in den Fragenkreis der Vorlage hineinzuführen geeignet ist. Dafür braucht es keine Rechtsänderungen, da bis heute Vorschriften ohnehin gefehlt haben; es könnte sich höchstens empfehlen, den postulierten Grundsatz zu normieren, um Abweichungen auszuschließen.

Dergestalt könnte der Verwaltung und damit der ganzen folgenden Rechtssetzung eine qualitativ hochstehende Beratung zuteil werden, wobei der Zeitpunkt des Einsatzes offen bleiben sollte: die Experten würden manchmal vor, manchmal nach der Anhörung der Interessenorganisationen zu konsultieren sein; gelegentlich werden sie mehrfach angegangen werden müssen.

Es würde nicht immer leicht fallen, geeignete Fachleute zu gewinnen, die den Interessenten fernstehen. Solche Ausnahmefälle dürften jedoch nicht Anlaß bieten, um den heutigen Zustand andauern zu lassen. Vor allem sind die Expertenkommissionen nicht unbedingt auf das Dokumentationsmaterial anwesender Interessenvertreter angewiesen. Dieses könnte ihnen durch die Organisationen zur Verfügung gestellt werden, ohne daß diese an der Kommission teilnähmen. Abgesehen davon, wird es nicht zu umgehen sein, daß *Bund und Kantone* allmählich vermehrt *eigene Erhebungen* über tatsächliche Verhältnisse statistischer, ökonomischer und soziologischer Natur anstellen, um sie von einseitigen Fragestellungen und vorweggenommenen Bewertungen durch Interessenten freizuhalten.

b) Die *Anhörung* der unteren Gemeinwesen und der Interessenorganisationen sollte in einem Verfahren erfolgen, das zweckmäßigerweise in den Grundzügen zu normieren wäre. Neben den schriftlichen Vernehmlassungen könnten auch mündliche Referate in Aussicht genommen werden. Die letzteren bildeten für die Interessenorganisationen einen gewissen Ersatz für den Ausschluß aus den Expertenkommissionen und würden einen durchaus erwünschten persönlichen Kontakt mit den die Vorbereitung leitenden Staatsorganen herstellen. Die Anhörung sollte für die Regel öffentlich sein (vgl. unten 3). Zu verlangen, daß die Anbringen der Interessenorganisationen in einer demokratischen Meinungsbildung von unten herauf zustande gebracht werden, ließe sich angesichts der Natur der Organisationen, die auf Straffung und Leitung ausgerichtet sein müssen, nicht realisieren. Demzufolge wäre es aber erwünscht, die Anbringen deutlich als solche der Organisations*leitungen* anzuschreiben. – Die Anhörung der Exekutiven unterer Gemeinwesen in mündlichen Referaten wäre zu trennen von derjenigen der Interessenorganisationen. Denn einerseits muß den leitenden Staatsorganen deutlich vor Augen geführt werden, daß diese Exekutiven nicht Interessenorganisationen leiten; andererseits muß alles daran gesetzt werden, um zu verhindern, daß diese Exekutiven, durch das Beispiel der Interessenorganisationen verleitet, zu Wortführern begrenzter Interessen werden und ihre Funktion in einer solchen Verfechtung erblicken. Schließlich ist zu fordern, daß namentlich die Kantonsregierungen die Vernehmlassungen zur Bundesgesetzgebung sehr sorgfältig erwägen.

c) Was die *Bewertung der Anhörungen* betrifft, dürfte sie nicht Abteilungen, Ämtern, Sektionen überlassen werden; sie gehört zumindest in die *Departementsspitze*, die Fachbearbeiter der unteren Verwaltungsstufen als Referenten beiziehen könnte. Mit einer solchen Verlagerung wäre gegenüber dem heutigen Zustand bereits viel gewonnen, weil in sachlicher, juristischer und politischer Hinsicht die größere Perspektive garantiert wäre. Das Postulat, die Regierung in der Rechtssetzung zu aktivieren, würde indessen einschließen, daß auch sie sich der Bewertung der Anhörungen materiell und einläßlich annähme. Wenn die Entwurfserstellung durch Parlamentarier übernommen würde, könnte die Bewertung parlamentarischen Kommissionen anvertraut werden. Einzelheiten sind hier nicht zu erörtern.

d) Wenn im Bund das Parlament die Vorbereitung der Gesetze durch eigene Kräfte nicht auf sich nehmen wollte, ferner in den Kantonen mit einem relativ großen Anfall von Rechtssetzungsaufgaben dürfte es sich rechtfertigen, eigentliche *Büros für die Rechtssetzung* einzusetzen. Die Arbeit ließe sich zum Beispiel so gestalten, daß das Büro die Vorentwürfe erstellte, die Anhörung durchführte (Einholung der Vernehmlassungen, Entgegennahme der mündlichen Referate, Vornahme einer ersten Sichtung), die Experten zusammen mit Fachbearbeitern der betroffenen Departemente einberiefe und Entwürfe zuhanden der Regierung ausarbeitete. Das Büro hätte zugleich als ausdrückliche Funktion die Verfassungsmäßigkeit sorgfältig zu prüfen[161] und ihr vor allem in der praktischen

---

[161] Es ist damit keine Konkurrenzierung ausgesprochen zu den Institutionen, welche 1950 (ZSR 71, S. 1 a ff.) die Referenten Bundesrichter Panchaud und Professor Nef als präventive Verfassungsgarantien (Einsetzung eines beratenden Verfassungshofes, eines Verfassungsausschusses der Bundesversammlung, Ausbau der Justizabteilung) vorgeschlagen haben. Ein Amt für die Gesetzgebung könnte lediglich die der Justizabteilung zugedachten Funktionen übernehmen.

Arbeit Rechnung zu tragen. Es wären ihm so die Vorarbeiten für Gesetze und Verordnungen des Parlamentes zu übertragen, ferner die selbständigen und unselbständigen Allgemeinverordnungen der Regierung. Dagegen könnten die Vorbereitungen für die Verwaltungsverordnungen, einschließlich die Vollziehungsverordnungen im engeren Sinne, ferner für die hochspezialisierten Allgemeinverordnungen den Departementen überlassen bleiben. Das gleiche gilt auch – selbstverständlich – für die Verfügungen der Departemente. In der departementseigenen Rechtssetzung könnten die Büros indessen als wertvolle Beratungsstellen dienen.

Das Amt für die Rechtssetzung sollte *unmittelbar der Regierung unterstellt* werden. In den Kantonen, aber unter Umständen auch im Bund, ließe sich an einen entsprechenden Ausbau der Staatskanzleien denken; der Bundeskanzler bzw. die Staatsschreiber, die heute weitgehend auf eine redaktionelle Mitwirkung an der Rechtssetzung beschränkt sind, würden als Vorsteher derartiger Ämter eine ihrer verfassungsrechtlich eingeräumten Stellung angemessene materielle Bedeutung erlangen. Mit der direkten Unterstellung unter die Regierung würde eine erfreuliche Unabhängigkeit gegenüber der eigentlichen Administration mit allen Vorteilen einer internen Gewaltenteilung errrecht. Der Regierung aber würde ein Organ zugeordnet, das ihr ermöglichte, ihre Funktion als politische Behörde vollwertig zu erfüllen.

In bezug auf die *Qualität der Rechtssetzung* im weitesten Sinne, die von der sachlichen Richtigkeit über die Verfassungsmäßigkeit und Koordination bis zum Stil des Erlasses reicht, könnte der heutige Zustand zweifellos wesentlich verbessert werden. Insbesondere wäre auch eine gleichmäßigere und objektivere Bewertung der Anhörungen ermöglicht. Es setzt allerdings voraus, daß mit der Berufung bester Kräfte nicht gekargt, der Nachwuchs sichergestellt, die Möglichkeiten reicher Erfahrungen ausgeschöpft würden. Zudem wäre es unerläßlich, daß Fachbearbeiter der Departemente beigezogen würden. Die Einwände, daß zum Beispiel im Bund ein Büro für Rechtssetzung zu einem Amt mit der Gefahr bürokratisierter Spezialisierung auswüchse oder daß wegen der Sachkenntnisse doch die Departemente führend blieben, dürften kaum durchschlagen, sofern auf die Zusammensetzung und auf eine angemessene Zusammenarbeit mit den Departementen Sorgfalt verwendet wird.

3. Sicherstellung der Publizität

Schließlich stellt sich die Frage, ob und inwiefern die Vorbereitung der Rechtssetzung öffentlich zu geschehen habe. Von den seltenen Fällen, wo der Erlaß seiner Natur nach bis zur Inkraftsetzung geheim bleiben muß, abgesehen, ist davon auszugehen, daß die staatliche *Rechtssetzung*, ungeachtet ihrer Form, eine *öffentliche Funktion* ist. Und die tatsächlich große

Bedeutung des Vorverfahrens, das politischen Charakter hat und einen wesentlichen Teil der Gesetzgebung darstellt, erheischt seine Öffentlichkeit. Das gilt auch – und in erster Linie – für die Verordnungsrechtssetzung, zumal dann, wenn ihre große Ausdehnung anerkannt und die Gesetzgebung eingeschränkt werden sollte (vgl. § 2, III). Auch das «Plangesetz» bedarf der Möglichkeit öffentlicher Diskussion.

Selbstverständlich wird, weil unnötig und völlig unpraktisch, niemand diesen Grundsatz für die gesamte Vorbereitung anwenden wollen. Es sind *Stationen* zu bezeichnen, bei denen der Öffentlichkeit Einblick und Gelegenheit zur Diskussion geboten werden soll. Einmal sollte für die Regel der Vorentwurf, der zur Erstattung der Vernehmlassungen und zu weiteren Anhörungen ausgegeben wird, zumindest inoffiziell publiziert werden, indem er vor allem der Presse, den Parteien und der Wissenschaft mit der Autorisation zur freien Verwendung zugänglich gemacht würde [162]. Sodann sollten die Vernehmlassungen zumindest in den Grundzügen und wesentlichen Einzelheiten veröffentlicht werden. Ob vor der Schlußnahme der Regierung nochmals eine Publikation des Entwurfs stattzufinden hätte, müßte sich darnach entscheiden, ob es *in concreto* für die öffentliche Meinung von Belang sein kann, sich nochmals bilden und aussprechen zu können [163]. Gewiß, die beschränkte Publizität des Vorverfahrens hätte *Bedenken*. Die öffentliche Meinung würde mitunter Mühe haben, sich in der Wirrnis aufeinanderprallender Ansichten und Begehren zurechtzufinden, Übersicht und Urteil zu gewinnen. Die sachliche Diskussion könnte in Massenauseinandersetzungen abgleiten. Die Stellungnahme der Organisationsleitungen könnte sich aus Prestigegründen vorzeitig verfestigen. Die Vorarbeiten könnten sehr erschwert werden. Allein, solche Nachteile würden die *Vorteile* doch wohl nicht aufwiegen. Diese lägen vornehmlich darin, daß das Volk die Entstehung des Rechts miterlebte, daß eine öffentliche Meinung frühzeitig erwirkt und berücksichtigt werden könnte, daß die Entwürfe und namentlich die Anbringen dazu verantwortet, einseitige Begehren zurückgehalten, Leichtfertigkeiten in Planungen zur Rechtssetzung zurückgedämmt werden müßten.

Öffentlichkeit in der Vorbereitung der Rechtssetzung heißt nicht, daß sich die staatlichen Organe ihrer Obliegenheiten, den Weg zu weisen, das Volk zu führen und die politische Existenz des Staates sicherzustellen, begeben

---

[162] Das wird heute manchmal auch so gehalten. Allein, es ist vom Zufall bestimmt. Je nach der Einstellung der bearbeitenden Departemente unterbleibt die Verbreitung. Zuweilen werden die Vorentwürfe als vertraulich bezeichnet, und es wird auf die Loyalität vor allem der Presse abgestellt, daß sie die Diskussion nicht eröffnet.

[163] Die Grundsätze der Publikation wären, wenn sie sich durchsetzen sollten, normativ festzulegen mit der Ermächtigung der Regierung, im einzelnen Fall Abweichungen anzuordnen.

würden. Sie würde gegenteils ermöglichen, diese Funktionen besser als heute zu erfüllen. Denn die Referendumsdemokratie lebt vom Glauben an die rationale Kraft des Volkes, an das integrierende Vertrauensverhältnis zwischen Volk und Behörden und an die Möglichkeiten staatsbürgerlicher Erziehung. Alle wesentlichen Stadien der Rechtssetzung vor der Öffentlichkeit und damit in einer Atmosphäre der Offenheit ablaufen zu lassen, erlaubt, diesen Glauben zu erhalten und zu verwirklichen.

Zusammenfassung

1. Behördenorganisation, Kompetenzordnung und Verfahrensregelung ordnen die Rechtssetzung als Rechtserzeugung; sie sollen in einer gesamtheitlichen Ordnung aufeinander sinnbezogen sein. Sie zielen darauf ab, richtiges Recht in faßbare Rechtsformen (Rechtssetzungsformen) zu bringen, wobei sich die Gesaltung des Rechtssetzungsverfahrens im weiteren Sinne (Behördenorganisation und Verfahrensordnung) ihrerseits nach der Bedeutung der zu schaffenden Rechtsformen richten kann.

2. Das Verfahrensrecht kann die Richtigkeit des erzeugten Rechts nur ermöglichen, nicht aber garantieren. Das Rechtssetzungsverfahren verschafft den Rechtsformen jedoch regelmäßig normative und mittelbar auch soziologische Geltung.

3. Die verschiedenen Rechtsformen (Rechtssetzungsformen) bestimmen sich formell nach dem Gang ihrer Erzeugung, das heißt ihrem Rechtssetzungsverfahren im weiteren Sinn, und sie sollen sich richtigerweise zugleich materiell durch Unterschiede in inhaltlichen Eigenschaften auseinanderhalten lassen.

4. Das dem Konstitutionalismus und der Demokratie verhaftete schweizerische Verfahrensrecht rückt das Parlament in den Mittelpunkt der Rechtssetzung, wobei der Aktivbürgerschaft verschiedengestaltige Initiativ- und Entscheidungsrechte eingeräumt werden. Das parlamentarische Verfahren hat darnach die rechtsschöpferische Diskussion freier und qualifizierter Persönlichkeiten, die umfassende und sorgfältige Erwägung sowie die Stützung des Rechts in Willen und Geist des Volks zu ermöglichen. Die Mitwirkungsrechte der Aktivbürgerschaft, der bedeutende politische Reife zugeschrieben wird, sollen Unzulänglichkeiten des parlamentarischen Verfahrens beheben und die Demokratie vervollkommnen.

5. Das obligatorisch oder fakultativ referendumspflichtige, parlamentsbeschlossene Gesetz beansprucht unter den Rechtsformen Vorrang und Allgemeinvorbehalt, während Verordnungsformen der Legislati-

ven und Exekutiven für abgegrenzte Rechtssetzungsaufgaben ausersehen bleiben. Der Gesetzesbegriff deckt sich fast vollständig mit dem Begriff des Rechtssatzes.

6. Die Wandlung vom Staat als begrenzte Ordnung zum Interventions- und Sozialstaat forciert die Verordnungsform und fördert die Ausbildung von Zwischenformen, während das Verfassungsrecht am liberal-demokratischen Gesetzesbegriff mit seinem Allgemeinvorbehalt grundsätzlich festhält. Das führt zu Diskrepanzen zwischen Rechtssetzungsrecht und Rechtssetzungspraxis.

7. Es drängt sich auf, den Gesetzesbegriff in bezug auf seine inhaltlichen Eigenschaften zu modifizieren, indem er wieder auf die Regelung des Grundlegenden, Wichtigen, Dauernden begrenzt wird, was beim umfassenden Ausbau rechtsstaatlicher Sicherungen die mit der Gewaltenteilung und der Referendumsdemokratie angestrebten Ziele nicht gefährdet.

8. Dem normierten Gesetzgebungsverfahren wird regelmäßig ein nichtöffentliches außerparlamentarisches Vorverfahren vorangestellt. Daran schließen sich nichtöffentliche innerparlamentarische Beratungen an. Sie rauben dem parlamentarischen Verfahren Gehalt.

9. Der Inhalt des Gesetzes kommt effektiv fast vollständig im politisch bedeutsamen Vorverfahren zustande, das von der Verwaltung geleitet wird. Die Regierung nimmt materiell verhältnismäßig geringen Anteil und beschränkt sich meist auf eine Zensurtätigkeit, während sich das Plenum des Parlaments weitgehend mit der Genehmigung vorgelegter Entwürfe begnügt.

10. In den im Vorverfahren eingesetzten Expertenkommissionen dominieren die Vertreter der Interessenorganisationen, denen die Verwaltung oft willfährig ist. In den straff geleiteten Fraktionen und in den parlamentarischen Kommissionen werden durch mannigfaltige Bindungen die Zustimmungen zu den vorgelegten Entwürfen erwirkt.

11. Die schwer erfaßbare öffentliche Meinung wird während des Rechtssetzungsverfahrens vernachlässigt. Die ausgiebige Anhörung von Interessenorganisationen und von Behörden unterer Gemeinwesen bildet keinen vollwertigen Ersatz, sie sichert namentlich nicht den richtigen Gesetzesinhalt. Die Volksrechte erlauben, Korrekturen anzubringen; sie stehen aber in Gefahr, für Gruppeninteressen ausgenutzt zu werden.

12. Parlamentarier und Parlament sind stark überlastet, mit Sachkenntnissen nicht ausreichend ausgestattet und in ihrer Selbständigkeit durch Bindungen an Parteien, Interessenorganisationen, Regierung und Verwaltung eingeschränkt. Ansehen und politische Wirksamkeit des Parlamentes sind begrenzt.

13. Die praktizierten Rechtssetzungsverfahren schwächen die Verantwortung und beeinträchtigen wesentliche Grundlagen der schweizerischen Staatsauffassung.

Vorschläge

1. Jegliche Revisionsbemühung hat davon auszugehen, daß im Grundsatz der moderne Sozialstaat unvermeidlich ist und mit einer umfangreichen, komplizierten Rechtsetzung zur Regelung der Wirtschafts- und Gesellschaftsordnung rechnen muß. Rechtsetzung und Rechtsetzungsverfahren müssen sich aber an den praktikablen Grundlagen des Rechtsstaates ausrichten.
2. Es sollte versucht werden, durch eine Regeneration das Parlament wieder in den Mittelpunkt der Gesetzgebung zu stellen, was mittels organisatorischer, insbesondere verfahrensmäßiger Vorkehren jedoch vorderhand allein für den Bund in Frage kommen dürfte. Dem Parlament sind Selbständigkeit, Sachkenntnis und Zeit zu verschaffen.
3. Das radikalste Mittel wäre die Bejahung des «Berufsparlamentes» im Bund, das freilich auf tradierten Widerstand stieße und verschiedener institutioneller Ergänzungen bedürfte. Diese wären teilweise auch dann empfehlenswert, wenn das Berufsparlament außer Betracht fiele (namentlich unten c):

   a) Während die enge Bindung des Abgeordneten an Partei und Fraktion grundsätzlich nicht behoben, sondern nur durch vereinzelte Vorkehren etwas gelockert werden könnte (ausdrückliches Verbot verpflichtender Fraktionsparolen, geheime Abstimmungen, Demokratisierung des Parteibetriebes), wäre die Festlegung von Unvereinbarkeiten des parlamentarischen Mandates mit Funktionen in Interessenorganisationen und allenfalls mit einzelnen Erwerbstätigkeiten zu erwägen. Das könnte immerhin die unerwünschte Vermischung von Parteien und Interessenorganisationen weiter fördern.

   b) Die Abgeordneten wären großzügig zu entschädigen.

   c) Den Abgeordneten, deren Eignung für die Gesetzgebung durch verantwortungsbewußte Nominationen vorauszusetzen ist, müßte für die umfassende Beurteilung der Regierungsvorlagen und vor allem für die Erstellung eigener Entwürfe ein parlamentarischer Dokumentations- und Rechtsdienst zur Verfügung gestellt werden. Dieser Dienst hätte – außer dem einzelnen Abgeordneten – den Kommissionen und dem Plenum sachliche Unterlagen zu liefern sowie bei der Formgebung, insbesondere bei rechtlichen Fragen behilflich zu sein.
4. In den Rechtsetzungsverfahren wäre in Bund und Kanton die Regierung insofern zu aktivieren, als sie sich als Kollegium der Rechtsset-

zungsaufgaben materiell annähme, was eine weitgehende Entlastung von Verwaltungsaufgaben voraussetzt.

5. Das Vorverfahren der Gesetzgebung bzw. die diesem entsprechende Vorbereitung der Verordnungsrechtssetzung sind in Bund und Kanton im Grundsatz beizubehalten. Die beteiligten Verwaltungsstellen sollten vor allem – im Bewußtsein ihrer Stellung als berufene und verantwortliche Organe der Rechtsgemeinschaft – die Anbringen der Interessenorganisationen frei bewerten und auf eine umsichtige Arbeit bedacht sein. Diese Aufgaben sollten institutionell erleichtert werden:

a) Die Expertenkommissionen sollten ausschließlich aus unabhängigen Sachverständigen zusammengesetzt sein.

b) Die Anhörungen der Interessenorganisationen und auch der untergeordneten Gemeinwesen in schriftlichen Vernehmlassungen und mündlichen Referaten sind zumindest durch die Departementsspitzen und durch die Regierung zu bewerten; im Falle der Entwurfserstellung durch Abgeordnete könnte diese Aufgabe parlamentarischen Kommissionen übertragen werden.

c) Im Bund und in den größeren Kantonen würde es sich rechtfertigen, Büros für die Rechtssetzung vorzusehen, welche die Gesetzgebung und die wichtigere Verordnungsrechtssetzung zentral vorbereiteten. Sie wären unmittelbar der Regierung zu unterstellen, zum Beispiel durch Ausbau der Staatskanzleien. Sie würden bei vollwertiger Ausstattung und angemessener Koordination mit den Departementen eine hohe Qualität der Rechtssetzung sicherzustellen vermögen.

6. Die Vorbereitung der Rechtssetzung, einschließlich die Anbringen der Interessenorganisationen, sollte grundsätzlich publik sein, indem in bestimmbaren Stadien die Öffentlichkeit über den Stand einläßlich orientiert würde.

Von der Rechtssetzungsfunktion im heutigen Staat

I. Aktuelle Verfassungsprobleme als Rechtssetzungsprobleme

Gesetzgebung galt als zentrale und vorherrschende Funktion des Staates, als die Bundesverfassung von 1874 geschaffen wurde. Es war Blütezeit des sogenannten Gesetzgebungsstaats, der Staat, Staatlichkeit und staatliche Aktivität in der Gesetzgebungsfunktion sich erfüllen sah. Die Verfassung selbst war auch Gesetzgebung: qualifizierte zwar, indem für den Endentscheid besondere Organe (Gesamtvolk und Stände) gerufen werden mußten und die Verfassungsurkunde eine distanzierende Abhebung des Verfassungsinhalts vom übrigen Recht auszudrücken versuchte. Aber sie war ihrerseits wie jede Rechtssetzung der neueren Zeit Ausdruck des menschlichen Willens, staatliche Gemeinschaft als Organisation und Verhaltensordnung selbst zu bestimmen, nach eigenen Vorstellungen und im Vertrauen auf eine rational geprägte Schöpfungsfähigkeit des menschlichen Geistes. Und sie kam zustande auf jenem eigenartigen Weg, auf dem den rechtsschöpfenden Organen Auftrag und Legitimation zugeschieden war, in begrifflich und typisiert scharfer Unterscheidung vom Vertragsschluß die Normen in hoheitlich-einseitiger Entscheidung und Verantwortung aufzustellen[1].

Die geschriebene Verfassung steht repräsentativ für das gesetzte Recht überhaupt. Die Problematik ihrer normativen Lenkungskraft, ihre strukturellen und funktionellen Nöte, ihre inneren und äußeren Erneuerungsmöglichkeiten sind weitgehend gleich oder doch ähnlich denjenigen, die heute jedem gesetzten Rechte eigen sind[2]. Die Verknüpfung reicht aber

---

«Hundert Jahre Bundesverfassung 1874–1974: Probleme der Rechtssetzung». Referate und Mitteilungen des Schweizerischen Juristenvereins 1974, Fasc.1, S.7–27. Verlag Helbing & Lichtenhahn, Basel 1974.

[1] 1874 wurde die Verfassungsgebung eindeutig als Akt der hoheitlich-einseitigen Rechtssetzung aufgefaßt, während sie 1847/48 doch weithin noch stark mit vertraglich-bündischen Vorstellungen verknüpft war. Diese Verschiedenheit hängt nicht nur mit dem Verständnis des normativen Geltungsgrundes einer Verfassung zusammen, sondern auch und vor allem mit der Veränderung des gesamten Vorgangs einer Verfassungsgebung. Vgl. auch einerseits FRITZ FLEINER, Die Gründung des Schweizerischen Bundesstaates im Jahre 1848, in: Ausgewählte Schriften und Reden, Zürich 1941, S.53ff.; andrerseits DERSELBE, Zum Jubiläum der Bundesverfassung von 1874, ebenda, S.219ff.

[2] HANS HUBER, Niedergang des Rechts und Krise des Rechtsstaates, jetzt in: Ausgewählte Aufsätze 1950–1970, Bern 1971, S.27ff.; DERSELBE, Betrachtungen über die Gesamtsi-

noch weiter: Die Gestalt und Wirksamkeit der Verfassung ist in hohem Maße bedingt von der Qualität und Effektivität der übrigen Rechtssetzung; denn sie ist eingebettet – nicht einfach überdachend aufgesetzt – in die Gesamtrechtsordnung, die in zunehmendem Umfang wechselseitige Abhängigkeiten allen gesetzten Rechts sichtbar macht[3]. Wenn jetzt im Jubiläumsjahr der Bundesverfassung von 1874 deren Totalrevision in Diskussion steht, so tritt der größere Zusammenhang sehr deutlich zutage: die aktuellen und bedrängenden Probleme der Bundesverfassung sind zugleich Probleme der Rechtssetzung schlechthin, und die Aufgabe einer wie auch immer gearteten Erneuerung der Bundesverfassung kann nur bewältigt werden, wenn begleitend und fundierend Klarheit und Einsicht in Möglichkeiten und Grenzen der Rechtssetzung vorangetrieben werden. Die hundertjährige Verfassung wird nicht gefeiert um des Feierns willen, sondern weil die volle Zahl des Centenariums zur Besinnung Anlaß bietet, und Besinnung heißt hier Hinlenkung auf die Lage der geltenden Verfassung und auf die Möglichkeiten der Fortführung. Ob die Bundesverfassung von 1874 beizubehalten und lediglich mit Verfassungswandlungen und punktuellen Partialrevisionen einem gedämpften Erneuerungsrhythmus folgen, ob sie mit Schüben kohärenter Institutionsrevisionen einen neuartigen Modus von Erneuerungen ergreifen oder ob sie sich einer Gesamtrevision unterwerfen soll, ob es beim Typus von «einerlei Verfassungsrecht» bleiben oder ob eine Unterteilung in stabilisierte Elementarprinzipien der Staats- und Rechtsordnung von erschwerter Änderbarkeit einerseits und in periodisch zu überholende Programmentscheidungen für die mittelfristige Staatsgestaltung andrerseits kommen soll, sind alles Fragen, in denen materielle und formelle Gesichtspunkte verwoben sind, die aber doch immer wieder zusammenlaufen im allgemeinen Problemkreis der Rechtssetzung. Bekräftigend und wiederholend darf festgehalten werden: Die Bundesverfassung ist gesetztes Recht[4], und sie kann nicht anders denn

---

tuation des Rechts, ebenda, S. 11 ff.; HERMANN JAHRREISS, Größe und Not der Gesetzgebung, jetzt in: Mensch und Staat, Köln / Berlin 1957, S. 17 ff.

[3] Arbeitsgruppe für die Vorbereitung einer Totalrevision der Bundesverfassung, Band VI: Schlußbericht, Bern 1973, S. 22 f.

[4] Wenn die Verfassung im umfassenden Sinne auch ungeschriebenes Recht enthält und fortgebildet wird in der behördlichen Verfassungspraxis (vgl. HANS HUBER, Probleme des ungeschriebenen Verfassungsrechts, jetzt in: Ausgewählte Aufsätze 1950–1970, Bern 1971, S. 329 ff.; DERSELBE, Die Gesamtänderung der Verfassung. Ansätze für einen Vergleich zwischen Österreich, der Schweiz und der Bundesrepublik Deutschland, in: Festschrift für Ulrich Scheuner, Berlin 1973, S. 183 ff.), so sind alle diese Verfahren und Ergebnisse in einem Verfassungssystem wie dem schweizerischen ausgerichtet auf die geschriebene Verfassung, die sie begleiten, deuten, ergänzen, wandeln und gar durchbrechen, ohne ihren Bezugspunkt darob aus dem Gesichtsfeld verbannen zu können. Verfassungsinterpretation, verfassungsrichterliche Rechtsfortbildung, Verfassungs-

unter den Gesetzlichkeiten solchen Rechts entstehen, gelten, wirken und sich verlieren. Nicht mehr, aber auch nicht weniger.

Der vorliegende Band bringt Beiträge zum Stand und zur allmählichen Klärung von Problemen der heutigen Rechtssetzung, womit mittelbar, aber doch praktisch wirksam Anteil genommen werden soll an jener Centenariums-Besinnung auf Lage und Fortführung der Bundesverfassung als gesetzten Rechts. Es ist keine Rechtssetzungslehre, schon gar nicht eine geschlossene, sondern es sind Ansätze dafür, die freilich in einem gewissen inneren Zusammenhang stehen und die teils ergänzend, teils bestätigend in das Thema eindringen, dem soeben PETER NOLL unter dem Titel der «Gesetzgebungslehre» eine umfassende Darstellung gewidmet hat[5]. Die Schweiz war freilich der methodisch-wissenschaftlichen Deutung dessen, was in der Rechtssetzungsfunktion geschieht, nie so abgewandt, wie es für ausländische Rechtsordnungen mitunter festgestellt wird[6], und Namen wie EUGEN HUBER und WALTHER BURCKHARDT bezeugen mit Werk und Wort[7] Höhepunkte in der klärenden Durchdringung der Rechtssetzung.

II. Die beengende Verknüpfung der Rechtssetzungsfunktion mit dem Gewaltenteilungsdogma

1. Die Wissenschaft von der Funktion der Rechtssetzung steht, wie die ganze Funktionenlehre des Staates überhaupt, im 19. und 20. Jahrhundert im Banne des Gewaltenteilungsdogmas und dessen Entwicklung[8]. Die unterscheidbaren staatlichen Funktionen, verstanden als typisierte Tätigkeiten zur Wahrnehmung der staatlichen Sachaufgaben, gelten als logische und sachliche Voraussetzungen der strukturellen Organisation. Sie sind nicht nur das sachliche, sondern auch das gedankliche Prius. An sie anknüpfend und sie schließlich realisierend, werden die Organgruppen oder Gewalten gebildet und funktionsfähig gemacht. Die strukturelle Organisa-

wandel, Verfassungsumgehung, Verfassungsdurchbrechung, Verfassungskonventionalregeln, ja selbst höchste Verfassungsprinzipien sind insoweit Institute und Rechtshandlungen ohne selbständige Bedeutung: Sie bleiben dauernd an die geschriebene Verfassung gebunden.

[5] PETER NOLL, Gesetzgebungslehre, Reinbek bei Hamburg 1973.

[6] ULRICH SCHEUNER, Gesetzgebung und Politik, in: Gedächtnisschrift für René Marcic, Berlin 1974, S. 889 ff.

[7] Bei beiden Gelehrten durch ihr gesetzgeberisches und literarisches Werk; vgl. zusammenfassend je in: EUGEN HUBER, Recht und Rechtsverwirklichung, 2. Aufl., Basel 1925, S. 242 ff.; WALTHER BURCKHARDT, Methode und System des Rechts, Zürich 1936, S. 121 ff.

[8] WERNER KÄGI, Zur Entstehung, Wandlung und Problematik des Gewaltenteilungsprinzipes, Zürich 1937, S. 157 ff.; NOLL (oben Anm. 5), S. 47 f.

tion ist Folge der dem Staat zufallenden Funktionen. Um der Funktionen willen ist die strukturelle Organisation vorhanden. Und da die Funktionen kraft inneren Wesens unter sich differenzierbar sind, liegt es nahe, auch verschiedene Organgruppen zu formen und voneinander abzuheben. Das ist freilich keine zwingende Konsequenz, da auch ein einziges Organ die Vielzahl von Funktionen wahrzunehmen vermöchte. Arbeitsteilung, operable Rationalität, optimierte Effizienz rufen indessen im modernen Staat einer Pluralität von Organen, die sich als Organ*gruppen* in großen organisatorischen Blöcken sammeln lassen und sich dabei an die Funktionenunterscheidung heften.

Im Gewaltenteilungsdogma, so vielgestaltig es sich begründet, ausformt und darbietet [9], schwingt ein funktionaler Zusammenhang regelmäßig mit. Aber seine strukturelle Komponente erlangt eine hohe Eigenständigkeit. Wenn der Leitsatz lautet: Der Staat solle differente Organgruppen bilden, sie auseinanderhalten und lediglich zum Zwecke von *checks and balances* in Kontrollvorgängen verknüpfen, so ist das Postulat der Differenzierung nicht in der Unterscheidbarkeit von Funktionen gelegen, sondern in der Forderung, die Kompetenzträger objektiv und subjektiv in einen machthemmenden Raster zu setzen. Was die separierten Organgruppen tun, welche Funktionen sie erfüllen und wie sie tätig sind, ist nicht gleichgültig, aber unter dem organisationspolitischen und institutionellen Aspekt zweitrangig. Wesentlicher ist, daß eine Vielheit an Organgruppen und ihre Trennung bestehen. Daß sie dann auch Unterschiedliches tun und daß sich jede Organgruppe monopolistisch nur in einem Funktionsbereich betätige, ist eher eine begleitende denn eine vorausgegebene Maxime für den Aufbau der staatlichen Ordnung. Das Blickfeld ist verengt und konzentriert auf die vereinfachte Forderung, in der strukturellen Organisation Trennungen zustandezubringen. Dafür werden freilich sinnvolle Differenzierungskriterien gesucht, denen möglichst kein Anstrich des Zufälligen und der simplen institutionellen Dezision anhaften soll. Die Funktionen scheinen sie in der Tat zu bieten.

Doch die ideale Übereinstimmung von abgegrenzten materiellen Funktionen und struktureller Organisation bleibt eine Konstruktion von begrenzter Tragkraft, und zwar eine aposteriorische Konstruktion, indem in Wahrheit im Nachgang Funktionen in die vorausgesetzte und dann als Dogma gefaßte organisatorische Trennungsvorstellung hereingeholt werden. Die behauptete ideale Kongruenz legt ihre Realitätsferne immer dann bloß, wenn die Funktionen nach ihrem substantiellen Wesen befragt und ihre gegenseitigen Abgrenzungen abgetastet werden. Namentlich die

<hr>

[9] Heinz Rausch (Hrsg.), Zur heutigen Problematik der Gewaltentrennung, Darmstadt 1969.

Dreiheit der Organgruppen, die in vermeintlich unverletzlicher Festigkeit die Organisation des modernen Staats prägen, hat größte Mühe, eine entsprechende funktionale Dreiheit in materieller Reinheit ausfindig und evident zu machen. Eine wirklichkeitsadäquate Funktionenunterscheidung läßt sich offenbar nicht in das Prokrustesbett der magischen Dreizahl[10] pressen: Entweder sind es nur zwei oder dann meist mehr als drei Hauptfunktionen, in denen das zeitgemäße Gemeinwesen seine Sachaufgaben versehen muß.

Versucht man es etwa mit der Reduktion aller Staatsfunktionen auf Rechtsfunktionen, die im Rechtsverwirklichungsprozeß durchlaufen werden, so verstrickt man sich in der Unmöglichkeit, die Rechtsanwendung materiell zwingend nach Verwaltung und Rechtsprechung zu differenzieren. Und öffnet man den Fächer der Funktionen auf die anschaulichen Betätigungsweisen des Staats, z. B. neben den Rechtsverwirklichungsvorgängen auf Regierung und Finanzgebaren, so stört man den funktionalen Dreiklang und versetzt die organisatorische Trias in Verlegenheit. Angesichts solcher Schwierigkeiten läßt die praktische und die dogmatische Staatsgestaltung grüblerische Ergründungen gerne liegen, bleibt formelhaft bei der schematischen Gewaltenteilung und rührt die Fragen nur am Rande an, was es wohl mit den Staatsfunktionen, ihrer Typisierung, ihren Abgrenzungen, ihren Bedeutungen und ihren interdependenten Bezügen zur strukturellen Organisation alles auf sich haben könnte.

2. Die Koppelung der Funktionenlehre mit dem Gewaltenteilungsdogma hat sich auf die Klärung und Fortbildung der Rechtssetzung vorteilhaft und zugleich nachteilig ausgewirkt. Einerseits wurde die Rechtssetzung, anders als etwa die Regierungsfunktion oder die nicht-rechtsanwendende Verwaltung, nie in Zweifel gesetzt; sie behauptete Stellung und Aufgabe wie selbstverständlich. Da, wo die Funktionen neuartig dreigeteilt werden in Grundentscheidungen, in deren Ausführungen und in politische Kontrollen oder wo sie zweigeteilt werden in Akte des Herrschens als Normsetzung und als Einzelfallentscheidung[11], aber auch da, wo die Funktionen mit dem Regieren, dem Planen, der Finanzgestaltung oder dem Darbringen von realen Leistungen mehrdimensionalen Pluralgliederungen geöffnet werden, behält die Rechtssetzung die Aufgabe einer dominanten, auf andere Funktionen einwirkenden Primärtätigkeit. Sie ist, sobald man objektives

[10] Zur Dreiheit der Gewaltengliederung: MAX IMBODEN, Die Staatsformen (1959), Neudruck Basel/Stuttgart 1974, S. 168 ff., 174 f., 185 f., 202; HANS MARTI, Urbild und Verfassung, Bern/Stuttgart, o. J., S. 66 f., 83 f.

[11] KARL LOEWENSTEIN, Verfassungslehre, 2. Aufl., Tübingen 1969, S. 34 ff., ohne Berücksichtigung der Möglichkeiten, den herkömmlichen Organisationsstrukturen die funktionale Voraussetzung zu bieten; HERMANN JAHRREISS (oben Anm. 2), S. 173 ff.

Recht und seine Setzung anerkennt, denknotwendig und im effektiven staatlichen Handlungskonnex unentbehrlich.

Andrerseits ist ihr seit dem Abschluß der Zivil- und Strafrechtskodifikationen wegen der unbestrittenen Geltung die Ruhe der unbeachteten Größe zugefallen. Im Grunde wurde sie wissenschaftlich und in praktischer Durchhellung nur soweit gefördert, als sie auf die Kampfplätze der Gewaltenteilung geriet und in deren Gefolge teils anregende, teils ermattende Auseinandersetzungen zu bestehen hatte. So sind klärend *und* überschattend Beiträge erbracht worden bei den langwierigen Erörterungen um den Gesetzesbegriff, um die Gesetzesdelegation und um die Mitwirkung nicht-staatlicher Potenzen (Parteien, Verbände, Kirchen) in den Rechtssetzungsverfahren. Dabei darf man nicht sagen, diese Themen seien mittlerweile abgeschlossen worden. Sie stehen nach wie vor auf der Traktandenliste von Praxis und Wissenschaft, jedoch erweitert und verschoben, indem sie nicht mehr allein vom Gewaltenteilungsdogma her, sondern auch und vor allem von der Rechtssetzungsfunktion aus angegangen werden müssen.

3. So ist für die Funktion der Rechtssetzung angedeutet, was für die Funktionenlehre ganz allgemein gilt: Der moderne Staat verlangt die ebenso einläßliche wie verbreitete Einsicht in die Funktionen und deren Optimierung, über die Zusammenhänge mit dem Gewaltenteilungsdogma weit hinausgreifend [12].

Die Funktionen müssen diesfalls der erstarrenden Verbindung mit der Gewaltenteilung vorerst entzogen werden. Es geht jedoch nicht um eine beziehungslose Ablösung und Isolierung, vielmehr um die Gewinnung einer relativen Eigenständigkeit der Funktionen, um diesen die jetzt erforderliche Beachtung und Durchdringung zu sichern. Damit tut man der Gewaltenteilung nicht Abbruch, ordnet sie aber da wieder ein, wo ihre wirkliche Sendung liegt: in der Mäßigung der Macht [13]. Man befreit sie zugleich von der Forcierung, in die sie im letzten Vierteljahrhundert getrieben wurde und die ihre Wirkungskraft abnutzte, als man sie zum kardinalen Organisationsprinzip des Staates stempelte und glaubte, an ihr Wesen und Ziel des Staats als Organisation erfahren und einsichtig machen zu können [14]. Die

---

[12] Die Anstöße kommen sowohl aus der Staatspraxis, die bei den Reformbestrebungen des letzten Jahrzehnts auf unbeackerte Flächen der Staatsfunktionen gestoßen ist, als auch aus der Staats- und Rechtssoziologie. Alarmierend hätte wirken können: NIKLAS LUHMANN, Funktionen und Folgen formaler Organisation, Berlin 1964.

[13] HEINZ RAUSCH (oben Anm. 9), S. XV.

[14] Die Kantonsverfassungen von Nidwalden vom 10. Oktober 1965, von Obwalden vom 19. Mai 1968 und der Entwurf für eine Verfassung des Kantons Basel vom 6. September 1968 stellen die Gewaltentrennung als vorherrschendes Organisationsprinzip hin, womit sie offensichtlich ein Organisationsverständnis aufnehmen von Z. GIACOMETTI, Das

staatliche Organisation läßt sich nicht monistisch aus einem anlagegemäß defensiven Dogma aufbauen und erklären, sondern dialektisch aus dem Vieleck von Bestimmungsfaktoren, die in Interdependenzen und wechselweisen Rückbindungen zueinander stehen. Sie konstituiert sich in der gegenwärtigen Sicht sinnvoller durch die gleichzeitige Beachtung von Sachaufgaben, Kompetenzen, Strukturen und Funktionen in einem hochkomplexen Vorgang, der den handelnden Staat ausmacht.

Die Funktion der Rechtssetzung ist mithin in einer relativen Eigenständigkeit und am Gegenstück der Rechtsanwendung im Zuge des kohärenten Rechtsverwirklichungsprozesses zu verstehen. Zugleich waltet aber eben die erweiterte, die Gewaltenteilungsproblematik überschreitende Interdependenz mit der umfassenden staatlichen Organisationsaufgabe, welche strukturelle, kompetentielle und funktionelle Elemente verknüpft. Die Rechtssetzung strahlt bestimmend aus auf die Struktur der Rechtssetzungsorgane und deren Verfahrensweise, auf den Inhalt der materiellen Kompetenzen der rechtssetzenden Organe, auf die Art und Fülle dessen, was der Staat als Aufgabe aufzunehmen und zu bewältigen vermag. Die Funktion der Rechtssetzung ist umgekehrt abhängig und bedingt von der Struktur samt Leistungsfähigkeit und Verfahrensmöglichkeiten der rechtssetzenden Organe, von den materiellen Kompetenzen, die ausgegeben werden, von den Sachaufgaben, die im Gemeinwesen zu lösen sind. Rechtssetzung als Funktion ist nicht *in abstracto* und *a priori* durchgeformt, sondern steht als teils stabilisierte, teils variable Tätigkeit im Gesamtzusammenhang der organisierten Staatswirklichkeit.

III. Akzentverschiebungen im Verständnis der Rechtssetzungsfunktion

Seit der hohen Zeit des Gesetzgebungsstaats haben sich in der Rechtssetzungsfunktion Wandlungen eingestellt. Insbesondere faktische und politische Voraussetzungen haben sich geändert und drängen dazu, den heutigen Standort der Rechtssetzung inmitten des staatlichen Gesamtzusammenhangs zu erörtern und für die wissenschaftliche Deutung, für die politische Wertung und für die normative Ordnung angleichende Folgerungen daraus zu ziehen. Es werden nicht radikale Neuorientierungen sein, sondern eher das Nachvollziehen und Anerkennen von Verlagerungen, die längst im Gange, vielfach angezeigt, jedoch zur Oberfläche des Alltags im Staats- und

Staatsrecht der schweizerischen Kantone, Zürich 1941, S.271 ff., und Schweizerisches Bundesstaatsrecht, Zürich 1949, S.470 ff., dem streckenweit MAX IMBODEN folgt (am deutlichsten: Gewaltentrennung als Grundproblem unserer Zeit, in: Gedanke und Gestalt des demokratischen Rechtsstaates, Wien 1965, S.37 ff.).

Rechtsleben nur punktuell vorgestoßen oder dann wieder verschleiert in den Hintergrund getreten sind. Es handelt sich um Akzentverschiebungen im Verständnis der Rechtssetzungsfunktionen, von denen alle Beiträge dieses Bandes irgendwie Mitteilung machen. Vorweg ist aber auf einige Erscheinungen hinzuweisen, die jene Akzentverschiebung für das Funktionsverständnis allgemein zu kennzeichnen in der Lage sein dürften.

1. Die Rechtssetzung muß ihren wichtigen Auftrag für die Gestaltung und Leitung des Staates nicht preisgeben, jedoch dulden, daß die Bedeutung anderer Funktionen im staatlichen Gestaltungsprozeß ansteigt und einzelne davon sich an ihre Seite gesellen. Dieser Aufstieg ist offensichtlich nicht nur politische Laune eines historischen Augenblicks, sondern Folge der sich verändernden Beziehungen von Recht, Staat und Gesellschaft mit dem Zwang zur Staatsorganisation von hoher Effizienz, und er hat durchaus normative Auswirkungen, sofern man die normative Ordnung mit der Staatswirklichkeit verifizierend und rektifizierend verbindet. Die konkurrenzierte Stellung der Rechtssetzung für die Steuerung des Staates läßt sich beispielsweise daran ablesen, daß die «Richtlinien für die Regierungspolitik», Regierungsprogramme überhaupt, Finanzpläne, Budget und Staatsverträge die staatliche Gemeinschaft in großem Maß und intensiv bestimmen. Der Staat ist nicht allein, wie der Gesetzgebungsstaat es sich vorstellte, durch die vorausgegebene Setzung generell-abstrakter Rechtsnormen determiniert. Wenn man derartige Aktivitäten der staatsleitenden Organe äußerlich in Rechtssetzungsformen kleidet und hiezu die auf die Rechtssetzung zugeschnittenen Kreationsverfahren verwendet oder wenn man den Begriff der Rechtsnorm so dehnt, daß er beliebig Programme, Realakte und Vertragsinstrumente auch deckt, so sind das doch nur scheinbare Bereicherungen der Rechtssetzungsfunktion; denn das Wesentliche der Rechtssetzung, objektives Recht hervorzubringen, ereignet sich dabei nicht. WILFRIED SCHAUMANN [15] hat sich nachdrücklich dafür eingesetzt, im Gesetz wieder voll ein Instrument der Staatsführung zu sehen und es auch da zu benutzen, wo nicht unmittelbar Verhaltens- und Organisationsrecht nach Herkommen zu geben ist, vielmehr das Anliegen im Vordergrund steht, Parlament und Volk an wesentlichen Staatsentscheidungen zu beteiligen. Dieses politische Anliegen zielt nicht auf die Ausuferung der Rechtssetzungsfunktion ab, sondern auf die Kompetenz-

---

[15] WILFRIED SCHAUMANN, Staatsführung und Gesetzgebung in der Demokratie, in: Der Staat als Aufgabe, Gedenkschrift für Max Imboden, Basel/Stuttgart 1972, S.313ff. Zum Planungsgesetz: ROMAN HERZOG, Allgemeine Staatslehre, Frankfurt a.M. 1971, S.328ff. Zum Verhältnis der Rechtsnorm zum Finanzentscheid: HEINRICH KOLLER, Budget und Norm, in: Festgabe zum Schweizerischen Juristentag 1973, Basel/Stuttgart 1973, S.95ff.

verbreiterung für demokratisch legitimierte Organe; die Rechtssetzungsfunktion als solche ist nicht im Spiel: Sie wird lediglich instrumental
benutzt, um den Kreis der Teilhaber an neuartigen, nicht-rechtssetzenden
Akten zu erweitern und für diese die gleiche Legitimierungsbasis herzustellen, wie die «klassischen» Gestaltungsakte, eben die Gesetze, sie aufweisen.
Damit ist nicht zu verwerfen, daß sich eine Rechtssetzungslehre aufschließt
auch gegenüber dem «Nur-formellen-Gesetz» und gegenüber dem Plan-
und dem Maßnahmegesetz, aber sie hat dafür mehr nur die Grenzen und
Differenzen gegenüber dem Rechtssatz auszubilden als eine substantielle
Methodik jener Akte, die ihr Wesen vorwiegend aus der Regierungsfunktion, der Verwaltungsfunktion und der Planung entnehmen.

2. Selbst wo nur die staatlichen Rechtsfunktionen im Blickfeld stehen, hat
die Rechts*setzung* ihren beherrschenden Anspruch auf Determination aller
ihr folgenden Staatstätigkeiten in einer ursprünglichen und umfassenden
Kreativität seit der Freirechtsschule und spätestens mit der weltweiten
Huldigung, die Artikel 1 des Zivilgesetzbuches gefunden hat, verringern
müssen. Bis auf dem Kontinent Praxis und Rechtslehre die relative
Eigenständigkeit und die rechtsbildenden Kräfte der rechtsanwendenden
Funktionen indessen auch eingestanden haben, bedurfte es des Ausbaus
und der Bewährung der Verfassungs- und der Verwaltungsgerichtsbarkeit
sowie der Bewußtmachung der schöpferischen Komponenten der Verwaltungstätigkeiten. Weder Zivil- noch Strafgerichtsbarkeit hatten, aufs
Ganze gesehen, in der ersten Hälfte dieses Jahrhunderts den rechtsanwendenden Funktionen den Rang zu verschaffen vermocht, den sie heute neben
der Rechtssetzung einnehmen. Die Rechtssetzung hat kein Monopol auf
rechtsschöpferisches Handeln, obwohl richtig ist, daß ihre Kreativität
wesensgemäß doch eine andere ist als die der weiteren Staatsfunktionen.
Im übrigen ist der Begriff des Schöpferischen vielschichtig. Die Rechtssetzung kann sich durchaus beschränken und trotzdem ihren Sinn erfüllen,
wenn sie bloß nachschaffend und ordnend aufzeichnet, was in Einzelent-
scheiden, Übung, Brauch und Sozialnormen für die Gemeinschaft schon
maßgeblich ist. Und wo Rechtssetzung originär Inhalte schafft, ist sie mit
Elementen historischer Vorzeichnung immer auch schon mitbestimmt.
Darin tritt eine erhebliche Distanz zu den idealisierten Vorstellungen des
Gesetzgebungsstaates hervor. Dieser war, merklich oder unmerklich,
geleitet von der Vorstellung, der Rechtssetzer finde ein weites und offenes
Feld der freien Gestaltung vor. Seine Schöpfungskraft könne sich, wenig
gehemmt, frei ergehen und auf das Richtige aus eigener Einsicht und
eigenem Vermögen zusteuern. Wie weit derartige Freiheiten jemals gewährt waren[16], mag dahingestellt bleiben. Dem heutigen Rechtssetzer
jedenfalls fehlen sie fast ganz. Unbestreitbar ist seine Rechtssetzung

vorwiegend Änderung schon bestehender Rechtsregelung[17]; sie ist von einer «Disziplin der Vorsicht»[18] geleitet und öfter darauf ausgerichtet, sozialschädigende Mißbräuche abzustellen, als ursprüngliche Neugestaltungen in unbeeinflußtem Schaffen hervorzubringen. Die Kunst der heutigen Rechtssetzung ist vorwiegend Einpassung. Die neue Norm ist z. B. einzufügen in das System der schon und weiter bestehenden Gesamtrechtsordnung staatlicher und internationaler Dimension, in das Subsystem des angesprochenen Regelungsbereichs, in die begleitenden Sozialnormen. Und die beachtlichen Realien und Fakten sind weit schwerer zu erfassen und nehmen sich komplizierter aus, als EUGEN HUBER[19] sie noch darstellen konnte, weil sie einerseits mit dem sozialen Wandel tatsächlich komplexer geworden sind und weil andrerseits mit der Verwissenschaftlichung und dem ungeordneten Informationsüberfluß die geistige Behändigung heikler, die verbleibende Entscheidungsmöglichkeit kritischer, die Entschlußkraft schwächer wird.

Der Raum schöpferischer Gestaltung wird sodann dadurch noch verengt, daß die politischen Kräfte, die die Entscheidung beeinflussen und tragen, zahlreich, aktiv und partikularistisch-interessengerichtet sind. Rechtssetzung ist politische Funktion und untersteht deswegen *auch* den Regeln und Willkürlichkeiten des politischen Handelns. Methodische und in die Objektivität gehobene Steuerungen des Rechtssetzungsvorgangs haben demzufolge eine unübersteigbare Schranke an den offenen politischen Verhaltensweisen der Teilhaber an der Rechtssetzung.

Wie auch immer das Schöpferische in einem Rechtssetzungsakt sich ausnimmt, so ist dieses darauf angelegt, in die Zukunft hinein zu wirken, also *pro futuro* Realität zu erlangen und zumeist immer wieder verläßlich zu reproduzieren. Dieses Ausgreifen in die Zukunft versetzt die Rechtssetzung in die Nähe der Planung, und die beiden können sich sogar identifizieren (Planung durch Gesetzgebung; Plan im Gesetz).

Die Steuerung künftigen Verhaltens und dessen Hinlenkung auf vorgestellte Ordnungsbilder erheischt auch weiterhin einen Vorrang für die Rechtssetzung: Funktionen, die zeitlich nach ihr kommen und in funktionsbedingter Abhängigkeit den Realisationsvorgang durchführen, haben sich ihr denknotwendig zu fügen. Doch ist dieser Weg nicht nur eingleisig.

---

[16] Die ablehnende Haltung SAVIGNYS gegen die Kodifikation des Privatrechts beruht in der Verneinung derartiger Freiheit, womit er zugleich die Rechtssetzung verworfen hatte. THIBAUT ging von einer Begrenzung der legislatorischen Freiheit aus, erwartete aber doch ausgreifende Gestaltungsmöglichkeiten. HANS HATTENHAUER (Hrsg.), Thibaut und Savigny, ihre programmatischen Schriften, München 1973, S. 40 ff., 73 ff., 106 ff.

[17] Worauf NOLL (oben Anm. 5), S. 98 ff., nachdrücklich hinweist.

[18] J. ORTEGA Y GASSET, Buch des Betrachters, Stuttgart 1952, S. 151 f.

[19] (oben Anm. 7) S. 281 ff.

Die Rechtssetzung hat Bedacht zu nehmen darauf, ob und wie sich das Gewollte tatsächlich verwirklichen lasse, und scheitert die Realisation, so ist die Rechtssetzung zum Nachgeben gezwungen: Entweder sucht sie mit neuen Änderungen die erforderliche Vollzugstauglichkeit, oder sie findet sich mit dem Fehlschlag ab. Die Rechtssetzung kann also nicht einseitige Anordnung aus olympischer Höhe sein, sondern ist richtigerweise von den Vollzugsmöglichkeiten[20] mitgeprägt, die aus den Niederungen des richterlichen und verwaltenden Alltags voraus- und zurückwirken auf die Rechtssetzung. Auch das ist alte Einsicht und junge Erfahrung: Es scheint, als ob erst die dichte und realisationsgefährdete Verwaltungsgesetzgebung der neusten Zeit diese Abhängigkeiten in die Praxis brächte[21].

3. Zur Zeit am einschneidendsten für das Verständnis der Rechtssetzungsfunktion ist die Anerkennung, daß sie einen langwierigen Prozeß von spezifischer Art darstellt. Das herkömmliche Bild, daß Rechtssetzung «eigentlich» nur Gesetzgebung im formellen Sinne sei und in konzentriertem Entscheidungsverfahren der Hand des Parlaments entspringe, ist ein stark «reduziertes Modell», das sich unter dem Schutz des Gewaltenteilungsdogmas entgegen aller Realität hartnäckig hielt und alle entgegenstehenden Phänomene als Irregularitäten und Deformationen hinzustellen vermochte. Heutige Versuche zu Parlamentsreformen oder zu Verfassungsrevisionen, die die Gewaltenbezüge offen und wirklichkeitsgemäß darlegen wollen, bleiben immer wieder stecken, weil öffentliche und behördliche Meinungen jenem Bilde anhangen und sich nicht damit abzufinden vermögen, daß die normative Vorstellung in diesem Bereiche immer schwächer ist als die effektiven Abläufe, die durch die Eigenarten der Rechtssetzungsfunktion diktiert werden. Die illusionäre Grundhaltung, die sich um die

---

[20] Hier hat das philosophische Verhältnis der Rechtssetzer zur Wirklichkeit praktische Auswirkungen, weil es je nachdem die Steuerungsmöglichkeiten und darin eingeschlossen die Vollzugsweisen berücksichtigt. ALOIS TROLLER, Die Begegnung von Philosophie, Rechtsphilosophie und Rechtswissenschaft, Darmstadt 1971, S. 145 ff.

[21] Zu den vom Rechtssetzer zu ermittelnden Vollzugstauglichkeiten gehört nur teilweise die organisatorische Kapazität, die bei den jüngsten Klagen über eine Vollzugskrise in den Kantonen, welche Bundesverwaltungsrecht vollziehen sollten und es nicht zulänglich zustandebringen, voranzustehen scheint. Zu betrachten ist der Vollzug schlechtweg, der sich im Rahmen von allgemeinen Vollzugsregeln von Gegenstand zu Gegenstand verschieden darbieten kann. Ob Gemeindeverwaltungen, hochtechnisierte kantonale Baudepartemente, juristisch ausgerüstete Gerichte, Anwälte, Kaufleute oder unbeholfene Bürger primär Adressaten eines Erlasses sind, kann Unterschiede für die Ausgestaltung der Rechtsnorm begründen. Der Rechtssetzer darf sich des Stilwechsels bedienen, und die bewährten Regeln des Zivilgesetzbuches (HELEN OPLATKA-STEINLIN, Untersuchungen zur neuhochdeutschen Gesetzessprache. Befehlsintensität und Satzstruktur im Schweizerischen Zivilgesetzbuch und im Deutschen Bürgerlichen Gesetzbuch, Zürich 1971, S. 5 ff.) brauchen nicht Maßstab in Totalität zu sein.

Rechtssetzungsfunktion legt, verschließt sich wahrscheinlich dem elementaren Satz, daß die Rechtssetzung nicht Selbstzweck oder wertunabhängiger Verlauf ist. Sie ist darauf ausgerichtet, optimiertes Recht zustandezubringen. Die Erzeugung richtigen Rechts ist ihr Ziel. Und wo sie Einfluß hat auf die strukturelle Organisation, auf die Verfahrensordnungen, auf die Kompetenzzuweisungen und auf die Aufgabenselektion, strebt sie danach, aus dem organisatorischen Vieleck eh und je die zureichende Gesamtrechtsordnung herauszubringen.

Die tradierten Auffassungen scheuern sich vor allem an fünf Erscheinungen wund, die indessen eine zeitgemäße Rechtssetzungsfunktion nicht ignorieren kann:

a) Die Fülle der Rechtssetzungsaufgaben im heutigen Staat ist derart, daß ein einziges Organ in einem einzigen Verfahren sie nicht zu bewältigen vermag. Die Rechtssetzungs*funktion* erfordert die Vereinigung aller Rechtssetzung beim Gesetzgeber nicht. Für sie ist maßgebend, ob das jeweilige Rechtssetzungsorgan den qualitativen Anforderungen zureichender Rechtssetzung zu genügen vermag. Wer es tut und wie es getan wird, ist für die Funktion nur so weit von Belang, als damit die Anerkennung des Rechts, die die Voraussetzung für seine Befolgung und Durchsetzung ist, gesichert wird. So kann von der Rechtssetzungsfunktion aus betrachtet die Stufenordnung der Rechtsordnung durchaus erwünscht sein, und nichts steht entgegen, etwa nach Maßgabe der Wichtigkeit oder der sachlichen Eigenart der Erlasse [22] verschiedene Rechtssetzer und -verfahren zu institutionalisieren.

[22] Es ist ein altes Vorurteil der Rechtswissenschaft, man könne die Einweisung der Regelungsmaterien in die geeigneten Rechtssetzungsverfahren und -formen nicht nach dem Kriterium der Wichtigkeit vornehmen, da dieses zu unbestimmt sei. In der Staatspraxis wird aber mit wenig Bedenken danach etwa die Delegation bestimmt oder die Unterscheidung zwischen Verfassungs- und Gesetzesbedürftigkeit vorgenommen, freilich nicht konsequent, weil man sich um den Begriff der Wichtigkeit nicht bemüht. WALTHER BURCKHARDT, Kommentar der schweizerischen Bundesverfassung, 3. Aufl., Bern 1931, S. 666, hat die Zulässigkeit und den Umfang der Delegation nach der Wichtigkeit bemessen, und mir scheint, die seitherigen Bemühungen in Lehrbüchern und Monographien führten entweder nicht weiter oder rekurrierten bewußt oder unbewußt ihrerseits auf das Kriterium der Wichtigkeit. Die «Wichtigkeit» eines Rechtssatzes oder Rechtserlasses bemißt sich vor allem an folgenden Faktoren:
a) Sachliche Wichtigkeit nach einem objektiven Maßstab, ermittelt durch Vergleiche, bezogen auf die Gesamtrechtsordnung sowie den konkreten Regelungsbereich;
b) Intensität der Regelung für den berührten Privaten, namentlich die Betroffenheit in Grundrechtspositionen (alt: «Freiheit und Eigentum»);
c) Umfang des Kreises betroffener Personen;
d) politische Bedeutung der Regelung, insbes. unter dem Aspekt des demokratischen Willensbildungsprozesses und der legitimierenden Akzeptation durch die Rechtsgenossen, und zwar abgestellt auf:

b) Die sachliche Komplexität der Rechtssetzungsaufgabe erheischt die Beteiligung vieler Personen an der Rechtssetzungsfunktion. Diese Vielzahl ist jedoch nicht die Vielzahl der Abgeordneten im Parlament, sondern die Pluralität der Sachkundigen. Rechtssetzung ist dergestalt nicht mehr allein das politische Geschäft des verbreiteten «gesunden Menschenverstandes» oder eines spezialisierten juristischen Wissens. Aktiviert ist auch Fachwissen in multidisziplinären Begegnungen vieler Wissenszweige. Rechtssetzung wird zu einem pluralen Schöpfungsakt.

Die Schweiz ist diesem Erfordernis gegenüber ambivalent. Einerseits ist sie geleitet von der Vorstellung der individuellen Schöpfung, die der Rechtserlaß «richtigerweise» wäre; sowohl EUGEN HUBER als auch die Väter der kantonalen Kodifikationen sind in der Erinnerung Sinnbild «des» Gesetzgebers geblieben. Andrerseits findet die multidisziplinäre Arbeitsweise im Kollegialsystem, das weit über die Regierungskollegien hinaus legitimierendes Institut darstellt, Ansatz und Erprobungen. Nur wurzeln diese Kollegialgebilde mehr in politischen Überlegungen der Proporzdemokratie als in Einsichten der multidisziplinären Aktivierung des bestmöglichen Wissens und Könnens; doch ist daraus plausiblen sachlichen Kooperationen der Boden bereitet.

c) Die sachliche Komplexität trifft sich mit den Gegebenheiten eines Staates, der seine Organisation in eine stark gegliederte, pluralistische Gesellschaft hinaus offen hält: Es sind nicht allein die gewählten staatlichen Organe, die an der Rechtssetzungsfunktion materiell teilhaben, da gesellschaftliche Potenzen vornehmlich als intermediäre Gewalten sich einschalten und dafür formelle oder informelle Wege beschreiten. Daß dabei Mißbräuche und unerträgliche Verunklärungen der Verantwortlichkeiten zustandekommen und daß heute wirksame Kontrolle der gesellschaftlichen Kräfte gefordert werden muß, ist im wissenschaftlichen Bereich unbestritten; aber illusionär wäre es, jene Beteiligungen abschneiden zu wollen, wenn die Beziehungen von Staat und Gesellschaft so sind, wie sie sich heute

    – den augenblicklichen Stand der politischen «Aktualität»
    – einen möglichst objektivierten Stand auf Dauer;
  e) spezifische politische Bedeutung unter föderativem Aspekt;
  f) finanzielle Bedeutung für das Gemeinwesen und den Privaten;
  g) organisatorisch-administrative Bedeutung, insbesondere ein schützenswertes Verwaltungsinteresse im Realisationsprozeß.

Diese Faktoren stehen in gewissen Spannungsmöglichkeiten zueinander (Zielkonflikte), so daß nicht einfach eine Aneinanderreihung möglich ist; es müssen Werturteile in zumeist topischen Verfahren die konkrete Entscheidung ermöglichen. Von der sachlichen Eigenart aus läge eine Einteilung am nächsten, die darauf abstellte, welches Staatsorgan die sachlich richtigste Entscheidung zustandezubringen verspräche; allein, dieser Maßstab ist zu eng.

darbieten, d.h. weder eine Identifikation noch eine schroffe Trennung vorhanden ist oder angestrebt wird. Staatliches Recht, das im Sinne von HANS MERZ[23] soziale Ordnungsmacht sein will und die gesellschaftlichen Prozesse gleichwohl nicht total zu steuern sich anheischig macht, wird um die genannte Öffnung der Rechtssetzungsfunktion nicht herumkommen.

d) Die Rechtssetzungsfunktion zeigt in der Staatspraxis eindrücklich, wie ein Entscheidungsprozeß notwendigerweise durchsetzt ist von Präparationen und Dezisionen. Im Rechtssetzungsverfahren werden gern Verfahrensabschnitte präparativer und dezidierender Art auseinandergehalten. Die präparativen Stadien, z.B. das sogenannte Vorverfahren der Gesetzgebung, sind dabei aber nicht einfach Zwischenspiele, in denen Informationen zusammengetragen würden, während die formell-dezidierenden Stadien, z.B. die Plenarverhandlungen des Parlaments oder der Regierung, die oben erwähnte kreative Phase darstellten. Es sind beidseits Vermischungen vorhanden, wobei am bedeutsamsten ist, daß die präparativen Verfahrensausschnitte immer auch (Vor-)Entscheidungen enthalten, die nach der heutigen Praxis dem Präparator selbst obliegen. Das präparierende Organ muß ferner Bedacht nehmen auf die endentscheidenden Organe, wie diese umgekehrt ohne die Vorbereitungen keine Entscheidungsgegenstände und -grundlagen erhielten. Deswegen ist die zunächst einmal stark von der Wissenschaft bestimmte Präparation regelmäßig begleitet von staatspolitischen[24] und – in Ausrichtung auf die Mentalität und die Reaktionsmöglichkeiten der endentscheidenden Organe – auch taktischen Überlegungen. Präparator und endentscheidende Organe sind aneinander gekettet; keines kann ohne den andern etwas erreichen[25]. Die überkommene strukturelle Organisation indessen hat fast ausschließlich die dezidierenden Organe im Auge und mimt die vereinfachten Schemata des Gesetzgebungsstaates weiter.

[23] HANS MERZ, Das Recht als soziale Ordnungsmacht, Rektoratsrede, Bern 1963.

[24] HANS MERZ, Dauer und Wandel des Rechts, ZSR 92 I, 1973, S. 326 ff., anknüpfend an die Feststellung: «Ich bin der Meinung, daß sich die beiden Komponenten gesetzgeberischer Arbeit, die politische und die wissenschaftliche, gar nicht reinlich voneinander trennen lassen. Das gilt für die einzelnen Etappen der Vorbereitung und Vollendung, obwohl sich hier deutliche Schwerpunkte, ein deutliches Überwiegen der einen oder anderen Komponente erweisen werden.»

[25] Von grundsätzlich und praktisch höchster Bedeutung ist es z.B., daß Regierung und Parlament dergestalt miteinander verbunden sind. Für die britische Staatsrechtslehre war es immer offenbar; auf dem Kontinent hat es wohl als erster ERNST FRIESENHAHN (Parlament und Regierung im modernen Staat, Veröffentlichungen der Vereinigung der Deutschen Staatsrechtslehrer, Heft 16, Berlin 1958, S. 36 f.) präzis dargelegt. Einläßlich, gerade auch zum Zusammenwirken in der Gesetzgebung: RICHARD BÄUMLIN, Die Kontrolle des Parlaments über Regierung und Verwaltung, ZSR 85 II, 1966, S. 259 ff.

Mit der etwas modischen Forderung nach Alternativvorschlägen, die die Präparatoren den endentscheidenden Organen vorlegen sollten, ist zunächst die richtige Beobachtung verbunden, daß die Rechtssetzungsarbeit in weitem Umfang dauerndes Vergleichen ist, nämlich Vergleichen bisheriger Zustände mit vorgestellten neuen, Vergleichen von verschiedenen neuen Lösungsmöglichkeiten unter sich, Vergleichen von Regelungsvorschlägen mit Schemen in verwandten Rechtsgebieten[26]. Und dann liegt es nahe, dieses Vergleichen in die Ratssäle endentscheidender Organe oder gar vor die Aktivbürgerschaft zu tragen. Doch kann in der Forderung nach Alternativvorschlägen auch ein Restaurationsversuch in dem Sinne stecken, daß die Fiktion aufrechterhalten bleiben soll, die Präparationen seien politikferne, zudienende Hilfstätigkeiten, verrichtet von willenlosen Informanten und sachdistanzierten Redaktoren, während das substantiell Wesentliche allein beim Politiker geschehe. Hier soll mit den Alternativvorschlägen verhindert werden, daß der Politiker die materielle Bestimmungsgewalt einbüße.

e) Überblickt man die Rechtssetzung in der Wirklichkeit, so erweist sie sich als ein kooperativer Prozeß einer Vielzahl von Staatsorganen und soziologischen Legislativkräften, die in variablen Interdependenzen ein zusammenhängendes Gesamtwerk zu gestalten suchen. Das kooperative Moment ist das auffälligste: viele Organe in vielerlei Weisen, mit vielen Informationen und vielerlei Begehren, mit vielen Möglichkeiten und vielerlei Lösungsmethoden. Solange diese Tätigkeit mit der Spontaneität des 19. Jahrhunderts aufgenommen werden konnte, wickelten sich die Teilschritte in einer aus der Sache entspringenden Logik gleichsam selbstverständlich ab. Die zweite Hälfte des 20. Jahrhunderts erkennt die Komplexität und dauernde Gefährdung des Rechtssetzungsauftrags, und sie weiß um die Schwierigkeiten der Kooperation. Sie legiferiert unter dem Druck eines regelungsbedürftigen Alltags viel, aber ohne die Begeisterung des letzten Jahrhunderts; denn sie hat die Fragwürdigkeiten ihres rechtssetzenden Tuns und die Gebrechlichkeit des Werkes täglich in der Anschauung.

Gerade deswegen wird aber etwas offenbar, was das 19. Jahrhundert dergestalt nicht regelmäßig zu leisten hatte oder von überragenden Gesetzesredaktoren erbracht werden konnte: Die Kooperation, die die Rechts-

---

[26] Die Methode der Rechtssetzung als Vergleichen hebt hervor WALTHER BURCKHARDT, Methode und System des Rechts, Zürich 1936, S. 248. Der gleiche Gedanke fundiert die Methode, mit der ein «modernes Naturrecht», das den Gesetzgeber lenkt, abstrakt und konkret als «Entwurf zu Künftigem und Werdendem» in sozialkritischer und ideologiekritischer Auseinandersetzung mit der Vergangenheit (dem geltenden Recht) werden kann: WERNER MAIHOFER, Ideologie und Recht, Frankfurt a. M. 1969, S. 131 ff.

setzungsfunktion benötigt oder besser: ist, kommt nicht *eo ipso* zustande; sie ist Aufgabe, überantwortet einer die Sache und die Verfahren überschauenden Stelle. Effektive Kooperation im Bereiche der Rechtssetzung ist bedingt von einer leitenden Potenz. Darin dürfte denn im pluralistischen Staat die heikelste Gefährdung der Rechtssetzungsfunktion liegen: daß diese Leitung ausbleibt. Und dies würde mit alten Formeln gar noch leicht zu rechtfertigen sein, etwa so, daß die Regierung gemäß dem Gewaltenteilungsdogma bei der Gesetzgebung, die «richtigerweise» alle Rechtssetzung erfasse, «richtigerweise» nichts zu suchen habe und mehr als ein neutraler Ratgeber nicht sein dürfe, daß alle Vorverfahren, alle Verordnungsrechtssetzung, alle Mitwirkungen soziologischer Legislativkräfte «richtig beurteilt» Abirrungen bildeten und auszumerzen seien. Ein Versprechen auf Tilgung der Irrwege wäre am ehesten noch aufzunehmen, wenn Parlamentsreformen umwälzender Art erwogen würden. Doch daran wagt niemand heranzutreten, so daß es insgesamt bei der realisierbaren Forderung bleibt: für die kooperativen Prozesse der Rechtssetzung ist überdachende Leitung anzuerkennen und zu verwirklichen. Andernfalls müßte die Rechtssetzung Auftrag und Bestimmung im heutigen Staat verlieren.

IV. Die Rechtssetzung im «Viel-Funktionen-Staat»

Rechtssetzung als Tätigkeit (Funktion) ist in einer dualistischen Lage. Mit der Ausweitung des Staates und der Staatlichkeit steigt ihre Bedeutung, und mit der Veränderung der Staatsfunktionen zufolge dieser Wandlung des Staates baut sich ihre (Beinahe-)Einzigkeit als Instrument der Staatssteuerung ab. Doch unter beiden Titeln bleibt das Bedürfnis, Rechtssetzung klärend und orientierend zu erfassen, sie zu verändern, wenn nur dergestalt dem Ansturm von Rechtssetzungsobliegenheiten beizukommen ist.

Rechtssetzung als menschliches Machen ist darauf – und einzig darauf – ausgerichtet, richtiges Recht zustandezubringen[27], zumindest im Rechtsverwirklichungsprozeß den prägenden Anfang zu geben. Ihren Wert empfängt sie von den Rechtswerten, für die sie eingesetzt ist und die ihre *ratio* ausmachen. Aber der heutige Staat ist trotz der zentralen Stellung der Rechtswerte für seine Rechtfertigung und seine Instrumentierung nicht aus einer einzigen Funktion heraus zu deuten. Er kommt als Handlungs- und Wirkungseinheit[28] in mannigfachen Funktionen zustande, die zwar

---

[27] Hans Ryffel, Grundprobleme der Rechts- und Staatsphilosophie, Philosophische Anthropologie des Politischen, Neuwied / Berlin 1969, S. 235 ff.
[28] Hermann Heller, Staatslehre, Leiden 1934, S. 88, 133, 231 f.

unter sich reiche Interdependenzen, verbunden mit einseitigen Dependenzen, aufweisen, aber nicht in einer singulären Hauptfunktion konvergieren oder von hier als der Quelle allen weiteren Tuns ausgingen. Es gibt im heutigen Staat keine strengen und zwingenden werthierarchischen Einstufungen der Vielzahl von Funktionen und ihrer Träger, etwa so, daß das eine Organ wegen seiner Funktionenwahrnehmung alle andern an Kompetenzfülle, politischer Geltung und Sozialwirksamkeit so überragte, wie das 19. Jahrhundert es dem Gesetzgeber zuzuschreiben liebte[29].

Die Funktion der Rechtssetzung behauptet ihren Platz, wenn sie zulänglich wahrgenommen wird. Und dies wird sie, sofern ihre Zielsetzung, ihre Eigenarten und ihre Gefährdungen Beachtung finden.

[29] FRITZ FLEINER, Schweizerisches Bundesstaatsrecht, Tübingen 1923, S. 392 ff.; RÜTTIMANN, Das nordamerikanische Bundesstaatsrecht verglichen mit den politischen Einrichtungen der Schweiz, I, Zürich 1867, S. 174 ff.; KLAUS SCHUMANN, Das Regierungssystem der Schweiz, Köln / Berlin / Bonn / München 1971, S. 41 ff.; DIAN SCHEFOLD, Volkssouveränität und repräsentative Demokratie in der schweizerischen Regeneration 1830–1848, Basel / Stuttgart 1966, S. 153 ff.

Zur Lage der Rechtssetzung

1. Begegnungen von Staatspraxis und Wissenschaft in der Rechtssetzung

1.1. Rechtssetzen als «ewiges Thema» für die Wissenschaft

Wer heute Bemerkungen zum Stand der Rechtssetzung und des gesetzten Rechts aus den zwanziger, dreißiger und vierziger Jahren wieder liest, zum Beispiel die Habilitationsschrift WERNER KÄGIS[1] mit ihrer Diagnose des krisenhaften Verlustes des Normativen, ist erstaunt, wie oft Feststellungen, Befürchtungen, Ermahnungen, Hoffnungen dem Worte nach auf unsere siebziger Jahre zutreffen. So, als ob man damals übertrieben und zu starke Worte gebraucht hätte, die erst jetzt angebracht wären; oder so, als ob sich die Situation unverändert fortgesetzt hätte; jedenfalls so, daß jene Äußerungen in der Gegenwart immer noch aktuell erscheinen. Folglich könnte man sich damit zufrieden geben, Interessierten und Besorgten frühere Publikationen ans Herz zu legen, zumal da hier vortreffliche Darlegungen zu finden sind[2]. Doch offenbar muß jede Zeit − und nach fünfzig und dreißig Jahren ist in den Wissenschaften vom Staat und vom Recht eben wieder eine neue Zeit herangerückt − «ewige Themata» periodisch aufnehmen und redend und schreibend durchschreiten. Auch wenn sie bloß zu Bestätigungen (oder zum Widersprechen um des Gesprächs willen in den spielerischen Abarten wissenschaftlicher Erörterungen) käme, so ist die Wiederaufnahme in der Pflicht zum Selbst-Denken und in der Hoffnung, doch auf Neues zu stoßen, wohlbegründet. Das

In: «Grundfragen der Rechtssetzung». Herausgeber: KURT EICHENBERGER, WALTER BUSER, ALEXANDRE MÉTRAUX, PAUL TRAPPE. *Social Strategies, Band 11, S. 3–13. Verlag Karger, Basel 1978.*

[1] WERNER KÄGI, Die Verfassung als rechtliche Grundordnung des Staates, Zürich 1945 (verfaßt 1940/41).

[2] Beispiele heterogener Standorte:
HERMANN HELLER, Der Begriff des Gesetzes in der Reichsverfassung, VVDStRL 4, 1928, S. 98ff.; CARL SCHMITT, Der Hüter der Verfassung, Tübingen 1931, S. 71ff.; RICHARD THOMA, Die Funktionen der Staatsgewalt, Grundbegriffe und Grundsätze, in: ANSCHÜTZ/THOMA, Handbuch des Deutschen Staatsrechtes, II, Tübingen 1932, S. 108ff.; DIETRICH SCHINDLER SEN., Verfassungsrecht und soziale Struktur, Zürich 1932, S. 55ff.; ZACCARIA GIACOMETTI, Verfassungsrecht und Verfassungspraxis, in: Zweite Festgabe für Fritz Fleiner, Zürich 1937, S. 45ff.; WALTHER BURCKHARDT, Die Aufgabe des Juristen und die Gesetze der Gesellschaft, Zürich 1936, jetzt in: Aufsätze und Vorträge 1910–1938, Bern 1970, S. 93ff.

Rechtssetzen ist ein solches «ewiges Thema», und es hat nun doch in der zweiten Hälfte dieses Jahrhunderts streckenweise andere Fragen ausgebildet, veränderte Schwergewichte gebildet, weitere Bedürfnisse hervorgebracht, als in der ersten Jahrhunderthälfte bestanden haben.

Die Wissenschaften, die sich mit dem Staat und dem Recht abgeben, haben zusätzlich Anlaß, sich intensiv der Rechtssetzung zuzuwenden. Nicht nur aus sich selbst heraus, sondern auch von außen werden sie dazu gedrängt. Die Staatspraxis nämlich tritt offensichtlich vermehrt mit dem Ansinnen und der Erwartung an sie heran, Hilfen für die Rechtssetzung zu bieten. Jene Wissenschaften erniedrigen sich nicht zur Magd der Politik und werfen sich nicht gegenteils zum Herrn der Politik auf, wenn sie aufhorchend dem Rufe zu folgen sich anschicken. Es sind praktische Wissenschaften, oder es sind Theorien der Staatspraxis, die sich angesprochen wissen, und da sie sich größtenteils als problemorientiert verstehen, sind jene Aufforderungen zugleich Kundgaben echter Problemlagen, denen sie sich legitimerweise annehmen sollen. Was freilich die Staatspraxis bei ihrem Appell erwartet, ist nicht immer eindeutig: Verfahrenshilfen, sachliche Entscheidungsgrundlagen, Zulässigkeitsauskünfte oder auch nur verbrämende Mitwirkung, um ein wissenschaftliches Bemühen zu behaupten? Wissenschaftsgläubigkeit bettet sich nächst der Wissenschaftsverachtung, und die nämliche Staatspraxis, die nach Stützen Ausschau hält, kann sich im gleichen Zuge der wissenschaftlichen Aussagen entschlagen, insbesondere dann, wenn sie Wesen, Methoden und Argumentationsweisen praktischer Wissenschaften, etwa der Rechtswissenschaft, nicht zureichend zur Kenntnis nimmt. Oder dann, wenn die konsultierten Wissenschaften der Aufgabe nicht genügen.

1.2. Erschwerungen bei den Begegnungen

Auch das kommt vor! Es sind vor allem drei Quellen solchen Ungenügens auf seiten der Wissenschaft: objektive und subjektive, um in alter Terminologie zu reden.

1.2.1. Einmal erschwert die wachsende *Spezialisierung* mit ihrer Zergliederung und ihrem Hang zur analytischen Methodik schon die Fragestellung gegenüber den angerufenen Wissenschaften; sie erlaubt sodann diesen nur *Teilantworten;* die Staatspraxis sollte am Ende selbst noch die wissenschaftliche Gesamtsicht herstellen, um von da zur politisch-synthetischen Entscheidung zu schreiten, und das ist wahrlich viel verlangt. Man hat Verständnis für die wegwerfende Gebärde der «Politiker», wenn sie vor der zerstückelten Masse wissenschaftlichen Materials stehen, das ihnen nicht die erhoffte Hilfe, sondern Ballast mit – wie sie nicht ohne Grund mitunter finden – zusätzlichen Komplikationen der Arbeitsweisen und Entscheidfindungen bringen. Die Naivität und Simplizität vor-wissenschaftlicher Dezision erscheint dann wie die Morgenröte effizienter Rechtssetzung, ohne daß man sich ihrer aber froh werden könnte; denn das 20. Jahrhundert vermag seine Straße wissenschaftlicher Fahrt doch nicht zu verlassen.

1.2.2. Eine zweite Ursache liegt in dem der Wissenschaft eigenen *Grundzug der Skepsis und Kritik,* die zwar Antworten zu geben erlauben, diese aber in der sonderbaren Schwebe lassen müssen, welche das Unverbindliche wissenschaftlicher Tätigkeit und Aussage ausmacht. Dadurch bewahrt sich die Wissenschaft die sie legitimierende Unabhängigkeit; sie behütet sich vor der Knechtschaft wie vor der Herrschaft gegenüber der «Politik». Doch durch dasselbe Merkmal der Skepsis oder der perpetuierten Kritik wird sie der Staatspraxis wieder mühsam. Denn der Staatspraxis geht es um die Herstellung von *Verbindlichkeit;* sie hat Geltung zustandezubringen, und das heißt: Beiseiteschieben der skeptischen Infragestellung für einige Zeit, Beendigen des dauernden Werweisens, Aufrichten einer Gewißheit «für eine Geltungsdauer» – also Einfügen eines Faktors, den die Wissenschaft, die sozusagen einen «Auftrag zur Skepsis» hat, nicht nur nicht einzubringen vermag, sondern ihr grundsätzlich auch fremd bleiben muß. So müssen sich dort, wo Wissenschaft und Rechtssetzung kooperieren, letztlich divergente Ausrichtungen begegnen, was das Zusammenwirken nicht ausschließt, jedoch nur bis in begrenzte Schichtungen gestattet.

1.2.3. Dritte Ursache bietet eine häufige *Haltung der Wissenschafter*, die sich, gerufen oder ungerufen, Themata der Rechtssetzung widmen. Sie kompensieren die vorhin genannte wissenschaftliche Skepsis, die sich geläufigerweise in Zurückhaltung und Offenheit niederschlagen würde, durch die Pseudoautorität einer wissenschaftlichen Schulmeisterei. Sie tun dann – auch wenn sie den praktischen Wissenschaften zugehören –, als ob sie im Besitze der einzigen Wahrheit wären, jedenfalls im Verhältnis zu den Leuten der Staatspraxis. In «Entdeckerfreuden» umgürten sie sich mit rechthaberischem Dogmatismus, teilen Noten aus und sind, wenn ihnen schon menschliche Toleranz mangelt, unnachsichtig in der Geißelung jener «Praktiker», die ihnen zu folgen Verständnis, Vermögen oder Wille nicht aufbringen. Hochmut hüben und drüben – er blockiert das fruchtbare Zusammenwirken, sobald die legislatorischen Fragen heiß und damit ernst werden.

1.3. Die wissenschaftliche Beteiligung als multidisziplinäres und interdisziplinäres Bemühen
Trotz allem: die Kooperation von Staatspraxis und geeigneten Wissenschaften (Wissenschaftszweigen) ist im Gange, und die Stichworte «Gesetzgebungslehre» (PETER NOLL) oder «Theorie der Gesetzgebung» (JÜRGEN

Rödig) signalisieren die Bemühungen auf seiten der Wissenschaft[3]. Dabei leuchtet freilich sofort eine Sonderheit auf. Während bei der Rechtsanwendung, zumal bei der richterlichen, vorwiegend die Rechtswissenschaft dem Rechtsverwirklichungsvorgang die gesuchten und möglichen Unterstützungen bot und, ungeachtet der Komplizierung der Rechtsgewinnung im Stadium der Rechtsanwendung, auch heute noch bietet, drängt sich von vornherein bei der Rechtssetzung eine breitere Engagierung auf. Die *Rechtswissenschaft allein genügt hier nicht.* Es braucht einen weiter geöffneten Fächer von Wissenschaftszweigen; vor allem sind auch Philosophie, Soziologie, Politologie, Historie und Sprachwissenschaften einbezogen, und je nach dem Regelungsgegenstand sind vielerlei Naturwissenschaften und die Medizin in spezifischer Weise mit vom Ding. Diese Weite hängt mit der Eigenart der Rechtssetzung als kreativ-gestalterische Tätigkeit zusammen, die sich im Rechtsalltag immer noch von der Rechtsanwendung mit deren regulärer Norminterpretation klar distanziert. Auszumachen, wo Freiräume rechtssetzender Ordnungsgebung überhaupt bestehen, wie sie dann sinnvoll und zweckmäßig zu nutzen und welche Sozialfolgen zu erwarten oder zu vermeiden seien – dies und weiteres, was den Rechtssetzer umtreibt, ist nicht nur Gegenstand der Rechtswissenschaft. Diese mag in der vollorganisierten Rechtssetzung für die Regel federführend sein, aber gerade aus der integrativen Rolle heraus auch zuerst und am deutlichsten spüren, daß es eine *offene Vielzahl von Disziplinen* braucht, wenn Mitwirkung der Wissenschaft etwas abtragen soll.

Die aufgerufenen Spezialitäten stehen nicht beziehungslos nebeneinander, auch wenn sie, wie angedeutet, sich heute noch häufig so gebärden. «Wissenschaft in der Rechtssetzung» und «Rechtssetzung mit der Wissenschaft» sind offensichtlich ein *ambitiöses Programm:* multidisziplinär und interdisziplinär soll gearbeitet werden; die praktikablen Synthesen beteiligter Wissenschaften zustandezubringen, ist Ziel. Da richtet sich von selbst das Fragezeichen auf, ob die Zusammenfügung mehr oder weniger selbständig und eigengesetzlich sich einstelle oder ob sie in gesteuerten Verfahren bewußt und willentlich herbeizuführen sei. Im konkreten Fall werden sich beide Möglichkeiten zusammenfinden, aber dies schließt die Frage nicht aus, ob die Beteiligung der Wissenschaften unter sich und die Übertragung in die Entscheidungszentren der Staatspraxis prinzipiell *organisiert* werden

---

[3] Peter Noll, Gesetzgebungslehre, Reinbek bei Hamburg 1973; Jürgen Rödig/Eberhard Baden/Harald Kindermann, Vorstudien zu einer Theorie der Gesetzgebung, St. Augustin 1975; Jürgen Rödig (Hrsg.), Studien zu einer Theorie der Gesetzgebung, Berlin/Heidelberg/New York 1976; Ch. Perelman (Hrsg.), La règle de droit, Bruxelles 1971; Johann Mokre/Ota Weinberger (Hrsg.), Rechtsphilosophie und Gesetzgebung, Wien/New York 1976; Schweizerischer Juristenverein, Probleme der Rechtssetzung, Referate zum Schweizerischen Juristentag 1974, ZSR 1974 II, S. 1 ff.

müsse. Offenbar ist dem so. Zumindest teilweise sollte das Zusammenspiel, sei es weit und lang, sei es knapp und eilig, *konzertiert* werden.

Dabei mag dahingestellt bleiben, was hier «organisieren» oder «konzertieren» alles in sich birgt.

Zunächst wird man aber die Frage in den Vordergrund rücken, ob die «Gesetzgebungslehre» oder die «Theorie der Gesetzgebung» die Erfassung der einzubeziehenden Wissenschaften schon zustandebringe, ja, die gefragte Organisation und die Konzertierung zum Gegenstand habe. Die freimütige Antwort wird ein «noch nicht» sein. Bescheidener wäre wohl, ihr diese Rolle nicht abzufordern, sondern ihr denjenigen Ausschnitt aus der Rechtssetzung, der verfahrensmäßig, strukturell und funktionell der Rechtswissenschaft mit Einschluß der Rechtssoziologie zufällt, zur Aufbereitung zuzuscheiden. Die Frage nach Auftrag und Spannweite, Objekt und Umfang einer *«Rechtssetzungslehre»*, wie man wohl zutreffend sagen würde, läßt sich jetzt noch nicht gültig beantworten. Man wird die Einstellung aufrechterhalten, die die Bemühungen von PETER NOLL, von JÜRGEN RÖDIG und des Schweizerischen Juristenvereins geprägt hat: sich nämlich einmal *auf den Weg zu machen* und zu suchen, ob und inwieweit Bedürfnisse, die die Staatspraxis gegenüber der Wissenschaft anmeldet, sinnvoll gesättigt werden können.

2. Grundfragen der Rechtssetzung

Die im vorliegenden Band aufgegriffenen Themata sind aus einem überquellenden Gefäß von aktuellen Rechtssetzungsproblemen, häufig nach den Vorlieben der Bearbeiter, ausgelesen worden, so daß ihnen etwas Spontanes und, wenn man so will, Willkürliches anhaftet. Allein, sie werden zusammengehalten von einer *gemeinsamen Grundlage:* von der gegenwärtigen Situation der Rechtssetzung, von der sich das Seminar wiederholt Rechenschaft ablegte und die bei den Arbeiten ständig vor Augen stand. Man kann es auch so formulieren, daß die Beiträge um Problembereiche angesiedelt sind, die in der (schweizerischen) Rechtssetzung derzeit obenanstehen dürften. Immerhin wurde einer dieser aktuellen Bereiche bewußt *ausgeschaltet*, nämlich der der *Rechtssetzungsverfahren und -formen*. Allerdings müssen immer wieder Bezüge dahin hergestellt werden, aber Bearbeitungen fehlen in diesem Bande, weil hierüber in der Schweiz relativ viel geforscht und publiziert wurde, während die anderen Bereiche, denen sich der Band zuwendet und die vorwiegend «materieller» Natur sind, weniger oder nicht behandelt sind.

Fragt man nach der Situation der Rechtssetzung im *Blick auf die* daran beteiligten *Wissenschaftszweige,* so wird man festhalten, daß erst eine begrenzte Ausleuchtung möglich ist, daß verfügbare «Lehren» oder «Theorien» erst auf- oder ausgebaut werden müssen und daß es noch ungewiß ist, wieweit die Nutzung der Wissenschaft überhaupt gedeihen kann. Man wird gerne zugeben, daß die Gegenwart hier experimentiert. Fragt man nach der Situation der Rechtssetzung im *Blick auf die Staatspraxis*, so ist die übliche Antwort beklemmend, und dies so sehr in quantitativer wie in qualitativer Beziehung: Es werde zu viel und zu wenig, jedenfalls nicht ausgewogen legiferiert. Die «Rechtssetzung in der Krise» – meist sektoriell diagnostiziert für die Verfassung oder das Gesetz oder die autonome Satzung oder das Parlament oder die Stufenordnung – ist geläufige Feststellung, doch ist die *Krisendiagnose* zweischneidig. Sie mag Aufrüttelung, sie kann aber auch Lähmung bewirken, jedenfalls ist sie bereits weitreichende Wertung bei Sachverhalten, die vorerst der Beschreibung und der «relativ-politikfreien» Primärbeurteilung zugänglich wären. Ist jeweilen die gegenwärtige Situation der Rechtssetzung *in praxi* bewußt zu machen, kommen regelmäßig etwa fünf Grundsachverhalte zum Ausdruck, auf die nachstehend hinzuweisen ist und die sich in der systematischen Gliederung der Beiträge mittelbar wieder finden.

2.1. Die «Anmaßung» der Rechtssetzung

Im Rechtssetzen liegt der Ausdruck einer menschlichen Anmaßung, die sich, *in abstracto* betrachtet, bis zur *Hybris* steigern kann: Der Mensch stellt die Normen des Verhaltens iwS wie die der Organisation selber auf, und er tut es im voraus, auf Künftiges hin. Er nimmt nicht nur die Zukunft als Geschehen, sondern auch die Zielaufrichtungen als Sollen in die eigene Hand. Solche Art der Normierung ist, zumindest äußerlich und in der Vorstellung über das eigene Handeln im Bereiche der Normen, älteren Rechtskulturen meistens fremd gewesen. Dort *suchte* man; man suchte Vorgegebenes, und Einsicht und Erkenntnis öffneten die Türe zum schon Bestimmten, das der Idee nach nur noch verbale Vervollkommnung oder schriftliche Fixierung brauchen mochte. Rechtssetzen hingegen ist Glaube an die menschlichen *Machbarkeiten*. Der Mensch sagt selbst mit Gültigkeitsanspruch, was sein soll, und er führt nach seinem Dafürhalten auf dieses aufgerichtete Sollen hin. Insoweit reiht sich das Rechtssetzen ein in die Handlungskategorien eines rationalistisch-technischen Zeitalters, untermalt von der Vorstellung, was der Mensch hier tue, sei «kreativ», sei «schöpferisch», sei Hervorbringen aus einem freien Ursprung im Menschen. Freilich wird solche Anmaßung mit rechtfertigenden Hüllen der *Sublimierungen* umgeben.

2.1.1.
Auf einer unteren, zweckrationalen Ebene wird hervorgehoben, daß es im aufgabenreichen Staat und dazu noch im Flächenstaat nur mit der Rechts*setzung* gelinge, die staatliche «Handlungs- und Wirkungseinheit»

überhaupt zustandezubringen und staatliche wie private Aktivitäten berechenbar und verläßlich zu machen. Ein umfassender *Vertrauensaufbau*, der in der Eigenart der Normverwirklichung dann trägt, fußt in der (allgemeinen) Norm.

2.1.2. Praktischer Ansatzpunkt ist die gedankliche Erfassung und die Möglichkeit schriftlicher Festlegung eines *«Allgemeinen»*. Dieses – auch als das Abstrakte aufgefaßt und bezeichnet – gilt in rechtssetzungsgeneigten Epochen als das *Umfassendere, Höhere, Würdigere, Kultiviertere* denn das Besondere, das sich ableitet und rechtfertigt aus vorrangigem Allgemeinen. Indessen steht beim Rechtssetzen die Erfassung dieses Allgemeinen nicht für sich selbst, sondern im Hinblick auf einen sich sachlich und logisch anschließenden Prozeß der «Sonderung», der «Aussonderung», der *«Konkretisierung»*. Das Besondere wird aus dem Allgemeinen, das Konkrete aus dem Abstrakten gewonnen, ja, herausgeholt oder abgeleitet. Damit geht die Erwartung einher, daß die gehobene Qualität des Allgemeinen (Abstrakten) sich erhalte: Das herausgeholte Besondere (Konkrete) behält einen auszeichnenden Qualitätsbezug, den es sonst nicht gesichert hätte, wenn es in seiner Vereinzelung originär hervorgerufen würde. Daß im Prozeß der Sonderung oder Konkretisierung freilich noch neue, genuine Faktoren dazutreten können, ist heute gefestigte Annahme; doch bleibt sie auch dann «irgendwie» eingefügt in das umfassende Allgemeine.

2.1.3. Rechtssetzen mit der folgenden Sonderung ist nicht künstlerische oder wissenschaftliche Schöpfung, die um ihrer selbst willen bestände. Sie ist, wie gesagt, neben anderen eine *Kategorie staatlicher Betätigung* (Handlung). In ihr steckt auch eine *imperative* Kundgabe des Gemeinwesens, das mit dem Machtanspruch und dem prinzipiellen Machtvermögen ausgestattet ist. Die Sublimierung aber hakt da ein: Rechtssetzen soll nicht zur Anordnungstechnik und zu einem wertneutralen Imperativverfahren absinken. Es soll vielmehr *Rechtswerte* aufgreifen, bei materialer Sicht ist es erst das Rechtssetzen, was Rechtswerten zum Durchbruch verhilft. Darüber, was diese Werte sind, ist die Diskussion zwar offen, aber nie entbehrlich. Ein Rechtssetzer kann sich ihr nicht verschließen. Hauptchiffre für diesen inhaltlichen Aspekt ist vorwiegend die Gerechtigkeit, die mit weiteren Grundausrichtungen die «anmaßende» Rechtssetzung letztlich doch zum «richtigen Recht» hinführen könnte und sollte.

2.2. Die normative Festlegung des Staats

Das Rechtssetzen ist ein Ringen um die normative Festlegung des Staates und damit auch der Menschen in diesem Gebilde. Die generellen Verluste der Normativitäten vornehmlich dieses Jahrhunderts für das menschliche Leben haben nur ausschnittsweise die Emanzipation und das Auf-sichselbst-Stehen erweitert und gestärkt. Im allgemeinen haben sie einen gierigen «Normhunger» (HANS HUBER) verursacht, dessen Sättigung weitgehend vom staatlichen Rechtssetzen gefordert und erwartet wird. Das staatliche Gesetz ist allenthalben begehrtes Produkt, das zwischenmenschliche Ordnungen, Leistungen, Einfügungen, Gestaltungsmöglichkeiten schaffen und sicherstellen soll. Gering erscheint das Verständnis für die Sozialnorm und für andere Normsysteme, und man hat wenig Geduld und Bereitschaft, in langsam sich bewegenden außerrechtlichen Normsystemen die geeigneten Garanten der Normsättigung zu erkennen. Das *riesige Zutrauen und Vertrauen*, das dem staatlichen Rechtssetzen entgegengebracht wird, als ob es die Garantie des Richtigen, des «Normativgeeigneten» *eo ipso* an sich trüge, erschreckt die, die näher zusehen, weil sie wissen, wie schwer und brüchig die zugeschobene Aufgabe ist und wie tief die Enttäuschung und wie zerstörerisch die Folgen sein könnten, wenn die zugemutete Funktion sichtlich versagte. Namentlich bedrängend ist die praktische Handhabung der unauflösbaren *Antinomie von Stabilität und Dynamik*, von beharrender Konstanz und fortschreitender Bewegung. Das Recht ist beiden Momenten verschrieben, und Rechtssetzen ist der Auftrag, sich eh und je darin plausibel zurechtzufinden. Der Rechtssetzer spürt tagtäglich die Last dieses Auftrags, den er als säkularisierte Größe ohne sichere Anlehnung inhaltlich selbst bestimmen soll. Er soll Sicherheiten geben und hat selbst doch keine.

2.3. Die Funktionsvielfalt in der Rechtssetzung

Das Rechtssetzen schafft die begehrte Rechtsnorm, und sie ist das ausgesprochene Ziel. Doch der Prozeß, der zu ihr führt, ist angereichert mit Zwecken oder Sinngebungen, die über die Normgebung weit hinausreichen, mit dieser jedoch verknüpft sind: Die Normgestaltung wird von ihnen mitgeprägt, und die anderen Funktionen sind gekettet an Formen und Verfahren, die für die Rechtssetzung ausersehen sind. Das hat gegenseitig Förderungen und Beengungen zur Folge.

2.3.1. Rechtssetzen als Legitimierungs- und Integrationsvorgänge. Die Akzeptation staatlichen Handelns und Seins, die die Legitimität konstituiert, läuft am verlässlichsten durch den Rechtssetzungsvorgang. Insbesondere erweist sich die Rechtssetzung als hochgradig geeignet, die demokratische Legitimierung zustandezubringen, auch und gerade bei direkt-demokratischen Komponenten des Entscheidungsprozesses. Die inhaltliche Qualifizierung und die Beauftragung anerkannter, vornehmlich gewählter Organe mit dem Rechtssetzen in sanktionierenden Verfahren hat zugleich den hochgradigen Integrationseffekt, der für den modernen Staat vorwiegend rational und durch Nutzenausweise zustandekommt.

2.3.2. Rechtssetzen als Funktion politischer Auseinandersetzung. Das Rechtssetzen ist regelmäßig Gestalt der politischen Auseinandersetzungen und der konkreten friedenstiftenden Konsensfindung. Am Inhalt der anstehenden Normierung wird – mit Anstrichen der Zufälligkeit – die politisch-ideologische Begegnung der politischen Kräfte abgewandelt. Das bedeutet, daß maßgebliche Gesichtspunkte, Arbeitsweisen und persönliche Voraussetzungen für die Rechtssetzung nicht nur, aber auch durch partei- und gruppenpolitische Positionen bedingt sind, die mit der Eignung zur «rein sachlichen» Normschaffung wenig zu tun haben. Allein, die partei- und gruppenpolitisch geprägten Organe schaffen die sichtbare und primär durchsetzbare Verbindlichkeit der wichtigeren Normen – ein Grundtatbestand, gegen den immer wieder angerannt wird, der aber in der heutigen Kreationsordnung nicht aufzugeben ist. Wir müssen mit dem Gesetzgeber leben, den wir haben, und dasselbe gilt für weitere Rechtssetzer. Das macht unausweichlich, daß im Rechtssetzen um Macht gerungen wird und daß die Norm auch machtbestimmtes Ergebnis ist. Mit Hilfe der Normsetzung wird zugleich schon vorhandene Macht behauptet.

2.3.3. Rechtssetzen als interdependenter Steuerungsvorgang. Daß staatliche Steuerung allein über Rechtssetzung und nachfolgende Rechtsverwirklichungsvorgänge vor sich gehe, die Rechtssetzungsfunktion also Monopolstellung zu beanspruchen habe, ist heute aufgegebene Ansicht. Finanzgebaren, Planung, Kontrollen, Führung der Außenpolitik, unmittelbar wirksame Regierungshandlungen, vertragliche Aushandlungen, Ermessenshandhabungen usw. können auch Handlungsformen darstellen, die des Rechts nicht bedürfen oder sich seiner nur instrumental bedienen, die aber umgekehrt das Recht veranlassen, auf sie und ihre Ergebnisse Bedacht zu nehmen. Die Steuerungskraft des Rechts ist dadurch nicht gebrochen, jedoch in Interdependenzen versetzt, die das Rechtssetzen, welches wirksame Normen anstrebt, auf eine gehobene Sorgfalt und Umsicht verpflichten.

2.4. Beengungen der Rechtssetzung

So sehr das *Schöpferische und Ungebundene* in der Rechtssetzung betont zu werden pflegt, so sehr fühlt sie sich auch beengt. Es mag kreative Macht sein, die in der Rechtssetzung entfaltet wird; es ist indessen *eingebundene* Macht, die durch den Hinzutritt wissenschaftlicher Klärungen ihrer Beengungen erst recht ansichtig wird. Es ist erstens das ausgedehnte Pensum, das die Rechtssetzungsorgane im Trab hält. Es ist zweitens die sachliche Komplexität der Regelungsgegenstände, die entweder fehlerhafte Entscheidungen herbeiführt oder die Verfahren erstreckt und den Kreis der Beteiligten ausweitet. Drittens schmälern die politischen Einbindungen, von denen die Rede war, die ausgreifende Gestaltung. Viertens ist, selbst unter neuen Verfassungen, Rechtssetzen regelmäßig Einfügen in Bestehendes, also Anpassen, Angleichen, Abschleifen, Mildern, Verbessern. Die an der Rechtssetzung beteiligten Wissenschaften suchen das Gefühl der Ohnmacht und den *Hang zum Resignieren* oder zum rücksichtslosen Ausbrechen, die den Rechtssetzer begleiten, durch Rationalisierungen *abzubauen*, z. B. durch die Klärung dessen, was effektiv und was nur vermeintlich als Vorgegebenes zu beachten ist (Realien-Lehre; Theorie der Natur der Sache), oder durch Verbesserung der Einsicht in die vorhandenen Lagen und der sich anfügenden Prognosen, oder durch Offenlegung der Motive und zielgebenden Werte einer konkreten Rechtssetzungsaufgabe. Daß der Weg weit, das Erreichte dürftig ist, ist wieder Ausgangspunkt, sollte indessen nicht Abschluß der Bemühungen bilden: Determinierungen der Rechtssetzung sind offensichtlich nicht alles; es bleiben, richtig ergriffen, Räume der Freiheit.

2.5. Die organisierte Rechtssetzung
Obwohl das Schöpferische, das auch der Rechtssetzung innewohnt, sich der verfahrensmäßigen Kanalisierung angeblich entschlägt, ist das Rechtssetzen relativ streng geordnet, und zwar durch das Recht selbst, das für die Ordnung seiner Entstehung besorgt ist: Rechtssetzen ist organisiertes Handeln, und alle Hilfen und Tücken bewußter Organisation umgeben es. Dabei stößt der ordnende Rechtssetzer auf massive Blöcke der Erschwerungen. Die heute offensichtlich unerläßlichen *Dezentralisationen* und *Dekonzentrationen* der Rechtssetzungsaufgaben schaffen viele Rechtssetzungsstellen, und die konzentrierte *Gesamtübersicht* über die rechtssetzenden Handlungen ist selbst mit Hilfe raffinierter Erfassungsmethoden nur mühsam herzustellen, geschweige aus einer Zentrale heraus in Bewegung zu setzen und unter Kontrolle zu halten. Lebendige Bundesstaaten und ausgesprochene Flächenstaaten erleben es am nachdrücklichsten, für die die brechende Kraft höheren Rechts längst nicht mehr hinreicht. Eine immer wieder aufflackernde Hoffnung belebt sich gegenwärtig wieder: daß sich durch eine stoffunabhängige «*Rechtssetzungstechnik*» Fehler verringern, Qualitäten heben, Widersprüche vermeiden, Rechtswirksamkeit sichern ließen. Aber auch weitere Empfehlungen kursieren: dem Rechtssetzer mehr Zeit und Hilfen zu verschaffen (Berufsparlament, Hilfsdienste, Ordnung der Vorverfahren), das Kooperative einer Vielzahl von Beteiligten in der Rechtssetzung anzuerkennen und Führungsbedürfnisse gelten zu lassen, die Ordnungskraft von Sozialnormen wieder vermehrt zu beanspruchen, die Grenzen der Wirksamkeit rechtsnormativer Bestimmungen auszumachen, um die Überforderungen der Norm zu bannen. Daß hier überall Sukkurs bereitsteht, dürfte sicher sein: wie stark er ist, bleibt allerdings offen.

3. Standortumschreibung

Die Aufgabe der Rechtssetzung spiegelt die Situation der politischen Gemeinschaft in der Gegenwart wider. Sie ist hoffnungsvoller Durchbruch einer verantwortlichen Handlungsfreiheit als Handlungsmöglichkeit – was eben in rechtsgeschichtlicher Sicht die erwähnte «Anmaßung» ausmacht –, und sie nimmt darob die Komplexität relativ freier Zielgebungen und Mitteleinsetzungen an, der aber als belastender Freiheit oft wieder zu entgehen versucht wird durch Einbindungen, die entweder als gegeben und unentrinnbar entdeckt werden (z. B. die «Realien» oder die Eingliederung eines einzelnen Rechtssetzungsgegenstandes in den Zwang der Systematik einer Normenordnung), oder die in verschlungenen Gedankengängen als Richtpunkte aufgerichtet werden (z. B. die Rechts- und Sozialwerte, auf die ein Rechtssetzungsakt orientiert wird, oder die Forderung, für die Normunterstellten akzeptable und damit legitimierte Normen zu schaffen). Dazu kommen die Bedrängungen im politischen Prozeß der vorwiegend pluralistischen Rechtsgemeinschaft, in dem das Rechtssetzen abläuft und der den kreativen Vorgang einfärbt und prägt.

So ist Rechtssetzung menschliches *Gestalten im Aufschwung wahrgenommener Freiheit* und gleichzeitig Bemühen geplagter Menschen, das Zusammenleben angesichts *unzähliger Determinanten*, so weit überhaupt möglich, willentlich erträglicher zu machen oder einfach erträglicher zu finden, weil man vermeintlich verbleibende Möglichkeiten zum Besseren zu wenden trachtet. Zwischen den Polen des schöpferischen Erschaffens und des gehorsamen Registrierens entfaltet sich das weite Feld realer Rechtssetzung, auf dem mit wissenschaftlichen Hilfeleistungen die praktische Vernunft Orientierungspunkte oder gar ein orientierendes Koordinatennetz finden sollte.

Staatsleitung

Um die Einheit der kantonalen Verwaltung

I. Normative und faktische Einheit der vollziehenden Gewalt

Die aargauische Staatsverfassung setzt neben der gesetzgebenden und der richterlichen eine «vollziehende Gewalt» ein (Art. 3 Abs. 1), deren Funktionen sie unter den organisatorischen Bestimmungen als «Vollziehung und Verwaltung» bezeichnet (Abschnitt V, Art. 37–49). Es gibt normativ eine kantonale Verwaltung als eine «Gewalt» im Sinne einer Funktions-, Kompetenz- und Organisationseinheit. Sie ist hierarchisch gegliedert und gipfelt im fünfgliedrigen Kollegium des Regierungsrates, der sie lenkt, bestimmt und zusammenhält und der für sie rechtliche und politische Verantwortungen trägt. Wie andere Kantonsverfassungen und die Bundesverfassung nimmt das formelle Verfassungsrecht des Kantons Aargau von der Verwaltungsorganisation nur beiläufig Notiz und behandelt sie als Instrument und unselbständige Einrichtung des Regierungsrates[1], wie dieser überhaupt bei einer normlogischen Betrachtung dem Wesen nach vornehmlich als *Verwaltungs*behörde erscheint[2].

Die Verfassungspraxis überbindet dem Regierungsrat aber auch unmittelbar und mittelbar – und das neben Obliegenheiten im Gebiete der Rechtssetzung, die hier außer Betracht bleiben müssen – bedeutsame Regierungs-

In: Festgabe für den Schweizerischen Juristenverein anlässlich seiner Jahrestagung vom 7. bis 9. September 1957 in Rheinfelden. Aargauisches Beamtenblatt 54, 1957, S. 121–129. Verlag Aargauer Tagblatt, Aarau 1957.

[1] Art. 40 der Staatsverfassung vom 23. April 1885 (StV) bestimmt: «Zum Zwecke der Vorberatung und der beförderlichen Erledigung der Geschäfte des Regierungsrates wird der Große Rat ihre Verteilung unter die einzelnen Direktionen anordnen.» Die großrätliche Verordnung über Organisation und Geschäftsführung des Regierungsrates und seiner Direktionen vom 19. Dezember 1921 (Organisationsverordnung) geht noch von einer ebenso umfassenden wie detaillierten Verwaltungstätigkeit des Regierungskollegiums aus, obschon sie Generalklauseln enthält, die die Entwicklung zum Direktorialsystem dem Wortlaut nach teilweise decken (vgl. §§ 26 und 31).

[2] Normativ gilt denn auch für den Kanton Aargau die Bemerkung von Z. GIACOMETTI, Das Staatsrecht der schweizerischen Kantone, Zürich 1941, S. 384: «Zur regierungsrätlichen Hauptfunktion kann..., trotzdem der Name ‹Regierungsrat› eigentlich darauf hindeutet, wohl nicht auch die Regierungsfunktion... gerechnet werden. Diese erscheint vielmehr im allgemeinen neben der Rechtssetzung als Hauptfunktion des Großen Rates...»

funktionen[3]. An diesen hat der Große Rat – und zwar auch faktisch – Anteil; ihr «spezifischer Träger» (GIACOMETTI) ist jedoch der Regierungsrat, der mithin zwei staatlichen Funktionen zugeordnet ist: der Regierung und der Verwaltung. Das ist eine «natürliche» Verbindung, insbesondere deswegen, weil die Verwaltungsfunktion selbst im ausgebauten Rechtsstaat nur zum Teil in einfacher Rechtsanwendung abläuft, zum Teil aber gestaltenden Charakters ist[4], wofür Gesetz und Verordnung bloß Schranke und Richtung bilden können. Die der Verwaltungsspitze zufallende Lenkung und Bestimmung der Verwaltungstätigkeit rückt damit in die Nähe der Regierungsfunktion[5], die als staatliche Oberleitung, politische Richtungsweisung, Initiative, Koordination und schließlich Sicherung der staatlichen Funktionsfähigkeit überhaupt verstanden werden muß. Solange die Verwaltungsobliegenheiten im Kanton einfach blieben und das Prinzip der Gesetzmäßigkeit der Verwaltung nur rudimentär angelegt war, konnte sich die konkrete Entscheidung nach der augenblicklichen soziologischen-politischen Situation bestimmen, so daß in der regierungsrätlichen Amtsausübung beide Obliegenheiten leicht und oft ineinander übergingen oder ohne besondere Schwierigkeiten nebeneinander gehandhabt werden konnten.

Die Wandlung aber von einem den öffentlichen Aufgaben nach kleineren und einfachen Kanton, in dem sich die Einheit der Verwaltung fast von selbst verwirklichte, zu einem recht komplizierten, ausgedehnten, spezialisierten und problemreichen sozialstaatlichen Gebilde erhebt die Lenkung der Verwaltung und die Regierungsfunktion, das heißt die politische Zusammenfassung des Staatsganzen und die leitende Einwirkung auf die andern Gewalten, zu ausgesuchter Bedeutung. Regierung als Funktion ist in der Geschichte des jungen Kantons noch selten so wichtig gewesen wie heute, zweifellos aber noch nie derart komplex und anspruchsvoll. Bemerkenswert ist, daß die tatsächliche Funktions- und Kompetenzordnung in bezug auf Regierung und Verwaltung in einer schillernden Zwischenlage steht. Es drängt ein partielles Direktorialsystem monokratischer Anlage im Sinne einer relativen Verselbständigung von Direktionen und Verwal-

---

[3] Wenn positivistische und formell-rechtsstaatliche Staatsrechtslehren eine selbständige, «vierte» Regierungsfunktion nicht anerkannten, so war sie in der Staatspraxis der Kantone doch vorhanden. Gerade der Kanton Aargau hat der Regierung eh und je eine starke Stellung eingeräumt und Regierungsfunktionen gekannt. Auseinandersetzung mit dem Regierungsbegriff des Konstitutionalismus bei ULRICH SCHEUNER, Der Bereich der Regierung, in: Festgabe für Rudolf Smend, Göttingen 1952, S. 253 ff.

[4] Vgl. ERNST FORSTHOFF, Lehrbuch des Verwaltungsrechts, I, 6. Aufl., München / Berlin 1956, S. 10 ff., 64 ff., 71 ff., 304 ff.; HANS J. WOLFF, Verwaltungsrecht I, München / Berlin 1956, S. 6 ff., 38 ff., 109 ff. und 191 ff.

[5] ULRICH SCHEUNER, a. a. O., S. 284 ff.; ERNST FORSTHOFF, a. a. O., S. 15 ff.; vgl. auch die begrifflichen Zusammenfassungen bei HANS J. WOLFF, a. a. O., S. 53 ff.

tungsabteilungen an die Oberfläche, ohne daß das Kollegialsystem abgelöst würde. Damit verbindet sich eine Konzentration der staatlichen Tätigkeit in der Verwaltung: der Kanton, der zum ausgeprägten Sozialstaat[6] tendiert, wird funktionell zum Verwaltungsstaat[7], ohne allerdings wesentliche Züge eines Gesetzgebungs- und Regierungsstaates zu verlieren. Die widerspruchsreiche Situation läßt sich unter anderem kennzeichnen mit einer zunehmenden Belastung des Regierungsrates in seiner Doppelstellung als Verwaltungs- und Regierungsorgan, mit einer rasch fortschreitenden Zersplitterung der Verwaltung und einer Schwächung von politischen Verantwortungen. Es liegt darin – außer einer verwaltungsrechtlichen – eine staatsrechtliche Problematik, auf die nachstehend mit einigen, freilich höchst fragmentarischen Bemerkungen hingewiesen werden soll.

II. Die Belastung des Regierungsrates

1. Diskrepanzen in den Kompetenzausübungen

Der Regierungsrat muß sich – und das nicht nur zufällig und vereinzelt, sondern regelmäßig und in großer Zahl – mit Verwaltungsobliegenheiten befassen, die nicht nur vom Staatsganzen, also vom Regierungsbereich, sondern schon vom Ganzen der Verwaltung aus als unbedeutend, ja manchmal als belanglos gelten müssen. Dazu zu rechnen sind etwa Geschäfte reiner Rechtsanwendung oder von Maßnahmen und anderen Gestaltungen mit engen Auswirkungen oder vermindertem öffentlichem Interesse. Die Möglichkeit, daß daraus politische Fragen werden, ist regelmäßig klein, und für den Regierungsrat werden sie zu Ballast, den er zuweilen routinemäßig oder formal bewältigt, mit dem er sich oft aber abgibt und abmüht[8]. – Solche Erscheinungen kontrastieren auffallend

---

[6] Zur Notwendigkeit, aber auch Schwierigkeit, den Sozialstaat mit den Elementen des materiellen Rechtsstaats zu verbinden, vgl. Ernst Forsthoff und Otto Bachof, Begriff und Wesen des sozialen Rechtsstaates, VVDStRL 12, 1954, S. 8 ff. und 37 ff. mit den Diskussionsvoten von Krüger und Ipsen; Hans Huber, Der Standort des Sozialversicherungsrechts in unserer Rechtsordnung, SZ für Sozialversicherung 1, 1957, S. 4 ff.; Richard Bäumlin, Die rechtsstaatliche Demokratie, Zürich 1954, S. 60 ff. und 121 ff.

[7] Vgl. Hans Huber, Demokratie und Bureaukratie, Schweizer Monatshefte 37, 1957, S. 132 f.
Zu den Begriffen des Verwaltungsstaates jetzt zusammenfassend Carl Hermann Ule, Über das Verhältnis von Verwaltungsstaat und Rechtsstaat, in: Staats- und verwaltungswissenschaftliche Beiträge der Hochschule Speyer, Stuttgart 1957, S. 127 ff.

[8] Unter diesen Geschäften gibt es nicht nur Überbleibsel aus älteren, «harmlosen» Zeiten, sondern sehr oft auch neue Angelegenheiten, die entweder noch keinen normativen Niederschlag gefunden haben und deswegen «vorerst einmal» im Kollegium behandelt werden, oder aber auf ausdrücklichen Kompetenzzuweisungen beruhen.

damit, daß im Regierungsrat umgekehrt Geschäfte von erheblicher Bedeutung für das Staatsganze oder das Ganze der Verwaltung nicht in der erwarteten Tiefe und Breite behandelt und materiell bestimmt werden können. Wichtige Verwaltungsaufgaben werden inhaltlich in den Direktionen festgelegt, für die die formelle Zustimmung des Regierungsrates insofern willkommen sein mag, als er die nominelle Verantwortung übernimmt und den Entscheid mit der erhöhten regierungsrätlichen Autorität ausstattet. Aber auch Regierungsfunktionen verfallen diesem Verfahren: sie können dem Kollegium – oft kaum bemerkt, jedenfalls meist ohne Gegenwehr – entgleiten und materiell in den Direktionen gründen.

2. Regierungsrat und Verwaltung als Gegenspieler

Wie im Bund und gar in Großstaaten schon lange und weit betonter gibt es nun auch in den kleinen Verhältnissen des Kantons einen permanenten, wenn auch keineswegs offen zutage liegenden Antagonismus zwischen Regierungsrat und Verwaltungsorganisation. Zwar ist der Regierungsrat, wie erwähnt, immer noch und immer wieder bemüht, sich nicht von der Verwaltung abzulösen und sie auch materiell und im einzelnen zu bestimmen. Er ist bestrebt, umfassendes Verwaltungsorgan zu bleiben, und versucht beispielsweise durch Einholung von einläßlichen und schriftlichen Berichten, durch freie Aussprachen, durch Augenscheine usw. Einblick und Überblick zu gewinnen; er greift ein, modifiziert, verwirft oder genehmigt. Trotzdem ist er von der Verwaltung geschieden und bleibt ihr, namentlich in den verwaltungstechnischen Belangen, oft unterlegen. Denn sie verfügt über vertiefte Sachkenntnis, hat die Durchschlagskraft einer beschränkten Zielsetzung, besitzt die Unbekümmertheit einer politisch nicht unmittelbar verantwortlichen Gewalt [9] und muß die materiellen Einwände gegen ihre Vorschläge und Argumente häufig selber liefern, was sie – meist *bona mente* – leicht veranlaßt, unwillkommene Aspekte zu verschweigen, zu beschönigen oder zu übertönen. Setzt sich der Regierungsrat über die Verwaltung hinweg, läuft er Gefahr, sachlich unrichtig zu entscheiden. Das ist seiner verwaltungsinternen Autorität auf die Dauer abträglich und

---

[9] Immerhin ist ein gewichtiges Gegenstück vorhanden: der Vorsteher der Direktion, der in seiner täglichen Arbeit und quantitativ zum größeren Teil Verwaltungsobliegenheiten seines Ressorts versieht, ist zugleich volksgewähltes Mitglied des Regierungsrates. Er muß sich politisch-persönlich mit seinen Direktionsentscheidungen oft stärker exponieren als durch seine Mitwirkung im Kollegium. Das kann seine direktoriale Tätigkeit – und damit die Verwaltung – beschränken. Es kann sie freilich auch antreiben.
Der ganze Antagonismus zwischen Regierung und Verwaltung kann sich überhaupt im einzelnen Mitglied des Regierungsrates aktualisieren und es in Konfliktssituationen versetzen. Die wichtige und interessante Frage nach seiner Stellung und Funktion im Zusammenspiel der staatlichen Gewalten, insbesondere aber seine Bedeutung für die Sicherung der Verwaltungseinheit, muß hier unerörtert bleiben.

vertieft die Entfremdung zwischen Regierungsrat und Verwaltung. Gibt er umgekehrt der Verwaltung nach, stärkt er ihre Sicherheit und Stellung, die darin den Mut begründet, ihre materielle Eigenständigkeit rechtmäßig und ordnungsgemäß zu finden.

3. Das Bedürfnis nach Lenkung der Verwaltung

Nun braucht aber die aufgesplitterte Verwaltung durchaus Lenkung, Führung und Zusammenhalt; sie bedarf der Gesamtschau und des großen Gedächtnisses. Dieser allgemeinen Aufgabe nachzukommen, bereitet dem Regierungsrat Schwierigkeiten, wenn verfügbare Zeit, Arbeitsunterlagen, Arbeitsweise und Denkrichtung von den Einzelheiten der gleichsam niederen Verwaltung beansprucht und festgelegt sind. Zu solchen technischen und persönlichen Gründen tritt die staatspolitische Erschwerung, daß der Regierungsrat der Volkswahl unterliegt und Koalitionsregierung ist: er ist unmittelbar gebunden und den soziologischen Wirksamkeiten, insbesondere den Parteien und partikulären öffentlichen Meinungen zugänglich; er hat den Rückhalt in einer objektiven Sachlage, welche die Verwaltung für die Rechtfertigung ihrer Entscheide anrufen kann, hierbei oft nicht oder kann ihn gegenüber politischen Einwänden nicht ausnutzen. Es entsteht denn angesichts der soziologischen-politischen Struktur der Gegenwart die Gefahr, daß der große Zug, die Entscheidungsfähigkeit, die grundsätzliche Richtungsweisung und die Koordination im Bereiche der Regierungs- und Verwaltungsfunktionen Schaden nehmen [10]. Es gibt Unsicherheiten, Inkonsequenzen, aufschiebende Befunde und Augenblicksmaßnahmen in Belangen, wo Entschiedenheit und klare Ausrichtung auf Grundsätzliches nötig und möglich wären [11].

[10] Der Sozialstaat ist der Staat der Maßnahme und des Maßnahmenrechts (vgl. dazu ERNST FORSTHOFF, Über Maßnahme-Gesetze, in: Gedächtnisschrift für Walter Jellinek, München 1955, S. 221 ff.). Er ist also vorerst einmal grundsatzfeindlich. HANS HUBER (vgl. Anm. 7) bemerkt dazu: «... das Grundsätzliche ist in ihm (sc. im Verwaltungsstaat) zugunsten der Bewältigung des alltäglichen Ansturms in den Schatten gestellt.» Allein, solche Erschwerungen dürfen nicht als Rechtfertigung dafür verwendet werden, daß auf die Ausrichtung am Prinzipiellen überhaupt verzichtet wird. Gerade die Kleinheit und die relative Ausgewogenheit der sozialen Struktur eines Kantons, wie der Kanton Aargau es ist, erlaubt noch Bindung an das Prinzip und zusammenhaltenden Überblick.

[11] Ein Beispiel bildet die augenblickliche Lage der Finanzverfassung. (Zu diesem Begriff vgl. KARL M. HETTLAGE und THEODOR MAUNZ, Die Finanzverfassung im Rahmen der Staatsverfassung, VVDStRL 14, 1956, S. 2 ff. und 37 ff.) Abgesehen von verfassungspolitischen Unsicherheiten im Steuer-, Finanzausgleichs- und im Subventionierungsrecht sind Finanzkompetenzen zwischen Verwaltung, Regierungsrat und Großem Rat nicht ausgewogen. Die Stellung der Staatsrechnungskommission wirkt sonderbar zwiespältig. Das Finanzreferendum, das seit einem Gutachten von Prof. HANS NEF (abgedruckt in: Das Finanzreferendum im Kanton Aargau, Aarau 1948, S. 55 ff.) im demokratischen Sinne gestrafft und wieder zu Ehren gezogen wurde, läuft Gefahr, einer

Der Regierungsrat wird überfordert. Er wird mit Geschäften belastet, die seiner staatsrechtlichen Stellung und staatspolitischen Funktion nicht angemessen sind. Er kann urtümliche Regierungsfunktionen von Tragweite nicht immer wahrnehmen; er muß Integrationsaufgaben aus der Hand geben. Seine Einwirkung auf die Verwaltung ist faktisch gehemmt, obschon er die Verantwortung für ihre Tätigkeit zu tragen hat. Ist umgekehrt aber die Verwaltung imstande, solche Obliegenheiten des Regierungsrates auszuüben, das heißt insbesondere sich selbst zu gestalten und aus sich heraus zu bestimmen? Das erschiene möglich, wenn sie selbst eine Wirkungseinheit wäre.

III. Die Zersplitterung der Verwaltungsorganisation

1. Die Verselbständigung von Verwaltungsorganen

In Wirklichkeit ist die kantonale Verwaltung aus sich heraus noch keine Einheit. Anders als etwa im früheren Deutschland gibt es keine durch ein Standesbewußtsein der Beamten dargestellte und realisierte Verbundenheit. Es fehlt aber eben auch die integrierende Führung oder die sie teilweise ersetzende Zusammenfügung durch Sachverbundenheit. Die ausgeprägte und zunehmende Spezialisierung sprengt den Rahmen der Verwaltungsorganisation. Das zeigt sich schon im täglichen Geschäftsgang. Es gibt zahlreiche zusammengehörige, verwandte oder analoge Angelegenheiten, die auf mehrere Direktionen verteilt sind und hier nach verschiedenartigen Grundlagen und Tendenzen erledigt oder gelenkt werden. Kooperation als Problem wird manchmal nicht erkannt oder gelöst. Vor allem aber werden Rechtsunterworfene oder Gemeinden über gleiche oder verwandte Materien widersprüchlichen Entscheidungen oder einer (oft verwirrenden) Vielzahl agierender Amtsstellen ausgesetzt [12].

Solche Erscheinungen verschärfen sich durch einen kumulierenden Zersplitterungsprozeß, der die Direktionen durchzieht. Diese sind trotz ihrer

Formalisierung im radikalen demokratischen Sinne zu verfallen, wobei zu wenig in Betracht gezogen wird, daß der Sozialstaat der Gegenwart notwendigerweise auch Verwaltungsstaat ist und dafür Ermächtigungen an die Behörden im finanziellen Bereich schlechtweg unerläßlich sind, daß die Demokratie nur beschränkt als Hemmung sozialstaatlicher Expansion wirkt und keine rechtsstaatliche Finanzverfassung sichert oder den Behörden die materielle Verantwortung für die Finanzgebarung nicht abnimmt und daß schließlich das Finanzreferendum nur insofern sinnvoll ist, als es dem Volk echte Entscheide abfordert.

[12] Das ist beispielsweise in der «Bewilligungs»-Praxis der Fall. Konzessionen, Polizeierlaubnisse und Staatsbeiträge, konstitutive Mitwirkungen und informatorische Genehmigungen gehen durch- und nebeneinander. Es fehlt oft an Koordination, übereinstimmenden Rechtsbegriffen und an gleichen Maßstäben für Ermessensentscheide.

monokratischen[13] und hierarchischen Organisation nur noch schwer als durchgängige Einheiten begreifbar. Die Spitze muß sich materiell oft stützen auf interne Klein-«Kabinette», vor allem aber auf die einzelne Verwaltungsabteilung, die den Gesamtzusammenhang indessen leicht verliert. Es gibt eine ungleich fortgeschrittene Emanzipation: Geschäfte von analoger Bedeutung werden hier durch den Regierungsrat, dort durch eine Direktion oder eine Verwaltungsabteilung behandelt und entschieden. Damit verbindet sich eine Technisierung der Verwaltungstätigkeit, und unter den leitenden Beamten sticht der technisch Geschulte und Handelnde hervor. Recht und Jurisprudenz werden abgewertet; sie sind oft entweder unerwünschter Hemmschuh oder willkommenes Vehikel, nur schwerlich aber Grundlage und Richtung.

2. Eigenarten zersplitterter Verwaltung

Die Zersplitterung der Verwaltung hat nur zu einem sehr kleinen Teil die Wirkung einer «Gewaltenteilung» in dem Sinne, daß die staatliche Macht auf eine Vielheit von Trägern verteilt[14] und damit Rechtsstaatlichkeit und Freiheit des Bürgers größer und gesicherter würden. Im Gegenteil! Weil die Zersplitterung allmählich gewachsen, mit Zufälligkeiten behaftet ist und nicht einem geordneten Hemmungssystem entspringt, haben einzelne Verwaltungsbereiche keine effektvollen Schranken. Die unübersichtliche Vielheit erlaubt hypertrophische Entwicklungen, verführt zu Vorkehren ohne hinlängliche Rechtsgrundlagen und zur vollen Ausnutzung rechtlicher Möglichkeiten mit Hilfe positivistischer Rechtsauffassungen[15], veranlaßt Einschränkungen und Interventionen unter Vernachlässigung materiell-rechtsstaatlicher Grundsätze. Es fehlt an der grundlegenden Übereinstimmung zum Beispiel in Fragen der Gesetzesauslegung, der Grenzen des staatlichen Handelns, der Möglichkeiten staatlicher Wirksamkeit.

Der drohende Verlust der Verwaltungseinheit macht Ablauf und Fortentwicklung staatlicher Tätigkeit stark von der Initiative und Aktivität der einzelnen Direktionen abhängig. Deswegen kann das Gesamtbild der staatlichen Kompetenz- und Funktionsordnung so sonderbar unausgegli-

---

[13] Zur monokratischen Organisation vgl. MAX IMBODEN, Rechtsstaat und Verwaltungsorganisation, ZBl 52, 1951, S. 6 f.

[14] Zur Notwendigkeit, die «Gewaltenteilung» umfassender als im traditionellen Sinne auszubauen, vgl. WERNER KÄGI, Zur Entwicklung des schweizerischen Rechtsstaates seit 1848, ZSR 71, 1952, S. 176 und 225 ff.; HANS PETERS, Die Gewaltentrennung in moderner Sicht, Köln/Opladen 1954; PETER SCHNEIDER, Zur Problematik der Gewaltenteilung im Rechtsstaat der Gegenwart, AöR 82, 1957, S. 1 ff.

[15] Es ist ein bemerkenswerter Zug des kantonalen Verwaltungsrechts, daß seine Handhabung kräftig im Positivismus verwurzelt ist. Von der Verwaltungsrechtswissenschaft her betrachtet, steht die Praxis zum größten Teil im Kreise OTTO MAYER – FRITZ FLEINER – WALTER JELLINEK.

chen wirken: auf den einen Gebieten steht die Entwicklung voran, in andern hängt sie zurück; jedenfalls ist sie – als Ganzes – nicht willentlich-objektiv bestimmt. Wichtiges und Unwichtiges laufen durcheinander; Primitivzustände rechtlicher oder faktischer Natur stehen neben hochentwickelten Institutionen.

IV. Verantwortungsfreie Verwaltungstätigkeiten

Die Einheit der Verwaltung äußert sich in der Einheit und Ungeteiltheit der politischen Verantwortung. Die Verwaltungsspitze trägt nach außen die Verantwortung für das Tun dieser Gewalt, und es ist allein der Regierungsrat, der externen institutionellen Verantwortlichkeiten unterworfen ist: einer allgemeinen (Art. 41 StV) gegenüber dem Großen Rat als dem ersten Repräsentanten des Volkes und einer speziellen durch direkte und wiederkehrende Volkswahl. Zwar kann der Beamte verwaltungsintern belangt werden[16]; aber das ist hier nicht entscheidend. Weil und soweit der Verwaltung staatsleitende oder die sie dirigierende Obliegenheiten anfallen, wächst auch ihr die spezifische politische Verantwortung zu; denn wenn staatliches Handeln materiell in Befund und Willen der Verwaltung fußt und der Regierungsrat nicht oder nur nominell beteiligt ist, kann die externe politische Verantwortung des Regierungsrates auch nur formell sein. Öffentliche Meinung und Rechtsgefühl folgen diesem Sachverhalt: der Regierungsrat als Kollegium oder seine Mitglieder werden weder vom Großen Rat noch von der Aktivbürgerschaft voll behaftet und belastet für das Wirken der Verwaltung. Diese aber hat damit kein Organ mehr, das an Stelle des Regierungsrates die politische Verantwortung übernähme und leistete. Die Realisation von konkreten politischen Verantwortungen wäre allerdings entbehrlich, sofern die Verwaltung aus sich selbst die erhöhte – abstrakte – Verantwortung gegenüber Volk und Rechtsgemeinschaft empfände und sich darauf ausrichtete. Das ist – nach der natürlichen Beschaffenheit der Dinge[17] – nur beschränkt der Fall. Gerade weil der Regierungsrat die Rolle des umfassend zuständigen Verwaltungsorgans immer noch auf sich nimmt und auf die Verwaltung kein Zwang zum

---

[16] Zivil- und disziplinarrechtlich; dazu tritt die allgemeine strafrechtliche Verantwortlichkeit. Das Disziplinarrecht ist größtenteils gewohnheitsrechtlich bestimmt, zu einem kleineren Teil durch großrätliches Dekretsrecht. Die Schaffung eines eigentlichen Beamtengesetzes ist in Vorbereitung. Vgl. für zivilrechtliche Verantwortlichkeit: Art. 8 StV in Verbindung mit §§ 1 und 5 des Verantwortlichkeitsgesetzes vom 21. Dezember 1939.

[17] Über die anlagemäßige Unfähigkeit der Verwaltung zu politischer Verantwortung: MAX WEBER, Wirtschaft und Gesellschaft, II, 4. Aufl., Tübingen 1956, S. 844 f. und 861.

gesamtheitlichen Denken und Handeln ausgeübt werden kann, entfaltet sich ein ansehnlicher Teil der vollziehenden Gewalt in einem verantwortungsfreien Raum. Dieser Ausschnitt ist es in der Regel, der als Bureaukratie im negativen Sinne empfunden wird: es ist Machtausübung, der mit aufsichtsrechtlichen Kontrollen und mit Rechtsbehelfen nicht beizukommen ist[18].

V. Zwei aktuelle verfassungspolitische Anliegen im Kanton Aargau

Geschwächte Verwaltungseinheit ist kein Merkmal von Rechtsstaatlichkeit und erhöhter Freiheitsgarantie; in der Unübersichtlichkeit und Ungebundenheit zersplitterter Staatsgewalt kann sich wirksame und uneingedämmte Macht entfalten. Im Kanton Aargau aktualisieren sich vorerst – und auch das nur allmählich – zwei Anliegen, welche die vollziehende Gewalt zusammenzuhalten geeignet sind.

1. Neuordnung von Kompetenzen

Es ist viel von Rationalisierung der Verwaltung die Rede. Gemeint ist die Vereinfachung und, wenn möglich, die Verkleinerung des Staatsapparates. Was die Vereinfachung betrifft, läßt sie sich durch Verbesserungen in der Verwaltungstechnik zweifelsfrei erreichen[19]. Aber so berechtigt solche Forderungen sein mögen, so sehr treffen sie das Problem doch nur am Rande, da sie meist von dem zu engen Gesichtspunkt bloß finanzieller Einsparungen ausgehen und die staatsrechtliche Seite unbeachtet lassen. Wesentlicher ist, eine Kompetenz- und Funktionsordnung zustandezubringen, die mit den effektiven Zielen des heutigen kantonalen Staatswesens harmoniert. Daß solche Harmonisierung eine komplexe und staatspolitisch belastete Aufgabe darstellt, darf nicht hindern, das Problem anzugehen, das sich unter dem Vorbehalt einer Gesamtschau und einer gewissen prinzipiellen Klärung von Staatszielen durchaus in praktische Teilpro-

---

[18] Hans Huber, Demokratie und Bureaukratie, a. a. O., S. 136, verweist auf die Notwendigkeit, daß sich die Verwaltung ihrer Repräsentationsaufgabe bewußt wird, um Bureaukratie (im positiven Sinn) mit der Demokratie zu verbinden.

[19] Der heutige Staatsapparat läßt sich im Prinzip aber nicht verkleinern, und alle darauf abzielenden Postulate sind Illusionen. Der gesellschaftsordnende Staat ist auf die ausgebreitete Bureaukratie angewiesen, und diese ist durch ihre «Unentrinnbarkeit» ausgezeichnet (vgl. Max Weber, a. a. O., S. 841 ff.). Das wahre Problem kann nicht im Abbau liegen, sondern erstens in der Durchbildung des Staats als Rechtsstaat und in dessen Verknüpfung mit den Institutionen des – unentziehbaren – Sozialstaates. Zweitens ist auf die Garantie einer den fachlichen und menschlichen Qualitäten nach hochstehenden Beamtenschaft zu drängen.

bleme auflösen läßt. Dabei liegt erstens nahe, die Kompetenzen und den Geschäftsgang des Regierungsrates zu überprüfen und teilweise neu zu ordnen, um ihn von gewissen Verwaltungsaufgaben zu entlasten und ihm für eigentliche Regierungsfunktionen – einschließlich eine Mitwirkung an der Rechtssetzung – Raum zu verschaffen. Zweitens werden Mittel und Wege gesucht werden müssen, um der Verwaltung aus sich selbst heraus integrierende Institutionen zur Verfügung zu stellen, ihre Kompetenzen zu klären und Verantwortungen auszubilden. Einer wohl unvermeidlichen Stärkung und Verselbständigung der Verwaltungsorganisation werden als Gegengewichte wirkungsvolle Oberleitung durch den Regierungsrat und eigenständige Verantwortlichkeiten der Verwaltungsorgane gegenüberstehen können. Rechtsstaatlichkeit erträgt das, wenn das Recht Grundlage, Richtung und Schranke gibt. Deshalb bedarf es unter anderem auch des weiteren Schrittes: des Ausbaus der Verwaltungsrechtspflege.

2. Neuordnung der Verwaltungsrechtspflege

Der Kanton Aargau ist stolz darauf, genannt zu werden, wenn man jene Kantone aufzählt, welche eine ordentliche Verwaltungsgerichtsbarkeit kennen[20]. Daß aber das Gesetz vom 25. Brachmonat 1841, wodurch dem Obergericht enumerierte Zuständigkeiten als Verwaltungsgericht zugewiesen sind, nur wenige der praktisch möglichen «Gegenstände der streitigen Verwaltung» erfaßt, ist hinlänglich bekannt, wie es auch feststeht, daß der Verwaltungsweg unbefriedigend eingerichtet ist[21]. Die neuere Entwicklung hat allerdings Sonderverwaltungsgerichtsbarkeiten mit geordneten Verfahren gebracht. Obwohl darin beachtliche Fortschritte liegen und dem Rechtsschutzbedürfnis entgegengekommen wird, mangelt es an einer festgefügten richterlichen Gewalt, die geeignet erschiene, auf die Rechtspraxis der *gesamten* Verwaltung zum Nutzen des Bürgers und der Gemeinden, zur Wahrung der Rechtssicherheit und zur Fortentwicklung des objektiven Rechts einzuwirken. Zur Zeit wird ein Gesetz für eine umfassende allgemeine Verwaltungsrechtspflege vorbereitet, in der die Verwaltungsgerichtsbarkeit Kernpunkt bildet[22] und die die richterliche Gewalt im

---

[20] Vgl. etwa MAX IMBODEN, Erfahrungen auf dem Gebiet der Verwaltungsrechtsprechung in den Kantonen und im Bund, ZSR 66, 1947, S. 6a und 65a.

[21] Vgl. GUSTAV BUSER, Zur Geschichte und Reform der aargauischen Verwaltungsrechtspflege, ZSR 62, 1943, S. 241 ff., insbes. S. 265 ff.; BERNHARD MEIER, Die Verwaltungsrechtspflege im Kanton Aargau, Aarau 1950, S. 14 ff., 30 ff. und *passim;* MAX IMBODEN, a. a. O., *passim.*

[22] Es bestätigt sich dabei, daß der Ausbau der Verwaltungsgerichtsbarkeit heute teilweise «zu spät» ist. Vgl. auch HANS HUBER, Der Ausbau der Verwaltungsgerichtsbarkeit, Basel 1950, S. 19 f. Der moderne Staat ist in wichtigen Belangen justiziablen Normen entzogen, und auch die Institution des unbestimmten Rechtsbegriffs, der den Bereich des Richters auszuweiten imstande ist, läßt selbst bei einer Generalklausel dem Verwal-

Bereiche der Verwaltungsrechtsprechung sammelt und strafft. Es soll mithelfen, die Funktionseinheit einer rechtsstaatlich ausgerichteten Verwaltung vom materiellen Recht her zu festigen.

tungsrichter nicht volle Einwirkungsmöglichkeiten. Vgl. ERICH BECKER, Verwaltung und Verwaltungsrechtsprechung, VVDStRL 14, 1956, S. 96 ff., aber auch die Diskussionsvoten von BACHOF, SCHEUNER, WEBER und IPSEN (a. a. O.). Es stellt sich die Frage, ob der Kanton nicht zugleich auch eine (beschränkte) Verfassungsgerichtsbarkeit vorsehen soll, die gewisse Lücken im System des Rechtsschutzes und der richterlichen Fortentwicklung des Rechts zu schließen vermöchte.

Die politische Verantwortlichkeit der Regierung im schweizerischen Staatsrecht

I. Das Postulat der Verantwortlichkeiten

1. Verselbständigte Verantwortlichkeitsvorgänge

Die rechtsstaatliche Demokratie soll dadurch ausgezeichnet sein, «daß die in ihr Herrschenden den Beherrschten verantwortlich sind»[1]. Für WAL-THER BURCKHARDT war das Postulat der Verantwortlichkeit zentrales Anliegen im Staats- und Rechtsdenken. Er forderte unermüdlich, die Rechtsordnung sei so zu gestalten und das Verfassungsrecht so auszulegen, daß die staatlichen Aufgaben in ungeteilter Verantwortung erfüllt werden könnten. Klarheit der Verantwortung erschien ihm für die Rechtsstaatlichkeit wirkungsvoller als etwa machthemmende Gewaltenverschränkungen[2]. In der Tat besteht damit, daß ein Staatsorgan in bestimmte Kompetenzen eingewiesen ist, Verantwortung. Zuständigkeit und Verantwortung sind korrespondierende Begriffe. Mit der Durchsetzung eindeutiger Zuständigkeitsordnungen, namentlich durch förmliche Rechtsmittel und durch staatsrechtliche Interorgan-Kontrollen[3], erscheint deshalb die Verantwortlichkeit bereits verwirklicht[4]. Das kann jedoch nur soweit zutref-

In: «Verfassungsrecht und Verfassungswirklichkeit», Festschrift für Hans Huber, S.109–132. Verlag Stämpfli, Bern 1961.

[1] RICHARD BÄUMLIN, Die rechtsstaatliche Demokratie, Zürich 1954, S.40 und 104f.; vgl. auch HANS HUBER, Demokratie und Bureaukratie, Schweizer Monatshefte 37, 1957, S.135f.

[2] Vgl. WALTHER BURCKHARDT, Kommentar der schweizerischen Bundesverfassung vom 29. Mai 1874, 3. Aufl., Bern 1931, S.642f., 695; Über Gewaltentrennung und Unvereinbarkeit im schweizerischen Staatsrecht, in: Festgabe Philipp Lotmar, Bern 1920, S.92f.; Die Organisation der Rechtsgemeinschaft, 2. Aufl., Zürich 1944, S.387ff.; Einführung in die Rechtswissenschaft, 2. Aufl., veranstaltet von HANS HUBER, Zürich 1948, S.24. – BURCKHARDTS Widerstand gegen die Verwaltungsgerichtsbarkeit z.B. begründet sich wohl vorwiegend in der Abneigung gegen die Teilung der Verantwortlichkeit für den verwaltungsrechtlichen Akt; vgl. seine Abhandlung: Die Verwaltungsgerichtsbarkeit in der Schweizerischen Eidgenossenschaft, ZgesStW 90, 1931, S.225ff.

[3] Zu deren Möglichkeiten vgl. KARL LOEWENSTEIN, Verfassungslehre, Tübingen 1959, S.127ff.

[4] So wird in den Kantonen die Verfassungsrechtsprechung des Bundesgerichts tatsächlich auch als Realisation von Verantwortlichkeit durch Kontrolle der kompetenzgemäßen Funktionsausübung empfunden. Und diese Rechtskontrolle hat ihre bestimmte politische Wirkung. Zur Bedeutung der Verfassungsgerichtsbarkeit für die kantonale Staats-

fen, als das staatliche Handeln durch Rechtssätze determiniert und der objektive Rechtsschutz voll entfaltet ist. Im Sozialstaat der Gegenwart, auch wo er als «sozialer Rechtsstaat» angelegt ist, gelingt es jedenfalls nicht[5]. Für viele Funktionsbereiche sind normative Festlegungen materieller Art nicht oder nur in grosser Abstraktheit möglich, und an der Wahrnehmung der Funktionen müssen oft mehrere Organe oder Organgruppen («Gewalten») beteiligt werden. So ist es aber auch für die Regierungsobliegenheiten, die sich materiellrechtlicher Bindung durch Rechtssätze naturgemäß entziehen, unvermeidlich, daß Ausschnitte aus den Zuständigkeiten des Regierungsorgans durch bestimmte Mitwirkungsrechte des Parlamentes ergänzt werden[6], sofern bewährte Institutionen einer machthemmenden Gewaltenteilung und der demokratischen Integration realisiert werden wollen; so sind aber auch Regierung und Parlament auf Beteiligungen der (relativ eigenständigen) Administrativgewalt angewiesen. Können sich indessen Verantwortlichkeiten im Vollzug einer normbestimmten Legalordnung nicht einfach selbsttätig vollends erfüllen, muß sich der demokratische Rechtsstaat auch noch um andersartige Realisationen durch verselbständigte Verantwortlichkeitsordnungen in Verantwortlichkeitsvorgängen (Prozeduren) kümmern[7]. Ja, das Gebot,

praxis vgl. zusammenfassend HANS HUBER, Die Verfassungsbeschwerde, Karlsruhe 1954, S. 4 ff.; Die verfassungsrechtliche Bedeutung der Grundrechte und die schweizerische Rechtsprechung, in: Recht – Staat – Wirtschaft, IV, Düsseldorf 1953, S. 126, 135.

[5] Zur Problematik des Sozialstaats für das Recht (und damit für eine im Rechtsvollzug *eo ipso* realisierte Verantwortlichkeit) vgl. HANS HUBER, Soziale Verfassungsrechte?, in: Die Freiheit des Bürgers im schweizerischen Recht, Zürich 1948, S. 149 ff.; Niedergang des Rechts und Krise des Rechtsstaates, Festgabe für Zaccaria Giacometti, Zürich 1953, S. 59 ff. Die Entgegnungen bei VON MANGOLDT / KLEIN, Das Bonner Grundgesetz, 2. Aufl., Berlin / Frankfurt 1955 ff., S. 71 ff., setzen z. T. das Problem auf eine andere Ebene, als von der aus HANS HUBER ficht. Zum Versuch, den Sozialstaat als «rechtlichen» zu instituieren (Bonner Grundgesetz), ist vor allem OTTO BACHOFS Referat (Begriff und Wesen des sozialen Rechtsstaates, VVDStRL 12, 1954, S. 37 ff.) für schweizerische Verhältnisse ergiebig. Vgl. nun auch ULRICH SCHEUNER, Die neuere Entwicklung des Rechtsstaats in Deutschland, in: Hundert Jahre deutsches Rechtsleben, Karlsruhe 1960, S. 229 ff., 258 ff. ZACCARIA GIACOMETTI, Allgemeine Lehren des rechtsstaatlichen Verwaltungsrechts, I, Zürich 1960, insbes. S. 1 ff., 38 ff., geht nochmals vom normdeterminierten Staatsbild aus.

[6] «Parlament und Regierung leben in ständiger Durchdringung und gegenseitiger Abhängigkeit...» «Die Staatsleitung... steht Regierung und Parlament gewissermassen zur gesamten Hand zu»: ERNST FRIESENHAHN, Parlament und Regierung im modernen Staat, VVDStRL 16, 1958, S. 35 ff.

[7] Je ausgedehnter der Rechtsschutz ist, insbesondere die Verfassungs- und die Verwaltungsgerichtsbarkeit, desto geringer ist das Bedürfnis nach verselbständigten Verantwortlichkeitsordnungen. Wo die Zuständigkeitsnorm materiell unbestimmt bzw. offen bleibt, sich also auf die Einweisung in die Kompetenz beschränkt, ohne daß der Richter eine materielle Rechtskontrolle handhaben könnte, muß verselbständigte Verantwort-

eine Verantwortlichkeit der Herrschenden zustande zu bringen, ist erhöht, wo diesen die Machtfülle des modernen Verwaltungsstaates zufällt, das Recht und seine Schutzeinrichtungen in die Hemmnisse des technischen Zeitalters geraten[8] und blockartige Verantwortungsbereiche nicht aus einer Natur der Sache heraus normativ auszuscheiden sind. Es ist denn eine fundamentale Frage der rechtsstaatlichen Demokratie, ob und wie sich verselbständigte Verantwortlichkeiten der herrschenden Organgruppen und Organwalter vollziehen. Im folgenden werden einzelne Fragen allein in bezug auf die Regierung herausgegriffen, obwohl deren Verantwortlichkeiten letztlich nicht isoliert, sondern nur im Zusammenhang mit denjenigen anderer Gewalten, insbesondere des Parlamentes und der Administration, zulänglich zu bewerten sind.

2. Regierungsverantwortlichkeiten

Das Handeln der Regierung und des Regierungsmitglieds ist von verschiedenen Verantwortlichkeiten begleitet. Diese können u. a. darnach unterschieden werden, wer sie fordert und abnimmt. Es gibt eine *innere Verantwortlichkeit* des Organwalters vor transzendenter Macht, vor dem Gewissen oder einer wie auch immer gearteten, Rechenschaft fordernden inneren Wirksamkeit. Dazu gehört insbesondere die Ausrichtung der Aktivität auf ethische Gebote[9]. Die Bedeutung innerer Verantwortlichkeit, deren Verschiedenartigkeit hier nicht zu untersuchen ist, ist unschätzbar groß, nicht minder freilich ihre Problematik, indem sie nicht mit allseits anerkannten, gefestigten Werten zu bemessen, ihr Bestand und ihre Intensität nicht gesichert ist; der Vollzug bleibt typischerweise unsichtbar. Sie ist ebenso unentbehrlich wie gefährdet.

Handeln der Regierung ist Handeln in der Gegenwart, aber zu einem ansehnlichen Teil ausgerichtet auf die fernere Zukunft. Es prägt durch Zielsetzungen, durch Gestalten und Gewähren den historischen Ablauf. Es ruft einer Verantwortlichkeit vor der Zukunft oder, in umgekehrter

---

lichkeit aufgerichtet werden. In den Regierungsbereich vermag die Rechtsprechung gerade nicht einzudringen. Für die *actes de gouvernements* vgl. HELMUT RUMPF, Regierungsakte im Rechtsstaat, Bonn 1955. HANS HUBER, Der Ausbau der Verwaltungsgerichtsbarkeit in Bund und Kantonen, Basel 1950, S. 22, hält fest: «Ein richterliches Organ hat immer die Tendenz, die Verantwortung für eigentliche Regierungsakte abzulehnen und der wirklichen Regierung zu überlassen.»

[8] Vgl. HANS HUBER, Das Recht im technischen Zeitalter, Bern 1960, insbes. S. 10 ff.

[9] Vgl. LUDWIG FREUND, Politik und Ethik, Möglichkeiten und Grenzen ihrer Synthese, Frankfurt a. M. / Berlin 1955, insbes. S. 251 ff. – Auch bei einer für den Regierungsmann von MAX WEBER (z. B. Politik als Beruf, in: Gesammelte politische Schriften, 2. Aufl., Tübingen 1958, S. 493 ff., insbes. S. 537 ff.) geforderten Ausrichtung auf eine «Erfolgsethik» und Zurückdrängung einer «Gesinnungsethik» bleibt es durchaus bei der Fundierung in einer ethischen Verantwortlichkeit hohen Wertes.

Blickrichtung, einer *historischen Verantwortlichkeit* als Einstehen vor der Geschichte. Bei bloß retrospektivem Beurteilen in der Staatspraxis wirkungslos, kann sie für gegenwärtiges Tun gleichwohl bestimmende Potenz sein. Sie ist auch imstande, vor aktuellen Verantwortlichkeiten abzuschirmen, indem sie erlaubt, sich anders als diese nach zeitloseren und objektiveren Werten auszurichten. Der mit einer dominierenden Tagesmeinung in Widerstreit geratene Staatsmann wird sich gern auf sie berufen und daraus Kraft schöpfen, gegenwärtige Verkennung zu prästieren. Ihre Bedeutung wird dadurch geschwächt, daß in der Gegenwart ungewiß bleibt, von was für einer Instanz und nach welchen Wertmaßstäben sie einst geltend gemacht werden wird.

Die «*rechtlichen*» *Verantwortlichkeiten* bilden eine dritte Gruppe, worin die vermögensrechtliche, die strafrechtliche und die disziplinarische Erfassung fehlbarer Regierungsmitglieder für rechtswidrige, zumindest für amtspflichtwidrige Handlungen zusammengezogen sind. Es sind in der Regel an Rechtsnormen gemessene Individualhaftungen mit rechtssatzmäßig bestimmten Unrechtsfolgen (Schadenersatzleistungen, Strafen)[10]. Wegen dieser Folgen wird von «rechtlicher» Verantwortlichkeit gesprochen und ihr die angeblich sanktionslose *politische Verantwortlichkeit* gegenübergestellt. Herkömmlicherweise wird diese bestimmt als ein Rede- und Antwortstehen des Regierungskollegiums vor dem Parlament für die Regierungstätigkeit, ohne daß daran eine unmittelbare Rechtsfolge geknüpft wäre. Vom Parlament aus gesehen, ist sie dessen Befugnis, von der Regierung Auskunft zu verlangen und an ihrer Tätigkeit Kritik zu üben[11]. Sie ist eine eminent staatsrechtliche und keine außerrechtliche Erschei-

---

[10] Übersichten über das geltende Recht bei Z. GIACOMETTI, Schweizerisches Bundesstaatsrecht, Zürich 1949, S. 689 ff.; Das Staatsrecht der schweizerischen Kantone, Zürich 1941, S. 376 ff. Ferner in den schriftlichen Referaten von O. K. KAUFMANN und PIERRE GRAFF, Die Verantwortlichkeit der Beamten und die Schadenersatzpflicht des Staates in Bund und Kantonen, ZSR 72, 1953, S. 201 a ff. und 381 a ff. – Im Bund gilt nunmehr das Bundesgesetz über die Verantwortlichkeit des Bundes sowie seiner Behördemitglieder und Beamten (Verantwortlichkeitsgesetz) vom 14. März 1958. Ob Bundesräte vermögensrechtlich zu belangen seien, ist von der Bundesversammlung als Wahlbehörde zu entscheiden (Art. 5 Abs. 1 der Vollziehungsverordnung vom 30. Dezember 1958). Die Behaftung ist nur möglich bei Widerrechtlichkeit der Handlung, und die Feststellung der Widerrechtlichkeit steht nicht dem Verantwortlichkeitsrichter zu (Art. 12 des Gesetzes). Ob dem Kollegium eine Ordnungsgewalt gegenüber den Mitgliedern bei disziplinarischen Verstößten gegen die (ungeschriebene) Dienstordnung zusteht, ist wohl zu bejahen. – Da strafrechtliche Verantwortlichkeit Regierungsmitglieder – hoffentlich – kaum betrifft, da vermögensrechtliche sich nach dem geltenden Recht kaum realisieren ließe und disziplinarische ohne Belang wäre, ist festzuhalten, daß die Bundesräte praktisch von der «rechtlichen» Verantwortlichkeit nicht betroffen sind. Entsprechendes gilt – rechtlich oder faktisch – für Kantonsregierungen.

[11] Vgl. BURCKHARDT, Kommentar, S. 695; Festgabe Lotmar, S. 92.

nung, eine staatsrechtliche Institution. Da der Verantwortlichkeitsvorgang rechtlich in keinem Votum endet, das den Rücktritt des Kollegiums oder einzelner Mitglieder nach sich zöge, wird abgeleitet, daß in der Schweiz das «parlamentarische System»[12] fehle. Die Sonderheit der *staatsrechtlichen Verantwortlichkeit* als einer politischen Verantwortlichkeit spezifischer Prägung charakterisiert das schweizerische Regierungssystem.

Die politische Verantwortlichkeit der schweizerischen Regierungen teilt mit der «rechtlichen» die Eigenart, daß sie ein äußeres, manifestes Einstehen für konkretisierte Handlungskomplexe in sich begreift, ohne daß der zeitliche Zwischenraum zwischen Tätigkeit bzw. erstem sichtbarem Ergebnis und Verantwortlichkeitsprozedur sehr ausgedehnt wäre. Sie soll eine gegenwärtige (aktuelle) und praktische Behaftung sein. Ihr Gegenstand sind Handlungen (Rechts- und Realakte) sowie die dadurch verursachten Erfolge aus sämtlichen vom Regierungsorgan wahrgenommenen Funktionsbereichen. Ihr Umfang ist flexibel. Er richtet sich nach Ausmaß, Stärke und Wirkung der andern Verantwortlichkeiten. Sie vermag überall einzudringen, wo diese fehlen oder versagen oder schwach sind. Sie gewährt andern einen gewissen Vorrang, begnügt sich insofern mit einer subsidiären Rolle, lässt sich aber nicht verdrängen. So kann sie auch dann noch auftreten, wenn andere Behaftungen, z. B. «rechtliche», abgewandelt sind. Sie soll wegen ihrer umschließenden und infiltrierenden Natur ein lückenloses *«System» von Verantwortlichkeiten* herstellen, in welchem sich jede Regierungstätigkeit, wenn nötig, erfassen ließe. Dank ihr braucht kein Regierungshandeln verantwortungsmäßig ins Leere zu fallen. Immerhin ist dieses «System» eigenartig strukturiert. Jede Verantwortlichkeitsgruppe liegt in einer andern Schicht, entfaltet sich nach eigenen Gesetzlichkeiten. Die gegenseitige Durchdringung und Substituierung finden Grenzen durch das besondere Wesen der einzelnen Verantwortlichkeiten[13]. Rechtsstaatli-

---

[12] Vgl. GIACOMETTI, Bundesstaatsrecht, S.574 f.; Staatsrecht der Kantone, S.371 ff. Zum parlamentarischen System als Gegensatz zum schweizerischen vgl. auch FRIEDRICH GLUM, Das parlamentarische Regierungssystem in Deutschland, Großbritannien und Frankreich, München / Berlin 1950, insbes. S.330 ff., mit der positiven Bewertung des schweizerischen Systems, S.380. Vgl. bereits ROBERT REDSLOB, Die parlamentarische Regierung in ihrer wahren und in ihrer unechten Form, Tübingen 1918, insbes. S.178 ff.

[13] Man könnte geschichtliche Epochen in staatsrechtlicher Sicht u. a. darnach charakterisieren, wie die Regierungsgewalt Verantwortung trägt und steht. Die Geschichtswissenschaft müßte freilich die Verantwortlichkeitsbegriffe auch unter staatsrechlichen Gesichtspunkten differenzieren. Vgl. die Versuche namentlich für eine Vertiefung der inneren Verantwortlichkeiten durch LEONHARD VON MURALT, Bismarks Verantwortlichkeit, Göttingen / Frankfurt / Berlin 1955, insbes. S.94 ff., was dort zu «Rechtfertigungen» des Regierungshandelns führt, die bei einer stärkeren Mitbeachtung staatsrechtlicher Wertungen wohl fragwürdiger blieben.

che Demokratie kommt ohne aktuelle und manifeste Verantwortlichkeiten nicht aus. Sie kann sich nicht begnügen mit innern und historischen, und zwar auch dann nicht, wenn sie als ausgebaute Referendumsdemokratie sogar den Sachentscheid in das letztlich unverantwortliche Volk verlegt. Politische Verantwortlichkeit heißt so, weil sie bestimmt und charakterisiert ist durch das Politische im Sinne des *Bezogenseins auf das Staatsganze*[14], und zwar in vierfacher Hinsicht. Erstens wird ihr Gegenstand politisch bestimmt: Es ist das herauszugreifen, was für das Staatsganze ein Gewicht anzeigt. Dazu gehört von vorneherein ein Großteil dessen, was in den Bereich der Regierung fällt; denn dieser ist vornehmlich politisches Walten[15]. Zweitens ist die Instanz, vor der die politische Verantwortlichkeit zu leisten ist, eine politische Instanz in dem Sinne, daß sie nach Stellung und Aufgabe an der Lenkung des Staatsganzen beteiligt ist. Deshalb gibt es z. B. für die richterliche Gewalt als Stätte *dieser* Verantwortlichkeit keinen Platz[16]. Drittens ist die zu verantwortende Tätigkeit nach politischen Maßstäben («politischen Werttafeln») zu bewerten. Zwar werden rechtliche, insbesondere verfassungsrechtliche Normen und Grundsätze weitgehend Halt und Blickpunkt der Beurteilung sein können. Ihre Handhabung ist jedoch auf auszeichnende Art politisch getönt und weicht auch darin ab von der Art, wie der Verfassungsrichter mit dem Staatsrecht umgeht[17]: Ohne daß das Rechtliche etwa durch die Staatsraison oder die bloßen Regeln des Machtkampfes verdrängt wäre, fällt das erhellende Licht doch vom Politischen in einem aktuellen Verstande her ein. Viertens endlich ist die Folge der Verantwortlichkeitsprozedur eine spezifisch politische Sanktion, die im Politischen gründet und wirkt, ohne sich freilich von rechtlichen Institutionen unabhängig stellen zu können.

Politische Verantwortlichkeit ist ein sichtbares Antreten zu einem Messen mit Ellen der Gegenwart, zu einem Hinnehmen in der Zeit. Sie ist *praktische*

---

[14] Vgl. RUDOLF SMEND, Die politische Gewalt im Verfassungsstaat und das Problem der Staatsform, nun in: Staatsrechtliche Abhandlungen, Berlin 1955, S. 68 ff.

[15] Vgl. ULRICH SCHEUNER, Der Bereich der Regierung, Festschrift für Rudolf Smend, Göttingen 1952, S. 253 ff., insbes. S. 268 ff. SCHEUNER bestimmt die Regierung weitgehend gleich wie SMEND das Politische.

[16] Zum Versuch, die richterliche Gewalt in die staatsgestaltenden Funktionen einzufügen, wodurch ihr Verantwortlichkeiten zufallen, die z. T. auch als politische zu instituieren wären, vgl. KURT EICHENBERGER, Die richterliche Unabhängigkeit als staatsrechtliches Problem, Bern 1960, S. 113 ff., 134 ff., 255 ff.

[17] Zur Handhabung des Verfassungsrechts durch den Richter vgl. HANS HUBER, Die Garantie der individuellen Verfassungsrechte, ZSR 55, 1936, S. 135 a ff.; Das Staatsrecht des Interventionismus, ZSR 70, 1951, S. 192 ff.; Die Verfassungsbeschwerde, S. 17 ff.; Probleme des ungeschriebenen Verfassungsrechts, in: Rechtsquellenprobleme im schweizerischen Recht, ZBJV 91bis, 1955, S. 107 ff.; Gewerbefreiheit und Eigentumsgarantie, in: Festgabe für Max Gutzwiller, Basel 1959, S. 551 ff.

Verantwortlichkeit. Sie ist eine spannungsreiche Erscheinung. Einerseits ist sie imstande, der Regierung die Last der Verantwortung, die jeden Handelnden trifft, von Zeit zu Zeit abzunehmen[18]. Sie läutert, räumt auf und gibt Bahn frei für neues, unbelastetes Tun. Auf der andern Seite kann sie – nach- oder schon wieder vorauswirkend – den Handelnden derart beengen, daß Initiative und Aktivität erlahmen. Ein Übermaß realisierter Verantwortlichkeit zersetzt zudem die für die Demokratie unentbehrliche Regierungsautorität, setzt das Amt kleinlichen Anwürfen aus, gibt es der Abschätzung unverständiger oder übelwollender Massen preis. Übertreibungen nähren z.B. den oft beklagten und auch in der Schweiz nicht unbekannten «Schwund der Führungsbereitschaft» (HENNIS), die Bevorzugung passivistischer Grundhaltungen. Der Mut zum Fehler und zur Schuld – diese grundlegende Voraussetzung jeder Aktivität – wird dann leicht getauscht mit der Sorge um Korrektheit, die zugriffige Tatkraft mit der behutsamen Errechnung. Politische Verantwortlichkeit ist in das Maß gestellt, der Handhabung durch eine politische Vernunft überantwortet. Jede Zeit steht vor ihr als einem unentrinnbaren Problem und einer immer wieder neuartigen Aufgabe. Die Gegenwart scheint indessen auf besondere Schwierigkeiten zu stossen.

II. Aktuelle Verantwortlichkeitsprobleme

1. Der Kreis der Verantwortlichen

Die politische Verantwortlichkeit erfaßt nach schweizerischem Staatsrecht die Regierung als Kollegium. Sie ist im Gegensatz zur «rechtlichen» und zur innern eine Kollektivverantwortung, die dem einzelnen Mitglied die Last des Einstehens erträglicher macht. Die Regierung erlangt dadurch die potenzierte Handlungsfähigkeit, die die schweizerische Regierungsform auszeichnet. Politische Verantwortlichkeit bedeutet jedoch ein unbegrenztes Eintreten, das schon in seiner Anlage, erst recht aber bei einem geschwächten Kollegialsystem weiter reicht, als das Kollegium je bewusst bewirken kann[19]. So geht sie über einen gewohnten juristischen Kausali-

---

[18] Nur teilweise. Innere und historische Verantwortlichkeiten werden durch die Abnahme der politischen zwar betroffen, aber nicht abgeschlossen. Zudem bringt die politische nur insoweit Entlastung, als die die Verantwortlichkeit fordernde Instanz Größe und Bedeutung des Gegenstandes begreift und ihre Sanktion sachgemäß ist.

[19] Verwaltungsinterne Kontrollinstitutionen in der Hand der Regierung, z.B. Finanzkontrollen, sind doppelt begründet: Einerseits sollen sie eine interne Behaftung vollziehen, damit derjenige wirklich getroffen werde, für den die Regierung die externe Verantwortung übernehmen muß. Andrerseits sind sie Ersatzeinrichtungen; weil äußere Kontrollinstitutionen, z.B. parlamentarische, nicht zureichen oder fehlen, muß die Verwaltung für innere Reinigungsvorgänge besorgt sein.

tätsbegriff hinaus, und es ist mit einer spezifischen, einer staatsrechtlichen Adaequanz umzugehen. Es soll eine ungebrochene Zurechnung stattfinden. Effektiver Anteil und Motive, Voraussehbarkeit und Rechtfertigungsgründe sind vorerst einmal fremde Vorstellungen. Es gibt keine Exkulpation wegen kurzer Sicht und üblen Gehörs, wegen Unvermögens und Leichtgläubigkeit.

Die Staatspraxis ist milder. Einmal läßt sie eine reiche Skala von Entschuldigungsgründen gelten, führt also die angelegte «Kausal-» einer «Verschuldenshaftung» entgegen. Der Gedanke der ungebrochenen Zurechnung verblaßt, und die «politische Schuld» der Regierung ist von vorneherein ein enger Begriff. Vor allem wird die Regierung in abnehmendem Maß für das behaftet, was die Verwaltung tut. Das ist um so erstaunlicher, als die Verwaltungsgerichtsbarkeit geringe Bedeutung hat[20] und die administrativen Tätigkeiten immer mehr in den politischen Bereich hinausfluten, so daß politische Verantwortlichkeiten anzusteigen vermöchten. Es wird unterschieden, woher die Akte kommen, ob die beanstandeten Ergebnisse für die Regierung erkennbar und abwendbar gewesen wären. Mit der Ausdehnung des Departementalsystems wandert die Behaftung vom Kollegium ab zu den einzelnen Departementsvorstehern, ohne aber mit ihrer monokratischen Stellung[21] vollen Ernst zu machen. Die Parlamente folgen hier den tatsächlichen Verhältnissen und schaffen von der Verantwortung her ohne großes Zögern, wenn oft auch unbewußt der Einsicht Raum, daß in der Schweiz kein monistisches Kollegialsystem im traditionellen Sinne herrscht, sondern eine eigenartige Verbindung von Kollegial- und Departementalprinzip[22]. Es scheint nun, daß mit der zunehmenden

---

[20] Vgl. HANS HUBER, Der Ausbau der Verwaltungsgerichtsbarkeit in Bund und Kantonen, S. 8 ff.

[21] Das Departementalsystem ist in der Schweiz nicht mehr monokratisches Gegenstück zum Kollegiumsgedanken (oder war es vielleicht in Wirklichkeit überhaupt nie: vgl. MAX IMBODEN, Rechtsstaat und Verwaltungsorganisation, ZBl 52, 1951, S. 1 ff.). Die Departementsakte gehen zunehmend auf Schlußnahmen von nicht institutionalisierten innerdepartementalen Beratungs- und Entschlußgremien (Vorsteher mit Chefbeamten) zurück, allenfalls unter konsultativer oder teilhabender Mitwirkung anderer Departemente. Es tritt ein inner- und interdepartementales Kollegialsystem hervor, das weder nach Ursprung noch funktionell mit den Ausschüssen des Regierungskollegiums für besondere Bereiche (z. B. auswärtige Beziehungen, Militärwesen) identisch ist. Wenn sich politische Verantwortlichkeit einmal auch institutionell an die Departemente herangemacht haben wird, kommt man mit Behaftungen der Vorsteher nicht aus, sondern werden Differenzierungen zu suchen sein.

[22] In Deutschland wird anerkannt, daß das Regierungssystem auf drei Prinzipien zugleich aufgebaut ist: Kollegial-, Ressort- und Kanzlerprinzip, die sich in erheblichen Teilen widersprechen, aber trotzdem miteinander da sind. Vgl. MAUNZ / DÜRIG, Grundgesetz, Kommentar, München / Berlin 1959 ff., N. 1 ff. zu Art. 62 und N. 1 ff. zu Art. 65 BGG. In der Schweiz bestehen seit Anfang, dann aber besonders mit den Revisionen von 1914 und

Behaftung der Departementsvorsteher die politische Verantwortlichkeit gefestigt würde. Das trifft in der Praxis der schweizerischen Mehrparteien- regierungen nicht zu. Eine Fraktion läßt nicht aufgreifen, was verantwor- tungsmäßig ihr Regierungsmitglied treffen könnte, und koalierte Fraktio- nen bleiben durchschnittlich mühelos still, wenn sie damit Schweigen auch für «ihr» Departement erlangen. Die Passivität wird manchmal verstärkt, manchmal aufgehalten durch die Einflüsse von Interessenorganisationen auf die Fraktionen: intermediäre Kräfte haben eigene Verantwortlichkeits- bedürfnisse in bezug auf die Regierung und bringen es mitunter zustande, die Fraktionen diesen vorzuspannen. Fehlt sodann die taktisch zulänglich geführte parlamentarische Opposition[23], gerät die politische Verantwort- lichkeit ins Stocken. Bei der Allparteienregierung[24] scheint sie vollends zu stagnieren. Das brauchte aber gerade hier nicht so zu sein. Es wäre denkbar, daß die vom Zwang zur Regierungstreue befreiten Fraktionen ein selbstbe- wußteres Parlament kreieren[25] und eine relative Unabhängigkeit gegen- über der Regierung gewinnen könnten, worin die Freiheit zu festigen wäre, politische Verantwortlichkeiten geltend zu machen.
Teilung der politischen Verantwortlichkeit schafft *neue Begriffe*. Es muß eine nominelle (förmliche) Verantwortlichkeit, die die Kollegien mehr oder

vollends in der gegenwärtigen Praxis Prinzipwidersprüche, die mit der Fiktion eines relativ intakten Kollegialsystems nicht nur in der Doktrin, sondern gerade auch etwa bei Auseinandersetzungen um Verantwortlichkeiten immer wieder zuzudecken versucht werden.

[23] Die Opposition ist treibende Kraft für den Verantwortlichkeitsvorgang, wenn das Gleichgewichtsschema Parlament – Regierung gestört oder gar eine angelegte Parla- mentssuprematie beseitigt ist. In einem Staat, in dem die Idee der Volkssouveränität immer wieder zu Formen direkter Volksherrschaft drängt, ist der Gedanke der Opposi- tion vorerst fremd. Es kommt nicht aus mangelndem politischem Sinn, daß in der Schweiz parlamentarische Opposition so sehr gescheut und das Opponieren taktisch so unvollkommen gehandhabt wird. Opposition ist hier keine Aufgabe, und alles ist angelegt, an der Herrschaftsausübung selbst teilzuhaben. – Zu den Voraussetzungen, zur Technik und zur Bedeutung der Opposition mit weitgehender Anwendungsmöglichkeit für die heutigen schweizerischen Verhältnisse: HANS PETERS, Die Opposition in der parlamentarischen Demokratie, Festschrift für Adolf Merkl und Josef L. Kunz, ÖZöR 10, 1960, S. 424 ff.

[24] Vgl. AXEL VULPIUS, Die Allparteienregierung, Frankfurt / Berlin 1957, S. 31 ff. in bezug auf die Schweiz.

[25] Zu den Schwierigkeiten im Bund vgl. die Analyse von PETER DÜRRENMATT, Gefolg- schaftstreue und politische Verantwortung, Basler Nachrichten 12./13. November 1960, Nr. 484. – DIETRICH SCHINDLER, Staatspolitische Voraussetzungen und Auswirkungen der neuen Zusammensetzung des Bundesrates, Politische Rundschau 39, 1960, S. 67 ff., erwartet von der 1959 im Bund vollendeten Allparteienregierung eine gewisse Schwä- chung der Regierungsstellung, räumt aber ein, daß sich das Verhältnis zwischen den beiden Gewalten kaum stark ändern werde (S. 76).

weniger deutlich immer noch auf sich nehmen, unterschieden werden von einer materiellen, die den Organen und Organwaltern zufällt, welche das fragliche Ergebnis bewirkt haben. Die Parlamente tendieren darauf, materielle Verantwortlichkeiten aufzugreifen, kommen damit aber zurzeit nicht weit. Sie können ohne Hilfen der Regierung die Verantwortlichen schwer ermitteln, erst recht aber nicht zitieren und beurteilen. Daraus entstehen breite Verantwortlichkeitslücken. Die Regierungen nehmen jene Differenzierungen nicht ungern hin, stellen jedoch vielleicht wenig in Rechnung, daß mit der Einengung der integralen Zurechnungen ohne gleichzeitige Einsetzung neuer Verantwortlichkeitssubjekte die Legitimation der Regierungsgewalt, den Staat zu lenken, auch bei den Rechtsunterworfenen schließlich schwinden könnte.

2. Das Forum der politischen Verantwortlichkeit

«Zu einer Verantwortung gehören immer zwei Instanzen: eine, die verantwortlich ist, und eine, vor der sie verantwortlich ist» (NICOLAI HARTMANN). Die politische Verantwortlichkeit weist sich auch in der Schweiz darin als eine Rechtseinrichtung aus, daß eine instituierte Instanz sie kompetenzgemäß zu fordern und entgegenzunehmen hat. Ohne rechtliche Festlegung mag es Überwachungen geben, z. B. die durch öffentliche Meinungen; aber das macht noch keine staatsrechtliche Verantwortlichkeit aus. Wer diese fordert, bedarf auch eines geordneten Initiativvermögens. Er muß den Verantwortlichen anrufen können, damit sich dieser verantworte, er muß anschließend befinden und die Prozedur wenn möglich sichtbar beenden. Die politische Verantwortlichkeit läuft *nicht selbsttätig* ab. Das Parlament als Volksrepräsentation ist die prädestinierte Stelle, vor der sie sich – vor dem Hintergrund der Öffentlichkeit[26] – vollziehen soll. Wo die Aktivbürgerschaft die Regierung wählt und, wie in einzelnen Kantonen, abberufen kann, wird jene in die Verantwortlichkeitsordnung eingefügt. Aber es bleibt fragwürdig, ob sie damit zu einer eigenständigen Verantwortlichkeitsinstanz gemacht oder bloß zu einer Teilhabe mit dem Parlament berufen wird; jedenfalls reichen ihre Kompetenzen noch nicht aus, um einen *ganzen* Verantwortlichkeitsvorgang vor sich austragen zu lassen.

Das Parlament hat viele *Formen und Gelegenheiten* für die Realisation zur Verfügung[27]. Es wäre eine unnötige Verengerung, wenn man die Geltend-

[26] RUDOLF SMEND, Zum Problem des Öffentlichen und der Öffentlichkeit, in: Gedächtnisschrift für Walter Jellinek, München 1955, S. 11 ff.

[27] Insbesondere die für Ausübung des parlamentarischen Aufsichtsrechts bestimmten Mittel wie Interpellationen, Geschäftsberichte, Sonderberichte, Postulate und Kleine Anfragen. Vgl. KURT EICHENBERGER, Die oberste Gewalt im Bunde, Zürich 1949, S. 108 ff., 275 ff.

machung nur in der Handhabung des parlamentarischen Aufsichtsrechts[28] und etwa der parlamentarischen Finanzkompetenzen sehen wollte. Sie entfaltet sich z. B. auch bei der Genehmigung von Staatsverträgen und immer wieder im Gesetzgebungsverfahren, wo vielgestaltig Rechenschaft enthalten oder vorweggenommen sein kann. Es ist also nicht an formalisierte Verfahren gebunden, und es läuft häufig ohne entsprechende Etikettierung ab, eingeschlossen in irgendwelche Sachgeschäfte und Willensbildungen des Parlaments. Das macht die Erfassung und Deutung denn auch schwierig und gefährdet überhaupt den Verantwortlichkeitsvorgang: ohne daß dieser bewußt gemacht wird in einer instituierten Technik des Verfassungslebens, droht regelmäßig die Verschüttung; der Staat läuft dann allein auf dem Zweirad innerer und historischer Verantwortlichkeiten. In der Praxis zeichnen sich Verschiebungen ab, indem die Verantwortlichkeitsakte aus dem Parlamentsplenum, wo nach dem geltenden Staatsrecht die rechtsrelevante Repräsentation stattfindet, vor allem in drei andere Instanzen überzugehen im Begriffe stehen.

a) Ein Großteil dessen, was unter das Rubrum politischer Verantwortlichkeit gehört, spielt sich vor *parlamentarischen Kommissionen* ab und findet den Weg ins Plenum nicht. Darin liegen alle bekannten Nachteile kommissioneller Behandlungen. Insbesondere kann mit der Aussperrung der Öffentlichkeit der Effekt der Kritik geschwächt oder verborgen werden. Erfahrene oder von machtbewußten Mitgliedern besetzte Kommissionen lösen sich von ihrer Stellung als Dienerinnen des Plenums ab und streben einer Eigenständigkeit mit verselbständigtem Autoritätsanspruch zu. Das gilt in hervorstechender Art etwa für die Finanzkommissionen (Staatsrechnungskommissionen, Budgetkommissionen), die freilich ohne kräftige Unterstützungen der verwaltungsabhängigen Finanzkontrollen nicht auskommen und deshalb hinkende Kontrollorgane sind[29]. Solche Kommissionen nehmen sich, meist eben ohne staatsrechtliche Legalisierung, heraus, den Akt der Verantwortlichkeit zu vollziehen, wobei mitunter unklar bleibt, ob sie sich eigentlich zur unmittelbaren Teilhabe an der Regierungsgewalt zudrängen oder ob sie sich um die Funktion einer repräsentierenden Instanz, vor der nur um des «reinen» Verantwortlichkeitsprinzips willen anzutreten ist, bemühen.

Auf der andern Seite mag im Schoße parlamentarischer Kommissionen die

---

[28] Umgekehrt geht das Aufsichtsrecht nicht in der Institution der politischen Verantwortlichkeit auf. Nach Ziel, Mittel und Wirkung fallen sie nur teilweise zusammen. Zum Aufsichtsrecht vgl. ABDUL SAMAD HAMED, Das Prinzip der Gewaltenteilung und die Beaufsichtigung der Regierung durch das Parlament, Bern 1957, S. 159 ff.

[29] Vgl. KURT EICHENBERGER, Stellung und Aufgabe der aargauischen Staatsrechnungskommission, Aargauisches Beamtenblatt 56, 1959, S. 105–118.

Auskunft offener, die Aussprache sachkundiger und tendenzloser, die Kritik heftiger und treffender sein[30]. Für viele Regierungstätigkeiten braucht die Kontrollinstanz ein gehobenes sachliches und persönliches Differenzierungsvermögen. Das Plenum ist dafür, von Ausnahmen abgesehen, verfahrensmäßig und strukturell behindert. Es bedarf der Hilfen und teilweise der Ersetzung. Das Prinzip der Öffentlichkeit hat Grenzen und kann sich an der Forderung der Diskretion um der Sache willen brechen. Der Einbezug parlamentarischer Kommissionen in die politische Verantwortlichkeitsprozedur und die Zubilligung gewisser selbständiger Befugnisse kann denn nicht einfach mehr verworfen werden, obschon auch die wendigeren Ausschüsse, wie etwa die Praxis der eidgenössischen Finanzdelegation doch belegt, die Kontrolltätigkeit nur mit größter Mühe werden vertiefen und methodischer ausüben können. Sie bleiben insbesondere auf Unterstützungen durch Regierung und Verwaltung («Kontrolle durch den Kontrollierten») angewiesen und erlangen ohne eine staatsrechtliche Einsetzung offenbar jene Repräsentationskraft nicht, dank der ihr Akt die Abnahme der politischen Verantwortung zustandebringen könnte.

b) Was sich im Auslande[31] schon längere Zeit bemerkbar macht, bahnt sich in der Schweiz allmählich an: Es wird eine plebiszitäre Form in die Verantwortlichkeitsprozedur hineingetragen, indem die Regierungen es unternehmen, Ausschnitte aus ihrer Tätigkeit unmittelbar vor einer *breiten Öffentlichkeit* zu rechtfertigen. Bevorzugte Mittel sind Pressekonferenzen, schriftliche Presseorientierungen, Ansprachen von Regierungsmitgliedern bei vielfältigen Veranstaltungen, mitunter Auftreten an Radio und gar am Fernsehen. In der Tat kommt die Regierung in ihrer staatsleitenden Aufgabe nicht aus ohne die direkte Anrede des Volkes; das Parlament ist nicht der exklusive Platz der Begegnung und Kommunikation. Bezüglich der Verantwortlichkeitsfragen begründet sich das Vorgehen in den Kantonen, das weit schwächer ausgebildet ist als im Bund, in der Volkswahl der Regierungsräte, die für ihre Bestätigung den unmittelbaren Appell an die für sie wirksamste Sanktionsinstanz nötig haben können. Im Bund, wo das

---

[30] Diese Möglichkeit ist immerhin nicht gesichert. Vor allem in den kantonalen, nicht selten aber auch in den eidgenössischen Kommissionen ist eine so geringe Distanz zwischen Regierung und Parlamentarier, daß eine Verantwortlichmachung unvorstellbar wird über Fraktionsschranken hinweg. Ohne Distanz keine Verantwortlichkeitsprozedur.

[31] Zur amerikanischen Praxis der unmittelbaren Volkskontakte des Präsidenten vgl. KARL LOEWENSTEIN, Verfassungsrecht und Verfassungspraxis der Vereinigten Staaten, Berlin/Göttingen/Heidelberg 1959, S. 333 f. Dieses Mittel hat in den USA den Kongreß jedoch kaum geschwächt, was zusammenhängt mit den von der Schweiz abweichenden Sonderheiten des Öffentlichen und der Öffentlichkeit. Vgl. auch HANS HUBER, Öffentliche Meinung und Demokratie in der neueren amerikanischen Staatslehre, in: Festgabe für Karl Weber, Zürich 1950, S. 34 ff.

Volk an der Handhabung der politischen Verantwortlichkeit nicht unmittelbar teilhat, fallen verantwortungsmäßige Rechenschaft und die für eine demokratische Regierung unerlässlichen Versuche, eine möglichst breite öffentliche Meinung für ihre politischen Absichten und künftigen Maßnahmen zu gewinnen, häufig zusammen und sind oft sachlich untrennbar. Indessen deformiert der Zug in die plebiszitäre Verbreiterung die politische Verantwortlichkeit der Regierung. Die Rechenschaftsablage kann durch unverhältnismäßige Pressekampagnen ausgelöst werden, sie kann aber auch vorsorglich und gleichsam ohne Anlaß einseitig einsetzen. So oder anders ist sie an die vereinfachenden und zuweilen groben Ausdrucksmittel der Massenkommunikation gefesselt: Eine den komplexen Tatbeständen angemessene Erörterung z. B. zwischen Regierung und Presse weicht zügigen Behauptungen, das läuternde Argumentieren zwischen den beiden Instanzen mündet rasch aus in prestigebetonte Auftritte. Der Adressat der Regierungserklärungen und seine Stärke sind typischerweise unbestimmt; angesprochen ist ein «breites Publikum», die Reaktion häufig gesteuert durch intermediäre Gewalten und getragen von wechselnden Schichtungen. Deshalb gibt es keine Konstanz in der die Rechenschaft fordernden Stelle und in den von diesen angewendeten Bewertungsmaßstäben. Es gibt keine einigermassen meßbare Feststellung, ob die Auskünfte zureichen und wie ein künftiges Verhalten der Kritik standhielte; die Verantwortung bleibt ohne Befundung, die Ablage läuft aus ohne gewissen Abschluß[32].

Das Hintreten der Regierung vor die Öffentlichkeit hat für das Verantwortlichkeitsprinzip durchaus positive Seiten. Es entspricht der Einsicht, daß ihre Verantwortlichkeit weiter reicht, als das Parlament je geltend zu machen imstande ist, und daß auch dieses in eine Verantwortung gefaßt wird, deren Abnahme der Öffentlichkeit zusteht. Es ist unterstützende Form der Rechenschaftsablage und beschleunigt den Integrationsprozeß. Es steht jedoch auch vor der Gefahr, in demagogische Techniken einer von der Regierung gelenkten «Volksaufklärung» abzugleiten. Zudem wird die kritische Auseinandersetzung vorzeitig aufgehalten durch den für die Regierungsautorität notwendig werdenen Appell an ein Vertrauen[33]: formalisiertes und mit charismatischen Anflügen umkleidetes Vertrauen macht Verantwortlichkeitsvorgänge, soweit sie sich vor der Öffentlichkeit überhaupt entfalten können, überflüssig.

Auch tüchtige Qualität plebiszitärer Formen, die vor allem durch eine hochwertige Presse gehalten werden kann, ersetzt nicht die politische Ver-

---

[32] Auch die Mittel der Meinungsforschung müßten unzulänglich bleiben: vgl. WILHELM HENNIS, Meinungsforschung und repräsentative Demokratie, Tübingen 1957, S. 7 ff.

[33] Zur Gefahr der Vertrauensforderung vgl. KARL JASPERS, Die Atombombe und die Zukunft des Menschen, München 1958, S. 334 f.

antwortlichkeit der Regierung vor einer *instituierten Instanz mit Repräsentationskraft*[34]. In der politischen Verantwortlichkeitsprozedur steht man an einem Grenzpfahl der plebiszitären Demokratie. Auch dann, wenn man sich in den Gedanken fügen wollte, daß das Parlament nicht schöpferische Stätte inhaltlicher Gestaltung des Staatswillens wäre, sondern sein Schwergewicht bei vielfältigen Kontrollen und Umschaltungen zwischen öffentlichen Meinungen und behördlichen Willen läge, müßte letztlich doch zugestanden werden: die politische Verantwortlichkeit der Regierung geltend zu machen, ist entweder *seine* Domäne, oder sie ist praktisch überhaupt nicht. Politische Verantwortlichkeit der Regierung ist an Repräsentation gebunden, und die Gegenwart weist nichts auf, das in Repräsentationsauftrag und Repräsentationsmöglichkeit das Parlament zu ersetzen vermöchte[35], bei Anerkennung aller Schwächen und Gefährdungen parlamentarischer Funktionen in einer Zeit, die sich vom Gesetzgebungsstaat und damit von den geistesgeschichtlichen Grundlagen der repräsentativen Berufung eines präponderierenden Parlamentes abwendet.

c) Die Anklammerung politischer Verantwortlichkeitsvorgänge an parlamentarische Kommissionen oder an unformierte Öffentlichkeit stellen Forcierungen einerseits von repräsentativen, andrerseits plebiszitären Momenten dar. Sie sind der rechtsstaatlichen Demokratie letztlich nicht wesensfremd und erscheinen für sie als neuartige Möglichkeit bzw. integrierende Hilfe. In gewohnte Kategorien nicht faßbar ist indessen die weitere Erscheinung, daß *intermediäre Gewalten*, namentlich Interessenorganisationen, sich zu Instanzen aufzuwerfen beginnen, die von den Regierungen Verantwortung fordern. Daß sie es teilweise durch die Form der öffentlichen Herausforderung tun und daß sie dafür auch ihre Einflußmöglichkeiten in Parlament und Fraktionen nutzen, ist erörtert worden. Sie wählen daneben aber auch den Weg und beschreiten ihn mit erheblicher Selbstsicherheit, daß sie die Regierung direkt und in eigenem Namen anreden und

---

[34] Wesen und Zweck der Repräsentation wird vorwiegend in der Geltendmachung der Verantwortlichkeit der Regierung erblickt von ABDUL SAMAD HAMED, a. a. O., S. 142 ff., 164 ff., im Anschluß an C. F. FRIEDRICH, Der Verfassungsstaat der Neuzeit, Berlin / Göttingen / Heidelberg 1953, S. 345. Vgl. auch HENNIS, a. a. O., S. 38 ff. Die Unerläßlichkeit repräsentativer Komponenten im Staatsaufbau wird beim Verantwortlichkeitsvorgang einsichtig, und zwar nicht nur wegen der Schwierigkeit, öffentliche Meinung zu bilden und zu erfassen, sondern wegen der Bedingungen plebiszitärer Willensbildungen überhaupt. Vgl. dazu ERNST FRAENKEL, Die repräsentative und die plebiszitäre Komponente im demokratischen Verfassungsstaat, Tübingen 1958, S. 5 ff.

[35] Außer die Regierung selbst! Das erschreckend harte Urteil über das Parlament bei SALVADOR DE MADARIAGA, Von der Angst zur Freiheit, Bern / Stuttgart / Wien 1959, S. 222 ff., stellt zu wenig in Rechnung, daß im Parlament ein säkularer Repräsentationsversuch zu sehen ist, bei dessen Mißlingen eine politische Verantwortlichkeit der Regierung selbst in der kleinräumigen direkten Demokratie verlaufen müßte.

deren Hintreten zu einer «freien» Verantwortlichkeitsprozedur zu erzwingen suchen. Die Ansätze sind gerade auch in den Kantonen kräftig vorhanden. Dabei droht alles, was das Wesen politischer Verantwortlichkeit ausmacht, in Frage gestellt zu werden. Was HANS HUBER über Stellung und Bedeutung der Verbände für den Staat dargestellt hat[36], findet auch im Bereich der Verantwortlichkeitsordnung exemplifizierende Bestätigung. Damit im Verantwortlichkeitsvorgang eine rechtsstaatlich und demokratisch legitimierte Behaftung und Entlastung der Regierung zustandekommt, muß sich eine Hinwendung in das Staatsganze durch einen mediatisierten Regreß auf das Volk vollziehen können. Der Überwälzungsprozeß im Repräsentanten sanktioniert und saniert. Dazu fehlt den Interessenorganisationen nicht nur die Legitimität, sondern sie sind dazu nach Struktur, Zielsetzung und Mittel schlechthin nicht befähigt. Das erweist sich deutlich in den machtmäßigen Erscheinungen des Verantwortlichkeitsvorgangs. Regierungshandeln ist Umgang mit Macht, und wer Verantwortlichkeit fordert, begibt sich nicht nur in einen urtümlichen Machtgegensatz, sondern braucht auch seinerseits machtmäßige Potenzen, um sich und die Verantwortlichkeitsforderung durchzusetzen. Politische Verantwortlichkeit ist regelmäßig auch eine Auseinandersetzung um Macht im Staat. Treten intermediäre Gewalten an die Stelle instituierter Staatsgewalten, weitet sich die Auseinandersetzung zu einem Kampf *über* den Staat, entwurzelt der Verantwortlichkeitsvorgang aus seinem demokratischen und rechtsstaatlichen Erdreich.

3. Gegenstand und Bewertungen im Verantwortlichkeitsvorgang

In der Verantwortlichkeitsprozedur bewertet die zuständige Instanz in einem Prüfungsvorgang Regierungstätigkeit nach einem politischen Richtmaß, und die Bemessungsnorm ist zugleich ausschlaggebend für Gegenstand und Umfang der Verantwortlichkeit. Die Gegenwart ist unsicher, was für Maßstäbe anzulegen sind und wie streng die Bemessung vor sich zu gehen hat. Es herrscht eine recht weitreichende Ratlosigkeit in der *verantwortungsmäßigen Qualifikation* von Regierungshandlungen, der Gedanke der Verantwortlichkeit verflüchtigt sich vielfach in unbestimmte Vorstellungen oder verflachende Schlagworte bei Regierenden und Regierten. Es ist nicht unbegründet, von einer Verkümmerung der Regierungsverantwortlichkeit in Idee und Wirklichkeit zu reden.

Politische Verantwortlichkeit setzt *politische Fragestellungen* voraus, das ist die spezifische Bloßlegung der politischen Kerne in Norm und Gegenstand, ohne dabei die Sachfrage zu verfälschen; es ist keine technische und

---

[36] HANS HUBER, Staat und Verbände, Tübingen 1958, *passim;* Die Anhörung der Kantone und der Verbände im Gesetzgebungsverfahren, ZBJV 95, 1959, S. 249 ff.; Recht, Staat und Gesellschaft, Bern 1954, S. 42 ff.

keine bloß «fachliche-sachliche» Fragestellung, obwohl die «Materie» ihre Eigenwerte und Eigengesetzlichkeiten bewahren soll, sondern die Belichtung aus politischer Quelle. Die hohe Kunst derartiger Reduktionen [37] ist angesichts der Flut gänzlich neuer Sachverhalte, ungewisser Entwicklungslinien und eines sich verschüttenden politischen Wertgefühls im Sozial- und Verwaltungsstaat der Gegenwart ungewöhnlich schwer. Es kann denn im letzten nicht erstaunen, daß über gleiche Gegenstände der Verantwortlichkeit das eine Mal Schweigen herrscht, das andere Mal sich heftige Reaktionen ausbreiten, und daß umgekehrt Regierungshandlungen von grosser Tragweite und reichem Verantwortungsgehalt unbeachtet bleiben, während man sich über drittrangige Geschäfte ereifert. So liegen etliche Felder, auf denen sich politische Verantwortlichkeiten vor dem Parlament bis zum Zweiten Weltkrieg lebhaft entfaltet haben, z. B. in der Außenpolitik oder in der Budgetpolitik, brach, und neue oder grundlegend veränderte Gebiete, wie z. B. die gouvernementalen Koordinationsaufgaben bezüglich der auseinanderstrebenden Staatsverwaltung, werden trotz ihrer Dringlichkeit verantwortungsmäßig kaum verfolgt. Wenn aber schon zur Verantwortlichkeitsprozedur angesetzt wird, läuft mitunter leere Kritik ab: Es wird nach Verantwortung gerufen, als ob fundamentale Probleme zur Diskussion ständen, während es in Wirklichkeit nichts zu verantworten gibt, was des Aufhebens wert wäre. Im Bund und in etlichen Kantonen bildet sich auch eine eigenartige Courtoisie zwischen Regierung und Parlament aus. Das um Herausgreifen und Bewertung von Regierungstätigkeiten verlegene Parlament, das sich ohnehin in vielfältiger Abhängigkeit von der Regierung weiß und deshalb nicht auftrumpft, bemüht sich um Zurückhaltung; dafür wirft die Regierung der Verantwortlichkeit zugängliche Gegenstände in die Beratung ein, um ihre Bereitschaft zur Rechenschaftsablage unter Beweis zu stellen, lenkt aber nicht selten direkt oder indirekt die parlamentarische Reaktion. Allmählich geht der Einrichtung der politischen Verantwortlichkeit ein Ernst verloren, entbehrt ihre Geltendmachung der gebotenen Systematik und der angepaßten Methoden, erscheint sie oft nicht mehr als ein wetterwendischer Zufallsballast, der die Regierungstätigkeit zwar zu behelligen, aber schwerlich zu beeinflussen vermag.

[37] Die politischen Fragestellungen wollen auch bezüglich der Volksvorlagen nicht recht gelingen, teils weil die Sache dafür nichts hergibt, teils weil man sich zu wenig darum bemüht. Es gibt einen Führungsauftrag für die staatslenkenden Behörden wie für die Parteien, dem Volk die politischen Fragen aufzudecken und dadurch die Volksentscheide echt zu machen. Gelingt es beim heutigen Bestand an Volksrechten nicht befriedigend, so ist mit ihrer Erweiterung nichts geholfen, vielmehr die Gefährdung gesteigert. Vgl. HANS HUBER, Die Fragwürdigkeit der Gesetzesinitiative in unserer Zeit, S. A. der NZZ 1959, S. 44, 52 ff.; ferner Bericht des Bundesrates über ein Volksbegehren für die Einführung der Gesetzesinitiative im Bund vom 29. Dezember 1959.

Daß nur mit einem peripheren Verständnis der Regierung begegnet wird, scheint Versuche nahe zu legen, Bewertungsgrundlagen und Sachinformationen zu verbessern.

a) Die schweizerische Regierungstätigkeit geht ohne Regierungsprogramme und Regierungsrichtlinien vor sich. Diese werden dem parlamentarischen Regierungssystem, namentlich im Zweiparteienstaat, zugeschrieben, wo das Programm die Mehrheit zusammenhält; für die Schweiz wird es als systemwidrig oder doch als ungewohnt verworfen. Von Ausnahmen abgesehen, wird gleichsam von Woche zu Woche nach Opportunität und Empirie regiert. Das hindert Versteifungen und Verbiegungen, dämpft prestigebedingtes Handeln, ermöglicht schmiegsame Anpassungen an die vehementen Forderungen eines hastigen politischen Alltags. Es liefert aber zugleich die Regierungstätigkeit einem übertriebenen Pragmatismus und vor allem einem fraktionierten Denken aus. Der zusehends angestrengtere Staat gerät ohne zweckrationale-konsequente Dirigierung aus überlegener Distanz und gehobener politischer Wertschau in jene Wirbel, wo Maßnahmen und Apparat sich als Selbstzwecke ausbreiten, wo das sachliche und verfassungsrechtliche Wertsystem unbeachtet zerfällt. Intermediäre Gewalten z.B. verdanken das offene Feld zu mächtiger Entfaltung teilweise dem richtungsfreien Regieren. Die in der langen Amtszeit begründete Stabilität der Regierungen garantiert nicht mehr die zielsichere Staatsführung auf lange Sicht; die bloß personelle Sicherung wird zu schwach, weil angesichts der Unmenge von Regierungsgeschäften bei gleichzeitiger Ausweitung des Departementalprinzips überbrückende Gedächtnisse nicht ausreichen, weil das System der Allparteienregierung bei gleichzeitigem Eindringen intermediärer Kräfte in die Parteien zu viele Rücksichtnahmen erfordert und weil schließlich die Regierungskollegien für Regierungsaufgaben zu wenig tagen [38]. Die Koordination und Kooperation zwischen den

[38] Die relativ wenigen Sitzungen sind mit Verwaltungsobliegenheiten und Geschäften minderer Bedeutung überladen. Deswegen werden nicht wenige Regierungsaufgaben mit Bedeutung für das Staatsganze entweder überhaupt nicht wahrgenommen oder den Departementen überlassen. Der Geschäftsgang stimmt mit der politischen und sachlichen Wertordnung nicht überein. Positivierte Kompetenz- und Funktionsordnungen der schweizerischen Regierungen stammen zur Hauptsache aus dem 19. und dem ersten Drittel des 20. Jahrhunderts und sind geprägt vom Bild einer liberalen Demokratie, der die heutige Wirklichkeit tatsächlich und anspruchsmäßig nicht entspricht (vgl. HANS NEF, Die Fortbildung der schweizerischen Demokratie, in: Festgabe für Zaccaria Giacometti, S. 203 ff.). In der Scheu vor Revisionen kommt indessen keine Treue zum Normativen zum Ausdruck, sondern teils ein Übersehen, teils ein Verdecken der Problematik, daß das Verfassungsrecht der soziologischen Situation Tribut zu zollen hat. Zur Bedeutung der Wirklichkeit im Verfassungsrecht vgl. HANS HUBER, Staat und Verbände, S. 11 ff.; Die Anhörung der Kantone und der Verbände im Gesetzgebungsverfahren, S. 261 ff.

staatlichen Gewalten sowie zwischen Bund und Kanton bzw. Staat und Gemeinde[39], die Behauptung des Staates in der Auseinandersetzung mit der Verbandsmacht, die Abstimmung der staatlichen Aufgaben aufeinander nach Wert und Dringlichkeit, die Zumessung der finanziellen und personellen Mittel muß offenbar auf neuen Wegen versucht werden[40]. Als *eines* der Instrumente bieten sich positivierte *gouvernementale Planungen und Regierungsrichtlinien* für die wichtigsten Gebiete staatsgestaltender Betätigung[41] dar. Die Gesetzgebung übernimmt diese Aufgabe nur zum Teil, und mit Planungen im Verwaltungsbereich[42] ist es noch nicht getan. Die

[39] Daß föderative Struktur im Sozial- und Verwaltungsstaat besonderer Pflege und Betreuung gerade von der lenkenden Regierungsgewalt aus bedarf, ist in der Schweiz wenig bewußt. Es ist unzulänglich, die Bewahrung der Gemeindeautonomie und der Staatlichkeit der Kantone von der konservierenden Kraft des unteren Verbandes zu erwarten. Der höhere Verband als der leistungsfähigere hat eine verführende Gewalt, die zu zügeln ihm selbst aufgegeben ist. Der schweizerische Verwaltungsstaat löst die föderative Struktur unverhältnismäßig rasch auf, weil die Bundesbureaukratie, z. B. im Bereich der Sozialversicherung, geringen Sinn für sie hat. Zum Problem vgl. auch K. C. Wheare, Föderative Regierung, München 1959, insbes. S. 137 ff.

[40] Die Schwierigkeiten integrierender Lenkung sind in der Schweiz selbstverständlich unvergleichlich geringer als etwa in den USA, doch stellen sich im Grundsatz ähnliche Koordinationsprobleme, denen mit institutionellen Mitteln, namentlich im Office of the President, doch offenbar mit beachtlichen Erfolgen begegnet wird. Vgl. Loewenstein, Verfassungsrecht und Verfassungspraxis der Vereinigten Staaten, S. 320 ff., 336 ff., 358 ff., 379 ff.; Bernhard Schwartz, American Constitutional Law, Cambridge 1955, S. 109 ff., 283 ff. Für die englischen Verhältnisse vgl. Herbert Morrison, Regierung und Parlament in England, München 1956, S. 21 ff., 36 ff., 76 ff., 292 ff., 379 ff.; K. C. Wheare, Government by Committee, Oxford 1955, S. 12 ff, 163 ff., 205 ff.

[41] Was Hans Peters in seinem Votum VVDStRL 18, 1960, S. 183, für den verwaltungsrechtlichen Plan bestimmte und dort z. T. kritisiert wurde (Friesenhahn, ebenda, S. 191), kann sinngemäß auf den Regierungsplan in unserem Zusammenhang erstreckt werden: «Der Plan besteht darin, daß er Richtlinien für zukünftige Maßnahmen der Behörden enthält, daß durch ihn die Koordinierung verschiedener Maßnahmen innerhalb der Verwaltung erfolgt, daß die Zeit irgendwie als ein das Ganze zusammenfassender Faktor auftritt und daß letztlich die zugrunde liegenden bestimmten politischen Bewertungen ins Spiel gebracht werden.» Für die gouvernementale Planung geht die Koordinationsaufgabe auf alle Gewalten und Funktionen (außer Justiz) und auf das föderative Verhältnis. Ohne Mitwirkung der Verwaltung läßt sich aber auch diese Planung nicht zustande bringen; hier besonders wird einsichtig, daß die Verwaltung auch Teilhaber an Regierungsfunktionen ist.

[42] Zur Systematisierung vgl. Klaus Obermayer, Der Plan als verwaltungsrechtliches Institut, VVDStRL 18, 1960, S. 144 ff. Rechtssetzungsprogramme, die im parlamentarischen System Bestandteil der Regierungsprogramme bilden (Friesenhahn, Parlament und Regierung im modernen Staat, S. 48 f.), gibt es in der Schweiz im Schoße der Regierungen und gar der Parlamente nicht; es bestehen knapp Übersichten über die vom Parlament der Regierung erteilten Aufträge zur Einbringung von Gesetzesvorlagen. In

Notwendigkeit gouvernementaler Planungen ist in der Finanzpolitik, die freilich ein Großteil staatlicher Tätigkeit an die Kette nehmen kann, im Bund und in verschiedenen Kantonen bewußt geworden. Zugleich wurden freilich auch besondere Schwierigkeiten sichtbar. Um eine programmatische Lenkungskraft zustandezubringen, sollten Planungen in vollendeter sachlicher und politischer Umsicht aufgestellt und sodann muß in Regierung und Parlament der Wille durchgesetzt werden, ihnen eine politische Bestimmungskraft zuzugestehen und zu belassen[43]. Solche Voraussetzungen waren in den bisherigen Planungsunternehmen in der Schweiz nur begrenzt gegeben. Dazu kommt, daß diese die Publizität schwer ertragen[44]. Gelingen sie aber, so sind sie hervorragendes Mittel, um Regierungshandlungen zu erfassen und verantwortungsgemäß zu bewerten[45].

b) Die Staatspraxis hält immer noch daran fest, daß das Parlament, mit Einschluß seiner Kommissionen, allein mit der Regierung im Gespräch stehen könne. Den Regierungsmitgliedern wird zwar ohne Widerrede zugestanden, Chefbeamte und Facharbeiter aus der Verwaltung in Kommissionssitzungen mitzubringen; sie bleiben aber Sukkurenten ihrer Vorsteher. Das *administrative Fachwissen*, ohne das eine sachgemäße staatliche Tätigkeit, auch Regierungstätigkeit, nicht auskommt, kann für den Abgeordneten und damit auch für die politische Verantwortlichkeit nicht

den Departementen und Verwaltungsabteilungen kommen «Rechtssetzungsprogramme» vor, sind aber weder öffentlich, noch verbindlich, sondern bloße Arbeitsunterlagen.

[43] Zum Normativproblem der Planungen vgl. MAX IMBODEN, Der Plan als verwaltungsrechtliches Institut, VVDStRL 18, 1960, S. 113 ff. MAUNZ/DÜRIG, a. a. O., N. 2 zu Art. 65 BGG, sprechen den «Richtlinien der Politik» des Bundeskanzlers die Natur von Rechtssätzen zu.

[44] So auch OTTO BACHOF in seinem Votum VVDStRL 18, 1960, S. 203. In der Öffentlichkeit erörtert, können Planungen zu unangemessenen Auseinandersetzungen um zukunftsferne Möglichkeiten rufen und politische Potenzen, z. B. Verbände und Parteien, veranlassen, sich so zu verhalten, daß Festlegungen ins Leere stoßen. Planung ist vorausgesehene Zukunft, und «vorausgewußte Zukunft ist ein Widersinn» (JACOB BURCKHARDT); sie ist zumindest in die Gefahr der Utopie gestellt. Trotzdem muß der Sozial- und Verwaltungsstaat die Planung wagen. Für die Bewahrung von (relativen) Gewalteneinheiten ist sie namentlich auf der gouvernementalen «Organstufe» unerläßlich.

[45] Es spielt eine erhebliche Rolle, ob und wie das Parlament an der Aufstellung der Planung beteiligt ist. Auch da, wo es bei ausschließlichen Akten der Regierung bleibt, ist die Ausbeute für die Realisation von Verantwortlichkeiten bedeutend. Das zeigt sich heute etwa im Budgetrecht. Hier ist der Vortritt des «sparsamen Parlaments» gewendet in die Rolle einer ausgabenfreudigen Körperschaft, die die Zügelung der Administration durch die bremsende Kreditbewilligung nicht mehr vollzieht. Die Haushaltsorge geht auf die Regierung über (vgl. EICHENBERGER, Stellung und Funktion der aargauischen Staatsrechnungskommission, S. 115 f.). Trotzdem behält das Parlament seine überwachende Funktion bei, und das Budget gibt ihm Richtmaß.

unmittelbar aktiviert werden. Es wird an einer vereinfachten Dreigewaltenidee festgehalten, die Regierung als Spitze einer streng hierarchischen Verwaltungsordnung hingestellt und als Träger einer Kampfstellung gegen das Parlament betrachtet[46], was ihr erlauben soll, die Verwaltung nicht nur total zu bestimmen, sondern auch zu verwenden, um sich gegen das Parlament zu behaupten. So leicht sich solche Auffassungen in einer befehlsmäßigen Einheit der Verwaltung begründen lassen, so wenig tragen sie Rechnung, daß die Regierungen, wie erwähnt, die ungeteilte Verantwortung auch für das in der Verwaltung gründende Handeln nicht übernehmen und daß die Prinzipien effektiver Machtkontrolle und der Staatsleitung aus ganzheitlicher Schau höher stehen als der Glaube an eine geschlossene Vertikalordnung, die durch die Staatswirklichkeit im Bund und in den größeren Kantonen nur noch stückweise zu halten ist. Es wird auch nicht bedacht, daß sich die Administration im Sozial- und Verwaltungsstaat trotz neuartigen Verflechtungen als relativ selbständige Gewalt von der Regierung ablöst[47]. Vor allem aber wird außer acht gelassen, daß für die Kontrolle und Hemmung der Exekutivgewalt das Parlament normativ ebenfalls eine bestimmte – und keine unbedeutende – Funktion hat, daß ihm neben dem Volk immerhin eine kontrollierende «oberste Gewalt» zukommt und daß es schließlich in staatsrechtlicher Sicht eine weitere unnötige Depossedierung des Parlaments bzw. eine zusätzliche Machtsteigerung der Regierung darstellt, wenn das Fachwissen der Verwaltung dem Parlament vorenthalten wird oder zumindest nur durch die gouvernementale Zensur zufließen kann. Die Regierung rüstet sich mit Fakten und Argumenten einer hochentwickelten Verwaltung; Parlament und Parlamentarier sind weitgehend auf sich selbst gestellt[48].
Die parlamentarischen Kommissionen insbesondere lassen sich solche Beengungen gefallen[49] und beachten wenig, daß sich eine politische

---

[46] HANS HUBER ist solcher Stellung entgegengetreten in: Grundsätzliche Erwägungen zum «Fall Mutzner», NZZ, 25. September 1947, Nr. 1863; vgl. auch: Wie die Schweiz regiert wird, Zürich 1952, S. 56: der Bundesrat tritt in eine politische Führerrolle gegenüber der Bundesversammlung. Die Führungsqualität der Kantonsregierungen ist noch stärker betont.

[47] Vgl. auch HANS HUBER, Recht, Staat und Gesellschaft, S. 30 f.

[48] Die Abschnürung bzw. Zensurierung hat u. a. zur Folge, daß aktive Parlamentarier ihre Dokumentation bei Verbänden holen und erhalten, selbst wenn sie zu diesen von Hause aus keine Bindungen hätten. Die leistungsfähige Verbandsbureaukratie lenkt dadurch auf weiteren Geleisen die Kontrolle der Staatsbureaukratie und der Regierung.

[49] Eine Ausnahme, die sich allerdings nur beschränkt im Bereich der politischen Verantwortlichkeit, im übrigen auf dem Boden der Gesetzgebung abspielte, bildete der im Sommer 1960 durch die erweiterte nationalrätliche Militärkommission beschlossene Beizug von zwei Oberstdivisionären, die bezüglich der bundesrätlichen Vorlagen über die Armeereform eine abweichende Meinung vertraten. Sie stellten für die Kommission

Verantwortlichkeit nicht realisiert, wenn die kontrollierte Organgruppe auf den sachlichen Grundlagen ihre Hand hält. Daran ändert nichts, wenn auch bloß «Sach- und Fachmaterial» zu liefern ist; denn dieses ist nicht zu trennen von den hier maßgebenden politischen Bewertungen[50]. Politische Verantwortlichkeit der Regierung gelingt nur, wenn das Parlament sich durch seine Kommissionen eine im Prinzip volle Erkundigungsfreiheit für Bewertungsnorm und Gegenstand herausnimmt. Solange aber der Gedanke, das Parlament durch eigene, hochqualifizierte Hilfseinrichtungen für seine Aufgaben namentlich im Bereich der Gesetzgebung und der Machtkontrolle zeitgemäßer und sachkundiger auszurüsten, in der Schweiz nicht heimisch zu machen ist, kommt die optimale Information nur dadurch zustande, daß die Parlamente das Wissen der Verwaltung unmittelbar nutzen. «Die Verwaltung gehört auch dem Parlament.» Darin sind freilich Spannungsverhältnisse angelegt, so zwischen Exekutiveinheit und institutioneller Machtbegrenzung, für den Beamten zwischen hierarchischem Gehorsam und Verpflichtung auf den Dienst am Staatsganzen. Die Spannung läßt sich nicht lösen und soll auch nicht gelöst werden. Maßvolle Handhabung aber ist ohne Schaden für die Funktionstauglichkeit der Exekutivgewalt.

4. Die Sanktion in der politischen Verantwortlichkeit

Die politische Verantwortlichkeit zieht keine unmittelbaren Rechtsfolgen nach sich. Trotzdem ist sie *nicht wirkungslos*[51]. Sie ist in einer staatsrechtlichen Sicht auch nicht «sanktionslos». Vorerst treten Kollektivsanktionen hervor[52]. Die spürbarsten Folgen richten sich jedoch – und das nicht erst in

qualifizierte Auskunftspersonen dar. Hier hat ein Parlamentsausschuß die Bedeutung der ungeschmälerten Orientierungsfreiheit erkannt, und der Bundesrat gab den Widerstand gegen die Konsultation auf. In Beantwortung einer Interpellation Fauquex am 20. Dezember 1960 versuchte er aber, dem Parlament die selbständige Befragung und Beiziehung von Beamten abzusprechen, selbst da, wo die Sonderstellung eines Heereseinheitskommandanten besteht. Die bundesrätliche Antwort, die von einem für die Schweiz fremden Autoritätsbegriff und einer bureaukratisierten Staatsauffassung ausgeht, übersieht die Problematik der Parlamentsinformation, die staatsrechtliche Stellung des Parlamentes und die Unlösbarkeit der angelegten Antinomie (vgl. unten im Text). Sie läßt zudem die repräsentative Funktion höherer Beamter (vgl. HANS HUBER, Demokratie und Bureaukratie, S. 139 f.) außer acht.

[50] Das Fachwissen ist, soweit es jedenfalls für die Geltendmachung der politischen Verantwortlichkeit notwendig ist, immer auch politisches Wissen. Es trifft denn auch nicht mehr zu, wie MAX WEBER, Wirtschaft und Gesellschaft, II, 4. Aufl., Tübingen 1956, S. 844, Parlament und Regierung im neugeordneten Deutschland, in: Gesammelte politische Schriften, 2. Aufl., Tübingen 1958, S. 308 ff., noch feststellen konnte, daß die Verwaltung der politischen Verantwortung enthoben sei: sie ist einbezogen in das politische Entscheidungssystem und mit eigenständiger Verantwortung belastet.

[51] So auch WALTHER BURCKHARDT, Kommentar, S. 643.

der neuesten Entwicklung – auf die einzelnen Regierungsmitglieder: die Nichtwiederwahl, die Überleitung der politischen in konkrete «rechtliche» Behaftungen, die individuelle Anprangerung im Parlament. Bei kollektiver wie individueller Sanktion hält es angesichts des schweizerischen Parlamentsrechts (wenige Tagungen, Überlastungen, wenige Formen ausdrücklicher Verantwortlichkeitsprozeduren) jedoch schwer, einer «Handlungseinheit» eine sofortige «Sanktionseinheit» folgen zu lassen. So gleiten z. B. ununterbrochen Anlässe zu politischer Verantwortlichkeit folgenlos in die Vergessenheit ab. Immerhin, über allem steht die Drohung: das Wahlorgan kann irgendeinmal eine Rechnung präsentieren, sei es für eine einzelne Handlung, sei es durch die Bündelung von Ankreidungen während einer Amtszeit. Es sind jedoch schwache Möglichkeiten. In den Kantonen leiden sie von vorneherein daran, daß das Parlament nicht Kreationsorgan der Regierung ist. Die Volkswahl verschafft der Regierung die parlamentsunabhängige Legitimität und eine effektvolle Repräsentationskraft gegenüber dem Parlament, so daß dieses überhaupt keine durchschlagenden Sanktionsmittel in die Hand bekommt, zumal sich parlamentarische Niederlagen der Regierung in das Wahlvolk nicht zu übertragen vermögen. Unter günstigen personellen Konstellationen kommt mitunter eine gehobene parlamentarische Kultur zustande, in der die Volksvertretung es versteht, die politische Verantwortlichkeit der Regierung mit Nuancen und allerlei Feinheiten zu verwirklichen. «Sanktion» kann überhaupt beinahe alles sein, was im politischen Raum Wirkung erzielt, von der schlichten Nichtbefriedigterklärung durch einzelne Abgeordnete bis zu Machtreaktionen und Machtverschiebungen.

Nicht jeder Verantwortlichkeitsvorgang endet in einer Sanktion im Sinne irgendwelcher sühnenden Duldung der Regierung für abgeschlossene Handlungen und Handlungsfolgen; neben repressivem Sinn ist insbesondere in einer «nicht-parlamentarischen Demokratie» schweizerischer Prägung, wo der Verantwortlichkeitsakt keinen Rücktritt auslösen soll, auch ein prospektiver und dirigierender Zweck mit angelegt[53], indem künftiges Handeln nach den manifest gemachten Wertungen dessen ausgerichtet werden soll, der die Verantwortlichkeit geltend zu machen imstande ist.

---

[52] Das Kollegium wird getroffen durch das rechtlich geordnete, vor der Öffentlichkeit sichtbar gemachte Antreten zum Antworten und zum unausweichlichen Hinnehmen einer Befundung, dann aber auch durch Nichtabnahme von Rechnungsposten, durch Kreditverweigerungen, durch Ablehnung von Sachanträgen, ferner durch Vergeltungen in Status- und Besoldungsfragen. Hingegen ist es in der Schweiz nicht üblich und wäre aus verschiedenen Rechtsgründen anfechtbar, als Sanktion die Besoldung einzelner Regierungsmitglieder zu kürzen, wie das in Deutschland offenbar akzeptiert würde; vgl. MAUNZ/DÜRIG, Kommentar, N.4 zu Art.65 BGG.

[53] Vgl. ABDUL SAMAD HAMED, a.a.O., S.180.

Das leitet über zur weiteren Begründung, daß der Regierung Entlastung für «politische Schuld» zu gewähren und deren befreiende Abnahme durch die Volksrepräsentation zu vollziehen sei. Es ist nicht zu übersehen, daß Verantwortlichkeit einem negativen, verfolgenden Beweggrund entspringt und diesen als Charakterzug beibehält: Es geht ihr nicht oder noch nicht in erster Linie um eine Durchleuchtung und Scheidung aller Regierungsakte in billigenswerte und tadelnswerte mit der Absicht, dem Regierungshandeln in seiner ganzen Breite Décharge zu erteilen[54]. Es geht vielmehr um den Zugriff auf vermutete politische Fehlleistungen mit den erwähnten Zielen der sanktionierenden Sühne und sanierenden Überwälzung «politischer Schuld»[55]. In einer im politischen Kampf empfindlichen und doch nur massiv bewegbaren Zeit braucht die politische Verantwortlichkeit eine *Neubesinnung auf Sanktionsmöglichkeiten* und auf Chancen von Institutionalisierungen. Sie ist offenbar mehr, als es in der Gegenwart möglich ist, an Sichtbarmachungen für die «Beherrschten» gebunden, wenn der Satz von der Verantwortlichkeit der Herrschenden gegenüber den Beherrschten Wirklichkeit bleiben soll[56]. Jedenfalls sollte nicht darüber hinweggesehen werden, daß die verantwortliche Machtausübung und Kompetenzhandhabung der Regierung bestimmte «Techniken» aufweist, denen im Verantwortlichkeitsvorgang beizukommen ist, sofern ihnen eine angemessene «Verantwortlichkeitstechnik» gegenübergestellt ist. Innere und historische Verantwortlichkeiten reichen nicht aus, aber ohne Einfügung in die Regeln der komplexen und verschränkten Herrschaftsausübung des modernen Verwaltungsstaates, die die Möglichkeit einer widerspruchsfreien und «ungeteilten» Kompetenz- und Verantwortlichkeitsordnung nicht mehr gewährt, bleibt die politische Verantwortlichkeit unwirkliche Vorstellung.

Die rechtsstaatliche Demokratie lebt in bezug auf politische Verantwortlichkeit – wie in vielen andern Bereichen auch – schon ursprünglich in unaufhebbaren Spannungsverhältnissen, die sich vermehren durch Wandlungen der Wirklichkeit, welche sich nur zum Teil in die normative

---

[54] Solche Zielsetzung kann das parlamentarische Oberaufsichtsrecht haben, wenn die Regierung als Ausschuß des kontrollierenden Parlaments verstanden wird. Es ist auch als ein Gedanke hierarchischer Ordnung möglich, der im schweizerischen Staatsdenken aber nicht einmal für die Verwaltung voll durchgreift.

[55] Es muß hier unerörtert bleiben, was mit der überwälzten «politischen Schuld» ideell und real «geschieht»: Auflösung in der Kraft des repräsentierten Volkswillens oder Weiterführung im anders gearteten Verantwortlichkeitsvorgang zwischen Repräsentant und Wahlvolk bzw. empirischem Volkswillen.

[56] Es fragt sich z. B., ob sich nicht vor allem dezidierende Befundungen in Gestalt von Schlußnahmen des Parlaments oder parlamentarischer Kommissionen («Voten») aufdrängen.

Verfassung bannen lassen. Die politische Verantwortlichkeit, auf den schwer faßbaren Begriff des Politischen gestellt, in die Machtauseinandersetzung wie in den Integrationsprozeß eingeführt, durch rechtsstaatliche und demokratische Berufung ausgezeichnet, stellt hohe Ansprüche an eine Staatspraxis, die sie realisieren will. Gerade die durch Norm und Übung in Stabilität gesetzte Regierung aber bedarf der beunruhigenden Anrufe, der distanzierten Beobachtung und der Zitierung, der Bewertung vor einer Instanz, die ihr im politischen Verstehen und Vermögen gewachsen ist und die legitimierte Kraft zur entlastenden Sanktion hat. Befassung und Behaftung aber müssen ein Ende haben. Irgendwann muß die Bahn zum Handeln mit dem Mut zum Fehler und zur Schuld geöffnet werden. Element der Regierung ist Aktivität, soll ungefesseltes und ausgreifendes, führendes und gestaltendes Handeln sein, aber immer rückführend in den Vorgang einer wirklichen politischen Verantwortlichkeit.

Staatsreformen und Regierungsbild in der Schweiz

I. Reformpostulate und Wissenschaft

Durch Bund und Kantone geht der Ruf nach Reorganisationen. Verwaltungsreformen, Erweiterung der Regierungskollegien, Erneuerung des Regierungsstils, Verstärkung der parlamentarischen Kontrolle, Ausbau der Verwaltungsgerichtsbarkeit, Befreiung der Milizparlamente von der administrativ-gouvernementalen Steuerung – dies und anderes sind laut vorgetragene Postulate geworden. Die Rechtswissenschaft hat seit längerer Zeit auf *soziologische und ideelle Wandlungen* hingewiesen, die das Recht im materiellen und im formellen Sinne treffen und die die Staatsstruktur verändern[1]. Die stabilisierte Demokratie wird jedoch im Gebiete des fundamentalen Organisationsrechts Veränderungen erst anerkennen und Routine erst aufgeben, wenn spürbare Krisenlagen entstehen[2]. Möglicherweise wächst eine derartige Situation heran.

Jedenfalls rückt allmählich ins allgemeine Bewußtsein, was HANS HUBER für Recht und Staat vor Jahren schon aufgewiesen hat[3]: Der Staat weitet

Öffentliche Antrittsvorlesung an der Juristischen Fakultät der Universität Basel, gehalten am 10. Juni 1965. Basler Juristische Mitteilungen 1965, S. 161–180. Verlag National-Zeitung, Basel 1965.

[1] Die durchdringende Beziehung des Rechts mit der Sozialordnung bedingt ursächlich und ethisch, daß Wandlungen wechselweise wirken. Gerade aber wenn die Wandelbarkeit des Tatsächlichen und des Ideellen eingesehen wird, bleibt die Berufung des Rechts, «die Stabilität von Staat und Gesellschaft zu gründen», wie HANS MERZ (Das Recht als soziale Ordnungsmacht, Rektoratsrede, Bern 1964) gegenüber der heutigen Unsicherheit über die Bestimmung des Rechts klärend und festigend betont hat. Das bedeutet nicht, das Recht selbst müsse erstarren, wohl aber, es müsse das ihm innewohnende Ziel und die ihm aufgetragenen Werte unentwegt verfolgen und *darin* die Gewißheit herstellen. Daß es dann seine «Instrumente» – nicht zu eilig, aber auch nicht zu zögerlich – schleife, d. h. daß es sich in der gegebenen Soziallage zur Lenkung und Ordnungsmacht befähige sowohl mit Anpassungen als auch mit Beharrungen und dem Zwang zur «Umkehr», ist ebenso gefordert.

[2] Diese Eigenart der stabilen schweizerischen Ordnung deckt sich mit einer allgemeinen Erscheinung der bürokratischen Organisation, wie sie in der neueren Organisationslehre dargestellt wird: vgl. MICHEL CROZIER, Le phénomène bureaucratique, Paris 1963.

[3] Zum Beispiel: Das Staatsrecht des Interventionismus, ZSR 70, 1951, S. 173 ff.; Niedergang des Rechts und Krise des Rechtsstaates, in: Festgabe für Zaccaria Giacometti, Zürich 1953, S. 59 ff.; Recht, Staat und Gesellschaft, Bern 1954; Staat und Verbände, Tübingen 1958; Das Recht im technischen Zeitalter, Rektoratsrede, Bern 1960; Das

seinen Aufgabenkreis, ergreift den Bürger zunehmend in seinen Lebensbeziehungen, wird augenfällig gestaltende Kraft im gesellschaftlichen Verwirklichungsprozeß. *Die Präsenz des Staats ist umfassend.* Gewandelt ist sein inhaltlicher Bereich, gewachsen sind seine Fähigkeiten, gesteigert ist seine Macht. Das objektive Recht ist weit mehr als ein Komplex von Normen zur Ausgrenzung von Willenssphären, zur Garantie individueller Entfaltungsmöglichkeiten in einem auf Ruhe und Bürgerfriede gerichteten Ordnungsgefüge. Es wird zum Instrument und schließlich zum Träger der Sozialgestaltung überhaupt. Daß der Staat die Raumnutzung ordne, daß er den monströsen Verkehr mit Norm und Bau bewältige, daß er Wissenschaft und Bildung nicht nur ermögliche, sondern auch hervorbringe und halte, daß er die Wirtschaft diszipliniere und hege, daß er die unabsehbaren Ansprüche des technischen Zeitalters zweckmäßig erfülle – das und weiteres wird ihm wie selbstverständlich zugemutet. Ob es ihm gelinge oder nicht, wird nicht in Frage gezogen. *Der Erfolg ist apodiktische Forderung.* Und erwartet ist das Perfekte: die hohe Zivilisationsstufe der Wirtschaft und des Alltags ist Maßstab für das staatliche Tun, das wesentlich Leistung, Darbringung, aktive Gestaltung wird.

Das materielle Recht vermag, hauptsächlich als Verwaltungsrecht, den gehetzten Lauf erstaunlich gut mitzumachen. Es wächst – und Wachstum gilt als Zeichen der Gesundheit; es folgt flexibel den beschleunigten Sozialveränderungen –, und Beweglichkeit gilt als Zeichen schöpferischer Lebendigkeit. Das Organisationsrecht niederer Stufe ist von dieser Bewegung erfaßt. Es schafft, häufig in simplen quantitativen Vergrößerungen, neue Organisationseinheiten, legt Zuständigkeiten fest, ordnet Betätigungen. Es sichert bis jetzt den bürokratischen Verwaltungsstaat. Wo die Verwaltungsorganisation jedoch hochspezialisierte oder komplexe Aufgaben auf Anhieb zu bewältigen hätte, stößt das Verwaltungsrecht mit seiner Beschränkung auf rechtssatzmäßigen Ausdruck immer mehr auf Grenzen seiner Möglichkeiten. Und die Organisation verhält sich unerwarteterweise passiv oder kommt zu Fehlleistungen. Das *beunruhigt Behörden und Öffentlichkeit.* Sie fordern den betriebstüchtigen Apparat.

Erstaunlich ist, daß von solchen Entwicklungen das Organisationsrecht der Verfassungsstufe sichtbar kaum erfaßt worden ist. Die Ordnung der Verfassungsorgane, also Volk, Parlament, Regierung und Justiz, sind in der Schweiz in den letzten hundert Jahren fast gleichgeblieben[4]. *Der*

Staatsrecht (angesichts der Strukturwandlungen der schweizerischen Wirtschaft und Gesellschaft), in: Festschrift für Fritz Marbach, Bern 1962, S. 459 ff.

[4] Von 66 erfolgreichen Partialrevisionen von 1874–1965 im Bunde betrafen nur 9 die Ordnung der Verfassungsorgane: Eine ging um die begrenzte Anerkennung des Departementalsystems und die Zulassung der Verwaltungsgerichtsbarkeit (Art. 103 und 114bis: Abstimmung vom 25. Oktober 1914). Fünf bezogen sich unmittelbar auf Wahl-,

Sozialstaat hat organisatorisch die Verfassungsebene noch nicht betreten. Es mag scheinen, als ob in der Vergänglichkeit und in der Hast, in die sich namentlich das Verwaltungsrecht versetzt sieht, die organisatorische Verfassungsordnung Halt und Stabilität, Verlaß und Dauer bezeugen wollte.

Doch der Schein trügt. *Das Recht der Verfassungsorgane ist nur äußerlich unangetastet.* Die Wandlung der Sozialordnung und der materiellen Rechtsordnung hat es tief betroffen. Vor allem ist auch *seine* Leistungsfähigkeit für die nur den meßbaren Erfolg verpflichtete staatliche Organisation gefährdet. Daraus erwächst eine *alarmierende Alternative für die Zukunft,* insbesondere für Parlament, Regierung und Volk. Entweder werden Stellung und Funktionen dieser Organgruppen neu begriffen, umschrieben und realisiert, oder das Gefüge der höchsten Organe sinkt ab zur Darstellung, zum demokratischen Dekorum, und ihre Tätigkeit entleert sich zum wohlgeordneten, aber wirkungsarmen Zeremoniell. Unterdessen drohen Gestaltungskraft und Herrschaft in diejenigen Organgruppen und Plätze abzuwandern, in denen sich Macht und positives Recht in der Wirklichkeit entfalten, z.B. in die Administration, in die verwaltungsrechtlichen Anstalten, in die intermediären Organisationen, mit Resten vielleicht auch noch in die Verwaltungsgerichte. Vergleichbare Mutationen hat die Verfassungsgeschichte wiederholt verzeichnet, zuletzt die rasche Entmachtung des herrschenden Monarchen zur formal-repräsentierenden Figur von einer leicht ersetzbaren Integrationskraft.

Gesamtrevisionen unserer Verfassung werden nur vereinzelt gefordert[5]. Kritik und Rechts*politik* dringen sogleich zu einzelnen Organen vor, befassen sich mit ihren speziellen Tätigkeiten, ereifern sich bei Ausschnitten. Das Nahe und Konkrete, das Rationelle und Organisationstechnische,

Initiativ- und Referendumsrechte des Volks (Art. 118 bis 121 BV: Abstimmung vom 5. Juli 1891; Art. 73: 13. Oktober 1918; Art. 89: 30. Januar 1921 und 22. Januar 1939; Art. 89bis: 11. September 1949). Dreimal handelte es sich um belanglose Anpassungen des Wahlrechts an die Bevölkerungszunahme (1931, 1950, 1962).

Vom Volke wurden in der gleichen Periode verworfen: Vorschläge auf Volkswahl des Bundesrates (1900 und 1942), auf Änderungen der Nationalratswahlen (1900, 1903, 1910, 1922, 1942), auf Einführung des fakultativen Gesetzesreferendums (1938 und 1961) und Finanzreferendums (1956), auf Erweiterung der Verfassungsgerichtsbarkeit (1939) und schließlich auf Einführung des Frauenstimmrechts (1959).

[5] Die jüngste Gesamtrevision der Kantonsverfassung betraf diejenige Nidwaldens, die am 27. April 1913 von der Landsgemeinde angenommen wurde. Zurzeit ist es wiederum Nidwalden, das seine Kantonsverfassung einer Totalrevision unterzieht. Im Bunde wurde die Einleitung einer Totalrevision der Bundesverfassung in der Volksabstimmung vom 8. September 1935 verworfen. Der Entwurf für eine Verfassung des wiedervereinigten Kantons Basel, der im Verfassungsrat 1964 die erste Lesung passiert hat, ist nicht durch Reorganisationsforderungen, sondern durch die angestrebte Wiedervereinigung motiviert.

vielleicht noch die populäre Erweiterung oder Anpassungen der politischen Volksrechte, sind ihr Anliegen. Verfassungssystem und ideengerichtete Gesamtschau bedeuten ihr überflüssige Spekulation. Die Rechts*wissenschaft* zögert, ob sie die Forderung nach Gesamtrevisionen aufnehmen soll, die die Chance bergen, die hängigen Einzelprobleme aus einer ganzheitlichen Fundierung zu harmonisieren, oder ob sie nicht besser täte, den schrittweisen Reformen das Wort zu reden, die allerdings dem Risiko ausgesetzt sind, schiefgestellte Institutionen anzulegen oder in punktuellen Vorkehren steckenzubleiben. Wahrscheinlich stellen sich nur in ausgesuchten historischen Augenblicken Bereitschaft und Vermögen zu Verfassungsgebungen ein. Gerade die moderne Wissenschaft mit ihren Einblicken in die Technik der Machtausübung und in die Bedingungen sinnvoller Organisation hat Glauben und Fähigkeit zu ursprünglicher und spontan-naiver Verfassungsschöpfung abgebaut. Eine zeitgemäße staatliche Strukturierung darf an wissenschaftlichen Erkenntnissen nicht vorbeigehen und kann ohne entscheidende Hilfe der Wissenschaft überhaupt nicht mehr zustandekommen. *Die politische Kunst staatlicher Gestaltung verbindet sich notwendigerweise mit der nüchternen analytischen Wissenschaft. Das zwingt zu wissenschaftlichen Arbeitsweisen im verfassungspolitischen Raum,* wozu die politischen Kräfte, die zwischen Wissenschaftsverachtung und Wissenschaftsaberglaube schwanken, noch wenig Neigung zeigen. Es ist zugleich verständlich, daß bei derart kühl-methodischen Verfahren die Öffentlichkeit nicht in die begeisternde Stimmung versetzt wird, auf deren Wogen Verfassungsgebungen im 19. Jahrhundert geglückt sind[6].
Offen ist, welchen Wissenschaftszweigen die Mitwirkung zufällt. *Eine*

---

[6] Verfassungsschöpfungen, die das Vermögen zur staatlichen Fundierung entfalten, kommen in der Schweiz zustande, wenn sie Antwort auf hochpolitische Fragen eines historischen Augenblicks geben müssen und können, wobei das Volk sich in seinen Rechten oder durch die existentielle Problematik des Staatsbestandes unmittelbar ergriffen sieht. In der Regeneration sowie in den siebziger und achtziger Jahren des 19. Jahrhunderts geht es um die Verstärkung und Erweiterung der Volksrechte. 1848 steht die staatliche Zusammenfügung schlechthin in Frage. Um 1872/74, wo inhaltlich eigentlich keine *Total*revision der Bundesverfassung stattfindet, geht es um die doch sekundäre Frage der Relationen zwischen Bund und Kanton. «Kampf um den Verfassungsstaat» und Kampf um Staatseinheit (vgl. dazu WERNER NÄF, Die Epochen der neueren Geschichte, II, 1. Aufl., Aarau 1946, S. 158 ff., 170 ff.) sind im 19. Jahrhundert zündende Aufgaben, und der Verfassungsgedanke lebt aus ihrer politischen Aktualität. Im 20. Jahrhundert ist es anders: Eine rechtslogische Priorität und eine intellektuelle Begründung der Verfassung als freiheitsbehütende Gesamtordnung bewegen die schöpferischen und antreibenden Kräfte im Volke offensichtlich nur noch mit Hilfe mühsamer Übersetzungen, die dann versagen, wenn es nicht gelingt, die Verfassungsidee als nutzbringend, äußeren Interessen dienend auszuweisen. Die heutige Problematik des Staats läßt sich denn schwerlich in derartige nötige Vereinfachungen bringen.

einzelne Fakultät ist es nicht. Werden Recht, Staat und Organisation ausschließlich zum Gegenstand angeblich wertfreier Soziologie[7] und soziologischer Politologie, die zunächst beschreiben und dann als unentrinnbar hinnehmen, was ist oder sich als empirische Gesetzlichkeit auszugeben weiß, liefern sich Recht und Staat den Techniken der Organisation und den effektiven Funktionsabläufen aus. Bei aller Respektierung soziologischer Gegebenheiten und bei aller pragmatischen Haltung ist doch das Normative sicherzustellen, das heißt hier: die bewußte Ausrichtung von Organisation und Funktion auf die materialen Ziele des Staats. Staatliche Organisation ist freilich zu einem Teil durchaus zweckrationale und wertneutrale Entscheidung und ein orts- und zeitgebundenes Produkt zufälliger Kompromisse. In erheblichem Maß ist sie aber auch bezogen auf Grundwerte der Sozialordnung, so auf die politische und individuelle Freiheit sowie die Rechtlichkeit zwischenmenschlicher Beziehungen. In der Schweiz bleiben ihr als Konstanten Rechtsstaat und Demokratie aufgegeben. Sie soll garantieren – und in keinem Fall verhindern –, daß die Staatsordnung Rechtsgemeinschaft sein kann[8]. *Gerade dafür hat sich die Rechtswissenschaft in den Reorganisationsfragen zu behaupten.* WALTHER BURCKHARDT hat eindrücklich gezeigt, daß sie nicht nur Dogmatik des positiven Rechts ist[9]. Sie wird sich, wenn sie ihre Aufgabe begreift, Forschungsgegenstände und Methoden so weiten, daß sie im Gespräch um die staatlichen Neugestaltungen die beteiligten wissenschaftlichen Disziplinen anführen kann. In diesem Anspruch liegt keine Vermessenheit. Sie soll bei philosophischer Fundierung ihre reiche Erfahrung auf dem Arbeitsfeld zwischen Idee und Wirklichkeit, zwischen ethisch-politischer und tatsächlicher Sphäre in den Dienst rechtsstaatlicher und demokratischer Formung des Staates stellen,

---

[7] Gegen die Versuche der Soziologie, sich als wertfrei hinzustellen: OLOF GIGON, Soziologie als Erbin der Ethik?, und CHRISTIAN GRAF VON KROCKOW, Die Verantwortung der Sozialwissenschaften, beide in Schweizer Monatshefte 45, 1965, S. 101 ff. und 118 ff. Zur lebhaften Auseinandersetzung über die Rückführung wertfreier Soziologie und insbesondere Politologie auf Max Weber, der in der politischen Frage doch je die Verantwortung in die Mitte gestellt hat: vgl. sowohl KARL JASPERS, Bemerkungen zu Max Webers politischem Denken, in: Festschrift für Edgar Salin, Tübingen 1962, und in: Lebensfragen der deutschen Politik, München 1963, S. 282 ff., als auch KARL LOEWENSTEIN, Max Weber als «Ahnherr» des plebiszitären Führerstaats?, Kölner Zeitschrift für Soziologie und Sozialpsychologie, 13, 1961, S. 75 ff., und in: Beiträge zur Staatssoziologie, Tübingen 1961, S. 311 ff.

[8] Wie es kürzlich wieder RICHARD BÄUMLIN, Der schweizerische Rechtsstaatsgedanke, ZBJV 101, 1965, S. 81 ff., umschrieben und in den gedanklichen Voraussetzungen kenntlich gemacht hat. Vgl. auch vom gleichen Autor: Strukturprobleme der schweizerischen Demokratie der Gegenwart, ZBJV 97, 1961, S. 81 ff.

[9] Zusammenfassend in: Die Aufgabe des Juristen und die Gesetze der Gesellschaft, Zürich 1937.

der um seine Effektivität ringt. Andere Wissenschaftszweige können sie *darin* nicht vertreten.

II. Der Ansatz für Reformen

Reformpostulate betreffen unter anderem die Regierung als Organ. Es macht zwar den Anschein, sie nehme in Bund und Kantonen eine gefestigte Stellung ein. Sie ist jedoch, gleich andern Gewalten, von Fragwürdigkeiten umgeben. EDUARD HIS[10] hat in seinem meisterhaften Werk über die Geschichte des schweizerischen Staatsrechts geschildert, daß den Verfassungen von 1848 und 1874 der Gedanke zugrundegelegen hat, die *Bundesversammlung funktionell und organisatorisch in eine allgemeine Suprematie zu versetzen.* Der Bundesrat erscheint vorwiegend als Beauftragter des Parlaments, immerhin durch feste Amtsdauer stabilisiert, jedoch durch Gesetz, Budget, Kontrollen und Wahl an den Willen der Volksvertretung gekettet. In ähnlichem Sinn wird in den Kantonen der Regierungsrat an die Spitze der administrativen Hierarchie gestellt. Die Legislative, an der das Volk unmittelbar teilhat, determiniert das Handeln der vollziehenden Gewalt. Die Regierung ist ein Kollegium gleichgeordneter Direktoren. Die Departemente sind präparierende und ausführende Hilfsstellen für den Kollektiventscheid. Eine bescheidene Delegation auf administrative Mittelinstanzen entlastet das Kollegium von Bagatellsachen.

Vor allem die beiden Weltkriege und die Wirtschaftskrise der dreißiger Jahre *zerstörten die legislativstaatliche Stuktur* in der Staatswirklichkeit. Der Exekutivstaat brach durch, ohne daß mit dieser Bezeichnung eine beruhigte Verfassungslage erfaßt wäre. *Die Regierung,* die eigentlich nur in bedrängenden Notzeiten ihre dominante Stellung selbstbewußt eingenommen hat, ist häufig *im Zweifel,* wie sie die Verwaltungsfunktionen wahrnehmen, wie sie ihr Verhältnis zum Parlament bestimmen, was für Beziehungen sie zum Volk, zu den politischen Parteien und Interessengruppen unterhalten, ja, was letztlich das Wesen ihrer Position im Staate überhaupt ausmachen soll. *Unbestimmt sind die Vorstellungen auch in andern Gewalten und in der öffentlichen Meinung, wenn sie sich mit der Regierung befassen.* Die Forderungen nach einer starken und führungsfähigen Regierung stehen neben Versuchen, die Relationen nach den Verfassungskonzeptionen des 19. Jahrhunderts zu bestimmen. Vehement wird dargetan, Bundesrat und Regierungsrat sollten regieren und nicht verwalten. Zugleich aber wird die Meinung hochgehalten, die Exekutive mit Einschluß der Regierung habe

---

[10] Geschichte des neueren Schweizerischen Staatsrechts, III, Basel 1938, S.316, 357 ff., 403 ff. Vgl. auch die Zusammenfassung bei HANS HUBER, Wie die Schweiz regiert wird, Zürich 1952, S.51 ff.; Das Staatsrecht, in der erwähnten Festschrift für Fritz Marbach, S.465 f.

nichts anderes zu tun, als sich gehorsam dem verwaltenden Gesetzesvollzug zu widmen. Der Entwurf des Basler Verfassungsrats gibt der Regierung ein bescheidenes Verordnungsrecht und bestätigt die alte Formel: «Der Regierungsrat ist die oberste verwaltende Behörde des Kantons» (Art. 39 in Verbindung mit Art. 38).

In dieser Zwischenlage, wo die tatsächliche Staatsstruktur dem formellen Verfassungsrecht entwichen ist, normative Verfassungwandlungen nicht anerkannt und vorderhand bloß Sukzessivreformen zu erwarten sind, hat die Rechtswissenschaft zweierlei zu tun.

Zum ersten hat sie *von Grund auf die Funktionenlehre zu überprüfen.* Hiefür muß sie sich auch den Einsichten der Sozialwissenschaften und der Betriebslehren öffnen. Daß nur zwei oder drei Hauptfunktionen im Staate zu erfüllen wären, nämlich Rechtssetzung-Rechtsanwendung oder Gesetzgebung-Verwaltung-Rechtsprechung, und alle weiteren Tätigkeiten sich darin wesensgemäß erfaßt sähen, trifft nicht mehr zu. Mit ähnlicher Evidenz verlangen vor allem Planung, Lenkung, Koordination und Kontrolle Bestimmung und Plazierung auf der Verwaltungs- wie auf der Verfassungsebene. *Verändertes Funktionenverständnis kann Neubildungen und Neuverteilungen von Organgruppen zur Folge haben.* Dieser weite und faszinierende Problemkreis betritt Neuland. Er muß hier auf sich beruhen bleiben.

Zum zweiten hat sich die Rechtswissenschaft *um die Formulierung von «Bildern» zu bemühen.* Das sind Beschreibungen im Mittelfeld zwischen dem gesetzten Recht, der Staatspraxis und den normativen Ideen, die teils überkommen sind, teils sich neu abzuzeichnen beginnen. Inhalt und Verbindlichkeit solcher Bilder sind offen, ihre Modalität ist der Typenbegriff. Sie sind *wissenschaftliche* Kreationen mit der Fähigkeit, in der Staatswirklichkeit normative Lenkungskraft auszuweisen. Sie machen bewußt, was sich in der Gegenwart vollzieht, tragen Kritik und prägen künftige Positivierungen. Für Reformen sind sie Leitbilder.

Ein Leitbild hängt vom andern ab. Das der Regierung ist bedingt von dem des Parlaments und umgekehrt. Keines kann losgelöst von dem des Volks ermittelt werden. Immerhin ergibt sich *in der Praxis eine merkwürdige Präferenz des Regierungsbilds,* die sich aus der tatsächlichen zentralen Stellung der Regierung in der Staatswirklichkeit erklärt. Reformbestrebungen etwa der Administration oder des Parlaments scheitern oder versanden regelmäßig, wenn nicht die Regierung und ihre Tätigkeit in den Mittelpunkt der Fragen und Überlegungen gestellt sind. *Bei ihr beginnen und enden die Gestaltungsprobleme,* jedenfalls so lange, bis eine ausgewogene Funktionenlehre und Gewaltenordnung des modernen Staats entwickelt und anerkannt ist. Und das kann lange dauern. Wenn denn das Gespräch um Staatsreformen ernsthaft aufgenommen werden soll, wird man sich

vorweg dem Bild der Regierung zuzuwenden haben, wohl wissend, daß Wissenschaft und Praxis auf einem gemeinsamen Weg das Wagnis des Fragmentarischen, Provisorischen und Offenen auf sich nehmen[11].
Auf einzelne Elemente eines möglichen schweizerischen Regierungsbildes soll im folgenden hingewiesen werden.

III. Funktionelle Elemente eines Regierungsbildes

Die Regierung als Organ ist in den Schnittpunkt der tradierten Staatsfunktionen zu setzen. Verwaltung und Rechtspflege, aber auch Rechtssetzung liegen in ihrem Bereich, der sich zur umfassenden Gewalt weitet mit der spezifischen Regierungsfunktion.

1. Die Regierung in der Verwaltung

Die Regierung ist *vorerst und immer noch Spitze der Administration*. Sie verwaltet, sei es rechtsanwendend, sei es verfügend im Ermessensgebrauch, sei es gestaltend in gesetzesfreier Verwaltung. Durch ihre Befehls- und Aufsichtsrechte verknüpft sie, wenn auch mühsam, den zersplitterten Administrativkörper. Doch sie ist überbeansprucht. Man kann nicht mehr daran festhalten, den Hauptteil oder die wichtigeren der Verwaltungsakte selbst zu erlassen. Was 1914 im Bunde mit der Delegationsordnung eingeleitet worden ist, wird zu einem konsequenten Ende geführt werden müssen: Die Regierungen sollen in der Regel von konkreten Verwaltungstätigkeiten befreit werden[12]. In größeren Kantonen können ihr z.B. die Polizeibewilligungen, viele Finanzentscheide, die Betreuung des Finanzvermögens, die Arbeitsvergebungen, manche Beamtenwahlen, Besoldungs- und Dienstverhältnisverfügungen abgenommen werden. Im gleichen Maß wie das Kollegium muß jedoch *auch der Departementsvorsteher*, der in einer spannungsreichen Doppelstellung als Regierungsmitglied und Ressortchef steht, *Entlastung* finden; sonst endet jede Regierungsreform in einem illusionären Zirkelschluß.
Geht man so weit, so lockt für den Bund der Gedanke der ersten helvetischen Verfassung von 1798, den Bundesrat Dubs 80 Jahre später wieder aufgenommen und modifiziert hat: Die politisch-gouvernementalen Oblie-

---

[11] Die Problematik der tradierten Organisation im heutigen Verwaltungsstaat hat der Regierungsrat des Kantons Aargau früh festgestellt und eine Neuordnung auf lange Sicht in einem Sukzessivverfahren eingeleitet, wobei Funktion, Organisation und Arbeitsweise der Regierung als Kern wirksamer Reformen erkannt worden sind. Vgl. Regierungsrat KURT KIM, Regieren und Planen im Aargau, Zofingen 1963; Botschaft des Regierungsrats an den Großen Rat vom 4. März 1965 betreffend die Regierungs- und Verwaltungsreform und die Einrichtung eines Rechtskonsulenten der Regierung.
[12] Ebenso MAX IMBODEN, Helvetisches Malaise, Zürich 1964, S. 40.

genheiten könnten einem drei- bis fünfgliedrigen Bundesrat überantwortet werden, während die Administration durch verselbständigte Verwaltungs-direktoren zu führen wäre[13]. Um die Zusammenarbeit innerhalb der Verwaltung und ihre relative Einheit nach außen sicherzustellen, wären diese Verwaltungsdirektoren heute in einem Arbeitsgremium zu vereinigen. Neben und unter das politische Kabinett träte ein *Verwaltungskabinett*[14]. Gegen eine solche Teilung spricht nicht nur eine alte schweizerische Abneigung, sondern auch die Erwartung, daß die von der Verwaltung abgelöste Regierung ihre zentrale Stellung an das neue Verwaltungsdirek-torium verlöre. Denn Wissen, Können und Macht der Verwaltung sind im Zusammenspiel der Gewalten zu nutzen, und wer über sie verfügt, hat die Rolle der Regierung im Funktionengefüge. Die Regierung darf von der realen Verwaltung nicht abgeschnitten werden. Sie hat in ihr und mit ihr zu leben. Daraus erst erwächst ihr das praktische Sachverständnis, dank dem sie Problemlagen begreift, Zusammenhänge erkennt, Lösungen findet. Sie muß die Spannung zwischen erwünschter Distanz und notwendiger Sach-nähe aushalten, und das Organisationsrecht soll die einseitige Auflösung nicht versuchen[15].

Dadurch wird nicht ausgeschlossen, daß sich *Zwischenebenen unter der Regierung und unter den Departementsvorstehern* bilden, die teils Vorberei-ter, teils Entscheidungsträger sind und die die Kooperation in und zwischen den Ressorts zustandebringen. Die Idee der Staatssekretariate als Ein-mann- oder Kollegialorgane und der institutionalisierten Interdeparte-

---

[13] JAKOB DUBS, Das öffentliche Recht der Schweizerischen Eidgenossenschaft, II, 1878, S.68. Zu den «doppelten Exekutiven» in den Kantonen (in Graubünden bis 1893, in Glarus bis 1887, in Solothurn bis 1875) vgl. EDUARD HIS, a.a.O., S.440f.

[14] Ähnlich EMIL GUILLAUME, Regierungslehre, in der Zeitschrift «Der Staat» 4 (1965), S.190. Der Gedanke solcher Teilung liegt auch der Organisation der Montanunion und der EWG zugrunde, wo der Ministerrat eine Art von Regierungsorgan und die Kommis-sion die Verwaltungsspitze bilden. Vgl. Art.145ff. und 155ff. des Vertrags zur Gründung der Europäischen Wirtschaftsgemeinschaft vom 25.März 1957. Damit sind jedoch per-sonell und sachlich äußerst heikle Funktions- und Kompetenzkonkurrenzen angelegt, die sich in den koordinationsbedürftigen Belangen zu Erschwerungen auswachsen und Macht-probleme auslösen. Vgl. ULRICH EVERLING, Die Koordinierung der Wirtschaftspolitik in der Europäischen Wirtschaftsgemeinschaft als Rechtsproblem, Tübingen 1964.

[15] Vor allem darf man sich der Erfahrung nicht verschließen, daß das Regierungsorgan die «Regierungsfunktion» (vgl. unten Ziff.4 im Kontext) zulänglich nur deswegen erfüllen kann, weil es über die Vielfalt von Wissen und Können, die sich in der Administration anreichern, als hierarchische Spitze frei verfügt. Die wiederholt festgestellte Verdrän-gung des Parlaments aus der staatslenkenden Funktion im Verwaltungsstaat (Regie-rungsfunktion) beruht denn darauf, daß es sachlich die Verwaltungsaufgaben und Verwaltungsabläufe nicht mehr «in den Griff bekommt». Eine ähnliche Entfremdung bedroht das Regierungsorgan. Vgl. KURT EICHENBERGER, Die Problematik der parla-mentarischen Kontrolle im Verwaltungsstaat, SJZ61, 1965.

mental-Konferenzen ist nicht tot, und sie wird, allen Erklärungen der Regierungen zum Trotz, in der Schweiz manchmal schon recht wirksam praktiziert.

Immerhin braucht das Regierungskollegium *institutionelle Hilfen,* die es zum Teil bereits hat, in der Regel aber noch nicht ausnutzt. In erster Linie muß es sich voll über das informieren können, was in der Administration geschieht und nicht geschieht. Die Abschirmung der Verwaltungsvorgänge gegenüber der Regierung, wie es heute in weitem Umfang geübt wird, ist aufzugeben[16]. In zweiter Linie muß die Regierung imstande sein, die Verwaltungstätigkeit zu lenken. Sie bedarf des kultivierten Verordnungs- und Weisungsrechts und der Möglichkeit von departementsunabhängigen Rekursentscheidungen im verwaltungsinternen Instanzenzug. Nötig vor allem sind wirksame «Zugrechte» oder «Evokationsrechte», kraft derer die Regierung beliebige Akte unterer Behörden an sich zieht, von Amtes wegen berichtigt oder, wo es wegen des Rechtsschutzinteresses Privater nicht angeht, zum Anlaß künftiger Anordnungen nimmt. In dritter Linie ist die Unabhängigkeit der Regierung von den Departementen zu gewährleisten, die heute wegen ihrer monopolisierten Sachkunde die Regierungsentscheidungen wesentlich bestimmen und häufig zu Formalakten denaturieren. Damit ist etwas Allgemeines angedeutet: Die Regierung hat sich instand zu setzen, *den Verwaltungslauf verfolgend zu beaufsichtigen und – anders als in der Gegenwart – wirksam zu dirigieren*[17]. Prompte und sichere Interventions- und Interzessionsmöglichkeiten lassen sich einrichten. Die Regierung hat sich beobachtende und beratende Hilfsorgane als Stabsstellen, die ihr und nur ihr gehören, zu verschaffen. Institutionen wie die Finanzkontrolle, eine neu zu konzipierende Ermessenskontrolle, zentrale Organisations- und Planungsstellen sowie die umfassende Wirtschafts- und Rechtsberatung gehören unmittelbar – und nicht über die verbiegende Mediatisierung eines Departements – in die Hand der Regierung.

[16] Ohne vollendete Information (verstanden als Informations*möglichkeit* und realisierte Informations*auslese* in einem permanenten Informationsvorgang) wird das Regierungsorgan zur abgewürgten Spitze und büßt die erste Voraussetzung seiner Wirksamkeit ein. Ähnlich WILHELM HENNIS, Richtlinienkompetenz und Regierungstechnik, Tübingen 1964, S. 14 ff.

[17] Darin liegt denn wohl eines der dringendsten Anliegen der Gegenwart: daß die Administration eine Dirigierung finde. HANS PETERS, Die Verwaltung als eigenständige Staatsgewalt, Kölner Rektoratsrede, Krefeld 1965, fordert einmal mehr die Anerkennung der administrativen Selbständigkeit. Auch wenn man ihm für die Schweiz nur mit Vorbehalten folgt, so ist die Administrativ-Zusammenfassung erwünscht und gerade für die andern Organgruppen erforderlich. Alle Gewalten im Staat – selbst die Justiz – sind auf Hilfen oder Mitwirkungen der Administration angewiesen und sollen die Kommunikation über ein politisch vollumfänglich verantwortliches Verfassungsorgan herstellen können.

2. Die Regierung in der Rechtspflege

Daß die Regierung an der Rechtspflege durch die verwaltungsinterne Rechtsprechung beteiligt ist, kann nicht beseitigt werden, wenn sie verantwortliche Verwaltungsspitze bleiben soll. Es beruht auf einem Mißverständnis der Justiz wie der Exekutive, wenn versucht wird, die Verwaltungsgerichte an Stelle der Regierung zur Rechts- und Ermessenskontrolle unmittelbar gegenüber departementalen Verwaltungsakten einzusetzen. Das mag für ausgesuchte Materien oder besondere Fälle angehen. *Für die Regel aber darf die Regierung weder von der Rechts-, noch gar von der Ermessenskontrolle ferngehalten werden. Nach* ihr soll der Justiz die *rechtliche* Nachprüfung erlaubt sein. Die Geschlossenheit der Administration erfüllt sich in den rechtspflegenden Zugriffen der Regierung auf die Departemente. Voraussetzung ist allerdings, daß die Regierung in Eigenständigkeit und zulänglicher Rechtskenntnis befindet. Sie bedarf dafür des eigenen Rechtskonsulenten.

3. Die Regierung in der Rechtssetzung

Der Jurist, der mit historischer Interpretation an das geschriebene Verfassungsrecht herangeht und an das Dogma der Gewaltentrennung glaubt, verzweifelt ob der Tatsache, daß in der Schweiz die *Regierung unentbehrliches und mitunter gar stärkstes Organ der Rechtssetzung geworden* ist. Er gerät ins Entsetzen, wenn er sieht, daß häufig nicht die Regierung, sondern die Administration, d. h. ein einzelnes Departement, sogar eine Abteilung oder Sektion, die Rechtssetzung substantiell und politisch trägt[18]. Die Exekutive, die gemäß Herkommen den aus fremder Hand gegebenen Rechtssatz ausführen soll, bereitet ihn vor, verficht ihn auf dem Weg der Gesetzgebung, beeinflußt maßgebend den parlamentarischen Verbindlichkeitsentscheid. Die legislatorische Funktion dehnt sich aus mit der reichen Verordnungsrechtssetzung, wo die Regierung unabhängig von Parlament und Bürgerschaft, höchstens eingeengt durch die Kompetenz- oder Delegationsnorm, sekundäres und selbst primäres Recht setzt. Die schlichten Antragsrechte und Vollziehungskompetenzen haben sich gestreckt zum bestimmenden Anteil an der Rechtserzeugung.

Ein gültiges Bild wird nicht darum herumkommen, diese Rolle der Regierung anzuerkennen, jedenfalls dann, wenn die Bundesversammlung und die Großen Räte als Milizparlamente beibehalten, die ungebremste Mitsprache der außerparlamentarischen Legislativkräfte, z. B. der Verbände, zugelassen, parlamentarische Hilfsdienste nur in bescheidenen Ausformun-

---

[18] Zur Praxis vgl. die Zusammenfassungen bei: ADOLF GUGLER, Rechtssetzung und Regierung im Kanton Zürich, Winterthur 1956; KURT BLUM, Die aargauische Rechtssetzung in Theorie und Praxis, Winterthur 1958; KURT EICHENBERGER, Die oberste Gewalt im Bunde, Zürich 1949.

gen aufgezogen werden[19]. Damit stürzt freilich die dogmatisierte Gewaltentrennung im Gebiete der Rechtssetzung ein. Denn die Separierung im objektiven und subjektiven Sinne entfällt, und eine Verschränkung um der Machthemmung willen ist schwerlich erzielt. In der Gesetzgebung stellt sich, wie der Bonner Staatsrechtslehrer und Basler Ehrendoktor ERNST FRIESENHAHN gezeigt hat, eine *Kooperation von Regierung und Parlament* ein[20]. Keine Abspaltung, keine einseitige funktionelle Dependenz, sondern dichte Zuordnung in einem ununterbrochenen Zusammenspiel charakterisieren das Verhältnis zwischen den beiden Gewalten, das sich ähnlich im Finanzwesen und in den auswärtigen Angelegenheiten ausnimmt. Das Spannungsverhältnis zwischen Regierung und Parlament, das uns unentbehrlich vorkommt, wird nicht aufgehoben, wohl aber transformiert in eine politische und sachliche Horizontalrelation[21].

Man soll die Regierung in der Rechtssetzung gelten lassen, aber sie dabei behaften und ihre politische Verantwortlichkeit unmißverständlich darauf ausweiten[22]. Die Regierung ist mehr als Umschlagstelle zwischen neutralen Präparatoren und dem souveränen Parlament und anderes als Mittlerin zwischen zwei Kammern oder zwischen intermediären Kräften und der Legislative. Ihre leitende Mitwirkung rechtfertigt sich darin, daß sie auf einfache Weise die gehobene Sachkunde in bezug auf den Gesetzgebungsgegenstand in das Verfahren einbringt, daß sie die größte sachliche Unabhängigkeit aller an der Gesetzgebung beteiligten Mächtigkeiten genießt und daß sie schließlich dank ihrer Stellung, Arbeitsfähigkeit und Erfahrungsbreite am besten *geeignet ist, für Recht und Rechtliches in der Gesetzgebung die Sorge zu*

[19] Zu den nunmehr einsetzenden Versuchen institutioneller Änderungen im Bund: Bericht der vom Nationalrat und Ständerat eingesetzten Kommission an die Eidgenössischen Räte über die Abklärung der Mirage-Angelegenheit in BBl 1964 II, S. 273 ff. (340 f.); Bericht der Geschäftsprüfungskommission des Nationalrates an den Nationalrat über den Ausbau der Verwaltungskontrolle in BBl 1965 I, S. 1145 ff. (1189, 1200).

[20] ERNST FRIESENHAHN, Parlament und Regierung im modernen Staat, in: Veröffentlichungen der Vereinigung der Deutschen Staatsrechtslehrer 16, 1958, S. 9 ff. (36 ff.). Zur «Zuordnung» von Organen und Organgruppen vgl. RICHARD BÄUMLIN, Staat, Recht und Geschichte, Zürich 1961, S. 38 ff., welches Problem sich auch da stellt und zu ähnlichen Folgerungen führt, wo die Rechts- und Staatsauffassung des Autors nicht durchwegs aufgenommen wird.

[21] An dieser Stelle beginnt freilich eine eminent praktische Frage: Wem soll und kann die bewegende und die gestaltende Kraft zufallen? Denn die stetige Ausbalancierung ist nicht möglich, und in der «Zuordnung» liegt die Erwartung der Bewegung im dialektischen Bezug. In den Kantonen ist es offensichtlich die Regierung. Im Bunde könnte es anders sein, sofern das Parlament in zulänglicher Sachkunde und in politischem Vermögen aktiviert würde.

[22] Wobei die schwierige Frage nach dem Wesen der politischen Verantwortlichkeit freilich neue Erschwerungen erfährt. Vgl. KURT EICHENBERGER, Die politische Verantwortlichkeit der Regierung im schweizerischen Staatsrecht, in: Festschrift für Hans Huber, Bern 1961, S. 108 ff.

übernehmen. Die Administration ist häufig durch besondere Verwaltungs-interessen und technische Zweckmäßigkeiten bewegt. Die mitredenden Interessengruppen sind an partikuläre Zielsetzungen gebunden. Im Parlament wiederholen sich ähnliche und weitere Abhängigkeiten, aus denen die Freiheit zum rechtlich Richtigen mitunter nur schwer durchbrechen kann. Die schwierige Behütung des richtigen Rechts in der Gesetzgebung der Gegenwart, das heißt vor allem die Wahrung konstitutiver Rechtsprinzipien und Fundamentalnormen, die Systematisierung und methodische Sauberkeit, kann mit dem wirksamen Gewicht in der Schweiz offensichtlich nur die Regierung übernehmen[23]. Daran würde sich mit dem Ausbau der Verfassungsgerichtsbarkeit kaum etwas ändern, weil der kassierende Verfassungsrichter wesensgemäß bloß Ausschnitte beurteilen und nur beschränkt zur inhaltlichen Gestaltung der Rechtsordnung beitragen kann. Verlangt man diesen Dienst von der Regierung mit Ernst, braucht sie zweierlei: Einmal wird sie die Sachkunde der Departemente in neuartigen Konsultativverfahren ausschöpfen und ihre eigenen Stabsstellen, vorab Rechts- und Wirtschaftskonsulenten einsetzen. Sie hat sich bei ihren Rechtssetzungsaufgaben frei zu machen von der heutigen Bestimmung durch die Administration. Sie wird sodann ihren Arbeitsgang insofern zu ändern haben, als sie sich die Zeit nimmt, die eine zulängliche Rechtssetzung erfordert und die in den gegenwärtigen Rechtssetzungsverfahren keine Behörde regelmäßig aufzubringen geneigt ist.

4. Die «Regierungsfunktion»

Vornehmlich RUDOLF SMEND und nach ihm ULRICH SCHEUNER[24] haben deutlich gemacht, daß im Staat eine besondere Hauptfunktion wahrgenommen wird, die sich nicht in der Gewaltendreiheit Gesetzgebung, Verwaltung und Justiz unterbringen läßt. Sie *überwölbt durch ihre antreibende und dirigierende Kraft alle andern Staatsfunktionen, umgreift und durchdringt sie.* Man mag diese umspannende Tätigkeit der Regierung als Funktion bezeichnen und ihr drei Merkmale zuschreiben. Sie ist erstens Zielsetzung der Staatsbetätigungen, konkretisierende Ausgliederung aus letzten Sinnbestimmungen und Auslese der geeigneten Mittel. Sie ist zweitens Zusammenfassung und Zusammenhaltung der staatlichen Orga-

---

[23] Zur bleibenden, in der gegenwärtigen Rechtssetzung aber schwer erfüllbaren Forderung, das Recht nach den «richtigen» Bauprinzipien zu geben: HANS HUBER, Die Anhörung der Kantone und der Verbände im Gesetzgebungsverfahren, ZBJV 95, 1959, S. 249 ff. (267 ff.); HANS MERZ, Das Recht als soziale Ordnungsmacht, S. 7 ff.; und immer wieder: HERMANN JAHRREISS, Größe und Not der Gesetzgebung, in: «Mensch und Staat», Köln/Berlin 1957, S. 17 ff.

[24] RUDOLF SMEND, Die politische Gewalt im Verfassungsstaat und das Problem der Staatsform, in: Festgabe für Wilhelm Kahl, III, Tübingen 1923; ULRICH SCHEUNER, Der Bereich der Regierung, in der ersten Festschrift für Rudolf Smend, Tübingen 1952.

nisation und ihrer Betätigungen im Ausgleich mit andern Sozialwirksam-keiten. Drittens ist sie Bewahrung und Darstellung des Staats nach außen und nach innen, worin die staatliche Existenz bewußt gemacht wird. Im Bundesstaat gehört dazu die Schaffung des Einklangs zwischen Gesamt-staat und Gliedstaaten, im Kanton die Zusammenführung kantonalen und kommunalen Handelns. Regieren ist integrierende Gesamtleitung des Staatsganzen. Dazu gehören Überblick und Handlungsfähigkeit. Regieren heißt: wissen, was im Staate vor sich geht; heißt: urteilen und wollen, vorausschauen und vorangehen. Regieren ist auch Vermittlung und Aus-gleich, begreift in sich die Gabe, sich durchzusetzen, die Kraft, nein zu sagen, auszuhalten, wider Zeit und Gewohnheit zu sein. *Regieren ist vollendetes «Dabeisein», die ungeteilte Sammlung auf den Staat im Bewußt-sein, uneingeschränkte Verantwortung für alles und das Ganze zu tragen.*

Der Form und dem Inhalt nach rückt die Regierungsfunktion in die Nähe der Rechtssetzungsinitiative, der Richtungsweisung für die Verwaltung, der Ziel-, Instrumental- und Zeitplanung für das, was im Staate geschehen soll, in gewissen Zügen auch der Verfassungsrechtsprechung. Sie ergreift insbesondere auch die mannigfaltigen lenkenden Aufgaben, die in der Referendumsdemokratie den Behörden gegenüber dem Volk obliegen. Wenn man mit MAX IMBODEN die schweizerische Staatsform als «konsiliare Demokratie» versteht [25], wird man den Begriff des Consiliums nicht auf Rat und Ratschlag einengen. Er schließt im Wesenskern doch Lenkung in sich. Der Unterschied gegenüber einem patriarchalischen oder plebiszitären Lenkungsvorgang liegt darin, daß die Einwirkungen der Behörden auf das Volk langfristig, nicht nur auf punktuelle Fragen zugerichtet, sondern auch in allgemeinen politischen Belangen vorhanden sind, daß sie behutsam gehandhabt werden und daß die behördliche Bereitschaft zur Aufnahme und zum Austausch von Gehalten aus dem Volk ungebrochen bleibt. Solche behördliche Funktion ist wesentlich ein andauerndes erzieherisches Wal-ten, ein verantwortungsbewußtes Hinlenken, eine sorgfältige Schaffung von geistigen und sachlichen Voraussetzungen dafür, daß das Volk in relativer Reife seine Rechte wahrnehme, seine Freiheit behüte und seinen Staat trage [26].

Nimmt das Parlament die generelle Suprematie ein, fällt die vielschichtige

[25] MAX IMBODEN, Die politischen Systeme, Neudruck Basel/Stuttgart 1964, S.32.
[26] Zu diesem Auftrag und zur nötigen Selbsterziehung des Volks einmal mehr die Bekräfti-gung durch KARL JASPERS, Kleine Schule des philosophischen Denkens, München 1965, S.75 und 113ff. «Größe des Staatsmannes sehen wir dort, wo er sich der Verantwortung für die Freiheit bewußt ist.» Und: «Ein freies Volk wird stets durch die Minderheit seines geistigen Adels, allen Schichten der Bevölkerung entstammend, bestimmt. In ihm erkennt es sich wieder und mit ihm verwirklicht es seine Demokratie.» Das Volk «fordert von sich die Selbsterziehung in Gegenseitigkeit von Volk und Regierenden... Die politische Selbsterziehung erfolgt an den Realitäten alle Tage und in den großen

Regierungsfunktion mit Schwergewicht ihm zu. In den Wandlungen ging sie *tatsächlich fast ganz auf den Bundesrat und den Regierungsrat über*. Man wird dies angesichts der reduzierten Repräsentations- und Integrationskraft der schweizerischen Parlamente der Gegenwart zur Wahrung des staatlichen Zusammenhalts im Regierungsbild anerkennen müssen. Dem Regierungsorgan wird neben und in der leitenden Stellung in Verwaltung und Rechtssetzung der funktionelle Regierungsbereich impliziert. Damit hat man freilich die *schweizerischen Regierungen zu potenzierten Gouvernementalgewalten* gemacht, wie sie in dieser Art das Ausland nicht kennt.

Diese Stellung der Regierung ist unter rechtsstaatlichen und demokratischen Gesichtspunkten *erträglich, wenn institutionalisierte Gegenkräfte bereit stehen* und notfalls auch Ausgleichsmöglichkeiten durch qualifizierte intermediäre Sozialkräfte, etwa von politischen Parteien, realisierbar wären. Lehre und Praxis werden denn in erster Linie in den Relationen der Regierung zu andern Organgruppen praktikable Grundsätze zu entwickeln haben, die einer entdogmatisierten und umfassenden Gewaltenteilung, wie WERNER KÄGI[27] sie charakterisiert hat, Ausdruck geben und die Macht da in Kontrolle fassen, wo sie wirklich ist und Gefährdung von Recht und Freiheit darstellen kann. Das heißt: *Die korrelativen Leitbilder anderer Organgruppen haben hier ihren Anschluß zu nehmen.* Für uns aber muß die Feststellung genügen, daß parlamentarische Verwaltungskontrollen, Wahl- und Finanzkompetenzen, legislative Entscheidungsrechte, weitere parlamentarische Mitwirkungszuständigkeiten und schließlich das Referendum machtmildernde Möglichkeiten bieten. In der Justiz liegen bisher wenig ausgeschöpfte Fähigkeiten zum geordneten Ausgleich[28]. Dagegen vermag die Volkswahl der Regierung im allgemeinen nicht zu hemmen, sondern bringt die behördlichen Gewaltenbezüge in ein plebiszitäres Gefälle. Sie beraubt heute z. B. die kantonalen Parlamente des tauglichsten Mittels, um reale Verantwortlichkeiten der Regierung durchzusetzen.

entscheidenden Augenblicken durch ständige Übung der Denkungsart. Erst in den konkreten Situationen wird die Erfahrung gemacht und die Urteilskraft bewährt.» – Wie schwierig, aber letztlich nicht utopisch dieser dynamische Bezug von Volk und Behörde sich in der Staatspraxis darbietet, ergibt sich aus: HANS HUBER, Die schweizerische Demokratie, in: Die Demokratie im Wandel der Gesellschaft, Berlin 1963, S. 90 ff.

[27] Von der klassischen Dreiteilung zur umfassenden Gewaltenteilung, in der Festschrift für Hans Huber, Bern 1961, S. 151 ff. Vgl. auch MAX IMBODEN, Montesquieu und die Lehre der Gewaltentrennung, Berlin 1959.

[28] Das Referendum hat nicht nur institutionell einen «plebiszitären» Zug und ist insofern nur begrenzt Machthemmung, sondern es trifft auch in der praktischen Handhabung Erscheinungen, die seine Wirkungskraft ablenken können. Vgl. MAX IMBODEN, Die Volksbefragung in der Schweiz, in: Festgabe für Ernst Fraenkel, Berlin 1963, S. 385 ff.; HANS HUBER, Plebiszitäre Demokratie und Staatsverträge (Zum schweizerischen Staatsvertragsreferendum), ebenda, S. 368 ff.

IV. Das Kollegialprinzip

In der Organisation der Regierung ist das Kollegialsystem zu bewahren und aufzuwerten. Es hat einen Deliberationseffekt, betont angesichts der Kollektivverantwortung die gouvernementale Handlungsfähigkeit und begründet eine kooperierende Einheit in der Überparteilichkeit, woraus die gesteigerte Fähigkeit zu echter Autorität gegenüber Volk und andern Gewalten erwächst. *Der heutige Dualismus von kollegialer und departementaler Ordnung ist eine Strecke weit sinnvoll, doch muß er in einem kritischen Grenzband ein Ende haben.* Sonst wird das Kollegialprinzip erstickt durch das bequemere, raschere, die Macht des einzelnen Regierungsmanns stärkende, durch Interessen- und Parteipolitik geförderte *System von einzelnen departementalen Blöcken.* Die Folge wäre entweder der Versuch, durch ein überhöhtes Präsidialdepartement doch noch die Regierungsbelange zusammenzufassen, was schweizerischem Denken zuwider ist, oder schließlich die Preisgabe der Kollegialeinheit und damit der Verzicht auf das wirkungsfähige Regierungsorgan überhaupt. *Regierung ist entweder im Unum gefaßt, oder sie ist überhaupt nicht.* Wegleitende Aufgaben, die das Staatsganze betreffen, das einzelne Ressort überschreiten und in der Sach- und Sozialwertung das niedere Alltagsgeschäft hinter sich lassen, z.B. die Rechtsetzung, die grundlegende Sozialplanung, die Terminplanung, die auswärtigen Beziehungen, die Verhältnisse zu andern Gewalten, aber auch die Lenkung der Administration im allgemeinen oder besonderen Entscheid, gehören ganz oder in allen entscheidenden Phasen in das Kollegium. Im übrigen sind *differenzierte und bewegliche Aufgabenkataloge* zu erstellen, die in der Ausscheidung zwischen Kollegium, Stabsstellen und Departementen bis zu einem gewissen Maß auf die Kapazität der verschiedenen Regierungsmitglieder Rücksicht zu nehmen gestatten. Dabei muß die Regel gelten: Dem Departementsvorsteher ist nur so viel zu überlassen, als er angesichts der Kollegialfunktionen zu tragen vermag; bei der Abwägung ist – anders als heute – die Mitwirkung im Kollegium wichtiger als die Leitung des Departements[29]. Wo er deswegen in der Ressortführung anhalten muß, hat die Institution des Staatssekretärs oder der innerdepartementalen Leitungsgremien einzusetzen.

Das Kollegium soll klein gehalten werden. Wo die heilige Zahl sieben doch überschritten wird, mögen Ausschlüsse die Arbeitstauglichkeit zu bewahren versuchen. Daß sich dazu das Kollegium mit Beratern sichtbar umgibt, die nicht als Linienorgane in Departementen untergebracht sind, sondern ihm als dauernde oder gelegentliche *Berater in der Position der bloßen*

---

[29] Damit wird eine Umwertung vorausgesetzt, die ohne institutionelle Änderung heute schon in weitem Maß in der Hand der Regierungsmitglieder selber liegt.

Stabsstelle zur Verfügung stehen, wird sich vernünftigerweise nicht mehr vertagen lassen. Entscheidend ist freilich, daß die Regierungen den Umgang mit Stabsstellen erlernen, das heißt, sie mit substantiellen Aufträgen versehen, ihre Sachkunde nutzen, ihre Argumente verstehen und zuletzt in Eigenständigkeit urteilen und entscheiden[30].

Damit aber haben die Imponderabilien begonnen, für die Reformen und Recht nur Ratschläge, nicht Normen bereitstellen können und *wo die dem Recht komplementäre Welt von persönlichen und sachlichen Bedingungen sich ausbreitet*. Immerhin bewegen sich zwei im Kreise dessen, was sich erlernen und anerziehen läßt[31]. Einmal: Es ist von Belang, daß Regierungsmitglieder in einer geistigen Disziplin schnell *und* sorgfältig arbeiten, Informationen treffsicher auslesen, Fragwürdigkeiten entdecken und bloßlegen, Mitarbeiter sinnvoll einsetzen, alles in allem: «delegieren und doch herrschen». Sodann: Im Vielparteienstaat gilt die Fähigkeit viel, sich über politische Herkunft und Verstrickungen zu erheben. Es gibt eine spezifische Unabhängigkeit der Regierungsleute in der Schweiz, die institutionell durch Amtsdauer und Kollegialsystem gestützt werden, im übrigen aber auf persönlichen Qualitäten beruhen. Anders als beim Richter sind Bindungen nicht ausgeschlossen, im Gegenteil, in Kontroll- und Wahlprozeduren sichtbar gemacht. Trotzdem wird eine gesteigerte *innere Freiheit vorausgesetzt*. Erfüllt sie sich in den Personen, die in das Amt gerufen werden, wird der Regierung das zukommen, was ihr zugedacht ist: *Die zentrale Gewalt im Staate zu sein, die im Bewußtsein umfassender Verantwortung das Beste gibt, damit Rechtsstaat, Demokratie und staatliche Wirksamkeit ihre Verwirklichung finden.*

[30] Einen Überblick über Organisationsmöglichkeiten bietet KLAUS ALTFELDER, Stabsstellen und Zentralabteilungen als Formen der Organisation der Führung, Berlin 1965. Für die schweizerischen Regierungen müssen meines Erachtens die Stabsstellen bevorzugt werden.

[31] Die herkömmlichen, heute oft zielfremden Auslesekriterien für die Regierungsmitglieder (vgl. dazu ERICH GRUNER, Gedanken über die politische Elite im schweizerischen Bundesstaat, Schweizer Monatshefte 45, 1965, S. 193 ff.) vermögen auf die Dauer wohl kaum noch jene persönlichen Bedingungen sicherzustellen, die der moderne Staat, insbesondere der Verwaltungsstaat, voraussetzt. Man wird sich auch allmählich mit dem Gedanken befreunden müssen, die Regierungsmitglieder an ihre Aufgabe heranzuführen bzw. im Amte einzuführen. Es wäre z. B. bereits Entscheidendes gewonnen, wenn eine adäquate Arbeitstechnik aufgenommen würde. Dabei könnte eine schweizerische «Regierungslehre» Wesentliches von den Erkenntnissen bei der militärischen Führung übernehmen, z. B. im Einsatz und in der Nutzung der Stäbe (Berater), in der Technik von Lagebeurteilungen (was eine allgemeingültige Kategorie von Entscheidungsvoraussetzungen darstellt) und in der Bewahrung der eigenen Urteilskraft des Entscheidungsorgans. Dergestalt wären direkt übersetzbar die wegleitenden Grundlegungen von ALFRED ERNST, Anregungen zur Gestaltung der Arbeit in den höheren Stäben, Allgemeine Schweizerische Militärzeitschrift 130, 1964, S. 137 ff.

Die Problematik der parlamentarischen Kontrolle im Verwaltungsstaat

Die Parlamente des Bundes und der Kantone sind außer zur Gesetzgebung und zur Wahl hoher Verfassungsorgane im wesentlichen zur Kontrolle eingesetzt[1].

Darunter ragt die Kontrolle über die Exekutive (Regierung und Administration) hervor. Rechtsgrundlage ist teils das allgemeine Oberaufsichtsrecht, teils sind es Spezialkompetenzen. Wesen, Verfahren und Wirksamkeit der Kontrollkompetenzen sind in den letzten Jahren zunehmend fragwürdiger geworden. Im Jahre 1964 wurden die mehr oder weniger überraschten eidgenössischen Räte – im Schatten ihrer Erfahrungen auch einige kantonale Parlamente – und eine erstaunte Öffentlichkeit einer unbewältigten Problematik inne. Man sah sich plötzlich von Unklarheiten und Unsicherheiten umgeben, die schon in der begrifflichen Erfassung der Kontrolle einsetzen.

I. Begriffliche und institutionelle Grundlagen

1. Allgemeine Wesensumschreibung staatlicher Kontrollen

In der Vorstellung der Kontrolle ist ein Prüfen eingeschlossen, nämlich: Feststellen, Messen, Bewerten, woran sich aber auch der nicht sehr präzise Gedanke des Lenkens und Bestimmens anfügt. Kontrolle bedeutet zunächst ein Nachvollziehen. Sie ist eine rekonstruierend-erkennende Funktion. Ich handle nicht selbst. Ich schaue zu. Der andere handelt. Aber schließlich tue ich doch etwas: ich spreche. Ich ersetze nicht die Handlung des Kontrollierten durch meine Handlung, sondern nach der Prüfung äußere ich mich zu seiner Betätigung. Ich tue dies jedoch nicht um der wissenschaftlichen Kommunikation oder um der jurisdiktionellen Frie-

Schweizerische Juristen-Zeitung 61, 1965, S.269–273, S.285–291. Schulthess Polygraphischer Verlag, Zürich, 1965.

[1] Auf Rechtsvergleichung muß der Kürze halber verzichtet werden. Hinzuweisen ist immerhin auf die interessante Studie von GERHARD A. RITTER, Die Kontrolle von Regierung und Verwaltung in Großbritannien, in: Festgabe für Ernst Fraenkel, Berlin 1963, S.294ff.

densstiftung willen. Ich möchte vielmehr in einem Aktivbereich inhaltlich prägen, insbesondere Künftiges bewirken. Kontrolle ist in kognitiven Zügen zwar der Jurisdiktion angenähert, legt sich aber – allerdings vorwiegend mittelbar – so viele volitive Tendenzen bei, daß sie zu einer spezifischen Funktion werden kann. Ausgehend von derartigen Wesenszügen lassen sich vielerlei Arten von Kontrollen unterscheiden. Davon sind einige festzuhalten.

2. Zweckbegriffe der Kontrolle über die Verwaltung

a) Kontrolle kann einmal die beobachtende Verfolgung von Betätigungen der Exekutive mit dem Ziel in sich schließen, den Kontrollierenden ins Bild zu setzen über das, was sich tatsächlich zuträgt. Man kann von *informativer Kontrolle* reden. Sie wird regelmäßig einen Nebenzweck verfolgen: Es soll beim Kontrollierten das Bewußtsein wachgehalten werden, daß er gesehen wird. Daraus vermag in erheblichem Maß korrektes Verhalten bewirkt werden.

b) Kontrolle kann auf Korrektur oder Sanktion bei mangelhaftem Regierungs- und Verwaltungshandeln gehen, z.B. Herstellung rechtmäßiger Zustände durch Widerruf von Verwaltungsakten oder Berichtigung von gesellschaftslenkenden Maßnahmen oder Ahndung pflichtwidrigen Beamtenhandelns. Man mag dies *korrigierende und sanktionierende* Kontrolle bezeichnen. Korrekturen nimmt der Kontrollierte selbst vor; für Sanktionen bestehen regelmäßig positivierte Zuständigkeiten.

c) Soweit in der Kontrolle das Bestreben liegt, den Kontrollierten zu veranlassen, in seiner künftigen Tätigkeit nach den Intentionen des Kontrollierenden zu handeln, sich bei neuen Betätigungen vorweg schon nach den Wünschen der Kontrollinstanz zu richten, darf man von *dirigierender Kontrolle* sprechen.

d) In der praktischen Handhabung können – müssen freilich nicht – die drei Arten der Kontrolle im gleichen Kontrollvorgang enthalten sein. Es gibt dementsprechend *nachträgliche und vorgängige Kontrollen*. Die nachträgliche, wie etwa die Prüfung der Geschäftsberichte oder die Abnahme der Staatsrechnung, erfassen abgeschlossene Sachverhalte oder Staatsakte. Eine vorgängige Kontrolle entfaltet sich in der Budgetbehandlung.

3. Kontrollinstanz
Die hier interessierende Kontrolle ist für die Exekutive eine *Fremdkontrolle*, die sich abhebt von den verwaltungseigenen, internen Kontrollen. Sie wird durch das *Parlament* wahrgenommen, wobei im Bund bei gewissen Kontrollvorgängen (Postulaten, Interpellationen, Kleinen Anfragen, selb-

ständigen Abklärungen der Kommissionen) die beiden Kammern nicht auf ein Zusammenwirken angewiesen sind. Die Kontrollverfahren enden nach schweizerischem Staatsrecht mit rechtlicher Relevanz erst im Plenum. Die Kommissionen, insbesondere Staatsrechnungs- und Geschäftsprüfungskommissionen, haben keine eigenständigen Kompetenzen, was nicht ausschließt, daß doch sie faktisch Träger von Kontrollfunktionen werden.

4. Kontrollgegenstände und Kontrollmittel

Kontrollgegenstand ist die gesamte Tätigkeit der Exekutive, nämlich ihre Verwaltungsfunktion, ihre rechtsprechende Tätigkeit, ihre Verordnungsrechtssetzung, ihre Regierungsfunktion. Das Schwergewicht liegt offensichtlich auf der Kontrolle der Verwaltung im materiellen und formellen Sinn. Kontrollmittel sind die Behandlungen der jährlichen Geschäfts- oder Rechenschaftsberichte, des Voranschlags, der Staatsrechnung und separater Finanzvorlagen, sodann die auffordernde Motion, das anregende Postulat, die Interpellation, die Kleine Anfrage.

In einem materiellen Sinn können auch Gesetzgebungsverfahren, parlamentarische Wahlen, Staatsvertragsgenehmigungen und weitere Parlamentsvorgänge mittelbare Kontrollmittel bilden und die förmlich-unmittelbaren an Kontrollkraft mitunter übertreffen. Das normative System der Kontrollmittel wird ergänzt durch wirkungsvolle subjektive Interventionsmöglichkeiten von einzelnen Parlamentariern oder Fraktionen. Solche faktische Erscheinungen, die wirkungsvoll ergänzt werden durch die außerrechtlichen Kontrollbetätigungen der öffentlichen Meinung und ihrer «Organe» (vorab: Presse, Radio, Fernsehen), wollen wir hier auf sich beruhen lassen.

5. Die Frage des Maßstabs

Heikel und der wissenschaftlichen Bearbeitung bedürftig ist die Frage des Maßstabs für den Kontrollierenden. Kontrolle ohne feststehende Bewertungsgrundsätze bleibt ein wirres Tasten und droht rasch in simple Reklamationen und Ratlosigkeiten auszulaufen. Wo aber soll der Maßstab hergeholt werden? Ist er im positiven Recht konkretisierbar vorhanden oder findet er in Budgetposten faßbaren Niederschlag, hat die Kontrolle sichere Handhabe. Wo aber Ermessen, gestaltende oder arbiträre Regierungsbetätigung und freie Rechtsschöpfungen in Kontrolle zu fassen sind, wird nach der herrschenden Auffassung mehr oder weniger bewußt dem kontrollierenden Parlament zugemutet, selbst Wertungsgrundsätze zu erschaffen und beizubringen. Darin liegt eine rechtliche und tatsächliche Konfliktsituation. Denn auch die kontrollierte Exekutive handelte – so darf man voraussetzen und hoffen – grundsätzlich, wie für jedes staatliche

Handeln, auch das sogenannte freie, immer wieder zu fordern ist[2]. Und die Ausrichtungen der Exekutive mögen oft sachgerechter sein als die des Parlaments, das sich schon in den einfachen Verhältnissen des 19. Jahrhunderts nicht selten auf Bewertungen durch bloße Aushilfen gestützt hat. Wer soll sich wem anpassen? Wer kreiert die Maßstäbe für rechts- oder budgetfreie Betätigung der Exekutive, und darf selbst bei Rechtsanwendungsakten der Administration das Parlament eine eigene Auslegungsauffassung behaupten? Die Doktrin neigt offenbar einem hierarchischen Ordnungsprinzip zu, so daß die als höher erachtete Volksvertretung sich durchsetzen soll. Die Praxis dagegen bevorzugt uneingestanden und unwidersprochen eine fachkundige horizontale Ausrichtung in dem Sinne, daß das kontrollierende Parlament gern die Maßstäbe anlegt, die ihm die kontrollierte Exekutive selbst in die Hand gibt. Vielleicht ist die kooperierende Kreation von Wertungsgrundsätzen durch Parlament *und* Regierung die erträgliche Lösung, wobei aber die Kompetenzordnung für diesen schöpferischen Vorgang nicht nur fehlt, sondern auch schwerlich durch rechtliche Verfahrensregelungen zustandezubringen sein dürfte; jene Kooperation wird sich vorwiegend im freien politischen Gewaltenspiel ergeben müssen. Das Problem des Maßstabs ist heute offen[3].

[2] WALTHER BURCKHARDT (z. B. in: Die Organisation der Rechtsgemeinschaft, 2. Aufl., Zürich 1944, S. 138 f.) hat immer wieder die Ausrichtung der staatlichen Betätigungen auf das Grundsätzliche im Sinne des «Rechtsgrundsätzlichen» gefordert, jedoch Ausnahmen zugelassen, wo sich der Staat «zufällig» und nicht «wesentlich» im Bereiche des Privatrechts betätigt. Angesichts dessen, daß der Staat aber auch in der fiskalischen Verwaltung letztlich ausgleichende und sozialordnende Funktionen wahrnimmt und die Verwendung privatrechtlicher Formen nicht schon auf «zufällige», d. h. von der weitverstandenen Aufgabe der Rechtsverwirklichung unabhängigen Staatsbetätigungen hinweist, mehrt sich das Bedürfnis, die staatlichen Verrichtungen schlechthin an Grundsätze, zumindest an das Willkürverbot, zu binden. Vgl. von verschiedenartigen Ansätzen aus: Z. GIACOMETTI, Allgemeine Lehren des rechtsstaatlichen Verwaltungsrechts, 1. Band, Zürich 1960, S. 3 ff.; HANS J. WOLFF, Verwaltungsrecht I, 6. Aufl., München/Berlin 1965, S. 90 ff.

[3] Es aufzunehmen, ist vor allem Aufgabe der Wissenschaft. Es handelt sich indessen um ein «interdisziplinäres» Problem, das in verbindenden Bemühungen verschiedener Fakultäten anzugehen ist. Eine exklusiv juristische Sichtung genügt nicht, erst recht aber auch keine bloß soziologische; beteiligt sind ebenfalls philosophische, nationalökonomische, naturwissenschaftliche und technische Disziplinen. Im Grunde könnten derartige Probleme im staatlichen Raum Gegenstand der Politischen Wissenschaft bilden, wobei jeder Einzeldisziplin ihre Methode verbliebe, die Politische Wissenschaft jedoch die Zielsetzungen, die interdisziplinäre Gesprächsführung, die Zusammenfügungen und die praktischen Umsetzungsverfahren zu übernehmen hätte. Zur interdisziplinären Kooperation im Felde sowohl praktischer «Handlungswissenschaften» als auch der Bildung bei «übergreifenden Sachfragen» vgl. die «Anregungen des (deutschen) Wissenschaftsrates zur Gestaltung neuer Hochschulen», Tübingen 1962, S. 17 ff.; ferner den englischen Report of the Committee on Higher Education (sog. ROBBINS-Report),

II. Die Begründung der parlamentarischen Kontrolle

Begriffliche Schwierigkeiten und sachliche Fragwürdigkeiten drängen zur Frage, warum denn das Verfassungsrecht überhaupt die parlamentarische Kontrolle einrichte. Vier Begründungen stehen voran:

1. Mittel eines umfassenden Gewaltenteilungssystems

Eine geltungszeitliche Deutung wird die Begründung im umfassend verstandenen Gewaltenteilungsprinzip suchen. Dieses begnügt sich nicht mit der Absonderung und Verselbständigung von drei oder vier Hauptfunktionen und Funktionsträgern[4]. Zur Wahrung der Staatseinheit und Hinderung außerrechtlicher Machtprozesse sollen die getrennten Gewalten wieder zusammengeführt werden, wozu die Kontrolle ein bevorzugtes Mittel darstellt. In gegenseitigen Hemmungen wird gebremst, aber auch das Gefüge aufeinander abgestimmt. Man kann denn sagen, die parlamentarische Kontrolle der Exekutive perfektioniere das zugleich trennende wie verschränkende Gewaltenteilungsprinzip. In der Schweiz ist diese komplexe Durchdringung freilich lückenhaft, weil gemäß der normativen Ordnung die kontrollierte Exekutive ihrerseits das Parlament nicht in Kontrolle ziehen kann. Faktisch ist allerdings auch dieses Gegengewicht vorhanden, indem in Tat und Wahrheit die Exekutive gegenüber dem Parlament gewisse Kontrollfunktionen wahrnimmt.

2. Öffentliche Sichtbarmachung von Verantwortlichkeiten

Die zweite Begründung – die man freilich auch dem Gewaltenteilungsgedanken unterstellen könnte – liegt in der Forderung der rechtsstaatlichen Demokratie, daß in einem öffentlichen Vorgang die rechtliche und die politische Verantwortlichkeit für die Handlungen der Exekutive sichtbar gemacht und abgenommen werden sollen. Parlamentarische Kontrolle ist nicht die einzige Möglichkeit dazu. Aber sie macht den Gedanken der Repräsentation für die Verwirklichung der Verantwortlichkeitszusammenhänge nutzbar.

3. Gesetzesstaatliche Konsequenz

In dritter Linie wird eine staats- und geistesgeschichtliche Begründung der parlamentarischen Kontrolle in einem gesetzesstaatlichen Konnex gesucht. Das Prinzip der Volkssouveränität setzt neben dem Volk die repräsentationsfähige Legislative an die Spitze aller Staatsorgane und gibt

London 1963, S. 101 ff.; HELMUT SCHELSKY, Einsamkeit und Freiheit, Idee und Gestalt der deutschen Universität und ihrer Reformen, Hamburg 1963, S. 285, 296 ff., 312 ff.

[4] Vgl. WERNER KÄGI, Von der klassischen Dreiteilung zur umfassenden Gewaltenteilung, in: Festschrift für Hans Huber, Bern 1961, S. 151 ff. (161 ff.).

ihr den Auftrag, das staatsgestaltende Gesetz zu erlassen. Vorrang und Vorbehalt des Gesetzes schaffen rechtslogisch und staatsrechtlich eine übergeordnete Behörde, von der fast alle weiteren Funktionen und die Macht in monistischer Konstruktion ausströmen. Sie lenkt subordinierte Organgruppen. Letztes und hintergründiges Organisationsprinzip ist nicht Balance, sondern Suprematie. In der Sorge um die Verwirklichung des eigenen Gesetzes nun wacht die erhöhte Legislative darüber, was mit ihrem Produkt in der Hand der Exekutive geschieht. Die als Gesetzesanwendung verstandene Verwaltung ist das letzte Glied im rechtlichen Konkretisierungsvorgang. Sie kann den Willen des Gesetzgebers aus Irrtum oder aus Eigenmächtigkeit verfehlen. Die parlamentarische Kontrolle, die bezeichnenderweise Oberaufsichtsrecht heißt, ist die hierarchische Überdachung verwaltender Tätigkeit. Sie führt das gouvernementale und administrative Geschehen immer wieder zum Ursprung, zur Legislativmacht, zurück.

4. Instrument zur Durchsetzung richtiger Staatsbetätigung

Alle drei genannten Begründungen, die im schweizerischen Verfassungsleben nebeneinander herlaufen, die unter sich Widersprüche bergen und von abweichenden Staatsbildern ausgehen, streben mehr oder weniger klar das gleiche Ziel an: die Eindämmung der Exekutive. Doch kann das kaum die letzte Zielsetzung der Kontrollfunktion sein. Es geht nicht nur um Machtausgleich, formale Verantwortlichkeit, Sorge um den Gesetzgebungsstaat. Ebensosehr geht es um die Erzielung einer inhaltlichen Richtigkeit exekutiver Staatsbetätigung. Parlamentarische Kontrolle soll bewirken – mithelfen zumindest –, daß in der Exekutive rechtsrichtig und sachrichtig gehandelt wird. Dem Parlament die Fähigkeit zu solchem Dienst zuzumuten, mag teils im Glauben gründen, daß in Volk und Volksstimme Weisheit liege, die sich dem Repräsentanten mitteile. Teils ist es das demokratische Vertrauen, daß in der parlamentarischen Repräsentation das Volk in seinen besten Qualitäten handle und dank seiner «universalen Ordnungskraft» (v. HIPPEL) aus sich heraus die Richtigkeit der staatlichen Tätigkeiten garantieren könne. Jedenfalls fließt ein materialer Faktor in die Begründung ein und hebt die parlamentarische Kontrolle über eine organisationsrechtliche Vorkehr im formalisierten Machtprozeß hinaus in eine inhaltliche Bindung. Es kommt nicht darauf an, daß einfach Kontrollen ablaufen, daß irgendwie und irgendwann kontrollierende Interventionen stattfinden. Entscheidend ist, daß die Kontrolle eine inhaltliche Bestimmung trägt. So nur wird auch die Abnahme von Verantwortlichkeiten sinnvoll. Wenn das Verhalten von Behörden beurteilt wird, soll es mit der Frage geschehen, ob rechts- und sachrichtig gehandelt worden sei [5]. Wo denn dem kontrollierenden Parlament die Verpflichtung auf das Inhaltliche und das inhaltlich Richtige abgeht, wird die Kontrolle schließlich zur simplen

Schikane der Exekutive, zum politischen Zeitvertreib und zur Sammlung von Stoff für ein sensationsfreudiges Publikum. Etliche Kontrollvorgänge der letzten Jahre in Bund und Kantonen mögen Hemmungen der Exekutive entfaltet haben, aber sie waren nicht selten inhaltsarme Betriebsamkeiten, von fragwürdigem Nutzen für Staat und Recht.

5. *Funktion im Integrationsprozeß*

Parlamentarische Kontrolle fußt zu einem Teil auf dem organisierten Mißtrauen der gewaltenteilenden Demokratie. Sie soll ausziehen, um Mängel zu finden, Machtballungen zu entschärfen, volksfremde Administration geradezurichten. Sie ist von einer negativ-kritischen Haltung. Sie fragt nicht nach dem, was gut ist – das Zulänglich-Richtige ist selbstverständlich –, sondern nach dem, was nicht «klappt». Sie prangert an, und bestenfalls entläßt sie mit dem Befund, es sei zur Zeit (noch) nichts Nachteiliges zu entdecken. Ihr Ziel ist die Ermittlung dessen, was nicht «in Ordnung» ist, und daran mag sich die kühle Reinigung des Unreinen anschließen.

Ihr Wesen wird jedoch verkannt, wenn man dabei stehenbleibt. Sie soll zum andern Teil in einer affirmativen Haltung das Tüchtige, Zulängliche, Lotrechte vor der Öffentlichkeit sichtbar machen. Sie zieht den Nachweis ans Licht, daß die Exekutive ihrer Aufgabe genügt, leistungsfähig ist und Zustimmung verdient. Auch die radikale Demokratie kann nicht ständig in Mißtrauen verharren und die Exekutive fortwährend in einer Purgierungsaskese halten. Sie braucht die positive Ergänzung.

Aus beidem erst, dem Negativen und dem Affirmativen, erwächst das schwer faßbare, dynamisch geartete, staatsschöpferische Vertrauen, das den integrierten Staat auszeichnet. Der parlamentarischen Kontrolle darf denn eine wesentliche Integrationsfunktion zugesprochen werden, sofern sie mehr als ein Negativum ist und zum Konsens zwischen Behörden und Volk beiträgt.

---

[5] Und das setzt voraus, daß die oben erwähnten Maßstäbe greifbar sind. Bliebe aber das Parlament auf positivierte Rechtsnormen und auf Budgetpositionen verwiesen, müßte es gerade die kontrollbedürftigen Gegenstände beiseitelassen. Beobachtung und Bewertung der Exekutive sind da am nötigsten, wo sich diese in Ermessens- und freien Gestaltungsräumen bewegt, d.h. von Rechts wegen nur durch «Rahmen» oder schwer konkretisierbare oberste Rechtswerte bestimmt ist. Daß es schwierig ist, Kriterien und Grundsätze der Richtigkeit zu ermitteln, daß vor allem subjektive Elemente unausweichlich bestehen bleiben und insofern die Diskussion und Argumentation je offen sind, ist unbestreitbar, macht aber allgemein das Wesen sozialordnender Bewertungen und Entscheidungen aus, auch und insbesondere der juristischen: vgl. KARL ENGISCH, Wahrheit und Richtigkeit im juristischen Denken, München 1963, S. 18 ff.; HEINRICH HENKEL, Einführung in die Rechtsphilosophie, München / Berlin 1964, S. 424 f.

III. Hinderungen zulänglicher Parlamentskontrolle im heutigen Staat

Ob parlamentarische Kontrolle über die Exekutive gelingt, hängt hauptsächlich von drei Faktoren ab: von der Fähigkeit des Parlaments zu Kontrollhandlungen, von der positiven Haltung der Exekutive gegenüber dem Parlament und schließlich von der gegebenen Staatsstruktur, wofür Natur und Umfang der Staatsaufgaben von Belang sind.

1. Die drei Nöte des Parlaments

a) Die schwierige Lage des Parlaments gerade in der Schweiz, wo an der Idee des Miliz- oder Laienparlaments festgehalten wird, ist allgemein bekannt. Viele Ursachen und Phänomene machen seine auffallende Handlungsunfähigkeit im Bereich parlamentarischer Kontrolle verständlich. Drei Nöte treten hervor:

aa) *Das Parlament lebt in Zeitnot.* Die spärliche Zeit ist vorwiegend belegt mit Geschäften der Gesetzgebung und der Finanzgebarung. Die parlamentarische Kontrolle im engeren Sinne ist in Lücken und an den Rand seiner Betätigung verwiesen. Der einzelne Parlamentarier seinerseits ist zeitlich überbeansprucht.

bb) *Das Parlament lebt in Sachkundenot.* Wie es Mühe hat, sich in der Gesetzgebung zu eigenem Stand und Urteil aufzuschwingen, so scheitert es bei der parlamentarischen Kontrolle früh an mangelhafter Information und Sachkunde. Seine Hilfsinstrumente – namentlich Geschäftsprüfungs- und Finanzkommissionen – tun wohl oft ihr Möglichstes. Aber auch das reicht häufig nicht hin, um des Kontrollobjektes sachgerecht habhaft zu werden.

cc) *Das Parlament lebt in Bewertungsnot.* Auch wo es Unterlagen hat und befinden könnte, fehlt ihm nicht selten die Kraft zum eigenständigen Urteil. Es ist häufig abergläubisch gegenüber dem technischen Sachverstand. Es ist aber auch oft hörig gegenüber einer wechselnden öffentlichen Meinung, die es nicht führt, sondern auf die es hinhorcht. Will es sich überwinden und auf eigene Füße kommen, riskiert es, fehl zu gehen. Stützt es sich auf außerstaatliche Dienste, bleibt es unsicher, ob es nicht an die Zügel partikulärer Interessen genommen wird. Parlament und Parlamentarier sind unsicher.

b) Daß die Bereitschaft der Exekutive, insbesondere der Administration, klein ist, parlamentarische Kontrolle als überlegene Sichtung und weise Lenkung zu empfinden, darf im Grund nicht erstaunen. Erstaunlich ist im Gegenteil, wie positiv die Kontrollvorgänge noch aufgenommen werden und wie sehr man sich in Regierung und Administration immer noch bemüht, dem Parlament zu gefallen. Es hält in der Tat schwer, dem Parlament die Autorität des Kontrollierenden zuzumuten, wenn man sieht, wie es in der Gesetzgebung Schritt für Schritt nur an der administrativ-gouvernementalen Krücke machen kann. Was soll es grundsätzlich anders sein in der parlamentarischen Kontrolle, die, wenn sie solid untermauert ist, mühsamer und langweiliger sein kann als die Gesetzgebung?

Doch wird über der Schwäche des Parlaments die Exekutive ihres Lebens nicht froh. Denn sie spürt, daß sie zu ihrer eigenen Geltung die Parlamentskontrolle nötig hätte.

Es mag scheinen, die Problematik der parlamentarischen Kontrolle liege in menschlichen und einigen institutionellen Mängeln. Diese ließen sich bei gehöriger Anstrengung und Aufklärung beheben, wie etwa: Hinweis auf die Notwendigkeit, daß sich Parlamentarier spezialisieren und mögliche Hilfen wirklich auszuschöpfen lernen; Appell an Parteien und Volk, der Kandidatenaufstellung und -auslese größere Aufmerksamkeit zu schenken, namentlich die bedrohliche Verbannung der unabhängigen Juristen aus den Ratssälen allmählich wieder aufzugeben; die Ausdehnung der Parlamentsarbeit mit besserer Entschädigung; die Aufwertung der Geschäftsprüfungs- und Finanzkommissionen mit der Beigebung zulänglicher Hilfseinrichtungen. Allein, die Erschwerungen parlamentarischer Kontrolle gründen noch tiefer.

2. Der Verwaltungsstaat

Kritik und Reform kommen nicht daran vorbei, daß die eigentliche Problematik durch die heutige Staatsstruktur verursacht ist. Unsere parlamentarische Kontrolle ist institutionell und bis jetzt auch in der Handhabung stehen geblieben, als ob noch der Gesetzgebungsstaat des 19. Jahrhunderts bestände, da wenig Aufgaben zu lösen waren und ein wohl recht qualifiziertes Parlament sowie die gesetzliche Determination die Exekutive ohne sonderliche Mühen im Zügel halten konnten. Indessen, ob wir wollen oder nicht: der Staat, in dem wir leben – im Bund wie im Kanton –, ist zum Verwaltungsstaat geworden.

Was heißt Verwaltungsstaat? Das Wort ist im Gebrauch. Der Verwaltungsstaat ist in keine Definition zu bannen. Man kann ihn nur beschreibend umkreisen.

Auszugehen ist davon, daß der Verwaltungsstaat ein idealtypisches Gegenbild zum Gesetzgebungsstaat skizzieren soll, ein polemisches Staatsbild, worin das funktionelle und machtmäßige Schwergewicht im Staat statt bei der Legislative und beim Gesetz bei der Verwaltung und beim Verwaltungshandeln liegt. Der Verwaltungsstaat läßt sich nicht völlig gleichsetzen dem Exekutivstaat. Dieser zerfällt eigentlich in zwei Unterbegriffe: in den Regierungsstaat und in den Verwaltungsstaat. Doch voneinander lösbar sind diese beiden nicht, so wenig wie Regierung und Administration nach Begriff und Funktion klassifikatorisch zu trennen sind. Der Verwaltungs-staat der Gegenwart ist gleichzeitig Ursache und Wirkung des *Sozialstaats,* der als allgegenwärtige Potenz die Gesellschaftsordnung wesentlich be-stimmt. Der Sozialstaat handelt mit und dank dem Verwaltungsstaat. Von den Faktoren, die den Verwaltungsstaat kennzeichnen[6], mögen hier folgende hervorgehoben werden:

a) Als Erstes: *Der Verwaltungsstaat verdrängt das Gesetz aus seiner zentralen Stellung*[7]. Es hält sich noch in traditionellen Bereichen der Eingriffsver-waltung, wie etwa im Steuer- und Polizeirecht, ferner in schematisierbaren Gebieten der Leistungsverwaltung, wie etwa in der Sozialversicherung. In neuartigen Ordnungsbereichen aber wird es, wo es überhaupt noch ergeht, einesteils verwendet zum zweckorientierten Akt konkreter Aufgabenbe-wältigung, zur situationsgebundenen Anordnung in der Lenkung augen-blicklicher Bedürfnisse, zum kurzfristigen Ausgleich widerstreitender Gruppeninteressen. Es nimmt den Gehalt des sogenannten Maßnahmege-setzes an – ob man diese Figur anerkennen soll oder nicht, ist offen –, und es nähert sich dem konkreten Staatsakt, ja, erlangt häufig Merkmale des materiellen Verwaltungsaktes. Das erhabene Gesetz wird zur konkreten Bewältigung des niederen Verwaltungsalltags unmittelbar eingesetzt. Anderseits verarmt es in formalen Kompetenzregelungen des Ermächti-gungsgesetzes mit den inhaltlich unbestimmten Generalklauseln. Ent-scheidende Anliegen werden im Gesetz offengelassen[8]. Nationalstraßenge-setz, Gewässerschutzgesetz, Landwirtschaftsgesetz, Stipendiengesetze, Spitalbaugesetze überlassen es der Administration, die eigentliche Sach-frage zu erkennen und zu lösen. Die Erscheinung ist keineswegs neu. Durch die Häufung aber wird die Staatsstruktur wesentlich betroffen.

b) *Plan und Planer lösen Gesetz und Gesetzgeber in bedeutenden Aufgabenbe-reichen ab.* Das ist das Zweite. Der Zauber, der den Vorstellungen von «Gesetz» und «gesetzlich» angehaftet hat, geht über auf die Worte «Plan» und «planmäßig». Rechtssatz und Rechtsinstitut, Gesetzgebungsweg und gesetzliche Geltungskategorien werden oft zu unzulänglichen Formen und Verfahren: mit ihnen die Sozialordnung einer technisierten, industrialisier-

---

[6] Vgl. die zusammenfassende Charakterisierung von HANS HUBER, Die schweizerische Demokratie, in: Die Demokratie im Wandel der Gesellschaft, Berlin 1963, S. 90 ff. (102 f.).

[7] KURT EICHENBERGER, Richterstaat und schweizerische Demokratie, ZSR 82, 1963, S. 9 ff.

[8] Zum offenen Problem gesetzlicher Bindung und Verwaltung mit dem Versuch, ihr freie innergesetzliche Gestaltungsräume zu umschreiben und diese stufenmäßig zu differen-zieren: FRANZ MAYER, Das Opportunitätsprinzip in der Verwaltung, Berlin 1963.

ten, siedlungsbedrängten Welt weitsichtig zu gestalten, wird fragwürdig. Während es einigermaßen gelungen ist, den jährlichen Voranschlag und den Bebauungsplan im weiten Sinne rechtsdogmatisch zu erfassen und einer Klassifikation näherzubringen[9], entziehen sich bisher die großen Planungsanliegen – wie die mehrjährige Finanzplanung, die wirtschaftlichen Entwicklungsplanungen, die *ausgreifende* Planung der Raumordnung und Besiedlung, die Planungen im wissenschaftlichen Bereich und schließlich selbst die überschauende Planung der Planungen – der rechtlichen Erfassung namentlich in gewohnten juristischen Kategorien. Der Grund dafür, daß das Rätsel «Plan» juristisch nicht gelöst ist, liegt nur teilweise im immanenten Widerspruch der Planung, die auf die Dauer anlegen möchte und sich trotzdem laufend den realen Bedürfnissen und technisch-praktischen Möglichkeiten anpaßt und in Bewegung bleibt, so daß rechtliche Verbindlichkeit und gar eine gestufte Geltungsordnung mit ihren Stabilitätsvoraussetzungen keine zulänglichen Ansatzpunkte finden. Zu einem andern Teil ist die juristische Scheu und Unsicherheit dadurch verursacht, daß die Planungen als Tätigkeit und Produkt innerhalb eines Gemeinwesens – ähnlich wie bei einem Rechtsnormensystem – zusammenhängen und darüber hinaus von den Planungen anderer Gemeinwesen mitbedingt sind[10]. Schließlich stellt sich erschwerend die Schwierigkeit entgegen, daß die Strukturen der empirisch aufweisbaren Plantypen unter sich und gegenüber andern Staatsakten, insbesondere Norm und Anwendungsakten, wesensverschieden sind, ohne heute schon präzise Differenzierungskriterien aufzuweisen. Deswegen fehlen denn auch häufig noch die Kompetenzordnungen zur Aufstellung und Genehmigung der Planungen, oder sie sind nicht auf die übrige Organisation abgestimmt. Planung und Plan sind ebenso unentbehrliche wie rechtlich ungeklärte Mittel eines sozialordnenden Gemeinwesens, das diese Institute eines modernen Rationalismus vorwiegend der Verwaltung überläßt. Verwaltung und Plan sind heute zusammengehörige Potenzen.

c) In dritter Linie ist festzuhalten: *Die Administration steht im Begriffe, sich von der Regierung zu lösen.* Die Regierung bleibt normativ zwar Spitze

[9] Vgl. MAX IMBODEN, Der Plan als verwaltungsrechtliches Institut, Veröffentlichungen der Vereinigung der Deutschen Staatsrechtslehrer, Heft 18, Berlin 1960, S. 113 ff.

[10] Planungskonnexe greifen über Gebietsgrenzen hinaus, weswegen z. B. Gemeinden und schließlich Kantone durch hochgezüchtete Planungen in Existenzgefährdungen geraten können, vor denen sie auch neue Zwischengebilde (namentlich institutionalisierte und demokratisierte Zweckverbände) auf die Dauer nicht bewahren: KURT EICHENBERGER, Stellung und Bedeutung der Gemeinde im modernen Staat, Aargauisches Beamtenblatt 61, 1964, Hefte 10 und 11. Über verwandte deutsche Verhältnisse: Staatssekretär a. D. WILHELM LOSCHELDER, Wandlungen der deutschen Verwaltung, in: Mitteilungen der kommunalen Gemeinschaftsstelle für Verwaltungsvereinfachung, Köln 1964.

der administrativen Hierarchie, übernimmt bei vielen Obliegenheiten als Kollegium eine nominelle Verantwortlichkeit für das, was in der Administration geschieht und nicht geschieht, dispensiert sich häufig von lenkenden Regierungsaufgaben gerade mit dem Argument, vorerst doch das Dringendste tun und einfach verwalten zu müssen. Allein, materieller Befund und Entscheid gründen vorwiegend in der Administration, ohne daß es der Regierung gelänge, die beherrschende Übersicht des koordinierenden und tatsächlich dezidierenden Dirigenten zu erwerben. Die ausgedehnte Administration verliert allerdings ihre funktionelle Einheit, nicht aber ihre soziale und staatsinterne Mächtigkeit[11].

d) Es besteht – das ist etwas Viertes – *eine Problem-Attraktion bei der Administration.* Der technisierte Sozialstaat, der die Gesellschaftsordnung in staatlicher Lenkung und mit staatlichen Instrumenten zustandebringt, meistert die Überfülle seiner komplizierten Aufgaben vornehmlich durch die Administration und ihre Verwaltungsmittel[12]. Die Administration zieht die problemreichen Obliegenheiten magnetisch an, breitet sie aus, bewältigt sie. Große und kleine Dinge laufen nebeneinander her. Allenthalben wird der Verwaltung die Fähigkeit zugemutet, die Probleme lösen zu können. Der epochemachende Straßenbau, der vielschichtige Gesundheitsdienst, die soziale Bewältigung der friedlichen Verwendung der Atomenergie, die Sozialbehauptung gefährdeter Berufs- und Bevölkerungsschichten, die Sicherung wirtschaftlichen Wohlstandes hin bis zur heiklen Ordnung des Lebensraums und der Erziehung, Bildung und Lebensgestaltung schlechthin – fast alles ist Verwaltungssache.

e) *Bei der Administration* – das ist eine fünfte Erscheinung – *tritt eine Funktionenhäufung ein.* Sie beschränkt sich nicht auf den Vollzug dessen, was ein streng von ihr geschiedener Gesetzgeber vorweg angeordnet hat. Sie wird durch weite Spielräume eigenständiger Entscheidungsbefugnisse auch da freigesetzt, wo formal noch Rechtsanwendungsakte ergehen. Sie ist

---

[11] Ein Ausfall der dirigierenden Regierung wirkt in der Schweiz trotz den relativ kleinen Administrationen und trotz den immer noch mehr oder weniger überschaubaren Verhältnissen deswegen so auflösend, weil eine interdepartementale Ebene unter der Regierung fehlt und nur sporadisch wirksam wird. (Vgl. auch ROGER DÉCOSTERD, L'Administration Fédérale, Lausanne 1959, S. 114.) Es liegt darin ein Beispiel dafür, daß mitunter ohne Institutionalisierung sachnotwendige Funktionen nicht ausgeübt werden. In andern Beispielen werden nötige Funktionen durch neue faktische Wege oder Gebilde wahrgenommen. Zu diesem juristisch bedeutsamen Fragenkreis: NIKLAS LUHMANN, Funktionen und Folgen formaler Organisation, Berlin 1964.

[12] Auch neuartigen, die für die juristische Deutung erhebliche Erschwerungen bringen: KARL ZEIDLER, Über die Technisierung der Verwaltung, Karlsruhe 1959: ULRICH KLUG, Elektronische Datenverarbeitungsmaschinen im Recht, in: Festschrift für Hermann Jahrreiß, Köln / Berlin / Bonn / München 1964, S. 189 ff.

zudem an der Rechtssetzung aktiver und schöpferischer Mitgestalter: Sie bringt einen erheblichen Teil der Normen, Regeln, Programme, Pläne, nach denen sie sich ausrichten soll, selbst in die Staatsordnung ein (so als Entwurfsverfasser der Gesetze, in der erwähnten Planung, als Verordnungsrechtssetzer). Sie handhabt in weitem Maß die Rechtspflege über ihre Tätigkeit selbst. Sie richtet verwaltungsinterne Kontrollinstitutionen ein, zum Beispiel die Finanzkontrolle, stärkt sich damit aber gegenüber andern Gewalten, deren Interventionen sie mit dem Hinweis auf reinigende Selbstkontrolle begegnen kann.

f) *Die Administration hat* – das ist ein sechster Aspekt – *ein faktisches Sachkundemonopol innerhalb der staatlichen Organisation.* Sie vermag die Häufung von Aufgaben erstaunlich gut zu bewältigen dank einem hervorragenden Fachwissen und sachbestimmtem Willen. Sie sammelt Wissen und Können im Apparat. Oder sie stellt es verwaltungsextern auf Abruf bereit. Sie verfügt über das Instrument, mit dem sich die innere und äußere Lage des Staats meistern läßt. «Sie weiß, wie man es macht.» Vor allem aber: «Sie weiß *mehr*», mehr als andere Organgruppen im Staat, zum Beispiel Regierung und Parlament. Es geschieht denn nichts im Staat, an dem um der Sache willen die Administration nicht irgendwie maßgeblich beteiligt werden müßte.

g) Ein letztes schließlich: *Die Administration wird in der verbreiteten Volksmeinung mit dem Staat identifiziert.* Mensch und Gesellschaft werden durch das, was die Administration tut, unmittelbar und alltäglich betroffen. Sie finden in ihr den Staat dargestellt. Administration und Volk, Administration und intermediäre Gewalten (Wirtschafts- und Berufsverbände vor allem) treten in unmittelbaren Kontakt. Mitteilungen durch ein volksgewähltes Repräsentationsorgan erscheinen umständlich und antiquiert, die Administration wächst zu einer integrierenden Repräsentationskraft heran. Nicht Parlament, erst recht nicht Justiz, sondern teils die Regierung, teils die Administration prägen das Leitbild des Staats und geben damit dem Staat eine entscheidende Ausrichtung.

3. Das Parlament angesichts der Wucht des Verwaltungsstaats
Staatsdenken und Staatsorganisation haben den Verwaltungsstaat noch nicht gemeistert [13]. Auf weite Strecken wird getan, als ob es ihn nicht gäbe,

[13] Insbesondere schwankend ist der Stand des Rechts und des Gesetzes. Vgl. ERICH BECKER, Wandlungen der öffentlichen Verwaltung im Hinblick auf Gesetzgebung und Rechtsprechung, in: Wandlungen der rechtsstaatlichen Verwaltung, Berlin 1962, S. 17 ff. Die Verwaltungsrechtswissenschaft, auch jenseits der Auseinandersetzung um den Positivismus, ruft teils zur strengen Gesetzesbindung und -konformität zurück (zusammenfassend: MAX IMBODEN, Das Gesetz als Garantie rechtsstaatlicher Verwal-

und wo er nicht zu verhüllen ist, wird ihm rasch Übles nachgeredet. Damit wird er nicht harmloser[14]. Und gar zu erwarten, er werde sich von selbst mildern, in rechtliche Bahnen schlagen und schließlich wieder entfernen, ist zwar verbreitete, aber eitle Hoffnung. Juristische Klärungen und institutionelle Vorkehren zur Bewahrung rechtsstaatlicher Werte im heutigen Staate der gesteigerten Effektivität sind unerläßlich, namentlich im Hinblick auf die Stellung und Rolle der Regierung, auf die Funktion der Grundrechte, auf die Mitwirkung der intermediären Gewalten, auf die Möglichkeiten der Verwaltungsgerichtsbarkeit. Aber auch das Verhältnis zum Parlament ruft der Antwort.

Ist parlamentarische Kontrolle im Verwaltungsstaat überhaupt noch gerechtfertigt, ist sie noch sinnvoll? Liegt sie nicht quer oder am Rande zu den Staatsaufgaben und den staatlichen Wirklichkeiten? Ist sie nicht entbehrliches Spiel in einer versachlichten Welt? Was soll sie angesichts der Nöte des Parlaments, was soll sie angesichts der Aufgabenfülle, der Sachkunde, der direkten Repräsentationskraft der Regierung und Administration? Es sind echte Fragen. Sie können freilich nicht schon in nächster Zeit gültig beantwortet werden. Aber sie sind gestellt. Und unser Bemühen kann sein, hier ein paar Bedingungen namhaft zu machen.

IV. Rechtfertigungen für die Beibehaltung der parlamentarischen Kontrolle im Verwaltungsstaat

Die Rechtfertigung der parlamentarischen Kontrolle in einer staatsrechtlichen Suprematie der Legislative läßt sich kaum noch halten. Dafür fehlen einerseits die dominierende Stellung von Gesetz und Gesetzgeber im modernen Staat und anderseits die fachliche Kompetenz des Parlaments aus eigener Quelle. Bleibt man jedoch dem Gedanken treu, die Hemmungsidee des Gewaltenteilungsprinzips sei über eine dogmatisierte Verfestigung hinaus von einer relativen Allgemeingültigkeit, so wird man Macht des Staats und Macht im Staat richtigerweise immer wieder unter Kontrolle zu nehmen suchen. Im Verwaltungsstaat drängt sich zur Bewahrung rechtsstaatlicher Werte auf, bindungsfähige Kräfte zu erhalten und neue

tung, 2. Aufl., Basel/Stuttgart 1962; KARL ZEIDLER, Verwaltungsrecht im demokratischen Rechtsstaat, Der Staat, 1, 1962, S. 321 ff. und S. A.), teils will sie der Verwaltung Räume der Gestaltungsfreiheiten ohne gesetzliche Vorausbestimmung gewähren (vgl. HANS PETERS, Verwaltung ohne gesetzliche Ermächtigung?, in: Festschrift für Hans Huber, Bern 1961, S. 206 ff.). In erhöhtem Maß gilt, daß für das Phänomen des Verwaltungsstaats ein Schwebezustand herrscht in der Staatsrechtslehre.

[14] Vgl. die treffliche Analyse von HANS LETSCH, Wachstumsprobleme der Staatsverwaltung, WuR 1963, S. 281 ff.

mobil zu machen. In der ausgleichenden Auseinandersetzung staatlicher und sozialer Mächtigkeiten kann auf die Rolle des Parlaments nicht leicht verzichtet werden. Insbesondere aber wird seine Kontrollfunktion durch vier Forderungen nach wie vor gestützt:

1. Disziplinierte Realisation von Verantwortlichen

Kontrollen stellen staatliches Handeln in Verantwortlichkeitszusammenhänge. Staatsrechtlich relevante und aktuelle Verantwortlichkeit bedarf der gepflegten öffentlichen Stätte, wo Red und Antwort gestanden wird, ohne daß die Organwalter dem direkten Zugriff einer unformierten Öffentlichkeit ausgeliefert werden. Sonst wird der Verantwortlichkeitsvorgang zu einem plebiszitären Gefecht oder zu einer unwürdigen Vernichtung einzelner Organwalter. Parlamentarische Kontrolle soll einen disziplinierten und besonnenen Verlauf der öffentlichen Verantwortlichkeitsprozedur sicherstellen.

2. Integration

Die integrierende Wirkung einer anerkennenswerten parlamentarischen Kontrolle darf nach wie vor hoch angeschlagen werden. Die oft bemühende Diffamierung von Regierung und Administration in einem egalitären Zeitalter kann vielleicht gebremst, der Autoritätszerfall gehemmt werden, wenn die öffentliche Parlamentskontrolle das Wirken der Administration sichtbar macht. Diese hat im großen und ganzen die Bloßlegung nicht zu fürchten und wird, wenn sie verständige Beurteiler im Ratssaale findet, zeigen können, daß sie alles in allem gut und mit einer vorbildlichen Hingabe für Volk und Staat arbeitet. Wo sie jedoch fehlerhaft handelt, vermag die parlamentarische Kontrolle die Sanierung in den Augen der Öffentlichkeit in der Regel rascher herzustellen als gouvernementale Aktionen.

3. Erhaltung des Politischen

Im Verwaltungsstaat geht es recht bald einmal um die Errettung des Politischen. Die Administration steht im Sog der Technik und des technisierten Denkens. Zweckrationales, perfektionistisches und streng fachgerichtetes Handeln ist bestimmende Maxime. Das Recht ist willkommene oder lästige Form – aber nicht mehr als Form – und das «Politische» oft eine sachfremde Erschwerung technischer Zweckmäßigkeit. Kraft rechtsstaatlicher wie demokratischer Überlegung ist dagegen das Bewußtsein zu bewahren, daß in einem komplexen öffentlichen Gemeinwesen und nicht in einem Wirtschaftsunternehmen von naturgemäß begrenzter Zielsetzung gehandelt wird, daß der Bezug auf das Gemeinwohl und die Wertordnung der Verfassung zu wahren ist, daß Relationen unter den kompliziert gegliederten Gewalten zu beachten sind, daß die gemeinschaftstragenden Kräfte respektiert werden sollen, oder einfacher: daß die staatliche Gemeinschaft weit mehr und anderes ist als ein Zweckverband. Parlamentarische Kontrollen sind punktuelle (und insofern beschränkte) Gelegenheiten, das Politische in die staatliche Betätigung und Entscheidung einfließen zu lassen.

4. Sicherung von distanzierter Übersicht über das staatliche Tun

Regierung und Administration sind ständig der Gefahr ausgesetzt, von der Fülle und Nähe der Sachaufgaben gleichsam erdrückt zu werden. Es ist wohl das entscheidendste Anliegen der Gegenwart, die praktikable Übersicht und die unverbogene Perspektive auf das Ziel unseres staatlichen Tuns zu gewinnen, nämlich Rechtsstaat, Demokratie und Effektivität zusammenzubringen. Übersicht und sichere Lenkung müssen zwar heute erste Sorge der *Regierung* sein. Das Parlament kann sie darin nicht mehr ersetzen. Aber so lange es mit seinen Kontrollen aufwartet, kann es sich selbst mitunter aufschwingen zur befreienden Sichtung, zudem aber Regierung und Administration zwingen, sich ihrerseits auf Grundsätze und verfassungsrechtliche Grundentscheidungen zu besinnen. Parlamentarische Kontrolle kann Niveau und Wertorientierung des Verwaltungsstaats fördern.

V. Voraussetzungen für die parlamentarische Kontrolle

Soll sich die auch im Verwaltungsstaat begründbare parlamentarische Kontrolle bewähren und behaupten, muß man ihr freilich Voraussetzungen schaffen, die teils in ideellen Wertungen, teils in Realien liegen und über die persönlichen und institutionellen Vorkehren hinausgehen, von denen unter Ziff. II. und III. die Rede war.

1. Beachtung immanenter Grenzen

a) Parlamentarische Kontrolle hat von vorneherein Grenzen. «Sie kann nicht alles, darf nicht alles, muß nicht alles.» Sie kann insbesondere das verantwortliche Handeln und die Initiative von Regierung und Administration nicht ersetzen. Sie ist nicht überwölbende, alle andern Staatsfunktionen koordinierende und antreibende Aufgabe, wie die gouvernementale Staatslenkung sie aufnehmen muß. Sie ist auch nicht Rechtspflege und gestaltende Verwaltung. Sie ist eine Staatsfunktion *sui generis*, der innere Disziplin, Sorge um den Konsens von Staat und Volk, klärende Sichtung, Bemühung um das Richtige eigen sein soll. Sie kann nicht als Obliegenheit einer präponderierenden Gewalt begriffen werden, sondern als partieller Ausdruck des allgemeinen Bemühens, die Organgruppen im Staat einander zuzuordnen und in wechselseitigen Sachbezügen auf richtige Leistungen zu bringen.

b) Parlamentarische Kontrolle kann nicht ständig gegenwärtig und lükkenlos sein. Es haftet ihr wesensmäßig etwas Sporadisches und Zufälliges an. Sie wird bei allem guten Willen eine Tendenz zur Unverhältnismäßigkeit, zum Beispiel zu einer gewissen Aufbauschung der Kontrollentdeckungen, nicht ganz ablegen können. Eine ununterbrochene Präsenz von Kontrolleuren lähmt den, der handeln sollte. Die negative wie die dirigierende Komponente der Kontrolle können sich so in den Vordergrund schieben, daß in einem Mechanismus von Interzessionen Initiative und Geltungskraft der Exekutive ersticken. Es wird zum Beispiel zwangsläufig verdunkelt, wer für was einzustehen hat, und schließlich wird die Verantwortlichkeit für die materiellen Vorgänge im Staat dem kontrollierenden Organ angelastet, vor allem dann, wenn es keine Beanstandungen vorgebracht und den Anschein der Genehmigung erweckt hat. Statt Verantwortung zu klären und realisieren, wird sie verwischt[15].

Trotzdem soll die positive Komponente der Kontrolle zum Tragen kommen in einer Systematik der Kontrollprozesse, wozu wertmäßig Schwergewichte zu bilden sind. Die heutige Ordnung der Kontrollmittel kann überholt werden in dem Sinne, daß die Instrumente differenzierter und den einzelnen Kontrollobjekten angemessener eingesetzt werden. Es stellt sich aber auch die Frage, ob nicht überhaupt alle Kontrollvorgänge gegenüber der Administration in einen Gesamtzusammenhang zu bringen seien in dem Sinne, daß interne und externe Kontrollmaßnahmen systematisiert, Doppelspurigkeiten und grobe Lücken vermieden, Annäherungen der Bewertungsmaßstäbe gesucht, das Miteinander der Kontrollorgane für eine spezifische Staatsfunktion, eben die Kontrolle, betont werden.

2. Anerkennung als anspruchsvolle Hauptfunktion

Parlamentarische Kontrolle kann zentrale Aufgabe eines regenerierten Parlaments sein. Es ist hier nicht zu verfolgen, ob und wie eine gewandelte Idee des Parlaments geformt werden müsse, wenn die zerstörende Disso-

---

[15] Wenn ständige und dichte materielle Mitarbeit einer Organgruppe an der Aufgabe einer andern zustandegebracht werden soll, so wird man eher zu sachgetragenen Doppel- oder Kumulativzuständigkeiten als zur Kontrolle der einen über die andere greifen. Bei der parlamentarischen Kontrolle geht es nicht um eine solche permanente Verflechtung: das Parlament soll nicht verwalten und nicht (mehr) regieren, sondern eben kontrollieren. Rechtlich komplex und nur mit einer soziologischen Betrachtung bestimmbar wird das Zusammenspiel, wenn Mitwirkungsrechte und Kontrollrechte übereinander gelagert sind und gar Drittzuständigkeiten dazu stoßen: Vgl. HANS HUBER, Plebiszitäre Demokratie und Staatsverträge, Zum schweizerischen Staatsvertragsreferendum, in: Festgabe für Ernst Fraenkel, Berlin 1963, S. 368 ff.

nanz zwischen der als normativ betrachteten Parlamentsidee und wirklichem Vermögen allmählich behoben werden soll. Immerhin ist diese Andeutung zu machen: Stellen wir ein – worüber sich durchaus diskutieren läßt –, daß unsere schweizerischen Parlamente trotz höherer Entschädigung und gehobener Qualität der Abgeordneten Milizparlamente bleiben, daß die intermediären Gewalten ihre Einwirkungen auf den Staat beibehalten, daß die Rechtssetzung materiell nicht durch die Parlamentarier und ihre unmittelbaren Hilfsdienste zustandekommt, daß die tragweiten Planungsaufgaben strukturgemäß parlamentsuntauglich bleiben, so wird man die alte Forderung von der ungebrochenen Repräsentation, die durch das Gesetz alle staatlichen Tätigkeiten determiniert, allmählich aufgeben. Was indessen bleiben kann, sind zwei kapitale Obliegenheiten des Parlaments: auf der einen Seite die letzte Entscheidungskompetenz für die bedeutsamen Staatsakte mit Einschluß von Wahlen, jedoch ohne die Erwartung wesentlicher materieller Mitgestaltung (purgierende und dezidierende Funktion mit begrenzten Vorauswirkungen auf die Vorarbeiten und Vorentscheidungen), auf der andern Seite Kontrollfunktionen vorwiegend gegenüber der Administration. Das Parlament wird sich jedenfalls in normativer Stellung und Tätigkeitsbreite einschränken, dafür aber mit der Sammlung die Chance erlangen, eine parlamentarische Kontrolle zu handhaben, die dem Verwaltungsstaat adäquat ist.

Dazu bedarf es allerdings der Autorität, die sich auf gehobene Sachkunde stützt. Diese ist dem Parlament erst noch zu verschaffen, und es muß sich selbst an die Fähigkeit heranerziehen, mit bereitgestelltem Wissen umzugehen [16]. Die sachgerechte Bewertungsfähigkeit ist weitgehend Frucht persönlichster Bemühungen der Abgeordneten, von deren Einsatz und innerer Aktivität die Kontrolltätigkeit abhängt. Solche qualitative Hebung braucht das Parlament nicht dafür, daß es selbst administrieren, als Gegenmacht eigenes Wissen und Können der Verwaltung entgegenhalten, durch kumulierte Sachkunde in die alte Suprematie einrücken könnte. Seine Kontrollaufgabe ist letztlich eine politisch getragene Wertung und Ausrichtung der Exekutive, jedenfalls eine Wertung unter politischer Gewichtsverteilung. Doch ist das Politikum nicht von der Sachfrage zu lösen. Die entscheidungs- und wertungsbedürftige Frage läßt sich nur verstehen und formulieren, wenn auch das Wesen der Sache verstanden wird. Die Antwort ist insofern abhängig.

Aus zweierlei Quellen kann das Parlament die Sachkunde schöpfen:

---

[16] Außer den verschiedensten Arten des institutionalisierten «Parlamentarischen Hilfsdienstes» ist die direkte Nutzbarmachung der Wissenschaft möglich und nötig. Zu solchen Beratungsformen, die auch für das Parlament abgewandelt werden können: FRITZ NEUMARK, Die Wirtschaftswissenschaft in der Politik, in: Universität und Universalität, Berlin 1963, S. 180 ff.

Zunächst einmal muß die Administration ihr Fachwissen dem Parlament zur Verfügung halten. Mehr als heute darf eine Objektivität in dem Sinne gefordert werden, daß das Sachproblem durch die Exekutive ausgebreitet, ihre eigenen Zweifel erwähnt, Alternativlösungen mit Vor- und Nachteilen loyal aufgezeigt werden. Administration und Regierung sollen freilich nicht bis zur neutralistischen Indifferenz getrieben werden. Wo ihr Wissen oder persönliches Vermögen aufhören und wo die Bewertung aus zulänglicher Freiheit beginnt, soll auch der unabhängige Experte von außen zugezogen werden können. Wie man diesen ausliest, wie weit man eine Institutionalisierung vornimmt, wie man sich abschirmt gegen die interessenverflochtenen Fachleute, sind wichtige, aber sekundäre Fragen. Entscheidend ist, zu erkennen, daß im Lande beste unabhängige Kräfte bereitstehen und daß wir es uns nicht leisten sollten, auf ihre Mitwirkung zu verzichten. Die Mobilisierung des Reichtums an Sachkunde ist allerdings nur sinnvoll, wenn das Parlament willens ist, sich wirklich informieren zu lassen und sich der großen Mühe zu unterziehen, die die Aufnahme der Information und die auslesende Bewertung erfordern. *Diese* qualifizierte eigene Leistung kann dem Parlamentarier nicht abgenommen werden.

Organisatorische Probleme des Kollegialsystems

I. Das Organisationsprinzip

1. Regierung im «Kollegialsystem» oder gemäß dem «Kollegialprinzip» gilt als bezeichnende schweizerische Lösung gouvernementaler Organisation, und sie wird mit Stolz und Sicherheit gepriesen. Das *Kollegialsystem der Regierungen* bildet geradezu ein konstitutives Organisationsprinzip der schweizerischen Staatsordnung, das mitunter den Charakter einer «verfassungsgestaltenden Grundentscheidung» anzunehmen scheint [1]. Gleichwohl ist es seit mehr als hundert Jahren periodisch Kritiken und Zweifeln ausgesetzt, die meistens an den offenen Fragen auflaufen, welchen Inhalt das Prinzip eigentlich habe und wie es strukturiert sei [2].

Schweizerisches Jahrbuch für politische Wissenschaft 1967, S. 68–82. Verlag Paul Haupt, Bern/Stuttgart 1967.

[1] Im Sinne eines «Gestaltungsprinzips des staatlichen Lebens, das Art und Form der konkreten staatlichen Existenz» mitbestimmt: HANS J. WOLFF, Rechtsgrundsätze und verfassungsgestaltende Grundentscheidungen als Rechtsquellen, in: Gedächtnisschrift für Walter Jellinek, München 1955, S. 33 ff.; id., Verwaltungsrecht, I, 6. Aufl., München / Berlin 1965, S. 103 f. Zur Umschreibung des Prinzips: MARCEL BRIDEL, Précis de droit constitutionnel et public suisse, II, Lausanne 1959, S. 122 ff. Über die Ausbildung des Kollegialsystems: DIAN SCHEFOLD, Volkssouveränität und repräsentative Demokratie in der schweizerischen Regeneration 1830–1848, Basel/Stuttgart 1966, S. 316, 325 ff., 404 ff.

[2] Zusammenfassend WALTHER BURCKHARDT, Die Reorganisation der Bundesverwaltung, in: Politisches Jahrbuch, 25, 1911, S. 343 ff., namentlich mit der wie für unsere gegenwärtige Situation geschriebenen Feststellung (S. 347 f.): «Was wird an der gegenwärtigen Organisation ausgesetzt? So viel ich sehe, sind es hauptsächlich folgende Mängel: der Gesamtbundesrat sei mit Geschäften untergeordneter Art überhäuft und könne sich nicht den wichtigeren widmen; die Mitglieder des Bundesrates gehen in ihrem Departement auf und haben keine Zeit mehr für die Geschäfte der anderen, sie seien zu sehr Departementsvorsteher und zu wenig Bundesräte; das Departement sei zu mächtig geworden, der Bundesrat zu schwach; das Departement müsse durch untere Verwaltungsinstanzen entlastet werden, damit der Bundesrat wieder die effektive Leitung des ganzen übernehmen und dem Organismus die ihm abhanden gekommene Einheit zurückgeben könne ....» In bezug auf die Organisation ließen sich zwei berechtigte Forderungen erkennen, die sich scheinbar widersprächen: «1) die Forderung, daß der Kopf des Verwaltungskörpers entlastet werde und dazu die Glieder selbständiger gemacht werden; 2) die Forderung, daß die Einheit, der Zusammenhang in der Verwaltung besser gewahrt bleibe, als es bisher geschehen sei und daß die einzelne Verwaltungsabteilung in ihrer Machtvollkommenheit gegenüber Publikum und Unter-

Geleitet durch alte verfassungsrechtliche Festlegungen, wird man dem Wesenskern zurechnen, daß eine Vielheit von Personen, die in rechtlicher und sachlicher Gleichordnung nebeneinander stehen, zur gemeinschaftlichen Geschäftserledigung befugt sind. In der verfeinerten Ausgestaltung, wie sie der Bund seit 1848 kennt, ist selbst der Vorsitzende ohne Prärogativen und wesensgemäß lediglich der verfahrenstechnische Verhandlungsleiter ohne besondere Legitimierung und fast ohne eigenständige Repräsentationskraft. Mit dem *Departementalsystem* ist das Kollegialsystem im Bunde von Anfang an in dem Sinne verknüpft, daß jedes Mitglied des Kollegiums zugleich einer aus dem Exekutivganzen ausgegliederten Organisationseinheit als monokratische Spitze vorsteht. Damit ist eine Differenzierung zum sogenannten *Direktorialsystem* geschaffen, das nach verbreiteter Umschreibung darin besteht, daß die Leiter jener Verwaltungseinheiten dem Regierungskollegium nicht angehören[3].

Die immer wieder aktualisierten Zweifel am Kollegialsystem richten sich nun aber weniger auf die Einrichtung der Behörde als auf ihre Zuständigkeiten und Funktionen, was alles im Organisationsprinzip eingeschlossen ist. Diese Verlagerung der Problematik vom Statisch-Organisatorischen auf das Funktionelle mit den Kernfragen, welche Aufgaben ein Organ auf welche Weise erfüllen solle, ist Zeichen des heutigen Staats, der vorwiegend als Funktion zu begreifen ist[4].

gebenen eingeschränkt werde. – Der Widerspruch ist mehr scheinbar als wirklich; die Entlastung des Bundesrates und der Departemente läßt sich erreichen, ohne daß die selbständiger gewordenen Verwaltungszweige den Zusammenhang und die Einheit der Ziele verlieren müßten.» Vgl. die heutige Formulierung der Problematik bei MARCEL BRIDEL, a. a. O., S. 127 ff., 142 ff.

[3] Das Direktorialsystem entwickelt idealtypisch zwei Unterarten: Nach der einen finden sich die Ressortchefs zu einem Verwaltungskabinett mit den Obliegenheiten der administrierenden Koordinationen, der Budgetaufstellung und fachlicher Beratung von Rechtssetzungsentwürfen zusammen (so: E. GUILLAUME, Reorganisation von Regierung und Verwaltungsführung, Baden-Baden 1966, S. 52 f.). Nach der anderen, wie sie in der Helvetik verwirklicht und später wieder von JAKOB DUBS, Das öffentliche Recht der Eidgenossenschaft, II, 1878, S. 68, empfohlen wurde, sind die Ressortchefs ohne institutionalisierte Zusammenschlüsse unverbunden nebeneinander gestellt.

[4] Um der Regierungsproblematik der Gegenwart Herr zu werden, empfiehlt man gewöhnlich vier Mittel: Erhöhung der Zahl der Bundesräte, vermehrte Delegation von Geschäften in die Tiefe der Verwaltung, Schaffung von Stäben und Ausbau der Verwaltungsgerichtsbarkeit. Die Verwaltungsgerichtsbarkeit wird indessen, auch bei weitreichenden Generalklauseln, für das Kollegium keine unmittelbare Entlastung bringen können; dafür ist der Umfang der bisherigen Verwaltungsrechtspflege, die das Kollegium tatsächlich beschäftigt, zu gering. Die Vergrösserung des Kollegiums auf neun oder elf Mitglieder löst keines der aufsässigen Probleme, weil die meisten Departemente immer noch Konglomerate mit einer überdehnten Aufgabenfülle des Departementsvorstehers bilden und weil die Kollegiumsarbeit erschwert würde.

2. Hat das Organisationsprinzip des Kollegialsystems einen absoluten Charakter? Das heißt: Kann es einen *Ausschließlichkeitsanspruch* erheben, so, daß andere Organisationsprinzipien daneben nicht mehr Platz hätten oder doch als verfälschende und störende Einbrüche infolge organisatorischen Unvermögens zu betrachten wären? Daß dem so sei, nährt sich unter anderem aus dem Wortlaut der Bundesverfassung von 1848, wo Artikel 91 bestimmt hat: «Geschäfte des Bundesrates werden nach Departementen unter die einzelnen Mitglieder verteilt. Diese Einteilung hat aber einzig zum Zweck, die Prüfung und Besorgung der Geschäfte zu fördern; der jeweilige Entscheid geht vom Bundesrat als Behörde aus.» 1874 wurde diese Norm übernommen (Artikel 103) und bis 1914 durchgehalten, auch jetzt immer noch mit der Untermalung, daß der «eigentliche» Exekutivakt im Kollegium ruhe. Freilich war die Staatspraxis früh schon – wahrscheinlich bereits in den fünfziger Jahren des letzten Jahrhunderts – inne geworden, daß das Kollegium die Fülle der erforderlichen Entscheidungen nicht zu bewältigen vermöchte[5]. Aber ungeachtet der kleinen und großen Organisationsreformen[6], hielt sich in erstaunlichem Umfang der Ausschließlichkeitsanspruch in politischen Leitvorstellungen aufrecht, die sichtbar in staatlichen Krisenlagen und mehr unbewußt im politischen Alltag normative Kraft zu entfalten vermögen.

Die vermeintlich exklusive Natur hat dazu geführt, daß strukturelle und funktionelle *Probleme*, mit denen das Kollegialsystem in der Wirklichkeit ringt, z. B. die Erhaltung des Entscheidungszentrums im Kollegium oder die Sicherstellung von Initiative und Kontrolle oder die tragfähige Verantwortlichkeitsordnung, leicht *verdeckt* und beschwiegen bleiben, mit der tückischen Eigenart, daß sie sich in Konfliktslagen plötzlich lautstark melden und dann Überraschung und Ratlosigkeit auslösen; auf derartige Probleme wird im folgenden hinzuweisen sein. Zunächst aber ist daran zu erinnern, daß sich Organisationsprinzipien schon wesensgemäß keine Ausschließlichkeit zulegen dürften.

Sie sind *idealtypische Kreationen*, zustandegekommen vorab durch Abstraktionen aus positivrechtlichen Ordnungen, durch empirische Ermittlungen in Anschauung der Praxis und durch wertbezogene gedankliche

---

[5] Vgl. namentlich die für die Politologie und Staatsrechtswissenschaft sehr bedeutsamen Botschaften des Bundesrats an die Bundesversammlung vom 9. Juli 1873 (BBl 1873 III, Nr. 34), vom 14. Mai 1878 (BBl 1878 II, S. 944 ff.), vom 5. April 1887 (BBl 1887 II, S. 136 ff.), vom 4. Juni 1894 (BBl 1894 II, S. 766 ff.), vom 13. März 1913 (BBl 1913 II, S. 1 ff.).

[6] Vgl. Joh. Dürsteler, Die Organisation der Exekutive in der Schweiz seit 1798, Zürcher Diss. 1912; Hans-Jürg Vollenweider, Die Organisation des Bundesrates nach Art. 103 der Schweizerischen Bundesverfassung (Das «Kollegialsystem des Bundesrates»), Zürcher Diss. 1954.

Schöpfungen. Sie sind leitende Gehalte für den Verfassungsgeber, für den Verfassungsinterpreten, für die Staatspraxis überhaupt, aber ohne jene begriffliche und strukturelle Prägnanz, die etwa das ausgeformte positiv-rechtliche Institut aufweist. Sie sind offene Gebilde, zugänglich den sich wandelnden Anschauungen, Bedürfnissen und realen Möglichkeiten, ohne aber mit dem Beschrieb der tatsächlichen Situation zusammenzufallen; sie behalten jedenfalls eine normative Komponente. Dabei müssen sie der *spezifischen Polarität staatlicher Organisation* Rechnung tragen.

3. Staatliche Organisation richtet sich nämlich – wie etwa die Organisation des Unternehmens – einerseits am Werte der rationalen und funktionalen *Leistungsfähigkeit* aus. Es geht darum, gegebene Aufgaben mit minimalem Aufwand und in rationellen Arbeitsgängen erfolgreich zu erfüllen. Aufgabe und Funktion werden dem Organ zugeschlagen, das nach Struktur und Verfahrensmöglichkeiten am geeignetsten erscheint, die organisatorische *efficiency* optimal sicherzustellen. Andrerseits muß staatliche Organisation die Anerkennung im Volk erlangen können, das heißt eine unmittelbare Legitimität für die Organe und ihre Funktionen erschaffen, die mit der bloß legalen Einrichtung noch nicht gewährleistet ist. Für diese *legitimierende Akzeptation* können ganz andere Werte als die organisatorische Leistungs-fähigkeit maßgebend sein, z.B. die Wahlart, die Verfahrensweise, die Tradition, das «demokratische» Gepräge eines Organs schlechtweg[7].
Die *efficency* kann vollends in den Hintergrund treten, wiewohl festzustel-len ist, daß sich Wandlungen abzeichnen: Die Denkweise des heutigen Menschen und seine vor allem von der Großunternehmung geprägten Organisationsvorstellungen schaffen eine erhöhte Bereitschaft, diejenigen Organisationsformen als richtig und damit *qua* rechtmäßig zu akzeptieren, die den zeitgemäßen Forderungen der Rationalität und Technizität am nächsten kommen. Die legitimierende *Akzeptation ist intentional zuneh-mend auf die Leistungsfähigkeit hin gerichtet.* Damit verliert auch der wenig sinnvolle Zustand allmählich an Boden, daß dem Staat zwar neue komplexe und grandiose Aufgaben übertragen werden in der selbstverständlichen, aber wirklichkeitsfremden Erwartung, er habe sie perfekt mit dem legiti-mierten Apparat in den herkömmlichen Verfahren und Formen abzuwan-deln. Kampfflugzeuge, Atomenergiewerke, großdimensionierte Spitäler, Großverkehrsanlagen, Raumplanung und -nutzung sind Obliegenheiten, denen die tradierten Gesetzgebungs- und Verwaltungsfunktionen allein nicht mehr gewachsen sind.
Organisationsprinzipien, die in ihrer Normativität richtigerweise die *An-*

---

[7] Diese doppelte, möglicherweise antinomische Fundierung hat wieder eindrücklich hervorgehoben: Thomas Ellwein, Einführung in die Regierungs- und Verwaltungs-lehre, Stuttgart / Berlin / Köln / Mainz 1966, S. 165 ff.

näherung an die Realisierbarkeit suchen, werden entweder diese Polarität von Leistungsfähigkeit und Legitimität in sich aufnehmen und Züge des Kompromisses zwischen extrem formulierten Typen annehmen, wie etwa das der heutigen «direkten Demokratie» in der Schweiz, das nicht mehr die «reine» oder «identitäre» Demokratie darstellt[8]. Oder sie geben den Ausschließlichkeitsanspruch, zu dem sie primär tendieren mögen, auf, weil offenbar wird, daß namentlich «reine» Idealtypen sich in der erwähnten Polarität brechen.

II. Die Idee der kollegialen Regierung

1. Eine Reihe Faktoren begründet den Kollegialgedanken, der in den Strom der Zeit gestellt ist. In gegenwärtiger Sicht mag folgendes im Vordergrund stehen:

a) Hervorstechend ist die *moderierende, machtbrechende Funktion* des Kollegiums. Die Mitglieder des Kollegiums halten sich gegenseitig im Zügel. Einherrschaft in irgendwelcher Ausformung, der die schweizerische Staats- und Rechtsauffassung ein tiefsitzendes Mißtrauen entgegenbringt, wird unterbunden. Das Kollegialsystem ist Ausprägung einer «umfassenden Gewaltenteilung» im Sinne WERNER KÄGIS oder der Intra-Organ-Kontrollen im Sinne von KARL LOEWENSTEIN[9]. Daß die einfachen, mehr auf persönlichen denn auf sachlich-institutionellen Wirkungsweisen angelegten Hemmungen versagen und in Machtkumulation umschlagen können, wenn die Kollegiumsmitglieder einig[10] sind und ihre Wirkungsmöglichkeiten gegenüber einem pluralistischen Sozialgefüge zu ballen verstehen, wird als unwahrscheinlich außer acht gelassen oder halb-bewußt geduldet, dies durch die Motivierung, im geeinten Kollegium notfalls das Korrektiv gegen einen zu üppig gedeihenden, zersplitternden Pluralismus zu finden.

b) Das Kollegialsystem kommt dem festgefügten *Proporzdenken* der schweizerschen Demokratie entgegen[11], die in der Gleichheit ein regulati-

---

[8] Vgl. RICHARD BÄUMLIN, Die Kontrolle des Parlaments über Regierung und Verwaltung, ZSR 85, 1966, S. 207 ff.

[9] WERNER KÄGI, Von der klassischen Dreiteilung zur umfassenden Gewaltenteilung, in: Festschrift für Hans Huber, Bern 1961, S. 151 ff.; KARL LOEWENSTEIN, Verfassungslehre, Tübingen 1959, S. 167 ff. Vgl. auch DIAN SCHEFOLD, a. a. O., S. 316.

[10] Zur Möglichkeit des Distanzverlustes mit der Gefahr, die innere Freiheit zur Kritik einzubüssen und damit die Idee des Kollegiums preiszugeben: RICHARD BÄUMLIN, a. a. O., S. 180 f.

[11] Vgl. die interessante, die schweizerischen Verhältnisse eindrücklich charakterisierende Studie des jungen deutschen Politologen GERHARD LEHMBRUCH, Proporzdemokratie,

ves Prinzip erblickt und zugleich der realen pluralistischen Struktur der Gesellschaft im staatlichen Entscheid zum Ausdruck verhelfen will. Für den Staat, der in proportionaler Organisation und im sachlichen Kompromiß seine Integration entscheidend fördert, ist das Kollegialsystem der Regierung ein sicheres Ordnungsmittel. Es hält ihn vom Albdruck frei, dem nivellierenden Egalitätszug der Massengesellschaft das gegenläufige Hierarchieprinzip[12], etwa eine Präsidialdemokratie nach französischem Modell, offen entgegensetzen zu müssen. Im Mehrparteienstaat ist das Kollegialsystem wesensgemäß auf die «*Koalitionsregierung*» hin geöffnet, worin sich die Proporzforderung und die dahinter liegende Anerkennung pluralistischer Staats- und Gesellschaftsstruktur aktuelle politische Geltung verschaffen[13]. Der Proporzfaktor drängt auf ein so grosses Kollegium, daß darin die Gruppen in ihrem relativen Gewicht voll zum Tragen kommen, während die moderierende Motivierung das Kollegium klein hält, um die Machtbrechung nicht in die Hand von innerkollegialen Fraktionen legen zu müssen. Im kollegialen Balancespiel von Homogenität und Heterogenität, das im pluralistischen Staat auch auf der Regierungsebene fortwährend auszutragen ist[14], soll keinem Moment auf die Dauer ein Übergewicht zufallen. Das Kollegialsystem hat innige Zusammenhänge mit der gesamten schweizerischen Regierungsform *(government)* überhaupt, und die

Politisches System und politische Kultur in der Schweiz und in Österreich, Tübingen 1967.

[12] Die französische Politologie und Soziologie betonen stark die Unausweichlichkeit des hierarchischen Prinzips, das im modernen Staat zur Gleichheitsforderung ein erträgliches Verhältnis sucht. RAYMOND ARON, Die industrielle Gesellschaft, Frankfurt a. M. / Hamburg, S. 63 ff., glaubt, die demokratische Ordnung im Massenstaat sei notwendig heuchlerisch, indem sie Ungleichheiten vertuschen müsse, und sagt: «Eine gut funktionierende Demokratie hat das Mittel gefunden, im Volk den Eindruck zu erwecken, die Regierenden führten seinen Willen aus, dennoch aber den Regierenden die Möglichkeit zu geben, die Weisheit obwalten zu lassen.» (S. 65).

[13] Die Schweiz hat keine Koalitionsregierung in dem Sinne, wie parlamentarische Regierungsformen sie aufweisen können oder wie speziell Österreich sie gekannt hat (vgl. RENÉ MARCIC, Die Koalitionsdemokratie, Das österreichische Modell im Lichte der Wiener rechtstheoretischen Schule, Karlsruhe 1966). Darauf weist nachdrücklich RICHARD BÄUMLIN, a. a. O., S. 181 ff., hin. Die Schweiz hat vielmehr eine «Allparteienregierung» (Vulpius), eine kooperierende durchgehende Proporzregierung, der wesensgemäß keine feste, vor allem auf einer Parteiorganisation aufruhende Opposition entgegenstehen kann. (Zur «Opposition» vgl. HANS HUBER, «Die schweizerische Demokratie», in: Die Demokratie im Wandel der Gesellschaft, Berlin 1963, S. 106.) Die Machtkontrolle muß in der «Konkordanzdemokratie» (NZZ, 9. Mai 1967, III) andere, spezifische Wege suchen, die z. B. Parlament, Fraktion und Parteien in ganz andere Positionen gegenüber der Regierung versetzen als im Staat mit parlamentarischer Regierungsform.

[14] Zur Problematik: ERNST FRAENKEL, «Der Pluralismus als Strukturelement der freiheitlich-rechtsstaatlichen Demokratie», in: Verhandlungen des 45. Deutschen Juristentages, München / Berlin 1964, S. B 5 ff.

politischen Macht- und Entscheidungsprozesse sind durchgängig auf dieses System hin ausgerichtet.

c) Das Kollegialsystem sucht die Sammlung von *Einsicht, Wissen und Können*. Drei wissen mehr als einer; im Fünferkollegium sitzen größere Erfahrung und ausgewogenere Haltung als bei einer Person, selbst wenn diese von besten Beratern umgeben wäre. Das Kollegium ist geradezu eine Einrichtung, um einer Beratung der Regierung durch freie oder institutionalisierte Stäbe mit ihrem natürlichen Risiko, zu grauen Eminenzen zu werden, möglichst zu entgehen. Es verteidigt so auf diese Weise das demokratische Öffentlichkeitsprinzip gegen das vermeintliche Geheimkabinett, gegen die die herkömmlichen Organisationsstrukturen unterwandernden informellen Gebilde und gegen den Abfall in autoritäre Entscheidungsmechanismen. Das Quantitative kann man freilich nicht beliebig fortsetzen. Irgendwo werden ob der Vielheit der Meinungsmöglichkeiten die Schwerfälligkeit der Arbeitsweise und der Zwang zur außerverfahrensrechtlichen Vorformung des Entscheids unvermeidlich, wodurch die Qualitätserwartung fortfallen und die systemwidrige Gruppenbildung im Kollegium zur Notwendigkeit werden kann. Die Idee des Kollegiums fängt im übrigen die Tatsache der «vorläufigen Unfähigkeit des Durchschnittsmenschen» (KARL JASPERS) zur Erfüllung seiner Aufgabe mildernd auf, bildet eine Dämpfung gegen das «einzelmenschliche Versagen» und gibt der Erwartung Raum, daß im Suchen nach Annäherungen zum Richtigen die kommunikative Läuterung im staatlichen Alltag gelinge. In einer etwas anderen Sicht erschließt sich das System der «politischen Toleranz» in dem weiten Sinne, wie RICHARD REICH ihn bestimmt hat [15].

d) Die *Koordination*, dieses vordringlichste Anliegen des zeitgenössischen Verwaltungsstaats [16], findet im Kollegialsystem den harmonisierenden Platz. Im Kollegium soll es möglich sein, ohne verfahrensmäßige Komplikationen und ohne die Bildung von Sonderorganen die Koordinationsbedürfnisse zu entdecken, die informativen und bewertenden Elemente zusammenzutragen und den synthetischen Entscheid zu treffen. Versteht man unter Koordination namentlich die ordnende Zusammenfügung heterogener Faktoren zu effektiven Leistungseinheiten in planenden, dirigierenden oder vollziehenden Akten, so ist nicht nur die Regierungs*funktion* an sich schon wesentlich Koordination auf den mannigfachen Ebenen staatlicher Betätigung, sondern auch das Regierungs*organ* ist auf

---

[15] RICHARD REICH, Politische Toleranz, Bern 1965.

[16] Zur Koordinationsaufgabe der Staatsleitung: ULRICH SCHEUNER, Politische Koordination in der Demokratie, in: Die moderne Demokratie und ihr Recht, Festschrift für Gerhard Leibholz, Tübingen 1966, II, S. 899 ff.

die Koordination hin strukturiert: Es tendiert aus dieser Aufgabe heraus zum Kollegium.

e) Das Kollegium in der durch Einzelwahlen und Amtsdauer stabilisierten Gestalt steht im Dienst *staatlicher Dauerhaftigkeit und Kontinuität*. Die wachsende Einsicht in das Prozeßhafte des staatlichen Seins und in die Dynamik der staatlichen Funktionen sucht heute besorgt Stellen, die tragfähige Brücken bilden und Übergänge ohne Einstürze sicherstellen; die «kreisende Bewegung aus Stabilität im Durchbruch zu neuer Stabilität» (KARL JASPERS) vermag hier Träger zu finden. Zur «Herstellung überpersonaler Kontinuität», die die Demokratie anstrebt[17], ist das kollegial organisierte Regierungsorgan hervorragend geeignet: Es bringt zwar je kleine Führungsgruppen in das politische Entscheidungsfeld, entsagt aber gleichwohl einer an bestimmte Personen gebundenen Ordnungsstruktur[18]. Der Hang zum Autoritären wird abgelenkt.

2. Im Kollegialsystem breitet sich in verschiedenartiger Brechung das Licht der immer wieder zu schaffenden *«Einheit»* aus. Die bewegte und dauernde Ausgleichung homogener und heterogener Faktoren, von der die Demokratie lebt und die sich auf gesellschaftlichen, gesamtstaatlichen und interdepartementalen Ebenen einstellt, ist im Kollegialsystem wesensgemäß angelegt. Die staatliche Regierungsfunktion mit ihrer Integrations- und Repräsentationsaufgabe ist in dem kleinen, konzentrierten und handlungsfähigen Zusammenschluß sachkompetenter Persönlichkeiten geborgen, und der Gesamtentscheid fußt auf dem standfesten Untergrund einer relativ geschlossenen Handlungspotenz. Der leitende staatliche Entscheid wird in die Helle rationaler Deliberation gebracht und damit überhaupt als Akt der Rationalität gesetzt. Ausdruck kollegialer Funktion ist der *Kompromiß*, getragen von einem möglichst einstimmigen Kollektiv[19]. Die Verlegung der politischen Verantwortlichkeit in das Kollegium schafft eine weitgehend sanktionsfreie Kollektivhaftung, die dem einzelnen Regierungsmitglied Entfaltungsraum und initiierende Kraft beläßt. Die potentielle Abschirmung gegen alltägliche Fluktuationen der öffentlichen Mei-

---

[17] KONRAD HESSE, Grundzüge des Verfassungsrechts der Bundesrepublik Deutschland, Karlsruhe 1967, S. 55, 68, 76.

[18] Vgl. ERWIN AKERET, Regierung und Regierungsform der schweizerischen Eidgenossenschaft, Zürcher Diss. 1941, S. 82 ff.

[19] Insofern und als Tendenz begriffen ist die Feststellung von KARL LOEWENSTEIN, a. a. O., S. 172, richtig: «Infolgedessen gelangt der Bundesrat zu seinen Beschlüssen nur durch Einstimmigkeit.» Zur Zugehörigkeit des Kompromisses zur Demokratie: W. A. JÖHR, Der Kompromiß als Problem der Gesellschafts-, Wirtschafts- und Staatsethik, Tübingen 1958; RICHARD BÄUMLIN, a. a. O., S. 222 f.; RENÉ MARCIC, a. a. O., S. 8 ff.; GERHARD LEHMBRUCH, a. a. O., S. 39 ff.

nung und umgekehrt die Möglichkeit vielseitiger Einwirkung auf die Sozialgruppen bringt dem Kollegium die Möglichkeit, die aufgegebene Lenkungsaufgabe im Staat mit Erfolg wahrzunehmen.

Die Idee des Kollegialsystems hat *keineswegs abgedankt*. Sie ist im Gegenteil hoffnungsvolle Chance, die heutige Komplexität gouvernementaler Lenkungsobliegenheiten in demokratischer und rechtsstaatlicher Legitimierung zu bewältigen. Sie ist durchaus realitätsnah und zeitgemäß. Ihre Verwirklichung ist freilich abhängig von Voraussetzungen, die heute schwer erfüllbar zu sein scheinen. Darin liegt die *beunruhigende Problematik* des Kollegialsystems, das sich als Organisationsprinzip nicht halten läßt, wenn die politische Realität sich ihm beharrlich verschließt. Das Kollegialsystem kämpft dagegen, zu einer fiktiven Konstruktion abzusinken und vor eine zerstörerische Alternative gesetzt zu werden: Entweder würde die Regierungsfunktion und die Leitung der Administration in so viele Regierungsprovinzen aufgespalten, als gewichtige und handlungsfähige Departemente vorhanden sind, womit aber nicht nur der Einheits- und Lenkungsgedanke preisgegeben wären[20], sondern auch die auf das behördliche Komplementärmoment eingespielte schweizerische Demokratie wesentlich modifiziert würde[21]. Oder es würde das auseinanderstrebende Gebilde angesichts des drohenden Verlustes der Regierungsfunktion unter einem Präsidialdepartement gesammelt, die schweizerische Regierung also einem gemilderten Präsidialsystem zugeführt, wie es etwa J. SCHOLLENBERGER vehement noch 1910 verfochten hat[22], damit aber seine gewachsene Staatsstruktur doch grundlegend wandeln.

III. Organisatorisch-funktionelle Probleme des realen Kollegialsystems

1. Sonderheiten der Entscheidungsvorgänge

Die verbreitete Vorstellung von der Kollegialarbeit geht erstens von einer *a priori* irrealen Harmonieforderung und zweitens von der übertriebenen Erwartung einer Horizontalordnung aus, als ob sich Gleichwertigkeit,

---

[20] Einläßlicher: KURT EICHENBERGER, Staatsreformen und Regierungsbild, BJM 1965, S. 161 ff., insbes. S. 178 f.

[21] Die gouvernementale Lenkungsbedürftigkeit ist vielschichtig: Sie entfaltet sich innerhalb der behördlichen Organisation, dann aber auch, trotz der immer wieder hervorgehobenen «Neutralität» der Behörden im Kampffeld der Volksentscheidungen, gegenüber dem Volk, das sich in der Gegenwart mit der Frage des Ausmasses an institutionalisierter Demokratie auseinandersetzt (vgl. DIETRICH SCHINDLER jun., Ausbau oder Abbau der Demokratie?, in: Beiträge zur Staatsreform, Jahrbuch der NHG, 38, 1967, S. 110 ff.; HANS HUBER, a. a. O., S. 108 ff.).

[22] J. SCHOLLENBERGER, Die Schweizerische Eidgenossenschaft, Berlin 1910, S. 128.

Gleichgewichtigkeit und Anteilsgleichheit aller Mitglieder erfüllten. Es wird bewußt am Bild des Richterkollegiums angeknüpft, wo in einer Art wissenschaftlichen Gesprächs, verpflichtet auf Wahrhaftigkeit und Rechtsrichtigkeit, allein die «Sache» zählt. Doch im Regierungskollegium walten andere Gesetzlichkeiten, die es weit mehr in die Nähe kollegialer Unternehmungsleitungen in der Wirtschaft stellen, diese allerdings in der Komplexität der Aufgabe und der Struktur übertreffend.

a) Das Kollegium ist von vorneherein ein hereditärer *Konfliktsherd*. Es steigert die Handlungsvarianten, macht mehr Gegebenheiten sichtbar, schafft diese eventuell auch erst, verbreitert die Bewertungsbasen und die Einsichten in Konsequenzen der Entscheidung. Es bedeutet Bereicherung, aber auch Erschwerung. Die sachlichen und persönlichen Kontaktflächen werden vergrößert, und dazu gesellt sich die Einnahme vorgegebener Standorte parteipolitischer oder anderer Art, die wenig wandelbar sind. Zusammen mit den unwägbaren persönlichen Momenten schaffen derartige Standorte verfestigte Fronten, so daß vorwiegend nur die Sachfragen die Mobilität zur freien Gestaltung behalten. Die notwendige demokratische Disposition zum Kompromiß ist dadurch der Gefahr ausgesetzt, im ausgehandelten Kalkül zu Lasten der Sachrichtigkeit zu enden.

b) Im konkreten *Willensbildungsprozeß* bestätigt sich die Erfahrung der Betriebswirtschaft, wie EDWIN RÜHLI[23] sie festgehalten hat: Das Kollegium kommt entweder durch Mehrheitsbeschluß oder durch Kompromiß zum Entscheid, oder es umgeht das entscheidungsbedürftige Problem (*Problem*umgehung durch Verzicht auf den verantwortungsbedürftigen Kollektiventscheid, worin auch eine *Konflikts*umgehung liegt). Keiner dieser Wege ist *in abstracto* schlechterdings richtig oder unrichtig, aber ob *in concreto* der zureichende eingeschlagen wird, z. B. ob und wie lange die Austragung fälliger Konflikte richtigerweise aufgeschoben wird, ist eine permanente Kollegiumsfrage.

c) Selbst das kleine Kollegium bewegt sich nicht von selbst, und zwar auch dann nicht, wenn es in der Kompetenz- und Geschäftsordnung ohne weiteres Auftrag und Ermächtigung vorfindet. Es ist vielmehr angewiesen auf Anregung, Antrieb und Richtungsweisung, die in der schweizerischen Horizontalregelung nicht dem Bundespräsidenten, wohl aber in einigen Landsgemeindekantonen dem Landammann zufallen könnten. Haben nicht einige Mitglieder das geschärfte «*Kollegiumsbewußtsein*», stellt sich in der Wirklichkeit immer wieder der Zustand ein, daß die «Kollektive als

---

[23] EDWIN RÜHLI, Die Besonderheiten der Führungsentscheidungen bei kollegialer Unternehmensleitung und der Stand ihrer wissenschaftlichen Forschung, in: Die Unternehmung, 21, 1967, S. 17 ff.

solche gar nicht entscheiden, sondern stillschweigend Einflußsphären für einzelne Mitglieder anerkennen, innerhalb welcher diese *de facto* allein zuständig sind» (EDWIN RÜHLI); so wird das Kollegium da, wo Recht oder politische Opportunität es fordern, als vorwiegend formelle Genehmigungsinstanz passiert. Hier droht dem Kollegium die Abschwächung zur *Formal- und Kollisionskonferenz*, indem entweder Übereinstimmungen festgestellt oder akute Konflikte geschlichtet werden. Das *ist* eine bedeutsame Funktion; gleichwohl entrückt sie das Kollegium dem Zentrum gouvernementaler Entscheidungen.

d) Entgegen Weissagungen mehren sich die Anzeichen dafür, daß die Stillegung des Kollegiums in der Allparteienregierung (durchgehenden Proporzregierung) offenbar schwerer und seltener ist als in der einfachen Mehrheitsregierung, indem durch den primären Antagonismus und wegen der solidarischen politischen Verantwortlichkeit des Kollegiums ein faktisches Hüteramt aktualisiert wird, das über die Vorlage und die materielle Behandlung nicht gerade dicht und konsequent, aber immerhin mit einer gewissen Aufmerksamkeit zu wachen scheint. Weil in der Logik des politischen Kollegialsystems die Erwartung der grundsätzlichen Einstimmigkeit sich erhält, liegen Ansätze zu einer – neuartigen – *Geschlossenheit des Kollegiums* vor. Dieses ist zwar nach der parteipolitischen Herkunft seiner Mitglieder heterogen, könnte sich jedoch zu einer sekundären Homogenisierung gedrängt sehen, was ihm einerseits wegen des schwerwiegenden Regierungsauftrags und andrerseits wegen der Dürftigkeit *parteipolitischer* Determinationen im versachlichten Industriestaat nicht sonderlich schwerfallen muß. Damit sind ihm auch Gelegenheiten zu einer – gegenüber früheren Zuständen[24] wiederum neuartigen – *Überparteilichkeit* gewährt. Immerhin wird man festhalten müssen, daß die Rollen im Zusammenspiel der durchgehenden Proporzregierung mit Parlament, Fraktionen, Parteien und Interessenorganisationen heute noch nicht endgültig verteilt sind. Die Forderungen nach Regierungsprogramm und Ausbau der parlamentarischen Kontrollen über den Bundesrat weisen jedenfalls darauf hin, daß die Geschlossenheit des Kollegiums immer wieder gesucht und vorausgesetzt wird.

2. Der Kampf um Zeit

Die erhebliche Zunahme der Geschäfte sowohl in den Departementen als auch im Kollegium hat die Regierungsmitglieder unverhältnismäßig stärker im Departement als im Kollegium engagiert. Trotzdem richtet sich der an sich berechtigte Ruf nach Entlastungen der Bundesräte vorwiegend auf

---

[24] Vgl. ERWIN AKERET, a.a.O., S.109ff.

die *Kollegiumsarbeit,* und die Forderung wird häufig dahin vereinfacht, daß die Sitzungen des Kollegiums zu kürzen seien. In der Tat muß sich das Kollegium kompetenzgemäß mit Entscheidungen zumindest formell abgeben, die ohne Schaden für die Sache und die Legitimierung in der Tiefe der Administration gefällt werden könnten. Die Verschiebung nach unten zu verwehren, wäre ein *Mißbrauch des Kollegiums und seiner Idee.* Allein, der Kern liegt nicht hier, zumal diese Formalgeschäfte von kurzer Dauer sind, sondern darin, daß für die verbleibenden kollegialen Obliegenheiten nicht ausreichend Zeit zur Verfügung steht. Das will nicht besagen, dem Kollegium zuzumuten, sich über Angelegenheiten zu unterhalten, die spruchreif sind und über die Einigkeit besteht. Departementale und interdepartementale Vorbereitung, Konzentration und speditiver Geschäftsgang sind unerläßliche Requisite kollegialer Arbeit, und das verallgemeinernde Urteil ist erlaubt, daß sich die schweizerischen Regierungen darin wenig vorzuwerfen haben. Die Schwierigkeit bricht mit den grossen, langwierigen und komplexen Geschäften auf, die nicht nur gerade die Zeit *im* Kollegium fordern, sondern weit mehr noch für die Vorbereitung und die abwägende Überlegung durch jedes einzelne Regierungsmitglied. In dieser letzten Erscheinung steckt der grosse Aufwand, der fast nicht erbracht werden kann.

Das Kollegium kostet Zeit. In der Bedrängnis der gehetzten Gegenwart wird sie ihm nicht gern gegeben. Die *Departementalaufgabe absorbiert* den Vorsteher. Hier liegt sein politisches und sachliches Schwergewicht; für dieses Tun wird er im Parlament, in der Öffentlichkeit und in seiner Partei behaftet, und seine Geltung ist an den Erfolg der Departementalgeschäfte gekettet. Selbst die Kollegiumstätigkeit geht ihn überwiegend als Departementschef an: Er muß nicht nur seine Ziele und Vorschläge im Bundesrat verfechten, sondern er trägt geradezu eine individuelle Last für die Tätigkeit und oft auch die Schlußnahmen des Kollegiums; denn es liegt an ihm, dem Kollegium Geschäfte zu unterbreiten, Initiative zu entfalten, Lösungen aufzuzeigen, Zustimmungen zu erlangen; das Kollegium ist häufig so aktiv und so leistungsfähig, als die einzelnen Departementsvorsteher für die Vertretung ihres Sachbereichs es sind.

Wenn präparative Obliegenheiten und Entscheidungen vom Kollegium weg in die Tiefe der Administration verlegt werden, so ist die Übung bedenklich, mit der Delegation beim Departementschef halt zu machen. Mit dieser *verkürzten Übertragung* kommt man im Entlastungs- und Verteilungsproblem nicht vom Fleck, weil der einzelne Bundesrat doch voll beansprucht bleibt. Freilich vermögen rationelle *Arbeitstechniken* viel auszurichten. Es kommt für die Praktikabilität des Kollegialsystems entscheidend darauf an, wie die Departementsvorsteher im Ressort und für das Kollegium arbeiten, wie sie Geschäfte verteilen, wie sie Stäbe und

Gehilfen einsetzen, leiten und nutzen, ob sie Schwergewichte bilden und Vernachläßigungen wagen. Indessen gibt es auch eine Zurückhaltung gegenüber höchstpersönlichen Eigenheiten, die sich im Stil des Arbeitens und Führens ausdrückt. Den Ausgleich zu persönlichen Gegebenheiten vermöchten teils eine erhöhte Mobilität der Institutionen, teils der selbsttätige Ersatz durch informelle Organisationspotenzen herzustellen.

3. Die Erlangung von Übersicht und Koordinationsfähigkeit

Um die in der Idee des Kollegialsystems eingeschlossenen Postulate zu verwirklichen, müßte das Kollegium die Stätte sein, in der die *Übersicht* über das Geschehen in Staat und Gesellschaft ständig gegenwärtig wäre, der *Informationsstrom* beidseits ungehemmt flöße und die *Kommunikation* mit der Öffentlichkeit zu den vordersten Aufgaben gehörte. In der Realität kommen derartige Forderungen nur punktuell und ohne Systematik zustande. Insbesondere leidet in der Schweiz – wie dies auch für das Ausland festgestellt worden ist [25] – vielfach die informative Einsicht in die Problemlagen und Entscheidungsgrundlagen. Die reichen Interdependenzen im sozialordnenden Verwaltungsstaat werden im Kollegium nicht zwingend sichtbar gemacht, was unter anderem zur Folge hat, daß die Initiativen für die Aktionen der Exekutivgewalt weniger von oben nach unten als umgekehrt verlaufen. Dies bedeutet, daß nicht das zur Synopsis und Synthese geeignete Organ initiiert und, seinem geweiteten Horizont entsprechend, Ziele setzt, sondern das sachbefaßte und «interessierte», in seinem Blick notwendigerweise eingeengte Gebilde. Kommunikative Läuterungen und Koordinationen können unterbleiben oder mangels präsenten Fachwissens nicht befriedigt werden.

Der *Verkehr mit der Öffentlichkeit* ist dem Kollegium in weitem Maß durch die Departemente abgenommen, damit aber den je speziellen Departementalsichtungen und -anliegen überlassen. So entgleitet die gouvernementale Lenkungsobliegenheit namentlich in komplexen Geschäften dem Kollegium, wird von den Departementen aufgefangen, jedoch in ihre Perspektive transformiert. Wenn für die Regierungsmitglieder heute wohl die Behelligungen und das Mißtrauen, die ihnen aus der Öffentlichkeit periodisch entgegenschlagen, die drückendste Last ihres Amtes bedeuten, so lassen sich die Störungen teilweise darauf zurückführen, daß die Kommunikation zur exponierten Spitze, die gemäß der staatsrechtlichen Ordnung das Kollegium und nicht sieben einzelne Nadeln sein kann, unsicher ist. Freilich wird damit die beliebte Leitvorstellung in Frage gezogen, die im Bundesrat in erster Linie den qualifizierten Ressortchef sieht und ihn auf

---

[25] Vgl. WILHELM HENNIS, Richtlinienkompetenz und Regierungstechnik, Tübingen 1964, S. 14 ff.

Verwaltungsaufgaben verpflichtet, während die anspruchsvolle «Öffentlichkeitsarbeit» als entbehrlicher und lästiger Zusatz gilt[26]. Von vielen Seiten wird allerdings gerufen, der Bundesrat und die Bundesräte sollen regieren und nicht verwalten. Doch bleibt meistens verschleiert, worin die realen Differenzen zwischen den beiden Funktionen bestehen und daß zureichendes Regieren die Nähe zur Verwaltung nötig hat[27]. Die Konzentration der Regierungsmitglieder auf die gouvernementale Leitungstätigkeit setzt voraus, daß der Alltag im Ressort von der «zweiten Ebene» bewältigt wird, daß zum Beispiel Generalsekretäre der Departemente etliche Aufgaben übernehmen, die heute dem Departementsvorsteher zufallen. Auf dieser Stufe werden sich auch viele Koordinationsbelange erfüllen lassen, was freilich dem Kollegium die Rolle des exklusiven Koordinators endgültig abnimmt.

4. Die Abhängigkeit von den Departementen

Wie sehr das Kollegium von der Initiative, der Bearbeitung und dem politischen Willen der Departemente abhängig ist, haben die bisherigen Ausführungen wiederholt gezeigt. Es bestätigt sich an weiteren Umständen. So hat das Kollegium keine Zeit- und Arbeitspläne, womit es die Vorbereitungen der Departemente zu seinen Handen lenkte, gibt aber auch nicht – oder nur gelegentlich – Richtlinien aus, an denen sich die Departementsarbeit orientieren müßte. Es verfügt über keine eigenen Planungsorgane und verzichtet auf die systematische Erteilung von Planungsaufträgen im Bereich der Regierungstätigkeit; verständlicherweise, denn Planungsziele zu definieren und Bearbeitungen auszugeben, bedingt eine aktive Präsenz. Diese hat heute das Kollegium nicht, sondern gerade nur wieder das Departement, woraus der interessante Regelfall entsteht, daß initiative Departemente sich vom Kollegium zur Planung beauftragen lassen und dieses für die formale Sanktion der Departementsplanung verwenden. Ähnlich wirkt sich aus, daß dem Kollegium eigene Kontrollorgane fehlen, so daß die Departemente nur partikulärer Aufsicht unterliegen und beispielsweise ständige Kommissionen des Parlaments mit Hilfe ihrer Sekretariate unmittelbarer und wirksamer in die Tiefe der Verwaltung

---

[26] Zu einem Ausschnitt derartiger Bestätigung (unter der wenig gewinnenden Bezeichnung «Öffentlichkeitsarbeit»): WALTER LEISNER, Öffentlichkeitsarbeit der Regierung im Rechtsstaat, Berlin 1966, insbes. S. 67 ff.

[27] Diese von der Rechtswissenschaft immer wieder hervorgehobene Verbindung – manchmal verdeckt durch die dogmatisierte Vorstellung, daß ohnehin alles «Verwaltung» sei, was nicht in Rechtssetzung und Rechtsprechung aufgehe – wird auch in verschiedenen Richtungen der Politologie grundsätzlich bejaht. Bezeichnend E. GUILLAUME, a.a.O., S. 43 ff.; WILHELM SACHER, Die Eigenständigkeit der Politikwissenschaft als Staatsführungslehre (Politikologie), Linz 1965, S. 38 ff.

zugreifen können als die Exekutivspitze selbst, die nur gerade über ein Mitglied eine Art von Selbstkontrolle handhabt.

Das Kollegium hat keine *unterstützenden Instrumente*, die ihm selbst gehören, die unter dem Gesichtswinkel des Gesamten informieren und Wertungen vorbereiten, die ferner Koordinationswendigkeiten aufweisen und schließlich Planung sowie Kontrollen wahrzunehmen vermöchten. Staatsrechtlich, organisationstechnisch und politisch weisen derartige Forderungen auf die *Bundeskanzlei*, die ohne grosse Mühen zum Sitz der funktionellen Kollegiumshilfen ausgestaltet werden könnte. Heute indessen fallen beinahe alle Hilfsdienste materieller Natur den Departementen zu, die im Sinne der Organisationslehre insofern auch Stabsorgane für das Kollegium sind. Doch behauptet sich die alte Feststellung, daß ein vorwiegend als Linienorgan konstituiertes Organ – und das sind die Departemente mindestens seit 1914 – keine umfassende Stabsfunktion versehen kann und daß seine Beiträge notwendigerweise mediatisiert sind durch den politischen Willen, der im Organ obwaltet.

IV. Die Trias der Systeme in der Staatspraxis

1. Das Kollegialsystem erzeugt schon an seinen Ursprüngen Grundsituationen, die seiner *Effektivität Abbruch* tun. Es ficht sodann mit Behelligungen, die ihm aus den faktischen Gegebenheiten erwachsen. Doch wird damit seine praktische Tauglichkeit nicht ausgeschlossen. Den deformierenden Eigenheiten und Entwicklungen kann entgegengewirkt werden: Vieles liegt beim Entschluß der Amtswalter, einiges an institutionellen Vorkehren, Entscheidendes am gemeinen Willen, das Kollegialsystem aufrechtzuerhalten und von ihm eine vorausgesetzte Leistung zu fordern. Man wird freilich den Stand der Staatspraxis im Auge behalten müssen.

2. Es ist eine bedeutsame staatsrechtliche und damit auch eminent praktische Frage, wie weit das geltende Recht das Kollegialsystem «rein» entfalten sehen und wie weit es dem Departementalsystem Raum gewähren will[28]. Und für die Zukunft erhebt sich die Frage, wie die Ordnung rechtlich getroffen werden soll. Die Revision des Bundesgesetzes über die Organisation der Bundesverwaltung ist unaufschiebbares Thema geworden. Allein, klammert man die positivrechtlichen Fragen einmal aus, ist festzuhalten, daß sich in organisatorisch-funktioneller Hinsicht drei Systeme in einer

---

[28] Maßgebend sind vor allem Art. 103 BV, das Bundesgesetz über die Organisation der Bundesverwaltung vom 26. März 1914, der Bundesratsbeschluß betreffend die Zuständigkeit der Departemente und der ihnen unterstellten Amtsstellen zur selbständigen Erledigung von Geschäften vom 17. November 1914.

rationalen Zwangsläufigkeit kombinieren, was sowohl aus faktischen als auch aus normativen Zusammenhängen erwächst (und insofern läßt sich die rechtliche Frage doch nie gänzlich ausklammern): die Aufgaben dieses Staats und dieser seiner Organe, ihre gegebenen Strukturen, ihre möglichen Funktionen und die Fähigkeiten ihres Zusammenspiels schaffen eine *Kette von funktionalen Interdependenzen*.

Vereinfacht und zusammenfassend gesprochen, wird in einer ersten Stufe die Kollegiumstätigkeit abhängig von der ausgreifenden präparativen Arbeit in den Departementen. Dabei ist dem Umstand alle Beachtung zu schenken, daß die Vorverfahren im weiten Sinne dieses Wortes materiell bedeutender sein könnten als die die Endentscheidung einschließenden Hauptverfahren, weswegen die Staatsrechtswissenschaft jenen Vorverfahren ihre volle Aufmerksamkeit zuzuwenden beginnt[29]. Indessen sind die Departemente nicht nur Träger von *präparativen Funktionen*, sondern kraft ausgedehnter Delegation auch von *eigenständigen Entscheidungen*; eine Vielzahl der administrativen und gouvernementalen Staatsakte liegt bei ihnen. Nun ist dieser Begriff der Departemente allerdings doppelsinnig: Er meint einerseits nur die monokratische Departementsspitze, andrerseits die ganze in die Breite und Tiefe gestaffelte Organisationseinheit. Spricht man vom Departementalsystem, hat man in den meisten Fällen die erste Bedeutung vor Augen. Eine ähnliche Dependenz wie zwischen Kollegium und Departementalspitze wiederholt sich auf einer zweiten Stufe: Abteilungen und Sektionen der Departemente werden einesteils zu unentbehrlichen Mitgestaltern der Departementsakte in präparativen Tätigkeiten und andernteils zu eigenständigen Entscheidungsträgern. Ein *spezifisches* Direktorialsystem, das weder faktisch noch rechtlich die konsequente Ausformung der helvetischen Verfassung gefunden hat und das ohne das damalige ministerielle Spitzenorgan (heute eine Art des Staatssekretariats) ist[30], schließt sich an das dem Kollegialsystem zugeordnete Departementalsystem an.

So realisiert sich in der Staatspraxis eine Trias von Systemen über eine doppelte Stufung, und man könnte sagen, es bestehe eine *kombinierte Dreiheit von Kollegial-, Departemental- und Direktorialsystem*[31]. Mit Fug

---

[29] Gleicher Ansicht: RENÉ MARCIC, a.a.O., S.21. Bahnbrechend und wegleitend HANS HUBER, zum Beispiel in: Die Anhörung der Kantone und der Verbände im Gesetzgebungsverfahren, ZBJV 95, 1959, S.249 ff.

[30] Art. 71 und 84 der helvetischen Staatsverfassung vom 12. April 1798.

[31] Die deutsche Lehre nimmt für das Bonner Grundgesetz ein Nebeneinander von Kanzler-, Kollegial- und Ressortprinzip an: vgl. KONRAD HESSE, a.a.O., S.233 ff; HERMANN VON MANGOLDT / FRIEDRICH KLEIN, Das Bonner Grundgesetz, II, 2. Aufl., Berlin / Frankfurt a.M. 1966, insbes. S.1250f.; THEODOR MAUNZ / GÜNTER DÜRIG, Grundgesetz, I, 2. Aufl., München / Berlin 1966, insbes. N.1 zu Art.65, sowie N.1 ff. zu Art.62.

ließe sich aber die Situation auch so deuten, daß im schweizerischen Kollegialsystem Komponenten sowohl des Departemental- als auch des Direktorialsystems eingefügt seien. So oder anders: Die Systeme oder Komponenten vertragen sich eine Strecke weit reibungslos, können dann in eine Phase wachsender Friktionen geraten und in offenen Widersprüchen enden. Im Blick auf die gegenwärtige Staatspraxis ist hervorzuheben, daß über das Gewicht jedes Systems oder jeder Komponente in ihren gegenseitigen Verhältnissen nichts ausgesagt ist außer dem, daß die Beziehungen offen sind. Die Tendenz der Staatspraxis geht auf eine wachsende Kraft der Direktorialkomponente, während Rechts- und Organisationslehre sich bemühen, das Mittelglied der Departementalebene, die heute wohl das Schwergewicht bei sich hat, zu entlasten durch eine zeitgemäße Stärkung des Kollegialfaktors und durch eine unter Kontrolle gehaltene Ausbildung und klärende Durchformung des Direktorialfaktors.

Das Präsidialdepartement

I. Der Bundespräsident

1. Der Bundespräsident der Eidgenossenschaft wird als *primus inter pares* bezeichnet: er ist gleichberechtigtes Glied in einer konsequenten Horizontalordnung des Regierungskollegiums, worin er den Vorsitz führt[1]. Darüber hinaus übernimmt er eine Reihe von Repräsentationspflichten und trifft eilende oder untergeordnete Präsidialverfügungen anstelle des Kollegiums[2]. Daneben bleibt ihm uneingeschränkt die Leitung seines Fachdepartements[3]. Die verfassungsrechtliche Beschränkung auf ein einziges Amtsjahr hindert die rechtliche Entfaltung einer dominierenden Rolle im Rat und ein hervorgehobenes Ansehen im Volk. Das Präsidialamt hat im 20. Jahrhundert kein auszeichnendes Gewicht an sich, und der Amtsinhaber stützt seine politische Geltung vorwiegend auf seine Position als Departementschef. Das Amt des Bundespräsidenten schafft nicht Macht und keine rechtliche und politische Hegemonialposition. Es setzt sich damit in Gegensatz zu den «Präsidentschaften» ausländischer Staaten, sowohl zu den Premierministern als auch zu den Staatspräsidenten vielerlei Schattierungen. Es fügt sich indessen widerspruchsfrei in das durchgebildete Kollegialsystem[4] der Exekutivspitze ein.

In: *Mélanges Marcel Bridel, Recueil de travaux publiés par la Faculté de droit de l'Université de Lausanne, S. 131–146. Imprimeries Réunies, Lausanne 1968.*

[1] Vom *primus inter pares* sprechen u. a.: MARCEL BRIDEL, Précis de droit constitutionnel et public suisse II, Lausanne 1959, S. 123; ANTOINE FAVRE, Droit constitutionnel suisse, Fribourg 1966, S. 195.

[2] Zu den Aufgaben des Bundespräsidenten: JEAN-FRANÇOIS AUBERT, Traité de droit constitutionnel suisse, Paris / Neuchâtel 1967, S. 537; CHARLES LEMPÉRIÈRE, Le pouvoir exécutif en Suisse, recrutement – organisation – fonctionnement, Paris 1911, S. 351 ff.

[3] Bis 1914 pflegte der Bundespräsident im Präsidialjahr das politische Departement, das neben außenpolitischen auch allgemeine innenpolitische Belange betreute (Sorge für die Ruhe und Ordnung im Innern), zu übernehmen und das angestammte Ressort aufzugeben. Der daraus entspringende jährliche Wechsel von mindestens zwei Departementsleitungen wurde im Ansturm der Fachgeschäfte und bei der gebotenen Konzentration schließlich unerträglich. Das «System Droz», das schon 1888–1894 bestanden hatte, setzte sich erst 1914 endgültig durch. Vgl. HANS-JÜRG VOLLENWEIDER, Die Organisation des Bundesrates nach Art. 103 der Schweizerischen Bundesverfassung (Das «Kollegialsystem des Bundesrates»), Winterthur 1954, S. 26 ff.; JEAN-FRANÇOIS AUBERT, a. a. O., S. 567; CHARLES LEMPÉRIÈRE, a. a. O., S. 362 ff.

[4] Vgl. MARCEL BRIDEL, a. a. O., S. 142 ff.

2. Dieses gegenwärtig vertraute Bild eines etwas farblosen, jedenfalls stark eingeebneten Präsidialamtes war im 19. Jahrhundert noch reicher an Konturen[5]. 1894 schrieb selbst der Bundesrat, die Verfassung habe *ein Staatshaupt der schweizerischen Eidgenossenschaft einsetzen* wollen. Denn «man dachte sich doch von Anfang an unter dem Bundespräsidenten... etwas Anderes und Mehreres als den Chef irgend eines Verwaltungsdepartements, der zugleich die Sitzungen des Bundesrates präsidiere». Es werde «nach einer politischen Oberleitung gerufen»; im Bundespräsidenten sei sie zu finden[6]. Im Jahre 1909 scheint der Bundesrat noch in dieser Linie gedacht zu haben[7], verließ sie aber ausdrücklich 1913, indem er glaubte, ihr stehe Artikel 103 BV entgegen[8]. Doch hinderte dies nicht, im neuen Bundesgesetz über die Organisation der Bundesverwaltung vom 26. Mai 1914 (BVerwOG) auf Vorschlag des Bundesrats die hochinteressante Bestimmung des Artikels 15 aufzunehmen:

1. Dem Bundespräsidenten liegt die Leitung der Geschäfte des Bundesrates und die Vorprüfung der von den Departementen an den Bundesrat gelangenden Geschäfte ob.
2. Der Bundespräsident beaufsichtigt den Gang der gesamten Bundesverwaltung und sorgt für die beförderliche Erledigung der den Departementen zugewiesenen Geschäfte.

---

[5] Das zeigt sich schon darin, daß bis gegen Ende des Jahrhunderts nicht nach einem streng gleichförmigen Turnus grundsätzlich jeder Bundesrat ins Präsidialamt aufstieg, sondern gleichsam «führende Köpfe» anerkannt waren, denen in rascher Folge das Präsidium wieder übertragen wurde.
Vgl. JOHANNES DÜRSTELER, Die Organisation der Exekutive der Schweizerischen Eidgenossenschaft seit 1798, Aarau 1912, S. 275 f.

[6] Botschaft des Bundesrates an die Bundesversammlung betreffend Organisation und Geschäftsgang des Bundesrates vom 4. Juni 1894 (BBl 1894 II, S. 807 f.). Das Kollegialsystem an der Spitze der Exekutive, wie die Bundesverfassung von 1848 es eingeführt hatte, stand im Anfang des Bundesstaats nicht außerhalb jeder Diskussion. Im «Bericht der Kommission des Ständerates über die Revision der Bundesverfassung» vom 30. September 1865 (BBl 1865 III, S. 641 ff.) wurde beispielsweise für die damals erwogene Volkswahl der Exekutivspitze als praktische Voraussetzung der Übergang zu einem Präsidialsystem ins Auge gefaßt. «Ein einziger Magistrat an der Spitze unseres Bundesstaates hätte auch sonst große Vorzüge... Die Idee, einen solchen Bundespräsidenten aufzustellen, ist indessen noch zu neu und zu wenig volkstümlich in der Schweiz, als daß die Mehrheit der Kommissionen einen daherigen Antrag bringen möchte ...» (S. 665 f.).

[7] Bericht des Bundesrates an die Bundesversammlung über die Reorganisation des politischen Departements vom 2. Juli 1909, BBl 1909 IV, S. 289 ff. (S. 299; einschränkend 303).

[8] Botschaft des Bundesrates an die Bundesversammlung betreffend die Organisation der Bundesverwaltung vom 13. März 1913, BBl 1913 II, S. 1 ff., 15.

Eine objektiv gerichtete Interpretation könnte dieser Bestimmung drei *bedeutsame Kompetenzen des Bundespräsidenten* entnehmen, die ihn über die Stellung eines Vorsitzenden merklich hinaushöben:

a) Der relativ unbestimmte *Begriff der Leitung*, der in seiner überreichen und oft undifferenzierten Verwendung in der Organisationsgesetzgebung für jedes Organ zwar selbständig bestimmt werden muß, hat im Gefüge der oberen Exekutivorgane regelmäßig etwa fünf Elemente in sich vereinigt:

– *Initiative*. Das Leitungsorgan gibt sachlich und verfahrensmäßig Impulse (antreiben), setzt realisationsfähige Ziele und überwindet natürliche Beharrungen oder künstlich geschaffene Behinderungen durch imperativ-autoritativen oder incendierenden Einsatz. Leitung schreitet über Planungen fortwährend zu Auftragserteilungen.
– *Koordination*. Das Leitungsorgan führt Aufgaben und Tätigkeiten unterstellter oder zugeordneter Glieder dauernd und in Einzelfällen zusammen, wofür es nicht nur Kommunikationen unter den fachlich Beteiligten einleitet, sondern die sachliche Übereinstimmung gegebenenfalls selbst herstellt.
– *Wertung*. Das Leitungsorgan bewertet die Sachbearbeitung der unterstellten oder zugeordneten Stellen, führt dergestalt Maßstäbe in die Arbeitsgänge ein und sorgt allenfalls für Korrekturen.
– *Verfahrenslenkung*. Das Leitungsorgan schlägt die zweckdienlichen Verfahren ein, hält die Glieder im arbeitstauglichen Einvernehmen und führt unter arbeitsökonomischen Gesichtspunkten praktische Ergebnisse herbei.
– *Vertretung nach außen*. Das Leitungsorgan ist imstande, im Außenverkehr die repräsentierte Einheit vollwertig, d.h. nicht nur formal, sondern mit einer im sachlichen Vermögen begründeten Bindungskraft darzustellen.

Würde die Tätigkeit des Bundespräsidenten einem derart geweiteten Allgemeinbegriff der Leitung unterstellt oder angenähert, würde das Amt eine führende Funktion im Gefüge der Spitzenorgane der Exekutive auf sich nehmen.

b) In zweiter Linie könnte der bescheiden anmutende *Begriff der Vorprüfung* in Artikel 15 Absatz 1 BVerwOG inhaltlich angereichert werden. Ohne sich an der Grenze der allgemeinen Wortbedeutung zu stoßen, könnte darunter die dirigierende Heranführung der Geschäfte an die Behandlungsreife verstanden werden, und das heißt vorwiegend: koordinierende und verfahrensmäßige Lenkung der präparativen Funktionen zuhanden des Kollegiums, was sogar über die allgemeineren Begriffselemente der Leitung hinauszugreifen vermöchte. Der Kompetenzbegriff der Vorprüfung wäre abzuheben von der Sachbearbeitung, die in aller Regel den Departementen aufgetragen ist; die Verantwortlichkeit der Departementsspitze für ihre Vorlagen würde nicht abgelöst. Indessen hätte der Bundespräsident insofern eine auf das Materielle einwirkende Fähigkeit, als er verbindlich feststellte, ob das Geschäft zureichend vorbereitet sei, mit welchen Unterlagen und zu welchem Zeitpunkt es im Kollegium in Beratung gezogen würde. Schließlich dürften die die Geschäftsabläufe der Bundesverwaltung maßgeblich bestimmenden Arbeits- und Zeitpläne des Kollegiums, die heute fehlen, der eingeräumten Kompetenz zur Vorprüfung durchaus zugeschrieben werden.

c) In dritter Linie würde Absatz 2 des Artikels 15 BVerwOG mit seinem ausgreifenden *Aufsichtsrecht* erlauben, den Bundespräsidenten als ein zentrales Kontrollorgan von eigenständiger Natur zu verstehen. Die Norm gäbe ausreichende Grundlage für eine nachträgliche und vorgängige, für eine extensive wie intensive, exekutivinterne Verwaltungskontrolle.

3. Mithin hätte der Bundespräsident über eine allgemeine inhaltsreiche Leitungsfunktion hinaus eine spezielle präparative wie kontrollierende Tätigkeit wahrzunehmen. Von keiner dieser weitreichenden Befugnisse hat er seit 1914 je Gebrauch gemacht. Man könnte sagen, entweder sei Artikel 15 BVerwOG beinahe *lettre morte* geblieben, oder er habe der Staatspraxis seine Begriffe der Leitung und der Vorprüfung auf Formalien des äußeren Verfahrensgangs im Kollegium reduziert. Dagegen ließe sich wieder einwenden, eine ausführliche, gesetzliche Zuständigkeitsvorschrift für einen einfachen Vorsitz im üblichen Sinne schweizerischer Gremien wäre in diesem Falle aber gar nicht erforderlich gewesen.

Daß die *Norm zu keinem reicheren* Inhalt gelangt ist, hat Ursachen auf vielen Ebenen[9]:

a) Ein *soziologisch-politischer Ursachenkomplex* dürfte sich im fortschreitenden Proportionalismus, in der zunehmenden Pluralität der Regierungsparteien und in den allgemeinen Egalisierungs- und Nivellierungserscheinungen der kollegialen Organisationsstrukturen nachweisen lassen. Die still, aber unverkennbar wachsende Führungsfeindlichkeit der Willensbil-

---

[9] Das Schicksal des Artikels 15 BVerwOG ist schon bei seiner Schaffung vorausgesehen worden. Der Berichterstatter BLUMER erklärte: «Diese Bestimmungen des Entwurfs sind einfach nicht wahr. Wenn sie wahr sein sollten, müßte ein eigenes Präsidialdepartement geschaffen werden. Mir widerstrebt es, ein Gesetz anzunehmen, das derart den Stempel der Unwahrhaftigkeit an sich trägt.» (Sten. Bull. NR 1913, S. 347 f.). Der Bundesrat diminuierte noch in der Debatte die Norm ungefähr auf die Bedeutung, die ihr die Praxis in der Folge gab (Sten. Bull. NR 1913, S. 367; Bundesrat Hoffmann).

dungsprozesse in schweizerischen Kollegialorganen ist der Ausschöpfung von normativ angelegten Leitungskompetenzen offensichtlich zuwider.

b) Ein *funktionaler Ursachenkomplex* wird darin zu suchen sein, daß der jährlich wechselnde und mit der Leitung seines Ressorts voll beanspruchte Bundespräsident schlechterdings nicht dazu kam, so weitläufige, zeitraubende, sachlich und persönlich heikle Obliegenheiten aufzunehmen. Die Aufgabe blieb liegen. Zwar hätte der Bundespräsident über die Bundeskanzlei zu verfügen (Art. 17 und 19 BVerwOG). Doch entwickelte sich hieraus keine tragende Gehilfenschaft, die über das Technisch-Formale hinausgediehen wäre. Um mehr zu werden, wäre eine wechselseitige Initiative nötig gewesen: Der Bundespräsident hätte sein Instrument dirigierend einsetzen und handhaben müssen, und die Bundeskanzlei hätte aus einem zureichenden Selbstverständnis heraus sich für eine höhere Sendung zurüsten, bereithalten und anbieten müssen. Hilfsorgane, die warten, bis sie gerufen werden, liegen in der Regel brach, und lassen sie es darauf ankommen, was man von außen her aus ihnen macht, gelangen sie schwerlich zur Aktualisierung ihrer potentiellen Leistungsfähigkeit und zur Sinnerfüllung. Der Bundespräsident ohne Rückhalt in einem effektfähigen Hilfsorgan aber vermag nicht über den «Vorsitz» hinauszuwachsen.

4. Man könnte sich damit zufriedengeben und festhalten, das Amt des Bundespräsidenten habe nun einmal dieses Gepräge, wofür Volk und Behörden die legitimierende Anerkennung fortwährend beibrächten.

Indessen: in den letzten Jahren sind auf politischem wie auf wissenschaftlichem Boden Zweifel laut geworden, ob die *Leitungsorganisation der Exekutivgewalt funktionstauglich* geblieben sei, ob sie den Anforderungen des modernen Sozial- und Verwaltungsstaats zu genügen vermöge. Namentlich tritt in ein breiteres Bewußtsein, daß das schweizerische Regierungssystem mit seiner prinzipiellen Ausrichtung auf das Kollegialprinzip und mit seiner anhaltenden Kräftigung der Departementalkomponente[10] mit schweren innern Anfechtungen kämpft. Das ist zwar nicht neu. Bundesrat Jakob Dubs hat schon 1865, also vor der Revision der ersten Bundesverfassung, eindringlich davor gewarnt, daß die Regierungsfunktion infolge des die Handlungseinheit zersetzenden Ressortdenkens verfallen könnte[11]. Das

---

[10] CHRISTIAN DOMINICÉ, Le système gouvernemental suisse comparé à d'autres types de gouvernement, Annuaire suisse de science politique, 1967, S. 50 ff.

[11] In einer anonymen, aber offensichtlich von JAKOB DUBS stammenden, im Orell-Füssli-Verlag zu Zürich 1865 erschienenen Schrift, «Zur Bundesrevision» wird – was später LOUIS RUCHONNET wieder bestätigte – ausgeführt, die Regierung sei in der Verwaltung untergegangen. «... Man hat Direktoren oder Departementschefs, aber keine eigentlichen Bundes- oder Regierungsräte; man hat Besammlungen jener Chefs, aber keine Regierungssitzungen. Jeder bekümmert sich naturgemäß mehr um das Einzelne, das

Problem hat sich jedoch bis zur Gegenwart in einem außerordentlichen Maß verschärft und auf die Frage zugespitzt, ob im Bund Organe vorhanden, willens und fähig seien, die im Begriff der Regierung zusammengefaßten staatsleitenden Funktionen an zentraler Stelle zulänglich zu erfüllen.

Es wird *auf sanierende Mittel gesonnen*. Dabei steht voran, das Regierungskollegium funktionell zu stärken und ihm jene Hilfsmittel zuzuführen, deren ein zeitgemäßes gouvernementales Leitungsorgan bedarf. Man drängt kaum auf neue Organbildungen und selten auf neue Beziehungsgeflechte der Gewalten. Dieses Verharren entspricht dem Grundsatz der Praktikabilität, der die organisatorischen Bemühungen eines der Empirie und dem Pragmatismus verpflichteten Staates wie des schweizerischen wesentlich bestimmt und – unter Meidung utopischer Figuren – Neuerungen darauf ausrichtet, daß sie sich ohne Wirrnisse und rasch durchsetzen. Unter den Anregungen für Reformen taucht mitunter das Stichwort auf, es solle ein «Präsidialdepartement» gebildet werden[12]. Dabei ist meistens offen gelassen, ob darin lediglich ein Hilfsorgan für ein gestärktes Kollegialsystem oder etwas Neues und Eigenständiges zu erblicken sei. Daß es jedenfalls mit der Stellung und der Funktion des Bundespräsidenten engst verbunden ist, ist freilich nicht zu verkennen. Es fragt sich, was es mit diesem Präsidialdepartement auf sich habe.

ihm unter seiner besondern Verantwortlichkeit anvertraut ist, als um das Ganze und man mischt sich nicht gern in die Verwaltung eines andern ein, weil man seinerseits eine Einmischung Anderer in den eigenen Verwaltungszweig auch nicht liebt. Es kommt daher kaum in ein paar von 100 Geschäften der Gesamtbehörde zu einem förmlichen Ratschlag.» Regierung und Verwaltung seien verschiedene Dinge. «Die Regierung muß ... wissen, wohin sie das Land im Ganzen führen will; sie muß zu diesem Behufe Wünsche und Beschwerden des Landes sorgfältig beachten und dafür sorgen, daß das Volk über den Gang der Politik die nötige Aufklärung erhalte. Sie muß im gesetzgebenden Rate eine bestimmte, selbstbewußte Haltung einnehmen und den Beweis leisten, daß sie nach bestimmten Zielen steuert ... Kurz, sie muß statt der Arbeit des Ruderers diejenige des Steuermanns tun und wie ein offenes Auge über dem Lande walten.» (S. 64 f). Zu den heute gleichsam neu entdeckten Schwierigkeiten des Kollegialsystems finden sich bereits zwingende Einsichten bei RÜTTIMANN, Das nordamerikanische Bundesstaatsrecht verglichen mit den politischen Einrichtungen der Schweiz, I. Teil: Die Gesetzgebung, Regierung und Rechtspflege in der nordamerikanischen Union und in der schweizerischen Eidgenossenschaft, Zürich 1867, S. 234 ff.

[12] Im parlamentarischen Bereich wurde die Idee des Präsidialdepartements wieder aufgenommen durch das Postulat BOREL vom 9. Oktober 1964, dem das Postulat CHEVALLAZ vom 3. März 1965 folgte. Der Bundesrat wurde darin eingeladen, Mittel zu prüfen, die seine Aufgabe als Kollegialbehörde erleichtern. «Dabei wäre insbesondere auch die Frage der Schaffung eines besonderen Präsidialdepartements zu erwägen, dem die Aufgabe zukäme, die Prüfung der allgemeinen Probleme zu koordinieren und für eine enge Zusammenarbeit der mit der Ausführung der Beschlüsse betrauten Departemente und Dienstabteilungen zu sorgen.» Zu den Begründungen: Protokoll des Ständerats vom 17. März 1965 (Postulat Borel) und Sten. Bull. NR 1965, S. 54 f. (Chevallaz).

II. Die Vorstellungen des Präsidialdepartements

Bezeichnung und Idee eines Präsidialdepartements gehen, wenn ich richtig sehe, auf Bundesrat Numa Droz zurück[13]. Als er bemerkte, daß das von ihm 1886/87 veranlaßte «System Droz» (mit der permanenten Zuteilung des politischen Departements an einen Bundesrat ohne Verknüpfung mit dem Bundespräsidium) nur mühsam funktionierte und bei den Kollegen infolge rascher Verarmung der Stellung des Bundespräsidenten auf wachsende Abneigung stieß, stellte er 1893 eine radikale Modifikation zur Diskussion. Er wollte dem politischen Departement den permanenten Vorsteher bewahren, jedoch dem jährlich wechselnden Bundespräsidenten ein Präsidialdepartement unterstellen und die Verwaltung im übrigen in sechs Fachdepartemente gliedern.

Dem Geschäftskreis des Präsidialdepartements schrieb er namentlich folgende Aufgaben zu:

- Vertretung der Eidgenossenschaft als Staatsoberhaupt.
- Oberaufsicht über die Verwaltung, die Verteilung der Geschäfte unter die Departemente, die Prüfung der Departementsanträge.
- Überwachung der Bundeskanzlei und des Bundesarchivs.
- Organisation und Geschäftsgang der Bundesbehörden.
- Organisation der eidgenössischen Wahlen und Abstimmungen.
- Grenz- und Gebietsverhältnisse unter den Kantonen.
- Aufrechterhaltung der Ruhe und Ordnung im Innern.

Der Bundesrat wandte sich 1909 ausdrücklich gegen ein solches Departement und hielt auch in den folgenden Jahren an seiner *Ablehnung* fest. Er stützte sich abwechselnd auf gleiche Argumente[14]: das Präsidialdepartement hätte zu wenig und zu geringfügige Aufgaben; seine Einrichtung würde die verbleibenden sechs Fachdepartemente zu stark belasten; diskutabel werde ein Präsidialdepartement erst bei neun Bundesräten, was aber aus andern Gründen – mit Ausnahme einer kurzen Phase am Ende des ersten Weltkriegs – vom Bundesrat in eindrücklicher Konstanz verworfen wurde. Im Jahre 1965 kamen neue Gesichtspunkte dazu. Der Bundesrat

---

[13] NUMA DROZ, La réorganisation du Conseil fédéral, Bibliothèque universelle et Revue suisse 60, Lausanne 1893, S.449 ff., 468, wieder abgedruckt in: Etudes et portraits politiques, Genf/Paris 1895, S.381 ff., 403 f. Vgl. auch THEODOR CURTI, Im Bundesrathshaus, Zürich 1894, S.91 und 106.

[14] Bericht des Bundesrates an die Bundesversammlung über die Reorganisation des politischen Departements vom 2.Juli 1909, BBl 1909 IV, S.299, 301; Bericht des Bundesrates an die Bundesversammlung betreffend die Reorganisation der Bundesverwaltung vom 9.Juli 1912, BBl 1912 IV, S.75 f.; Botschaft des Bundesrates an die Bundesversammlung betreffend die Organisation der Bundesverwaltung vom 13.März 1913, BBl 1913 II, S.10, 12.

trat der Vorstellung eines Präsidialdepartements entgegen, erstens weil ein solches beim jährlich rotierenden Präsidium unergiebig wäre, zweitens weil in einem mehrjährigen Präsidialamt dem Übergang zu einem Präsidialsystem der Weg bereitet werde, drittens weil die «allgemeinen Fragen», die ein Präsidialdepartement zu verfolgen hätte, mit den Aufgaben der Fachdepartemente so verquickt seien, daß Doppelspurigkeiten und Kompetenzkonflikte nicht abreißen würden[15].

In dieser Richtung ist dem Bundesrat keine kampfwillige Opposition begegnet[16]. Auch 1965 erwärmte sich in der parlamentarischen Diskussion niemand für das postulierte Präsidialdepartement. Es ist organisatorisch nie verfolgt worden: über die Anregung von Numa Droz hinaus sind keine konkreten Vorstellungen zustandegekommen.

Nun stecken aber *zwei funktionelle Gedanken von relativer Allgemeingültigkeit in der Forderung nach einem Präsidialdepartement*, denen sich zeitgemäße organisatorische Bemühungen nicht verschließen können. Einerseits ist es der Gedanke eines gouvernementalen Stabes, andrerseits der einer Sicherstellung der Regierungsfähigkeit vor allem für den Fall, daß das Kollegialsystem leer zu laufen begänne. Je nach dem, welche Zielsetzung dominiert, werden sich Struktur und Stellung verschieden ausnehmen.

III. Das Präsidialdepartement als Stab der Exekutivspitze

1. Die verantwortliche Leitung großer und aktionsfähiger Organisationseinheiten ist heute – angesichts der komplexen und koordinationsbedürftigen Sachlagen sowie des eminenten Führungsbedürfnisses – ohne *durchgängige Unterstützung durch Stabsstellen* nahezu ausgeschlossen. Das gilt auch für die Exekutive, ja, für sie in einem erhöhten Maß, denn es gibt schwerlich Organisationsgefüge mit dieser Fülle von Aufgaben, Zwecken, Mitteln und Machtmöglichkeiten, wobei hier regelmäßig eine Vielzahl von Gegenkräften lebendig ist und die Effektivität der Organisation in Frage zieht. Freilich erbringen die Departemente der Exekutivspitze vielerlei Hilfen in der Leitungsfunktion. Allein, sie reichen für *diese* Tätigkeit naturgemäß nicht aus; sie betreffen nicht den Kern einer «leitenden» Tätigkeit auf

---

[15] Sten. Bull. NR 1965, S. 56 (Bundespräsident Tschudi).

[16] Außer im Berichterstatter BLUMER fand 1913 das Präsidialdepartement einen gewandten Fürsprecher in HERMANN GREULICH. Er schloß seine betreffenden Bemerkungen: «An meinem Teil stelle ich mir unter dem Inhaber des Präsidialdepartementes auch durchaus nicht jenen Kraftstoffel vor, von dem man etwa gesprochen, sondern einen guten Arbeiter und Kollegen, der während seines Präsidialjahres dafür sorgt, daß wir auch einen Bundesrat haben und nicht bloß sieben Bundesräte...» (Sten. Bull. NR 1913, S. 372). Vgl. auch SCHERRER – St. Gallen, in Sten. Bull. SR 1913, S. 382.

höchster Ebene. Zudem sind es die Departemente, die durch die Exekutiv-spitze dirigiert werden sollen; insoweit sind sie gerade nicht zur Funktion eines Stabes des Leitungsorgans geeignet. Die Departemente als Stabsstellen anzusprechen, läuft letztlich auf die Forderung einer widerspruchsgeladenen Eigenlenkung hinaus.

Der Stab eines hohen Leitungsorgans ist die von der Linie unabhängige Konsiliar- und Hilfseinrichtung, die vornehmlich *plant, präpariert, koordiniert, informiert und kontrolliert.* Stabsorganisation und Stabstätigkeiten sind, ihrem Sinn entsprechend, *funktionell in einer Horizontalordnung ihrer Chefstelle zugewiesen.* Es geht um die vollends offene, rücksichtsfreie, ganz auf die Sache bezogene Erwägung in einem *dialogischen Verfahren.* Ein Stab ist damit im logischen reinen Verwaltungsaufbau ein störender Stachel, der dauernd zwei Reizungen hervorruft. Einmal entstehen bei Sachbearbeitungen, soweit eine Stabsstelle solche überhaupt vornehmen muß, unvermeidlich Überschneidungen mit den Departementen und Abteilungen als den ordentlichen Linienorganen, denen der Stab Aufgabe und Kompetenz nicht abnimmt, in die er jedoch über seine Chefstelle irgendwie einwirkt und in bezug auf die er an der endgültigen Entscheidungsprozedur materiell beteiligt ist. In zweiter Linie tastet ein Stab in der Exekutivgewalt die durch das positive Beamtenrecht artikulierte *hierarchische Administrativordnung* an: er vernachlässigt oder überspielt sogar materiell Ränge, Dienstwege, Instanzenregeln, Verfahrensgänge, Anciennitäten – lauter geheiligte Werte einer wohlgeordneten Hierarchie; er hat *a priori* Züge informeller Organisation und «wilder Verfahren» in sich, selbst wenn die richtigerweise zu fordernde Disziplin und Selbstbescheidung im Stabsorgan lebendig sind. Das Risiko der Störungen ist jedoch erträglich, sofern in der Idee des Stabes der andere Wert von auszeichnender Höhe erkannt wird: daß erst in der Freiheit umfassender dialogischer Erörterung die zureichende Sicht für den Leitungsentscheid zustandekommt.

2. Stabsstellen unterliegen einer Selbstgefährdung: sie können in eine stille Transformation geraten, indem sie sich *vom Organ der Gehilfenschaft zu einem materiellen Führungsorgan wandeln* und damit ihre Sendung verfehlen. Äußerlich sodann stehen sie im demokratischen Legitimationszusammenhang insofern auf brüchigem Grund, als engste Mitarbeiter von höchsten Entscheidungsorganen *außerhalb des politischen Selektions- und Verantwortlichkeitsvorgangs* gestellt sein können, soweit nicht sichtbare institutionelle Zusammenhänge errichtet werden. Wie «administratives» so beschattet jedenfalls auch «demokratisches» Misstrauen Sein und Arbeit von Stabseinrichtungen. Demokratie und Stab sind vorerst in antinomische Positionen verwiesen, und ob praktische Überbrückungen stattfinden, hängt so sehr am effektiven Einsatz und Gebrauch der Stabseinrichtungen

wie am Vermögen demokratischer Legitimierungspotenzen, Sinn und Funktion des Stabs zureichend zu begreifen und alsdann zu akzeptieren.

3. Ein Präsidialdepartement könnte als Stabseinrichtung unmittelbar für den Bundespräsidenten und mittelbar für das Kollegium gebildet werden. Müßte man seine Aufgabe *generell* umschreiben, so würde man sich nach dem *heutigen* Stand der Dinge wohl nicht weit von der bereits positivierten Norm des Artikels 19 BVerwOG entfernen: was hier vom Bundeskanzler gesagt ist, nämlich daß er «den Bundespräsident bei der Erledigung der Präsidialgeschäfte» unterstütze, wäre sinngemäß zu übertragen auf dieses neue Departement. Der Gehalt der Unterstützungstätigkeit ergäbe sich aus den vom Bundespräsidenten zu erfüllenden Aufgaben und seiner Beziehung zum Kollegium. Darin aber liegen auch die entscheidenden Fragen. Mit andern Worten: Das Präsidialdepartement *würde Struktur und Gesicht daraus erhalten, wie der Bundespräsident und das Kollegium die eigenen Stellungen und Funktionen auffassen und wahrnehmen.* Auf zwei typische Möglichkeiten ist hinzuweisen:

a) Würden sich die *Spitzenorgane* mit den eingangs angedeuteten *Rollen, die sie in der Gegenwart spielen,* also mit dem einfachen Vorsitz des Bundespräsidenten und der reduzierten Kollegiumstätigkeit, begnügen, vermöchte ein Präsidialdepartement seine Existenz kaum zu begründen[17]. Es käme *grosso modo* aus mit denjenigen Dienststellen, die gegenwärtig die Bundeskanzlei aufweist und die das technische Sekretariat der Exekutivspitze bilden, nämlich Sekretariat des Bundesrats und des Bundespräsidenten, Formalkoordination der Rechtssetzungstätigkeit, Übersetzungsdienste, Redaktion der amtlichen Publikationen (Bundesblatt, Gesetzessammlung), Sicherstellung der Regierungstätigkeit im Kriegsfall[18]. Dazu mögen ein publizistischer Informationsdienst und jene Ämter geschlagen werden, die interdepartementale Hilfsfunktionen versehen wie Bundesarchiv und Statistisches Amt; denn die spezifischen Stabstätigkeiten (Planen, Präparieren, Koordinieren, Informieren, Kontrollieren) wären gerade nicht oder nur am Rande aufzunehmen.

[17] Ähnlich: Christian Dominicé, a.a.O., S.61 f.

[18] Nicht einzuschließen wäre das Sekretariat der Bundesversammlung, das in dem ausschließlich auf die Exekutivspitze ausgerichteten Präsidialdepartement gerade nicht Platz fände, während es heute in der Bundeskanzlei prinzipiell insofern richtig eingeordnet ist, als diese gemäß Art. 105 BV eine Zwischenstellung einnimmt und eine Doppelfunktion hinsichtlich beider Gewalten versieht. Das komplizierte normative Fundament der Bundeskanzlei ergibt sich vorab aus drei Gesetzen: Artikel 6, 9, 12, 17, 19–22 BVerwOG, Art.40–42 des Geschäftsverkehrsgesetzes sowie aus dem Bundesgesetz betreffend die Organisation der Bundeskanzlei vom 28.Juni 1919. Vgl. auch Marcel Bridel, a.a.O., S.134 f.

Einen Bundesrat auf dieses beinahe rudimentäre Departement zu setzen und sich im übrigen mit sechs Fachressorts zu begnügen, wäre organisatorisch und arbeitstechnisch wenig sinnvoll, es sei denn, man wolle *den Bundesräten periodisch – im Jahre ihrer Präsidentschaft – eine Atempause verschaffen* und den Anflug einer erholenden Sinekure zugestehen. So wäre immerhin die leise Möglichkeit angelegt, daß der Bundespräsident sich allmählich in eine gewisse Führungsposition begäbe und der objektive Sinn des Artikels 15 BVerwOG in mäßiger Weise faktische Geltung erlangte. Diese Entwicklung könnte sich auch dann anbahnen, wenn bei neun oder elf Regierungsmitgliedern eine rotierende Bundespräsidentschaft bliebe, ohne daß die entsprechenden Revisionen ein normatives Regierungsleitbild entwerfen und voraussetzen würden, das von der heutigen Praxis grundlegend abwiche.

b) Soll dagegen das *Kollegium Zentrum der qualitativ wesentlichen Exekutiventscheide* bleiben, beziehungsweise dazu gemacht werden, würde ihm ein Präsidialdepartement die erwähnten Stabsdienste zu leisten vermögen. Es würde zur Sammelorganisation, die neben den heutigen Verrichtungen der Bundeskanzlei [19] vornehmlich folgende Funktionen zuhanden des Bundespräsidenten und des Kollegiums sicherzustellen hätte:

- Die Beschaffung der Grundlagen für eine umfassende Beurteilung und sichere Entscheidung in Ansehung aller relevanten Gesichtspunkte;
- die Aufstellung von Arbeits- und Zeitplänen für das Kollegium und die beauftragten Sachbearbeitungen;
- die Verfolgung des innern und äußern Geschehens und die zeitgerechte Beantragung von gouvernementalen Aktionen;
- die Steuerung und Harmonisierung der gesetzgeberischen Arbeiten in der Exekutive (z. B. Leitung und Auswertung der Vernehmlassungsverfahren, die materielle und rechtstechnische Überwachung zureichender Rechtssetzung);
- die Koordination der vielfältigen interdepartementalen Sachaufgaben;
- die Ausführung der praktischen und weitreichenden Kontrolltätigkeiten des Kollegiums gegenüber der Administration;
- die Handhabung der allgemeinen Bundesaufsicht über die Kantone;
- die Verfahrenskonkordanz zwischen Exekutive und Parlament;
- die Abwicklung der «Öffentlichkeitsarbeit» der Regierungsebene;
- die umfassende Landesverteidigung.

Ein solches Präsidialdepartement müßte sich mit Funktionsträgern versehen, die heute in der Bundeskanzlei, in der Finanzkontrolle, in der Zentralstelle für Organisationsfragen, im Personalamt vorhanden sind,

---

[19] Ihr Aufgabenkatalog findet sich in Art. 22 BVerwOG.

erweitert um Ausschnitte vorweg aus der Finanzverwaltung, der Justizabteilung, der Generalstabsabteilung und dem Amt für Zivilschutz.

4. Würde die Aufteilung der Ressorts auf sämtliche Bundesräte – seien es sieben, neun oder elf – beibehalten, so könnte das Präsidialdepartement auch als *zusätzliches Departement* konstruiert werden, das der wechselnde Bundespräsident jeweilen zum eigenen hinzu übernähme. Die tendentielle Schattenseite ist offensichtlich; das anspruchsvolle Präsidialdepartement könnte entweder vernachlässigtes Stiefkind bleiben oder sich zu einer eigenwilligen Bestimmungskraft entfalten, die durch keine magistrale[20] Chefposition gezügelt würde. Deswegen läge es näher, ein dergestalt ausgebautes Präsidialdepartement einem *Bundespräsidenten* anzuvertrauen, *der daneben kein Fachdepartement zu leiten hätte.* So erst würde ein Präsidialdepartement die wahre innere Bestimmung erreichen: für die breite und dauernde Präsidentschaft Arbeitsinstrument zu sein. Damit aber wäre auch bereits eine Brücke geschlagen zur zweiten Vorstellung eines moderierten Präsidialsystems (vgl. unten IV).

5. Will man diese Brücke nicht überschreiten, das heißt: will man die durchgehende Horizontalordnung des Kollegialsystems sowie die jährliche Rotation der Bundespräsidentschaft aufrechterhalten und trotzdem die Aktionsfähigkeit der Spitzenorgane mit Hilfe einer Stabseinrichtung steigern, so kommt man mit einem bescheideneren Schritt aus, nämlich mit der *Verstärkung und dem Ausbau der Bundeskanzlei.* Von den aufgezählten Funktionen eines Präsidialdepartementes liesse sich ein grösserer Teil der Bundeskanzlei überantworten, der Verfassung und Gesetzgebung normativ die Grundzüge einer Stabsstelle verliehen haben und die bei zureichendem Verständnis für Möglichkeiten und Notwendigkeiten von Stabseinrichtungen zu einem zeitgemäßen Instrument geformt werden könnte.
Man kann abkürzend sagen: *bei unveränderter Grundstruktur der Exekutivspitze vermag die Bundeskanzlei das Präsidialdepartement darzustellen.* Weil die Bundeskanzlei aber gerade kein Departement ist, sondern gemäß Artikel 105 der Bundesverfassung und gemäß dem Bundesverwaltungsorganisationsgesetz in eine Zwischenebene und außerhalb der Departemen-

---

[20] Die in der Praxis geläufige Unterscheidung zwischen Magistratsämtern bzw. Magistratspersonen und Administrativstellen bzw. Beamten (vgl. dazu auch RAYMOND GAFNER, L'exercice du pouvoir fédéral par les autorités de la Confédération, Lausanne 1945, S. 49 ff.), ist nach dem Buchstaben minimalisiert: Die Magistratspersonen genießen den praktisch nicht sehr gewichtigen Schutz des Garantiegesetzes vom 26. März 1934 und des Verantwortlichkeitsgesetzes vom 14. März 1958. Staatsrechtlich und staatspolitisch ist der Unterschied beachtlich. Die magistrale Stellung impliziert eine gestärkte Legitimierungsfähigkeit für die Akte, verbunden mit einer unmittelbaren politischen Verantwortlichkeit und einem verfassungsmäßigen Integrations- und Repräsentationsauftrag.

talordnung gesetzt ist, vermag sie spezifische Gefährdungen eines eigentlichen Präsidialdepartements zu verringern oder ihnen zu entgehen. Dadurch, daß der Bundeskanzler magistrale Stellung hat, ohne den Abteilungsvorstehern auf der einen Seite und den Bundesräten auf der andern Seite gleichzukommen, daß er dank der Wahl eine hochgradige demokratische Legitimierung aufweist und die faktische Vorsteherschaft der Stabseinrichtung nicht an ein beamtetes Departementalamt fällt, daß er die Konstanz im Wechsel der Präsidenten bildet und doch keine administrative Organisationseinheit mit gruppenpolitischer Ausrichtung hinter sich hat, verkörpert er eine ideale Ausformung eines Leiters desjenigen Stabes («Stabschef»), der uneingeschränkt der Gesamtheit der Exekutivspitze gehört.

IV. Das Präsidialdepartement
als Kern eines Präsidialsystems

1. Ein «eigentliches» Präsidialdepartement setzt unter organisatorischen Gesichtspunkten voraus, daß der Bundespräsident daneben nicht noch einem Fachdepartement vorstehen muß und daß er länger als bloß ein Jahr das Amt versehen kann. Minimum dürfte die vierjährige Amtsdauer bilden. Darüber hinaus vorauszusetzen, daß es mehr als sieben Bundesräte gäbe, damit die Ressorts nicht auf sechs Schultern lasten würden, ist heute nicht mehr so zwingend wie zu Beginn dieses Jahrhunderts. Denn *auch bei neun oder elf Bundesräten läßt sich keine Rückkehr* zu jenem Zustand bewerkstelligen, in dem der Departementsvorsteher seinen Sprengel auf allen Ebenen und in der ganzen Breite überblickte, jedes nach außen wirkende Sachgeschäft erfaßte und bestimmte, die Vielzahl der Verwaltungsakte las, kontrollierte und signierte, die departementalen Finanz- und Personalprobleme ständig gegenwärtig hatte. Selbst bei elf Bundesräten muss der Stil eines spezifischen *top management der administrativen Großorganisation* Einzug halten, wenn die Verwaltungsglieder effektiv bleiben und Departementsvorsteher keiner behenden Erschöpfung entgegeneilen wollen. Staatliche Führungskrisen beginnen oft mit der Übermüdung der Chefs, die unvermeidlich wird, wenn die Bundesräte durch fordernde Vorstellungen in Parlament, Parteien, Volk und bei sich selbst gezwungen werden, Amt und Auftrag nach dem patriarchalischen Autoritätsmodell und dem gewerblichen Arbeitsverfahren zu erfüllen.

2. Die heutige Leitungsorganisation der Exekutive steht in der andernorts wiederholt beschriebenen Gefährdung, daß das Bundesratskollegium allmählich die Fähigkeit einbüßt, das einheitliche Entscheidungszentrum zu bilden, aus dem die staatsleitenden Gestaltungsakte hervorgehen und das

die Hauptlast der Regierungsfunktion erfolgreich trägt[21]. Diese Folge ist nicht unentrinnbar; das Kollegium kann sich kräftigen. Allein, bei realistischer Grundhaltung muß doch eingerechnet werden, daß nicht gesichert ist, ob die dafür notwendigen Bemühungen aufgenommen und durchgehalten werden. Wenn nicht, so droht entweder der Zerfall der Staatsleitung, oder es drängen sich *Übergänge zu einem – immer noch moderierten,* keineswegs schon amerikanischen oder französischen – *Präsidialsystem* auf. Der mehrjährige schweizerische Bundespräsident, der gegenüber einem Kollegium von Ressortchefs die Leitungsmöglichkeiten ausschöpft und darüber hinaus gesamtheitliche Obliegenheiten der Integration und Repräsentation aufnimmt, bildet eine diskutable Alternative der Spitzenorganisation, wenn das Mißgeschick sich erfüllte, daß das ideale, den schweizerischen Gegebenheiten so angemessene Kollegialsystem die Regierungsfähigkeit einbüßte. Das Bild eines *Landammanns der Schweiz* ist schon von JAMES FAZY und später wieder von WILLIAM RAPPARD in Anlehnung an die amerikanische Präsidentschaft entworfen worden[22].

Voraussetzung dafür, die Regierungsfunktion derart mit Hilfe eines abgehobenen Einmann-Organs aufzufangen und sicherzustellen, würde ein Präsidialdepartement bilden, das dem Bundespräsidenten die für seine geweitete Tätigkeit erforderlichen Dienste erbrächte. Daß die *Bezeichnung «Departement» auch für dieses Modell unangemessen* ist, springt in die Augen: es würde sich um *eine Art Stabsgefüge* handeln. Von den Fachdepartementen aber würde es sich dadurch unterscheiden, daß es funktionell und in seiner politischen Bedeutung einerseits weniger und andrerseits mehr wäre, indem es im Prinzip keine Sachaufgaben im Sinne von ordentlichen Verwaltungsgegenständen zu lösen hätte, sondern ganz oder doch vorwiegend auf leitende Funktionen hin gestaltet wäre. Es würde einen Typus *sui generis* bilden, der Rechtfertigung, Gehalt und Geltung vom Bundespräsidenten empfinge, dem es umgekehrt Wirkung und Stellung zu gewährleisten hätte.

3. Es sei wiederholt: es ist heute keineswegs so weit, und eine berechtigte Hoffnung geht darauf, daß es nicht nötig werde, ein Vakuum zu füllen, das

---

[21] Vgl. CHRISTIAN DOMINICÉ, a.a.O., S.50ff.; KURT EICHENBERGER, Organisatorische Probleme des Kollegialsystems, ebenda, S.75.

[22] Vgl. auch MARCEL BRIDEL, Précis de droit constitutionnel et public suisse I, Lausanne 1965, S.42. Zusammenfassend: ERWIN AKERET, Regierung und Regierungsform der Schweizerischen Eidgenossenschaft, Diss. Zürich 1940, S.101ff.; EDUARD HIS, Geschichte des neuern Schweizerischen Staatsrechts III/1, Basel 1938, S.404f.; WILLIAM RAPPARD, Notre grande république sœur, Genf 1916, S.38.
Der «Landammann der Schweiz» nach der Mediationsverfassung vom 19. Februar 1803, dessen Neuheit und Sonderheit J.-C. BLUNTSCHLI (Geschichte des schweizerischen Bundesrechtes I, 2. Aufl., Stuttgart 1875, S.472 und 536) hervorgehoben hat, kann außer mit der Bezeichnung nicht als Vorläufer betrachtet werden.

ein sich auflösendes Kollegialsystem hinterlassen würde. Andrerseits darf erneut unterstrichen werden, daß Einrichtung und Arbeit eines Präsidialdepartements noch keineswegs zu einer Präsidentschaft nach ausländischen Mustern zwingen würde. Es sind auch hierin «schweizerische Lösungen» denkbar, die an Vorstellungen des 19. Jahrhunderts sowie am kantonalen Institut der Landammänner anknüpfen, dann aber freilich die ungeheure Entfaltung des Staatlichen und des Organisatorischen in zeitgemäßem Gehalt zu bändigen hätten.

Mit Recht wird betont, der *Reichtum an Formen staatlicher Organisation sei begrenzt* und für die Schweiz gebe es kaum Institutionen, die nicht schon im ideenkräftigen 19. Jahrhundert direkt oder indirekt aufgezeigt, erprobt oder doch erörtert worden seien. Allein, die völlig veränderte soziologische Lage eines Staats im erblühten industriellen Zeitalter macht die äußeren Formen bei gleicher Bezeichnung zu ebenso radikal veränderten Inhaltsträgern. Deswegen kann man sich bei den verfassungspolitischen Erwägungen für zeitgemäße Organisationsformen nicht damit begnügen, durch einfachen Regreß frühere Institutionen oder Vorschläge zu übernehmen und ohne Transsubstantiation gleichsam zu beleben. Die praktischen staatsorganisatorischen Fragen können auch nicht mehr aus apriorischen Standorten und ausschließlich aus Wertungen der reinen Vernunft beantwortet werden, wenn sie ihren Sinn, nämlich Leistungen in wertgetragenen Modalitäten zustandezubringen, erfüllen sollen. Man muß vielen von ihnen eine Art von *Stadien des «Experiments»* einräumen, währenddessen die praktischen Antworten, das heißt die Institutionen und ihre Funktionen beobachtet, beurteilt, modifiziert und allenfalls geändert werden.

Daß damit eine veränderte Grundhaltung der Behörden und der öffentlichen Meinung gegenüber Staat und Organisation vorausgesetzt wird, ist offensichtlich [23]. Die desintegrierende Ungeduld, die ausbricht und Mißstimmungen verbreitet, sobald Mängel und Fehlleistungen im staatlichen Organisationsgefüge zutage treten, beruht oft auf sterilen Affekten und auf der antiquierten Auffassung, der Sozial- und Verwaltungsstaat, den wir ununterbrochen ausbreiten, könne mit der herkömmlichen Organisation oder nach einer einmaligen Überholung perfekte Leistung gewährleisten. Man muß vielmehr der Organisation eine angemessene Dynamik zugestehen, kraft der sie sich an die aufgetragenen Aufgaben sowie an die rechtlichen, personellen und finanziellen Möglichkeiten anpaßt. *Organisa-*

---

[23] Das Organisatorische ist hierin lediglich Teil einer allgemeineren Problematik, die sich in staatsphilosophischen Grundsituationen ausdrückt: vgl. Hans Huber, Stillstand, Verdrängung und Abwertung der politischen Theorie in der Gegenwart, Jahrbuch der Neuen Helvetischen Gesellschaft, 1967, S. 64 ff., insbes. S. 68–72; Hans Ryffel, Verantwortung als sittliches Phänomen, ein Grundzug moderner Praxis, Der Staat. 6, 1967, S. 275 ff., insbes. S. 286 f.

torische Mobilität bedeutet nicht, sich dem Unernst und der Leichtfertigkeit unverbindlichen Tuns, der spielerischen Manipulation mit der staatlichen Ordnung hinzugeben. Alles Bemühen soll weiterhin darauf gerichtet sein, *möglichst stabile Gewißheit und Sicherheit verschaffende Organisation und Verfahren einzurichten.* Entscheidend aber bleibt, einem «hochgemuten Realismus» – nicht: Pessimismus – zuzugestehen, daß Vollkommenheit im Organisatorischen und durch Organisatorisches nicht zu erlangen ist und daß bei *wesentlichen* Mängeln wie selbstverständlich und natürlich neue Wege zu erkunden sind.

Sachkunde und Entscheidungskompetenz in der Staatsleitung

Staatsleitende Entscheide sollen auf bestmöglicher Sachkunde beruhen. Das ist die Forderung einer wissenschaftsgläubigen Zeit. Es ist zugleich das Postulat einer anspruchsfreudigen Gesellschaft, die den Staat in die Aktivität drängt: Er soll gestalten und verbessern, und zwar nicht irgendwie, sondern auf rationelle Weise. Damit fließt in den verfassungsrechtlichen Handlungsauftrag der staatsleitenden Organe die Erwartung ein, daß sich diese auf das Sachwissen hin öffnen und die Fähigkeit ausbilden, den Staatsakt – in Gestalt des Rechtssatzes, der politischen Weisung, des Finanzbeschlusses, des Staatsvertrags, des Kontrollbeschlusses, des Plans – so zu formen, daß sich die optimale Einsichtsmöglichkeit darin niederschlägt und Ausdruck findet.

Das Problem der Verbindung von Sachkunde und Entscheidungskompetenz stellt sich allgemein: in der Verwaltung, in der Justiz, im Wirtschaftsunternehmen; es ist der Gemeinde wie den Europäischen Gemeinschaften auf seine je eigene Art mitgegeben; es wird für Parlament und Regierung besonders bedrängend, seien diese beiden Organe nun in Geschäften der Rechtssetzung, der Finanzordnung, der Wirtschaftsgestaltung oder der regierenden Führungsfunktionen tätig. Dabei macht es wenig aus, ob es sich um Obliegenheiten handelt, die jedes der beiden Organe für sich selbst versieht, oder ob solche im Spiele sind, die sie in ihrer kooperativ-funktionalen Gemeinschaft zusammen wahrnehmen. Auf Parlament und Regierung westlicher, namentlich schweizerischer Prägung werden die folgenden Betrachtungen eingeengt. Bei Parlament und Regierung liegt das, was man im vorliegenden Zusammenhang als Staatsleitung bezeichnen darf.

I. Die erschwerte Staatsleitung

Parlament und Regierung erwecken den Eindruck, ihre Sachaufgaben und ihre Entscheidungstätigkeiten würden zunehmend komplexer, aufreiben-

In: Festschrift Bundesrat H. P. Tschudi zum 60. Geburtstag, S. 63–79. Bubenberg Verlag, Bern 1973.

der, erfolgsgefährdeter, kritikanfälliger; ihr Auftrag sei schwieriger geworden. Offenbar ist es so, obwohl letztlich vertiefende Vergleichsuntersuchungen mit früheren Epochen und deren jeweiligen Instrumentierungsmöglichkeiten für die staatsleitenden Organe fehlen. Ob Aufgabe und Auftrag zum Beispiel eines Nationalrats in den siebziger Jahren des letzten Jahrhunderts oder zu Beginn dieses Jahrhunderts objektiv und in den Persönlichkeitsanforderungen leichter oder schwerer zu bewältigen waren als eines heutigen Parlamentariers, wissen wir nicht verläßlich. Eigenartig für die Gegenwart ist jedenfalls das subjektive Gefühl der wachsenden Erschwerung. Zu einem wohl häufig auftretenden Gefühl der dauernden Überforderung in den staatsleitenden Organen tritt der für die Amtsträger belastende Sozialdruck nicht nur zum effektiven Erfolg, sondern auch zum sichtbar gemachten Erfolgsausweis, zum «Lächeln», zum *lucky look*, gemildert durch die gelegentliche Bereitschaft der Öffentlichkeit, ein dosiertes Klagen hinzunehmen, womit man den Behörden gestattet, sich gegen *kleine* Mißerfolge vorsorglich abzudecken. Großpropaganda und Massenmedien, politische und soziale Urängste treiben «*images*»- und «*persona*»-Darstellungen hervor und fördern aus ihrem tieferen Wesen heraus verbrämende Darstellungen. Das ist auch in traditionsreichen und politisch kultivierten Staaten zurzeit nicht abwendbar, obschon man erwarten möchte, tatsachengerechte Beurteilungen von Situationen und staatsleitenden Personen würden von einem technisierten Zeitalter zustandegebracht und ertragen.

Der vorherrschende Eindruck von der Schwierigkeit der Staatsleitung hat quantitative und qualitative Aspekte. Die Zahl der aufgetragenen Geschäfte ist tatsächlich enorm; sie hat sich allein in den letzten zehn Jahren im Durchschnitt Westeuropas wahrscheinlich etwa verdoppelt; sie behält steigende Tendenz. Von den Aufgaben ist ein Großteil sachlich hochkomplex. Der mengemäßigen und qualitativen Anforderung zu genügen, ist – wiederum global gesprochen – gefährdet, der jeweilige Erfolg in Schwebe[1]. Dabei ist der Erfolg aber existentielles Gebot nicht nur der Außenpolitik, sondern auch und vor allem der Innenpolitik. Die staatsleitenden Organe dürfen nicht versagen, nicht nur um der eigenen Geltung und der Beibehaltung der Machtstellung willen, sondern wegen der anvertrauten Aufgaben, welche Fehlhandlungen ohne zerstörerische Nah- oder Fernwirkungen für das Gemeinwesen schlecht ertragen. Das alte innerstaatliche Vertrauen, es werde sich alles schon irgendwie zum Rechten wenden und in der Gewöhnung sanktioniert oder in Anpassungsprozessen korrigiert, verliert die

---

[1] Vgl. NIKLAS LUHMANN in den Abhandlungen seines Sammelbandes «Politische Planung», Opladen 1971, insbes. S. 35 ff., 143 ff.

stützende Kraft, augenfällig etwa auf den Gebieten der Konjunkturlenkung, der Währungspolitik, des Bildungswesens oder der Sozialpolitik. Es könnte auch «schief gehen» – das sind der Gegenwart noch wenig vertraute Vorstellungen, stehen aber hinter der wachsenden Beunruhigung des öffentlichen Lebens.

Das Gefühl der zunehmenden Schwierigkeiten in den staatsleitenden Organen wiederholt sich in spezifischen Auswirkungen: Es werden herankommende Probleme mitunter nicht aufgenommen oder in unverbindliche Planungsverfahren überführt und hier stillgelegt. Es werden Initiativen nicht ergriffen. Es werden Vorbereitungen nicht gefördert, indem präzise Zielsetzungen unterbleiben oder Zwischenentscheide nicht getroffen werden. Man weitet den Sachausschnitt, in dem sich das Geschäft richtigerweise bewegt und zureichend abwandeln ließe, auf unspezifische Nebengebiete, zum Beispiel Fragen der militärischen Grundordnung auf solche der Finanzen oder der Meinungsfreiheit, belegt dergestalt einen Sinn für Ganzheitliches und Koordination, verschiebt damit jedoch allein den aufsässigen Entscheid. Es werden fällige und spruchreife Entscheide nicht getroffen, vielmehr mit scheinbar sachlichen Plausibilitäten aufgeschoben, umgangen, abgewälzt, zum Beispiel vom Parlament auf die Regierung oder von der Regierung auf die Verwaltung, oder schließlich in Formaldezisionen abgebogen. Mit dem steht nur scheinbar im Widerspruch, daß es auch überstürzte Schnellverfahren gibt, in denen sonderbarerweise auch immer wieder Fundamentalentscheide von großer Tragweite von kurzer Hand getroffen werden. Die Bedeutung des Aktes ist nicht unbedingt gleichgestellt mit der Sorgfalt seiner Ausarbeitung und der Erwägungen.

Das Gefühl der Schwierigkeiten in den staatsleitenden Organen nährt sich aus vielerlei in sich verhängten Ursachen. Die eine liegt zum Beispiel darin, daß für staatsleitende Entscheidungen inhaltlich lenkende Wertmaßstäbe schwanken oder fehlen. Ideologische Tagesströmungen beherrschen die politische Entscheidungsszene – laut, forsch, trotz substantieller Dürftigkeit mit dem Anspruch auf letzte Gültigkeit vorgetragen –, Tagesströmungen, die sich rasch verbrauchen und den Stafettenstab für die nächste ideologische Nummer fallen lassen. Eitel ist die Hoffnung, daß neue Sozialwissenschaften Einhalt geböten und Stützen gäben. Sie sind weder Gesetzeswissenschaften in Nachfolge der Naturwissenschaften, noch sind sie aus ihrer inneren Bestimmung heraus Philosophie oder Philosophieersatz. Zudem hängt die Frage der Wertfreiheit unerledigt über ihnen. Einige junge Sozialwissenschaften, die voran zur Hilfeleistung berufen sein könnten, sind wegen ihres vorlauten Mittuns in den Modeaktionen der letzten zehn Jahre jetzt ohne Kredit und in sich selbst zerrissen. Sie haben wahrscheinlich die Stille wissenschaftlicher Besinnung nötig, und das heißt auch: eine Phase der strengen kritischen Auseinandersetzung im emotionsfreien akademischen Bereiche, verbunden mit der Selbstdisziplin, nicht jeden Gedanken unverweilt popularisiert in die breite Öffentlichkeit zu tragen, sondern allmählich die spezifische Reife jener Konsiliar-Wissenschaften zu erlangen, die um die Mit-Verantwortung durch ihr Reden und Tun im praktisch-politischen Raum wissen. Zu solcher Reife sind bis heute weder Soziologie noch Politologie gediehen[2].

Eine andere Ursache jener schwankenden, zugleich hastigen wie zögernden Praxis findet man darin, daß sich Staat und Gesellschaft stärker durchdringen. Sie sozialen Mächtigkeiten, vor allem die Interessenorganisationen, greifen in den staatlichen Gestaltungsprozeß ein. Sie versetzen die staatsleitenden Organe in die Unsicherheit dessen, der inmitten pluralistischer Begehren den ausgleichenden Kompromiß finden soll, den homogenen Kern des Kompromißaktes aber ohne eigene Zielsicherheit und Sachvertrautheit schwerlich zu fassen vermag.

Dazu tritt ein weiterer Ursachenkomplex: Die staatsleitenden Organe sind sich bewußt, daß sie für den richtigen Entscheid das bestmögliche Sachwissen aktualisieren sollten. Damit zieht aber eine sonderbare Ängstlichkeit ein, die Ängstlichkeit vor der Sachkunde nämlich, sichtbar im Verhalten gegenüber den Spezialisten der Verwaltung oder den außenstehenden Experten. In parlamentarischen Kommissionen, in Fraktionen, im Parlamentsplenum, in der Regierung wiederholt sich der Sachverhalt: Man vertraut oder verwirft den Sachkundigen, aber man setzt sich mit ihm wenig auseinander. Man meidet oft die Anstrengung, ihn zu verstehen, selbst wenn er, was sich gehört, aber nicht leicht ist, die Elemente seiner Überlegungen verständlich darzulegen sich bemüht. Dafür setzt man politische oder interessenbedingte Entscheidungsmotive nach vertrautem Muster. Zeigen sich die staatsleitenden Organe gegenüber der Sachkundeforderung jedoch aufgeschlossen, wird mitunter ein «edler Wettstreit» angezettelt, indem man dem einen Sachkundigen einen andern nachschiebt, eine Expertengruppe durch eine weitere ergänzen läßt und dann im ausgebrochenen Gutachterkrieg die Rechtfertigung findet, keiner von beiden folgen zu müssen. So triumphiert der unabsetzbare «gesunde Menschenverstand» über die «weltfremden Verengungen der Sachkundigen». In der Tat nicht immer zum Nachteil des Staats, womit offenkundig wird: Staatsleitung ist mehr als Aktualisierung von Sachkunde, namentlich mehr als Umsetzung wissenschaftlicher Einsichten in politischen Willen. Doch damit ist kein Dispens von der Optimierung der Sachkunde im staatsleitenden Entscheid ausgesprochen.

---

[2] Vgl. dazu auch die Übersicht bei KLAUS LOMPE, Wissenschaftliche Beratung der Politik. Ein Beitrag zur Theorie anwendender Sozialwissenschaften, 2. Aufl., Göttingen 1972.

II. Staatsleitung im Felde neuerer Entscheidungstheorien

Neuere Entscheidungstheorien legen anscheinend zeitgemäßere Grundlagen für das Verhältnis von Sachkunde und Entscheidungskompetenz. Freilich ist vorweg zu betonen, daß dabei etliche Theoreme in einer neuen Fachsprache lediglich bestätigend aufgreifen, was der Staatsrechtslehre für ihr Arbeitsgebiet schon längst vertraut ist, so etwa das, was aus der Kybernetik für die Erfassung der kooperativen Vorgänge in den staatlichen Gewalten oder in den Funktionslehren vorgebracht werden kann[3]. Zwei Einblicke in die gegenwärtige Entscheidungsdiskussion mögen Hinweis sein:

1. Eine vorwiegend aus gesetzeswissenschaftlichen Denkweisen und Theorieansätzen genährte Hoffnung geht in der Richtung, das Entscheiden im staatlichen Bereich mit der Zeit beinahe überflüssig machen zu können. CARL BÖHRET und HERMANN LÜBBE zum Beispiel[4] knüpfen an der Behauptung an, Entscheiden bedeute inhaltlich eigentlich das Beseitigen von Ungewißheiten. Darauf könne man zeigen, daß nur da ein materieller Entscheidungsakt Platz greifen müsse, wo noch Ungewißheiten und Risiken beständen. Den Bereich der Ungewißheiten aber könnte man durch perfektionierte Information minimalisieren, in günstigen Fällen ausmerzen. Für die staatsleitenden Organe aber heißt dies, es wären ihnen so viele und so gute Informationen zu liefern, daß der effektive Entscheidungsspielraum eng, voll überblickbar, durch den politischen Verstand oder das – etwa dem Rechtsgefühl vergleichbare – politische Führungsgefühl ausgefüllt werden könnte. Zur Not könnte man die simple Dezision, das heißt das *sic volo – sic iubeo*-Belieben des Entscheidungsorgans für den verbleibenden Rest gelten lassen. Die Information bestände in der Nennung von Entscheidungsvarianten, im Nachweis von deren Wirkungen, in der Darlegung von Vor- und Nachteilen oder von Kosten und Nutzen, in der Präsentation der in Betracht fallenden Wertmaßstäbe – alles mit so weit meßbaren oder rational nachvollziehbaren Daten, daß eben im läuternden Prozeß des Verstehens Zweifel beseitigt, Gewißheiten hergestellt wären[5].
Die Staatspraxis und damit auch die Wissenschaften, die sich mit dem staatlichen Handeln abgeben, können sich in der Gegenwart und wohl noch auf lange Jahre hinaus auf solche Verheißungen schwerlich einlassen.

[3] Ebenso REINHOLD ZIPPELIUS, Allgemeine Staatslehre, 3. Aufl., München 1971, S. 12 ff.
[4] CARL BÖHRET, Entscheidungshilfen für die Regierung, Köln / Opladen 1970. HERMANN LÜBBE, Theorie und Entscheidung, Studien zum Primat der praktischen Vernunft, Freiburg i. Br. 1971.
[5] Vgl. die präzise Zusammenfassung durch DANIEL FREI, Politikberatung und Entscheidung, Schweizerisches Jahrbuch für Politische Wissenschaft 12, 1972, S. 54 ff.

Vorderhand würden diese scheitern an der Informationsfähigkeit auf beiden Seiten, das heißt bei den potentiellen Informanten wie bei den zu informierenden Staatsorganen. Selbst dann nämlich, wenn die Sozialwissenschaften sprunghaft Fortschritte machten, wenn wir ferner lernten, naturwissenschaftliche und sozialgesetzliche Erkenntnisse speditiv auf die Ebene der praktischen Sozialgestaltung zu überführen, so bliebe die grosse Lücke vorderhand im begrenzten Planungsvermögen und, weiter gespannt, in der Unzulänglichkeit futurologischer Erkenntnisse und Aussagen. Wo auch immer die Widerhaken gegen die umfassende und nutzbar zu machende Futurologie stecken mögen – in der Eigenart des Erkenntnisobjektes, in der Unterschätzung menschlicher Freiheitsmöglichkeiten, in der Unbeholfenheit der Methoden –, für den Staat ist ihr Leistungsvermögen noch als bescheiden zu beurteilen [6].

Es sind sodann Zweifel berechtigt, ob die staatsleitenden Organe in ihrer heutigen personalen Struktur und funktionalen Kapazität in der Lage wären, in einem ausgreifenden Informationssystem zurechtzukommen. Bedenkt man beispielsweise die Situation, die in staatsleitenden Organen regelmäßig eintritt, wenn für einen komplexen Staatsakt mehr als *eine* durchgebildete Möglichkeit vorgeschlagen wird: In den Parlamenten etwa wird bis jetzt meist unwirsch reagiert und der präparierenden Regierung vorgeworfen, sie sei ohne Entschlußkraft und solle, ihrem Führungsauftrag gemäß, nun sagen, was als richtig erscheine. Man soll das Alternativdenken – besser das Variantendenken – und das Variantenverfahren nicht abwerten, im Gegenteil, aber zugleich sagen, daß wir noch weit von seinen Realisationsmöglichkeiten im Bereiche der staatsleitenden Organe entfernt sind [7].

Die Minimalisierung der Entscheidungsbedürfnisse findet sich, von andern Gesichtspunkten aus betrachtet, auch in den Modellen der Technokratie. HELMUT SCHELSKY hat 1961 dargelegt [8], in der wissenschaftlichen Zivilisation werde die Politik vollends an Sachgesetzlichkeiten der wissenschaftlichen Techniken gebunden. Demzufolge entstände eine Herrschaft durch Sachzwänge, die sich zu seelischen Forderungen verinnerlichten und als unentrinnbare Notwendigkeiten aufträten. Im unwiderstehlichen Druck des technischen Fortschritts würden Sachgesetzlichkeiten auch dann regieren, wenn vorerst eine Elite wissenschaftlich-technischer Fachleute sie produzierten und «optimal funktionieren» ließen.

[6] Anschaulich für diese Distanz zur Praktikabilität GERHARD KOCHER / BRUNO FRITSCH, Zukunftsforschung in der Schweiz, Bern 1970.

[7] Vgl. HANNES FRIEDRICH, Staatliche Verwaltung und Wissenschaft, die wissenschaftliche Beratung der Politik aus der Sicht der Ministerialbürokratie, Frankfurt a. M. 1970, insbes. S. 292 ff.

[8] HELMUT SCHELSKY, Der Mensch in der wissenschaftlichen Zivilisation, Opladen 1961.

Das Technokratiephantom tritt heute in der wissenschaftlichen Diskussion offensichtlich wieder in den Hintergrund[9]. In der Staatswirklichkeit sind technokratische Einzelaspekte freilich aufweisbar, zum Beispiel beim Gebrauch der Massenmedien oder beim Ausbau des Gesundheitsdienstes, im ganzen aber steht der Leistungsstaat der Gegenwart in keinem zwangsläufigen Prozeß jenseits der Möglichkeit geschichtlich-freier Gestaltungen. Zumindest hat er sich die Möglichkeit bewahrt, vermeintliche Zwangsabläufe zu unterbrechen. Die Technokratiemodelle nehmen denn das Entscheiden offenbar nicht ab.

Im Auftrag der Staatsrechtswissenschaft, den Mut zur Vereinfachung aufzubringen und für die Staatsgestaltung relative Orientierungssicherheiten zu schaffen, ist eingeschlossen, jetzt und für heute einzugestehen: Die Funktion staatsleitender Entscheidungen im überkommenen Sinne wird der Staatsorganisation bis auf weiteres in erheblicher und belastender Breite aufgegeben bleiben. Alles andere ist Möglichkeit, Chance, Risiko, aber noch keine Wirklichkeit. Wer für die Gegenwart denkt und auf *ihr* Handeln gerichtet ist, muß sich bescheiden und die Last der offenen Entscheidung, die auch Freiheit bedeutet, immer wieder aufnehmen.

2. Ein zweiter Gesichtspunkt im Thema der Entscheidungsprozesse liegt in der Hervorhebung des prozeßhaften Charakters der staatsleitenden Entscheidungen. Obwohl Begriff und Vorstellung des Prozesses gerade in der Rechtswissenschaft heimisch sind, richtet sie wie ein größerer Teil der Sozialwissenschaften in bezug auf die Staatsleitung im allgemeinen den Blick auf den Endpunkt des Vorgangs. Man redet von Meinungs- und Willensbildungsprozeß, konzentriert sich aber im wissenschaftlichen Bemühen eher punktuell auf das abschließende Stadium und das Ergebnis des Entscheides, zum Beispiel das Gesetz oder den Staatsvertrag. Dahinter steht die abkürzende Vorstellung, mit der Verbindlicherklärung komme die inhaltliche Fülle des Staatsentscheides wie bei einem großen Schöpfungsakt fast auf einmal zu Gestalt und Leben. Alles was präparativ vorausgehe, sei nur Zusammentragen und stilles, fast verborgenes Bereitstellen, bis in geraffter Zeit das Ganze auf einmal geschaffen sei.

In Wirklichkeit geht der formellen, Rechtsverbindlichkeit verleihenden Entscheidung ein langer Weg voraus, am augenfälligsten im Vorgang der Rechtssetzung, die sich erst nach gewichtigen Vorbereitungsstadien in der Exekutive zum parlamentarischen Verfahren begibt und hier wiederum etliche Phasen durchläuft, bis der Schlußentscheid gefällt werden kann.

---

[9] KLAUS KOCH / DIETER SENGHAAS (Hrsg.), Texte zur Technokratiediskussion, Frankfurt a.M. 1970, insbes. die Beiträge von MEYNAUD, SENGHAAS, NARR und NASCHOLD, im Vergleich auch mit LUHMANN (Anm. 1 oben).

Vorbereitung oder Präparation ist nicht nur neutrales Sammeln – sie ist dies freilich auch –, sondern vorwiegend eine Abfolge von Vorentscheidungen oder, vorsichtiger ausgedrückt: eine lange Treppe fortlaufender Beseitigungen von Ungewißheiten durch je akzeptierte Partialselektionen, akzeptiert (vorerst) durch die Präparatoren selbst. Es wird in der Vorbereitung schon ausgelesen, eingeengt, festgelegt, aufgrund immer weniger Möglichkeiten die schließliche, die *eine* Gestalt geformt. Das Entwerfen ist mehr als Versuch, mehr als Skizze, mehr als beliebige Vorformung. Es stecken faktisch schon fixierende, relativ irreversible Teilentscheidungen im vorbereitenden Sukzessivverfahren drin. Wenn dem so ist, so haben die einzelnen Stadien des Vorbereitungsprozesses aber offenbar auch eine staatsrechtliche Relevanz.

Diese Relevanz besteht vor allem darin, daß derjenige, der an der Vorbereitung beteiligt ist, auf irgendeine Weise Mitträger des schließlichen Ergebnisses, also des entschiedenen Aktes ist. Er wird materialer Teilhaber. Er wird inhaltlich Teil eines Entscheidungsorgans, das sich – immer noch in materialer Betrachtung – zu einem zusammengesetzten Gesamtorgan erweitert sieht. Wem dann die Schlußentscheidung in diesem kombinierten Prozesse obliegt und wer die Verbindlichkeit als normative Geltung konstituiert, zum Beispiel das Parlament oder das Volk, hat allerdings in der Regel die rechtliche Möglichkeit, alles Vorausgegangene zu verwerfen. Mit seinem Nein oder Anders streicht er die Arbeit und die Effektivität der Präparatoren aus. Insofern sind deren Vor- oder Teilentscheide hypothetisch. Allein, wird letztlich affirmativ entschieden, so sind die vorausgegangenen Vor- oder Teilentscheidungen der Präparatoren sanktioniert. Sie sind als Bestandteile in den Schlußentscheid überführt. Und da man auf lange Sicht gesehen gar nicht anders als im Schlußgang affirmativ entscheiden kann, wenn man überhaupt neugestaltende Änderungen bewirken will, sind Präparatoren mit ihren Entscheidungsanteilen regelmäßig im Spiel – es wäre denn, es gelänge, die Präparativstadien fallen zu lassen.

Gibt es Präparation, so kann die rechtliche Relevanz deswegen nicht einfach abgeschüttelt werden, weil Entscheiden im Bereich der Staatsleitung Macht und Machtentfaltung darstellt. Der Präparator wird *eo ipso* Partizipant der Herrschaftsausübung. Damit aber tritt eine neue Kategorie ins Spiel: die politische Verantwortung. Das Staatsrecht muß beispielsweise bedenken, daß die monistische Verantwortlichkeitsordnung bezüglich der staatsleitenden Organe, die für alles Geschehen im Staat die ethisch-historisch-politische, also die staatsrechtliche Verantwortlichkeit prästieren sollten [10], der tatsächlichen Situation kaum mehr gerecht wird.

[10] Zum Begriff der politischen Verantwortung: KURT EICHENBERGER, Die politische Verantwortlichkeit der Regierung im schweizerischen Staatsrecht, in: Festschrift für Hans Huber, Bern 1961, S. 108 ff.

Zwar könnte ein staatsleitendes Organ seinen Präparatoren Aufträge und Weisungen erteilen; es könnte sich vorbehalten, wichtige Vor- und Teilentscheide selbst zu fällen, und es könnte am Ende die vorbereitende Arbeit verwerfen, die Vorbereitungen neu beginnen lassen. Aber solche Möglichkeiten sind in Tat und Wahrheit gering. Insbesondere bereitet es größte Mühe, die Vor- und Zwischenentscheide, die in der Präparativphase zufallen, den staatsleitenden Organen selbst abzuverlangen; denn mangels zureichender Einsicht in die Komplexität der offenen Sachfragen beim Entstehungsvorgang bleiben die «vorzeitig» befassten staatsleitenden Organe versucht, lediglich summarisch zu entscheiden. Sie können durch «unsachgemässe» Zwischenkunft die Optimierung der Lösung vereiteln. Ihre Scheu vor der wirksamen Einschaltung kann dadurch vielleicht legitimiert werden.

In der inhaltlichen Vor- und Teilentscheidung des Präparators hat man materiale Verantwortlichkeiten zu sehen. Das Mittun des Präparators versetzt ihn in eine Mitverantwortung. Die spezifische rechtliche Konstruktion vorbehalten, kann man sagen: Es gibt eine Art staatsrechtlicher Mitverantwortlichkeit aller am Entscheidungsprozeß beteiligten Organe und Präparatoren, was die Möglichkeit einer Vielzahl von heterogenen Verantwortungsträgern voraussetzt. Befreiende Wirkung für das schlußentscheidende Organ entsteht daraus nicht; es bleibt für das Ganze behaftet. Aber die Präparatoren werden ihrerseits erfaßt, richtigerweise aus dem ethisch-historisch-politischen Verantwortungskonnex also nicht länger ausgeklammert. Soll man solchen Folgerungen nachgeben? Sind sie zwingend?

III. Die Utopie des total-sachkundigen Entscheidungsorgans

Wegen der schwierigen Verknüpfung der verteilten materialen Verantwortlichkeiten zu einem realisierbaren Verantwortlichkeitskonnex nährt man immer wieder neu die Hoffnung, die vor allem in den Staatsutopien schon angelegt sind[11]: die erforderliche Sachkunde sei in den staatsleitenden Organen selbst anzusiedeln. Der moderne Staat mochte Anklänge daran im Frühliberalismus mit seiner durch Bildung ausgezeichneten Repräsentativschicht gelegentlich erreicht haben. Verdeckt oder bewußt kehren ähnliche Zielsetzungen immer wieder zurück. Demzufolge sollen etwa so hervorragende Parlamentarier und so sachvertraute Minister gewonnen werden, daß sie aus eigenem Wissen und Urteilsvermögen den

---

[11] Klaus J. Heinrich, in seiner Kommentierung «Der utopische Staat» (Morus, Campanella und Bacon), Rowohlt 1966.

richtigen Entscheid in seinen rationalen wie in seinen intuitiven Elementen zustandebrächten. Kompetenz, Sachkunde und Verantwortung lägen in einem Zentrum.

Dem steht indessen die Erfahrung des effektiven Entscheidungsprozesses entgegen. Die Arbeit eines Parlaments oder eines Regierungskollegiums ist auf seligierende Vorbereitung angewiesen. Wer aber sich dergestalt auf fremde Hilfe stützt, leistet selbst bei bester Eignung nicht das Ganze des Entscheides. Deswegen freilich braucht man sich nicht der Simplifikation des «alles – oder nichts» zu verschreiben, das heißt die eingesetzten Organe von größtmöglicher Sachkunde zu befreien, etwa mit dem Argument, Staatsleitung sei gemeinhin Politik als ein aliud zu allen andern Funktionen, das vom Politiker ohne Zutun zu erbringen sei. In Wahrheit gilt dies: Auch wenn allgemein in weitem Umfang die Sachkunde von außen an das staatsleitende Organ herangetragen werden muß, so ist das, was im Organ selbst an Sachwissen und Sacherfahrung aktualisiert vorhanden ist, dem Fremdgut regelmäßig überlegen.

Instruktiv ist, wie sich Staaten darum bemühen, für die fachspezifischen Ressorts Fachleute als Minister oder Staatssekretäre einzusetzen: Die Finanzministerien und die Wirtschaftsministerien werden im Ausland häufig zu «professoralen Domänen»; in den Justizministerien pflegen erfahrene Juristen Einsitz zu nehmen; im Erziehungs- und Bildungswesen treten pädagogische oder wissenschaftliche Affinitäten zutage. Die Parlamente und Fraktionen möchten ihre Defizite an Fachvertrautheiten vermehrt mit Spezialisierungen von Abgeordneten mildern.

Wäre es nötig und durchsetzbar, mit Wählbarkeitsbestimmungen normativ Voraussetzungen für die hohen Funktionen aufzurichten? Wären zumindest Zielnormen von Nutzen, die bei der Bestellung Aufruf und Lenkung darstellten? Da normative Anweisungen auf formale Kriterien abstellen müßten, zum Beispiel auf die Ausbildung oder berufliche Betätigungen des Kandidaten, so wäre die rechtliche Garantiewirkung für tatsächlich vorhandene Fähigkeiten gering. Hier spürt man den Übergang zum nichtnormierbaren Verfassungsbereich: Die staatsleitenden Organe sind im Staatsleben trotz Autoritätseinbussen noch so hoch eingeschätzt – in der öffentlichen Meinung, von andern Staatsorganen, im Selbstverständnis –, daß man die subalternen Kleinlichkeiten von Wählbarkeitsnormierungen nicht an sie herantreten lassen kann. Die Justiz als dritte Gewalt erträgt es mitunter noch. Die Bestellung von Parlament und Regierung jedoch ist der fast ausschließlich politischen Verantwortung und der Weisheit ihrer Kreationsorgane anheimgegeben.

Immerhin ist auch diese Weisheit veränderbar. Hier befindet sich das Bindeglied mit der Repräsentationslehre. Bei idealistischen Repräsentationsvorstellungen, wie sie klassisch GERHARD LEIBHOLZ formuliert hat[12], sucht und fordert man, daß das Repräsentierte in seinen besten und hellsten Eigenschaften im Repräsentanten Ausdruck finde, also eine Öffnung auf maßvolle und – wegen des Verantwortlichkeitsbezugs – mit der Demokratie vereinbare Eliteerwartungen. In den Vorstellungen der Interessenrepräsentation hingegen[13] liegt der Zug zu spiegelbildlichen Darstellungen des Repräsentierten, das heißt zu Durchschnitt, Querschnitt, Wiedergabe. Es wäre jedoch verfehlt, wegen der Vehemenz, mit der sich seit gut 50 Jahren die gesellschaftlichen Interessenpotenzen in der Staatsleitung Eingang und Gehör zu verschaffen vermögen, die Repräsentationsidee endgültig auf die zweite Variante zu reduzieren. Damit würde man voreilig die normative Kraft, die den Leitprinzipien der Staatsgestaltung, wie zum Beispiel der idealistischen Repräsentationsidee, eigen ist, der momentan kräftigen Faktizität ausliefern, zumindest die Chance sich überlagernder Repräsentationssysteme zu früh verwerfen. Im übrigen werden auch heute durch den Durchschnitt hindurch doch partiell jene qualifizierenden Nominationen von hervorragenden Repräsentanten erkennbar. Und wenn der Schein nicht trügt, meldet sich leise eine allgemeine Bereitschaft an, für den Repräsentanten wieder die auszeichnende Qualität zu fordern, so etwa in den auflebenden Geboten seiner Unabhängigkeit, seiner persönlichen Integrität, seiner Mäßigung gegenüber Ehrgeiz, dazu aber auch irgendeiner überdurchschnittlichen Sachkunde, von der aus auch das an sich fremde Sachwissen wertend verstanden und genutzt werden kann.

Es sind nur Gedankenspiele oder theoretisierende Konsequenzen aus Extremmodellen ohne Wirklichkeitsbezug, wenn man für die *Regierung* die Frage umkehrt: Ob man die Sachkundigen – und sie allein – zu Kompetenzträgern machen müsse, also etwa Regierung durch Wissenschafter oder durch Ressortspezialisten, was mit dem Verzicht auf parlamentarische Leitungskompetenzen verbunden sein dürfte. Selbst wenn für ein solches Regierungsorgan im technisierten Leistungsstaat eine Legitimierung noch zustandekäme, bleibt die Konstruktion untauglich. Denn es gibt erstens die Wissenschafter nicht, die in der ganzen Breite der Leitungsfunktionen sachkundig wären. Entweder müßte man so viele «Regierungen» einsetzen, als Sachbereiche zu betreuen wären, womit man das Leitungsorgan, das primär den Staat in einheitsstiftender Aktivität führen soll, preisgäbe, oder man endete wieder beim hergebrachten Regierungsorgan, einzig mit dem Unterschied, daß die Minister von wissenschaftlicher Tätigkeit und die Spezialisten aus ihrem Fachbereich weggerufen worden wären. Daß damit für die verstehende Aufnahme fremden Sachwissens günstigere Voraussetzungen geschaffen wären als bei heutigen Modalitäten, wird man nicht

[12] Erneuert und geklärt und in seinem Artikel «Repräsentation» im Evangelischen Staatslexikon, Stuttgart / Berlin 1966, S. 1859 ff.

[13] Joseph H. Kaiser, Die Repräsentation organisierter Interessen, Berlin 1956.

vorschnell annehmen dürfen. Zweitens wären die regierenden Wissenschafter nicht mehr Wissenschafter, denn sie hätten die spezifischen wissenschaftlichen Denkweisen gegen die politischen Handlungseigenschaften
auszutauschen.

IV. Das Problem der institutionellen Verknüpfung
in kombinierten Verfahren

Es bleibt *in praxi* vorderhand nichts anderes, als einen Großteil der
Sachkunde an die staatsleitenden Organe heranzutragen, erwartend, daß
diese die innere Bereitschaft und das geistige Vermögen zum Verständnis
und zur wertenden Aufnahme in optimaler Annäherung zustandebringen.
Die Präparatoren sind vornehmlich diese Vermittler und auch selbst Träger
der Sachkunde.
Die Präparatoren teilen sich bei allgemeinster Betrachtung in zwei sich
schneidende Typenpaare auf. Als Kollektive oder Einzelpersonen können
sie entweder der staatlichen Organisation angehören oder außerhalb dieser
stehen. Und sie können sich in einer Organ- bzw. Interessenabhängigkeit
befinden oder, gerade umgekehrt, relativ unabhängig sein. Es ließe sich eine
Menge weiterer Typisierungen aufzeigen, die hier auf sich beruhen bleiben
müssen.

1. Der quantitativ und qualitativ dominierende Präparator für die Regierung, und meist auch für das Parlament, ist die staatliche Verwaltung. Ihr
beinahe unerschöpfliches Spezialwissen, ihre Erfahrungen im Vollzug, ihre
personelle und sächliche Instrumentierung setzen sie instand, in der
Mehrzahl staatsleitender Fragen mit überlegenem Wissen und Können
aufzuwarten. Sie ist rasch und dauernd zur Hand. Sie fügt sich, dank
normativ-hierarchischer Ordnung und praktischer Gewöhnung, auf be-
queme Weise allfälligen Absichten der staatsleitenden Organe. Darob wird
die Verwaltung zum bedeutsamsten Mitträger der Entscheidung und gerät
in die erwähnte differenziert-materiale Mitverantwortlichkeit. Mit zwei
Schwierigkeiten ringt dieser geläufige Lösungsversuch.

a) Einmal wird das Prinzip der Gewaltenteilung berührt und von der
konkreten Verfassungsordnung her in Wandlungen versetzt. Es gilt namentlich für die vorbereitenden Tätigkeiten zugunsten des Parlaments, in
das die Verwaltung mit ihrer mitunter monopolistischen Sachkundevermittlung eindringt. Die Verwaltung in der Legislative! Die staatsrechtliche
Situation ist nicht so absurd, wenn man die Gewaltentrennung aus ihrem
erstarrten Schematismus befreit und entdogmatisiert, um die funktionelle
Gewaltentrennung durch sinnvolle Kontrollgeflechte in praktikablen Lö-

sungen ermitteln zu können. Dann kann man geradezu eine erwünschte Kontrolle im Sinne RICHARD BÄUMLINS, eine Inter-Organ-Kontrolle im Sinne KARL LOEWENSTEINS wahrnehmen[14], indem durch die Sachabhängigkeiten von der Verwaltung potentielle Parlamentssuprematien eingedämmt werden. Der Kontrolleffekt verkehrt sich freilich, wenn das Parlament sich der präparierenden Verwaltung ohne ernst zu nehmendes Kritikvermögen dauernd fügt und es einzig zu gelegentlichen Machtdemonstrationen kommen läßt, indem es Vorlagen zurückweist, verwirft, gänzlich amendiert, womit den Parlamenten in der Regel weder systematische Gegenkontrollen gelingen noch glückhafte Korrekturfähigkeiten am Inhalt der leitenden Akte zugutegehalten werden könnten.

Wird die Verwaltung Präparator für die Regierung, so ist die herkömmliche Gewaltentrennung nicht betroffen; denn es spielt sich hier ein Vorgang im Raume der einen und gleichen Gewalt ab. Gerät die Regierung in das Schlepptau der Verwaltung, so heißt es für das formalistische Gewaltentrennungsprinzip bloß, daß anstelle der Spitze wider Erwarten der Mittelbau das Schwergewicht leitender Funktionen übernimmt. Mit dieser stumpfen Unempfindlichkeit des Dogmas zeigt sich auch seine Grenze als staatsgestaltendes Prinzip. Denn der Tatbestand des Rollentausches zwischen Regierung und Verwaltung ist für Staat und Recht von grosser Bedeutung. Die Regierung ist ungeachtet ihrer Stellung in der Exekutive nach Sinn, Auftrag und Struktur zugleich auch mehr und anderes als die Administration; sie ist bei funktionaler Betrachtung verbunden und doch wieder abgehoben. Daß die Regierung durch die Mitwirkung der Verwaltung Machthemmungen erfährt, ist vom umfassenden Gewaltenteilungsverständnis aus zu rechtfertigen; doch sind die staatsrechtlich begründbaren Grenzen von erträglichen Kontrollfunktionen der Verwaltung gegenüber der Regierung früh erreicht, wenn man das Regierungsorgan nicht zwischen Parlament und Administration stillegen will.

b) Zweite Folge ist eine relative Politisierung der Verwaltung. Wer präparierend zuhanden der staatsleitenden Organe tätig ist, sieht sich den soziologischen Mächtigkeiten, also Parteien, Verbänden, Kirchen, andern pluralistischen Sozialgruppierungen, ausgesetzt, soziologischen Kräften, die bestimmungsgemäß und im pluralistischen Gemeinwesen legitimiert auf die staatsleitenden Akte Einfluß zu nehmen trachten. Die Verwaltung – jetzt einmal als Einheit angesprochen, was sie in Wirklichkeit nur begrenzt ist – wird in das Gefüge der sozialordnenden Potenzen auf der Ebene der Staatsleitung einbezogen, wird also in den hochpolitischen Strom versetzt

[14] RICHARD BÄUMLIN, Die Kontrolle des Parlaments über Regierung und Verwaltung, ZSR 85, 1966, S. 231 ff.; KARL LOEWENSTEIN, Verfassungslehre, 2. Aufl., Tübingen 1969, S. 188 ff.

und als machterfüllte Größe zum politisch orientierten Agieren veranlaßt. Sie muß für und im Hinblick auf ihre präparativen Produkte nach außen Motive setzen, begründen, abwehren, rechtfertigen, von außen sodann auch Zuzug gewinnen. Die Verwaltung tritt mit einem wachsenden politischen Selbstbewußtsein, teils an der Regierung vorbei, in das öffentliche Leben ein. Der präparierenden Verwaltung werden damit aber Stücke ihrer umfangreichen sachlichen Unabhängigkeit ausgebrochen. Denn sie ist, was die Staatsrechtslehre bisher wenig registriert hat, unter anderem wegen der faktisch aufgeweichten Weisungslenkung und geringfügigen Nachkontrolle seitens der Regierung durch eine doppelte Unabhängigkeit ausgezeichnet gewesen: durch eine dem Richter ähnliche, soweit sie ihre Tätigkeit rechtsanwendend wahrnehmen konnte, sodann durch eine der Wissenschaft ähnliche, soweit sie sich von sachgerichteter Objektivität bewegen lassen konnte. Doch der gestaltende Verwaltungsstaat der Gegenwart reißt die Administration ohnehin so sehr in das Zentrum staatlicher Aktivitäten und setzt sie damit so intensiv den politischen Auswirkungen aus, daß die präparierenden Funktionen dabei einfach Kern und Verstärkung für den allgemeinen Zug bieten[15].

Die politischen Sozialpotenzen suchen Direktzugänge zur Verwaltung: Sie trachten darnach, ihre Vertrauensleute in Schlüsselstellungen einzuschleusen, sie bilden eine antichambrierende Verwaltungslobby aus, welche die parlamentarische Lobby an Bedeutung in den Schatten drängt, ein untrügliches Signum dafür, wo die effektivere Machtfähigkeit sitzt.

Gewährenlassen oder Korrekturen aufzurichten, das wird für die Zukunft gefragt. Ein Mittelweg bietet sich an: Einerseits wird man die präparierende Verwaltung in ihrem sozialen Beziehungsgeflecht aufhellen und die Kommunikationswege institutionalisiert offenlegen müssen. Andrerseits geht es um die Neuorientierung des Verhältnisses zwischen Regierung und Verwaltung, das bloß mit hierarchischen Funktionswegen weder zu begreifen noch zu beherrschen sein wird.

2. An dieser Stelle setzen Versuche ein, angeblichen Zwangsläufigkeiten, die sich in grundlegenden Umwandlungen der Exekutive und des Gewaltengefüges überhaupt darbieten, dadurch zu entgehen, daß man neue Institutionen schafft. Darunter ragen die sogenannten Stäbe hervor[16]. Sie werden charakterisiert als hochleistungsfähige Hilfseinrichtungen, die für präparative Funktionen den staatsleitenden Organen direkt beigegeben oder zugeordnet sind. Sie halten jederzeit maximierte Sachkunde der

---

[15] WALTER BUSER, Le rôle de l'administration et des groupes dans les processus de décision en Suisse, Schweizerisches Jahrbuch für Politische Wissenschaft 9, 1969, S. 121 ff.

[16] GEORG MÜLLER, Die Stabsstelle der Regierung als staatsrechtliches Problem, Basel/Stuttgart 1970.

Staatsleitung zur Verfügung. In ihnen bietet sich die Sachkunde zugunsten der staatsleitenden Organe sozusagen rein und befreit von Rücksichten auf Verwaltungsressorts und die Verwaltungspolitik dar. Ihnen eignet wegen ihrer Zuordnung der weite Horizont des staatsleitenden Organs. Sie sind gefeit vor der Gefahr derjenigen präparierenden Verwaltungsstellen, die gerade nur ihr Ressortniveau erfassen und dieses mit ihrer Vorbereitung in den staatsleitenden Akt einzementieren, welcher damit in der gleichen Enge befangen bleibt. Regierungs- und Parlamentsstäbe durchbrechen die verengenden Mauern. Im koordinationshungrigen Leistungsstaat werden etwa die Wirtschaftspolitik und die Finanzpolitik über die Fachministerien hinaus Stabseinrichtungen zur Vorbereitung überantwortet werden müssen.

Stäbe innerhalb der staatlichen Organisation sind spezifischen Gefahren ausgesetzt, wovon drei aufgezählt werden. Sie hindern, in den Stäben die einzige und problemfreie Lösung zu erblicken.

a) Eine permanente Gefahr besteht in der Konkurrenzsituation zwischen Stab und Linie. Linienorgane der Verwaltung, das heißt die in der allgemeinen Verwaltungsorganisation eingestuften Sachbearbeitungsämter, werden von den den Leitungsorganen beigegebenen Stabsinstitutionen konkurrenziert, teils vermeintlich, teils wirklich, namentlich da, wo auch die Linie noch präparativ tätig ist. Es gibt personale und sachliche Geltungskämpfe, unter denen die angestrebte Sachkundevermittlung an die staatsleitenden Organe leiden kann. Vor diesen wird dann Macht ausgetragen, statt ein in sich gegenseitig läuterndes Sachwissen ausgebreitet. Der Neid der Linie über den direkten Zugang der Stäbe zu den staatsleitenden Organen, ihre Abneigung gegen die geheimnisumwitterte Einflußmöglichkeit eines meist verfahrensfreien und unkonventionellen Geistes, die Befürchtungen von Konkurrenzierungspotenzen schlechthin, die doch immer wieder das spezialisierte Sachwissen der Verwaltung hilfesuchend in Anspruch nehmen müssen, haben Gegenbilder in den Stäben mit ihrem Hang zur Überheblichkeit und Intellektualisierung und mit der oft geringen Bereitschaft, in den hochfliegenden Methoden die unentrinnbare Erdenschwere der staatlichen Entscheidungsgänge in vernünftigem Abwägen zu berücksichtigen. Die hohe Leistungsfähigkeit staatsleitender Organe dank der Stäbe wird in Hinweisen auf den Regierungsstil Kennedys und auf das gegenwärtige Kissinger-Syndrom teils verherrlicht, teils verketzert. Richtigerweise sollte die Konkurrenzsituation beidseits ertragen und durch einen institutionalisierten Kooperationszwang fruchtbar gemacht werden[17].

[17] Vgl. SYLVIA BUCHELI, Relation entre la science et la décision politique: Sélection d'une situation type esquisse d'un schema d'analyse, Schweizerisches Jahrbuch für Politische Wissenschaft 12, 1972, S. 9 ff.

b) Eine zweite Schwierigkeit liegt in der richtigen Bestellung, Einsetzung und Nutzung der Stäbe. Stabsinflationen sind ebenso Zeichen des Unvermögens staatsleitender Organe, sich mit der sachlichen Aufgabe und der Organisation ihrer Arbeit zurechtzufinden, wie die Stillegung der Stäbe durch Nichtbeachtung oder durch ständige Desavouierung ihrer Arbeiten. Stäbe können eben auch lästig werden, so durch ihren Perfektionismus, durch die vorwurfsträchtigen Aufforderungen, sich anstrengend ihre Ermittlungen aufzunehmen. Die Kunst ihrer Befragung ist beinahe so schwer wie die Kunst, die offerierte Sachkunde zu präsentieren und zu nutzen. Die richtige Frage bringt ohnehin oft erst der befragte Sachverstand zustande. Auch solche Situationen sind behebbar, wiewohl es langer Angewöhnungen bedarf.

c) Eine dritte Gefahr schließlich liegt in der Möglichkeit hypertropher Parallelitäten der Hilfseinrichtungen. Offenbar verleitet durch die amerikanische Situation, glaubt man in etlichen Festlandstaaten, die Gewaltenteilung gebiete, für Regierung und Parlament vollends getrennte Stabsorganisationen aufziehen zu müssen. Eine Strecke weit ist dies begründet, namentlich im Bereich der Kontrollen. Für die Kleinstaaten liegen in den dualistischen Stabsbildungen Übertreibungen. Entweder kann man hier aus finanziellen und personalen Gründen Stäbe nicht in großer Menge qualifiziert besetzen, oder man forciert diesen einen Institutionstypus so sehr, daß etwa der Verwaltung oder der Justiz oder der Wirtschaft beste Leute entzogen werden. Man wird sich in Kleinstaaten damit begnügen, so oft als möglich Gemeinschaftsstäbe für beide Organgruppen zu bilden, was dann ohne Bedenken ist, wenn es gelingt, die Einrichtungen mit dem Horizont des Staatsganzen in eine hohe Unabhängigkeit zu setzen und sie auf eine wissenschaftliche Grundhaltung zu verpflichten.

3. Damit hat man die Schwelle betreten, die aus der unmittelbaren staatlichen Organisation hinausführt: Die Sachkunde kann auch aus außer-staatlichen gesellschaftlichen Kräften rekrutiert werden, sei es, daß diese den Präparatoren der Verwaltung zugewiesen werden, sei es, daß sie selbst die Präparation ganz oder teilweise übernehmen. Das Fachwissen, das sich in der Gesellschaft vorfindet, wird ohne Umwege nutzbar gemacht. Die Verwaltung kann davor bewahrt werden, sich wegen der Fülle von präparativen Funktionen zu überdehnen. Es sind wiederum die Wirtschaftsaufgaben des Staats, die Finanzbelange, die Raumordnung, das Verkehrswesen, das Bildungswesen, die vorab konsiliare Bedürfnisse wecken[18]. Der außenstehende Experte hat den Vorteil im Gefolge, daß er keine Beziehungen unter den staatlichen Gewalten verändert, daß er die Bereitschaft des Staates bezeugt, sich gesellschaftlichen Beteiligungen

gegenüber offen zu halten, daß Wissen in der Gesellschaft einerseits und im Staate andrerseits in einem Austauschverkehr stehen und auch von da her belegen, daß die schroffe Trennung von Staat und Gesellschaft hinfällig wird.

Die Sachkunde von außen heranzuholen, bietet freilich auch ihre Schwierigkeiten.

a) Die erste entspringt daraus, daß es bei grober Typisierung zweierlei Sachkundige gibt: den abhängigen und den unabhängigen. Obwohl nur der unabhängige als echter Experte erscheint, kann man den ersten nicht wegschieben. Es ist jetzt nicht die Rede von seiner Unentbehrlichkeit, die daraus fließt, daß er als Interessenvertreter gruppenpolitische Belange verfechten und den staatsleitenden Organen Stimmung und Haltung der Sozialpotenzen anzeigen muß. Diese Seite seiner Beteiligung gehört ins Kapitel der politischen Willensbildung. Er ist jedoch überdies unentbehrlich, weil er ein Sachlösungs- und Vollziehungswissen mitbringt, das für die hinreichende sachliche Dokumentation der staatsleitenden Organe notwendig sein kann. Nicht daß es zweierlei Expertentypen gibt, ist also das Unzulängliche, sondern ihre übliche Gleichstellung und Gleichbehandlung. Es hat jeder Besonderes zu leisten. Der abhängige soll und darf sich in seiner Abhängigkeit zeigen, der Unabhängige umgekehrt soll sich im Bereiche der Wertungen durch seine Unbeteiligtheit und innere Distanz als freier Consiliarius bewähren.

b) Die zweite Klippe ragt da auf, wo der unabhängige Experte durch seine Beteiligung Mitverantwortung übernimmt, das heißt in die spezifische materiale Mitverantwortlichkeit gerät. Er trägt in seiner Person und in seinem Tun namentlich den unvermeidbaren Zusammenprall von Wissenschaftlichkeit und staatlicher Gestaltungsaufgabe aus. Soweit es sich um theoretische und empirische Kausalwissenschaften handelt, die ihre Dienstleistung zur Verfügung halten, treten kaum Konfliktslagen auf. Hier ist im Prinzip die gesicherte Totalinformation des staatsleitenden Organs möglich, und der wissenschaftliche Informant steht diesem als ordnende und seligierende Hilfskraft zur Seite. Sobald aber wertende Wissenschaftszweige angesprochen werden – ungeachtet der wissenschaftstheoretischen Differenzierung mögen im Hinblick auf staatsleitende Akte dazu gerechnet werden: die Wirtschaftswissenschaften, die Finanzwissenschaften, die Jurisprudenz, Ausschnitte der Soziologie und der Politologie, der Betriebswissenschaft, der Psychologie, der Historie –, kann die Frage aufbrechen,

---

[18] Brun-Otto Bryde, Zentrale Wirtschaftspolitische Beratungsgremien in der Parlamentarischen Verfassungsordnung, Frankfurt a. M. 1972.

auf was hin der Consiliarius sich auszurichten habe, welche Haltung ihm möglich und auferlegt sei[19].

Konsiliarfähige Wissenschaften, repräsentiert im unabhängigen, aber verantwortungsbereiten Sachkundigen, sind auf die wissenschaftliche Grundhaltung verpflichtet: Sie sind zur Wahrheit im Sinne von KARL JASPERS[20] verhalten, nämlich auf das Bemühen, Wahrheit im umfassenden, die Naturwissenschaften übersteigenden Sinne zu erkennen und sich ständig offen zu halten, sich in neuen Einsichten der Wahrheit weiter zu nähern. In den Bereichen der staatsnahen Normativ- und Handlungswissenschaften ist es identisch mit der Richtigkeit des Staatsentscheids, wie diese HANS RYFFEL wieder dargelegt hat[21]. Richtigkeit konstituiert sich aus einem Komplex von Bestimmungsfaktoren, die teils auf der Evidenz des Quantifizierbaren, teils aber nur im Aufweisen der Lösungsvarianten mit ihren jeweiligen Vor- und Nachteilen erfaßbar sind.

4. Nicht jeder Wissenschaftsbereich und nicht jedes Erfahrungswissen hat gleichgeartete Beziehungsgeflechte zur staatlichen Entscheidung, und nicht jeder staatsleitende Entscheid ist in gleicher Weise und in gleicher Dichte auf Sachkunde bezogen. Insofern bedürfen die Aussagen zum Fragenkreis von Sachkunde und Entscheidungskompetenz der differenzierten Klärung. Allgemein aber läßt sich feststellen, daß in der Regel personell von zwei Seiten her Beiträge zu erbringen sind: von der «Wissenschaft» oder dem spezialisierten Fachwissen und von der «Politik» oder der staatlichen Handlungskompetenz[22]. Nötig sind die Plätze des Austausches, des Umschlages, der gegenseitigen Eröffnung. Dazu sind von jeher informelle Wege beschritten worden. Möglich und nötig sind dem heutigen Gemeinwesen jedoch auch institutionalisierte Verfahren, in denen der vielschichtige Entscheidungsgang mit den zahlreichen Beteiligten rational erfaßbar gemacht wird. Praxis und Wissenschaft sind beide beteiligt, wenn solche Strukturen und Verfahren zu ermitteln sind, in denen die Synthese gelingen kann.

---

[19] Zur Besonderheit der rechtswissenschaftlichen Beratung: MAX IMBODEN, Bedeutung und Problematik juristischer Gutachten, in: Festgabe für Max Gutzwiller, Basel 1959, S. 503 ff.

[20] Zum Beispiel in: Die Idee der Universität, 2. Aufl., Berlin / Göttingen / Heidelberg 1961, S. 41 ff.; Von der Wahrheit, München 1947/1958, S. 711 ff.

[21] HANS RYFFEL, Rechts- und Staatsphilosophie, Philosophische Anthropologie des Politischen, Neuwied / Berlin 1969, S. 235 ff.

[22] KARL SCHMID, Wissenschaftliches und politisches Denken, Mitteilungen der aargauischen Handelskammer, Aarau 1972.

Ohnmacht des Parlaments,
Allmacht der Verwaltung?

«Ohnmacht des Parlaments, Allmacht der Verwaltung» – Fragezeichen: der provokative Titel des mir gestellten Themas reizt zur resoluten Streichung des Fragezeichens. Und er reizt zur Aussage: Natürlich sei es so, und selbstverständlich sei es ein Mißstand. Wenn schon ein Ungleichgewicht im Gewaltengefüge hinzunehmen wäre, so wäre es zur Wahrung demokratischer und rechtsstaatlicher Postulate zumindest umzukehren: in die Vorherrschaft des Parlaments und in die Subordination der Verwaltung.

I. Die augenfällige Situation

Um Beweisführungen für die Richtigkeit des Titels zur Kennzeichnung der gegenwärtigen Lage ist man nicht verlegen. In Stichworten wird man etwa vorbringen: Jedes Tun des Parlaments hat irgendwo und irgendwie Maßgeblichkeit und Substanz in der Verwaltung. Es gibt nur ganz wenige Parlamentsakte, an denen die Verwaltung nicht beteiligt ist, und dies nicht als Randfigur, sondern mehr oder weniger materiell mitentscheidend. Das *Parlament* fußt in Arbeit und Beschluß, direkt und gelegentlich indirekt, auf *Handlungen der Verwaltung.* So ist es in der Verfassungs- und Gesetzgebung, wo die ausgedehnte und vertiefte Vorbereitung sowie die programmatische Steuerung in der Hand der Exekutive liegen.

Selbst bei der neu eingeführten *«parlamentarischen Initiative»*, die auf die inhaltliche Ausarbeitung der Gesetzesentwürfe im Schoße parlamentarischer Kommissionen abzielt, ist es kaum anders: Entweder müssen in diesem formal verwaltungsdistanzierten Verfahren belanglose Gegenstände abgewandelt werden, die jeder gesunde Menschenverstand ohne die Zutaten eines Sachverstandes ohnehin auch zu ordnen vermöchte, oder es kommt durch eine ganze Flucht von Hintertüren die Verwaltung doch zu ihrer angestammten Rolle, indem schon die Initiative die Ideen, die Vorentwürfe oder die Unterlagen der Verwaltung keck übernimmt oder die parlamentarische Kommission irgendwann verschämt oder offen die tragenden Stützen aus der Administration herbeischafft.

In: «Erneuerung der schweizerischen Demokratie?», Res publica helvetica, Band 9, Herausgeber: Erich Gruner *und* Jörg Paul Müller, *S. 25–41. Verlag Paul Haupt, Bern / Stuttgart 1977.*

Ähnliches begibt sich in der *Finanzpolitik,* wo sich beinahe alle Finanzhaushaltsentscheide, mit Einschluß des Budgetrechts, materiell auf die Informationen und Lösungsvorschläge der Verwaltung stützen müssen. Die Erscheinung setzt sich fort in den *auswärtigen Angelegenheiten,* wo das Parlament, trotz seinen kombinierten und Parallelkompetenzen, die Departementstreue, die es in der Aera Motta und später bis zur Perfektion eingeübt hat, ungebrochen hält, auch bei Staatsverträgen, bei denen ja das parlamentarische Genehmigungsrecht *in praxi* eher ein unbewegtes Wasser ist. Die mannigfachen Gelegenheiten sodann, die dem parlamentarischen *Oberaufsichtsrecht* über die Verwaltung Raum geben, sind in der Regel nur zu aktualisieren, wenn die Verwaltung mitspielt. Denn für die Bestimmung der Kontrollgegenstände, der Kontrollfülle und der Kontrollmaßstäbe ist die Unterstützung des Parlaments durch die Verwaltung unerläßlich. Der alte Satz bestätigt jede Session seine Gültigkeit: der Kontrollierte lenkt den Kontrollierenden mit, wenigstens dann, wenn die Kontrollprozeduren wirksam sein sollen.

Was sich dergestalt und in weitern Sachverhalten im Bund ereignet, stellt sich analog oder modifiziert, jedenfalls verwandt *auch in den Kantonen* ein. Das Ausland weist ähnliches nach, in Staaten der parlamentarischen Systeme, wo erwartungsgemäß die Effektivität des Parlaments größer wäre, meist noch deutlicher: hier können Regierung und Parlamentsmehrheit mit der Verwaltung einen undurchdringlichen Block bilden, und eine Eigenständigkeit des Parlaments schmilzt dann dahin.

II. Zwischenbemerkung über Reformbestrebungen

Doch mit derartigen Feststellungen und summarischen Urteilen breitet man eigentlich Ladenhüter aus, und im akademischen Raum wird es wohl auch ein wenig langweilig. Denn Phänome, Konnexe und Bedeutung sind hier längst und fast erschöpfend beschrieben. Als HANS HUBER Ende der vierziger Jahre hier den verwaisten Lehrstuhl Walther Burckhardts übernahm, öffnete er uns Studenten und der aufnahmebereiten Öffentlichkeit die Augen, *deckte die Staatswirklichkeit auf* und machte sie zur *beachtenswerten Größe im Staatsrecht.* Unsere Problematik, die er in der Folge immer neu und erweitert kenntlich machte, wurde vor 12 Jahren mit der Mirageangelegenheit ausschnittsweise *ad oculos* demonstriert – was damals wie eine böse und entbehrliche Staatskrise aussah, erweist sich nachträglich partiell auch als eine Gunst der Historie, weil es zur Orientierung und zu verantwortlichen Reformen zwang –, und das Referat RICHARD BÄUMLINS zum Schweizerischen Juristentag 1966 über die Kontrollen des Parlaments über die Verwaltung legte nicht nur praktisch, sondern auch theoretisch maßgebliche Grundlagen für das Verhältnis von Parlament und Verwaltung, die sich mittlerweile nicht wesentlich gewandelt haben.

In einer der üblichen, wiewohl auch gar erstreckten Phasenverzögerung breitet sich jetzt das *Problembewußtsein in der Öffentlichkeit* aus, und renommierte Wochen- und Tageszeitungen geben in letzter Zeit als sensationelle Entdeckung wieder, was schon seit dreißig und zwanzig und zehn Jahren mit Händen zu greifen war und wissenschaftlich einigermaßen aufbereitet ist. Aber auch das *Parlament* selbst hielt sich in einer an sich verständlichen, jedoch nicht gerade fruchtbaren *Abwehrhaltung* die realen Sachverhalte recht lange vom Leibe. Zwar öffnete es sich 1965/66 im Zusammenhang mit der Liquidation der Mirageangelegenheit für vertiefte Einblicke in seine eigene Situation, zog normativ gewisse Konsequenzen mit Revisionen des Geschäftsverkehrsgesetzes und der Geschäftsordnungen, tritt aber erst jüngst wieder an die eigene Suche nach veränderten Selbstverständnissen, Einstellungen und effektiven Problemlösungen heran. Ob es die Einsichten dann auch in die Wirklichkeit umzusetzen vermag, ob echte Vitalität oder lediglich Betriebsamkeiten seine Reformbestrebungen tragen, werden Sie vielleicht innerhalb dieses Zyklus am Runden Tisch der nächsten Wochen heraushören können.

Auf alle Fälle wird man feststellen: *auf Änderungen geht der Sinn.* Eine Politologenlinie mokiert sich dabei über die gelegentlichen Appelle der Rechtswissenschaft an Gesinnung und an die persönlichen Verhaltensweisen der Machtträger, wenn man mit dem Institutionellen allein nicht zu einem Ziele zu kommen glaubt. Ich stimme durchaus zu: Man muß bei Recht und Staat immer wieder bedenken, daß sich vielleicht «der Mensch in wichtigen Beziehungen nun einmal nicht ändert und schon gar nicht bessert» (ROMAN HERZOG). Das wird als anthropologisches Grundmuster für Bürger und Behördenmitglieder auf weitem Feld gelten und bremst für Staatsreformen den aufklärerischen Optimismus beliebiger Machbarkeiten heftig ab. Aber auch das Institutionelle, namentlich der halbdirekten Demokratie schweizerischer Ausformung, hat *nicht* unendlich *viele Varianten und praktikable Kombinationen verfügbar.* Und was etwa mit dem Etikett neuer Staats-, Volks- oder Demokratieverständnisse auftritt, ist gar oft nichts Neues, sondern Umbenennung von Erprobtem oder Vergessenem oder Vernachläßigtem oder Unbrauchbarem. Oder es ist simple Übernahme aus dem Ausland. Zum Beispiel ist der mitunter warm empfohlene Wechsel des schweizerischen Regierungssystems zwecks Ausbruchs aus der angeblich stagnierenden Konkordanzdemokratie von keinen andern Ratschlägen begleitet, als das Referendum ganz oder größtenteils zu beseitigen und sich einem parlamentarischen Regierungssystem, z. B. dem der Engländer oder dem der Bundesrepublik Deutschland zuzuwenden. Dabei wird aber nicht klargestellt, daß wir bei unserem pluralistischen

Parteiwesen, das wir nicht von Staats wegen umkrempeln können, eher in der III. und IV. französischen Republik mit ihren *Handlungsunfähigkeiten* endeten als in den anglogermanischen Ordnungen. Diese englischen oder deutschen Ordnungen rufen jedoch ihrerseits schwerlich idealere Verhältnisse in Staat und Gesellschaft hervor als die *a priori* offen auf Konkordanz und Kompromiß gestellte schweizerische Grundordnung, die durchaus auch von Konkurrenztatbeständen durchzogen ist.

Das *wissenschaftliche Reden* im Bereiche der Handlungs- und Normwissenschaften, also gerade auch der Disziplinen, die sich mit dem Staat abgeben, ist nicht verantwortungsfrei und *nicht in die Unverbindlichkeit beliebigen Konstruierens und Ästhetisierens gesetzt*. Es ist es, wenn die Wissenschaften vom Staat ernst genommen werden wollen, gerade in der Schweiz nicht, wo wissenschaftliches Bemühen auch einrechnen sollte, daß staatliche Änderungen der nicht leicht erlangbaren legitimierenden Annahme oder doch Hinnahme im Volke bedürfen. Das verbietet jedenfalls dann, wenn der geschlossene akademische Experimentierraum verlassen und die Öffentlichkeit befaßt wird, wilde Sprünge so gut wie Glasperlenspiele. Und ein Land mit einer gehobenen politischen Kultur, die wir für uns als «politische Nation» (MAX HUBER) doch in Anspruch nehmen möchten, hat es auch nicht nötig, Verbesserungen auf dem Wege der Simplifikationen, der extremen Groburteile oder der Gewalt anzubahnen.

Denn in der Tat: Was wir als *civitas semper reformanda* an uns und in uns dauernd zu korrigieren haben, wächst allein im *Geiste der Ausgewogenheit, Verläßlichkeit und Besonnenheit* heran. Dies muß nicht Ängstlichkeit, Unentschlossenheit und «kleinkarierte Bürgerlichkeit» bedeuten, sondern soll Ausdruck der *Verantwortlichkeit des Handelnden* gegenüber Mensch, Recht und sozialem Frieden sein. Man sagt damit auch nicht der Orientierung an großen und bestimmenden Ideen und klaren Zielvorstellungen ab, respektiert diese vielmehr in ihrer Allgemeingültigkeit und wegleitenden Kraft, die sie bewahren, so lange sie als werterfüllte Gehalte verstanden und nicht im Strudel der politischen Alltagsgeschäfte zerredet und zerrieben werden. Daß Parlament und Verwaltung ihren Platz im demokratischen und sozialen Rechtsstaat finden müssen, daß Leistungsfähigkeit, wirksame Beteiligungsmöglichkeiten, tragende Verantwortlichkeit in der Machtausübung bestimmend für die Ausgestaltung sein müssen, wird man anerkennen. Doch, was Demokratie, Rechtsstaatlichkeit und Sozialstaatlichkeit im Zusammenspiel der beiden Gewalten erheischen, ergibt sich erst, wenn man die praktischen Regelungsfragen angeht und nach praktischen Lösungen Ausschau hält.

III. Durchsetzungskräfte im Parlament

Im machtmäßigen Verhältnis zwischen Parlament und Verwaltung werden nun aber *alle Erneuerungen* auch mit Umständen zu rechnen haben, die denjenigen entgegengesetzt sind, welche ich eingangs skizziert habe. Die Wirklichkeit nimmt sich nicht so einseitig zu Lasten des Parlaments aus, und es gibt reichlich Beweise dafür, daß das Parlament sich eine eigenständige Position wahrt und sich vielfach durchzusetzen versteht. Die *Verwaltung* hat *spürbare Machthemmungen hinzunehmen*, denen sie sich in der Regel in beachtlicher Loyalität unterwirft, selbst wo ihr Auswege und Umwege der Machtbehauptung im politischen Spiele zur Verfügung stän. den. Die Verwaltung macht in der Verfolgung einer eigenen Politik gegenüber dem Parlament von einer kritischen Zone an halt und läßt es in aller Regel nicht zu heißen oder unnachgiebig verbissenen Konfronationen kommen. Das *Parlament* behauptet *eine politisch-faktische Prärogative*, die ihr als funktionale Letztinstanzlichkeit gleichsam von Natur aus eigen ist. Im übrigen will ich stichwortartig auf einige Tatbestände hinweisen, die wider eine Ohnmacht des Parlaments reden:

Erstens hat die Verwaltung wohl die Präparation der parlamentarischen Rechtssetzung im Griffe, aber sie ist namentlich in den letzten zehn Jahren vorsichtig darauf bedacht, *Stimmung und mutmaßlichen Willen der Bundesversammlung zu treffen*. Diese Botmäßigkeit geht über die Rücksichtnahme auf die Referendumstauglichkeit und die Ausschaltung der Referendumsdrohung weit hinaus. Darin liegen Machtausweise des Parlaments.

Zweitens gelten immer noch *Vorrang und Vorbehalt des Gesetzes* für das Verwaltungshandeln. Dadurch wird eine rechtsanwendende Verwaltung fixiert und determiniert. Ermessen und andere Handlungsspielräume geben der Verwaltung noch keine frei flottierenden Machtmöglichkeiten.

Drittens bedeutet die *Budgetbindung* eine erhebliche Beengung der Verwaltung. Auch da, wo der Budgetbeschluß bei kausaler Betrachtung bloß eine Selbstbindung der Exekutive darstellt, ist durch das parlamentarische Verfahren eine rechtlich und politisch beachtliche Festlegung entstanden.

Viertens sind selbst *Staatsverträge* nicht Produkte einer entfesselten Verwaltung. Bei wichtigen Vertragsschlüssen versieht sich die Exekutive doch offensichtlich regelmäßig des Genehmigungsverfahrens, das ihrer zu Hause wartet.

Daß – fünftens – die Departementsvorsteher der *Parlamentswahl* unterliegen, zwingt zu Rücksichtnahmen auf Parlament und Parlamentarier im ganzen Departement, die über die bloße Courtoisie weit hinausgehen.

Sechstens bildet das parlamentarische Oberaufsichtsrecht durchaus auch ein gefürchtetes, zumindest ein lästiges Instrument für die Verwaltung, mit vielen edukativen Vorauswirkungen und oft prägenden Nachwirkungen.

Selbst da, wo die Administration sich despektierlich äußert, schwingt nicht selten eine Bereitschaft mit, sich dem Wunsche des Parlaments in Kürze anzupassen. Überhaupt beherrscht eine auffällige Respektierung des Parlaments das Innere der Verwaltung, und dies betont bei den Chefbeamten, was mit der hohen Qualität, die ihr die eindrückliche Untersuchung von ULRICH KLÖTI (Die Chefbeamten in der schweizerischen Bundesverwaltung, 1972) bescheinigt, zusammenhängen mag: Man spürt in der Verwaltung, daß auch ebenbürtige und festgefügte Persönlichkeiten und Leute beachtlichen Könnens und guten Willens die Bundesversammlung bevölkern und daß im Verkehr zwischen Parlament und Verwaltung nicht einfach Ignoranz und Perfektion einander rechtlich auferlegte Stelldichein geben. Der Außenstehende vergißt ohnehin leicht, daß die *Verwaltung die kontrollierteste Gewalt im Staate* ist: Zur parlamentarischen Beaufsichtigung kommt die verwaltungsgerichtliche Fremdkontrolle hinzu, beide in Ergänzung verwaltungsinterner Dienst- und Fachaufsichten, die faktisch zwar nicht dicht sind, jedoch der Verstärkung fähig wären. Schließlich tritt zu allen Kontrollinstanzen in wachsendem Maß eine Öffentlichkeitskontrolle, wahrgenommen vornehmlich durch die Presse und eine allgemeine öffentliche Meinung, die auf die Verwaltung unmittelbar zu greifen beginnt.

Siebtens ist die Verwaltung, sobald man sie gedanklich aus der Umklammerung und Überdachung durch den Bundesrat entläßt, *keine einheitliche Gewalt.* Sie vermag nicht als geschlossene und zielsichere Willens- und Handlungseinheit ihr volles Gewicht gegenüber dem Parlament oder im Staate überhaupt in die Waagschale zu werfen. Sie kann es mit zunehmendem Umfang und mit ihrem wachsenden Hang zur Zersplitterung je länger desto weniger. Ließe man den zentrifugalen Kräften ihren Lauf, könnte es sich dereinst verbieten, von «der» Verwaltung und von «ihrer» Macht oder Allmacht zu sprechen. Nur gewinnen mit der Zersplitterung und mit dem Einheitsverlust der Verwaltung die gewaltenteilende Machthemmung und die Freiheit des Bürgers nichts; denn die singulären Verwaltungseinheiten können bedrängender und zugriffiger sein, jedenfalls nicht so kontrolliert und rechtsgebunden wie die hierarchisch gegliederte, überblickbare und damit gezügelte allgemeine Verwaltung.

IV. Die problemreiche Beziehung
zwischen Bundesrat und Verwaltung

Ich habe damit und mit dem Hinweis auf die unerläßliche Leitungsfunktion des Bundesrates gegenüber der Administration ein durchaus noch offenes Problem angedeutet, nämlich das der Beziehung zwischen Regierung und Verwaltung, die vielfach Rückwirkungen auf Stellung und Geltung des

Parlamentes haben kann. Die Regierung, Spitze der Verwaltung, darüber hinaus prinzipales regierendes Staatsorgan, ist einesteils ihrem Unterbau, der Verwaltung, *eingefügt*, ihr zugehörig, mitgemeint, damit auch mitgetragen oder, wenn man will: mitgerissen und mitverfangen. Andererseits ist sie abgelöst, separiert, *entgegengesetzt*, ja, Fremdgewalt. Mehr noch als das Parlament ist die Regierung für fast alle ihrer vier Funktionen (Regieren, Verwalten, Rechtssetzen, Rechtspflegen) auf die Vorarbeiten und Vollzugstätigkeiten der Verwaltung angewiesen. Sie braucht für die eigenen Aufgaben und Wirkungen das enorme *Potential an Wissen und Können*, das *in der Verwaltung* angesammelt ist. Doch sie ist nur so lange Meister im Hause, d. h. die Verwaltung zusammenhaltende und lenkende Kraft, als sie selbst als Einheit zu entscheiden und überzeugend aufzutreten imstande ist, insbesondere als sie die Verwaltung tatsächlich kennt und durch Aufträge, Anweisungen, Kontrollen und Personalführung steuert. Diese *gubernative Fähigkeit* ist heute *gefährdet*.

Die zu befürchtenden Folgen: Die Verwaltung emanzipiert sich, wird eigenwillig, eigen-gesetzlich und macht ihre eigenen Politiken. Solche Absonderungen zwischen Regierung und Verwaltung gefallen zunächst dem Parlament nicht übel. Es kann so mit der Verwaltung Sachallianzen eingehen, aus der Verwaltung Anregungen, Stoff, Entscheidungsgrundlagen und sogar Zielsetzungen beziehen. Es kann gegen die Regierung oder an ihr vorbei Positionen der politischen Stärke einnehmen. Es selbst hat den Eindruck, sich durch die gegengrenzlerischen Koalitionen zu kräftigen. Doch allmählich muß jedes wache Parlament dem *Trugbild* auf die Spur kommen: Es hat sich einer unheimlichen, weil unfaßbaren und aus ganz anderer Wurzel stammenden Größe an den Hals geworfen, woraus ihm kein Glück erwächst: Die zwischen Parlament und Administration beengte und bedrängte Regierung verliert die Kraft, die Verwaltung zu lenken; diese aber *entwindet* sich *auch dem Parlament* und gerät nach und nach in die *Eigenmächtigkeiten* einer losgelösten, selbstherrlichen Organisation.

Derartige *Ablösungen* bedeuten vielleicht, freilich nicht zwingend Verwaltungsdiktatur, ausgeübt durch verabsolutierte und griffbereite Bürokratieblöcke. Sicher aber ist sie die Preisgabe einheitlichen und rechtlich kanalisierten staatlichen Handelns, Verlust zielgerichteter Staatswirksamkeit und schließlich im aufgabenreichen Sozialstaat der Gegenwart die *Desintegration des Gemeinwesens*. Deswegen auch sind Parlamentsreformen unbehelflich, wenn ihnen nicht *Regierungs- und Verwaltungsreformen* vorausgehen oder sie begleiten; denn es ist unabdingbar, daß die in die volle politische Verantwortlichkeit gesetzte Regierung die Großorganisation Verwaltung diszipliniert und mit effektiver Lenkungskraft in der Begegnung mit andern Staatsorganen und der Gesellschaft führt. Aussichten sind meines Erachtens real, daß im Bund und in den Kantonen die wachsende

Trennung von Regierung und Verwaltung eingedämmt und die zweite Gewalt zusammengehalten werden kann, gerade und besonders auch zum Vorteil des Parlaments und seiner *Demokratiebezüge,* die damit verläßlich auf die Verwaltung übergreifen können.

V. Die Machtverhältnisse im komplexen System

Wollen wir nun die Frage nach Allmacht oder Ohnmacht der einen oder andern Organgruppe an Norm und Wirklichkeit messen, so können wir für den Bund und für manche Kantone festhalten: Auf dem *Untergrund einer partiellen Gewaltenteilung,* die Parlament und Verwaltung strukturell und personell trennt und daran hindert, einander Akte zu verbieten oder aufzuheben, besteht funktionell ein *komplexes kooperativ-koordinatives Interdependenzsystem zwischen beiden Gewalten.* Es herrscht ein dichtes Kommunikationsgeflecht. Jede Gewalt ist auf die andere angewiesen, keine funktioniert zureichend, ohne daß auch die andere zureichend aktiviert ist. Insoweit sind sie verflochten und aufeinander bezogen, wie etwa GERHARD SCHMID (Das Verhältnis von Parlament und Regierung im Zusammenspiel der staatlichen Machtverteilung, 1971) es anschaulich geschildert hat. Jede Organgruppe behält aber – anders als im parlamentarischen System des Zweiparteienstaates, wo Regierung und Parlamentsmehrheit ineinander aufgehen – ihre eigene Stellung, ihre eigene Rechtfertigung und ihre selbstgewählte Arbeitsweise. Keine ist durch die andere ersetzbar, sie sind füreinander und darin je unentbehrlich. Sie sind einander indessen zugleich entgegengestellt in einer *perpetuierten Konfrontation,* wo das Parlament als Ganzes der Verwaltung als Ganzes in der Auseinandersetzung begegnet. Konkordanz und Konkurrenz sind in diesem Zusammenhang funktional nicht kontradiktorische Gegensätze, sondern komplementäre Kategorien in einem Staatswesen, das vorwiegend auf horizontal gesuchtem Konsens und *nicht auf Dauerkonflikt mit vertikalen Enddezisionen aufgebaut* sein muß, wenn es überleben will. In der Gesetzgebung und in kombinierten Regierungsfunktionen vor allem liegt die dauernde Bewährungsprobe für dieses multipolare, teils paradoxe, reich differenzierte und störanfällige System, das sich nicht bloß als Ausformung des Gewaltenteilungsdogmas deuten läßt, sondern weit mehr auf den komplexen funktionalen Zusammenhängen des heutigen Leistungsstaates in einer pluralistischen Gesellschaft beruht.
Bis jetzt ist das Zusammenspiel leidlich gelungen. Einesteils aufgrund personaler Faktoren: Weil die Amtsträger *wollen,* daß das kommunikative Interdependenzsystem tatsächlich zustandekommt und weil sie diesen Willen in täglichen Anstrengungen immer wieder erneuern. Andernteils sind institutionelle Faktoren beteiligt. Die rechtliche und funktionelle

Letztinstanzlichkeit der Bundesversammlung verschafft dieser bei den wichtigeren Staatsakten das *letzte* verantwortliche Wort und die Kraft der Verbindlichmachung, also der staats- und gesellschaftswirksamen Beachtlichkeit mit einem Bündel von kräftigen Vorauswirkungen, während die Exekutive eine funktionelle Präparativ- und Lenkungsarbeit zu erbringen hat, wofür ihr das *erste* Wort zusteht und worin eine Primärverantwortung für die inhaltliche Ausgestaltung der Staatsakte liegt.

Ob wir das kommunikative Interdependenzsystem, das der Freiheit, dem Recht und dem sozialen Frieden bislang offenbar zuträglich gewesen ist, aufrechtzuerhalten und zeitgemäß fortzubilden vermögen, ist an etliche Voraussetzungen geknüpft, wovon nachstehend drei genannt werden:

1. *Verzicht auf das Suprematiedenken*

Als erstes sollte das eingefleischte Suprematiedenken allmählich aufgehoben werden, das der Bundesversammlung unter einseitiger Berufung auf Artikel 71 der Bundesverfassung («oberste Gewalt») und unter geflissentlicher Ignorierung der Artikel 95 und 102 der Bundesverfassung, worin dem Bundesrat die eigenständige Obsorge für die Leitung der Geschäfte der Eidgenossenschaft überbunden werden, Primat und Dominanz vorbehalten möchte. Umgekehrt kann die Vorstellung von der Parlamentsherrschaft nicht durch die Erwartung eines vollkommenen Gleichgewichts in einer statischen Ruhelage ersetzt werden. Weder zwingt das Verfassungsrecht zur einen oder andern Konstruktion, noch fügt sich das politische Leben darein. Zwischen Parlament und Verwaltung gibt es nicht die Erhöhung der einen und die Unterwerfung oder Kaltstellung der andern Gewalt. Es gibt nicht die Allmacht der einen und die Ohnmacht der andern Organgruppe. Es gibt freilich auch nicht das harmonische Miteinander, so wenig wie das bloß vom Konflikte lebende Gegeneinander. Im bewegten Feld der andauernden Begegnung gibt es vielmehr ein *Hin und Her der Schwergewichte* und der fluktuierenden Geltungsbreite.

Auf längere Sicht aber kann sich doch ein *Eindruck relativer Ausgeglichenheit* einstellen, sofern die betroffenen Organgruppen Regenerationskräfte in sich tragen und diese im historischen Rhythmus zu aktualisieren verstehen. Sofern. Diese *Bedingung* ist nämlich auch Ausdruck der radikalen Bedrohung: in der III. und IV. französischen Republik hat die Exekutive, in der Weimarer Republik das Parlament die *regenerierende Kraft* nicht mehr gefunden; in den Vereinigten Staaten scheint sie beiden Gewalten immer erneut zuzuwachsen. Gesichert ist sie uns nicht.

2. *Beachtung von Vorgegebenem und Gefährdungen*

In die nächste Gruppe von Voraussetzungen für die sinngetragene Beziehung zwischen Parlament und Verwaltung gehört, Gegebenheiten hinzunehmen, die zwar nicht absolut unveränderbar wären, die jedoch bei realitätsgebundener Sicht der Dinge heute und morgen nicht zur Disposition der organisierenden Organe stehen dürften. Dazu tritt die Notwendigkeit, den spezifischen Gefährdungen, die die Gewalten umkreisen, die Aufmerksamkeit zu schenken.

Was hierbei die *Verwaltung* betrifft, ist sie in Größe und Leistungsfähigkeit im sozialen Rechtsstaat bei den Leistungserwartungen und -ansprüchen, in die wir alle samt und sonders hineingewachsen sind, grundlegend *nicht reduzierbar*. Sie deckt als einzige Gewalt im Staat die staatlichen und gesellschaftlichen Problembereiche ab, und sie ist dank ihres Wissens, ihres Könnens, ihrer Erfahrung und ihres Aktivierungsvermögens hochgradig zur Problemlösung tatsächlich auch befähigt. In ihr sind doch wohl die *kreativsten Kräfte* im Staate gegenwärtig. Sie besitzt zudem die Einsicht in die Handlungsnotwendigkeiten und kann staatliche Handlungen beinahe aller Staatsorgane direkt oder indirekt initiieren. Die Bundesverwaltung ist im Vergleich mit ausländischen Verwaltungen verhältnismäßig klein, qualitativ aber von einem ausgesucht hohen Stand.

Diese positiven Aspekte sind umgeben von *Gefährdungen*. Man mag sie einmal damit kennzeichnen, daß Erstarrung, Sattheit und zugleich Überheblichkeiten die Verwaltung befallen können, in der Bundesverwaltung sich weniger gegen die Bundesversammlung richtend als gegen die *Kantone* und deren Verwaltungen, die von der Bundesverwaltung in ihrer Bedeutung mitunter zu niedrig eingeschätzt werden. Der Verwaltung droht sodann latent der Verlust der schöpferischen Kräfte und des Vermögens zur Initiative. Wissen und Können zu halten, sind an hochwertige fachliche und menschliche Eigenschaften der Beamten gebunden, die sich am ehesten sicherstellen lassen durch eine großzügige Personalpolitik und eine überlegene Personalführung. Erhebliche Gefahr lauert in der *organisatorischen und funktionalen Unübersichtlichkeit*, die mit der Personalzunahme, mit überholten Organisationsstrukturen, mit Aufsplitterungen in Anstalten und gemischte Unternehmen und mit starr-bureaukratischen Verhaltensweisen wächst, die Verwaltung damit aber nicht harmloser macht. Die bisher als unpolitisch bezeichnete Gewalt wird wegen ihrer Machtfülle in das politische Kräftespiel einbezogen und sieht sich Bedrängungen durch Ämterpatronagen, Interessendruck oder unzureichende öffentliche Kritik ausgesetzt, denen sie sich taktisch-technisch nicht immer gewachsen zeigt.

Was das *Parlament* auf der andern Seite angeht, sind weder Veränderungen der Repräsentationslehre noch Umdeutungen der Elitebegriffe im vorliegenden Zusammenhang ergiebig. Es wird noch auf längere Zeit hinaus beim *nominellen Milizparlament* bleiben, das nicht zum erklärten Berufsparlament vorstößt, dessen Abgeordnete jedoch ihr berufliches Schwergewicht zunehmend in öffentliche Tätigkeiten verlagern. Das Proporzwahlsystem wird schwerlich aufgegeben werden. Die Selektion der Kandidaten für die Bundesversammlung wird weiterhin in den *kantonalen* Parteien getroffen werden, den Bundesparteien die Beeinflussung der Kantonsparteien in Personal- und Sachentscheiden kaum möglich sein. Das praktisch nicht wegzudenkende Referendum versetzt das Parlament in ununterbrochene Gesellschafts- und Gruppenabhängigkeiten. Die Vorverfahren mit der Anhörung der intermediären Gewalten und den präjudiziellen Festlegungen des parlamentarischen Verfahrens sind im pluralistischen Gemeinwesen unentbehrlich. Ein *elitäres Parlament*, wie es trotz den Überzeichnungen des klassischen liberalen Parlaments vor allem durch Carl Schmitt und gemäß den veredelnden Repräsentationszurechnungen des freien Volksvertreters durch Gerhard Leibholz auch heute weiterhin gern gefordert würde, können wir nicht als *realisierbare Erwartung* hinstellen (Die geistesgeschichtliche Lage des heutigen Parlamentarismus, 1926, bzw. Das Wesen der Repräsentation, 1929). Man soll sich deshalb einrichten auf ein im allgemeinen *spiegelbildliches*, d. h. das Volk in seinem Durchschnitt wiedergebendes Parlament. Darin sind tatsächlich immer wieder hervorragende, die Interessenproblematik meisternde Abgeordnete in hoffnungsvoller Regelmäßigkeit anzutreffen, und es gelingt ihnen, sich mit ihren Führungsfähigkeiten zu profilieren und den Nachwuchs für die Regierung zu stellen. Vergleichen wir auch hier mit dem Ausland, so bietet unser Bundesparlament – «nehmt alles nur in allem» – einen vortrefflichen Eindruck an Arbeitsleistung, an politischer Energie wie an realer Repräsentationsfähigkeit. Gefährdungen übersieht heute niemand mehr. Eine der größten ist der Hang, die begrenzten *Kräfte* an einen überfüllten Kompetenzkatalog zu *vergeuden*, der weniger mit dem gelassenen Mut zu Auslassungen als mit dem an sich löblichen, hier aber ineffizienten Eifer der formalen Vollständigkeit abgewandelt wird.

3. *Ausnutzung von effektiven Veränderbarkeiten*

Eine dritte Gruppe von Voraussetzungen für das sich ausgleichende Machtverhältnis zwischen Parlament und Verwaltung liegt darin, daß in einem ununterbrochenen Wachzustand die wirkungsvollen Veränderbarkeiten, die sich bei allen Einschränkungen nun doch immer wieder ergeben, registriert und genutzt werden.

Wir dürfen uns als erstes nicht scheuen, die Amtsträger periodisch anzurufen, sich den *zeitgemäßen Verständnissen und Nutzungen von Auftrag und Handlungsmöglichkeiten* zu öffnen. Das ist nicht billiges und überhebliches Moralisieren von Besserwissern, sondern Gebot intellektueller Redlichkeit derjenigen, die in der Gunst der distanzierten Beobachtung stehen – also z. B. der Wissenschaften vom Staat – und die eher der Spielräume von

Veränderbarkeiten ansichtig werden könnten als diejenigen, die sich im Getümmel der Tagesgeschäfte aufhalten und schlagen müssen. Die *Menge kleiner Schritte* schafft schließlich doch eine ganze Wegstrecke, wenn sie *zielsicher* begangen wird. Und da die Institutionen wie die Menschen dauernd unterwegs sind, nie am Endpunkt der Vollendung, ist es sinnvoll, die Mühen der schrittweisen Bewegungen in einem zielgerichteten Gange auf sich zu nehmen.

Das gilt also auch für die institutionellen Veränderungen. Hinsichtlich der *Verwaltung* geht es vorweg darum, die erwähnten Gefährdungen zu erkennen und immer neu zu überwinden, vorab die Lenkungsfähigkeit durch den Bundesrat herzustellen, die Verwaltungsführung aller Stufen in einem zeitgemäßen kooperativen Führungsstil zu sichern, das Kreativitätsvermögen durch Freiräume der Persönlichkeitsentfaltung der Beamten zu fördern. Die *Kontrollen* als komplementäre Erfordernisse sind von den Schlingen des Übermaßes, in die sie jetzt geraten und die reaktiv zur völligen Mißachtung aller Kontrollvorkehren verführen, freizumachen: durch eine Systematisierung und ein wirkungsvolles Wechselspiel von Fremd- und Selbstkontrollen. Die *Rechts*kontrollen über die Bundesverwaltung, die 1968 mit der Neuordnung der Verwaltungsgerichtsbarkeit weitgehend auf das Bundesgericht übergingen, sind für den Individualrechtsschutz des Bürgers gut und nötig, aber wir müssen auch eingestehen, daß die Risiken der Verwaltungszerstreuung durch die Verwaltungsgerichtsbarkeit, die WALTHER BURCKHARDT in seiner berühmten Abhandlung von 1931 (Die Verwaltungsgerichtsbarkeit der Schweizerischen Eidgenossenschaft) dargelegt hatte, größer und näher sind, als wir spätere Juristen wahrhaben wollten: Die bundesgerichtliche Fremdkontrolle – und dies gilt vermehrt, wenn man gar zu einer zweistufigen Verwaltungsgerichtsbarkeit in Bundessachen übergehen wollte, wie es zur Zeit diskutiert wird – muß im Interesse der Behütung und Fortbildung des objektiven Verwaltungsrechts durch die Exekutivspitzen auch ausgewertet, in Weisungen und Rechtsnormen umgesetzt und dem Durchgriff durch die verwaltungs*interne* Beaufsichtigung geöffnet werden. Dabei werden sich gelegentlich opponierende Auseinandersetzungen mit den Auffassungen der bundesgerichtlichen Rechtsprechung nicht vermeiden lassen: die Verwaltung soll und muß dann mit dem Parlament zusammen durch steuernde Rechtssetzung die Wahrung der Gesamtzusammenhänge suchen. Das Beispiel weist auf das Bedürfnis hin, praktische Anstrengungen vermehrt auf zulängliche Abwicklung der Kontrollvielfalt zu richten.

Schließlich erwähne ich die Suche nach sinnvollen Beziehungen der Verwaltung zur *Öffentlichkeit*. Als klassisch gilt, die Verwaltung durch Regierung und Parlament gegenüber der Öffentlichkeit abzuschirmen und zu decken, sie selbst vor der Versuchung der Verpolitisierung zu bewahren und den andern Gewalten eine Konkurrenzierung im Direktverkehr mit der Öffentlichkeit zu ersparen. Daß die Verwaltung dadurch aber in eine geheimnisvolle Dunkelheit zurücktritt, damit erst recht unheimlich und zum Machtgebrauch ermuntert wird, ist wiederholt dargestellt worden. Transparenz jedoch schafft auch Beachtung, Gelüste nach Darstellung, eigenständige Geltung und schließlich Direktlegitimation: sie kann der Verwaltung Machtzuwachs bringen. Der gangbare Weg wird eine differenzierte Ordnung sein müssen, die der Verwaltung Öffentlichkeitsbetätigung aufträgt, ihr jedoch Schranken immer da setzt, wo sachbestimmte Information in Eigenpolitik und überredende Propaganda umschlagen könnte.

In bezug auf das *Parlament* wiederholt und bekräftigt sich die Empfehlung, sich zu konzentrieren und in Gesetzgebung und Aufsichtsführung die zeitlichen und sachlichen Schwergewichte zu bilden. Dazu kommen Möglichkeiten der Entlastungen einerseits, der Wirkungsverstärkungen andererseits durch institutionelle Vorkehren, so dadurch, daß den parlamentarischen Kommissionen allenfalls maßvoll Entscheidungsbefugnisse übertragen, daß Parlamentsbeauftragte als Hilfseinrichtungen der Aufsichtsführung eingesetzt, daß den Fraktionen vermehrt Vorbereitungsarbeiten zugemutet, daß die Sessionen und Verfahren normativ weniger eingeengt, daß den parlamentsleitenden Organen (wie Bureau und Fraktionspräsidentenkonferenz) vermehrte Dispositionsmöglichkeiten gewährt, daß den ständigen Kommissionen und ihren Sekretariaten die Verfolgungen der großen Geschäfte und die Vernachlässigungen des Zweitrangigen streng auferlegt werden. Ein selbstsicheres Parlament, dem letztlich nur durch effiziente Arbeit *echte* Selbstsicherheit zuwächst, ist in der Lage, seine innere Kraft zur Geltung zu bringen, und es hat es in der Begegnung mit der Verwaltung nicht nötig, aufzutrumpfen oder umgekehrt sich in die Haltung des resignierten Dulders zu begeben.

VI. Zum momentanen Stand

Die Machtverteilung zwischen Parlament und Verwaltung ist nicht einseitig, sie ist aber auch nicht stabilisiert und unerschütterlich. Zur Zeit herrscht der Eindruck vor, daß die *Bundesversammlung* ihre Stellung in den letzten paar Jahren um einiges *verstärkt* hat. Die *Verwaltung* nimmt allerdings eine gefestigtere Position als das Parlament ein, wenn man bedenkt, daß sie es ist, die maßgeblich den Sozialstaat der Gegenwart zu verwirklichen hat und deshalb materiell unentbehrlichstes Glied in der Kette der staatsgestaltenden Organe darstellt. Es liegt demzufolge eher am Parlament, darauf bedacht zu sein, seine Geltung sicherzustellen. Freilich ist die Stellung der Verwaltung ihrerseits labil und zerbrechlich. Sie meistert die Bedrohungen nicht immer allein aus eigener Kraft; sie bedarf auch der unterstützenden und steuernden Mitwirkung des Parlaments und in einer letztlich wohlwollenden Begleitung durch die Öffentlichkeit. Die dauernde Begegnung zwischen den beiden Organgruppen ist also nicht so, daß sie vom unaufhaltsamen Schwung eines Erfolgssicheren und dem geknickten Gang eines Verlierers geprägt wäre.

Eine gewisse *Verkrampfung* aber ist zur Zeit nicht zu übersehen: Ängstlichkeiten im Wechselspiel mit Überheblichkeiten, beides in der Sorge um die nötige Beachtlichkeit, fördern die Bildung von beidseits belagerten Fortifikationen, die das kommunikative Zusammenwirken unnötig hemmen. Doch das dürften Erscheinungen des Tages sein. Man entgeht der blockierenden Verkrampfung häufig durch die Besinnung auf die maßgeblichen Zielvorstellungen, die jede der beiden Gewalten für sich und in ihren gegenseitigen Beziehungen beherrschen: Daß jede in ihrer Unentbehrlichkeit die eigene Leistungsfähigkeit optimiert, so daß sie das erbringt, wozu sie *gemäß Anlage und vernünftiger Anstrengung* fähig ist; daß sodann das mühevolle, aber *unentbehrliche Zusammenwirken* in der Polarität von Gemeinsamkeit und Entgegensetzung täglich wieder aufgenommen, unverdrossen praktiziert und entschlossen zeitgemäßen institutionellen Erneuerungen zugeführt wird. Darin liegen Ansätze und Hoffnungen für einen Anteil an der «Erneuerung der schweizerischen Demokratie».

Die staatsleitenden Behörden des Bundes (Bundesversammlung und Bundesrat) im Entwurf für eine neue Bundesverfassung

I. Die bisherige Revisionsresistenz der Behördenorganisation

1. Gründe des Überdauerns der geltenden Ordnung

Wegen des Zweiten Abschnitts der geltenden Bundesverfassung, der der Bezeichnung nach die Bestimmungen über die Bundesbehörden – tatsächlich dann mit Einschluß der meisten Volksrechte – enthält (Art. 71–117 BV), hätte man die Bemühungen um eine Totalrevision schwerlich aufnehmen müssen. Denn von den jetzt 48 Artikeln sind in den mehr als 100 Jahren nur gerade 12 in Partialrevisionen einbezogen gewesen, wovon drei zwei- bis fünfmal. Staatsrechtlich und politisch waren von beachtlichem Gewicht die Einführung des Proporzwahlsystems für den Nationalrat (Art. 73: 1918), das Frauenstimmrecht (Art. 74: 1971), das Recht des Staatsvertragsreferendums (Art. 89: 1921, 1977), die Auslösung des fakultativen Referendums (Art. 89: 1977), das Dringlichkeitsrecht (Art. 89 und 89 [bis]: 1939, 1949, 1977), die Fundierung der Verwaltungsgerichtsbarkeit (Art. 103 und 114 [bis]: 1914). Dazu mag man den Dritten Verfassungsabschnitt über die Revision der Bundesverfassung hinzufügen (Art. 118–123), wo 1891 und 1977 die Volksinitiativrechte modifiziert worden sind [1].

Selbst ohne ausgiebige soziologische Untersuchungen darf man diese vergleichsweise geringe Bewegung im textlichen Normenbestand des organisatorischen Teils der Bundesverfassung erstens dahin deuten, die politisch initiierungsfähigen Kräfte und der Verfassungsgeber hätten bisher dafür gehalten, die – meist ja schon 1848 gefundenen – Lösungen seien *funktionstauglich und politisch befriedigend*. Es stauten sich nicht Unzufriedenheiten und es dränge kein Nachholbedarf größeren Ausmaßes. Zweitens ist immer wieder die zeitlich, sachlich und politisch *begrenzte Kapazität der verfassungsändernden Organe* zu bedenken, die seit dem ausgehenden 19. Jahrhundert in einem sich verdichtenden Maß dem Ausbau der Sozial-

Zeitschrift für Schweizerisches Recht 97 I, 1978, S. 477–500. Verlag Helbing & Lichtenhahn, Basel 1978.

[1] Zerschlagen haben sich in der Verfassungsabstimmung (ohne erfolgreiche Wiederholungsversuche) folgende wichtigere Revisionsvorschläge: Volkswahl des Bundesrates (1900, 1942), Wählbarkeit des Bundesbeamten in den Nationalrat (1922), Erweiterung der Verfassungsgerichtsbarkeit (1939), Reorganisation des Nationalrates (1942), Finanzreferendum (1956), Gesetzesinitiative (1961).

staatlichkeit mit seiner Finanzierungsproblematik und mit der staatlichen Wirtschaftsordnung gewidmet werden muß. Daß damit aufs engste organisatorische und insbesondere behördliche Fragen mitlaufen, hat man wiederholt gespürt, neue Regelungen aber nur punktuell bis zur Oberfläche auftauchen lassen und sonst mehr dem Verfassungswandel oder gar den Verfassungsdurchbrechungen überlassen als den förmlichen Partialrevisionen[2].

Drittes Motiv: Die Behördenorganisation steht als drastisches Beispiel dafür, daß ein Gemeinwesen, das in beschleunigtem gesellschaftlichem Wandel begriffen ist, Faktoren der Nüchternheit braucht und, wenn ihm Fähigkeiten zu rationaler Lagebeurteilung und Entscheidung geblieben sind, Sorge trägt zu dem, was mit Fug aufrechtbleiben kann. Man mag auch von *Faktoren der Konstanz und der Stabilität* reden. Die Art. 71–117 oder 123 BV waren offensichtlich geeignet dazu. Was man «Legitimation durch Verfahren» genannt hat[3] und was im Kontext staatlicher Existenz nicht grundlegend fragwürdig ist, hat hier bei den organisatorischen Bestimmungen wohlbegründete Beispiele: Man findet die Identität seines Staats wieder und kann für ihn die legitimierende Akzeptation dauernd reproduzieren, wenn zumindest die Organisation in zureichendem Maß feststeht und fest steht.

Ein viertes Motiv schließlich liegt darin, daß die Bestimmungen über die Bundesbehörden in der geltenden Bundesverfassung eine *praktikable Regelungsdichte*[4] getroffen haben dürften: Es sind steuerungsfähige Normativgehalte vorhanden, zugleich aber auch eine normative Flexibilität, die erlaubt, trotz den radikalen Änderungen in den Struktur- und Funktionsanforderungen der Behörden in den letzten hundert Jahren die Normierungen aufrechtzuerhalten. Der Zweite Abschnitt der geltenden Bundesverfassung hat ein überzeugendes *Durchstehvermögen* bewiesen vor allem da, wo die Vollmachtenregimes und anderes außerordentliches Recht

---

[2] KONRAD HESSE, Grenzen der Verfassungswandlung, in: Festschrift für Ulrich Scheuner, Berlin 1973, S.123 ff. Die Zusammenhänge mit diesen materiellen Verfassungsfragen wiesen z. B. auf: das Dringlichkeitsrecht, für das Z. GIACOMETTI das Alarmsignal setzte (zusammenfassend: Verfassungsrecht und Verfassungspraxis, in: Zweite Festgabe für Fritz Fleiner, Zürich 1937, S.45 ff.), ferner die Modifikation bei den Volksrechten und bei der Gerichtsbarkeit. Sodann ist etliches durch Recht der Gesetzesstufe aufgefangen worden, vorwiegend durch die Revisionen der Bundesgesetze über die Organisation der Bundesverwaltung (1914 und 1978) und der Bundesrechtspflege (1928, 1942, 1968), das Verwaltungsverfahrensgesetz (1968), das Geschäftsverkehrsgesetz (1902, 1962 ff.).

[3] NIKLAS LUHMANN, Legitimation durch Verfahren, Neuwied/Berlin 1969, S.11 ff., 137 ff., 219 ff.

[4] Vgl. GERHARD SCHMID, Offenheit und Dichte in der Verfassungsgebung, in: EICHENBERGER/BUSER/MÉTRAUX/TRAPPE (Hrsg.), Grundfragen der Rechtssetzung, Basel 1978, S.315 ff.

wieder abgebaut und in ordentliche Zustände zurückgeführt werden sollten, also namentlich nach 1918 und 1945. Es fanden jedes Mal tatsächlich *Rück*führungen statt, indem auf die alten Verfassungsbestimmungen zurückgegangen und nicht Gelegenheiten für grundlegende organisationsrechtliche Neuordnungen geschaffen und wahrgenommen wurden [5].

2. Überkommene Dauerprobleme

Ein Historiker hat kürzlich der Bundesverfassung von 1848 (und implizit der von 1874) das Lob gespendet, daß sie «vorzüglich den politischen und sozialen Verhältnissen angepaßt war und in die Zukunft wies, der Gegenwart aber nur so weit voraus war, daß ein großer Teil der Zeitgenossen mit ihr Schritt zu halten vermochte». Ja, er findet: «Die grundlegenden politischen Probleme des 19. Jahrhunderts waren 1848 so gut gelöst worden, daß auf lange Sicht nun eher die Gefahr des Immobilismus bestand.» [6]

In der Tat: auch der organisatorische Abschnitt scheint Zufriedenheiten gehegt und dann Unbeweglichkeiten herbeigeführt zu haben. Aber eitel Freude war nun doch nicht dabei. Es gibt so etwas wie *entzündliche Stellen*, die man entweder geflissentlich übersehen oder zur eigenen Schonung nur behutsam berührt hat, die man jedenfalls seit langer Zeit mitschleppt, ohne daß sie darob milder geworden wären. Im Gegenteil. Sie verschärfen sich.

a) Voran steht das *Verhältnis von Bundesversammlung und Bundesrat*, das die verschlungenen Machtwandlungen bei den staatsleitenden Organen

---

[5] Ausgenommen die Einführung des Art. 89bis BV im Jahre 1950, die dem Dringlichkeitsrecht den Weg verlegen wollte, sich wieder im Unmaß der dreißiger Jahre aufzublähen. Das ist eine Zeitlang gelungen, ist aber namentlich in den Erschwerungen der Finanzordnung und der Wirtschaftsverfassung durch neue offene Lücken in das Staatsschiff eingedrungen: JÖRG P. MÜLLER, Gebrauch und Mißbrauch des Dringlichkeitsrechts, Bern 1977.

[6] ERWIN BUCHER, Die Bundesverfassung von 1848, in: Handbuch der Schweizer Geschichte, Bd. 2, Zürich 1977, S. 994.
Daß eine lebenstaugliche neugeschaffene Verfassung indessen sofort die Bewegungsimpulse und -rhythmen der politisch-gesellschaftlichen Situationen aufnimmt und «experimentierend» die scheinbar stabilisierte Ordnung auch fernab von den sichtbaren und hörbaren Vorgängen fortführt, hat HERMANN JAHRREISS, *Legum Prudentia*, in: Festschrift für Ulrich Scheuner, Berlin 1973, S. 227 ff., hervorgehoben. Der Schluß, den man aus BUCHERS Bemerkung ziehen könnte, nämlich eine ausgewogene und problemlösungsfähige Verfassung führe einen (unerwünschten) Immobilismus herauf, weswegen man mit imperfekten Verfassungen dem Gemeinwesen dienlicher sei, wäre voreilig. Die optimierte Verfassung ist nicht Flußbett, sondern der Fluß selbst, und wenn sie schädigend stagniert, liegt es offensichtlich an politischen oder gesellschaftlichen Blockierungen, die den «normalen Lauf» hemmen, also an der Handhabung der Verfassung durch die Staatsorgane oder an Haltungen in der Gesellschaft, nicht an der gehobenen Qualität des Verfassungswerks an sich.

gleich andern Industriestaaten durchmacht, aber sie nur begrenzt vorzeigt und viel Schein pflegt.

b) Gesellschaft und Individuum, die beide auf ihre Weisen agiler und komplizierter geworden sind, können mit der staatlichen Organisation dank der Volksrechte zwar relevant in Verbindung treten, aber die *Initiierungen* sind *begrenzt* (z. B. fehlende Gesetzesinitiative bei einseitiger Dehnung der Verfassungsinitiative und Festlegung der Initiativrechte auf *Rechtssetzungs*gegenstände), und die staatsbezogenen gesellschaftlichen Größen (z. B. die Verbände) führen ihre wirksamen Gefechte auf wenig erhelltem Gelände.

c) Jene Entzündung wird zur offenen Wunde bei der Entwicklung des *Gesetzesbegriffs*, des *Delegationsproblems*, der Rechtssetzungsverfahren, der Planungsordnungen und der Kontrollen.

d) Wenig öffentlich diskutiert, gern als Steckenpferd der Juristen abgeschätzt, anscheinend vermehrt nun aber doch als etwas für Freiheit, Bürger und Staat Sinnvolles empfunden, ist das Thema der *Rechtspflege* im *öffentlich-rechtlichen Bereich* unerledigt. Vom Ausbau der Verwaltungsgerichtsbarkeit im Bunde weiß man nicht sicher, ob er Anzahlung auf eine Verfassungsgerichtsbarkeit hin oder schon eine Schlußzahlung der Ausbildung der Rechtspflege darstellen soll.

e) Es gibt störende oder defekte *Interna bei staatsleitenden Behörden*, die, von außen wenig wahrgenommen oder dann wenig verstanden, das gesamte Staatswesen entscheidend betreffen: der Parlamentsbetrieb, die Aufgabenselektionen für Staat und Behörden, die Tätigkeiten des Bundesrates, die Funktionsfähigkeit des Kollegialprinzips, die Beziehung der Regierung zur Verwaltung.

II. Festes und Bewegbares

1. Das Problem der Dosierung bei organisatorischen Änderungen

Eine Totalrevision in der Art, wie sie jetzt diskutiert wird, stellt begrifflich und wesensgemäß das Ganze der verfassungsrechtlichen Regelung in Frage, und die Expertenkommission FURGLER oder deren Untergliederungen haben, unter Nutzung dessen, was die Arbeitsgruppe WAHLEN ermittelt hatte, in einer gewissen Systematik und Unvoreingenommenheit nach andern Möglichkeiten für die organisationsrechtlichen Regelungen Ausschau gehalten. Was die *grundsätzlichen* Varianten für andere Lösungen betrifft, so sind sie, was die Staatsrechtslehre wiederholt schon festgestellt hat, weder im theoretischen Konzept noch in den realisierbaren Kategorien zahlreich. In den *Einzelheiten* freilich sind der staatsarchitektonischen

Phantasie kaum Grenzen gesetzt. Die Expertenkommission hat diese Phantasie freilich nicht forciert.

Das schweizerische Regierungssystem läßt sich im breiten *Zwischenfeld* zwischen einem parlamentarischen Regierungssystem und einer Präsidialdemokratie einigermaßen unterbringen. Die Neigung, es künftig dem einen oder andern einheitlichen Modell in die Nähe zu rücken, ist gering, weil entweder auf das Referendum und die Wirksamkeit der direkten Volksrechte überhaupt verzichtet oder ein System ohne klare historische Verbindungslinien errichtet werden müßte[7]. Zur Überlegung, daß es wenig sinnvoll wäre, Varianten im Entwurfe zur Diskussion zu stellen, die nach allgemeinem Urteil in einer Verfassungsabstimmung keinerlei Gnade fänden, trat die Überzeugung, daß den Grundwerten schweizerischer Legitimität, insbesondere der Demokratie, der Rechtsstaatlichkeit, der föderativen Struktur und heute auch der Effizienz staatlicher Organisation, mit *andern Regierungssystemen* nicht besser Genüge getan werden kann als mit einer institutionellen Ordnung, die in den Grundzügen der heutigen entspricht. Bei einer derartigen Sach- und Wertlage greift eine bewährte organisationsrechtliche Maxime Platz: Man soll Organisatorisches *nicht* einschneidend *ändern um der bloßen Bewegung* willen; denn die tiefgreifende Modifikation schafft Unruhe, die meist nicht schöpferisch wirkt, sondern Energien für Umstellungen und Anpassungen bindet, die bei materiellen Neuordnungen dann fehlen. Mit andern Worten: Reorganisationen – auch im Konnex einer Verfassungstotalrevision – sind weitgehend *Dosierungsprobleme*; es kommt entscheidend darauf an, ob die revidierende Hand *fest und zugleich feinfühlig* genug ist, um mit dem Gespann den Wagen der Organisation auf der fahrtauglichen Route zu halten.

So gibt es in der Wirklichkeit für die organisatorischen Belange der geschriebenen Verfassung Festes und Bewegbares in graduellen Abstufungen.

2. Unverrückbare Institutionen

Zu den heute unverrückbaren Institutionen im organisatorischen Bereich mit den evolutionären Fortbildungen, aber ohne Reduktionen oder normative Verzichte wird man gerade auch gestützt auf die ausgiebigen Erörterungen in der Expertenkommission rechnen:

– Die direkt-demokratischen *Mitwirkungen des Volkes* bei Sachentscheidungen, vorwiegend in Gestalt der Referendums- und Initiativrechte, die keine Kürzungen ertragen, vielmehr Ausbau und Fortbildungen

---

[7] Vorschläge für grundlegend andere Regierungssysteme vgl. zusammenfassend: Bericht der Expertenkommission, S. 132 ff., 150 f. Zum Problem des Verzichts auf das Referendumsrecht allgemein und beim kompensierenden Ausbau der Initiativrechte: ebenda, S. 133.

erfordern, wobei aber das *offene kombinierte System* des institutionalisierten Zusammenwirkens von Behörden und Aktivbürgerschaft beizuhalten ist[8];

– das *Zweikammersystem* mit einer praktisch vollständigen Gleichwertigkeit (Kompetenzsymmetrie) der beiden Kammern bei einem Instruktionsverbot auch für die Mitglieder des Ständerates, wodurch ein bundesdeutsches Modell für die Kammer der Gliedstaaten entfällt (Art. 77–79 VE);

– die einfache *Proporzwahl* zumindest für die größere Kammer (Art. 60 VE);

– die *kleine stabilisierte Regierung*, hervorgehend aus einer Wahl durch das Parlament, mit vielseitigen Aktivitätsfähigkeiten und mit der Möglichkeit, in der parteimäßigen Zusammensetzung und in der politischen Betätigung von Verfassungswegen frei zu sein, so daß es Regierungen *einer* Partei, einer kleinen Koalition, von Zauberformeln irgendwelcher Balancen, von allen Parteien oder gar ohne Rücksicht auf Parteien geben kann.

3. *Experimentelle Manövriermasse*

Eine zweite Gruppe nimmt gleichsam eine experimentelle Manövriermasse auf, wo der Hang, bei den hergebrachten Lösungen zu bleiben, zwar groß, aber die Möglichkeit nicht ausgeschlossen ist, daß hier Änderungen Raum fänden. Dazu darf man etwa zählen:

– Die *Zusammensetzung des Ständerates* im Sinne einer Aufweichung der starren Gleichheit der Kantone und der Einfügung, daß die Bevölkerungszahl auf die Sitzverteilung in geringem Umfang einzuwirken vermag[9];

– der Übergang zum *Berufsparlament;*

– die Verstärkung der *Kontrollen,* unter anderem durch Parlamentsbeauftragte, durch den Ombudsmann oder noch weitere Organe;

– die Erweiterung der *Mitwirkungsrechte der Kantone* an der Bildung des Bundeswillens;

– die geringfügige *Vergrößerung des Bundesrates* mit einer gewissen Stärkung des Bundespräsidenten;

– die *Ausweitung der Verfassungsgerichtsbarkeit* auf Akte des Bundes mit subtilen Grenzfragen richterlicher Kontrolle über die Bundesgesetze und Staatsverträge;

– die Schaffung *materieller Schranken der Verfassungsteilrevisionen.*

[8] Vgl. den Beitrag in diesem Heft der ZSR von Gerhard Schmid, Die direkte Demokratie im magischen Vieleck der Staatsziele; ferner meinen Aufsatz: Zusammen- und Gegenspiel repräsentativer und plebiszitärer Komponenten im schweizerischen Regierungssystem, Zeitschrift für Parlamentsfragen 8, 1977, S. 318 ff.

[9] Dazu Gerhard Schmid, Föderalismus und Ständerat in der Schweiz, Zeitschrift für Parlamentsfragen 8, 1977, S. 334 ff.

4. Fälligkeiten

Wenn auch nie etwas *per se* als unbestritten gelten mag, so wird es Gegenstände geben, in bezug auf die allgemein angenommen werden darf, daß sie in Revisionen einbezogen werden *müssen*, so etwa:

— Die Einführung der *Gesetzesinitiative*, sei es isoliert, sei es in der Einfügung in die sogenannte Einheitsinitiative;
— die Klärung der *Rechtssetzungsverfahren und der Rechtssetzungsformen*, insbesondere einer plausiblen und das heißt begrenzbaren und kontrollierbaren Verordnungsrechtssetzung;
— die verfassungsrechtliche Anerkennung und *Zuordnung der politischen Planung*;
— die *Preisgabe von Verschleierungen* über die Regierungsfunktionen des Bundesrates;
— die *Sichtbarmachung der Verwaltung* auf Verfassungsebene;
— die Sicherstellung und *Verdichtung der Kommunikation* zwischen Behörden und Öffentlichkeit, wobei von vorneherein klar ist, daß hier mit rechtlichen Normierungen nur begrenzt das Wesentliche garantiert werden kann.

III. Schwergewichte der Revisionsvorschläge für die staatsleitenden Behörden

1. Das Problem der Ausrichtungen staatsgestaltender Festlegungen

Damit ist das Spielfeld im groben abgesteckt, auf dem sich die Revisionsvorschläge des Verfassungsentwurfs in bezug auf die staatsleitenden Organe (Bundesversammlung und Bundesrat) bewegen. Allerdings bestehen engste *Zusammenhänge* zu den Volksrechten, zur Verfassungsgerichtsbarkeit und zu den Teilnahmekompetenzen der Kantone an Entscheidungsprozessen des Bundes. Diese Normierungen sind im vorliegenden Heft bereits behandelt, so daß wir uns hier begrenzen können.

Immer wieder hofft man, auch im organisatorischen Bereich – so wie man es bei den Grundrechten und in weitem Maß noch bei der föderativen Ordnung tun kann – das Umfassende und Ganze auf ein einziges Prinzip oder eine einzige bestimmende Idee zurückführen zu können, womit man auch den theoretischen Ansatz gefunden hätte, um die Institutionen zu bewerten und die Revisionen, darauf gründend, möglichst widerspruchsfrei durchzuführen [10]. Doch dies gelingt nicht, oder ist jedenfalls für den III. Teil des

---

[10] Einen Versuch, den Staat aus *einem* Prinzip heraus verständlich zu machen, hat in jüngerer Zeit KARL LOEWENSTEIN, Verfassungslehre, 2. Aufl., Tübingen 1969, S. 127 ff., mit der Machtkontrolle i. w. S. unternommen. Die tradierte Staatsformenlehre ging ähnlich auf vereinfachende Prinzipien zurück. Doch damit wird nur für die begrenzte

Verfassungsentwurfs nicht gelungen und auch nicht versucht worden. Die Schaffung des Organisationsrechts ist bestimmt und geleitet von einer *Vielzahl organisatorischer Maximen,* die zugleich erklärende Sätze bilden. Man mag sie auch Prinzipien oder Grundsätze nennen, wenn man sich nicht scheut, diese ohnehin überanstrengten Worte hier einzusetzen und in eine scheinbare Festigkeit zu bringen, die sie wesensgemäß nicht haben. Die organisatorischen Maximen konstituieren sich aus maßgeblichen *Grundwerten,* aus *Erfahrungsgut* und aus *Zielvorstellungen* praktischer wie ideeller, idealistischer und ideologischer Art. Sie systematisch zusammenzufügen, ist schwierig wegen ihrer unterschiedlichen Werthöhen, Abstraktionsweisen und inhaltlichen Bestimmtheiten. «Demokratie», «Rechtsstaat», «Gewaltenteilung», «Repräsentation», «Regierbarkeit», «Kollegialsystem» sind andeutende Hinweise darauf, daß es kaum fruchtbar wäre, gleichsam eine organisatorische Ideen-Welt aufzubauen, aus der sich die verfassungsrechtliche Staatsorganisation als empirisches Phänomen zwingend herleiten ließe.

So bleibt man dann freilich in einem problemorientierten *Synkretismus für die staatsgestaltenden Grundentscheidungen* wie für die Organisationsfragen der nachfolgenden Stufen stecken. Davon kann man etliches einer so oder anders verstandenen *Dialektik*[11] zurechnen, ohne mit dieser Kennzeichnung aber für die Lösung anstehender Organisationsprobleme methodisch Maßgebliches gewonnen zu haben. Man muß schlicht eingestehen, daß sich die «organisierende Gewalt» in einem lockeren Bestimmungsnetz bewegt und eine multiple und multipolare Bezugsordnung aufrichtet, die von Widersprüchlichkeiten nicht gerade durchsetzt, aber doch begleitet ist. Die Widersprüchlichkeiten der Begründungen und leitenden Sätze wo möglich aufzulösen und nicht unter der Rechtfertigungsklausel der Dialektik zu hegen, ist die Forderung; daß aber durchgehend-straffe Konsequenz noch keine *praktikable und menschenwürdige Organisation* garantiert, ist die Erfahrung. Der Verfassungsentwurf hält sich einem Konsequenzfanatismus fern. Römisches und britisches Staatsdenken und nicht zuletzt eidgenössische Praxis mit ihren Erfolgsausweisen wirken beruhigend. Der

---

Betrachtung und die Lehre etwas erreicht, kaum aber für den Auftrag einer Verfassungsgebung.

[11] Im Bereich der Staatsrechtswissenschaft und ihrer Methodenlehre ist, wenn ich richtig sehe, eine erhebliche Zurückhaltung gegenüber der Verwendung von Wort und Begriffen der Dialektik aufgekommen, weil die Vielzahl der verwendeten Dialektik-Begriffe, selbst wenn man sie erst mit KANT beginnt, die Verständigung umwegreich und mißverständlich macht. Vgl. JOACHIM RITTER (Hrsg.), Historisches Wörterbuch der Philosophie, Bd. 2, Basel/Stuttgart 1972, Stichwort Dialektik (mehrere Bearbeiter), Sp. 164 ff., insbes. 184 ff. – Zu den dialektischen Rechtstheorien: REINHOLD ZIPPELIUS, Stichwort Rechtsphilosophie, in: Evangelisches Staatslexikon, 2. Aufl., Stuttgart 1975, Sp. 1981 ff.

geschilderte Synkretismus aber, genährt also von Grundwerten, Erfahrungsgut und Zielvorstellungen, muß die Begründungen wenn nicht in Evidenz so doch in *Plausibilitäten* suchen. Die Maximen des Organisationsbereichs sind hiefür nur Stützen und ihrerseits dauernd kritischer Überprüfung auf ihre Haltbarkeit bedürftig.

Inmitten dieses vielstufigen Synkretismus, an dem *nolens volens* die Ranken der Legitimierungen hochklettern, darf und kann im Bereiche der behördlichen Organisation *rechtssetzungsmethodisch* so vorgegangen werden, wie es vorn geschildert worden ist: Eine Revision sollte zumindest die fälligen Korrekturen (Ziff. II/4) zustandebringen; sie sollte die Dauerprobleme (Ziff. I/2) aufgreifen und, für diese Zeit und deren Fähigkeiten gemäß, Lösungen anbieten; schließlich sollte sie im Bereiche der Manövriermasse (Ziff. II/3) plausible Vorschläge machen.

Im folgenden werden an Hand von fünf maßgeblichen Organisationsmaximen Revisionsvorschläge des Verfassungsentwurfs aufgesucht und auf ihre Begründungen hin befragt.

2. *Sicherstellung einer kooperativ-koordinativen Staatsleitung*

Richtpunkt für die Behördenorganisation darf und soll weiterhin die nichtdogmatisierte Gewaltenteilung sein. Für das ihr zugesellte *Funktionenverständnis* ist aber der Blick bald darauf zu werfen, daß der Staat nicht nur in den drei Rechtsfunktionen der Rechtssetzung, Rechtsanwendung und Rechtserzwingung oder in der tradierten Verschiebung auf Rechtssetzung, rechtsanwendendes Verwalten und rechtsanwendendes Rechtsprechen tätig wird, sondern daß Handlungsabläufe stattfinden, die zwar häufig in die Formen der Rechtsfunktionen schlüpfen, inhaltlich aber noch mehr oder anderes wollen als Rechtsverwirklichung im Hinblick auf den Privaten: Dazu gehört unter anderem das, was man Staatsleitung nennen mag[12], nämlich die Steuerung des Gemeinwesens auf vorgegebene oder noch zu bestimmende Ziele (Werte) hin, vornehmlich durch die Initiierungen, dann durch die instrumentalen Ausstattungen und schließlich durch die kontrollierenden Beaufsichtigungen der Durchführung, womit der Staat seine Seinsweise als Handlungs- und Wirkungseinheit erlangt.

Diese Staatsleitung als Funktion übersteigt die objektive Gewaltenteilung und fügt sich in ein *kooperativ-koordiniertes Interdependenzsystem* ein, das zwischen Bundesversammlung und Bundesrat besteht. Die beiden Organe sind weiterhin «Gewalten», die strukturell und personell scharf getrennt und auch funktionell in eine unaufgebbare Entgegensetzung gebracht sind.

---

[12] Ansätze zu den Begriffen der Leitung (Leitung eines Organs, Leitung dann des Staats), die unter sich zusammenhängen, in meinen Beiträgen: Das Präsidialdepartement, in: Mélanges Marcel Bridel, Lausanne 1968, S.133; Sachkunde und Entscheidungskompetenz in der Staatsleitung, in: Festschrift für Bundesrat H.P. Tschudi, Bern 1973, S.63ff.

Jedoch ist damit nicht der Dauerkonflikt angelegt, so daß der Bundesversammlung weder in ihrer Gesamtheit noch mit einzelnen Fraktionen die simple Rolle der Opposition und gar einer Art Oppositionspartei zugedacht ist, ihr vielmehr die komplexe Rolle der herausfordernden, anregenden, teilnehmenden und sanktionierenden Größe zufällt, auf die die Entscheidungsprozesse zentriert sind und die mit ihrer Fähigkeit der Verbindlichmachung das letzte Wort auf das vorausgehende erste Wort des Bundesrates hat.

Der Bundesrat aber ist nicht der subordinierte Vollzieher, der nur ausführt, was ein besseres Organ – besser in Legitimierung, Einsichtsvermögen und sachlicher Entscheidungsfähigkeit – angeordnet hat. Er ist eigen-ständig und vollwertiger Partizipant im interdependenten System, das zwei komplementäre Organe aufweist. Die beiden *tun nicht dasselbe, aber sie tun das meiste im Hinblick aufeinander,* und die staatsleitenden Aktivitäten haben – immer unter Vorbehalt von Mitwirkungen des Volkes – in aller Regel die Quelle in kooperativ-koordinativem Tun von Parlament und Regierung. Diese Relationsgeflechte sind nicht neu; sie treten auch in der geltenden Bundesverfassung zutage[13], sind hier aber stellenweise überdeckt durch Bestimmungen, die eine Dominanz der Bundesversammlung, über die Funktionenabhängigkeiten hinaus, hervorheben (vgl. insbesondere Art. 71 und 84 BV) oder die in der Formulierung als konkurrierende Kompetenzen mit einer Prärogative der Bundesversammlung konstruiert sind (vgl. Art. 85 Ziff. 5–10 und Art. 102 Ziff. 8–11 BV).

Das *spezifische Miteinander* und Nebeneinander von Bundesversammlung und Bundesrat macht der Verfassungsentwurf *sichtbar* einmal bei der Rechtssetzung, auf die nochmals einzugehen ist (unter Ziff. 5), und bei der *politischen Planung* (Art. 82 in Verbindung mit Art. 97 lit. c VE): Die wesentlichen Ziele und Mittel der Staatstätigkeit und damit auch die Vorgaben für die wichtigen Planungen aller Ebenen legt das Parlament fest (Art. 82 Abs. 1 VE), womit übrigens die planerischen Funktionen äußerlich und wegen des Einbezugs des Parlaments in eine Ernsthaftigkeit gesetzt sind, die ihnen fehlen, wenn sie allein bei der Exekutive liegen.

Über die Regierungsprogramme, die inhaltlich und wirkungsmäßig gegenüber den heutigen Fassungen geweitet werden können (Art. 82 Abs. 2 VE), «befindet» die Bundesversammlung, was von einer Kenntnisnahme über die selbstbindende Genehmigung bis zur substantiellen Mitgestaltung reichen kann – je nach Wille und Selbstzumutung des Parlaments. Planungen aber stammen notwendigerweise aus der Werkstatt des Bundesrates,

[13] Vgl. Karl Meier, Kooperation von Legislative und Exekutive bei der Rechtssetzung im Bunde, Basler Diss. 1978, im Druck; vgl. auch meinen Beitrag: Ohnmacht des Parlaments, Allmacht der Verwaltung?, in: Erich Gruner / Jörg Paul Müller, Erneuerung der schweizerischen Demokratie?, Bern / Stuttgart 1977, S. 25 ff. (35).

der das Verwaltungswissen und seine eigenen Wertungen einzubringen hat, ohne die die politische Planung, welche ohnehin primäres Koordinationsinstitut ist, die Substanz und die Funktion *in praxi* nicht erlangen würde. Versagt sich das Parlament der planerischen Aufgabe rechtlich oder faktisch, soll deswegen das prospektive Handeln nicht einfach ausfallen: Der Bundesrat ist mit einer *Auffangkompetenz* gehalten, diese Obliegenheit wahrzunehmen (Art. 97 lit. c VE), die die Bundesversammlung dann zumindest über die Oberaufsicht und das Finanzwesen wieder zu Gesicht bekommt (Art. 84 Abs. 1 und Art. 83 VE).

Daß das Zusammenwirken zu Ganzheitlichem und die Koordination in anstehenden Staatsentscheidungen zwischen den beiden Leitungsorganen *in Gang kommt und nicht abbricht*, ist dem Bundesrat anvertraut (Art. 97 lit. d VE). Die immer drohenden Stagnationen in kooperativ-koordinativen Prozessen sind durch Initiierungen überwindbar, und es ist bedeutsam, daß einem Beteiligten die Verpflichtung *ex constitutione* auferlegt wird: Es muß das beweglichere, dauernd anwesende und handlungsfähigere Organ sein, also der Bundesrat.

Zu den größeren und ununterbrochenen Gegenständen des Zusammenwirkens gehören, weitgehend gleich wie heute, das Finanzwesen, die auswärtigen Angelegenheiten, äußere und innere Sicherheit, die Aufsicht über die Kantone (Art. 83, 85 lit. a–e und Art. 97 lit. a–f, Art. 98 VE).

3. Gewährleistung des Repräsentationsvermögens der Bundesversammlung
Nach dem Verfassungsentwurf soll es beim kombinierten plebiszitär-repräsentativen Regierungssystem der halbdirekten Demokratie (Referendumsdemokratie i. w. S.) bleiben, womit die Frage gestellt ist, wie die Repräsentation zustandegebracht und gesichert wird. Daß auch dem *Bundesrat* repräsentativer Charakter zukommt, so im Verkehr nach außen (vgl. Art. 98 und 49 VE) und in inneren Angelegenheiten (vgl. Art. 97 lit. a, e, f, h VE), ist praktisch nicht so problemreich wie die Repräsentationskraft der *Bundesversammlung.* Wohl ist die Volkswahl, dieser Ursprung originärer und primärer Repräsentanz, für die Bundesversammlung normativ garantiert, und zwar, über die heutige Ordnung hinausgehend, auch für den Ständerat und alles unter dem Verbot stiller Wahlen als Scheinwahlen ohne Repräsentationsvermittlung (Art. 60 und 77 VE). Dazu tritt das herkömmliche Instruktionsverbot (Art. 79 Abs. 1 VE) und eine Offenbarungspflicht über Verbindungen und Verbindlichkeiten, die einer «politischen Unabhängigkeit» des Abgeordneten abträglich sein könnten (Art. 79 Abs. 2 VE). Öffentlichkeit der Beratungen (Art. 91 VE), Dauerverpflichtung zur Kontaktpflege mit dem Volk (Art. 7 VE), Wählbarkeits- und Unvereinbarkeitsbestimmungen (Art. 70 und 71 VE) und die Festlegung einer Amtsdauer, die zur Reinigung und Bekräftigung der Repräsentanz dient (Art. 72 VE),

vollenden das normative Sicherheitsdispositiv für ein hohes Repräsentationsvermögen, welches demjenigen reiner Repräsentativdemokratien auf der Verfassungsstufe nicht nachsteht.

Allein, der *Verfassungsentwurf* gibt sich realistisch: Er beschwört die Repräsentationsidee nicht *expressis verbis*, zeigt die Einwirkungen der politischen Parteien und der Interessenorganisation (Art. 68 und 69 VE), rechnet mit der Gegenwart des Bundesrates und seinen Vorarbeiten für die parlamentarischen Prozeduren (Art. 99, 82, 83, 84 VE), läßt Vorschlagsrechte von außerparlamentarischen Instanzen direkt an die Bundesversammlung herankommen (Art. 92, 64 und 65 VE) und rechnet stillschweigend, aber selbstverständlich mit dem Referendumsdrohungs-Druck – alles Faktoren, welche «reine» Repräsentation mit der heißen Quelle der spezifischen politischen Unabhängigkeit schmälern oder überhaupt nicht gedeihen lassen. Nun ist die Idee «reiner» Repräsentation als Darstellung des Ganzen in unbedingter Zurechnung oder ihre Abschwächung zum akzeptierten Darstellungsversuch des Ganzen aufgrund elitärer Entsendungen aus dem Volke (Zusammenkunft der Besten) ohnehin mit gewissen Mystifikationen verbunden, die dem Bürger einer Referendumsdemokratie schwer verständlich sind. Selbst bei «spiegelbildlicher» Repräsentation, wo der *quivis ex populo* ohne elitäre Selektionen und Erwartungen als Abgeordneter bestellt wird, bleiben in den kritischen oder krisenhaften Lagen – und auf diese käme es häufig an – die Zurechnungsmechanismen unsicher.

Die Repräsentation wird da, wo es auf ihr verstehendes Aufnehmen im Volke ankommt, weil damit der dialektische Schaltvorgang der Zurechnung und des akzeptierend-legitimierenden Vertrauens bewerkstelligt wird, *einfacher und wirklichkeitsnaher aufgefaßt:* als *Beauftragung eines Amtsträgers* auf Zeit und des Inhalts, daß der Abgeordnete für die Interessen eines Volks*teils* einzutreten habe, *zugleich* aber gehalten sei, mit den übrigen Mitgliedern des Organs nach Lösungen zu suchen, die «das» Allgemeinwohl in sich bergen. Zumindest wären solche Lösungen nicht zu verhindern. Das bedeutet, daß Auftrag und Erwartung des Wählers und der weiteren Repräsentierten nicht starr auf eine Interessenverfechtung um jeden Preis ausgehen, aber eben auch nicht in der idealistischen Höhe einer absoluten Gemeinwohlfindung oder -messung schweben, daß es vielmehr um die schließlich entscheidungsfähige Konsensfindung geht, in der die legitimierenden Grundwerte Einkehr halten und die beteiligten Interessen im Ausmaß des praktisch durchführbaren Kompromisses erfaßt werden.

Solche Haltung kommt verfassungsrechtlich nur mittelbar zum Tragen, indem sie die Repräsentanten vor ideellen Überhöhungen und unerfüllbaren Anforderungen bewahrt, ihnen und dem Parlament damit allerdings fürs erste einmal Autorität und Geltung verringert. In dieser Situation, die alle Tätigkeitsgebiete der Bundesversammlung in Mitleidenschaft ziehen kann, setzt der Verfassungsentwurf dazu an, dem Parlament durch *effektive Entscheidungsmöglichkeiten* und eine *zeitgemäße Infrastruktur* Wirkung zu sichern. Denn der Verfassungsentwurf verschließt sich vor der Einsicht nicht, daß das Parlament in der Referendumsdemokratie zwar eine geschwächte Entscheidungsautorität aufweist, aber dafür eine unmittelbare Führungsfunktion gegenüber dem Volke, namentlich gegenüber den Aktivbürgern, wahrnehmen sollte: Als die unmittelbar Gewählten hätten die Abgeordneten beim Rücklauf-Entscheidungskreis Beschlossenes dem Volke verständlich zu machen, Argumente näher zu bringen, das Abstimmungsverfahren mitzutragen. Bei diesem *permanenten und dichten Kommunikationsprozeß* wird nicht vorausgesetzt, das Parlament habe im Sinne eines geschlossenen Repräsentationsorgans «als Einheit nach außen» zu wirken, und die Parlamentarier sind zum Beispiel nicht gehindert, das Referendum als Fortsetzung des im Parlament abgewickelten Verfahrens zu verstehen und einzusetzen, obschon das Behördenreferendum – ausgenommen Staatsverträge (Art. 62 Abs. 3 VE) – fehlt: Die Bundesversammlung ist auch zudienendes Hilfsorgan der Aktivbürgerschaft. Fiele sie in dieser Rolle aus, würde der Bundesrat wahrscheinlich an ihre Stelle treten, es sei denn, die Kommunikation bräche überhaupt ab und das kombinierte System zerbräche[14].

4. *Sicherstellung der Wirksamkeit der Bundesversammlung*

Die viel beschriebenen Geltungsverluste oder die Nichterlangung optimaler Wirksamkeit der Bundesversammlung sind Mängel, die nicht allein dem schweizerischen Parlament anhaften und die mehr von der Staatspraxis als von der Normativordnung herrühren. Trotzdem hat die Verfassung das Ihre beizutragen, um die Wirksamkeit des Parlaments zu ermöglichen und gegenüber heutigen Zuständen zu heben. Denn liegen die Stellung und die Tätigkeit unterhalb eines bestimmten *Anspruchsniveaus*, so fällt der Repräsentationsfaktor zurück, ohne daß der Identitätsfaktor (die Aktivbürgerschaft) es mit Gewißheit ausgliche; wahrscheinlicher ist, daß die Bedeutung der Exekutive wächst. Dadurch aber wird ein demokratiebestimmendes Gewicht im behördlichen Gefüge vermindert, die Repräsentationselemente zersetzen sich, das kooperativ-koordinative System wird aus dem Sattel gehoben und es kommt zum Trab exekutivstaatlicher Faktoren.

Die Verfassung kann freilich die Gewichte zwischen den beiden staatsleitenden Gewalten nicht endgültig fixieren, sondern hat sich für relativ weite Bewegungen offenzuhalten, damit je nach den Anforderungen konkreter

---

[14] Die Zerbrechlichkeit des Systems und die Möglichkeit, «unregierbar» zu werden, wird doch wohl zu häufig überspielt. Die Frage wagt ERICH GRUNER, Ist die Schweiz zerstörbar?, Bern 1978, *passim*, aus den Gefährdungen des Sozialgefüges heraus wieder aufzuwerfen, was ohne die lähmende pessimistische Einfärbung möglich ist.

Lagen das eine oder das andere Organ eine vorangehende oder sonstwie gewichtigere Rolle spielen kann; das ist im geltenden Verfassungsrecht prinzipiell nicht anders. Neu ist nur, daß man vorsichtigerweise *eine potentielle Schwäche des Parlaments einzukalkulieren* hat, die mit Deklamationen wie «oberste Gewalt» oder «unmittelbare Volksvertretung» oder «voranstehender Repräsentant in der Volkssouveränität» nicht zu überwinden ist. Vielmehr ist durch eine Vielzahl umsorgender Vorkehren (beliebt ist jetzt, von «flankierenden Maßnahmen» zu reden) das Entfaltungsfeld der Bundesversammlung sicherzustellen und sie mit Normen, Instituten, sachlichen und personellen Mitteln so auszustatten, daß sie ihre Rolle spielen kann. Ferner klingt in ihren Bestimmungen und in den komplementären des Bundesrates (Art. 76–93 sowie 94–104) ein appellatorisches Normierungsziel an: Sie soll angelockt werden, ihre Möglichkeiten tatsächlich auszuüben, wo nötig voll auszuschöpfen. Verfassungstheoretisch ist es ratsam, hier eine vorwiegend *instrumental gedachte Maxime* anzuerkennen, die darauf ausgeht, die Wirksamkeit des Parlaments sicherzustellen.

Im Verfassungsentwurf sind Ausfluß derartiger Instrumentierung vorwiegend die Zuständigkeitsordnungen (Art. 80–85 VE), die dem *Parlament* die *ausgreifende Aktivität* und zugleich die *Konzentration auf das Wesentliche* ermöglichen. Die Schwergewichte liegen in der Gesetzgebung und in der Aufsichtsführung (vgl. Art. 76 VE). Der Bundesversammlung wird Freiheit in der Arbeitsgestaltung gelassen, indem sie keine verfassungsrechtliche Einengung für die Sessionen und damit letztlich für den Entscheid erfährt, ob sie ein *«Miliz- oder Berufsparlament»* oder, wie heute, eine Verbindung aus beiden simplifizierenden Modellen darstellen will (Art. 90 Abs. 1 VE)[15]. *Kommissionen* und *Fraktionen*, die die bedeutendsten Instrumente der Parlamentsbetätigung darstellen, sind wegen ihrer Wichtigkeit in der Verfassung nun genannt (Art. 87 und 88 VE), und mit Parlamentsbeauftragten, für die nicht nur die Figur des *Ombudsmanns* zur Verfügung steht, können parlamentarische Aktivitäten vertieft oder verbreitert werden (Art. 89 VE). Eine *Delegation von Entscheidungsbefugnissen* auf die Kommissionen ist nicht vorgesehen, so daß das italienische System der

---

[15] Vgl. ALEXANDER RUCH, Das Berufsparlament, Basel/Stuttgart 1976, S. 164 ff. Zur Parlamentsreform überhaupt: ALOIS PFISTER, Schritte und Überlegungen zur Parlamentsreform, Zeitschrift für Parlamentsfragen 8, 1977, S. 305 ff.; ROGER BLUM, Rolle, Schwierigkeiten und Reform der kantonalen Parlamente, in: Schweizerisches Jahrbuch für politische Wissenschaft 18, 1978, S. 11 ff.; Schlußbericht der Studienkommission der eidgenössischen Räte «Zukunft des Parlaments» vom 29. Juni 1978 (BBl 1978 II, S. 996 ff.); Bericht der landrätlichen Spezialkommission des Kantons Basel-Landschaft vom 31. Oktober 1974; Bericht und Antrag der Kommission zur Vorberatung der Revision des Parlamentsrechts des Kantons Solothurn vom 15. März 1977.

Plenarentlastungen nicht in Betracht gezogen werden kann, weil man einen erheblichen Repräsentationsverlust der dem Parlament zuzurechnenden Entscheidungen befürchtet. In Art. 87 VE kann eine der Appellnormen gesehen werden, die der Bundesversammlung Konzentration nahelegt. Mit einer expliziten Kompetenzerweiterung, nämlich mit der vorne schon erwähnten *Planungskompetenz* (Art. 82 VE), wird das Parlament seinerseits zur – planvollen – Konzentration eingeladen, da mit der politischen Planung auch vorbedachte, in Handlungszusammenhänge eingepaßte und selbstbindende Betätigungen der Bundesversammlung verknüft sind [16].

Von beachtlicher Bedeutung für die Wirksamkeit der Bundesversammlung ist ihre Befugnis, die aufgrund der *Einheitsinitiative* ergehenden Erlasse in die gehörige Rechtssetzungsform einzukleiden (Art. 64–66 VE). Sie wird damit, unterstützt durch das Delegationsverbot für wichtige Rechtssetzungen (Art. 80 Abs. 3 VE), die zentrale *Übersichtsstelle für die Rechtssetzung* und öffnet den Weg, um Rechtssetzungsprogramme zu verwirklichen und die künftige Rechtsordnung quantitativ und qualitativ auf einen zureichenden Stand zu bringen.

5. *Demokratie und Rechtsstaat stärkende Rechtssetzung*

Nicht nur das kombinierte System von repräsentativer und plebiszitärer Demokratie, sondern auch die *Stellung und Geltung* der beiden Organe Bundesversammlung und Bundesrat *realisieren sich* vorwiegend *in der Rechtssetzung* und ihren Verfahren. Die *heutigen Mißlichkeiten* sind bekannt. Sie drücken sich vorwiegend in den Stichworten aus: Unsicherheiten in den Zuweisungen von Regelungen in die gehörigen Formen und Verfah-

---

[16] Skeptisch gegenüber einer *selbstbindenden* Planungsbeteiligung des Parlaments: Bericht der Kommission des Nationalrates vom 16. Mai 1978 zur Parlamentarischen Initiative über Regierungsrichtlinien und Finanzplanung (BBl 1978 II, S. 95 ff.), dem sich der Bundesrat in seiner Stellungnahme vom 25. September 1978 anschließt (BBl 1978 II, S. 853 ff.). Anregungsbelieben (Motionsfreiheit) zu jeder Zeit, das den Parlamentariern im planungsfreien Staat zusteht, wird durch verbindliche Planung selbstverständlich, wenn auch nur bedingt, eingeengt (bedingt: Plan und neuer Vorstoß müssen in Einklang gebracht werden, was Revisionen der ohnehin rollenden Planung in sich birgt). Aber man kann nicht beides haben: Konzentration und einigermaßen planvolle Aktivität einerseits, ungebundene Betätigungsmöglichkeiten im freien Belieben andererseits. Insofern ist der Bericht der Nationalratskommission klar und redlich; er zieht die zweite Alternative für die Bundesversammlung vor.
Der Verfassungsentwurf vermag sich vor Planungseuphorien zurückhalten; was er vorschlägt, dürften – abgesehen von den Wirtschaftsplänen gemäß den Varianten der Art. 31 Abs. 2 und Art. 82 Abs. 2 VE – die Unerläßlichkeiten eines koordinationsabhängigen Leistungsstaates der Gegenwart sein, der indessen den Bedenken Beachtung schenkt, wie sie vorgetragen werden, z. B. von Friedrich H. Tenbruck, Grenzen der staatlichen Planung, in: Wilhelm Hennis / Peter Graf Kielmansegg / ulrich Matz, Regierbarkeit – Studien zu ihrer Problematisierung, Bd. I, Stuttgart 1977, S. 134 ff.

ren; insbesondere Schmälerungen der Gesetzesform zugunsten der Formen und Verfahren, die vom Referendum ausgeschlossen sind; Vielzahl von wilden Rechtssetzungsformen; Unklarheiten über die Zulässigkeit, Ausdehnung und Kontrollen der Delegationsmöglichkeiten[17]. In der Wirklichkeit des Bundes – in den Kantonen ist es wegen der Überwachung durch das Bundesgericht anders – sind den Verordnungen, den dem Referendum entzogenen Bundesbeschlüssen, dem Dringlichkeitsrecht wenig Schranken gesetzt, und der Wirrwarr belastet regelmäßig die demokratischen Rechtssetzungsfaktoren.

Der Verfassungsentwurf sucht Vereinfachungen in den *Rechtssetzungsformen,* mit der Stärkung und den Umgehungserschwerungen des Gesetzes, mit der Mäßigung der rechtsetzenden Parlamentsakte ohne Referendumsvorbehalt (neue Bezeichnung: Bundesdekret), mit der Reduktion des Dringlichkeitsrechts auf Gesetzgebungsmaterien, mit der Begrenzung des Verordnungsrechts, verbunden mit einem Delegationsverbot an die Adresse des Gesetzgebers, sobald eine Regelung wichtig wird (vgl. Art. 80, 81, 100 und 101 VE). Mit beinahe jeder Vorkehr werden die *Demokratieeinbußen* der heutigen Ordnung *verringert,* also in der rechtlichen und verfahrensmäßigen Instrumentierung der staatsleitenden Organe die Vorbehalte zugunsten von Organen, die sich durch eine kräftigere Demokratielegitimierung ausweisen, eingefügt. Die verfassungsrichterliche Kontrolle der Innehaltung, die sich an der Verfassung und ihren Begriffen orientieren muß, ist ausgedehnter als heute, jedoch gebremst und in politisch heiklen Situationen (z. B. Dringlichkeitserklärungen) ausgeschaltet (Art. 109 VE).

Für *zwei Extremlagen* verzichtet der Verfassungsentwurf auf Regelungsversuche, weil sie normativ kaum zu fassen sind und dauernd gebrechlich oder bedrohlich bleiben: erstens auf die Beschränkung der verfassungsgebenden Gewalt mit *materiellen Schranken der Verfassungsrevision* (Art. 112–115 in Verbindung mit 64–66 VE), was faktisch eine Demokratie und demokratischen Rechtssetzungsfaktoren unbegrenzt lassende Revisionsgewalt ermöglicht; zweitens auf die Einrichtung einer «*Notverfassung*» (*verfassungsrechtliche Ermächtigung zu Vollmachtenordnungen*), was umgekehrt die Frage offenläßt, ob und unter welchen Voraussetzungen wer demokratieverengende Sonderordnungen für existentiell gefährdete Lagen des Staates erlassen soll und darf.

Herrschaft des Gesetzes, Legalitätsprinzip, praktizierte Volkssouveränität, optimierte Demokratie, demokratischer Rechtsstaat – diese und weitere richtungsweisende Begriffe werden lebendig, wenn die Rechtsord-

---

[17] Vgl. GEORG MÜLLER, Inhalt und Formen der Rechtssetzung als Problem der demokratischen Kompetenzordnung, Basler Habilitationsschrift, Basel/Stuttgart 1978, *passim;* DERSELBE, Die Einführung neuer Rechtsnormen in die bestehende Rechtsordnung, in dem in Anm. 4 erwähnten Sammelband, S. 359 ff.

nung und in ihr vorerst einmal die Rechtsetzung im Gleichgewicht ist. Das ist heute nur begrenzt der Fall. Ein beachtlicher Teil der *angestrebten Staatsreformen*, die im Namen der Demokratie, der Rechtsstaatlichkeit und der Staatswirksamkeit unternommen werden, hängt von einem *unscheinbaren und formal anmutenden Bestandteil* ab: von der zureichenden Normativordnung für Rechtsetzungsformen und Rechtsetzungsverfahren unter der Erwartung, daß im rechtlich nicht erzwingbaren politischen Handlungsraum einige Besserungen Platz griffen, nämlich die, daß der Wille erwächst, die Normativordnungen der Verfassung für die Rechtsetzung unterhalb der Verfassung zu beachten.

6. Die klare Plazierung der Regierung

Die geltende Bundesverfassung hat den Bundesrat als «oberste vollziehende und leitende Behörde der Eidgenossenschaft» bezeichnet und *als Regierung ungeschmälert eingesetzt* (Art. 95 BV). Die Staatspraxis seit 1848 hat es bestätigt. Die Lehre erst war es, die gewisse Zweifel setzte und gelegentlich dem Bundesrat die subordinierte Stellung eines Exekutivorgans des überhöht geschilderten Parlaments zuschrieb.

Doch konnten derartige Kennzeichnungen nicht aus der Deutung des geltenden Verfassungsrechts hervorgehen, sondern doch wohl nur als erwünschter Zustand angesichts der Verlagerungen und Deformationen, in die die Krisenbewältigungen in der ersten Hälfte des 20. Jahrhunderts den Bundesrat versetzt hatten. Gewisse *verwaltungsstaatliche und exekutivstaatliche Elemente* sind im heutigen Staat der Aufgabenhäufung und der realisierten Rundum-Zuständigkeiten bei einer hohen Anspruchsschwelle offenbar nicht zu vermeiden: Eine Verfassung, die nicht nur Zukunftsbildern nachhängt und darob wenig steuernde Normativkraft erlangt, vielmehr neben begrenzten utopiebesetzten Leitvorstellungen auch realitätsbezogene Institutionen schafft, wird diese Situation anerkennen müssen. Sie stellt in Rechnung, daß sie keine Umkehr in bezug auf die Regierung erzielt, wenn sie schlicht das Gegenteil der Realität proklamiert, womit sie lediglich Verhüllungen und Schein zustandebringt. Um so kräftiger und erfolgsversprechender kann sie dann der Regierung Gehege errichten und die Zuordnungs- und Funktionsverläufe so lenken, daß die *Gleichgewichte im komplexen Staatsleitungssystem* sich regelmäßig einstellen.

Der Verfassungsentwurf *übernimmt die Strukturen der heutigen Ordnung* – im Hauptvorschlag sogar ohne Veränderung der Zahl der Bundesräte (Art. 95 VE) –, wie sie aus der Bundesverfassung, dem Geschäftsverkehrsgesetz, dem Verwaltungsorganisationsgesetz von 1978 und weiteren Erlassen oder der Praxis ersichtlich ist. Er weist dem Bundesrat staatsleitende Regierungsfunktionen, unter Vorbehalt der Zuständigkeiten der Bundesversammlung, zu (Art. 94, 97 und 98 VE) und macht endlich kenntlich, daß er an der Rechtssetzung vielfältig beteiligt ist (Art. 99–102 VE). Die Leitung der Verwaltung wird schärfer als bisher hervorgehoben (Art. 104 und 105 VE)[18]. Diese seine Kompetenzen sind indessen im kooperativ-koordinativen Interdependenzsystem eingebunden und teilweise auch richterlich überprüfbar, so daß von einem «Regierungsstaat», wie er in der französischen Verfassung von 1958 oder in der britischen und, wieder anders, in der nordamerikanischen Staatspraxis seit rund 50 Jahren besteht, nicht gesprochen werden kann.

IV. Schlußbetrachtung

Der organisatorische Teil einer Verfassung, zumal die Abschnitte über die Behörden sind derzeit und in der schweizerischen Referendumsdemokratie *keine Zugrosse* für ein Unternehmen Totalrevision. Dafür sind die Grundrechte und allenfalls die Sozialordnung weitaus geeigneter, und die föderative Ordnung hat bessere Aussichten, dazu gemacht zu werden. Soweit Organisatorisches verbreitete Aufmerksamkeit erregt, sind es die meist isoliert betrachteten Aspekte der politischen Rechte des Bürgers. Daß weiteste Kreise ihr Interesse von der Behördenorganisation und von deren Verwobenheit mit den Volksrechten und weiteren Verfassungsgegenständen abgewendet halten, ist verständlich: das Thema ist nüchtern und trocken, seine Durchdringung nicht einfach, eine aufsehenerregende Änderung nicht vorgeschlagen.

Trotzdem sollte man die *Bedeutung nicht unterschätzen*. Das *Organisationsbedürfnis* des modernen Staats ist *erheblich*, freilich zunächst auf Regelungsstufen unterhalb des formellen Verfassungsrechts angesiedelt, jedoch mit Auswirkungen auf dieses. Ja, man täuscht sich nicht, wenn man feststellt, die Organisationsanliegen nähmen zu. Das hängt teils mit dem Wachstum der Staatsaufgaben, ihrer Kompliziertheit und Komplexität zusammen. Teils sind Ursachen die sensibilisierten Perfektionsforderungen, die von der Gesellschaft, vom Einzelnen und von der Staatsorganisation selbst an den Staat gerichtet werden. Teils ist es die Wiederentdeckung des *harten Kerns einer Verfassung*, der – außer in den Grundrechten – im organisatorischen Bereiche liegt.

Es ist nicht nur ein rechtslogisches Theorem, daß die elementaren organisatorischen Festlegungen namentlich für den Gesetzgeber die «Verfassung im

---

[18] Der Verwaltung selbst als Organisation und Funktion kann auf Verfassungsebene verhältnismäßig wenig Beachtung zuteil werden, weil sie sonst in die Stellung eines verfassungsunmittelbaren Staatsorgans (Verfassungsorgan) aufsteigt und eine zu kräftige Kontur erlangt: Beispiel dafür, daß Rechtsnormen, die von der Norm- und Staatswirklichkeit ausgehen, durch zurückhaltende Normierung Übergewichte zu verhindern suchen können (vgl. Art. 105 VE).

absolut materiellen Sinne» darstellen[19], sondern der Satz entspricht letztlich auch den materialen Sinnbestimmungen einer heutigen Verfassung für einen Staat wie die Schweiz. Hier wird ausgewiesen, *wie es mit der Demokratie eigentlich steht.* Und mit ihrer Rechtsstaatlichkeit und mit den Bezügen zur Sozialstaatlichkeit. Ob Volkswille die Staatsentscheidungen hinlänglich bestimme; ob Mehrheitswille redlich gebildet, ob Minderheitswille Raum finde, nicht unterdrückt oder in die Herrschaft einer Minorität umgestülpt werden könne; ob real zu verantwortende Staatsbetätigung, auf Menschenwürde ausgerichtet, staatliche Existenz herzustellen, zu reproduzieren und durchzuhalten vermöge – in und mit dem organisatorischen Teil einer Verfassung wird es ermöglicht und dem Sehwilligen ans Licht gebracht. Dieser Teil führt schließlich auch die wirksame *Begegnung* der Staatswirklichkeit *mit dem Utopischen*[20] durch, das in jeder Verfassung und im vorliegenden Verfassungsentwurf vornehmlich in verschieden gearteten Zielnormierungen mehr oder weniger mitenthalten ist (vgl. Präambel, Art. 1 Abs. 1, Art. 2, 4, 7, 8, 26, 30–36bis, aber auch Art. 9–22 VE): Über die organisatorischen Institutionen muß das Utopische Ereignis werden; hier zerschellt es, wenn es ihnen nicht gewachsen ist, die Institutionen daraufhin nicht eingestellt sind; und soweit die organisatorischen Institutionen selbst utopischen Gehalt in sich tragen – und das tun sie immer in der universellen Forderung, sich der Volkssouveränität anzunähern und den wirksamen Staat als wirklichen Rechtsstaat sich vollziehen zu lassen –, ist ihnen gleichsam die laufende Selbstverwirklichung aufgetragen.

Auch wenn man die Bedeutung der normierten Verfassung für die Gesellschaft zurückhaltend bewertet und ihr nicht zuschreibt, daß «ihr Gegenstand ... die Gesamtgesellschaft» sei[21], so wird man doch selbst für den organisatorischen Teil die *Ausstrahlung* anerkennen: vorwiegend auf Kantone, Gemeinden, privatrechtliche Großorganisationen, kleine Vereinigungen, freie und unorganisierte Zusammenschlüsse. Die Verfassung empfängt

---

[19] Z. GIACOMETTI, Das Staatsrecht der Kantone, Zürich 1941, S. 17; WALTHER BURCKHARDT, Die Organisation der Rechtsgemeinschaft, 2. Aufl., Zürich 1944, S. 203 f.

[20] Die Übertreibungen utopischer Staats- und Rechtsvorstellungen der letzten Jahre haben zur Tendenz geführt, Utopisches aus dem Verfassungsdenken auszumerzen, um der Verfassung Erdnähe und Durchsetzungschancen zu sichern. Das wiederum ist zu schroff. Zielgebungen auf die Zukunft hin und Wertvermittlungen zu Korrekturen über die pure Gegenwart hinaus sind nicht nur Bestandteil der wegweisenden Verfassungsbegriffe, sondern auch unentbehrlicher Antrieb für die affirmative Aufnahme einer neuen Verfassung und darüber hinaus für die Einfügung eines wie auch immer gearteten und begründeten Hoffnungsprinzips, ohne das das Walten einer Revisionsgewalt wie sinnlos erscheint. Vgl. ROBERT HETTLAGE, Utopie der Macht oder Macht der Utopie?, in: OSKAR SCHATZ (Hrsg.), Abschied von Utopia?, Graz/Wien/Köln 1977, S. 142 ff.

[21] Ausgeweitete Bedeutung des Verfassungsgegenstandes bei PETER HÄBERLE, Verfassungsinterpretation und Verfassunggebung, ZSR 97 I, 1978, S. 1 ff.

aus diesen die Basis der Grundeinstellungen, die etwa den Umfang der Partizipationen und die Legitimierungsprozesse angeben; sie hat umgekehrt kräftige influenzierende Wirkungen insbesondere auf die an der staatlichen Demokratie orientierbaren gesellschaftlichen Begegnungen und Abläufe. Auch von der organisatorischen Gestaltung des Staates her kommen «verfassungsdurchwirkte» Bereiche (STERN und KAISER) der Gesellschaft zustande.

Es mag zutreffen, daß dann, wenn man dem organisatorischen Teil des Verfassungsentwurfs einen staatsphilosophischen Standort geben müßte, man von einem «pragmatischen Relativismus»[22] unter den kräftigen Einwirkungen von vielfachen pluralistischen Tatbeständen spräche; aber diese Verortung hilft weder theoretisch noch praktisch weiter. Wesentlicher dürfte sein, die *flächige Verwurzelung*, eben jene synkretischen Abstützungen anzuerkennen und *Folgerungen für die Handhabung der Verfassung*, wenn sie Geltung erlangen sollte, in dem Sinne zu ziehen: daß es auf *Subtilitäten bei der Konkretisierung* ankommt und daß eine forsche Interpretationspraxis, wenngleich vielleicht methodisch einfach und einleuchtend aufgezogen[23], dem organisatorischen Teil nicht bekömmlich wäre. Es muß in der «offenen Gesellschaft der Verfassungsinterpreten und -geber im engeren und weiteren Sinne» (PETER HÄBERLE) zur verteilten Ausgestaltung an vielen Bearbeitungsplätzen kommen[24]. Da ist es wenig nütze, den III. und IV. Teil des Verfassungsentwurfs daraufhin abzuklopfen, ob er einen «offenen» oder «nicht-offenen» Verfassungsteil darstelle, weil anhand dieses relativierend-deskriptiven Kriteriums, das richtigerweise auf jede einzelne Norm und nicht global auf die ganze Verfassung angewendet würde, noch keine Sicherheit gewonnen ist, wie die interpretierende und fortführende Verfassungskonkretisierung methodisch zu handhaben sei[25].

---

[22] Vgl. auch THOMAS ELLWEIN, Das Regierungssystem der Bundesrepublik Deutschland, Opladen 1973, S. 480.

[23] Vereinfachungen in der «Auslegung» der *Verfassung* sind regelmäßig zu traditionellen Methodenlehren der *Gesetzes*interpretation, die vorwiegend an der richterlichen Rechtsanwendung entwickelt wurden, zurückgelaufen; z. B. die umstrittene Abhandlung von ERNST FORSTHOFF, Die Umbildung des Verfassungsgesetzes, 1959, jetzt in: RALF DREIER/FRIEDRICH SCHWEGMANN, Probleme der Verfassungsinterpretation, Dokumentation einer Kontroverse, Baden-Baden 1976, S. 51 ff. Die vielfachen Versuche, nach Anleitung topischer Denkweise «Prinzipien der Verfassungsinterpretation» zu entwikkeln, weisen häufig die Tendenz zur Vergröberung oder die gegenteilige zur zergliederten Differenzierung, in der «Methodisches» untergeht, auf. Vgl. die Situationsschilderung von RALF DREIER, a. a. O., S. 13 ff.

[24] PETER HÄBERLE, a. a. O. (Anm. 21), insbes. S. 15 ff.

[25] Klärungen der Mißdeutungen und Mißverständnisse über den Begriff der offenen Verfassung bringt DIETRICH SCHINDLER, Die «offenen» Teile des Verfassungsentwurfs, in der Neuen Zürcher Zeitung vom 23. Juni 1978, Nr. 143, S. 35.

Und darauf käme es wohl an, wenn der Begriff der Offenheit mit praktisch-juristischer Relevanz dienlich sein soll[26].

Subtilität in der Konkretisierung – sie wird als erstes dem Gesetzgeber auferlegt, wenn er materielles Verfassungsrecht formt mit dem Geschäfts-verkehrsgesetz, den Geschäftsreglementen, den Organisationsgesetzen über die Verwaltung und die Rechtspflege, der Gesetzgebung über die politischen Rechte des Bürgers, dem Garantiegesetz; in zweiter Linie ist es der Verfassungsrichter, dem Art. 109 VE Partien einer echten Verfassungs-gerichtsbarkeit gegenüber dem Bunde auftut, und die Regierung mit ihrer Verwaltung (Art. 103–105, sowie 107 VE). Daß in dritter Linie die Kantone ununterbrochen Bundesverfassungsrecht konkretisieren und Teilhaber an der «Gesellschaft der Verfassungsinterpreten» sind, und dies weniger über ihre expliziten Teilhaberechte an der Rechtssetzung (Art. 62 Abs. 1, 65, 92 Abs. 2) als weit mehr über ihre Tätigkeit beim Vollzug von Bundesrecht und mit induktiven Wirkungen ihrer eigenen Organisation (Art. 43, 44, 46, 49, 53 VE), zeigt ein weiteres Mal die reichen internen Wechselbeziehungen in der abstrakten und in der sich vollziehenden Verfassung.

---

[26] Zur Entwicklung einer allgemeinen Regelungstheorie mit dem Ansatz bei den vielfachen Konkretisierungsaufträgen: RENÉ A. RHINOW, Rechtssetzung und Methodik, Rechts-theoretische Untersuchungen zum gegenseitigen Verhältnis von Rechtssetzung und Rechtsanwendung, Basler Habilitationsschrift, Basel / Stuttgart 1979.

Ohnmacht des Parlaments
gegenüber der politischen Planung?
Der Gratweg zwischen Bindung und Offenheit

I. Das Reden von der Ohnmacht

Da begegnen sich zwei beladene Begriffe, mit den hinter und vor ihnen stehenden Institutionen und Funktionen: «Parlament» und «Planung». Die Fragestellung des heutigen Kolloquiums scheint zwar von der Annahme auszugehen, das Parlament sei es, das sich in der bedrängten Lage befinde, die Planung hingegen in der komfortabel-etablierten. «Ohnmacht des Parlaments gegenüber der Planung?» besagt doch, daß die Planung stehe, das Parlament jedoch möglicherweise eine ohnmächtige Konfrontation erfahre. Könnten wir aber den Satz: «Ohnmacht des Parlaments gegenüber der Planung?» nicht auch mit guten Gründen umkehren: «Ohnmacht der Planung gegenüber dem Parlament?» Vielleicht schon. Es spricht einiges für die Behauptung: Da begegnen sich so etwas wie zwei Angekränkelte, und aus der Begegnung ist bis jetzt noch keiner gestärkt hervorgegangen, obwohl das, theoretisch gesehen, denkbar wäre. Auch nicht bei der *politischen* Planung, die zwar anspruchsvoll und ehrgeizig, aber in ihrer geringen Definitionstauglichkeit nicht gerade hochgradig operational ist.

Lassen wir statt einer Definition Beispiele gelten: so die Regierungsprogramme des Bundes und der Kantone; so auch auf anderer Ebene: die Richtlinien des deutschen Bundeskanzlers; wieder anders: mittelfristige Finanzpläne, aber auch gewisse schweizerische Gesamtkonzeptionen, etwa die über die Sicherheitspolitik vom 27. Juni 1973 oder teils die über die Landesverteidigung vom 6. Juni 1966 und das Armeeleitbild 80 vom 29. September 1975, oder die über den Gesamtverkehr von 1978, vielleicht dann auch die über die Energie von 1978 und, wer weiß, vielleicht einmal eine über die Außenpolitik und die Außenwirtschaftspolitik. Politische Planung sodann steckt in gewissen «politischen Paketen», z. B. denjenigen über die Konjunkturmaßnahmen von 1975 oder über die Landwirtschafts-

In: «Politische Planung in Theorie und Praxis», Res publica helvetica, Band 12, Herausgeber: Martin Lendi und Wolf Linder, S.61–71. Verlag Paul Haupt, Bern/Stuttgart 1979.

politik von 1953 und den späteren Überprüfungsjahren und in bildungspolitischen Vorlagen[1].

Soweit *politische Planung* zielsuchende und koordinative Prospektivplanung, partienweise aber auch zielgebend Vollzugsplanung ist, also in der Reihe abläuft: Voraussicht – Voraussage – Antizipation im Sinne einer Willensaktivierung zur Abwendung des Prognostizierten oder verstärkend zu seiner Herbeiführung, ist ihr *Sinn an den politischen Realisationswillen gebunden.* Das politische Planen wird in die Kategorie des Handelns gebracht, es wird geplant, «damit etwas geschieht». Die für sich allein stehende Prognose wird überschritten; es wird nicht als l'art pour l'art geplant. Zugleich ist aber auch die determinierte soziale Gesetzlichkeit abgelehnt. Ich erwarte nicht passiv das prognostizierte Ereignis, sondern kehre etwas vor, damit das Planungsergebnis sicher eintritt oder damit es verstärkt eintritt oder damit es gerade nicht eintritt. Politische Planung ist deshalb mehr als reflektierende Vorwegnahme und mehr als intellektuelle Präparation und mehr als spirituelle Eingewöhnung in mögliche Aktionsdimensionen – sie ist die Verbindung des planerischen Tuns mit dem politischen Realisationswillen. Dabei tritt in besonderem Maß die Aufgabe der Koordination hervor. Die vielleicht dringlichste funktionelle Obliegenheit des heutigen Staats, die Gewinnung von Übersicht und die Herstellung gesamtheitlichen Entscheidens, beruht wesentlich auf Koordination, die sich gern in Gestalt politischer Planungen darbietet[2]. Deswegen ist Planung der Universitäten und Institute und Stäbe häufig wenig fruchtbare Beschäftigung – sie erreicht, abgesehen vom Oedipus-Effekt als Selbstverwirklichungsdruck im Sinne Karl Poppers, erstens die Dimension realer Koordination und zweitens die Handlungskategorie nicht. Und deswegen ist politische Planung so sehr auf entscheidungsfähige politische Handlungsorgane angewiesen, wenn sie ihren Sinn zustandebringen und behalten will.

II. Annäherungen von Parlament und politischer Planung

Unter diese Handlungsorgane das Parlament einzurechnen, liegt für eine realisierungswillige politische Planung auch in der Schweiz nahe. Aus vielerlei Gründen, von denen ich einige aufzählen will:

[1] Zur begrifflichen Durchdringung der politischen Planung mit der Verschaffung von Überblick über den Stand der Erörterung für die Schweiz: WOLF LINDER, Probleme geplanter Politik, in: Informationen zur Orts-, Regional- und Landesplanung, DISP Nr. 32, (1974), S. 20 ff.; DERSELBE, Regierung und Verwaltung vor den Anforderungen politischer Planung, in: Schweizerisches Jahrbuch für Politische Wissenschaft 1977, S. 9 ff.

[2] Zur Unerläßlichkeit und Dringlichkeit der Koordination immer noch wegleitend: ULRICH SCHEUNER, Politische Koordination in der Demokratie, in: Festschrift für Gerhard Leibholz, Band II, Tübingen 1966, S. 899 ff.

Erstens ist die Regierungs*funktion*, zu der die politische Planung *grosso modo* gerechnet werden soll, nicht nur Sache der Regierung als Organ, also des Bundesrates oder des Regierungsrates; sondern sie gehört größtenteils zu den kooperativ-koordinativen Aufgaben, die nach unserer Kompetenzordnung Bundesrat und Bundesversammlung in komplexen Systemen kombiniert wahrnehmen[3]. Die Analogie zum Institut der «gesamten Hand», die ERNST FRIESENHAHN einmal gebraucht hat und ihm seither die ganze Juristenwelt getreulich abschreibt[4], trifft nicht recht zu, weil die Kompetenz eines jeden Beteiligten im Verhältnis Parlament – Regierung gerade nicht auf das Ganze geht, sondern eben jene kombinierten Abläufe mit vorwiegend komplementären Anteilen abgewickelt werden. Also: Wenn politische Planung weit und schlagend genug sein soll, braucht sie aus Kompetenz- und Kooperationsgründen an so und so vielen Stellen die Teilhabe des Parlaments.

Zweitens ist die Planung dann am wirksamsten (stärksten), wenn sie über die Selbstplanung hinaus auch Faktoren einer Fremdplanung enthält. Wer allein und für sich allein plant, bleibt in der beinahe perfekten Unverbindlichkeit und hat am Plan so viel Halt und Ausrichtung, als er ihm in jedem Augenblick wieder geben will. Deswegen etwa die Vorlieben der Exekutiven für die Behauptung, sie seien zur Planung berufen, was wahr ist, nicht aber die weitere Folgerung, sie seien es exklusiv. Das gerade nicht. Sind nämlich heteronome Potenzen an der Planung beteiligt, erlangt diese Planung eine relative faktische Stabilität, macht sich also relativ verläßlich, damit steuerungsfähig und politisch brauchbar. Zugleich freilich bricht mit dieser Verdichtung die Antinomie jeder Planungsverbindlichkeit aus: Die Flexibilität wird beengt, und das Wesen der Planung kann sich in der Verfestigung verfälschen. Aber deswegen ist die Antinomie nicht zu unterdrücken oder wegzuschweigen; man muß, wenn man plant, mit ihr auskommen.

Drittens erlangt Planung, an der das Parlament teilhat, erhöhte Legitimation und Integrationskraft, weil in ihm die eindeutigere Repräsentation vorhanden ist.

Viertens ist politische Planung auf das Staatsganze bezogen und steuert, der Erwartung nach, die Gesamtheit der staatlichen Entscheidungspro-

---

[3] Vgl. KARL MEIER, Kooperation von Legislative und Exekutive bei der Rechtssetzung im Bunde, Basler Diss. 1978, im Druck; vgl. auch meinen Beitrag: Ohnmacht des Parlaments, Allmacht der Verwaltung?, in: ERICH GRUNER / JÖRG PAUL MÜLLER (Hrsg.), Erneuerung der schweizerischen Demokratie?, Bern / Stuttgart 1977, S. 25 ff. (35).

[4] Der Referent eingeschlossen. Vgl. ERNST FRIESENHAHN, Parlament und Regierung im modernen Staat, in: Veröffentlichung der Vereinigung der Deutschen Staatsrechtslehrer, Heft 16, Berlin 1958, S. 9 ff. (38).

zesse von politischer Relevanz, zumindest die von staatspolitischer Wichtigkeit. Ist dem so, wird auch die Aktivität des Parlaments von der Planung betroffen und erfaßt. Will sich das Parlament dann nicht abseits stellen oder sich einfach einplanen und verplanen lassen, sollte es doch wohl darauf erpicht sein, an der politischen Planung maßgeblich beteiligt zu sein. Dies aber gelingt nicht so leicht, und es macht rasch den Anschein, als stehe das Parlament ohnmächtig einer triumphierenden Planung gegenüber. Aber wie eingangs angedeutet, auch das Umgekehrte tritt ein: Kann sich politische Planung nicht unter die Fittiche des Parlaments begeben, das heißt sein Bezugsfeld betreten und es mitbestimmen, verlieren sich die planerische Anstrengung und der planerische Effekt leicht und dauerhaft. Es fehlt dann schnell am umfassenden politischen Realisationswillen, ohne den die Planung den Raum des Spielerischen, des Unverbindlichen und letztlich politisch Unernsten nicht verläßt[5].

III. Beteiligung an der politischen Planung und Unterstellung unter den politischen Plan

Sucht man die politische Planung und das Parlament einander anzunähern, so ergeben sich zwei Stufen: Zum einen geht es um die Frage, ob und allenfalls wie das Parlament an der Planung materiell beteiligt werden soll, ob politische Planung mit oder ohne parlamentarische Beteiligung abzuwickeln sei. Zum andern geht es um die Frage, ob sich das Parlament seinerseits in die Planung und in den Plan einbeziehen lassen solle und wolle, ob die parlamentarische Tätigkeit vom Plan erfaßt, sich der Planung selbst unterstellen wolle.

Das scheinen entbehrliche Fragen zu sein: Selbstverständlich! Mitmachen! Sich anschließen an die politische Planung! wird die erwartete Antwort sein. Zumal dann, wenn man aus der Zusammenführung von Planung und Parlament eine Stärkung beider erhofft. Und wenn man nicht im abgehängten Wagen dasitzen und den planenden Bundesrat mit dem Staatszug davonrollen lassen will. In Tat und Wahrheit ist die Sache nicht so einfach, was zum Teil mit strukturellen und verfahrenstechnischen Ursachen zusammenhängt, zum Teil tiefer, nämlich am Parlamentsverständnis, liegt.

[5] Zu dieser Verknüpfung mit dem politischen Realisationswille von verschiedenen Ansätzen aus, jedoch gleichen Konsequenzen praktischer Forderung: NIKLAS LUHMANN, Politische Planung (1966), jetzt in: DERSELBE (Hrsg.), Politische Planung, Opladen 1971, S.66ff.; FRITZ W.SCHARPF, Planung als politischer Prozeß (1971), in: DERSELBE (Hrsg.), Aufsätze zur Theorie der planenden Demokratie, Frankfurt a.M. 1973, S.33ff.; BERTRAND DE JOUVENEL, L'Art de la Conjecture (1964) deutsch: Die Kunst der Vorausschau, Neuwied / Berlin 1967, S.261ff.

1. Was zunächst das Mitmachen am Planungsprozeß betrifft, ist offenbar so, daß das Parlament auf ähnliche Schwierigkeiten stößt wie bei der Gesetzgebung oder bei der Budgetfestsetzung. Es kann die materielle Ausarbeitung nicht selbst betreiben, sondern ist auf die ausgiebige Vorbereitung durch die Exekutive angewiesen. Es kann anfänglich Anstöße geben (so mit Motionen, Postulaten, Budgetanträgen, Voten zu Berichten und den Vorlagen), und es kann durch singuläre Änderungen die bundesrätlichen Vorlagen mehr oder weniger weit modifizieren, oft korrigieren, vielleicht auch verschlechtern, jedenfalls ändern. Das Gesamte hingegen bringt es nicht zustande, wie etwa die Rechtssetzungspraxis zu den sog. parlamentarischen Initiativen drastisch zeigt, wo die Bundesversammlung losgelöst vom Bundesrat Gesetzesvorlagen zu entwerfen sich bemüht, aber in der Wirklichkeit entweder doch die Verwaltung zu Hilfe holt oder nur solche «Feld-Wald-und-Wiesen-Vorlagen» zustandebringt, die die normalen Schwierigkeitsgrade gesetzlicher Regelungen nicht erreichen («Sonntagsvorlagen», «Regenferienbeschäftigung»). Dementsprechend wird das Parlament an der materiellen Ausarbeitung der Pläne, d. h. am substantiellen Planungsakt, voraussichtlich nur punktuell mitmachen, z. B. mit Änderungen oder eingangs mit Motionen. Das ist keine Verringerung oder Bagatellisierung seiner materiellen Teilhabe, sondern die Registrierung des parlamentarischen Faktums, das man verhüllen kann, aber nach dem heutigen Stand der Dinge feststellen muß, und zwar beim Miliz- wie beim Berufsparlament. Anders würde es, wenn es eine Umkehr beim einzelnen Parlamentarier, bei Kommissionen und Fraktionen und schließlich beim Plenum gäbe, eine Umkehr auf eine «neue Zukunft» des Parlaments hin[6]. Was nicht unmöglich erscheint, aber beinahe eine Glaubenssache wird.

2. Was sodann die Frage betrifft, ob sich das Parlament für seine eigene Tätigkeit der politischen Planung unterstellen solle, so ist aussagekräftiger als jede Darlegung das, was eine nationalrätliche Kommission mit Bericht vom 16. Mai 1978 zum Thema sagt[7]. Bei ihren Untersuchungen zur Einzelinitiative Weber-Arbon betreffend die Verknüpfung von Regierungsrichtlinien und Finanzplanung wendet sie sich dezidiert dagegen, daß das Parlament ebenso verpflichtet werde wie der Bundesrat. Eine Regelung etwa dergestalt, daß die Richtlinien samt Finanzplan des Bundes von der

---

[6] Zurückhaltend gegenüber dem Einbezug des Parlaments in die Planung: Schlußbericht der Studienkommission der Eidgenössischen Räte «Zukunft des Parlaments» vom 29. Juni 1978 (BBl 1978 II, S. 996 ff.). Vgl. die nachdenkliche Besprechung von ARNOLD FISCH, Parlamentsreform – Anstrengungen ohne Durchschlagskraft, Schweizerische Monatshefte 59 (1979), S. 9 ff.

[7] BBl 1978 II, S. 95 ff, insbes. Ziff. 42, aus der die nachfolgenden Zitate stammen. Vgl. auch die Eintretensvoten des Kommissionspräsidenten Aubert: Amtl. Bull. NR 1976 II, S. 1613 f. und 1978 II, S. 1809 f.

Bundesversammlung förmlich beschlossen oder nach einer Beratung genehmigt würden, lehnt die Kommission ab. Denn, so sagt ihr Bericht an sich zutreffend, «Motionen und parlamentarische Initiativen, die sich nicht an den Rahmen der Richtlinien halten, dürften nicht zugelassen werden, bevor die Richtlinien entsprechend geändert worden wären: Die Selbstbindung des Parlaments muß bedeuten, daß dieses von den eigenen Plänen nur abweichen kann, wenn es sie formell abändert». Das aber will die Kommission nicht. Sie findet: «Dadurch würde die Freiheit des einzelnen Parlamentariers und des Parlaments als Ganzes erheblich eingeschränkt.» Es «wären Widersprüche im Verhalten des Parlaments kaum zu vermeiden». Ja, sie hält dafür: «Die Selbstbindung des Parlaments wäre nicht durchsetzbar.» Und schließlich gesteht sie freimütig ein: «Das Parlament wäre durch die Verantwortung für die Planung der gesamten Staatspolitik auch überfordert, es sei denn, die Neuerung werde mit tiefgreifenden strukturellen Änderungen unseres Regierungssystems verbunden.» Und da man dies nicht wolle, so folgert die nationalrätliche Kommission redlich und konsequent: «Die Gesamtverantwortung für das (Regierungs)programm (samt Finanzplan) bleibt besser beim Bundesrat, der sich dafür vor dem Parlament zu verantworten hat.» «Die Bundesversammlung ist ihrer heterogenen Struktur gemäß zur Staatsführung nicht geeignet: Sie beschränkt sich besser darauf, dem Bundesrat gewisse Weisungen zu erteilen, die korrigierend in die Regierungspolitik eingreifen, welche jedoch gesamthaft Sache des Bundesrates bleibt.» So verharrt die nationalrätliche Kommission beim Vorschlag, das heutige System mit technischen Verbesserungen beizubehalten. Das Regierungsprogramm und der Finanzplan seien sachlich und zeitlich miteinander zu verknüpfen. Sie sollen dem Parlament erlauben, die Plenarerörterungen des Programms mit echten oder unechten Motionen zu begleiten, um dergestalt Modifikationen zu erreichen. Eine formelle Genehmigung entfällt, und das Parlament begnügt sich mit der zustimmenden oder ablehnenden Kenntnisnahme. Daß der Bundesrat mit geringen Änderungsvorschlägen dieser zurückhaltenden Revision der nationalrätlichen Kommission in seiner Stellungnahme vom 25. September 1978 zustimmt, ist von seinem Standpunkt aus verständlich: er wird in seiner umfassenden Planungsfreiheit nicht beengt werden, und was soll er beantragen, sich das Planer-Leben beschwerlicher zu machen [8]?

[8] BBl 1978 II, S. 853 ff. mit dem Vorschlag für ein Bundesgesetz über die Regierungsrichtlinien und den Finanzplan. Zur Behandlung im Nationalrat: Amtl. Bull. NR 1978 II, S. 1812 ff. In der Plenardebatte des Nationalrats war das Problem der bindenden Parlamentsbeteiligung an der materiellen Planbearbeitung kein Streitpunkt (Verhandlung vom 13. Dezember 1978 mit den Voten Aubert, Stich, Biel, Weber-Arbon, Muheim und Akeret).
Zu praktizierten Möglichkeiten des Zusammenwirkens von Parlament und Regierung in

IV. Politische Planung und politische Ungebundenheit
im Lichte des Parlamentsverständnisses

Über Neuerungsvorschläge für die politische Planung im Bunde, die ich
soeben skizziert habe, will ich nicht spotten; sie sind besser als nichts, und
sie sind auf die Atmosphäre, in der Planung und Parlament derzeit
miteinander leben, eingestellt. Die vorgeschlagene Lösung bewegt sich auf
der pragmatischen Spur. Das alles mag man als praktikabel lobend
hinnehmen. Nur sollte man dann nicht weiter darüber sich aufhalten, daß
am Parlament vorbei geplant wird, sofern der Bundesrat auf die Dauer
überhaupt seinerseits noch maßgebliche und nicht bloße Deklamationspla-
nung betreibt. Wenn man ferner das Parlament aus seiner behaupteten
Ohnmacht im Planungsbereich herausholen wollte, wäre es eben selbst in
die Planungskonnexe einzubeziehen. Daß man dann als Parlamentarier
und als Gesamtorgan nicht ununterbrochen die gleichen Bewegungsmög-
lichkeiten hat wie im planlosen Zustand, sondern sich auf den Plan
auszurichten und seine eigenen Betätigungen planvoll zu gestalten hat, ist
natürlich richtig. Der Bericht der nationalrätlichen Kommission hat hier
scharfsinnig den dunklen Fleck ausgeleuchtet. Aber man kann nicht beides
haben: Man kann nicht machtvoll-starkes Organ sein wollen, das vermittels
Planung das politische Geschehen überblickt, koordiniert und steuert, seine
eigene Tätigkeit jedoch von der Planung ausnehmen wollen, um die
Ungebundenheit dessen zu haben, der dieses und jenes, Großes und Kleines,
im Auf und Ab des Beliebens und der partei- und personaltaktischen
Schachzüge heute so und morgens anders betreiben will. Die Zweiseitigkeit
oder die tückische Natur des Planens kommt hier eben zum Vorschein: Wer
plant und sich der Planung bedient, ist zugleich ihr Gefangener. Zwar nicht
auf Ewigkeit, aber für so lange, als das in der Planung Geschaffene, der
Plan, Maßgeblichkeit oder seine spezifische Verbindlichkeit aufrechterhält. Mit anderen Worten: Planung und politische Ungebundenheiten zu
jeder Zeit und auf allen Gebieten vertragen sich nicht.
Hier kann Kritik erneut ansetzen und behaupten, demzufolge sei politische
Planung vom Parlamente fernzuhalten. Sie kann der Idee nacheilen, das
Parlament als Emanation der Gesellschaft dürfte sich nicht einbinden und
die Freiheit seiner Bewegung, in der die Innovationskraft und das gärende
Wollen der Sozietät Ausdruck fänden, keinen Moment preisgeben. Der
Parlamentarier brauche die ungehemmte Möglichkeit der ihm richtig

bezug auf kantonale Regierungsprogramme: «Anhaltspunkte für die Ausarbeitung von
kantonalen Regierungsprogrammen», herausgegeben von der Staatsschreiber-Konfe-
renz 1978, mit einem Verzeichnis der Literatur, soweit sie abweichende Auffassungen
vertritt.

scheinenden Mandatsausübung, sonst sei seine Repräsentationskraft gebrochen und das Parlament seiner Mediationsstellung zwischen staatlichen Institutionen und offener Gesellschaft beraubt. Wer diesen und ähnlichen Betrachtungsweisen zuneigt, wird dem Parlament nicht Machtstellung zueignen und ihm deshalb bei Fehleffekten Ohnmacht diagnostizieren wollen, sondern hinnehmen, daß politische Planung vor seiner Sendung als einem diesfalls machttranszendenten Gebilde verschlossen bleibt.

Dann aber stellt sich doch wohl gebieterisch die Frage, was politische Planung bei der geltenden Aufgaben- und Funktionenordnung unter den staatsleitenden Organen noch wolle – ob sie nicht hilfloses Notieren oder spielerisches Skizzieren von Möglichkeiten sei, die sich irgendwie irgendwann dereinst einstellen oder nicht einstellen könnten. Das mag man auch planen nennen, nur sollte man es nicht gerade als «politische Planung» bezeichnen.

V. Fällige Entscheide auf der Verfassungsstufe

Ich will die staatstheoretischen Ansätze hier nicht weiterverfolgen und mit folgender Aussage auf das Ende zusteuern: Es bleibt für den nüchternen Sinn des Schweizers die Reihe von Fragen: Erstens ob er koordinative politische Planung wolle, die die tatsächliche Steuerungskraft und planerische Verbindlichkeit *sui generis* erlangt; zweitens ob das Parlament darin einbezogen werden solle oder nicht; drittens ob dann, wenn es einbezogen werden soll, es ernsthaft geschehen solle, so daß sich das Parlament seinerseits dem Geplanten für die Dauer der Geltung unterstellt, oder ob es mit seiner Beteiligung an der Planung nur andere binden wolle, so daß diesfalls das Geplante jederzeit durch partikuläre Parlamentshandlungen gestört, durchkreuzt, stillgelegt oder in ganz andere Richtung gelenkt werden könnte.

Ich denke, wir haben bis jetzt den Verfassungsgeber kaum mit der Frage der Beziehungen von Parlament und politischer Planung befaßt, und es wird Zeit, es allmählich in die Wege zu leiten[9]. Die jüngsten Verfassungen und Verfassungsentwürfe gehen nicht gleiche, aber verwandte Wege. Der Verfassungsentwurf 1977 der Expertenkommission für die Vorbereitung einer Totalrevision der Bundesverfassung (Kommission Furgler) legt fest: Die Bundesversammlung «befindet über die wichtigen Pläne der Staatstätigkeit, vor allem über die Richtlinien der Staatspolitik und den Finanzplan

---

[9] Zusammenhänge von Verfassung und Planung verfolgt Wolf Linder, Planung und Verfassung, ZSR 96 I, 1977, S. 369 ff. Für die praktische Fragestellung an den Verfassungsgeber: Wilhelm Hill, Möglichkeiten künftiger Gestaltung der Planung beim Bund, Bern 1975.

des Bundes» (Art. 82 Abs. 2). Das Belangvolle drückt hier der noch neue Rechtsbegriff «befinden» aus [10]. Nach der Verfassung des Kantons Jura vom 20. März 1977 berät das Parlament das Regierungsprogramm, und der Rat hat für kantonale Pläne, die die Wirtschaft, das Bauwesen und die Raumordnung betreffen, zusätzlich die Genehmigung zu erteilen, ebenso für die Finanzpläne – eine differenzierte und etwas unebene Lösung. Der Entwurf für eine Kantonsverfassung Glarus vom April 1977 läßt das Parlament förmlich beschließen über grundlegende oder allgemeinverbindliche Pläne und gewisse Richtlinien (Art. 86 lit. d). Der Solothurner Entwurf von 1978 begnüge sich mit einer unverbindlichen Kenntnisnahme (Art. 61). Der Verfassungsrat des Kantons Aargau hat am 13. Dezember 1978 folgende Fassung verabschiedet:

[1] «Der Große Rat genehmigt die grundlegenden Pläne der staatlichen Tätigkeiten, insbesondere die Richtlinien der Staatspolitik mit dem Finanzplan und die Gesamtpläne der Raumordnung. Er (der Große Rat) kann Änderungen verlangen» (nämlich vom Regierungsrat, der die Pläne ausarbeitet und unterbreitet).

[2] «Ein Beschluß des Großen Rates über Planungen bindet diesen und alle angesprochenen Behörden. Es kann davon nur abgewichen werden, wenn die Planung im Zusammenhang überprüft und abgeändert wird.» [11]

Bei dieser aargauischen Lösung kommt es zwangsweise und gewollt zu einem Kooperieren zwischen Regierung und Parlament. Jene schlägt vor, dieses kann Änderungen begehren, worauf die Regierung neue Vorschläge zu machen hat; schließlich muß alles die Akzeptation des Großen Rates erlangen. Dieser aber beugt sich unter das Joch seiner eigenen Planungsentscheide. Will er davon abweichen, hat er eine konnexe Überprüfung

---

[10] Der Begriff ist der Konkretisierung bedürftig, und die Bundesversammlung hat ihn in der Hand. Er kann von Kenntnisnehmen über die Genehmigung bis zur Mitgestaltung oder verbindlichen Alleinfestlegung reichen. Macht sie minimalen Gebrauch, indem sie auch etwa den Begriff der Wichtigkeit sehr hochschraubt, sollte die Planungstätigkeit im Bund nicht einfach stillgestellt sein. Der Bundesrat ist durch einen eigenständigen Kompetenzartikel zur Planung auf jeden Fall verhalten, so daß zumindest er selbst für seinen Aktivitätsbereich sich dieser Tätigkeit zuwenden muß. So auch das neue Verwaltungsorganisationsgesetz vom 19. September 1978 (Art. 3 Abs. 1 lit. b-d). Vgl. meinen Aufsatz zum Verfassungsentwurf-Sonderheft der ZSR; Die staatsleitenden Behörden des Bundes (Bundesversammlung und Bundesrat), ZSR 97, 1978, S. 477 ff. (488, 493).

[11] § 79 der endgültigen Vorlage vom 13. Dezember 1978, der unverändert aus den Entwürfen (§ 43) übernommen wurde. Der Regierungsrat behält daneben – analog dem Bundesrat im Bundesentwurf – eine eigenständige Planungsbefugnis (§ 89 Abs. 1 Satz 2 der endgültigen Vorlage; § 53 Abs. 1 Satz 2 der Entwürfe).

durchzuführen. Dadurch soll die Zerstückelung des Planes durch die anschließenden Korrekturen vermieden werden. Die Ganzheit der Planung im Gewühl der politischen Planungsentscheidungen kann bei zureichender Umsicht bewahrt werden.

Hoffnung des Bundesentwurfes, der kantonalen Entwürfe von Glarus und Aargau: der politischen Planung Realität zu verschaffen, das Parlament im steuernden politischen Prozeß dabei zu haben, über die Planung dem Parlament politische Leitungswirksamkeit zu ermöglichen, alles um den Preis, daß das Parlament das gänzlich freie Tummelfeld des Beliebens verläßt und sich besonnen auf planvolle politische Aktivität einstellt. Möglicherweise nur vage Hoffnung, wenn man auf Anschauungen im nationalrätlichen Kommissionsbericht vom 16. Mai 1978 und die Plenarberatungen vom 13. Dezember 1978 einschwenkt.

VI. Weiterfahren?

Distanziert beurteilt, kann man durchaus eine Ohnmacht des Parlaments gegenüber der Planung konstatieren und allgemein festhalten, das Parlament renne an einer offenbar nicht zu bewältigenden Aufgabe an, die es sich besser gar nicht stelle, oder es strenge sich zu wenig an, um der Funktion Genüge zu tun. Jedenfalls soll man im gleichen Zug auch eingestehen, daß Planung auch kleingeschrieben werden kann: Ein Staat, zumal von der Art der Schweiz, der wegen der Kleinheit und der internationalen Dependenz stark auf Re-agieren und Spontanaktionen als Entscheidungsweisen angewiesen ist, hat auch mit minimaler und kurzfristiger politischer Planung Chance zu überleben. Wie sicher und leistungskräftig dies geschieht, steht freilich auf einem andern Blatt; aber wenn man es so haben will, so kann man den Weg auch dergestalt suchen. Nur wird man sich dann gegen den späteren Vorwurf kaum schützen, man habe zu früh aufgegeben und das Mögliche nicht mit Geduld verfolgt. Vor allem ist zu befürchten, daß man den Koordinationseffekt der Planung übersieht, und dieser Seite staatlicher Gestaltung kann gerade der Kleinstaat kaum entbehren.

Ich kenne die Schwächen des Parlaments auch, die Schwierigkeiten des Bundes- und der Kantonsparlamente im besonderen. Und ich hüte mich davor, die Räte in idealistischer Überhöhung auf Perfektionismus verpflichtet zu sehen und zu erwarten, sie überwänden die vielen dialektischen Bezüge, in die sie einbezogen sind, in reinigenden Synthesen durch bestmögliche Besetzung und hochgradige Anstrengung. Ich gehe insoweit einig mit denen, die auf die tatsächlichen Erschwerungen hinweisen und von enttäuschenden Erfahrungen berichten. Allein, ich möchte doch in Zweifel setzen, daß das Parlament in Personal- und Sachzwängen unkorrigierbar gefangen, neuen Einsichten verschlossen und anderen Arbeitsweisen vollends abgeneigt wäre. Geschichtlich gesprochen, ist es noch keine übermäßig lange Zeit, seit «Parlamentsreformen» gefordert werden, und daß sich die Reformbemühungen wie bisher immer im Engen und in Kleinstschritten erschöpfen müßten, ist keine Unerläßlichkeit. Die Geduld wird in dieser Thematik strapaziert, zugegeben, aber das ist, um der politischen Planung und um des Parlaments willen, nicht Grund genug, es resigniert beim heutigen Stand der Dinge bewenden zu lassen.

Zwei Fragen sind gleichsam Vorfragen und stehen in der Fortführung doch wohl voran. Das *Erste* ist eine Bemühung um Klärung und Aufklärung: dem Parlament – dem des Bundes, dem der Kantone und größeren Gemeinden – und dem Volk können der Auftrag, die Möglichkeiten und der tragende Sinn der politischen Planung durchaus näher gebracht werden. Die Vorstellung, daß es sich um die Verplanung in totalitärstaatlichen Tendenzen handle und daß das demokratisch verstandene Politische darin gerade untergehe, ist verbreitet. Daß der Planung jedoch auch andere Horizonte geöffnet sind und daß befreiende Wirkung und gestalterisches Vermögen daraus zu entspringen imstande sind, ist erst zu erklären und zu festigen, die Planung mithin aus dem elitären Ghetto und dem technokratischen Verdikt herauszuholen. Darin sind auch Wandlungen bei den Planern und Planungsverfechtern vorausgesetzt. Das *Zweite* ist die Bereitstellung einer brauchbaren Planungslehre für den Bereich der politischen Planung, also ein Aufruf an die Wissenschaft und die darauf orientierte Praxis, die beide zwar beachtliche Schritte eingeleitet haben, aber schwerlich behaupten können, es seien nun die methodischen, die kognitiven und die wegleitenden Theorien bereitgestellt. Namentlich stockt die Weiterführung am Problem der Verbindlichkeiten der politischen Planungen und Pläne[12], über deren Wesen, Stufungen und Formenordnung die Planungstheorie derzeit nicht weiterkommt, wenn sie sich nicht in die juristische Geltungslehre über Grundlagen, Gleichheit und Differenzierungen als

---

[12] Die Verbindlichkeit der politischen Planung und der politischen Pläne durchläuft folgende Problemstadien:
  1. Plan als Entwurf zur Eröffnung gedanklicher Dimensionen (Problemstellungen, Einblicke in Zusammenhänge und Konsequenzen), aber mit dem Ziel, zuletzt auf Handeln bedacht zu bleiben.
  2. Plan als «Willensentscheid» mit den Verbindlichkeitstypen
     – indikativer oder informativer
     – influenzierender
     – imperativer Art.
  3. Verbindlichkeit (Sollen) im «vollkommenen System» hat die Möglichkeit der Durchsetzung mit irgendwie gearteten «Sanktionen» im Gefolge, wobei Durchsetzungsmodalitäten sind:

Anstoß und Erfahrungsschatz vertieft. Im Bereiche der Bauplanung, teils ausgeweitet auf die terrestrische Raumplanung überhaupt, sind brauchbare Ergebnisse vorhanden. Aber gerade von da weg findet man den Zugang zur politischen Planung nicht direkt. Wenn denn «Ohnmacht des Parlaments gegenüber der Planung» diagnostiziert werden will, so liegt der Auftrag zur Korrektur nicht beim Parlament allein, vielmehr und vorweg da, wo Planung wissenschaftlich angegangen wird, und das ist ein multidisziplinärer Topos, für den die Arbeit offenbar erst begonnen hat.

- Anreiz oder Abhaltung
- Sozialdruck
- politische Auseinandersetzung
- Ungültigkeit planungswidriger Nachfolgeakte
- Zwang.

4. Verbindlichkeit im flexiblen System der Ambivalenzen
    - mit dauernder Abhängigkeit als Möglichkeit in rollender Planung
    - springende Planung mit stabilisierten Phasen und periodischen Revisionen
    - mit Rechtssetzungsformen und Rechtsnormen eingekleidete Planungen
    - verfestigte eigenständige Planungen.

Für die Schweiz sind noch nicht ausgeschöpft die Grundfragen der politischen Planung, die die von JOSEPH H. KAISER herausgegebenen Bände über Planung (I und II insbesondere, Baden-Baden 1965 und 1966) aufgeworfen und dargestellt haben.

Rechtspflege

Die aargauische Verwaltungsgerichtsbarkeit im System der schweizerischen Verwaltungsrechtspflege

Der mühevolle Weg zum Ausbau der aargauischen Verwaltungsgerichtsbarkeit, der sich über 25 Jahre hinzog, hat ein vorläufiges Ende gefunden[1]. Der Aargau darf sich seit 1969 mit Genugtuung zu den Kantonen zählen, die neben einer geordneten verwaltungsinternen Rechtspflege eine ansehnliche Verwaltungsgerichtsbarkeit aufweisen. Er ist zu den Ständen gestoßen, die ein unentbehrliches Element des Rechtsstaats festigen und praktizieren[2]. Er mag sich mit Fug rühmen, daß sich sein neues Gesetz über die Verwaltungsrechtspflege durch Klarheit und begrifflich-systematische Prägnanz wohltuend von etlichen brüderlichen Erlassen anderer Kantone und des Bundes abhebt. Er hat nicht nur das eigene Rechtsschutzsystem entscheidend fortgeführt, sondern auch einen beachtlichen Beitrag an die Ausgestaltung des *schweizerischen* Systems geleistet.

In: «Aargauische Rechtspflege im Gang der Zeit», Festschrift des Aargauischen Juristenvereins, S. 293–306. Verlag Keller, Aarau 1969.

[1] Sowohl die Botschaft des Regierungsrates vom 3. Mai 1967, als auch die parlamentarischen Beratungen haben unerwähnt gelassen, daß der Aargauische Juristenverein – und insbesondere sein langjähriger Präsident, Staatsschreiber Dr. Werner Baumann – rechtspolitisch und substantiell der unbeirrt treue Förderer und Wahrer der Idee war, insbesondere auch in der langen Periode von 1956 bis 1965, als die Vorarbeiten trotz Motionen und Regierungsratsbeschlüssen in der Exekutive stille standen. Der Juristenverein hat seine Versammlungen vom 7. Juni 1962 (mit einem einleitenden Referat des Verfassers dieses Aufsatzes, Der Ausbau der Verwaltungsgerichtsbarkeit im Kanton Aargau, Aargauisches Beamtenblatt 1962, Nr. 9 und 10) und vom 19. März 1964 (mit einem rechtsvergleichenden Referat von Prof. WILFRIED SCHAUMANN, Verwaltungsgerichtsbarkeit in deutscher und schweizerischer Sicht, ZBl 65, 1964, S. 361 ff.) benutzt, um das Geschäft sachlich und von der Sache aus auch politisch zu beleben.

[2] Ausgebaute Verwaltungsgerichtsbarkeit gilt seit dem 19. Jahrhundert als eines der drei konstituierenden Prinzipien des formellen Rechtsstaates, der seinerseits Voraussetzung für den heute angestrebten materiellen Rechtsstaat bildet. Vgl. HANS HUBER, Niedergang des Rechts und Krise des Rechtsstaates, in: Festgabe für Zaccaria Giacometti, Zürich 1953, S. 68 ff.; MARTIN SELLMANN, Der Weg zur neuzeitlichen Verwaltungsgerichtsbarkeit – ihre Vorstufen und dogmatischen Grundlagen, in: Staatsbürger und Staatsgewalt, Jubiläumsschrift zum hundertjährigen Bestehen der deutschen Verwaltungsgerichtsbarkeit, Band I, Karlsruhe 1963, S. 75 ff.

I. Vom schweizerischen System der Verwaltungsrechtspflege

Nun hat es freilich seine Schwierigkeiten, wenn man ein schweizerisches «System» der Verwaltungsrechtspflege nachweisen wollte. Man wird zumindest nur behutsam den Begriff aufnehmen. Denn unter einem echten System – sei es das des Rechtsschutzes schlechthin, sei es das der Verwaltungsrechtspflege – wird man im Sinne der allgemeinen Rechtslehre einbeziehen: die organisatorisch und funktionell so harmonisierte Ordnung der Rechtspflege, daß die Verwirklichung des objektiven und des subjektiven Rechts aufgrund von Rechtsbehelfen Betroffener gewährleistet ist. Es sollte sich um ein rechtslogisch relativ geschlossenes Institutionengefüge handeln, worin aufeinander abgestimmte Instanzenzüge und Verfahren gemäß bewährten Maximen der Prozeßgestaltungen eingerichtet sind. In einem Bundesstaat, der die Justizhoheit nicht ausschließlich dem Gesamtstaat zuweist und die Gliedstaaten an der Rechtspflege auch über materielles Bundesrecht beteiligt, erhöht sich das Bedürfnis der Harmonisierung. Es ist allerdings auch weit schwieriger zu befriedigen als in Einheitsstaaten oder in Bundesstaaten, welche die Justizordnung zentral treffen oder die Justizhoheiten von Bund und Gliedstaaten im Prinzip trennen[3]. Die Schweiz weist in der Tat im Bereich der Verwaltungsrechtspflege ein nur lückenhaft harmonisiertes Gefüge auf, was sich zum Teil aus einer großen Zurückhaltung des Bundes gegenüber den Kantonen erklärt, in deren Organisation und Verfahren in Verwaltungssachen einzugreifen.
Vom gegenwärtigen schweizerischen «System» sind im vorliegenden Zusammenhang drei Eigenarten hervorzuheben.

1. Die dualistische Verwaltungsrechtspflege
Man wird dem schweizerischen Rechtsschutz in Verwaltungssachen erst gerecht, wenn man die verwaltungsinterne Rechtspflege in das System einbezieht[4]. Das Rechtsschutzbedürfnis wird auch auf diesem Weg in

---

[3] Dem Typus der aus zentraler Sicht und Gesetzgebung geordneten Justiz ist u. a. die Bundesrepublik Deutschland zuzuzählen, während der Typ der Trennung der amerikanischen Justizordnung zugrundeliegt. Vgl. KONRAD HESSE, Grundzüge des Verfassungsrechts der Bundesrepublik Deutschland, 3. Aufl., Karlsruhe 1969, S. 203 ff.; THEODOR MAUNZ, Deutsches Staatsrecht, 11. Aufl., München/Berlin 1962, S. 218 ff.; KARL LOEWENSTEIN, Verfassungsrecht und Verfassungspraxis der Vereinigten Staaten, Berlin/Göttingen/Heidelberg 1959, S. 396 ff., 459 ff.; ERNST FRAENKEL, Das amerikanische Regierungssystem, 2. Aufl., Köln/Opladen 1962, S. 135 f.

[4] Terminologisch sollte man von der in letzter Zeit aufgekommenen Übung wieder abgehen, die verwaltungsinterne Rechtspflege auch Verwaltungsrechtsprechung zu bezeichnen (vgl. MAX IMBODEN, Schweizerische Verwaltungsrechtsprechung, 3. Aufl., II Bände, Basel/Stuttgart 1968/69, wo der Begriff der Rechtsprechung sowohl die verwaltungsinterne als auch die verwaltungsgerichtliche Rechtspflege deckt). Denn

beachtlichem Maß befriedigt[5]. Das darf indessen nicht besagen, daß die beiden Wege gleichwertig und die Verwaltungsgerichtsbarkeit entbehrlich wäre, sobald ein befriedigendes Verwaltungsverfahren besteht[6]. Die beiden

man schafft nur neue Verwirrung in der ohnehin verwilderten Terminologie des öffentlichen Verfahrensrechts. Rechtsprechung soll vorbehalten bleiben für die Rechtsanwendung durch Gerichte und soll dem Begriff der Gerichtsbarkeit entsprechen. Der Ausdruck Rechtspflege wird richtigerweise als Oberbegriff verwendet, wie es z.B. BERNHARD MEIER, Die Verwaltungsrechtspflege im Kanton Aargau, Aarau 1950, S.2ff., begründet und konsequent durchführt und wie es mit der Gesetzessprache z.B. des OG und der kantonalen Rechtspflegegesetze übereinstimmt. Verwaltungsrechtspflege erfaßt darnach auf der einen Seite den gerichtlichen Rechtsschutz in Verwaltungssachen und auf der andern Seite die rechtsschützende Rechtsanwendung durch Verwaltungsbehörden. Das Merkmal der Streitschlichtung in den Begriff der Rechtspflege aufzunehmen (vgl. BERNHARD MEIER, a.a.O., S.7), ist verbreitet, aber prekär, weil der Begriff des Streites als klassifikatorischer Begriff letztlich nur für die Zivilrechtspflege geeignet ist (vgl. meine Arbeit: Die richterliche Unabhängigkeit als staatsrechtliches Problem, Bern 1960, S.10ff.) und im Verwaltungsbereich eine spezifische Kategorie von Verwaltungsakten anvisiert (vgl. ADOLF SCHÜLE, Der streitentscheidende Verwaltungsakt, in: Staats- und verwaltungswissenschaftliche Beiträge der Hochschule Speyer, Stuttgart 1957, S.277ff., und HANS J. WOLFF, Verwaltungsrecht I, 6.Aufl., München/Berlin 1965, S.273). Zuzugeben ist allerdings, daß «rechtsschützende Rechtsanwendung» auch Bedenken hat, zumal da Tendenzen bestehen, überhaupt jede Rechtsanwendung als Rechtspflege zu bezeichnen. Diese Tendenz besteht auch im aargauischen VerwRPflG, das Bestimmungen für die Rechtsanwendung aller Stadien enthält (vgl. §§ 1, 2, 15, 21–32), also auch für den ursprünglichen Verwaltungsakt.

[5] Zu den Mängeln der verwaltungsinternen Verfahren zusammenfassend: HENRI ZWAHLEN, Le fonctionnement de la justice administrative en droit fédéral et dans les cantons, ZSR 66, 1947, S.111 a ff.; MAX IMBODEN, Erfahrungen auf dem Gebiet der Verwaltungsrechtsprechung in den Kantonen und im Bund, ebenda, S.43 a ff. Offensichtlich hat sich das Niveau der verwaltungsinternen Rechtspflege gehoben, was sich u. a. daran ablesen läßt, daß wahrscheinlich mehr als die Hälfte der von MAX IMBODEN, Schweizerische Verwaltungsrechtsprechung, als wegleitend behandelten Entscheidungen von Verwaltungsbehörden stammen.
Die Fortschritte in den Verfahren dürften zurückzuführen sein:
– auf eine allgemeine Hebung des Verwaltungsrechts;
– auf die mittelbare Wirkung der Verwaltungsgerichte und des Bundesgerichts auf die Verwaltungsbehörden;
– auf die Verbesserung der Verfahren;
– auf die erhöhte Sorgfalt in der Vorbereitung der letztinstanzlichen Entscheide in der Exekutive.
Im letzten Punkt ist der Aargau schrittmachend mit der Institution des selbständigen Rechtskonsulenten, der in dem einen Zweig seiner Aufgaben die Instruktion der Rechtspflegeakte des Regierungsrats zu besorgen hat. Vgl. einläßlich zum aargauischen Rechtskonsulenten: GEORG MÜLLER, Die Stabsstellen der Regierung als staatsrechtliches Problem, Basler Diss. 1969.
[6] Zu den schweizerischen Legiferierungen über das Verwaltungsverfahren (mit Abdruck der Erlaße des Bundes und der Kantone Zürich, Bern, Schwyz, Freiburg, Solothurn, Basel-Landschaft, St.Gallen, Graubünden, Tessin, Waadt): ERNST FISCHLI, Verwal-

Wege sind nicht Alternativen und sollen rechtspolitisch nicht gegeneinander ausgespielt werden. Vielmehr dürfte sich, wenn auch unausgesprochen, die Einsicht durchgesetzt haben, daß sie miteinander *zu verknüpfen* seien: Die verwaltungsinterne Rechtspflege soll in der Regel die erstinstanzlichen Institutionen stellen, während die Verfahren letztinstanzlich in die prinzipiell einstufige Gerichtsbarkeit ausmünden. Dies ist eine grobe Regel, die *de lege lata* erst begrenzt besteht, die jedoch rechtspolitische Maxime sein dürfte[7]. In der aargauischen Ordnung ist sie jetzt soweit verwirklicht, als ihr §§ 53–54 VerwRPflG (Beschwerdefälle) Raum geben und § 60 VerwRPflG (verwaltungsgerichtliche Klage) das interne Verfahren nicht überflüssig macht.

2. *Organisationsautonomie bezüglich des kantonalen Verwaltungsrechts*

Die Verwaltungsrechtspflege hat den Rechtsschutz für *materielles* Verwaltungsrecht zu verschaffen. Dies ist zu einem beachtlichen Teil kantonales Recht, das im vorliegenden Zusammenhang auch kommunales Recht einschließt. Der Bund überläßt es grundsätzlich den Kantonen, ob und allenfalls wie sie die Rechtspflege in bezug auf das *kantonale* Verwaltungsrecht gestalten wollen. Von Bundesrechts wegen ist *expressis verbis* keine generelle verfassungsrechtliche Garantie dafür aufgerichtet, daß die Kantone überhaupt rechtspflegerische Organisationen und Verfahren einrichten. Ob allerdings Artikel 4 BV oder ungeschriebenes Verfassungsrecht eine garantierende Minimalnorm des Bundes abzugeben vermöchten, ist zurzeit eine müßige Frage; denn jeder Kanton sorgt für eine – irgendeine – Rechtspflege in kantonalen Verwaltungssachen, und der Bund setzt in der Folge die Existenz faktisch oder auf Gesetzesstufe vielfach voraus. Praktisch bedeutsam ist dagegen die andere Frage, ob der Bund den Kantonen Freiheit läßt, in kantonalen Verwaltungssachen *Gerichtsbarkeiten* einzu-

---

tungsverfahrensgesetze des Auslandes, herausgegeben von Carl Hermann Ule, Berlin 1967, S. 605 ff.

[7] Hier wird einmal mehr ersichtlich, daß die Rechtswissenschaft nicht nur das geltende und anwendungsbedürftige Recht zum Gegenstand haben kann, sondern sich auch mit dem zu schaffenden neuen Recht abzugeben hat. Mit anderen Worten: die Jurisprudenz ist nicht nur Lehre des positiven Rechts, insbesondere der Rechtsanwendung, sondern auch Lehre der Rechtssetzung, beides im weiten Sinne dieser Begriffe. Dies war für WALTHER BURCKHARDT (vgl. z. B. Einführung in die Rechtswissenschaft, Zürich 1939, S. 219 ff.) selbstverständlich, aber eine «Gesetzgebungslehre» in der festen Etablierung, wie es etwa eine Auslegungslehre gibt, wird erst rudimentär betrieben. Eine Gesetzgebungslehre hat indessen nicht nur die Rechtssetzungstechnik zu formen (vgl. z. B. HANSWERNER MÜLLER, Handbuch der Gesetzgebungstechnik, 2. Aufl., Köln/Berlin/Bonn/München 1968), sondern auch inhaltlich Ausrichtungen zustandezubringen, die man als rechtsmaterielle Postulate und im Falle der vereinfachten Fassung rechtspolitische Maximen nennen mag. Zur weitgefaßten Aufgabe der Jurisprudenz vgl. auch O. A. GERMANN, Grundlagen der Rechtswissenschaft, 2. Aufl., Bern 1968, S. 102 ff.

richten, sei es generell, sei es für gewisse Akte. Die Auseinandersetzung um öffentlich-rechtliche Vermögensrechte zwischen Gemeinwesen und Einzelnem jetzt einmal ausgenommen, wo den Kantonen aus der Eigentumsgarantie und dem bundesrechtlichen Gebot des rechtlichen Gehörs möglicherweise die Schaffung von Gerichtsbarkeiten verfassungskräftig auferlegt sein könnte, ist festzuhalten, daß nach herrschender Auffassung jene kantonale Freiheit in der Tat besteht. Der Kanton kann also Gerichtsbarkeiten in Verwaltungssachen aufrichten oder es auch sein lassen. Und es sind zurzeit keine tauglichen Rechtsbehelfe vorhanden, die dem Bürger oder einer Gemeinde ermöglichten, vom Bund zu erwirken, daß der Kanton entsprechende Gerichtsbarkeiten zu schaffen hätte, selbst wenn man dazu käme, Artikel 58 BV, d. h. die Garantie des unabhängigen «gesetzlichen Richters», auch auf Anstände in Verwaltungssachen auszuweiten.

Acht von 25 Kantonen haben zurzeit den verwaltungsgerichtlichen Rechtsschutz so ausgebaut, daß sie behaupten können, sie hätten eine festgefügte allgemeine Verwaltungsgerichtsbarkeit, nämlich Basel-Stadt (gemäß Gesetz von 1905, revidiert 1928), Zürich (1959), Basel-Landschaft (1959), Bern (1961), St. Gallen (1965), Tessin (1966), Graubünden (1967) und jetzt auch der Aargau mit dem Gesetz vom 9. Juli 1968. Zwei Kantone haben beachtliche Elemente nachzuweisen oder stehen vor einem Vollausbau: Wallis (1877), Solothurn (1961). Der Kanton Schwyz hat von der Möglichkeit des Artikels 114bis Absatz 4 BV Gebrauch gemacht und Administrativstreitigkeiten dem Bundesgericht überantwortet. Im Bereiche der Steuerjustiz und des Enteignungsrechts ist die Mehrzahl der Kantone mit hinlänglichen verwaltungsgerichtlichen Einrichtungen versehen. Die zivilgerichtliche Verwaltungsjustiz ist eingeengt auf wenig Gegenstände, praktisch meist auf fiskalische Streitigkeiten[8].

Immerhin ist der Bund nicht vollends gleichgültig gegenüber den kantonalen Rechtsschutzeinrichtungen: Mit der staatsrechtlichen Beschwerde stellt er einen Behelf zur Verfügung, der imstande ist, grobe Verstöße der Kantone zu beseitigen[9].

---

[8] Übersichten bei MAX IMBODEN, Die Verwaltungsrechtsprechung in der Schweiz, in: Staatsbürger und Staatsgewalt, Jubiläumsschrift zum hundertjährigen Bestehen der deutschen Verwaltungsgerichtsbarkeit, Band I, Karlsruhe 1963, S. 75 ff., sowie in meinem Landesbericht für das Max-Planck-Institut für ausländisches öffentliches Recht und Völkerrecht: «Der gerichtliche Rechtsschutz des Einzelnen gegenüber der vollziehenden Gewalt», 1969, S. 955 ff.

Zum schwyzerischen Recht (gemäß dem Gesetz über die Verwaltungsrechtspflege vom 18. Juli 1951) ein instruktiver Anwendungsfall in BGE 93 I 506.

Zu Hilfsmitteln der Rechtsbehütung: FRITZ GYGI, Staatshaftung und Verwaltungsrechtspflege, in: Mélanges Marcel Bridel, Lausanne 1968, S. 221 ff.

[9] Die staatsrechtliche Beschwerde ist in diesem Zusammenhang nicht leicht zu bewerten: Zwar stellt sie, wie HANS HUBER vor allem in seinen alljährlichen Besprechungen der

3. Der differenzierte Rechtsschutz in Bundesverwaltungssachen

In ausgedehnten Bereichen, in denen die Kantone materielles *Bundes*verwaltungsrecht vollziehen, überläßt es der Bund ebenfalls den Kantonen, wie sie die Rechtspflege ordnen wollen. Nur gelegentlich – Hauptbeispiel bietet die Bundesgesetzgebung über die Sozialversicherungen – schreibt er ihnen bestimmte Justizorgane und -verfahren vor. In vielen eidgenössischen Verwaltungsgesetzen rechnet er mit einer verwaltungsinternen Rechtspflege der Kantone, die er aber nicht selbst ausformt. Die allgemeine Zurückhaltung des Bundes hat nur scheinbar Parallelen in der Zivil- und Strafgerichtsbarkeit. Denn in diesen beiden Sparten bestehen nicht nur tradierte kantonale Justizorganisationen, auf die Artikel 64 Absatz 3 und Artikel 64bis Absatz 2 BV Bezug nehmen und die sie voraussetzen, so daß die kantonale Gerichtsbarkeit auf eidgenössischer Verfassungsebene implizit garantiert ist, sondern auch Artikel 58 Absatz 1 BV mit der Garantie des «gesetzlichen Richters» gibt dem Bürger ein verfassungsmäßiges Recht auf richterliche Beurteilung in Zivil- und Strafsachen[10]; in Verwaltungssachen aber ist, wie erwähnt, Artikel 58 Absatz 1 BV gleichsam noch unterentwickelt und gibt kein Grundrecht auf richterliche Entscheidung. In der Zivil- und Strafgerichtsbarkeit kann der Bund also die berühmte Zurückhaltung üben, weil auf jeden Fall die Justiz im Prinzip ausreichend gefestigt und gesichert erscheint[11]. Für das Verwaltungsrecht dagegen fehlt heute diese fundierte Justizbasis noch, so daß es nahe läge, durch Bundesrecht Minimalgarantien bereitzustellen.

Der Bund hat jedoch für die Behütung *seines* materiellen Verwaltungsrechts sichere Stütze in der eigenen Ordnung der Verwaltungsrechtspflege: Die kantonalen Verfahren werden meist übergeleitet in eidgenössische, seien es verwaltungsinterne, seien es verwaltungsgerichtliche, seien es schließlich gemischte. Hier dann hat der Bund Gelegenheit, allfällige Mängel im kantonalen Gang *in concreto* zu berichtigen. Ungefähr zu gleicher Zeit, da der Aargau seine Verwaltungsrechtspflege reformiert hat, ist der

---

BGE in der ZBJV immer wieder zeigt, für die Kantone oft und weit die Funktion eines verwaltungsgerichtlichen Rechtsmittels dar; ihre Beschränkung der Beschwerdegründe, der Kognition und der Legitimation engt sie aber doch so ein, daß sie doch wieder nur die gebrechliche Notlösung eines subsidiären Rechtsbehelfs bildet. Vgl. auch CLAUDE BONNARD, Problèmes relatifs au recours de droit public, ZSR 81 II, 1961, S. 392 ff.

[10] Das Bundesgericht hat in kurzer Zeit Artikel 58 Absatz 1 BV unmittelbare Geltung gegeben und dürfte im Begriffe stehen, die Norm zu bereichern: BGE 91 I 399, 92 I 271, 93 I 232.

[11] Bezeichnend für die Zurückhaltung die Erörterungen im Schoße des Schweizerischen Juristenvereins zur Vereinheitlichung des Zivilprozeßrechts: Referate von MAX GULDENER und JOSEPH VOYAME mit der lebhaften Diskussion: ZSR 80 I, 1961, S. 1 ff. und III, S. 395 ff. und jetzt die Berichterstattung des Vorstandes des Schweizerischen Juristenvereins in ZSR 88 II, 1969, S. 9 ff.

Bund zur Neuordnung seiner Verwaltungsrechtspflege gelangt[12]. Darin regelt er auch weite Bereiche der Rechtspflege in demjenigen Bundesverwaltungsrecht, das nicht durch die Kantone, sondern allein durch Organe des Bundes vollzogen wird. Diese rechtspflegerische Tätigkeit ist für die Kantone und *ihre* Rechtspflege insofern belangvoll, als sowohl im materiellen als auch im Verfahrensrecht die Kantone daraus Impulse und Anregungen erlangen.

II. Das zwiespältige «System» der materiell-rechtlichen Richtigkeit

Man ist leicht geneigt, den verfahrensrechtlichen Ordnungen zuzubilligen, kantonalen Eigenheiten und Vorlieben zu frönen und dem Bunde seinen gewundenen Gang in der Verwaltungsgerichtsbarkeit als Kuriosität zuzugestehen, wenn schließlich nur materiell richtige Entscheidungen aus den Prozeduren hervorgehen. Und diese richtigen, wie auch immer gewonnenen Erkenntnisse in Allgemeinen Lehren einzufangen[13] und nachher den Rechtspflegeorganen gesammelt wieder zur Verfügung zu halten, scheint der geforderten Rechtsstaatlichkeit Genüge zu tun. In der Tat kann man die Bemühungen, «Rechtsgrundsätze der Verwaltungspraxis»[14] zu ermitteln und daraus schließlich ein materielles Allgemeines Verwaltungsrecht für schweizerische Staats- und Rechtsverständnisse zu entfalten, nicht hoch genug schätzen. Dergestalt wird, wie es scheint, statt eines echten Systems im Verfahrensrecht ein praktisch wirksames System im materiellen Recht zustandegebracht. Allein, so einfach läßt sich die verfahrensrechtliche Problematik doch nicht abtun. Man wird insbesondere drei Sachverhalte nicht übersehen dürfen.

1. Die Unübersichtlichkeit der Verfahrensgesamtordnung
Trotz oder besser: gerade wegen der Vielheit von Rechtsquellen, die in der Schweiz materielles Verwaltungsrecht hervorbringen, drängt sich auf,

---

[12] BG über die Änderung des BG über die Organisation der Bundesrechtspflege vom 20. Dezember 1968 und das BG über das Verwaltungsverfahren vom gleichen Tag; bisher publizierte Texte in: BBl 1968 II, S. 1200 ff. und S. 1222 ff.

[13] Wie Allgemeine Lehren des Verwaltungsrechts in einem dauernden Wechselgespräch von Richtersprüchen und wissenschaftlichen Auswertungen zustandekommen, wird eindrücklich sichtbar an den Besprechungen der Entscheidungen des deutschen Bundesverwaltungsgerichts durch OTTO BACHOF, Verfassungsrecht, Verwaltungsrecht, Verfahrensrecht, Band I, 2. Aufl., Tübingen 1964, S. 242 ff. und Band II, Tübingen 1967, S. 278 ff.

[14] So der Untertitel des in Anm. 4 zitierten Werks von MAX IMBODEN, Schweizerische Verwaltungsrechtsprechung.

zumindest das Verfahrensrecht klar, einfach und übersichtlich zu gestalten. Die ethisch dienende Rolle des das Verfahrensrecht einschließenden Organisationsrechts, das um des materiellen Rechts willen da ist, wird nicht wahrgenommen, wenn die Buntheit besteht, wie sie die gegenwärtige Verfahrensordnung in der Schweiz widerspiegelt. Dies trifft nicht nur auf die gesamtschweizerische Ordnung zu, sondern gilt auch für die internen Rechtspflegesysteme des Bundes und vieler Kantone. Der Rechtssuchende – dieses harte Urteil müssen wir uns gefallen lassen – findet sich in der Verwaltungsrechtspflege in der Schweiz allgemein und für seinen besonderen Fall schwer zurecht. Es besteht in der Regel kein Mangel an Institutionen und Verfahren; im Gegenteil, sie sind jedoch in verwirrender Mannigfaltigkeit vorhanden.

2. Die politische und sachliche Rechtfertigung

Der unbefriedigende Zustand ist nicht einfach das Ergebnis eines politischen Spieltriebs oder der Engstirnigkeit. Es stehen sehr oft einleuchtende Gründe hinter den gewählten Varianten. Die Gesetze über den Ausbau der Verwaltungsgerichtsbarkeit haben in den meisten Kantonen und im Bund die politischen Hindernisse mit Ausformungen überspringen müssen, von denen man glaubte, sie würden in Verwaltung, Parlament und Volk am ehesten angenommen. Dazu wurde man um so eher verführt, als kein idealer Erlaß vorlag, den ein Gesetzgeber, der etwas auf sich gab, einfach hätte übernehmen können. In Wirklichkeit haben die verschiedenen Strukturen der acht kantonalen und der Bundesregelungen einen gewissen Originalitätscharakter; jede ist auf seine Weise ein Versuch, und man hat ungewollt ein weites Feld des legislatorischen Experimentierens abgesteckt. Es muß in einiger Zeit ein erheblicher Erfahrungsschatz greifbar sein.

3. Verkennungen des Verfahrensrechts

Von Nutzen für die Rechtspraxis sind Experimente, Varietät und Erfahrung nur dann, wenn ein Wille besteht, schließlich Angleichungen und Vereinheitlichungen vorzunehmen und allmählich ein echtes verfahrensrechtliches System zustandezubringen. Die Methoden der Vereinheitlichung sind uns geläufig: freiwillige Anpassungen der Kantone, konkordatliche Verpflichtungen, bundesrechtliche Normativregelungen oder Einheitsgesetzgebung. Die Skepsis wird vorwiegen, ob in den Kantonen in absehbarer Zeit die Bereitschaft zu Vereinheitlichungen bei den politischen Behörden hergestellt werden könnte. Die vorherrschende Ursache dürfte darin liegen, daß insbesondere in den Parlamenten die Bedeutung des Verfahrensrechts verkannt wird, und die Haltung ist verbreitet, auf außerkantonale Spruchpraxis und Verfahrensordnungen nicht oder wenig

Bedacht zu nehmen. Davon macht der Aargau keine Ausnahme, wie die Behandlung der Vorlage im Großen Rat gezeigt hat: Gewicht und Rolle des Verfahrensrechts wurden nicht durchwegs erkannt.

Das schiefe Bild vom Verfahrensrecht, das der Halb-Laie gern als Formalismus abtut und womit er schnell und billig Beifall erntet, erzeugt schließlich eine Rechtsverachtung, die das materielle Recht mitreißt[15]. Eine Zeit, wie die unsere, die eine wohltuende Formen*freiheit* genießt und die die Verkrampfungen des prozessualen Positivismus hat lösen können, stellt sich immer näher an den Abgrund der Form*losigkeit*, die sich in der Jurisprudenz regelmäßig auch bald als geistige Disziplinlosigkeit darbietet. Ohne zureichendes Verfahrensrecht kein real-materielles Recht. Durch jenes erst kommt die die Rechtssicherheit ausmachende Bestimmtheit, Gewißheit und Eindeutigkeit des positiven Rechts zustande; ja, die Positivität des materiellen Rechts hängt immer wieder am Faden hinlänglichen Verfahrensrechts. Aber dafür muß das Verfahrensrecht seinerseits den Erfordernissen der Rechtssicherheit Genüge tun, also Klarheit, Eindeutigkeit und zweifelsfreie Erkennbarkeit aufweisen[16].

III. Zur Handhabung der neuen Verwaltungsgerichtsordnung

Allgemeine Verwaltungsgerichtsbarkeit in einem schweizerischen Kanton erweitert und kräftigt den Rechtsstaat. Sie ist innerkantonal regelmäßig ein Fortschritt und eine klärende Errungenschaft; diese Feststellung trifft für die neue aargauische Verwaltungsgerichtsordnung uneingeschränkt zu. Doch darf dadurch nicht verschleiert werden, daß – aufs Ganze und Gesamtschweizerische gesehen – vorerst eine weitere Komplizierung des Rechtsschutzsystems eintritt; denn die Varietäten werden erweitert. Deswegen wird gegenüber einer neuen Verwaltungsgerichtsordnung eine bestimmte Einstellung erwartet, zu der insbesondere drei Postulate gehören.

1. Das bleibende Ausbaubedürfnis
Ein neues Verwaltungsrechtspflegegesetz, auch wenn es, wie das aargauische, sorgfältig konzipiert und formuliert ist, kann keinen Dauerzustand herstellen. Weit mehr als bei anderen Verfahrensgesetzen wird man die

---

[15] Manchmal ist es, als ob die großen Mahner an die Bedeutung der juristischen Formen und Verfahren einfach vergessen wären, selbst wenn sie als Überwinder des Formalismus noch voll in die Gegenwart hineingewirkt haben, wie z. B. GUSTAV RADBRUCH, Rechtsphilosophie, 4. Aufl., Stuttgart 1950, S. 184 ff., 292 f.; Vorschule der Rechtsphilosophie, Willsbach / Heidelberg 1948, S. 59 f.

[16] Zur Rechtssicherheit prägnant: HEINRICH HENKEL, Einführung in die Rechtsphilosophie, München / Berlin 1964, S. 333 ff.

rasche Ausweitung und die wachsenden Interdependenzen des materiellen Verwaltungsrechts sowie die unbestrittenen Unvollkommenheiten des heutigen Verfahrensrechts bedenken und sich offen halten bezüglich aller Mängel des geltenden Rechts, für alle Anregungen zu Verbesserungen, für alle Möglichkeiten der sachadäquaten Modifikationen, für alle Rundungen zum echten System. Das Postulat der Öffnung trifft dereinst den Gesetzgeber wieder, von dem Revisionsbereitschaft gefordert wird. Es trifft aber vorerst und in aller Intensität die Organe der Verwaltungsgerichtsbarkeit selbst, die in den Verwirklichungsvorgängen durch Auslegung und Fortbildung die innere Freiheit und den Weitblick zum «lebendigen Prozeßrecht» an den Tag legen. Dabei sind es vor allem die ersten Jahre, die die Grundeinstellung prägen und das Wirkungsfeld der Justiz abstecken. Die Wirkungsweise der neuen Verwaltungsgerichtsordnung ist im Rahmen des Gesetzes frei bestimmbar, und die erste Richtergeneration hat hiefür die schöne Verantwortung eines spezifischen richterlichen Schöpfertums.

2. Die Angleichungen

Auf lange Sicht gesehen, müssen die rechtspolitischen Ziele der schweizerischen Verwaltungsrechtspflege darin bestehen, allen Kantonen allgemeine Verwaltungsgerichtsbarkeit zu verschaffen, Vereinheitlichungen unter ihnen herbeizuführen und die Harmonisierung mit der Verwaltungsrechtspflege des Bundes so zu vervollkommnen, daß die Einfachheit, Übersichtlichkeit und Geschlossenheit zu einem echten Rechtsschutzsystem erreicht sind. Darin ist mitbegriffen, daß der Bund sich den gleichen Zielen unterwirft und seine verwaltungsgerichtliche Regelung, die in der Novelle von 1968 kein Muster legislatorischer Kunst bietet [17], ebenfalls wesentlich verbessert.

Wie auch immer die Angleichungen gefunden werden, so wird bis zu einem gewissen Grade der Kompromiß unter den bestehenden Regelungen ihr Gesicht bestimmen. Aber richtigerweise nur bis zu «einem gewissen Grade». Wesentlicher soll sein, daß von den ins Experiment gesetzten Lösungen solche obenaufschwingen, die sachlich am sinnvollsten erscheinen. Das birgt für die künftige Handhabung des aargauischen Verwaltungsrechtspflegegesetzes den langfristigen Auftrag in sich, daß ihm die optimale Verwirklichung ermöglicht, daß die angelegten Institutionen zur vollen Entfaltung gebracht werden. Die neueste der schweizerischen Verwaltungsgerichtsordnungen, welche viele Mängel früher erlassener Regelun-

---

[17] Immerhin verdient die für das Parlament rühmliche Tatsache festgehalten zu werden, daß die Vorlage des Bundesrats (BBl 1965 II, S. 1265 ff.) ursprünglich gerade an den prozessual heikelsten Punkten (Ausschlüsse von der Generalklausel und Begriffsdurchbildung) unbefriedigend war und durch die parlamentarische Kommissionsarbeit schließlich wesentlich verbessert wurde.

gen hat vermeiden können, hat die Möglichkeit, wegleitend zu werden. Diese wird sich mit dem an der Praxis zu belegenden Hinweis erfüllen, daß Organisation und Verfahren ausgeglichen konzipiert seien und daß die daraus hervorgehende Rechtsprechung sachlich von auszeichnender Qualität sei.

3. Betreuung kritischer Institutionen

Damit verbindet sich die Hoffnung, daß die neue aargauische Verwaltungsrechtsprechung allgemeine Institute so handhabt, daß der richterliche Rechtsschutz möglichst weiten Umfang erlangt [18]. Dies trifft namentlich zu für die allgemeine Legitimation (§ 38 VerwRPflG), für die im Gesetz keine originelle und keine sehr aussagekräftige Formulierung gefunden wurde [19]. Es sind einige Institutionen im aargauischen Verwaltungsrechtspflegegesetz, auf die die schweizerische Lehre und Praxis ganz besonders aufmerksam sein werden, weil es um die Bewährung vor allem im Hinblick auf spätere Angleichungen geht.

a) Obwohl die Gerichtsorganisation keine so große Bedeutung hat, wie die Politik rings um den Erlaß der Verwaltungsrechtspflegegesetze den Anschein erweckt [20], wenn nur eine vollwertige richterliche Unabhängigkeit sichergestellt ist, wird es von besonderem Interesse sein, wie sich die

---

[18] Obwohl ich der Euphorie fernstehe, die in der Verwaltungsgerichtsbarkeit ein Allheilmittel und im unbeschränkten Ausbau eine primäre rechtsstaatliche Fundamentalforderung erblickt, empfiehlt es sich m. E., daß die Rechtsprechung ihre Räume freier Gestaltung zugunsten der Justiz voll ausnutzt; denn der Gesetzgeber hat schon hinreichend für Bremsungen gesorgt. Und die qualifizierte Leistungsfähigkeit des Richters wird – ich bleibe bei meiner alten These – zu wenig gesehen und zu wenig genutzt. Über die Voraussetzungen, Möglichkeiten und Ausprägungen des Richters hervorragend der ehemalige deutsche Bundesverfassungsrichter Prof. Ernst Friesenhahn, Der Richter in unserer Zeit, Festvortrag zur Eröffnung des internationalen Richtertags 1969 in Berlin, Deutsche Richterzeitung 47, 1969, S. 169 ff. Man kommt auch dann noch nicht in den Sog deutscher Auffassungen über die Verwaltungsgerichtsbarkeit, die für die schweizerische Einstellung zu den Gewalten und Staatsfunktionen offensichtlich zu «konsequent» und forciert erscheint. Dian Schefold, Zum deutschen Verwaltungsrechtsschutz, Gerichtsverfassung und Gerichtsverfahren in der neueren Gesetzgebung, im Hinblick auf das schweizerische Recht untersucht, Basel/Stuttgart 1969, passim, versucht eine ausgleichende Rechtsvergleichung.

[19] Zur Problematik der Legitimationsklauseln: Gerd-Wilhelm Rocke, Die Legitimation zur Anfechtung von Verwaltungsakten, Ein rechtsvergleichender Beitrag zur Lehre von der Legitimation als Prozeßvoraussetzung im verwaltungsgerichtlichen und staatsrechtlichen Beschwerdeverfahren unter besonderer Berücksichtigung der Art. 88 OG und des § 42 Abs. 2 VwGO, Basler Diss., Zürich 1968.

[20] So die ausgiebige Beratung über die – letztlich wohl unnötige, weil wahrscheinlich wirkungsarm bleibende – Eingliederung oder Zuordnung des Eidgenössischen Versicherungsgerichts zum Bundesgericht in der Novelle zum OG (Art. 12, 122 und 127).

aargauische Organisation gemäß §§ 9–14 VerwRPflG bewährt. Bisher hat kein anderer Kanton die Verbindung von Obergericht und nebenamtlicher Richterbank hergestellt, während in bezug auf die Gliederung der Kammern Vorläufer bestehen [21].

b) Einen Hauptpunkt kritischer Beobachtung wird der Katalog der Beschwerdefälle (§§ 52–53 VerwRPflG) bilden. Der Aargau schlägt sich zu den Kantonen ohne Generalklausel, was sich zugegebenermaßen nicht sehr mutig ausnimmt, aber redlich und klar ist im Gegensatz zur Neuordnung des Bundes, wo eingangs (Art. 97 rev. OG) eine stolze Generalklausel verkündet, aber von so vielen negativen Enumerationen gefolgt ist, daß der Bund sich nicht an die Seite der «Generalklauselstaaten» (Bundesrepublik Deutschland, beide Basel) setzen darf. Für den Umfang der aargauischen Verwaltungsgerichtsbarkeit wird besonders bedeutsam, was das Gericht mit den unbestimmten und Allgemeinbegriffen der Zuständigkeitsnormen anfängt, namentlich mit den Begriffen der Abgaben (§ 52 Ziff. 1), Beiträge (Ziff. 3), Verbot, Bewilligung und Verleihung (Ziff. 6–8), Immissionen (Ziff. 10), Prüfung (Ziff. 11), Rechtsverweigerung und Rechtsverzögerung (§ 53). Praktisch mit der richterlichen Aktivität verknüpft ist die geradezu spannende Frage, wie der Große Rat mit den Ermächtigungen des § 51 Absatz 2 VerwRPflG zum Ausbau der Gerichtsbefugnisse ohne Referendum umgeht: Ist das Parlament zur Ausweitung eher bereit als das Volk, nutzt es die Ermächtigungen und wie?

c) Von hohem Interesse ist, daß der Aargau verschiedene weiterziehbare Bundesverwaltungssachen vor das Verwaltungsgericht bringen läßt, während sonst in der Regel die kantonalen Verwaltungsgerichte nicht angerufen werden können, wenn besondere eidgenössische Rechtsmittelinstanzen vorhanden sind [22]. Der Aargau nimmt in Kauf, daß verwaltungsgerichtliche Entscheide durch ein Bundesdepartement im eidgenössischen Beschwerdeverfahren nachgeprüft werden können.

d) Schließlich konzentriert sich eine große Aufmerksamkeit auf die in den §§ 68–72 VerwRPflG instituierte prinzipale Normenkontrolle, die ohne

---

[21] Vgl. z. B. Art. 12 des bündnerischen Gesetzes über die Verwaltungsgerichtsbarkeit vom 9. April 1967 mit der Verordnung über Organisation, Geschäftsführung und Gebühren des Verwaltungsgerichts vom 30. November 1966. Zum Verhältnis des Richters zu seinem Amt und Differenzen von haupt- und nebenamtlichen Richtern ist auch für uns beachtlich, was der um die Erforschung der Rechtspflege hochverdiente Berliner Staatsrechtslehrer Karl August Bettermann, Der Richter als Staatsdiener, Hamburg 1967, knapp darlegt.

[22] Ernst Fischli, Rechtsmittelkonkurrenz in der Verwaltungsjustiz, in: Basler Festgabe zum Schweizerischen Juristentag, Basel 1963, S. 25 ff. Den Ausschluß kennen: Zürich, Bern, beide Basel, St. Gallen.

Beispiele in der schweizerischen Verwaltungsgerichtsbarkeit ist. Wird die Einrichtung benutzt werden, wie bewährt sich die Legitimationsklausel (§ 69), was macht das Gericht aus seiner Kompetenz? Die ausländischen Erfahrungen [23] werden nicht ersetzen, was an Einsichten in schweizerischen Prozeduren gewonnen werden kann.

[23] Vgl. für Deutschland zusammenfassend DIAN SCHEFOLD, a. a. O., S. 62 ff., und die rechtsvergleichenden Länderberichte in dem in Anm. 8 zitierten Sammelband des Max-Planck-Instituts für ausländisches öffentliches Recht und Völkerrecht, je unter Ziff. VI.

Von der Justiz im modernen Staat

Herr Obergerichtspräsident,
Herr Landammann,
Herr Großratspräsident,
meine sehr verehrten Damen und Herren,
liebe Kollegen,

Sie werden sich aufhalten über die soeben verwendete Reihenfolge in der Anrede: Was wird da der Landammann dem versinnbildlichten ersten Volksrepräsentanten, dem Parlamentspräsident, vorangestellt, diese beiden aber, in Umkehrung des verbreiteten Protokolls, dem Präsidenten des obersten kantonalen Gerichts nachgeordnet? Soll damit versucht werden, dem vor etlichen Jahren im Ausland aufgekommenen Schlagwort von der «Entfesselung der dritten Gewalt» den Boden auch bei uns zu bereiten? Soll postuliert werden, die Justiz, die in der mythologisierten Trias der staatlichen Gewalten nur den dritten Platz einnimmt, auf einen vorderen Rang zu schieben? Nun, vorerst bedeutet die zulässige Vertauschbarkeit der protokollarischen Spitzenpositionen bei festlichen Anlässen, daß es im Behördengefüge des Kantons keine *oberste* Gewalt gibt. Die tradierten drei Organgruppen (Legislative, Exekutive, Judikative) sind sich in normativ-organisatorischer Hinsicht gleichgestellt, den Beteuerungen etlicher Verfassungen aus dem 19. Jahrhundert zum Trotz, die dem Parlament einen absoluten Vorrang einzuräumen trachten, seit dem 20. Jahrhundert damit die wirkliche Verfassung jedoch nicht mehr treffen. Die drei Gewalten, in sich verschieden strukturiert und jede aus anderer Wurzel gewachsen, die drei also letztlich differenten Gewalten sind in eine äußerliche Horizontalordnung zueinander gesetzt. Diese horizontale Ordnung muß allerdings funktionelle Nacheinander und machthemmende Kontrollverschränkungen dulden, ja prinzipiell voraussetzen. Die Gewalten stehen insbesondere nicht beziehungslos nebeneinander. Es sind zu Recht vielfältige gegenseitige Dependenzen aufgerichtet. Es ist erlaubt, den Präsidenten des Obergerichts und mit ihm seine Kollegen, die heute den Bezug ihres neuen

Festansprache zur Einweihung des neuen Obergerichtsgebäudes in Aarau, vom 20. Februar 1970. Aargauisches Beamtenblatt 68, 1971, S. 3–11. Verlag Aargauer Tagblatt, Aarau 1971.

Gebäudes festlich begehen, mit Gebühr an der Spitze der Behörden zu nennen und der richterlichen Gewalt des Aargaus die herzlichen Glückwünsche für eine gedeihliche Entwicklung auszusprechen, voran dem traditionsreichen Obergericht mitsamt seinem neuen, hoffnungsvollen Verwaltungsgericht, denen das neue Justizgebäude würdige und freundliche Arbeitsstätte sein möge.

Mein Auftrag, den mir die Organisatoren des heutigen Festaktes übertragen haben, ist nun freilich nicht, eine Glückwunschadresse auszurichten. Ich solle vielmehr einige Gedanken über staatsrechtliche Hauptprobleme der Justiz im modernen Staat vortragen – und moderne Staaten sind auch die Kantone, ja, sie sind als eigenartige Sozial- und Leistungsstaaten potentiell geradezu ideale moderne staatliche Gemeinschaften. Erregend ist allein die Frage, ob die Kantone diesen Sachverhalt auch bemerken und ihre historische Chance noch rechtzeitig wahrnehmen.

Nach den staatsrechtlichen Hauptproblemen der Justiz zu fragen, ist vornehmlich Sache der Verfassungsgeber. Da Verfassungsgebung im Sinne von umfassender Verfassungsrevision rechtspolitisches Thema nicht nur im Bunde ist, sondern jetzt auch den Aargau umzutreiben beginnt, ist es begründet, unser Thema vom Gesichtswinkel eines Verfassungsgebers aus anzugehen, das heißt ohne dogmatische Bindung und ohne im voraus gegebene Systematik, den Blick allein auf eine sachinhärente Thematik gerichtet. Weil wir hier sozusagen unter uns Pfarrerstöchtern sind, will heißen: unter problemvertrauten Juristen – und ihre anwesenden Gattinnen sind entweder auch schon juristisch indoktriniert oder haben sich resignierend mit dem Los an der Seite einer fachsimpelnden Juristenwelt abgefunden, so daß sie bereit sind, sich auch zur Großfamilie der aargauischen Juristen zu zählen – weil wir hier also im problemvertrauten Kreise weilen, müssen wir weder den großen Rahmen spannen noch die unveränderlichen Fundamente der Rechtsprechung skizzieren. Wir dürfen vielmehr unvermittelt aktuelle Gestaltungsprobleme herausgreifen.

I

Dabei drängt sich das vorhin genannte Schlagwort nochmals vor: «Entfesselung der dritten Gewalt». Doch wir werden sofort inne, daß die Sentenz doppelsinnig ist. Sie stellt eine Frage; sie gibt keine Antwort. Gilt es, Fesseln zu sprengen, um eine Befreiung zustande zu bringen? Oder ergeht ein Warnruf vor dem Ausbruch einer bisher gebändigten Macht? Entfesselung als Hoffnung oder als Bedrohung? Oder gar beides? Das Problem entrollt sich, wenn wir von den Beziehungen der Justiz zu andern Organgruppen ausgehen.

Für die Justiz gilt als charakteristisch, daß ihr um ihrer politischen Neutralität willen jede *Initiativmöglichkeit* abgehe. Auch wo sie das Feuer des Unrechts brennen oder motten sieht, auch wo sie Übermarchungen der Macht und soziale Mißbräuche bemerkt, ist sie zur Untätigkeit verdammt, bis Kläger auftreten. Der Justiz werden bislang auch keine Initiativrechte gegenüber andern Gewalten zugestanden. Im Gegensatz zu ihr können Parlament, Regierung, ja, eine geringe Zahl von Aktivbürgern Staatshandeln von sich aus in die Wege leiten. Sie sind zur selbstauslösenden Aktivität befähigt und berufen. Sie sind damit führungsfähig und zur Zukunftsgestaltung aus eigenem Willen imstande. Die Justiz ist ein wartender Löwe, und wird er losgelassen, bewegt er sich nach herkömmlicher Auffassung immer noch im Käfig der Vergangenheit. Denn die Justiz spricht aus, wie im abgelaufenen Sachverhalt die Rechtslage war, und trifft begrenzte Korrekturen im strafenden oder im Leistungsurteil. Eigentlich erst im Gestaltungsurteil und mit der präjudiziellen Kraft hat sie unmittelbar teil an der Ordnung der Zukunft, wird sie von der reparierenden zur neuschaffenden Potenz. Das Verwaltungsgericht hat hierin seine großen Möglichkeiten. Es erscheint verlockend, einer weiteren staatlichen Gewalt initiierende Fähigkeiten zuzugestehen. Denn es mangelt im schweizerischen Recht zwar nicht an der Zahl von Initiativrechtsträgern, indessen oft an ihrer Fähigkeit, substantiell praktikable Vorschläge einzubringen. Ein Leiden der Milizparlamente zum Beispiel ist ihr Übereifer, mit Motionen, Postulaten, Interpellationen und Anfragen aufzuwarten, gepaart mit dem Unvermögen, ohne die helfende Krücke der Exekutive einen Beschluß oder gar ein Gesetz inhaltlich zu verfassen.

Abstrakte organisatorische Überlegung stellt vorweg zwei Neuerungen zur Diskussion. Es wäre denkbar, der Justiz ein förmliches Initiativrecht für Gesetze und allenfalls andere Staatsakte gegenüber der Legislative zu geben, mit der bindenden Bestimmung, daß das Parlament die Anregung oder den ausgearbeiteten Vorschlag behandeln *müßte*. Die *Justiz* ist es oft – mit der Verwaltungsgerichtsbarkeit nimmt es noch wesentlich zu –, welche Mängel der Gesetzgebung als erste entdeckt und zureichend diagnostiziert. Dieser Initiativweg könnte sich allerdings für *kantonale* Gerichte nur auf die *kantonale* Rechtsordnung beziehen, hätte also vornehmlich die verwaltungsrechtliche und verfahrensrechtliche Gesetzgebung zum Gegenstand. Aber wenn die Kantone ihrem Auftrag zur zeitgemäßen Rechtsstaatlichkeit nachkommen wollen, müssen sie mit etwelcher Beschleunigung ihren allgemeinen und großen Rückstand in der Gesetzgebung aufholen. Dazu brauchen sie alle geeigneten Kräfte ihrer Behörden und Bürger.

Das andere Aktivierungselement läge in einer geweiteten, vielleicht gar selbsttragenden *Kontrolltätigkeit* der kantonalen Justiz. Die Idee einer kantonalen Verfassungsgerichtsbarkeit, mit der die schweizerische Staatsrechtslehre eine Zeitlang spielte und die in der Verfassung von Nidwalden (1965) etwas voreilig Eingang fand, muß zwar als Übertreibung wohl fallengelassen werden. Eine Erleichterung der staatsrechtlichen Beschwerde in den Prozeßvoraussetzungen und in der Kognitionsbreite des Bundesgerichts würde den *zureichenden* richterlichen Schutz gegen diejenigen kantonalen Parlamente und Exekutiven schaffen, die Verfassung und Recht gering achten. Hingegen müßte der Versuch in *der* Richtung gehen, dem Obergericht oder speziell dem Verwaltungsgericht aus Verfassungsgründen aufzutragen, andere Organgruppen selbsttätig in Kontrolle zu fassen, zumindest so, daß das Gericht Untersuchungen auf Rechtmäßigkeit einleiten und Feststellungen publizieren dürfte. Ist es noch richtig, je auf Kläger oder Beschwerdeführer zu warten, die nur selten auftreten, die Zeit, ökonomische und seelische Lasten von langwierigen Prozeduren nicht auf sich nehmen wollen? Die alte Hoffnung, daß der beschwerte Bürger die staatlichen Reinigungsvorgänge einleite und sicherstelle, erfüllt sich im Geflecht der Staats- und Sozialabhängigkeiten nur punktuell und gerade in heiklen Problemlagen bloß zufällig.

Für die Zivilgerichtsbarkeit scheiden solche Gedanken richterlicher Kontrollaktivitäten vorerst noch aus; denn sie denaturierten das Privatrecht, dessen Durchsetzung wesensgemäß in die Hände der Parteien gelegt ist. Die Kontrolle der privaten Sozialmächtigkeiten durch die Kartellgesetzgebung ist für die Schweiz vorläufig offenbar das äußerste erträgliche Maß. Im Gebiete des öffentlichen Rechts aber könnte die maßvolle Kontrolltätigkeit verdichtet und systematisiert werden. Statt dem Ombudsmann schwedischer und für uns halt doch fremdartiger Prägung läge eine selbstbewegende Justizkontrolle über andere Gewalten näher. Die Nachbildung des Ombudsmanns könnte teilweise die Rolle eines verfassungs- und verwaltungsrechtlichen, weisungsunabhängigen Staatsanwaltes auf sich nehmen.

Die Belebung der Justiz hat ihre erste Schranke an der richterlichen Unabhängigkeit, von der man aber weiß, daß sie ein hochdifferenziertes Prinzip darstellt und mit blockartigen Vorstellungen – etwa von totaler Selbständigkeit, von völlig eigenständiger Justizverwaltung, von Kooptation und Aufsichtsfreiheit – nicht erfaßt ist. Richterliche Unabhängigkeit ist ein in die Bewegung der Gesellschaft gestelltes, flexibles Prinzip, das nur in der *Ziel*vorstellung unwandelbar konstant bleiben muß: dem Richter zu helfen, zum rechtsrichtigen Urteil zu gelangen, befreit von verfälschenden Einwirkungen der streitenden Parteien, anderer Organgruppen, der gesellschaftlichen Kräfte und der inneren Befangenheit.

Die richterliche Tätigkeit herkömmlicher wie allenfalls erweiterter Natur ist unlösbar verknüpft mit der *Situation der materiellen Rechtsnormen;* denn Richten ist Messen an erkannten oder erkennbaren Rechtsnormen. Wohlaufgehoben sind Zivil- und Strafrichter, *scheinbar* wenigstens. Denn *ihre* Rechtsnormen sind geprägt durch jahrhundertelange Entwicklung, die in den immer noch tragfähigen Kodifikationen des Zivilgesetzbuches, des Obligationenrechts und des Strafgesetzbuches eine gültige Verfestigung gefunden haben. Eine reiche Dogmatik hat diese Normen unmittelbar und jederzeit anwendungstauglich gemacht. Die erfreuliche Lage beginnt jedoch einer allmählichen Beunruhigung zu weichen, vorwiegend im *Strafrecht,* dem mit dem Einbruch der liberalen und christlichen Wertwelt der metajuristische Hintergrund verwischt wird. Strafen wir noch die richtigen Tatbestände, ist unser Strafensystem noch ausgewogen, sind die Strafrichter durch das Gesetz auf das Richtige, hier: maßstäblich Gerechte, hingelenkt? Daß das objektive *Privatrecht* der gesellschaftlichen Entwicklung teilweise entrückt, daß zunehmend Institute ohne Realität und die Realität ohne Institute bleiben, bewegt uns im Schuldrecht, im Handelsrecht nicht weniger als im Sachenrecht oder im Recht der unerlaubten Handlung. Vor allem aber ist es das *Verwaltungsrecht,* das dem Richter unentwegt neuartige Aufgaben und bahnende Überlegungen aufbürdet. Das Verwaltungsrecht ist heute das umfangreichste Rechtsgebiet, von dem der Mensch am meisten und einschneidendsten bestimmt wird. Es ist der wirkungsreichste, aber auch unruhigste Rechtszweig. Die Arbeit des Gesetzgebers ist gerade hier am mängelreichsten, weil er der Fülle von neuartigen Problemen nicht auf Anhieb Meister werden kann, weil hier die unerhörte Beschleunigung des Sozialprozesses am nachhaltigsten wirkt, weil der durch Technik und Massenerscheinungen zeitlich und sachlich überforderte Rechtssetzer sich hier am raschesten erschöpft und dann sein Gewissen beruhigt, indem er mit Formelkompromissen, mit geringer begrifflicher Durchbildung und vor sich hergeschobener Problemvertiefung nur auf kurze Sicht normiert. Das heute verbreitete, von den Studenten gern aufgegriffene und mißdeutete Postulat, man solle statt legiferieren experimentieren, ist eigentlich die Grundsituation des Gesetzgebers im Verwaltungsrecht überhaupt. Denn solche Rechtssetzung gedeiht oft – jedenfalls der Qualität nach – über Versuche nicht hinaus. Der Gesetzgeber verschafft seinem Erlaß zwar unabdingbar volle Verbindlichkeit, muß aber von vornherein einsehen, daß er ein unvollkommenes Werk zustande bringt; er wird sich in Aufmerksamkeit dafür offenhalten, die Revision einzuleiten, wenn sich bessere Einsichten anbieten; das Gesetz ist gleichsam ständig in Frage gestellt. Insoweit ist es erlaubt zu sagen: Der Gesetzgeber steckt im Bereiche des Verwaltungsrechts in einem permanenten Experiment.

Bekommt der rechtsanwendende Richter unvollkommene Gesetze in die Hand, muß er selbst in die rechtsschöpferische Tätigkeit vordringen. Zwar wird man die Forderung nicht preisgeben, der Richter solle sich nicht als Gesetzgeber aufspielen, er solle methodisch auslegen und zurückhaltend Lücken füllen. Aber da er im Streitfall urteilen *muß*, auch wenn die wegleitende Norm mit Mängeln behaftet ist oder gar fehlt, läuft jene Forderung von der bloß subsumierenden Justiz im wachsenden Maße leer. Und an dieser Stelle beginnt die hohe legitime Sendung des Richters im modernen Staat, selbst wenn Zuständigkeiten und Verfahren beim Hergebrachten blieben: Er muß sich zurechtfinden, er muß zum richtigen Urteil kommen, er muß im Einzelfall und von da vorstoßend ins Allgemeine zum Rechten gelangen, auch dann, wenn die Rechtsnorm dürftig bleibt.

Man mag behaupten, es sei schon immer so gewesen und die berühmte Freirechtsschule zu Beginn dieses Jahrhunderts habe gerade wegen der Unvollkommenheit des Gesetzes so vehement die Freistellung des Richters gefordert. Gleichwohl liegt heute eine strukturell grundlegend veränderte Situation vor. Nochmals: Der Gesetzgeber muß quantitativ ungeheuer mehr produzieren als derjenige vor 70 und 100 Jahren. Vor allem muß er qualitativ schwierigere Materien ordnen, in denen wenig Erfahrung oder unübersehbar viele Regelungsvarianten vorhanden sind. Er kann ob dem Zeitdruck und der Sozialpression den legislatorischen Reifeprozeß oft nicht auslaufen lassen. Das Werk des Gesetzgebers ist faktisch und vielleicht gar wesensnotwendig unvollkommen und unabgeschlossen, und zwar weit mehr, als Eugen Huber noch annehmen durfte, als er mit dem berühmten Artikel 1 ZGB die legale Brücke zur richterlichen Fortbildung des Gesetzes schlug. Die Rechtsordnung wird erst durch den Rechtsanwender vollends zustande gebracht. So ist der Richter, ohne selbst Gesetzgeber zu sein, am Kreationsprozeß des Rechts beteiligt, aber nicht einfach nebenbei, aushelfend, als Notbehelf, sondern kraft seines gewandelten Verfassungsauftrags aus eigenem Rechtsgrund und in selbständiger Kraft. Dies gilt vorwiegend und in aller Schärfe für den Verwaltungsrichter. Es ist im Wesen aber nicht anders für den Zivil-, den Arbeits- und den Strafrichter, der sich vor dem Wandel von Gesellschaft, Staat und Recht nicht verschließt.

Die Justiz nimmt, ob wir wollen oder nicht, ob *sie* will oder nicht, zwangsläufig eine veränderte Stellung ein. Sie wächst über die Friedensstiftung im Einzelfall hinaus; sie steigt auf zur allgemeinen sozialordnenden Größe, ohne daß man sagen dürfte, damit sei der Richterstaat entstanden, der Gesetzgebungsstaat sei zum Justizstaat geworden. Die Typisierung als Justizstaat läge – zumindest für die Schweiz – schief. Der moderne Staat kann weder Gesetzgebungs- noch Richterstaat sein. Er ist eine ungeheuer komplexe Organisation, in der *allen* Gewalten aufgegeben ist, das Beste und Ganze aus sich herauszuholen, damit es gelinge, in sinnreichen Funktionsabläufen die vom richtigen Recht durchdrungenen Staatsakte zustande zu bringen. Zutreffend spricht man von einer funktionellen Kooperation, zum Beispiel von einem ununterbrochenen ganz spezifischen Zusammenwirken von Legislative und Judikative. Und wie die Legislative schon bei der Normsetzung ohne die kräftige Mitarbeit der Exekutive nicht auskommt, das Geschäft der Gesetzgebung also bereits das Produkt eines Zusammenwirkens verschiedener Gewalten ist, so ist die Rechtsordnung letztlich erst zustande zu bringen, wenn alle drei Hauptgewalten ihren Anteil einbringen, allerdings – und dies ist bedeutsam – jede auf ihre Weise, jede adäquat ihrem Wesen, jede in ihrem spezifischen Arbeitsgang zu ihrer Zeit, aber jede unentbehrlich.

Wir dürfen es wiederholen: Die uns aufgegebene Rechtsordnung ist das Ergebnis von ebenso komplexen wie schwierigen und imposanten Kooperationen. Damit bedarf das Bild vom Richter und seiner Stellung der allmählichen Korrektur. Er ist weder der dem Gesetzgeber funktionell Unterstellte noch der in einer strengen Gewaltentrennung schroff Abgehobene. Er ist vollwertiger und eigenständiger Partizipant an der permanenten Integration der staatlichen Gemeinschaft als der «organisierten Rechtsgemeinschaft» (WALTHER BURCKHARDT).

Die Justiz wächst dergestalt in eine anspruchsvollere Aufgabe hinein. Es wird mehr und Schwierigeres von ihr verlangt. Augenfälliges Beispiel bildet etwa die Auslegung. Bisher konnte die Justiz noch weitgehend unreflektiert und ohne besonderes Methodenbewußtsein die Interpretation der Normen *in praxi* betreiben. Methodenstreite und Methodenanweisungen konnte sie straflos unbeachtet lassen, und in der Tat mochte der Satz richtig sein: «Lieber methodisch naive Praktiker als schlechte Methodiker auf den Richterstühlen.» Indessen muß man nun doch rasch dem von HANS RYFFEL in Erinnerung gerufenen Worte KANTS Platz einräumen, worin er sagt: «Es ist eine herrliche Sache um die geistige Unschuld, nur ist es auch wiederum sehr schlimm, daß sich die Unschuld nicht wohl bewahren läßt und leicht verführt wird.» So müssen wir denn mit der heutigen Staats- und Rechtsphilosophie festhalten: Auf die Unschuld einer naiv verfahrenden Jurisprudenz ist auf die Dauer kein Verlaß. Der Übergang zur bewußten, philosophisch und wissenschaftlich gründenden Richtertätigkeit ist «heute vollends unvermeidlich, weil die überlieferten fraglosen Vorstellungen und Überzeugungen aufgelöst werden und allenthalben die kritische Reflexion eindringt» (RYFFEL).

Die Justiz steht damit aber vor zwei Grundpostulaten: die Bewahrung der spezifischen Unabhängigkeit und die Erfüllung einer gehobenen Qualitätsforderung. Daraus entspringen mannigfache praktische Forderungen unter denen hier fünf hervorzuheben sind, weil sie beide Hauptpostulate in sich vereinigen.

In *erster Linie* sind die *Richterwahlen* zu nennen. Es ist ein offenes Geheimnis, daß die Parlamente – ich habe jetzt mehr die Bundesversammlung als kantonale Parlamente vor Augen – den Richterwahlen nicht immer die gebotene Aufmerksamkeit schenken. Die scheinbar unvermeidliche Proportionalisierung kann sich gelegentlich zum Widersinn auswachsen. Die Voraussetzungen, die an den Richter zu stellen sind, mögen in den Fraktionen mitunter ebenso undeutlich sein wie die Beurteilung der diskutierten Nominationen. Auf die Dauer kann es bei Richterwahlen durch die Parlamente wohl nur noch dann zu hinlänglichen Vorschlägen kommen, wenn die Parlamentarier sich dazu verstehen, präparierende Sonderkommissionen aus sachkundigen und erfahrenen Parlamentariern zu bestellen, die – befreit von Partei- und Proporzrücksichten – Nominationen träfen. Gelänge diese vermittelnde Lösung nicht, so wäre mit allem Ernst die Forderung zu erheben, die Wahl letztinstanzlicher Gerichte besonderen Wahlkollegien zu übertragen, in die das Parlament, die Exekutive, die Judikative instruktionsfreie Wahlmänner entsenden würden, ergänzt vielleicht durch angesehene Einzelpersönlichkeiten. Daß erstinstanzliche Richter in Volkswahlen erkoren werden, dürfte im Demokratisierungstrend der Gegenwart unabänderlich sein. Deswegen sind auch nur Hoffnungen und Wünsche an diese Wahlverfahren zu richten: die Befreiung von parteipolitischen Anknüpfungen, weil sie die Richterwahlen in eine Sachfremdheit zu versetzen vermögen, wiewohl – das darf man nie übersehen – aus der Volkswahl der Justiz legitimierende Kräfte zuströmen, deren Wert hoch anzuschlagen ist. Der Verurteilte akzeptiert das Urteil eher, wenn es von Richtern stammt, die er als die seinen erkennt.

Zweitens wird man in der Schweiz eine *Aufsichtsführung* über die Justiz beibehalten, sei es durch das Parlament, sei es durch besondere, neu zu schaffende Aufsichtsorgane. Die Kontrolle wird sich auf die Geschäftsführung begrenzen und die einzelnen rechtsprechenden Akte unangetastet lassen. Eine Rechtsscheltung wäre unerwünscht. Aber man wird sich der Erfahrung nicht entschlagen, daß auch für die Justiz, wie für jede staatliche Organgruppe, Aufsichtsinstitutionen heilsam sein können, sofern sie mit Maß und frei von Ressentiment fungieren. Die Kontrolle ist vor allem von größtem Nutzen für die Kontrollierten. So vermag die kontrollierte Gewalt in geordneten Verfahren gegenüber der Öffentlichkeit auszuweisen, was sie leistet. Sie kann Verständnis für ihre Lage und ihre Probleme wecken. Sie kann verfehlten Angriffen in Würde entgegentreten. Und sie findet Bestätigung für gute und Antrieb bei abfallender Leistung. Freilich: Aufsichtsführung ist ein anspruchsvoller Auftrag, und das Parlament kann ihn nicht mit der linken Hand erledigen, wenn es ernst genommen werden will. Ich denke, es braucht die reifsten, überlegensten und klardenkendsten Abgeordneten in den Aufsichtskommissionen über die Gerichte. Ohne solche Voraussetzungen, die institutionell nicht sicherzustellen, sondern durch Bureau und Plenum schlicht zu praktizieren sind, ohne solche Voraussetzungen müßte man freilich zum Spruche Zuflucht nehmen: «Lieber keine, als qualitativ zweitrangige Kontrolle der Justiz.»

Drittens gilt es, für die in ihrer Bedeutung gewandelte Justiz Wege zu neuen und verdichteten Kontakten mit der *Öffentlichkeit* anzubahnen. Die Justiz, bisher ohne Arm bei Angriffen der Öffentlichkeit auf ihre oft mißverstandene Rechtsprechung, wird (neben der erwähnten institutionalisierten Hilfe über die Aufsichtsführung) die Zeitungen und Massenmedien aktiv einsetzen müssen, um die Öffentlichkeit über die rechtsfortführenden Prozesse angemessen zu *informieren*. Daß dabei die beteiligten Privaten gebührenden Schutz der Geheimsphäre erfahren, ist selbstverständliche Bedingung. Heute beschränkt sich das Interesse des Publikums immer noch auf skandalumwitterte Strafprozesse, und das Bild der Justiz, des Richters, ja, des Juristen schlechthin formt sich anhand strafprozessualer Reportagen, damit verengt und oft schief. Es wird Zeit, das Ganze der Justiz zu präsentieren! So gut wie in ihrer sozialordnenden Funktion bedeutsame Zivilprozesse, so gut sind prägende Verwaltungsprozesse angemessen in die Öffentlichkeit zu tragen. Daß der gute Richter allem Sensationellen abhold ist, lobt ihn; daß er in der Distanz und in der Scheu vor den Massenmedien eine Beschützung der Unabhängigkeit verspürt, bestätigt ihn. Aber er darf am Wandel des Menschen und der Gesellschaft nicht vorbeisehen. Und darum wird er es nicht versäumen, gestützt auf ein Informationskonzept, das von dem der Exekutive in wesentlichen Belangen ganz verschieden sein wird, über die Presse und Massenmedien das zutreffende Licht auf die Rechtsprechung fallen zu lassen. Es geht dabei nicht nur um die Geltung der Judikative, es geht weit mehr noch darum, das Recht und die Jurisprudenz im Volke wieder zu verankern.

Viertens weist aber gerade der letztgenannte Fragenkreis darauf hin, daß über der Öffnung der Justiz ihre Unabhängigkeit nicht in den Strudel neuer und verstärkter *Sozialabhängigkeiten* des Richters gerissen werden darf. Auch der talentierte und zugleich volksverbundene Richter gerät vermehrt in die Gefahr, durch Sozialgruppen, durch Zeitungskampagnen oder andere öffentliche Bedrängungen von Interessierten oder gar Parteien unter Druck zu geraten. Kein Staat der Welt vertraut dem Richter so sehr und so viel wie Großbritannien; aber auch keiner ist so entschieden darauf gesonnen, den Richter während eines hängigen Verfahrens unbeeinflußt von Parteien und aktualisierter öffentlicher Meinung zu halten. Die erweiterte Kommunikation der Justiz mit der Öffentlichkeit hat ein unerläßliches Komplementärmoment in der Notwendigkeit, während eines hängigen Verfahrens jede mittelbare und unmittelbare Beeinflussung der Richter zu unterlassen. Das bedeutet keine Abschnürung des Richters von der im Volke waltenden Wertung, keine Entfremdung vom Wurzelstock. Von der Isolierung ist eine kantonale Richterschaft dank der Herkunft, der Wahl und der allgemeinen Sozialeinfügung so gut gefeit wie andere Organwalter im Staate schlechthin. Zu schaffen aber sind beschützende Institutionen, die den Richter vor verfälschenden Zudringlichkeiten bewahren. Ein spezifisch schweizerischer *contempt of court* wird unumgänglich.

Fünftens endlich wird der richterlichen Gewalt ermöglicht werden müssen, eine größere *soziale Effizienz* zu erzielen. Vereinfachung und Kürzungen der Verfahren, rascherer Zugang zur gesicherten außerjuristischen Fachkunde, Vereinfachung, aber Substantialisierung der Begründungen sind einige Stichworte. Der moderne Staat braucht mehr als je Organe, die zu Übersicht und Deliberation kommen. Man darf etwas keck und verkürzt, aber doch nicht schief die Behauptung wagen: «Es wird im Staat unendlich viel und fleißig gearbeitet, und des Redens und Schreibens ist kein Ende. Zu kurz aber kommt dabei leicht die überlegene Deliberation.» Solches Überlegen ist nicht nur Regierungssache, es ist gerade auch der Justiz aufgegeben. Deliberation aber wird nicht durch lange und umständliche Verfahren garantiert, sondern durch Sorgfalt in der Beurteilung, wofür Umsicht und Können den Ausschlag geben. Das alte Leid der Justiz, über das sie selbst am meisten klagt, ist ihre Langsamkeit; es wird nicht behoben durch verkürzte Überlegung und Oberflächlichkeiten, sondern durch rationellere Materialsammlung und Prozedurfreiheiten, die in der Verfügungsmacht einer lebendigen Richterschaft der Rechtsverwirklichung zu dienen imstande sind. Die moderne Justiz wird sich einer dialektischen Parole unterstellen: den Worten «celer ac diligens», also schnell und sorgfältig, rasch und umsichtig.

Ich darf Sie, meine sehr verehrten Damen und Herren, nicht länger hinhalten. Lassen Sie mich schließen mit der wiederholenden Feststellung, daß die Bedeutung der Justiz im modernen Staat wächst. Technik, Vermassung, weltweite Interdependenzen, Wohlstand und Entwicklungsnöte schaffen ein *ungeheures Ordnungsbedürfnis* in der Sozietät. Diese Ordnung kommt nicht von selbst zustande. Auch in der festgefügten staatlichen Gemeinschaft, wie die Schweiz eine darstellt, steigert sich die Notwendigkeit, das Miteinander und Nebeneinander der Menschen der pluralistischen Gesellschaft in einem bisher nicht gekannten Maß rechtens zu ordnen. Obwohl die öffentliche Meinung es heute noch nicht erkennt und anerkennt, ist nicht zu übersehen, daß der Jurist in der näheren Zukunft zu einem der wichtigsten Berufe werden wird. Ich glaube nicht, hier der Selbsttäuschung des Zunftgenossen zu verfallen, der die eigene Gilde überhöht. Die Erwartung ist aus der Sache, das heißt aus dem gegenwärtigen und dem bevorstehenden Zustand von Staat und Gesellschaft, herzuleiten. Der Jurist muß – wenn das Bild erlaubt ist und nicht mißgedeutet wird – eilends Arzt und Ingenieur der kommenden Sozialordnung sein, sofern die Selbstzerstörung von Kultur und Gerechtigkeit vermieden werden soll.

Daß die Richterschaft und die Justiz bei diesem Aufbau ihren vollen Anteil wahrnehmen mögen, ist vor allem auch aus zwei Motiven dringendes Gebot und Hoffnung: Das stabilisierende Ordnungsdenken zerfällt. Der Rückgriff auf feststehende Werte stößt auf Zweifel. In der Zerrissenheit zwischen den Extremen einer materialen Wertethik auf der einen Seite und einem existentialen Hingeworfensein ins Belieben auf der andern Seite herrscht ein verwirrender Wertpluralismus. Er neigt dazu, die letzten Entscheidungen von Mensch und Staat unbestimmt und offen zu lassen. In der geistigen Bedrohung bleibt indessen eine wesentliche reale Aussicht: Eine auf Recht und Gerechtigkeit verpflichtete Gewalt vermag allmählich Sicherheit und Gewißheit aufzubauen, nicht im splendiden Wurf, sondern in der Arbeit am konkreten Fall. Dies geht einher mit dem zweiten: Der Mensch steht in einem unerhörten «Entfaltungsprozeß» (RYFFEL), in einer historisch erstmaligen Emanzipation. Sie befreit ihn. Sie erschreckt ihn aber auch und schlägt ihn in neue Ketten. Seine Verlorenheit im Anonymen, im geistig Heimatlosen, seine Bedeutungslosigkeit als statistische Nummer, seine Unscheinbarkeit im geistigen und seelischen Knirpstum, sein Hochmut des Geängstigten, das lärmige Auftrumpfen dessen, der seine geringe Geltung ahnt, solche Symptome eines selbstzerstörerischen Menschentums übertragen sich auf die Beziehungen von Mensch und Staat. Die Justiz vermag hier aufzufangen und Neues einzuleiten. In der Rechtsprechung wird die Unnahbarkeit, die Abstraktheit, die Generalität des modernen Staats immer wieder durchstoßen: eine staatliche Gewalt nimmt sich des einen Klägers, des einen Beklagten, des individualisierten Menschen an, und zwar nicht irgendwie, sondern in Gründlichkeit und im Bestreben, auch dem Individuellen, Subjektiven, Erleidenden gerecht zu werden. Drei und fünf und mehr erwachsene, reife, von der Aufgabe ergriffene Menschen hören zu, suchen, wägen ab, beraten und befinden. Wesentlich ist nicht, ob im einen Urteil der Kläger oder der Beklagte obsiege – das Bild vom Zweikampf und vom Gewinnen wird ohnehin fragwürdig. Wesentlich ist vielmehr, daß sich Recht und Staat relativ personifizieren und sich dem Menschen, dem Einzelnen zuwenden und sich um seine Sache kümmern.

In der Justiz von heute und morgen wird sich in allererster Linie bewähren, ob Recht und moderner Staat auf den Menschen in seiner Freiheit und in seiner Würde zugeschnitten bleiben können.

Verzeichnis der Schriften von Kurt Eichenberger

I. Abhandlungen und Aufsätze

(* = im vorliegenden Sammelband enthalten)

1949

1. *Die oberste Gewalt im Bunde.* Über die verfassungsrechtliche Verteilung und die tatsächliche Ausübung der Rechtssetzungs- und Regierungsfunktionen im schweizerischen Bundesstaat. Berner Dissertation 1948, 343 S. Polygraphischer Verlag, Zürich.

1953

2. *Die Gemeindeversammlung.* Bedeutung, Leitung, Rechte der Stimmbürger, Beschwerde-Erledigung. 35 S. Verlag Freiämter Zeitung AG, Wohlen.
3. *Wahlen und Abstimmungen in Gemeindeversammlungen.* Aargauisches Beamtenblatt 50, 1953, S. 135–141. Verlag Aargauer Tagblatt, Aarau.

1954

*4. *Rechtssetzungsverfahren und Rechtssetzungsformen in der Schweiz.* Bemerkungen zur Praxis der Rechtssetzung, insbesondere der Gesetzgebung. Referat für den Schweizerischen Juristentag 1954. Zeitschrift für Schweizerisches Recht 73, 1954, S. 1 a–118 a. Verlag Helbing & Lichtenhahn, Basel.

1956

5. *Von der «Ausgabenkompetenz» des Gemeinderates.* Aargauisches Beamtenblatt 53, 1956, S. 65–70. Verlag Aargauer Tagblatt, Aarau.

1957

*6. *Um die Einheit der kantonalen Verwaltung.* In: Festgabe für den Schweizerischen Juristenverein anläßlich seiner Jahrestagung vom 7. bis 9. September 1957 in Rheinfelden. Aargauisches Beamtenblatt 54, 1957, S. 121–129. Verlag Aargauer Tagblatt, Aarau.

1958

7. *Ein paar Gedanken zur «unnützen gesetzgeberischen Arbeit».* Aargauisches Beamtenblatt 55, 1958, S. 74–78. Verlag Aargauer Tagblatt, Aarau.
8. *Entartungstendenzen bei den Gemeinderatswahlen?* Aargauisches Beamtenblatt 55, 1958, S. 17–20. Verlag Aargauer Tagblatt, Aarau.

1959

9. *Ausgesuchte Probleme um eine Revision des Gemeindeorganisationsgesetzes.* Aargauisches Beamtenblatt 56, 1959, S. 49–59. Verlag Aargauer Tagblatt, Aarau.
10. *Stellung und Funktion der aargauischen Staatsrechnungskommission.* Aargauisches Beamtenblatt 56, 1959, S. 105–118. Verlag Aargauer Tagblatt, Aarau.

1960

11. *Die richterliche Unabhängigkeit als staatsrechtliches Problem.* Berner Habilitationsschrift. 294 S. Verlag Stämpfli & Cie., Bern.

1961

*12. *Die politische Verantwortlichkeit der Regierung im schweizerischen Staatsrecht.* In: «Verfassungsrecht und Verfassungswirklichkeit», Festschrift für Hans Huber, S. 109–132. Verlag Stämpfli & Cie., Bern.

1962

13. *Der Ausbau der Verwaltungsgerichtsbarkeit im Kanton Aargau.* Aargauisches Beamtenblatt 59, 1962, S. 113–125. Verlag Aargauer Tagblatt, Aarau.
14. *Die Parlamentarische Gruppe im eidgenössischen Parlamentsbetrieb.* Wirtschaft und Recht 1962, S. 287–298. Verlag Orell Füssli AG, Zürich.

1963

*15. *Richterstaat und schweizerische Demokratie.* Zeitschrift für Schweizerisches Recht 82, 1963, S. 1–36. Verlag Helbing & Lichtenhahn, Basel.

1964

16. *Der Bund:* Kompetenzen, Funktionen, Strukturfragen. Aargauer Gewerbelehrer 6, 1964, S. 13–20. Verlag H. R. Sauerländer & Co., Aarau.
17. *Die Aktivierung des Bürgers als Existenzfrage der Demokratie.* Bulletin der aargauischen vaterländischen Vereinigung 2, 1964, Nr. 2.
*18. *Stellung und Bedeutung der Gemeinde im modernen Staat.* Aargauisches Beamtenblatt 61, 1964, S. 109–117, 121–127. Verlag Aargauer Tagblatt, Aarau.

1965

*19. *Die Problematik der parlamentarischen Kontrolle im Verwaltungsstaat.* Schweizerische Juristenzeitung 61, 1965, S. 269–273, 285–291. Zürich.
*20. *Staatsreformen und Regierungsbild in der Schweiz.* Antrittsvorlesung an der Juristischen Fakultät Basel. Basler Juristische Mitteilungen 1965, S. 161–180. Verlag National-Zeitung, Basel.

1967

*21. *Organisatorische Probleme des Kollegialsystems.* Schweizerisches Jahrbuch für politische Wissenschaft 7, 1967, S. 68–82.
22. *Streiflichter auf die Lage im Staat.* Civitas 23, 1967, S. 1–5. Luzern.

1968

*23. *Das Präsidialdepartement:* In: «Mélanges Marcel Bridel», S. 131–146. Imprimeries Réunies S.A., Lausanne.

*24. *Richtpunkte einer Verfassungsrevision.* In: «Totalrevision der Bundesverfassung – ja oder nein?», Zeitschrift für Schweizerisches Recht 87, 1968, S. 439–455. Verlag Helbing & Lichtenhahn, Basel.

25. *Sinn und Zweck einer Bundesverfassungsrevision.* Helvetia 87, 1968, S. 94–98. Bern.

1969

26. *Bundesrechtliche Legiferierung im Bereiche des Zivilprozeßrechts nach geltendem Verfassungsrecht.* In: «Zur Vereinheitlichung des Zivilprozeßrechts», Zeitschrift für Schweizerisches Recht 88 II, 1969, S. 467–512. Verlag Helbing & Lichtenhahn, Basel.

27. *Der gerichtliche Rechtsschutz des Einzelnen gegenüber der vollziehenden Gewalt in der Schweiz.* In: «Gerichtsschutz gegen die Exekutive», Länderberichte des Max-Planck-Instituts für ausländisches öffentliches Recht und Völkerrecht, Band 2, S. 943–987. Carl Heymanns Verlag KG, Köln / Berlin / Bonn / München.

*28. *Die aargauische Verwaltungsgerichtsbarkeit im System der schweizerischen Verwaltungsrechtspflege.* In: «Aargauische Rechtspflege im Gang der Zeit», Festschrift des Aargauischen Juristenvereins, S. 293–306. Keller Verlag, Aarau.

*29. *Leistungsstaat und Demokratie.* Rektoratsrede der Universität Basel. 29 S. Verlag Helbing & Lichtenhahn, Basel.

30. *Militär und Demokratie.* Civitas 25, 1969, S. 148–154. Luzern.

1971

*31. *Von der Justiz im modernen Staat.* Aargauisches Beamtenblatt 68, 1971, S. 1–9. Verlag Aargauer Tagblatt, Aarau.

1972

32. *Kleinstadt und Politik.* Aarauer Neujahrsblätter 1972, S. 5–10. Verlag Aargauer Tagblatt, Aarau.

1973

*33. *Sachkunde und Entscheidungskompetenz in der Staatsleitung.* In: Festschrift Bundesrat H. P. Tschudi, S. 63–79. Bubenberg-Verlag, Bern.

1974

*34. *Hundert Jahre schweizerische Bundesverfassung.* Zeitschrift des Bernischen Juristenvereins 110, 1974, S. 337–345. Verlag Stämpfli & Cie., Bern.

*35. *Von der Rechtssetzungsfunktion im heutigen Staat.* In: «Probleme der Rechtssetzung», Referate zum Schweizerischen Juristentag 1974. Zeitschrift für Schweizerisches Recht 93 II, 1974, S. 7–27. Verlag Helbing & Lichtenhahn, Basel.

1975

*36. *Systemwahrende Kontinuität in Verfassungsänderungen.* In: «Geschichte und politische Wissenschaft», Festschrift für Erich Gruner, S. 195–211. Francke Verlag, Bern.

37. *1875 gab sich Basel eine neue Kantonsverfassung.* Basler Stadtbuch 1975, S. 180–183. Verlag Helbing & Lichtenhahn, Basel.

1977

*38. *Der geforderte Staat: Zur Problematik der Staatsaufgaben.* In: Wilhelm Hennis / Peter Graf Kielmansegg / Ulrich Matz (Hrsg.), «Regierbarkeit», Studien zu ihrer Problematisierung, Band I, S. 103–117. Klett Verlag, Stuttgart.

*39. *Die Sorge für den inneren Frieden als primäre Staatsaufgabe.* Schweizerisches Zentralblatt für Staats- und Gemeindeverwaltung 78, 1977, S. 433–451. Verlag Orell Füssli, Zürich.

*40. *Fragen des Ausmaßes und der Methoden von Partialrevisionen der Bundesverfassung im Vorfeld einer Totalrevision,* dargelegt am Revisionsvorhaben auf dem Gebiet des Energiewesens. Zeitschrift für Schweizerisches Recht 96 I, 1977, S. 209–232. Verlag Helbing & Lichtenhahn, Basel.

*41. *Ohnmacht des Parlaments, Allmacht der Verwaltung?* In: Erich Gruner / Jörg Paul Müller (Hrsg.), «Erneuerung der schweizerischen Demokratie?», S. 25–41. Verlag Paul Haupt, Bern / Stuttgart.

*42. *Zusammen- und Gegenspiel repräsentativer und plebiszitärer Komponenten im schweizerischen Regierungssystem.* Zeitschrift für Parlamentsfragen 8, 1977, S. 318–333. Westdeutscher Verlag, Wiesbaden.

1978

*43. *Die Kontrolle der rechtsstaatlichen Demokratie der Gegenwart.* In: Andreas Khol (Hrsg.), «Macht und Kontrolle», Studienreihe der Politischen Akademie 5, S. 19–33. Verlag Vereinigung für politische Bildung, Wien.

*44. *Die staatsleitenden Behörden des Bundes (Bundesversammlung und Bundesrat).* In: «Totalrevision der Bundesverfassung – zur Diskussion gestellt», Zeitschrift für Schweizerisches Recht 97 I, 1978, S. 477–500. Verlag Helbing & Lichtenhahn, Basel.

*45. *Ohnmacht des Parlaments gegenüber der politischen Planung? Der Gratweg zwischen Bindung und Offenheit.* In: Martin Lendi / Wolf Linder (Hrsg.), «Politische Planung in Theorie und Praxis», S. 61–71. Verlag Paul Haupt, Bern / Stuttgart.

*46. *Zur Lage der Rechtssetzung.* In: Kurt Eichenberger / Walter Buser / Alexandre Métraux / Paul Trappe (Hrsg.), «Grundfragen der Rechtssetzung», S. 3–13. Verlag Social Strategies, Basel.

1979

*47. *Entwicklungstendenzen in der schweizerischen Demokratie.* In: «Menschenrechte, Föderalismus, Demokratie», Festschrift für Werner Kägi, S. 79–100. Schulthess Polygraphischer Verlag, Zürich.

*48. *Freiheit als Verfassungsprinzip: Der Staat des Maßes.* In: «Liberalismus – nach wie vor. Grundgedanken und Zukunftsfragen». Aus Anlaß des zweihundertjährigen Bestehens der Neuen Zürcher Zeitung, S. 15–27. Verlag der Neuen Zürcher Zeitung, Zürich.

1980

49. *Der Entwurf von 1977 für eine neue schweizerische Bundesverfassung.* Eine Sicht seiner Entstehung und seiner verfassungsfunktionellen Problematik im zweiten Jahr nach der Veröffentlichung. Zeitschrift für ausländisches öffentliches Recht und Völkerrecht 40, 1980, Heft 4. Verlag Kohlhammer, Stuttgart.

II. Publike Rechtsgutachten
und Entwürfe für amtliche Kommissionsberichte (Auswahl)

1962

50. Gutachten: *Unterstellung eines solothurnischen Klosters unter den kommunalen Heimatschutz.* 40 S.
51. Gutachten: *Verpflichtungen des Kantons Aargau für Kosten von Erweiterungsbauten der Propstei Wislikofen aufgrund alter kirchenrechtlicher Rechtstitel und des Staatskirchenrechts.* 46 S.

1964

52. Gutachten: *Die Zuständigkeiten bei der Gesamtverkehrsplanung und beim Nationalstraßenbau in Basel-Stadt.* 29 S.
53. Gutachten: *Verleihung von Rechten der Gemeinden zur Nutzbarmachung von Wasserkräften im Kanton Wallis.* 21 S.
54. Gutachten: *Der Staatsvertrag von 1852 zwischen der Eidgenossenschaft und dem Großherzogtum Baden und seine heutige Geltung für eine zollfreie Straße über baselstädtisches Gebiet.* 38 S. Mit Ergänzungen 1971 und 1973, 8 und 5 S.
55. Gutachten: *Die staatsrechtliche und die außenpolitische Problematik des erweiterten Staatsvertragsreferendums.* 9 S.
56. Entwurf: zum ersten Bericht des Arbeitsausschusses für *aargauische Hochschulfragen* über die Weiterführung der Abklärungen. 30 S.

1965

57. Gutachten: Untersuchungen zu Vorschlägen der nationalrätlichen Geschäftsprüfungskommission vom 13. April 1965 über den *Ausbau der Verwaltungskontrolle im Bund,* insbesondere zum vorparlamentarischen Gesetzgebungsverfahren und zu parlamentarischen Untersuchungskommissionen. 73 S.
58. Gutachten: *Die Möglichkeiten zur Neuordnung der öffentlichen Verkehrsbetriebe im Kanton Genf.* 19 S.

1966

59. Gutachten: *Die finanzrechtlichen Zuständigkeiten in bezug auf das Aargauische Elektrizitätswerk.* 23 S.
60. Gutachten: *Haftungsfragen im Bereiche der kantonalen Feuerwehrgesetzgebung.* 23 S.
61. Gutachten: *Neuordnungen des aargauischen Straßenbaurechts.* 12 S.
62. Gutachten: *Kantonale Gesetzgebung zum Bundesrecht über den Zivilschutz.* 7 S.
63. Gutachten: *Die Stellung eines Kantons bei der Verstärkung der interkantonalen Zusammenarbeit und das Projekt einer Stiftung für eidgenössische Zusammenarbeit.* 11 und 6 S.
64. Entwurf: zum *Bericht der Geschäftsprüfungskommission des Ständerates über den Ausbau der Verwaltungskontrolle.* 61 S.

1967

65. Gutachten: *Die Leitungsorganisation des EMD unter staatsrechtlichen Gesichtspunkten.* 9 S.

66. Gutachten: *Die Tragung von Mehrkosten beim Bau des Kraftwerks Schaffhausen zufolge Verzögerungen bei der Errichtung von Gewässerschutzbauten.* 17 S.
67. Gutachten: *Rechte und Pflichten des Bürgers im Kanton Obwalden im Hinblick auf eine Totalrevision der Kantonsverfassung.* Gemeinsam mit Prof. Dr. E. Fischli. 85 S.
68. Entwurf: zum Expertenbericht über die Verbesserungen in der *Regierungstätigkeit und Verwaltungsführung des Bundesrates* (Bericht Hongler). 110 S.

1968

69. Gutachten: *Rechtsprobleme um die Auflösung des der 3. Bauetappe des Bürgerspitals Basels zugrundeliegenden Neubauvertrags II vom 12. März 1962.* 73 S.
70. Entwurf: zum Bericht der Arbeitsgruppe für die Verwaltungsreform über die *Regierungs- und Verwaltungsreform im Kanton Aargau.* 94 S.

1970

71. Gutachten: *Die rechtliche Zulässigkeit des baselstädtischen Initiativbegehrens betreffend die Sicherung von Boden für den Bau von billigen Wohnungen vom 14. Dezember 1961.* Gemeinsam mit lic. iur. Rainer Schweizer. 44 S.
72. Gutachten: *Das Projekt der Einrichtung einer «Parlamentsverwaltung» der Eidgenössischen Räte (Ablösung des Sekretariats der Bundesversammlung von der Bundeskanzlei).* 28 S.

1971

73. Gutachten: *Die Öffentlichkeit aargauischer Gemeindeversammlungen.* 4 S.
74. Gutachten: *Die Nichteinreichung zustandegekommener Referendumsbegehren.* Gemeinsam mit lic. iur. et oec. Heinrich Koller. 12 S.
75. Gutachten: *Die rechtlichen Grundlagen für die Erhöhung staatlicher Rentenbezüge nach aargauischem Recht.* 10 S.
76. Gutachten: *Die staatsrechtliche Würdigung der neuen Bildungsartikel der Bundesverfassung (Art. 27 und 27bis).* 19 S.
77. Entwurf: zu Bericht und Gesetzesentwurf der Expertenkommission für die *Totalrevision des Bundesgesetzes über die Organisation der Bundesverwaltung* (Bericht K. Huber). 108 S.

1972

78. Gutachten: *Die Klagbarkeit bei sozialen Grundrechten, insbesondere bei neuen Bildungsartikeln der Bundesverfassung.* 19 S.
79. Gutachten: *Die Festlegung von Volksabstimmungen und der Verzicht auf Volksabstimmungen bei gegenstandlos gewordenen Vorlagen.* 18 S.
80. Gutachten: *Die Grundrechtsschranken bei Wehrmännern.* 19 S.
81. Gutachten: *Über die Sitzverteilung und über die Anwendung der Amtszeitbeschränkung des baselstädtischen Großen Rates.* 8 und 8 S.
82. Gutachten: *Urnenabstimmungen in aargauischen Kirchgemeinden.* 5 S.
83. Gutachten: *Der Einsatz von Wehrmännern außerhalb direktmilitärdienstlicher Zwecke im Wiederholungskurs.* 8 S.

1973

84. Gutachten: *Die Frage der Zulässigkeit des Rückzugs von Referendumsbegehren nach dem Obwaldner Verfassungsrecht.* 19 S.
85. Gutachten: *Über die Zulässigkeit des Erlasses eines Geschäftsreglementes des Großen Rates nach baselstädtischem Recht.* 14 und 10 S.
86. Gutachten: *Die Frage der Verfassungsmäßigkeit der staatlichen Pfarrerbesoldungen im Kanton Schaffhausen.* 36 S.
87. Gutachten: *Wählbarkeitsprobleme für Gemeinderäte nach dem Entwurf zu einem neuen aargauischen Gemeindegesetz.* 6 S.
88. Entwurf: *zu fünf Kapiteln des Schlußberichts der Arbeitsgruppe für die Vorbereitung einer Totalrevision der Bundesverfassung* (Arbeitsgruppe Wahlen) 120 S.

1974

89. Gutachten: *Vollziehungsrecht zum neuen aargauischen Gemeinderecht und die weitere Beratung des Gesetzesrechts im Großen Rat.* 11 S.
90. Gutachten: *Die rechtliche Würdigung der Prüfungskriterien der Begutachtung von Heilmitteln durch die Interkantonale Kontrollstelle.* 9 S.

1975

91. Gutachten: *Die Behandlung einer Vielzahl von Volksinitiativen zum gleichen Gegenstand (Steuerrecht).* 7 und 10 S.
92. Gutachten: *Die Zulässigkeit der basellandschaftlichen Volksinitiative zum Schutze der Bevölkerung vor Atomkraftwerken.* 24 S.
93. Gutachten: *Die Zulässigkeit einer Volksinitiative auf Ergreifung einer Standesinitiative zur Wiederherstellung des Mieterschutzes nach baselstädtischem Recht.* 14 S.
94. Gutachten: *Die gleichzeitige Mitgliedschaft in der kantonalen Regierung und in der Bundesversammlung während einer Übergangszeit nach aargauischem Recht.* 8 S.
95. Gutachten: *Die Vereinbarkeit des Amtes eines Gerichtspräsidenten mit der Stellung in einem leitenden Organ einer Erwerbsgesellschaft nach baselstädtischem Recht.* 48 S.
96. Gutachten: *Unvereinbarkeiten zwischen dem Mandat des Nationalrats und der Stellung des Bundesbeamten (Art. 77 BV).* 44 S.

1976

97. Gutachten: *Das Dienstverhältnis aargauischer Lehrer.* Gemeinsam mit Dr. Alexander Ruch. 26 S.
98. Gutachten: *Die Stellung des Bundeskanzlers nach dem Entwurf für ein neues Bundesverwaltungsorganisationsgesetz.* 5 S.
99. Gutachten: *Fragen der verfassungsrechtlichen Regelungen des schweizerischen Energiewesens.* 60 S.
100. Gutachten: *Möglichkeiten für die Regelung der Besteuerung der Kirchen in der Verfassung für den Kanton Jura.* 4 S.
101. Gutachten: *Regelungsmöglichkeiten für das Stimmrecht von niedergelassenen Ausländern in kantonalen Angelegenheiten in der Verfassung für den Kanton Jura.* 22 S.
102. Gutachten: *Bundesgesetzliche oder konkordatsrechtliche Regelung interkantonaler Hilfeleistung zur Wahrung der öffentlichen Sicherheit.* 34 S.

103. Gutachten: *Fragen des Motionsrechts der Bundesversammlung im Bereiche der allgemeinen parlamentarischen Oberaufsicht über die Verwaltung.* 19 S.
104. Entwurf: zum *Bericht* des Redaktors und der Redaktionskommission *über den Entwurf der Verfassung des Kantons Aargau* vom Februar 1976. 149 S.

1977

105. Gutachten: *Die gleichzeitige Zugehörigkeit zum Nationalrat und zum Walliser Staatsrat während einer Übergangszeit.* 17 S.

1978

106. Gutachten: *Akteneinsichtsrecht bei «Oberaufsichtsbeschwerden» an die Bundesversammlung.* 7 S.
107. Gutachten: *Wohlerworbene Rechte bei Änderungen der Gesetzgebung betreffend Beamte und Pensionskassen.* 36 S.
108. Gutachten: *Die Kompetenz zum Erlaß kommunaler Strafbestimmungen nach dem Recht des Kantons Basel-Stadt.* Gemeinsam mit lic. iur. Jörg Annaheim. 19 S.
109. Gutachten: *Die österreichische Volksabstimmung über das Kernkraftwerk Zwentendorf und die Bemühungen um den Ausbau der unmittelbaren Demokratie in Österreich im Lichte der schweizerischen Erfahrungen mit der unmittelbaren Demokratie.* 25 S.
110. Entwurf: zum Bericht der Redaktionskommission und des Verfassungsredaktors zur Vorlage für die *2. Beratung des Entwurfes der Verfassung des Kantons Aargau.* Gemeinsam mit Dr. Heinz Suter. 141 S.

1979

111. Gutachten: *Fragen des Rechts der Gesetzesinitiative aus der Mitte des Volkes im Kanton Obwalden.* 32 S.
112. Gutachten: *Etappierung des Baugebiets nach basellandschaftlichem Recht.* Gemeinsam mit Dr. iur. et lic. phil. Urs W. Kamber. 44 S.
113. Gutachten: *Zuständigkeiten kantonaler Organe bezüglich aargauischer Ortsgemeinden.* 5 und 11 S.

III. Ausführliche Referate, die in vervielfältigter Form verbreitet worden sind, sowie Zeitungsartikel (Auswahl)

1952

114. *Die neuen Wirtschaftsartikel der Bundesverfassung und ihre Auswirkungen auf das Verhältnis zwischen Staat und Privaten.* 30 S.

1954

115. *Die Leitung der Gemeinde: Gemeindeversammlung, Gemeinderat, Gemeindekommissionen.* 25 S.

1955

116. *Das Spannungsfeld zwischen Gemeinderat und Gemeindeversammlung.* 15 S.
117. *Das Sozialrecht des Kantons Aargau.* 25 S.

1956

118. *Der Staat und das Gesundheitswesen: über Grenzen sozialstaatlicher Gestaltung und Wirksamkeit.* 20 S.

1958

119. *Aufgaben, Bedeutungen und Aktivitätsmöglichkeiten der politischen Ortspartei.* 20 S.
120. *Die Zuständigkeiten in der evangelisch-reformierten Kirchgemeinde nach dem aargauischen Kirchenrecht.* 18 S.

1959

121. *Der Finanzausgleich im Kanton: Begründung, Ausgestaltung, Auswirkungen auf die Gemeindeautonomie, inhärente Begrenzungen.* 32 S.
122. *Standortbestimmung der schweizerischen Demokratie.* 21 S.
123. *Das neue Verantwortlichkeitsgesetz des Bundes.* 23 S.

1960

124. *Die Verantwortung des Bürgers für den Staat.* 21 S.

1961

125. *Die Rolle der Verbände bei der Willensbildung im Bunde in rechtlicher und in politologischer Sicht.* 16 S.

1965

126. *Die Beziehungen zwischen Parlament und Verwaltung bei gestörten Verhältnissen (Mirage-Angelegenheit) und die Sanierungsmöglichkeiten.* 22 S.
127. *Gegenwärtige Störungen der fundamentalen Vertrauensverhältnisse im Staate und die Reformbegehren.* 21 S.
128. *Die Oberaufsicht der Bundesversammlung über die Verwaltung: neue Anforderungen an die Kontrollorgane und deren Instrumentierung.* 20 S.

129. *Mittel und Wege zur Erhaltung der schweizerischen «Laienparlamente» («Milizparlamente»). Ihre Konfrontation mit der «Expertokratie».* 15 S.

130. *Das Aktivbürgerrecht in der Gegenwart.* Neue Zürcher Zeitung, 7. Dezember 1965, Nr. 5252, Blatt 5 f.

131. *Der Versuch zu neuem Verfassungsrecht für die Bodenordnung.* Neue Zürcher Zeitung, 27. Dezember 1965, Nr. 5555, Blatt 1 f.

1966

132. *«Sonderfall Schweiz». Grundlagen und Grenzen schweizerischer Eigenheit im staatlich-politischen Bereich.* 10 S.

133. *Die tatsächliche Situation des Bürgers in der schweizerischen Demokratie.* 12 S.

134. *Wie soll institutionell und politisch das Parlament gestärkt werden?* 13 S.

135. *Zum Vorgehen bei einer Totalrevision der Bundesverfassung. Die Stellung der Rechtswissenschaft.* 12 S.

136. *Die Kontrolle des Parlaments über Regierung und Verwaltung. Zum Schweizerischen Juristentag 24./25. September in Zug.* Neue Zürcher Zeitung, 16. September 1966, Nr. 3895, Blatt 5 f.

137. *Abgesang der «reinen Demokratie». Zur Aufhebung der Quorums-Gemeinde.* Aargauer Tagblatt, 25. Oktober 1966.

1967

138. *Anwendungsmöglichkeiten neuer Methoden in der Politik,* beurteilt an ausländischen Erfahrungen: Regierungsprogramme, Informationswesen, Erfassungen der öffentlichen Meinung, Alternativ- und Grundsatzbestimmungen, Ombudsman, Grundrechtsausweitungen. 30 S.

139. *Probleme des schweizerischen Bodenrechts.* 15 S.

140. *Überblick über den Rechtsschutz des Bürgers in der rechtsstaatlichen Demokratie.* 17 S.

141. *Die Problematik der Beziehung zwischen Behörden und Volk: die Relationen in der halbdirekten Demokratie und die Ansätze für neue Verständnisse.* 25 S.

142. *Die sachlichen Zentralprobleme bei einer Totalrevision der Bundesverfassung.* 15 S.

143. *Rechtssetzung, Auslegung und Lückenfüllung in ihrer gegenseitigen Bezogenheit.* 12 S.

144. *Der Bürger im Getriebe des planenden Staates.* 25 S.

145. *Grundfragen staatlicher Reformen.* Neue Zürcher Zeitung, 21. April 1967, Nr. 1733, Blatt 5 f.

1968

146. *Grundsatzfragen zu den postulierten Revisionen schweizerischer Universitätsgesetze aus der Sicht der Hochschulrektorenkonferenz.* 26 S.

147. *Das Begehren nach einer Totalrevision der Bundesverfassung: Erwartungen, Bedingungen, Möglichkeiten.* 17 S.

148. *Das Aktivbürgerrecht in der Gegenwart.* 26 S.

149. *Reform des Ständerates? Vorgeplänkel zu einer umfassenden Parlamentsreform.* Neue Zürcher Zeitung, 2. Dezember 1968, III, Nr. 746, S. 1.

150. *Berufs- oder Milizparlament im Bunde?* National-Zeitung, 27./28. Mai 1968.

1969

151. *Brauchen wir ein Parteiengesetz? Regeneration der politischen Parteien durch eine Parteiengesetzgebung?* Neue Zürcher Zeitung, 16. Januar 1969, III, Nr. 33, S. 1.

1970

152. *Aktuelle hochschulpolitische Fragen, insbesondere die Situation der Studenten, im Blickfeld der parlamentarischen Fraktionen.* 15 S.
153. *Die Lage der Grundrechte, insbesondere der Freiheitsrechte, im Leistungsstaat der Gegenwart.* 15 S.
154. *Möglichkeiten von «Partnerschaften» unter den Kantonen Basel-Stadt und Basel-Landschaft nach dem Scheitern der Wiedervereinigung.* 14 S.

1971

155. *Die Durchführung von Verwaltungsreformen: Strategie und Taktik, Stand und Schwierigkeiten.* 32 S.
156. *Wohlstand als Auftrag des Staates?* 33 S.
157. *Die Staatsleitung im Lichte der Wandlungen der Exekutive.* 10 S.
158. *Die Sicherstellung der politisch-strategischen Führung.* Neue Zürcher Zeitung, 24. November 1971, Nr. 548, S. 21.

1972

159. *Das Asylrecht und die Asylrechtspraxis in der Schweiz.* 14 S.
160. *Begriffe, Wesen, Rechtfertigungen und Grenzen staatlicher Planungen.* 40 S.

1973

161. *Grundprobleme einer Verfassungstotalrevision im Kanton Aargau.* 15 S.
162. *Die Regierungs- und Verwaltungsreform im Kanton Basel-Stadt.* 10 und 12 S.
163. *Das Militär und das Militärische in der Anfechtung.* 15 S.

1974

164. *Die rechtlichen Möglichkeiten der Zusammenarbeit der Kantone Basel-Stadt und Basel-Landschaft betreffend die Universität Basel.* 20 S.
165. *Die Sicherstellung der staatlichen Führung im Krisenfall, insbesondere Stellung und Funktionen von Bundesversammlung und Bundesrat.* 12 S.
166. *Methoden der Rechtssetzung in der Hand der Präparatoren.* 24 S.
167. *Vom Sinn und von den Leistungsmöglichkeiten des Vernehmlassungsverfahrens zur Rechtssetzung im Bunde.* 12 S.
168. *Verwaltungsreform und Führungsrichtlinien für die Verwaltung.* 10 S.
169. *Richtlinien für die Verwaltungsführung im Bunde und das Recht.* 10 S.
170. *Der Stand der Verfassungsrevision im Bund: Erreichtes und Geplantes.* 12 S.
171. *Der Verein im staatlichen und gesellschaftlichen Gefüge der Schweiz, aufgewiesen an der Schützengesellschaft.* 20 S.

1975

172. *Das Vorhaben der Revision des Wahlsystems für den Nationalrat.* 12 S.
173. *Eine «Kern-Verfassung» für die Eidgenossenschaft?* Tages-Anzeiger, 17. Mai 1975, S. 37 f.

1976

174. *Die «Regierbarkeit» der Schweiz.* 21 S.
175. *Grundzüge einer neuen Bundesverfassung: Vom Sinn der Verfassungsrevision.* Neue Zürcher Zeitung, 13. Dezember 1976, Nr. 292, S. 13.

1977

176. *Der moderne Staat: demokratische Gemeinschaft und Großunternehmung.* 30 S.
177. *Wandlungstendenzen bei den direkt-demokratischen Faktoren der schweizerischen Demokratie.* 12 S.
178. *Das System der verwaltungsinternen Kontrollen in der Bundesverwaltung.* 27 S.
179. *Aufgaben und Arbeitsweise der Geschäftsprüfungskommissionen der Eidgenössischen Räte.* 14 S.
180. *Auf der Suche nach einer «Verwesentlichung» der Demokratie.* Luzerner Neuste Nachrichten, 16. September 1977, Nr. 216, S. 5.
181. *Die Verfassung des künftigen Kantons Jura.* Neue Zürcher Zeitung, 6. Juni 1977, Nr. 130, S. 15.

1978/79

182. *Begriff, Aufgabe und Tragweite der Rechtssetzung und der Anteil der Verwaltung an der Rechtssetzung.* 13 und 12 S.
183. *Institutionelle Schwächen im staatlichen Entscheidungsprozeß.* 12 S.
184. *Staatsreformen im beschleunigten Wandel der Gesellschaft.* 22 S.
185. *Vom Sinn einer Verfassungsgebung in dieser Zeit – zur Totalrevision der Bundesverfassung.* 26 S.
186. *Der Verfassungsentwurf 1977 der Expertenkommission für die Vorbereitung einer Totalrevision der Bundesverfassung (Kommission Furgler)*
    – *Gesamtsichtungen.* 26, 20, 14 und 12 S.
    – *Verhältnis Bund – Kantone.* 11 und 14 S.
    – *Die politischen Rechte des Bürgers.* 9 S.
    – *Staats- und Gesellschaftsverständnisse, die dem Verfassungsentwurf zugrundeliegen.* 16 S.
    – *Die Menschenbilder des Verfassungsentwurfs.* 12 S.
187. *Der Entwurf für eine neue aargauische Kantonsverfassung.* Übersicht, Neuerungen, Kernprobleme. 20 und 11 S.
188. *Die Möglichkeiten und die Aufgaben eines Verfassungsrates bei Totalrevisionen im intakten Staat.* 13 S.
189. *Der gegenwärtige Stand der Lehre von der Verfassungsinterpretation (Auslegung und Konkretisierung).* 32 S.
190. *Das Grundgesetz des künftigen Kantons Jura.* Tages-Anzeiger, 15. August 1978, S. 5 f.

1980

191. *Der heutige Mensch im Staat.* 30 S.